# SCHLAGZEILEN DES 20. JAHRHUNDERTS

# SCHLAGZEILEN DES 20. JAHRHUNDERTS

NAUMANN & GÖBEL

Autor: Dr. Peter Gödeke
Bildrechte: dpa, AKG, Berlin
Gesamtherstellung: Naumann & Göbel Verlagsgesellschaft mbH, Köln

# Vorwort

Wissenschaftler aller Sparten empfinden das 20. Jahrhundert als eine ungebremste Kettenreaktion des Fortschritts schlechthin – als einen euphorischen Sprung in die Zukunft, entstanden aus dem Gefühl der ungeheuren Beschleunigung jeglicher Entwicklung. In der Tat vereint kein Zeitabschnitt der Menschheitsgeschichte ein derartiges Fortschrittspotential wie die Jahrzehnte seit 1900.

Die oft von Glück und Zufall mitbestimmten Neuerungen früherer Dezennien wurden in unserem Zeitalter systematisch perfektioniert.

Die Geschichte der neuen Massengesellschaften auf unserem Planeten, die sich nach dem Sieg der Medizin über frühere Geißeln der Menschheit andere, noch fürchterlichere Vernichtungsarten ausdachten, ist vielfältig untersucht und beschrieben worden.

Das vorliegende Buch versucht nun, diesem gewaltigen Phänomen in straff gegliederter Form auf die Spur zu kommen. Es will globale Veränderungen in der Gesellschaft und in den Beziehungen der Menschen zueinander in Schlagzeilen erfassen und darstellen, die Entwicklung neuer Staatswesen ebenso wie die Wandlung ihrer Völker aufzeigen, den rasanten Fortschritt auf den Gebieten Verkehrswesen, Medizin, Naturwissenschaften, Industrie und Technik dokumentieren und die revolutionären Tendenzen einer noch nie so intensiv erlebten kulturellen Epoche skizzieren.

Doch nicht nur die großen Ereignisse und Fehlleistungen der Menschheit werden dokumentiert, das Buch zeigt auch die alltäglichen Dinge, die mitunter viel häufiger den Geist einer Epoche treffend darstellen. Die Erinnerung bleibt haften, eine Schlagermelodie wird erneut gesummt, der Inhalt eines Buches, eines Filmes, eines Theaterstücks wird wieder wach. Naturkatastrophen, aber auch die Entführung eines Kindes, das Emotionen wachrufende Verbrechen sind Fakten, die nicht verdrängt werden können. So bietet dieses Buch ein Gesamtspektrum unseres Jahrhunderts.

Beginnend mit dem Jahr 1900 gibt es für jedes einzelne Jahr eine Doppelseite mit bedeutenden Schlagzeilen, authentischen Pressefotos, erläuternden Texten und den wichtigsten Kurzmeldungen. Zusammenhänge, Strömungen und Charakteristika eines jeden Jahrzehnts werden in ausführlichen Rückblicken noch einmal vor Augen geführt und vertieft.

Auch erlaubt dieses Buch eine Begegnung mit 100 großen Persönlichkeiten, die unser Jahrhundert entscheidend beeinflußt haben. In einem eigenen Kapitel werden sie in alphabetischer Reihenfolge mit ihren Kurzbiographien vorgestellt. Von hier aus erfolgen Querverweise zu den Schlagzeilen, die diese Personen im Rampenlicht der Öffentlichkeit zeigen.

Die Auswahl der Schlagzeilen folgt dabei nicht dem Anspruch der Vollständigkeit und will auch keine Wertung setzen zwischen wichtig und unwichtig, sondern entspricht der Idee, einen Spiegel des 20. Jahrhunderts zu schaffen, indem die Ereignisse und Personen Berücksichtigung finden, die in die Entwicklung unseres Jahrhunderts eingegriffen und es entscheidend mitgeprägt haben.

An den verschiedenen Ereignissen, an den Höhen und Tiefen dieses aufregenden Jahrhunderts kann der Leser seine eigenen Erinnerungen festmachen, und er wird immer wieder zum Schmökern und Blättern verleitet.

Ein ausführliches Personenregister ermöglicht eine präzise und schnelle Auskunft über ein bestimmtes Ereignis. So versteht sich diese Chronik nicht nur als Erinnerungsbuch, sondern auch als Nachschlagewerk für die ganze Familie.

Das Luftschiff LZ-1 bei seiner Jungfernfahrt am Bodensee

# Zeppelin-Erstflug

## Die „Fliegende Zigarre"

Für den deutschen Luftfahrtpionier Ferdinand Graf von Zeppelin erfüllt sich am 2. Juli ein Traum. Der Prototyp eines von ihm und seinem Ingenieur Th. Kober konstruierten Luftschiffes steigt in Manzell am Bodensee auf. Seit dem Ende seiner militärischen Laufbahn tüftelt der Generalleutnant a.D. an der Idee, ein gasgefülltes, motorgetriebenes Luftschiff zum Transport für Personen und Frachtgüter zu bauen. In einer Halle bei Friedrichshafen entsteht bis zum Sommer 1900 ein 128 Meter langer Flugapparat: eine starre, aus Aluminiumblech gefertigte zylindrische Hülle, unter der eine Gondel für Mannschaft bzw. Passagiere befestigt ist. Angetrieben wird dieses Gefährt von zwei Motoren mit je 15 PS Leistung. Das als LZ-1 in die Geschichte der Luftfahrt eingegangene Zeppelin-Luftschiff erreicht bei der Jungfernfahrt eine Höhe von 400 Metern und legt während der knapp 18minütigen Reise immerhin sechs Kilometer zurück. □

## Sensationen auf Weltausstellung

Als am 12. November die Weltausstellung in Paris ihre Pforten schließt, geht eine sehr eindrucksvolle Demonstration der technischen Möglichkeiten des gerade begonnenen 20. Jahrhunderts zu Ende. Exakt 50 860 081 Besucher haben seit der Eröffnung am 15. April zahlreiche Neuigkeiten auf technischem und wissenschaftlichem Gebiet bewundert: die Untergrundbahn „Metro", die neue Seine-Brücke „Pont Alexandre", das eigens für diesen Anlaß errichtete Kraftwerk, das den gesamten Komplex mit Elektrizität versorgt oder die Gartenbaupaläste am Ufer der Seine. Die größte Sensation aber sind die Vorführungen der ersten Filme, bei denen Bild und Ton synchron ablaufen. Die im Oktober vorgestellte Erfindung der Gebrüder Lumiere gerät zum Besucher-Hit. Auf einem Nebenschauplatz ermitteln in wallende weiße Gewänder gekleidete Damen die Olympiasiegerin im Tennis – ein Programmpunkt der parallel zur Ausstellung ausgetragenen zweiten Olympischen Sommerspiele. □

**Seit Oktober hat das Kaiserreich einen neuen Regierungschef. Wilhelm II. beruft den Staatssekretär im Auswärtigen Amt, Bernhard Fürst von Bülow, zum Reichskanzler und preußischen Ministerpräsidenten. Bülow tritt die Nachfolge des 81jährigen Chlodwig Fürst von Hohenlohe-Schillingsfürst an, der den Kaiser aufgrund seines Alters um den Abschied gebeten hat. Bülow hatte sich seit 1874 in vielen europäischen Hauptstädten Meriten erworben, im Umfeld des Kaisers war man ihm wohlgesonnen. Vor allem sein Engagement bei der Durchsetzung des Flottengesetzes wenige Wochen zuvor ließ ihn für höhere Aufgaben geeignet erscheinen. Seine patriotisch bewegte Rede bei der Einbringung im Reichstag trug wesentlich zur positiven Entscheidung der Abgeordneten bei. Der Dank Seiner Majestät ließ ebenfalls nicht lange auf sich warten.**

## Trauer um W. Liebknecht

Im August wird Wilhelm Liebknecht in Berlin zu Grabe getragen. Über 10 000 Trauernde geben dem Chefredakteur der Parteizeitung „Vorwärts" das letzte Geleit. Die Trauerrede hält sein Kampfgefährte August Bebel, mit dem er 1867 als erster Abgeordneter einer linken Partei in den Reichstag eingezogen war. Beide gehörten zu den Mitbegründern der „Sozialdemokratischen Arbeiterpartei Deutschlands", die sich 1875 mit dem „Allgemeinen Deutschen Arbeiterverein" zur SPD vereinigte. Seit 1890 war Wilhelm Liebknecht ihr Vorsitzender. □

## JAHRES-CHRONIK

- Zum Jahresbeginn treten das Bürgerliche Gesetzbuch (BGB) und das Handelsgesetzbuch (HGB) in Kraft.
- In Rom wird im Januar Puccinis Oper „Tosca“ uraufgeführt, in Stuttgart „Wenn wir Toten erwachen“ von Henrik Ibsen.
- Die Vertreter von 86 Vereinen gründen Ende Januar in Leipzig den Deutschen Fußballbund.
- Im Großherzogtum Baden werden erstmals Frauen zum uneingeschränkten Hochschulstudium zugelassen.
- Im März stirbt im Alter von 66 Jahren der Autopionier und Konstrukteur des ersten Mercedes-Rennwagens Gottlieb Daimler.
- Die Oper „Hänsel und Gretel“ von Engelbert Humperdinck wird im Mai in Paris uraufgeführt und erhält viel Anerkennung.
- In Weimar stirbt im August der Philosoph Friedrich Nietzsche. Er ist 65 Jahre alt geworden.
- 20 Frauen, unter ihnen Clara Zetkin, treffen sich im September in Mainz zur ersten Konferenz sozialdemokratischer Frauen Deutschlands.
- Sensation in Preußen: Das Schulministerium erläßt Richtlinien zur Einführung von Aufklärungsunterricht in Schulen.
- Der österreichische Arzt Sigmund Freud veröffentlicht seine „Traumdeutung“, ein Teil seiner psychoanalytischen Theorie.
- Während eines Vortrages der Deutschen Physikalischen Gesellschaft entwickelt Max Planck erstmals öffentlich seine Quantentheorie.
- Im Alter von nur 46 Jahren stirbt in Paris der durch sein extravagantes Leben bekannte englische Schriftsteller Oscar Wilde.
- Der österreichische Thronfolger Erzherzog Franz Ferdinand heiratet in Reichstadt (Böhmen) die Gräfin Sophie Cotek.
- Der frühere Direktor der Wiener Hofoper und Starschauspieler Franz von Jauner verübt wegen drückender Schulden Selbstmord.
- Der Republikaner William McKinley wird als US-Präsident wiedergewählt. Neuer „Vize“ wird Theodore Roosevelt.

# Kampf gegen „Boxer“

Eine dem Christentum, das durch deutsche Missionare nach China gekommen war, feindlich gesonnene Organisation beginnt im Mai durch Terroranschläge den nach ihr benannten „Boxer-Aufstand“. Missionshäuser werden niedergebrannt, Eisenbahn- und Telegrafenlinien zerstört, zum Christentum bekehrte Chinesen getötet. Mit der Ermordung des deutschen Gesandten Klemens Freiherr von Ketteler am 20. Juni erreicht die Rebellion ihren Höhepunkt. Einen Tag später erklärt die Kaiserin-Witwe Tz'-shi den ausländischen Staaten den Krieg. Kaiser Wilhelm II. ruft die betroffenen europäischen Staaten zu einer bewaffneten Intervention in China auf. Seinen Soldaten gibt er mit auf den Weg: „Ich werde nicht eher ruhen, bis China niedergeworfen ist und die Bluttaten gerächt sind.“ Neben Deutschland entsenden noch England, Frankreich, Rußland, Italien, Österreich, die USA und Japan Truppen – insgesamt eine Streitmacht von 63 000 Mann – nach China. Eines der Heere erobert im August Peking und kann die dort eingeschlossenen Europäer befreien. □

# 1900

**Buch des Jahres:**
„Wolfsblut“ von Jack London

**Film des Jahres:**
„Jeanne d'Arc“
von Georges Méliès

**Schlager des Jahres:**
„An dem Baume, da hängt 'ne Pflaume“
komp. von Adolf Behling

**Offiziere und Mannschaften des nach Ostasien bestimmten Seebatallions vor der Abreise nach China. Erste Reihe 3. v. l.: Generalmajor von Höpfner**

**Zur Förderung des Tennissports veranlaßt der 21jährige Dwight F. Davis seinen Landesverband zur Austragung eines internationalen Wettbewerbs und präsentiert auch gleich den Siegespreis: einen 217 Unzen schweren Silberpokal, den Davis-Cup, den sich die USA mit Davis im August durch einen Sieg gegen England sichern.**

# Flottengesetz verabschiedet

Mitte Juni sieht sich Kaiser Wilhelm II. am Ziel seiner Wünsche. Gegen die Stimmen der Sozialdemokraten verabschiedet der Reichstag das sogenannte Flottengesetz, die Grundlage für eine erhebliche Aufrüstung der deutschen Kriegsflotte. Die Majestät und sein Flottenchef Admiral Tirpitz sehen darin die einzige Möglichkeit für die Erweiterung des deutschen Kolonialbesitzes. Da diese ohne die Konfrontation mit anderen Großmächten nicht zu erreichen sein wird, bedürfen die damit programmierten Konflikte zu Wasser und zu Lande einer vom Parlament genehmigten Aufrüstung. Somit erhält die Marine in der Folgezeit neue Geschwader, um für alle Fälle gerüstet zu sein. □

**Ein Anarchist erschießt in Monza König Umberto I. als Vergeltung für das „Blutbad von Mailand“. Die Armee des Monarchen hatte dort zwei Jahre zuvor Demonstrationen und Streiks blutig niedergeschlagen.**

# Keine Wende im Burenkrieg

Offiziere und Ärzte des deutschen Freiwilligenkorps im Burenkrieg

Im Konflikt zwischen Großbritannien und den Burenrepubliken Oranje-Freistaat und Transvaal droht der britische Kolonialminister Joseph Chamberlain trotz scharfer internationaler Kritik im Herbst mit noch härterem Vorgehen. In dem mittlerweile zwei Jahre andauernden Krieg kämpfen rund 4 000 deutsche Freiwillige auf Seiten der Buren, die auch von anderen Staaten nicht nur moralische Unterstützung erhalten. Die von Großbritannien angewandte Taktik der verbrannten Erde sowie die Internierung von Frauen und Kindern in Konzentrationslagern ruft weltweite Empörung hervor. In einem von den Briten im November veröffentlichten Bericht an den Bischof von Rochester zeigen sich die Zahlen ihrer Greueltaten: Im September sind 109 418 Menschen interniert, von denen noch im gleichen Monat 2 411 Menschen sterben. Der Konflikt um die strenge Ausländergesetzgebung und die Verweigerung des Bürgerrechts für eingewanderte Briten hatten im Oktober 1899 zum Ausbruch des Burenkrieges geführt. □

**Die Welt der Oper trauert um Giuseppe Verdi, der am 27. Januar im hohen Alter von 88 Jahren in Mailand stirbt. Sein musikalisches Schaffen gilt als Höhepunkt der italienischen Opernszene, 14 seiner 26 Opernwerke wurden weltweit gefeiert. Den Durchbruch erreichte Verdi 1842 mit der patriotischen Oper „Nabucco“. Mit „Rigoletto“, „Troubadour“ und „La Traviata“ folgten weitere Meisterwerke, 1870 dann die unsterbliche Oper „Aida“.**

## US-Präsident ermordet

Acht Tage nach dem Attentat in Detroit am 6. September erliegt US-Präsident William McKinley seinen Schußverletzungen. Der 25. Präsident der Vereinigten Staaten war erst im Vorjahr wiedergewählt worden. Vizepräsident Theodore Roosevelt wird sein Nachfolger. Der Mörder Leon Czolgosz wird zum Tod auf dem elektrischen Stuhl verurteilt. □

## Brücke über Atlantik

Dem Italiener Guglielmo Marconi gelingt am 12. Dezember die erste drahtlose telegrafische Überbrückung des Atlantiks, als ein von Pondhu (Cornwall) gesendetes Morsezeichen auf Neufundland jenseits des Ozeans empfangen wird. Mit dieser Pionierleistung hat Marconi die von ihm bereits 1896 erfundene drahtlose Telegrafie endgültig als neuen Nachrichtenübermittler etabliert. Seine bahnbrechende Leistung wurde in Italien nicht gewürdigt, erst ab 1897 konnte er in England nach Vorführung der neuen Technik mit Unterstützung der dortigen Post weiterexperimentieren. □

## JAHRES-CHRONIK

- In Berlin wird im Januar das erste Kabarett Deutschlands eröffnet. Gründer des „Überbrettl“ ist der Schriftsteller Ernst Freiherr von Wolzogen.
- Mit Jahresbeginn tritt das Urheberrechtsschutzgesetz in Kraft.
- In Wuppertal-Elberfeld wird am 1. März ein neues Verkehrsmittel, die erste Schwebebahn der Welt, in Betrieb genommen.
- In Berlin und Wien finden erstmals Turniere der neuen Sportart Tischtennis statt.
- Paris erlebt im Juni die erste Ausstellung des gerade 18jährigen spanischen Malers Pablo Picasso.
- Mitglieder des Reichstages erhalten künftig während der Legislaturperiode Diäten (Freifahrten und Anwesenheitsgelder).
- Kaiser Wilhelm II. beschließt im Juli eine Südpolexpedition unter der Leitung von Erich von Drygalski.
- Im September wird der „Boxer-Aufstand“ beendet. China wird zu hohen Reparationsleistungen verpflichtet.
- Im Oktober findet in Leipzig die erste Automobilausstellung statt.
- Der Theologe und Politiker Friedrich Naumann gibt im Oktober die erste Ausgabe der Wochenzeitschrift „Die Zeit“ heraus.
- Die USA sichern sich durch einen Vertrag mit England im November das Alleinrecht auf den Bau des Panamakanals.
- Im Dezember erscheint der Roman „Die Buddenbrocks“ von Thomas Mann.
- Der amerikanische Industrielle King Camp Gilette stellt den ersten Rasierapparat mit auswechselbarer Klinge vor.
- Der österreichische Schriftsteller Arthur Schnitzler ist nach Veröffentlichung seines Romans „Leutnant Gustl“ wegen Verunglimpfung der Armee harter Kritik ausgesetzt.

# 1901

**Buch des Jahres:**
„Kim“ von Rudyard Kipling

**Film des Jahres:**
„Geschichte eines Verbrechens“
von Ferdinand Zecca

**Schlager des Jahres:**
„Abschied vom Liebchen“
komp. von Wilhelm Lüdecke

**Königin Viktoria mit drei ihrer Nachfolger: Eduard VII. (rechts stehend), Georg V. und Eduard VIII., damals Prinz von Wales**

## Große Epoche zu Ende

Mit dem Tod von Königin Viktoria von England geht am 22. Januar die wohl glanzvollste Epoche in der Geschichte Großbritanniens zu Ende. Die Monarchin stirbt auf Schloß Osborne auf der Insel Wight im Alter von 81 Jahren. Sie wurde 1837 als Nachfolgerin ihres Onkels, Wilhelm IV., gekrönt und regierte somit 63 Jahre das Vereinigte Königreich Großbritannien. In dieser Epoche, die als das Viktorianische Zeitalter in die Geschichte eingegangen ist, erfolgte der Aufstieg Großbritanniens zur Weltmacht mit Besitzungen und Einflußgebieten, die ein Viertel der Erde ausmachten. 1876 nahm Viktoria sogar den Titel einer Kaiserin von Indien an. Im Inland kam es, auch bedingt durch die allgemeine industrielle Entwicklung, zu einer wirtschaftlichen Blüte, an der vor allem das Bürgertum profitierte. Auch im privaten Bereich war der im gesamten Commonwealth beliebten Herrscherin Glück beschieden. Aus ihrer Ehe mit Albert Prinz von Sachsen-Coburg-Gotha, der bis zu seinem frühen Tod 1861 die Regierung mitbeeinflußt hatte, entsprangen neun Kinder, die sie an die verschiedensten europäischen Fürstenhäuser verheiratete. Auch Kaiser Wilhelm II. war ein Enkel der auch als „Großmutter Europas“ titulierten Königin. □

## Erstmals Nobelpreise verliehen

In Stockholm und Oslo werden am 10. Dezember erstmals die nach ihrem Stifter benannten Nobelpreise verliehen. Schwedens König ehrt den Franzosen René-François-Armand Sully Prudhomme für Literatur, den Deutschen Emil von Behring für Medizin, seinen Landsmann Wilhelm Röntgen für Physik und den Holländer Jacobus Henricus van't Hoff für Chemie. Das Nobelkomitee des norwegischen Parlaments übergibt den Friedenspreis an den Schweizer Henri Dunant und den Franzosen Frédéric Passy. Damit werden die testamentarischen Bestimmungen des 1896 verstorbenen schwedischen Industriellen Alfred Nobel vollstreckt. Der Chemiker und Erfinder mehrerer Sprengstoffe hatte verfügt, daß aus der Zinsmasse seines Vermögens jährlich Auszeichnungen für Leistungen verteilt werden, die „der Menschheit größten Nutzen erwiesen“. Die Preise werden mit je 150 800 schwedischen Kronen dotiert. Daß bei der Premiere zwei deutsche Wissenschaftler geehrt werden, wird im Reich mit Jubel vernommen. Behring hat durch Arbeiten mit Serumtherapien der Medizin eine Waffe im Kampf gegen die Diphtherie in die Hand gegeben. Röntgen hat durch die Entdeckung der nach ihm benannten Strahlen einen ebenso großen Fortschritt für die Menschheit gebracht. □

**Wenige Monate nach der Entdeckung der „X-Strahlen“ durch Wilhelm Conrad Röntgen, der für diese Leistung den Nobelpreis erhielt, konstruierte die Firma Siemens diese Röntgenanlage. Leuchtschirm (r.) und Röntgenröhre (m.) waren jeweils an einem verstellbaren Archiv befestigt. Das schwarze Tuch am Schirm hielt die von der offenen Röhre ausgehende Blendwirkung vom Arzt fern.**

**Die Pariser Halbwelt verliert im September einen ihrer Chronisten. Der Maler und Graphiker Henri de Toulouse-Lautrec stirbt am 9. des Monats auf Schloß Malromé (Gironde). Der Künstler ist erst 36 Jahre alt. Seine durch die in früher Jugend erlittenen Beinbrüche verkrüppelte Gestalt war im Milieu der Pariser Vergnügungsstätten bestens bekannt. Dort malte und skizzierte der Mann mit dem Hut – die Fotomontage zeigt ihn in seinem Atelier – auf fast 500 Gemälden sämtliche Erscheinungsformen dieser Szenerie. Seine Plakate zur Eröffnung des „Moulin Rouge“ 1890 machten ihn weltberühmt.**

**So läßt sich Seine Majestät gern ablichten: Kaiser Wilhelm II. in der Uniform eines Majors des Garde-Husaren Regiments.**

# Brüchiges Bündnis

Mit der im Juni erfolgten Erneuerung des Dreibundes zwischen Deutschland, Österreich-Ungarn und Italien zu den ursprünglich ausgehandelten Bedingungen und für die nächsten zwölf Jahre kann die von Kaiser Wilhelm II. und seinen Beratern gestaltete Außenpolitik des Reiches scheinbar einen neuen Erfolg verbuchen. Dieser Beistandspakt war 1882 geschlossen worden, nachdem es bis dahin nur einen Zweibund zwischen Deutschland und Österreich gegeben hatte. Bei dem Dreibund handelte es sich im Grunde um ein geheimes Verteidigungsbündnis zwischen den drei Partnern, das noch auf die Politik Bismarcks zurückging. Darin wurde Italien unter anderem eine Beistandsgarantie gegen einen französischen Angriff gewährt, im Fall kriegerischer Aktivitäten Frankreichs gegen Deutschland hätte Italien seinerseits die Deutschen unterstützen müssen. Eine von den Deutschen betriebene Erweiterung des Bündnisses um England scheitert, und im November erfolgt durch ein französisch-italienisches Neutralitätsabkommen eine erste Aufweichung. Die beiden neuen Vertragspartner einigen sich vor allem über ihre Ansprüche in Nordafrika. □

## Ende des Burenkrieges

Mit der Kapitulation der noch auf dem Felde stehenden Burengenerale endet am 31. Mai der Krieg in Südafrika. Im Vertrag von Vereeniging wird das künftige Verhältnis der Burenstaaten Transvaal und Oranje-Freistaat zur britischen Krone geregelt. Die Engländer geben den Buren damit eine Chance zu einem Neuanfang. Sie gewähren den Unterlegenen finanzielle Entschädigung und die Zusage aller politischen Rechte und Freiheiten. Die militärische Lage war für die Buren zuletzt unhaltbar geworden. Die britische Streitmacht unter Führung des eisenharten Feldmarschalls Lord Kitchener zeigte nicht nur zahlenmäßig, sondern auch aufgrund der Ausrüstung mit reichlich Artillerie, modernen Maschinenwaffen, Panzerzügen und Fesselballons eine klare und vernichtende Überlegenheit. □

## Zola gestorben

Mit dem 62jährigen Emile Zola stirbt am 29. September einer der großen Romanciers der französischen Literaturgeschichte. Er gilt als wichtigster Vertreter des Naturalismus und als hervorragender Kunstkritiker. □

## Start zum Südpol

Im Juni startet auf Befehl des Kaisers die erste deutsche Expedition in die Antarktis. Wilhelm II. hat ihrem Leiter, Professor Erich von Drygalski, exakte Zielvorgaben gemacht. Danach soll sie auf den Kergeulen eine meteorologische Station errichten, zum Südpol weiterfahren und dort eine wissenschaftliche Station gründen. Die Rückkehr ist für das Frühjahr 1904 geplant. Die Expedition tauft eine von ihr entdeckte Küstenregion „Kaiser-Wilhelm II.-Land“. □

**Auf der Leipziger Messe stellt die Berlinerin Grete Steiff den von ihr geschaffenen Brummbären aus Plüsch vor. Sie gibt ihrem Werk den Namen „Teddybär“, da sein Gesicht sie an US-Präsident Theodore Teddy“) Roosevelt erinnere. Der Teddybär wird schnell zum Liebling aller Kinder.**

## JAHRES-CHRONIK

- Deutschland erhält im Januar von der Türkei grünes Licht für den Bau der von Konia nach Bagdad geplanten Bagdadbahn.
- Auf dem Hahnenkamm in Kitzbühel finden im Februar die ersten Skirennen statt.
- Der Ausbruch des Vulkans Pelée auf der Insel Martinique zerstört im Februar die Stadt St. Pierre und fordert 26 000 Todesopfer.
- In Berlin wird im Februar der Verkehr mit der neuen U- und Hochbahn eröffnet, in Wien fährt letztmalig die Pferdetrambahn.
- Im Alter von 49 Jahren stirbt im März Cecil Rhodes, Ministerpräsident der Kap-Kolonie. Er galt als führender Vertreter der englischen Kolonialpolitik.
- Der Gesetzentwurf über Kinderarbeit kommt im April in den Reichstag. Er sieht eine Begrenzung der Arbeitszeit vor.
- Die preußische Regierung spricht den Frauen das Recht ab, sich politisch zu betätigen.
- Beim Untergang des deutschen Frachters „Primus“ nach einer Kollision mit einem anderen Schiff sterben im Juli 109 Menschen.
- An der Wiener Universität erhalten im Juli zwei Frauen nach dem Promotionsverfahren ihren Doktortitel.
- Im August werden Eduard VII. und Königin Alexandra als neues britisches Herrscherpaar gekrönt.
- In Berlin stirbt am 5. September der 80jährige Mediziner und Politiker Rudolf Virchow. Er ist der Begründer der Zellularpathologie.
- Am 1. November wird das neue Frankfurter Schauspielhaus mit Schillers „Wallenstein“ eröffnet.
- Das erste Werk des russischen Dichters Maxim Gorki wird im November in Breslau erstaufgeführt.
- Die US-Firma Edison General Electric bringt im Dezember erstmals elektrische Christbaumkerzen auf den Markt.

# Mammut-Projekt vollendet

Der von den Engländern erbaute Nil-Staudamm bei Assuan aus der Vogelperspektive

Nach fast 20jähriger Bauzeit wird das erste monumentale Bauprojekt des neuen Jahrhunderts fertiggestellt. Am 10. Dezember wird sechs Kilometer südlich der Bezirkshauptstadt Assuan der Nil-Staudamm eingeweiht. Eine zwei Kilometer lange, aus Granitgestein errichtete Mauer, staut einen See von 295 Kilometern Länge auf, sein Inhalt wird mit 5,3 Milliarden Kubikmetern Wasser angegeben. Ein angeschlossenes Kraftwerk liefert Strom von in dieser Region nicht für machbar gehaltenen Dimensionen. Mit diesem Mammut-Projekt hat die Kolonialmacht England, zuletzt unter Leitung des Ingenieurs Sir Benjamin Baker, beste Voraussetzungen für einen wirtschaftlichen Aufschwung in dieser vor allem touristisch attraktiven Gegend geschaffen und für die künftige Entwicklung ihres ägyptisch-sudanesischen Dominiongebietes neue Maßstäbe gesetzt. Die Zeugnisse der großen ägyptischen Vergangenheit wie der Tempel von Philae, eine der dortigen Touristenattraktionen, werden durch besondere Maßnahmen vor den Wassermassen geschützt. Die Staumauer wird 1912 und 1933 noch zweimal erhöht, bis 1970 ein neuer Assuan-Großdamm entsteht. □

# 1902

**Buch des Jahres:**
„Als ich noch der Waldbauernbub war" von Peter Rosegger

**Film des Jahres:**
„Die Reise zum Mond" von Georges Méliès

**Schlager des Jahres:**
„Ob du mich liebst" komp. von Paul Lincke

## Rätsel um Krupp

Unter rätselhaften Umständen stirbt am 22. November der reichste Mann Deutschlands, Friedrich Alfred Krupp, in seiner Heimatstadt Essen. Zwar geben zugezogene Ärzte einen Gehirnschlag als Todesursache an, doch existieren Gerüchte über einen Selbstmord des 48jährigen Industriellen. Wilhelm II. schreitet hinter seinem Sarg und beschuldigt am Grab die Sozialdemokraten des intellektuellen Mordes an seinem Freund. Krupp hat das Werk seines Vaters Alfred erheblich ausdehnen können und hinterläßt seiner 16jährigen Tochter Bertha ein Vermögen, das auf 187 Millionen Goldmark geschätzt wird. In seinem Testament hat er verfügt, daß die Firma in eine AG umzuwandeln sei. □

## Nobelpreis für Mommsen
### Historiker geehrt

Unter den Nobelpreisträgern dieses Jahres sind wieder zwei Deutsche. Den Chemiepreis erhält Emil Fischer, den Preis für Literatur der bereits 85jährige Theodor Mommsen. In der Würdigung heißt es „als dem größten lebenden Meister der historischen Darstellung, besonders in Anerkennung seiner monumentalen ‚Römischen Geschichte'". Dieses Hauptwerk des fleißigen Juristen und Philologen – in seiner Bibliographie findet man 1513 Veröffentlichungen – erschien 1854–56 (erste drei Bände) und 1885 (Band fünf). Den vierten Band hat der Professor für Römische Geschichte (ab 1861 in Berlin) nicht geschrieben. Seine Meisterschaft als Geschichtsschreiber bleibt für lange Zeit unübertroffen. □

Diese Originalpostkarte zeigt Enrico Caruso, der für seine Verehrer Autogramme schreibt.

## Alle wollen Caruso

Der Italiener Enrico Caruso, unbestritten der berühmteste Tenor seiner Zeit, erlebt einen sensationellen Erfolg mit seiner in diesem Jahr auf den Markt gekommenen Schallplatte der Arie „Vesti la Giubba" aus der Oper „Bajazzo" von Leoncavallo. Bis November werden über eine Million der neuen Tonträger verkauft. Der Star aus Neapel tritt in diesem Jahr erstmals in London auf und wird auch dort gefeiert. □

# Ein glücklicher Erstflug

Am Strand von Kitty Hawk in Nord-Carolina kommt es am 17. Dezember zum ersten Flug einer von Menschenhand gesteuerten Maschine, die sich durch eigene Kraft in die Luft erhebt. Es handelt sich um einen von den Brüdern Orville und Wilbur Wright gebauten Doppeldecker, der von einem 4-Zylinder-Benzinmotor mit 12 PS angetrieben wird. Den Vergaser haben die beiden Fahrradmechaniker aus einer alten Tomatenbüchse gebastelt. Seit September 1900 arbeiten sie an einer Flugmaschine. Am Morgen des 17. Dezember ist es dann soweit: Nachdem Wilbur den Motor ihres „Flyer" getauften Apparates startet, legt sich Orville bäuchlings auf die untere Tragfläche, nimmt die Steuerung in die Hand, und die Maschine hebt ab. Wilbur läuft neben dem Flieger her, der nach 12 Sekunden und 36 Metern wieder landet. □

Der Doppeldecker der Gebrüder Wright bei seinem Erstflug

## JAHRES-CHRONIK

● Kolumbien tritt im Januar gegen Zahlung von zehn Millionen Golddollar einen Landstreifen für den Panamakanal an die USA ab.

● Der Komponist Hugo Wolf stirbt im Februar mit 62 Jahren in Wien. Er war als Schöpfer zahlreicher Klavierlieder berühmt.

● Bei einem Massenpogrom in der russischen Stadt Kischinjow werden im April zahlreiche Juden getötet beziehungsweise verletzt.

● Ein Grubenunglück auf der Zeche „Königin Luise" in Oberschlesien fordert 30 Todesopfer.

● Die Firmen AEG, Siemens und Braun gründen im Mai auf Wunsch des Kaisers die Gesellschaft Telefunken.

● Vor der Südwestküste Irlands bei Cork kommt es im Juli zum ersten Motorbootrennen der Sportgeschichte.

● Der im August in Basel tagende 6. Zionistenkongreß beschließt mit der praktischen Arbeit in Palästina, dem künftigen Judenstaat, zu beginnen.

● Die russischen Sozialisten spalten sich bei ihrem 2. Parteitag in Brüssel in „Bolschewiki" (Mehrheit) und „Menschewiki" (Minderheit).

● In der sächsischen Textilregion um Crimmitschau führt ein Streik der Weber im August zu schweren sozialen Auseinandersetzungen.

● Der Schauspieler und Regisseur Max Reinhardt überzeugt mit der Inszenierung der „Elektra" von Hofmannsthal als neuer Chef des Berliner Neuen Theaters.

● Die USA erkennen im November die vom Mutterland getrennte neue Republik Panama an.

● Im Alter von 73 Jahren stirbt in Paris der Maler Camille Pissarro. Durch die Auflösung seiner Motive in kleine Farbflächen wird er der Wegbereiter der Malerei des neuen Jahrhunderts.

● Die norwegische Regierung verbietet für zehn Jahre den Walfang im Küstengebiet.

● Marie und Pierre Curie erhalten den Nobelpreis für Physik.

● Beim Brand eines Theaters in Chicago kommen im Dezember 500 Menschen ums Leben.

## Wahlerfolg für SPD

Die Wahlen zum elften Reichstag bringen im Juni einen großen Erfolg für die SPD. 3 010 000 Wähler schenken den Sozialdemokraten ihr Vertrauen, der Stimmenanteil steigt auf 31,7 Prozent (1898 waren es 27,2 Prozent). Im Parlament erringen sie damit 81 Mandate und werden zur zweitstärksten Fraktion. Lediglich das noch gültige absolute Mehrheitswahlrecht verhindert, daß sich die Stimmenzahl auch in einem überwiegenden Mandatsanteil niederschlägt. Nur in Berlin liegt die Arbeiterpartei mit 218 000 Stimmen klar auf dem ersten Platz. Im neuen Reichstag bleibt ihr nur die Rolle der Opposition. Angeführt vom Zentrum (100 Mandate) behalten die konservativen Parteien, die den Rüstungsplänen des Kaisers zugestimmt haben, die klare Mehrheit. □

## Premiere der Tour de France

Am 1. Juli senkt sich zum ersten Mal die Fahne für das in Zukunft populärste Straßenrennen der Welt. 60 Fahrer machen sich von Villeneuve St. Georges bei Paris auf, um die 2 428 km lange Route in sechs Etappen bis zum 19. Juli zu bewältigen. Sieger wird der in Frankreich bereits bekannte Maurice Garin, der 1901 die Nonstop-Fahrt Paris-Brest-Paris gewonnen hatte. Interessanter als der Rennverlauf ist jedoch die Vorgeschichte dieses Ereignisses. Nicht hohe sportliche Motive führten zur Installierung dieses Wettbewerbs, sondern schlichter Konkurrenzneid. Der Chefredakteur einer Pariser Sportzeitung namens „L'Auto" wollte den Kollegen des Konkurrenzblattes „Petit-Journal", der seit 1891 das von ihm veranstaltete Radrennen Bordeaux-Paris publizistisch ausschlachtete, ausstechen. Mit einem Etappenrennen durch ganz Frankreich – so Henri Desgrange – würde er das „Petit-Journal" glatt übertreffen. □

## Paul Gauguin †

Mit 55 Jahren stirbt auf der Südseeinsel La Dominica der Maler Paul Gauguin. Der Franzose ist besonders durch seine in der Südsee geschaffenen Bilder bekannt geworden, die den frühen Expressionismus begründen. Gauguin war erst spät zur Kunst gekommen. Der Seemann und erfolgreiche Börsenmakler gab seinen bürgerlichen Lebensweg mit 35 Jahren auf, als seine Familie ihn verließ, und lebte seitdem in beträchtlichen finanziellen Schwierigkeiten. □

Paul Gauguin

Eine grausame Bluttat erschüttert Europa. In der Nacht zum 11. Juni dringt eine Gruppe von Offizieren in den serbischen Königspalast in Belgrad ein und tötet das Königspaar, Alexander I. und seine Frau Draga (Bild). Auch die Brüder der Königin, Ministerpräsident, Kriegsminister und mehrere königstreue Offiziere werden ermordet. Das politische Belgrad zeigt sich mit der Tat zufrieden und holt Peter Karageorgevic auf den Thron. Als Peter I. verfolgt er die neue prorussische Politik.

# Papst Leo XIII. ist tot

Nach 25jähriger Amtszeit stirbt in Rom der 93jährige Papst Leo XIII. Trotz seiner auf Wiederherstellung des Kirchenstaates ausgerichteten Grundeinstellung sorgte er für eine positive Einstellung vieler Regierungen zur Kurie. Mit vier versöhnlichen Enzykliken, die alle das Verhältnis zwischen Kirche und modernem Staat behandeln, schuf er die Grundlagen für den ständigen Dialog zwischen Regierungen und dem Heiligen Stuhl. Seine Enzyklika „Rerum Novorum“ von 1891 ist noch heute ein wichtiges Standbein der katholischen Soziallehre. Als erster Papst öffnete er die Vatikanischen Archive für Wissenschaftler. Seine Bemühungen um Einheit der christlichen Kirchen, vor allem mit den Ostkirchen und den wichtigen protestantischen Konfessionen Europas, jedoch scheiterten. □

**Setzte in 25jährigem Pontifikat viele Akzente: Papst Leo XIII.**

**Papst Pius X.**

## Nachfolger Pius X.

Am 9. August wird der vier Tage zuvor im Konklave gewählte Kardinal von Venedig, der 68-jährige Giuseppe Sarto, als Pius X. zum neuen Papst gekrönt. Zwar hatte man Kardinal Rampolla, den letzten Staatssekretär Leo XIII., erwartet. Gegen seine Wahl aber legte der österreichische Kaiser sein Veto ein. Pius X. verbietet wenig später unter Androhung der Exkommunikation das Vetorecht weltlicher Mächte für künftige Papstwahlen. □

## Skandal beim ersten Finale

Auf der Exerzierwiese in Hamburg-Altona wird am 31. Mai das erste Endspiel um die Deutsche Fußball-Meisterschaft ausgetragen. Etwa 500 Zuschauer sehen den 7:2-Erfolg des VfB Leipzig gegen den DFC Prag. Neben dem sportlichen Faktum bleiben aber mehr die skandalösen Begleitumstände dieses Finales in Erinnerung. Denn schon die Teilnahme der Prager beruht auf einem Täuschungsmanöver. Sie haben mit einem gefälschten Telegramm die Anreise ihres Vorschlußrundengegners Karlsruher SC zum Spielort Leipzig verhindert und werden – da dort allein anwesend – vom DFB zum Sieger erklärt. Der Fußballbund wirft den Badenern vor, bei der Telegrammprüfung nicht sorgfältig genug gewesen zu sein. Die wackeren Fußballer aus der Goldenen Stadt genießen indes vor dem Finale die Verlockungen der dem Spielplatz nahen Reeperbahn und sind tags darauf gar nicht erst zu ernsthafterem Widerstand in der Lage. □

# 1903

**Buch des Jahres:**
„Im Herz von Asien“
von Sven Hedin

**Film des Jahres:**
„Der große Eisenbahnraub“
von Edwin S. Porter

**Schlager des Jahres:**
„'s ist Feierabend“
komp. von Anton Günther

## Aufstände in Mazedonien

Mit schrecklichen Folgen für die Bevölkerung enden Aufstandsversuche der in Mazedonien lebenden Nationalitäten. Sie wollen die Unabhängigkeit ihres Landes vom Osmanischen Reich, dem es auf dem Berliner Kongreß von 1878 zugeschlagen worden ist. Die Türkei aber will ihren Einfluß auf dem Balkan nicht verlieren und reagiert mit großer Härte. Den etwa 26 000 Freiheitskämpfern, die sich aus Bulgaren, Serben und Griechen zusammensetzen, stellt sie eine 350 000 Mann starke Armee entgegen und schlägt den Aufstand brutal nieder. Über 1000 der einheimischen Kämpfer und etwa 5 000 Zivilisten werden getötet, mehrere hundert Dörfer verwüstet. Der Widerstand der IMRO (Innere Mazedonische Revolutionäre Organisation) bleibt dennoch ungebrochen. □

## Zahlreiche Opfer durch Unwetter

Im Frühlingsmonat April fordern ungewöhnliche Wetterkapriolen in Deutschland zahlreiche Todesopfer. An den Küsten toben orkanartige Stürme, 83 Schiffe erreichen keinen rettenden Hafen mehr und versinken samt 223 Seeleuten in den Fluten. Am anderen Ende des Reiches, im Südosten, herrscht klirrende Kälte. 194 Menschen erfrieren oder werden von umstürzenden Bäumen erschlagen. Seit über 39 Jahren hat es keine derartigen Wetterverhältnisse mehr gegeben. □

**Japanische Truppen ziehen nach der für sie siegreichen Schlacht bei Liaujag Anfang September in die eroberte Stadt ein.**

## Aufstand der Hereros

Die seit zehn Jahren vom Kaiser beschönigend „Schutzgebiete" genannten Kolonien in Südwestafrika bescheren den deutschen Herren viel Ungemach. Der Stamm der dort heimischen Hereros leistet bewaffneten Widerstand, schon 1896 konnte ein großer Aufstand nur mühevoll erstickt werden. Im Januar aber bricht der Konflikt mit diesem Stamm wieder auf. Herero-Krieger überfallen und brandschatzen deutsche Ansiedlungen. Eine deutsche Kompanie unter Befehl des Hauptmanns Franke gewinnt ein größeres Gefecht Ende Januar am Teufelsberg. In den folgenden Monaten kommt es zu einer Art Guerillakrieg gegen alles Deutsche in der Region. Erst im August werden die Hereros in einer Schlacht bei Waterberg endgültig geschlagen. Die anschließende Behandlung der Überlebenden – Zwangsumsiedlung in ein trockenes Steppenland – gehört zu den dunklen Kapiteln der kurzen deutschen Kolonialgeschichte. □

## Krieg in Fernost

Drei Tage nach Abbruch der diplomatischen Beziehungen zu Rußland greift ein japanisches Torpedobootgeschwader am 9. Februar die russische Flotte im Hafen von Port Arthur an. Damit beginnt der Russisch-Japanische Krieg, in dem beide Seiten ihre Interessen in der Mandschurei und in Korea durchsetzen wollen. Aufgrund des Überraschungsmoments haben die Angreifer zunächst klare militärische Vorteile. Die zaristische Flotte ist durch den Angriff auf den zur Festung ausgebauten, strategisch wichtigen Militärstützpunkt in ihrer Bewegungsfreiheit stark eingeschränkt. Die Japaner kontrollieren bald die koreanische Küste und erringen im Frühjahr in Korea weitere Erfolge an der Landfront. Im Jahresverlauf landen vier japanische Armeen auf dem Festland und zwingen die russischen Streitkräfte zum „geordneten Rückzug", so ihr Oberkommandierender General Sassulitsch. Am Ende des Jahres sind die Kämpfe in einem winterlichen Stellungskrieg erstarrt. □

## Nobelpreis für Pawlow

Unter den diesjährigen Nobelpreisträgern ist auch der Russe Iwan Petrowitsch Pawlow, der für seine aufsehenerregende Entdeckung der „bedingten Reflexe" bei Verdauungsabläufen mit dem Preis für Medizin geehrt wird. Nachgewiesen hat der Physiologe seine Theorie, die bald die ganze Welt begeisterte, durch Experimente mit Hunden. □

**Iwan Petrowitsch Pawlow**

## Doktortitel für Helen Keller

Ein Promotionsverfahren am Radcliffe College in den USA sorgt im November für weltweites Aufsehen. Dort wird der 24jährigen Helen Keller nach erfolgreichem Sprachen- und Literaturstudium der Doktortitel verliehen. Die junge Wissenschaftlerin ist seit ihrem zweiten Lebensjahr blind und taubstumm. Die Leistung der Amerikanerin, die unter schwierigsten Bedingungen und durch größte Selbstdisziplin in Bereiche eines „normalen" Lebens vorstieß, wird für Behinderte auf der ganzen Welt zum Ansporn. Mit Hilfe ihrer Lehrerin Anne Sullivan Macy hat sie die Blindenschrift erlernt und veröffentlichte bereits autobiographische Bücher, von denen die 1902 erschienene und nun auch ins Deutsche übersetzte „Geschichte meines Lebens" zum Bestseller wird. □

**Die III. Olympischen Spiele der Neuzeit finden in St. Louis, der Stadt am Mississippi, statt. Wie vier Jahre zuvor in Paris sind die sportlichen Wettbewerbe in das Gesamtprogramm einer Weltausstellung integriert, die im April von Präsident Roosevelt eröffnet wird. Der weite Weg in die USA schreckt viele ab, nur zehn Nationen entsenden 625 Teilnehmer, darunter acht Frauen. Die 17 deutschen Sportler kommen mit 13 Medaillen, darunter viermal Gold, zurück. Am erfolgreichsten schneidet der Freistilschwimmer Emil Rausch (Foto) aus Berlin ab, der Gold über eine Meile 880 Yards und Bronze über 220 Yards erringt.**

## Transsibirische Eisenbahn fährt

Nach dreizehnjähriger Bauzeit ist es im Februar soweit: Der erste Zug der Transsibirischen Eisenbahn startet seine 8000 Kilometer lange Reise von Irkutsk über den Baikalsee nach Wladiwostok. Der Schienenstrang ist zunächst nur einspurig befahrbar. Aufgrund des Krieges mit Japan sind vor allem Truppenangehörige die Fahrgäste im ersten Jahr. □

# 1904

**Buch des Jahres:**
„Der Seewolf" von Jack London

**Film des Jahres:**
„Die Reise durch das Unmögliche" von Georges Méliès

**Schlager des Jahres:**
„Berliner Luft" komp. von Paul Lincke

**Der Kaiser und seine Geschwister: Sophie Kronprinzessin von Griechenland, Viktoria zu Schaumburg-Lippe, Kaiser Wilhelm II., seine Mutter Viktoria, Charlotte Erbprinzessin von Sachsen Meiningen, Prinz Heinrich von Preußen und Margarethe Prinzessin von Hessen Kassel.**

## JAHRES-CHRONIK

- Die Sozialdemokratin Rosa Luxemburg wird im Januar wegen Majestätsbeleidigung zu drei Monaten Gefängnis verurteilt.

- Vom dänischen Parlament wird im März ein Gesetz verabschiedet, daß die Einführung der Prügelstrafe für Gewaltverbrecher vorsieht.

- Frankreich und Großbritannien beschließen die Entente Cordiale, ein Bündnis zur Schlichtung von Problemen in Kolonialgebieten.

- Im April kommt es in Leipzig zu einem Streit zwischen Ärzten und Krankenkassen. Alle 233 Kassenärzte stellen vorübergehend die Arbeit ein.

- Der Maler Franz von Lenbach stirbt am 6. Mai im Alter von 68 Jahren in München. Er galt als einer der großen Porträtisten seiner Zeit.

- Durch Gründung eines Dachverbandes, dem „Verein deutscher Arbeitgeberverbände" formieren sich im Juni die Arbeitgeber.

- Bei einer Brandkatastrophe auf einem Vergnügungsdampfer kommen in New York im Juni über 1000 Menschen, darunter viele Kinder, ums Leben.

- Am 14. Juli stirbt 78jährig Paulus (Ohm) Krüger, der Führer der Buren im Befreiungskrieg 1880/1881 gegen die Briten.

- Anton Tschechow, Schöpfer der Dramen „Die Möwe", „Onkel Wanja", „Drei Schwestern" und anderer, stirbt am 15. Juli im Alter von 44 Jahren.

- Das Großherzogtum Baden führt im August das allgemeine und direkte Wahlrecht ein.

- Den Gebrüdern Wright gelingt nach weiteren Flugversuchen im September mit ihrem „Flyer 2" der erste Rundflug.

- Die seit Oktober gegen die deutschen Kolonialherren kämpfenden Hottentotten werden im November bei Warmbad entscheidend geschlagen.

- Theodore Roosevelt wird im November als US-Präsident wiedergewählt.

- In Berlin wird im November ein großes Kaufhaus eröffnet. Das „Wertheim" wird Vorbild für ähnliche Projekte in ganz Europa.

- In Aschaffenburg wird kurz vor Jahresende die erste Fahrschule Deutschlands eröffnet.

## H. M. Stanley gestorben

Mit Henry Morton Stanley verliert die Welt am 10. Mai einen der erfolgreichsten Afrikaforscher. Der Brite stirbt im Alter von 63 Jahren in London. Im Auftrag des „New York Herald" sucht er 1871 den verschollenen Landsmann und Forscher David Livingstone, findet ihn am Tanganjika-See und erkundet diesen mit Livingstone. Danach bereist Stanley als erster Europäer den Kongofluß und dessen Region, zuletzt im Auftrag des belgischen Königs Leopold II. Damit schuf er die Voraussetzungen für die Gründung des Kongo-Freistaates durch Belgien. Bei weiteren Expeditionen entdeckte er die nach ihm benannten Wasserfälle des Kongo und den Edwardsee. □

## Junger Erfinder

Der deutsche Hochfrequenztechniker Christian Hülsmeyer, gerade 22 Jahre alt, erhält im April ein Patent auf ein Verfahren zur Ortung metallischer Gegenstände durch elektromagnetische Wellen. Somit bildet er die Basis für später als Radar bezeichnete und auch militärisch angewandte Ortungsverfahren. □

## Abschied von Antonín Dvořák

Der tschechische Komponist Antonín Dvořák stirbt am 1. Mai im Alter von 63 Jahren. Der Leiter des Prager Konservatoriums kann auf eine erfolgreiche Musikerkarriere zurückblicken. Über Stationen als Bratschist und Organist fand er zum Komponieren und hinterläßt zehn Opern und neun Sinfonien. □

**Antonín Dvořák**

**Bei der diesjährigen Nobelpreisverleihung werden drei deutsche Wissenschaftler geehrt. Es sind Adolf Ritter von Baeyer (Chemie), Philipp Lenard (Physik) und Robert Koch (Medizin). Als erste Frau erhält die Österreicherin Bertha von Suttner den Friedensnobelpreis. Die 62jährige Schriftstellerin war für seinen Stifter Alfred Nobel eine Zeitlang als Sekretärin tätig und hat ihn mit ihren Friedensappellen angeregt. Nach ihren Erlebnissen mit den Kriegsgreueln an der russisch-türkischen Grenze kämpft sie als junge Frau Baronin für Frieden und Abrüstung. Ihr in jungen Jahren veröffentlichtes Buch „Die Waffen nieder!" sorgt für großes Aufsehen. Später setzt sie sich für die Schaffung eines Schiedsgerichtes zur Sicherung des Weltfriedens ein. – Von den deutschen Preisträgern ist vor allem die Leistung des Mediziners Robert Koch von weltbewegender Bedeutung. Der Leiter des Berliner Instituts für Infektionskrankheiten und Begründer der modernen Bakteriologie hat bahnbrechende Entdeckungen gemacht. 1876 entdeckte er die Milzbrandsporen, 1882 den Tuberkelbazillus, 1883 den Erreger der Cholera und nicht zuletzt des afrikanischen Rückfallfiebers.**

Bertha von Suttner

Robert Koch

# Revolution im Zarenreich

Aus einer friedlichen Demonstration entwickelt sich am 22. Januar ein als „Blutsonntag" von St. Petersburg in die Geschichte eingegangenes Gemetzel, dessen Folgen das russische Reich schwer erschüttern. Zehntausende streikender Arbeiter wollen an diesem Tag dem Zaren eine Petition zur Verbesserung ihrer sozialen Lage übergeben. Nach einem unvorhergesehen abgefeuerten Schuß eröffnen bereitstehende Soldaten das Feuer und töten etwa 1000 Demonstranten. Dieses Blutbad löst im ganzen Land eine Flut von Streiks, Bauernaufständen, Meutereien in Heer und Marine und anderen sozialen Unruhen aus. Dieser revolutionären Bewegung fehlt jedoch eine zentrale Führung, so daß die zaristische Regierung noch einmal Herr der Lage werden kann. Auf Zar Nikolaus bleiben die Ereignisse jedoch nicht ohne Wirkung. Im Oktober erläßt er ein Manifest, in dem allen Russen ohne Unterschied ihres Standes Grundrechte verliehen werden: individuelle Freiheit, Unverletzlichkeit der Person, Gewissens-, Rede- und Versammlungsfreiheit. Außerdem werden die Einführung des allgemeinen Wahlrechts und die Errichtung eines gesamtrussischen Parlamentes (Duma) angekündigt. □

In solchen Posen begeistert Mata Hari ihr Publikum.

# Eine geheimnisvolle Tänzerin

Die Pariser Varietészene hat seit Mai einen neuen Star. Eine rassige junge Frau, die sich Mata Hari („Auge des Morgens") nennt, begeistert – nicht nur wegen ihrer textilarmen Bekleidung – als orientalische Ausdruckstänzerin das verwöhnte Publikum der französischen Hauptstadt. Fasziniert ist man vor allem von dem Geheimnis, das die in ihrem Vortrag perfekte Künstlerin umgibt. Ihr Metier hat sie auf Java gelernt, wo sie mit ihrem Mann, einem niederländischen Kolonialoffizier, bis zur Scheidung 1903 lebte. Als Margaretha Geertruida Zelle hatte sie ihn 19jährig in ihrer holländischen Heimat geheiratet. □

Zum bekanntesten Einzelfall der Revolution in Rußland wird die Meuterei der Matrosen auf dem Panzerkreuzer „Potemkin". Nachdem ein Offizier einen protestierenden Matrosen niedergeschossen hatte, erhebt sich die Mannschaft gegen die höheren Chargen und erschießt alle Offiziere (Szenenfoto aus „Battle Ship Potyomkin"). Mit gehißter roter Fahne fährt das Schiff anschließend in den Hafen der von Streikenden beherrschten Stadt Odessa ein, doch erst im neutralen Schwarzmeerhafen von Konstanza (Rumänien) geben die Meuterer auf und erhalten von den dortigen Behörden politisches Asyl.

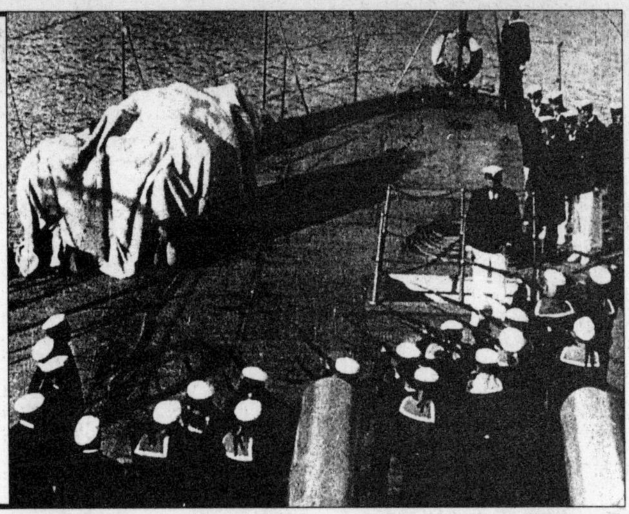

# 1905

**Buch des Jahres:**
„Lausbubengeschichten"
von Ludwig Thoma

**Film des Jahres:**
„Der Vorbestrafte"
von Edwin S. Porter

**Schlager des Jahres:**
„Da geh ich ins Maxim"
komp. von Franz Lehár

## JAHRES-CHRONIK

● Am 9. Februar stirbt in Berlin der 89jährige Maler der preußischen Geschichte und insbesondere der friderizianischen Zeit, Adolph von Menzel.

● Mit seinem Besuch in der marokkanischen Stadt Tanger während einer Mittelmeerreise löst Kaiser Wilhelm II. Spannungen mit Frankreich aus, das seine Interessensphäre verletzt sieht.

● Die diesjährige Weltausstellung wird im April in der belgischen Stadt Lüttich eröffnet.

● In der Burenrepublik Transvaal tritt im April eine neue Verfassung in Kraft, die den Farbigen das Wahlrecht verbietet.

● Der am Patentamt in Bern angestellte Physiker Albert Einstein stellt im Juni seine „Spezielle Relativitätstheorie" vor.

● Mit großer Mehrheit beschließt das französische Parlament die Trennung von Kirche und Staat.

● Die Bevölkerung Norwegens entscheidet sich bei einer Abstimmung im August für die Trennung von Schweden.

● Max Reinhardt eröffnet im Oktober die Schauspielschule des Deutschen Theaters in Berlin.

● Der dänische Prinz Karl wird im November zum König (Haakon VII.) des neuen Staates Norwegen gewählt.

● Der deutsche Zoologe Fritz Richard Schaudinn gibt gegen Jahresende die Entdeckung des Syphilis-Erregers bekannt.

● Zu einem überwältigenden Erfolg wird im Dezember die Uraufführung der Operette „Die lustige Witwe" von Franz Lehár in Wien.

● In Dresden wird ebenfalls im Dezember die Oper „Salome" von Richard Strauss uraufgeführt.

## Japan gewinnt Krieg

Die verlustreiche Auseinandersetzung zwischen Rußland und Japan endet im Herbst mit einem Erfolg der Söhne Nippons. Das schwarze Jahr beginnt für die zaristischen Streitkräfte mit der Kapitulation von Port Arthur im Januar, wo den Japanern eine Menge Kriegsmaterial in die Hände fällt. Die Vorentscheidung in diesem Krieg bringt dann die Seeschlacht von Tsushima, in der die Japaner im Mai die russische Baltikum-Flotte vernichten, die sich auf den langen Weg ums Kap der Guten Hoffnung bis in die Straße von Korea gemacht hatte. Die Russen müssen den Verlust von 20 Schiffen, 5000 Gefallene und 6000 Gefangene beklagen. Auch der kommandierende Admiral Roschestwenskij gerät in Gefangenschaft. In mehreren Häfen Rußlands kommt es danach zu Unruhen unter den Schiffsbesatzungen der zaristischen Marine. Da die revolutionären Ereignisse den Zaren und seine Regierung auch innenpolitisch erschüttern, ist an eine Weiterführung des praktisch entschiedenen Krieges nicht zu denken. Rußland nimmt daher die von US-Präsident Theodore Roosevelt angebotene Vermittlung an. In Portsmouth (New Hampshire) unterzeichnen die Kriegsparteien am 5. September einen Friedensvertrag, der einschneidende Veränderungen im Fernen Osten mit sich bringt. Rußland muß sich aus der Mandschurei zurückziehen und diese formell an China übergeben. Japan sichert sich die Oberhoheit über Korea, Port Arthur und Südsachalin. Mit diesen Gebietsgewinnen ist Japan in den Kreis der Großmächte eingetreten und wird von nun an zu einem bestimmenden Faktor innerhalb der Weltpolitik. □

## Streik-Erfolg

Die Kumpel in Rheinland und Westfalen können im Januar aufatmen. Nach einem Großstreik, an dem sich 215000 Bergarbeiter beteiligen, finden sie bei der Regierung Gehör. Das Kabinett kündigt nach einem heftigen Schlagabtausch im Reichstag die Vorlage eines Bergbaugesetzes an, das die Lage an der Ruhr stabilisieren soll. Weitere Zechenschließungen sollen ausbleiben, außerdem soll es eine verbindliche Regelung der Arbeitszeit geben. □

## Künstler-Treff

Im Juni geben vier Kunststudenten in Dresden die Gründung einer neuen Künstlergemeinschaft bekannt, der sie den Namen „Die Brücke" geben. Ernst Ludwig Kirchner, Erich Heckel, Karl Schmidt-Rottluff und Fritz Bleyel laden Gleichgesinnte zum Malen und zur Beschäftigung mit Holzschnitt und Lithographie ein. Ihrem Ruf folgen bald Max Pechstein, Emil Nolde und Otto Mueller. Die Gruppe vereint damit die wichtigsten Vertreter des deutschen Expressionismus. □

Jules Verne, der erfolgreichste Autor des späten 19. Jahrhunderts, stirbt am 24. März in Amiens mit 77 Jahren. Der gelernte Jurist und Naturwissenschaftler begründete mit seinen Romanen ein neues literarisches Genre, später Science-Fiction genannt. Zu seinen bekanntesten Werken zählen „Reise zum Mittelpunkt der Erde", „Von der Erde zum Mond", „20000 Meilen unterm Meer" oder „Reise um die Erde in 80 Tagen".

## Katastrophe unter Tage

In einem Bergwerk der französischen Stadt Courrières kommt es am 10. März zu einer Katastrophe von apokalyptischem Ausmaß. Bei einem Grubenbrand wird die gesamte Belegschaft von 1 800 Mann eingeschlossen. Der schlechte Zustand der Rettungseinrichtungen verhindert wirksame Hilfe. Erst aus dem Ruhrgebiet zu Hilfe eilende Kumpel können bis zum 30. März einige Überlebende bergen. Dem fürchterlichen Unglück fallen 1 100 Bergleute zum Opfer. Die Betreiber der Grube und ihre Ingenieure sehen einer Anklage wegen der miserablen Sicherheitsvorkehrungen entgegen. □

# Ende eines Justizskandals

Im Juli endet einer der größten Justizskandale der französischen Geschichte. Wegen angeblicher Spionage für Deutschland war im Oktober 1894 der Hauptmann Alfred Dreyfus verhaftet, aus der Armee ausgestoßen und zu lebenslanger Deportation verurteilt worden. Obwohl bereits zwei Jahre später der wahre Täter, ein Graf Esterhazy, ermittelt wird, weigern sich die Behörden, den Juden Dreyfus zu rehabilitieren. Antisemitische Kreise Frankreichs spielen dabei eine unrühmliche Rolle, den Rechtsparteien war Dreyfus darüber hinaus als Sündenbock willkommen. Nach dem Freispruch Esterhazys erhob der Dichter Emile Zola seine Stimme. In seinem berühmt gewordenen Brief „J'accuse!“ (Ich klage an) richtete er am 13. Januar 1898 schwere Vorwürfe an Felix Faure, den Präsidenten der Dritten Republik Frankreichs. Dies brachte ihm eine Strafe wegen Beleidigung des Kriegsgerichts ein, hatte er doch dessen erste Instanz als „vielleicht nicht einsichtig“, die zweite aber als „unausweichlich verbrecherisch“ bezeichnet. In einem Revisionsverfahren 1899 wurde der Ex-Hauptmann Dreyfus immerhin nur noch zu zehn Jahren Festungshaft verurteilt, dann begnadigt, aber erst nach weiteren heftigen Auseinandersetzungen in diesem Jahr endlich rehabilitiert. □

Alfred Dreyfus

## San Francisco ein Trümmerfeld

Ein schweres Erdbeben mit anschließendem Großbrand verwandelt die kalifornische Metropole San Francisco am 18. April in ein Trümmerfeld. Die morgens um 5.13 Uhr einsetzenden Erdstöße lassen ganze Straßenzüge zusammenfallen, die meisten Menschen werden im Schlaf überrascht und unter den Trümmern begraben. Das Beben löst eine Feuersbrunst aus, der die stehengebliebenen Gebäude zum Opfer fallen. Vor allem das Geschäftszentrum der Stadt wird von den Flammen verschlungen. Nach deren Verlöschen bietet sich den Überlebenden ein gespenstisches Bild: die Großstadt am Pazifik liegt in Schutt und Asche, San Francisco hat aufgehört zu existieren. Mehr als 250 000 Menschen verbringen aus Angst vor Nachbeben die folgenden Nächte im Freien. Eine erste Bilanz meldet über tausend Todesopfer und mehrere tausend Verletzte. 28 000 Gebäude sind völlig zerstört. Der Sachschaden erreicht die astronomisch anmutende Höhe von 200 Millionen Dollar. □

Schuster Wilhelm Voigt

# Bluff des Schusters in Uniform

Am frühen Nachmittag des 16. Oktober marschiert ein Kontingent von zwei Gefreiten und neun Soldaten unter Führung eines in die Uniform des 1. Garderegiments gekleideten Hauptmanns vom Bahnhof Köpenick zum Rathaus. Der Offizier hat die Mannschaft „im Namen Seiner Majestät“ in Berlin auf der Straße verpflichtet, ihm nach Köpenick zu folgen, „um dort eine dienstliche Angelegenheit zu regeln“. Diese bestünde in der Besetzung des Rathauses und Verhaftung des Bürgermeisters. Der Verwaltungschef und mehrere Stadtbedienstete werden in der Tat vom couragiert auftretenden Hauptmann in Gewahrsam genommen. Der Offizier beschlagnahmt auch die mit 4 000 Mark gefüllte Stadtkasse gegen Quittung und läßt die Festgenommenen dann unter Bewachung von zwei angeforderten Droschken zur Neuen Wache nach Berlin bringen. Auch seine kleine Hilfstruppe setzt er dorthin in Marsch. Dem Befehlshaber in Berlin dämmert erst nach Stunden, daß an der Angelegenheit etwas faul sein muß, und er läßt Bürgermeister Dr. Langerhans und seine Bediensteten gehen. Die Fahndung nach dem Täter, über dessen Streich inzwischen ganz Europa lacht, führt am 26. Oktober zur Verhaftung eines in Berlin auftretenden „Hauptmanns von Mahlzahn“. Dahinter steckt der 57jährige beschäftigungslose Schuster Wilhelm Voigt, wegen diverser Delikte aktenkundig. Er konnte wegen fehlender Papiere weder Arbeit noch eine Reiseerlaubnis bekommen und wollte mit seinem Streich entsprechende Unterlagen in einer Behörde erlangen. Da sich im Rathaus Köpenick keine Paßstelle befand, streifte er in der beim Trödler erstandenen Uniform des Garderegiments bis zu seiner Festnahme durch die Reichshauptstadt. Er wird im Dezember zu vier Jahren Gefängnis verurteilt, nach zwei Jahren jedoch begnadigt. Der Dichter Carl Zuckmayer setzt ihm in seiner 1931 geschaffenen Komödie „Der Hauptmann von Köpenick“ ein literarisches Denkmal. □

# JAHRES-CHRONIK

● Deutschland erleidet im Januar auf der Konferenz von Algeciras eine diplomatische Niederlage in der Marokko-Frage.

● Der französische Physik-Nobelpreisträger Pierre Curie kommt am 16. April in Paris bei einem Autounfall ums Leben.

● In Anwesenheit des italienischen Königs wird am 19. Mai der 19,7 Kilometer lange Simplontunnel für den Eisenbahnverkehr freigegeben.

● Der ungarische Renault-Fahrer Ferenc Szisz gewinnt im Juni auf einem Kurs bei Le Mans das erste Grand-Prix-Rennen des Automobilsports.

● Die im Juli zum dritten Mal durchgeführte Tour de France endet nach einer Etappe erstmals auf deutschem Boden (Metz in Lothringen).

● Preußen führt im August per Gesetzesverordnung die konfessionellen Grundschulen ein.

● Bei einem Erdbeben in der chilenischen Stadt Valparaiso kommen im August mehrere tausend Menschen ums Leben.

● Im Alter von 67 Jahren stirbt am 22. Oktober in Aix-en-Provence der französische Maler Paul Cézanne, der als „Vater der Moderne" in die Kunstgeschichte eingeht.

● Der russische Publizist und Revolutionär Leo Trotzki wird im November zu lebenslanger Verbannung nach Sibirien deportiert.

● In Deutsch-Ostafrika werden Knochen von Riesen-Dinosauriern entdeckt.

● Mit „Gespenster" von Henrik Ibsen in einer Inszenierung von Max Reinhardt werden am 8. November die Berliner Kammerspiele eröffnet.

● Die SPD eröffnet in Hamburg ihre erste Parteischule.

● Theodore Roosevelt erhält für seine Vermittlung im Russisch-Japanischen Krieg den Friedensnobelpreis.

● Nach mehrjähriger Bauzeit wird am 5. November der für fünf Millionen Reichsmark errichtete Hamburger Hauptbahnhof feierlich eröffnet.

## Geburtsstunde des Rundfunks

Nach erfolgreicher Entwicklung einer Hochfrequenzmaschine gelingt dem kanadischen Techniker Reginald Aubrey Fessenden am Heiligen Abend erstmals die drahtlose Übermittlung der menschlichen Stimme. Funker auf den Schiffen vor der Küste Neufundlands empfangen statt Morsezeichen Händels „Largo" und eine Weihnachtsansprache. Der Initiator dieser „Sendung" bittet mögliche Empfänger um Nachricht über Empfang und Qualität. Das Ereignis gilt als die Geburtsstunde des Rundfunks. □

# 1906

**Buch des Jahres:**
„Die Verwirrungen des Zöglings Törless" von Robert Musil

**Film des Jahres:**
„Das Spukhotel" von Stuart Blackton

**Schlager des Jahres:**
„Per aspera ad astra" komp. von Ernst Urbach

**Das spanische Königspaar, Alfons XIII. und Prinzessin Viktoria Eugenie von Battenberg, entgeht am Hochzeitstag (31. Mai) nur knapp einem Attentat. Die nach der Trauung von einem Anarchisten geworfene Bombe tötet aber Begleiter und Pferde des Hochzeitswagens.**

## Großer Skandal im Kaiserreich

Die Enthüllung angeblicher sexueller Verfehlungen von Angehörigen der preußischen Oberschicht, darunter Philipp Fürst zu Eulenburg und Hertefeld, führt zu einem erheblichen Skandal. Urheber ist der Journalist und Herausgeber der Zeitschrift „Die Zukunft", Maximilian Harden, dem der Einfluß des Fürsten auf die Politik des Kaisers mißfällt. Die juristischen Folgen dieser im Oktober ausgelösten Affäre belasten das Verhältnis etlicher Beschuldigter zum Hof. Nach mehreren Prozessen wird Eulenburg vom Kaiserhof verbannt. □

**Norwegens „Nationaldichter" Henrik Ibsen stirbt am 23. Mai in Christiana (heute Oslo). Der Begründer einer neuen Theatergattung, des „Gesellschaftsstückes", ist 78 Jahre alt geworden. Mit seinen Spätwerken wie „Nora oder Ein Puppenheim", „Gespenster", und „Ein Volksfeind" schuf er moderne Dramen voller radikaler Kritik an den gesellschaftlichen Verhältnissen. Seine Dramen wie beispielsweise „Hedda Gabler" werden Vorbild für die Dichter in Skandinavien und ganz Mitteleuropa.**

## Erstes U-Boot

Für den Kaiser und die deutsche Kriegsmarine gibt es am 14. Dezember eine bedeutsame Premiere, die als Geburtsstunde einer neuen deutschen Waffengattung gilt. Im Kriegshafen Kiel wird das erste deutsche U-Boot in Dienst gestellt. Das „U1" getaufte Tauchschiff hat eine Wasserverdrängung von 238 Tonnen. Seine Antriebsaggregate bestehen aus einem Petroleummotor für Überwasser- und einem Elektromotor für Tauchfahrten mit einer Gesamtleistung von 800 PS. □

## JAHRES-CHRONIK

- Bei den Reichstagswahlen im Januar verlieren die Sozialdemokraten die Hälfte ihrer Sitze und haben nur noch 43 Abgeordnete.
- Der Dampfer „Berlin" strandet im Februar vor Hoek van Holland. 129 Menschen sterben.
- 72jährig stirbt am 2. Februar der russische Chemiker Dimitrij Mendelejew, Begründer des Periodensystems der Elemente.
- Das englische Unterhaus lehnt im März erneut den Bau eines Kanaltunnels nach Frankreich ab.
- Den französischen Gebrüdern Voisin gelingt im März der erste Testflug einer von ihnen konstruierten Flugmaschine.
- Einer Hungersnot in Südchina sind im April nach Angaben der Behörden täglich 5000 Menschen zum Opfer gefallen.
- Ein Erdbeben zerstört die mexikanische Stadt Acapulco.
- Der Zoologe Carl Hagenbeck gründet im Mai in Hamburg den ersten Tierpark mit Freigehegen.
- Im Juni stellen die Gebrüder Lumiére in Paris die ersten Farbfotos vor.
- In den USA wird im Juli die erste Luftwaffeneinheit der Welt – allerdings ohne Waffen – in Dienst gestellt.
- Im August findet in Stuttgart die erste internationale sozialistische Frauenkonferenz statt.
- In Petersburg unterzeichnen England und Rußland ein Abkommen über ihre Interessen in Asien.
- Der Lehrer Richard Schirrmann begründet im August das deutsche Jugendherbergssystem.
- Von Oktober an erhalten alle Kraftfahrzeuge in Deutschland ein amtliches Kennzeichen und eine Nummer.
- Der vom Franzosen L. Bréguet konstruierte Hubschrauber absolviert im November seinen ersten Testflug.
- Die neu gegründete EDEKA (Einkaufsgenossenschaft deutscher Kolonialwarenhändler) legt im Dezember erstmalig ihre Bilanz vor.
- Der Berliner Chemiker Eduard Buchner erhält im Dezember den Chemienobelpreis für die Entdeckung der Zymase.

Das berühmte Selbstbildnis von Paula Modersohn-Becker

**In seinem Landhaus bei Bergen stirbt am 4. September der norwegische Komponist Edvard Grieg. Er wurde 64 Jahre alt. Seine Kompositionen, vor allem „Peer Gynt" oder „Symphonische Tänze" sowie zahlreiche Klavierwerke, sind mittlerweile in der ganzen Welt bekannt. Viele enthalten Elemente der norwegischen Volksmusik.**

# Nobelpreis an R. Kipling

Der englische Schriftsteller Rudyard Kipling erhält den diesjährigen Nobelpreis für Literatur. Damit werden – so in der Laudatio – „die lebensvollen Schöpfungen dieses weltberühmten Verfassers ausgezeichnet". Einige kennt jedes Kind: „Das Dschungelbuch" und „Kim". □

Rudyard Kipling

# Früher Tod einer Künstlerin

In der Künstlerkolonie Worpswede bei Bremen stirbt am 20. November bei der Geburt ihres ersten Kindes die Malerin Paula Modersohn-Becker. Sie ist erst 31 Jahre alt. Die junge Künstlerin hält sich seit 1897 an dem Ort auf, den der Maler Fritz Mackensen 1889 mit seinem Freund Otto Modersohn als Heimstatt für Künstler gegründet hat. Paula Becker war beider Schülerin und heiratete 1901 den elf Jahre älteren Otto Modersohn. Bei mehreren Paris-Aufenthalten wurde sie von den Arbeiten Cézannes, Gauguins und van Goghs beeinflußt, was nicht nur in ihren Stilleben zu erkennen ist. Besonders bekannt sind ihr „Melonenstilleben", das Bildnis „Rainer Maria Rilke" und das Selbstbildnis „Malerin mit Kamelienzweig". □

# Österreicher dürfen wählen

Der historische Akt geht am 14. Mai über die politische Bühne. An diesem Tag finden in Österreich die ersten freien Wahlen in der Geschichte des Landes statt. Allerdings dürfen nur Männer ihre Stimme abgeben, Frauen sind noch nicht zur Wahl zugelassen. Das erste demokratisch gewählte Parlament hat eine überraschende Zusammensetzung: Die Sozialdemokraten werden mit 87 Abgeordneten stärkste Partei, gefolgt von den Christlichsozialen (66 Sitze) und Katholisch-Konservativen (30 Sitze). Die beiden letzteren schließen sich zu einer Fraktion zusammen und verhindern somit größere Einflußnahmen des Wahlsiegers. Ministerpräsident bleibt Max Freiherr von Beck, der seit einem Jahr im Amt ist. Auf seine Initiative hin hat das Abgeordnetenhaus das neue Wahlrecht genehmigt. Aufgrund dessen Einführung war Becks Vorgänger Paul Gautsch zurückgetreten. Beck kündigt nach der Wahl weitere soziale Reformen an. □

Gruppenbild einer Berliner Mädchenklasse

# 1907

**Buch des Jahres:**
„Wunderbare Reise des kleinen Nils Holgersson mit den Wildgänsen" von Selma Lagerlöf

**Film des Jahres:**
„Ben Hur" von Sidney Olcott

**Schlager des Jahres:**
„Immer an der Wand lang" von Robert Steidl

**Mit einem Kundschafterspiel anläßlich eines Jugendtreffens in der englischen Provinz Dorset beginnt im Juli die Pfadfinderbewegung: Der britische Generalleutnant Robert Baden-Powell läßt 20 Jungen „Überlebenstechniken" trainieren und fördert solche Übungen in weiteren Jugendlagern.**

## Reform an Mädchenschulen

Mit der Ankündigung einer Reform an deutschen Mädchenschulen erregt der preußische Kultusminister im März Aufsehen. Bisher findet der Unterricht an derartigen Bildungsstätten in einer konservativen Form statt, die einem längst überholten Frauenbild anhängt. Zu den avisierten Neuerungen soll fachbezogenes Lernen gehören. Die angehenden jungen Damen sollen neben den Schwerpunkten Deutsch und Religion nun mit den Feinheiten der Grammatik und der Mathematik vertraut gemacht werden. Minister von Studt legt aber Wert auf die Feststellung, daß die hohen Güter der „Herzensreinheit und Gemütstiefe deutscher Frauen und Mädchen" durch zuviel intellektuelles Training nicht beeinflußt werden sollen. Im Oktober macht er einen noch größeren Reformsprung und erlaubt die Einführung des Biologieunterrichts an den Oberklassen der Höheren Schulen. □

## Peking – Paris im Automobil

Ein halsbrecherisches Unternehmen fasziniert in diesem Sommer die Welt. Angeregt von der Pariser Zeitung „Le Matin" starten wagemutige Automobilisten eine Fernfahrt, die von Peking nach Paris führen soll. Vier Franzosen und ein Italiener – mehr können die hohe Startgebühr nicht aufbringen – machen sich in der chinesischen Metropole am 10. Juni auf den Weg. Nach zwei Monaten erreicht Scipione Borghese als erster das Ziel an der Seine. Sein Vierzylinder Itala mit 45 PS hat die unglaublichen Strapazen über vorhandene und nicht vorhandene Straßen und Wege überstanden, der Fahrer unvorhersehbare Gefahren überwunden. □

## Beginn des Kubismus

Der in Paris lebende Maler Pablo Picasso stellt in diesem Jahr ein neues Bild vor, das beträchtliches Aufsehen erregt. „Die Mädchen von Avignon" bestehen aus geometrischen Formen und verwinkelten Flächen. Picasso hat eine von Paul Cézanne begonnene Maltechnik konsequent weitergeführt und begründet damit eine Wende in der Malerei. Der neue Stil, dem sich schnell Künstler wie Gris, Braque, Léger und Derain anschließen, erhält den Namen „Kubismus", abgeleitet aus dem griechischen „cubus" (Würfel). Er bezeichnet fortan die Auflösung des Organischen in geometrischen Formen und die Ablösung des Geschaffenen vom Sichtbaren. Nicht mehr die Farbe, sondern der auf geometrische Strukturen zurückgeführte Körper wird augenfällig. Juan Gris geht wenig später noch weiter und begründet mit seinen Collagen den sogenannten synthetischen Kubismus. Als Hauptwerk gilt sein Porträt „Pablo Picasso". □

## Skandal-Ehe

Eine Dame der Gesellschaft sorgt im September wieder für Aufsehen. Die 37jährige Kronprinzessin Luise von Sachsen, schon durch die wegen Ehebruchs erfolgte Scheidung 1903 Gegenstand öffentlicher Diskussionen, heiratet jetzt ihren Liebhaber, den italienischen Pianisten Enrico Toselli, 13 Jahre jünger als die Adlige. Die skandalöse Verbindung wird zum Thema von Stammtischen Literaten. □

# Erstes Auto für jedermann

**Automontage in Detroit: An einem Seil werden die Fahrgestelle des Modells „T" durch die Werkshalle bis zur Endmontage im Freien gezogen.**

Der Ingenieur und Automobilkonstrukteur Henry Ford hat im Oktober sein großes Ziel erreicht: In der von ihm 1903 in Detroit gegründeten Ford Motor Company verläßt das erste Modell einer neuen Serie die Fabrikhalle. Der zweisitzige Roadster trägt die Typenbezeichnung „T" und wird unter seinem vollständigen Namen „Tin Lizzy" (Blechliese) zum ersten Serienauto der Welt. Das Fahrzeug für jedermann bedeutet die Krönung für Fords Bemühungen in Sachen Automobilbau. Mit seiner Konstruktion, die für 850 Dollar auch weniger gut verdienenden Leuten offensteht, verhilft er der Branche in den USA zum großen Aufbruch. Das leicht zu bedienende Gefährt wird bis 1927 nahezu unverändert produziert – ab 1913 mit der von Ford eingeführten Fließbandherstellung, die weltweit die Fertigung von Industrieprodukten verändert – und 15 Millionen Mal verkauft. Bahnbrechend sind in den Ford-Werken Produktionsmethoden und Arbeitsbedingungen. Eine perfekte Organisation des Arbeitsablaufes, hohe Löhne und niedrigere Arbeitszeiten bilden die Grundlage für ein hochmotiviertes Personal. □

## Erstes Disqualifikationsdrama

Die IV. Olympischen Sommerspiele in London ziehen sich vom 24. April bis zum 31. Oktober. 22 Nationen haben 2059 Aktive, darunter 39 Frauen, an die Themse geschickt. Als herausragendes Ereignis gilt die erste Disqualifikation der noch jungen olympischen Geschichte. Beim Marathonlauf droht der führende Italiener Dorando Pietri kurz vor dem Ziel zusammenzubrechen. Mehrere Zuschauer helfen ihm über die Ziellinie, worauf der Pastetenbäcker aus Capri den Regeln entsprechend disqualifiziert werden muß. Dies bringt ihm jedoch nicht nur Sympathien, sondern auch klingende Münze bei Starts in aller Welt ein. □

**Einzug der Teilnehmer bei der Eröffnung des mittleren Veranstaltungsabschnitts im Juni**

## JAHRES-CHRONIK

- Der österreichische Komponist und Dirigent Gustav Mahler wird im Januar Chefdirigent der Metropolitan Opera in New York.
- Pariser Modeschöpfer stellen im Mai eine neue Linie vor. Bestimmend ist die schmale Silhouette, die von entsprechenden Miedern betont wird.
- Bei den preußischen Landtagswahlen im Juni ziehen die Sozialdemokraten mit 7 Abgeordneten erstmals in dieses Parlament ein.
- Der russische Komponist Nikolai Rimskij-Korsakow stirbt am 21. Juni in der Nähe von St. Petersburg im Alter von 64 Jahren.
- Das Morsesignal SOS wird am 1. Juli weltweit als offizielles Notsignal eingeführt.
- Das Luftschiff „Zeppelin" stürzt am 8. August bei Echterdingen ab und explodiert.
- In Österreich wird im August mit der „Venus von Willendorf" eine jungsteinzeitliche Fruchtbarkeitsgöttin entdeckt, die etwa 30.000 Jahre alt sein soll.
- Österreich-Ungarn annektiert im Oktober Bosnien und die Herzegowina, was zu scharfen Protesten von Rußland, Frankreich und England führt.
- Im Oktober wird Kreta vom Osmanischen Reich losgelöst und fällt an Griechenland.
- Bulgarien wird durch Proklamation des Fürsten Ferdinand im Oktober zum unabhängigen Königreich unter Ferdinand I.
- Einer Schlagwetterexplosion auf der Kohlenzeche Radbod bei Hamm (Westfalen) fallen im November 360 Bergleute zum Opfer.
- Mit Beginn des Wintersemesters 1908/09 werden an den Landesuniversitäten in Deutschland auch Frauen als Studierende aufgenommen.
- Der Republikaner William Howard Taft wird zum 27. US-Präsidenten gewählt.
- Am 11. November stirbt Kaiser Kuang-hsü. Der minderjährige Nachfolger Hsüan-t'ung bekommt einen Regenten zur Seite gestellt.
- Der 30jährige Jack Johnson wird im Dezember als erster Farbiger Box-Weltmeister im Schwergewicht.

**Mißstände und mangelnde Reformbereitschaft im diktatorisch regierten Portugal sind die Ursachen für ein Attentat auf den König und seinen Thronfolger, dem beide am 1. Februar zum Opfer fallen. Während einer Fahrt durch Lissabon werden Karl I. (Bild) und Ludwig Philipp durch Gewehrschüsse getötet. Der König regierte seit 1889 mit absolutistischem Anspruch und sah sich einer wachsenden Opposition gegenüber.**

## Wilhelm II. redet Tacheles

Der deutsche Kaiser nutzt im Oktober ein Interview mit der Tageszeitung „Daily Telegraph", um den Engländern endlich einmal die Leviten zu lesen. Wilhelm II. läßt das Inselvolk darin wissen, daß er als sein größter Freund auf dem Festland von den eher ablehnenden Reaktionen enttäuscht sei. Wörtlich heißt es: „Was ist eigentlich über Euch gekommen, daß Ihr Euch so völlig einem Argwohn überlassen habt, der einer großen Nation ganz unwürdig ist? ... Ich habe immer gesagt, daß ich Englands Freund bin, und Ihre Presse – oder wenigstens ein beträchtlicher Teil – fordert das englische Volk auf, meine ausgestreckte Hand zurückzuweisen ..." Die Äußerungen des Kaisers sorgen im In- und Ausland für erheblichen Wirbel, sie werden allgemein als anmaßend und überheblich empfunden. Auch im Reichstag wird mit viel Emotionen über diese Entgleisung Seiner Majestät diskutiert. □

## Deutsche geehrt

Unter den Nobelpreisträgern sind wieder zwei Deutsche. Rudolf Eucken erhält in Anerkennung „der durchdringenden Kraft der Gedanken, der Weite des Blickfeldes, der Wärme und Eindringlichkeit der Darstellung, womit er in seinen zahlreichen Arbeiten eine idealistische Lebensphilosophie gerechtfertigt und weiterentwickelt hat" den Literaturpreis. Paul Ehrlich, Mitarbeiter von Robert Koch, und Direktor des Instituts für experimentelle Therapie in Frankfurt, erhält den Medizinnobelpreis. Er gilt als Schöpfer der modernen Chemotherapie. □

## Schneller Leutnant

Mit einem Sieg für den deutschen Oberleutnant Hans Köppen geht das erste Autorennen „Rund um die Erde" im Juli in Paris zu Ende. Der Startschuß fiel im Februar in New York. □

**Im kleinen Harzort Mechtshausen stirbt am 9. Januar 76jährig der Dichter, Zeichner und Maler Wilhelm Busch. Der Schöpfer von Bildgeschichten voller hintergründigem Humor – die Fotos zeigen ihn und einige Blätter des wertvollen Original-Manuskripts seines wohl bekanntesten Werkes „Max und Moritz" – hatte zunächst ganz andere Pläne. Auf einem Polytechnikum strebte er nach dem Beruf des Maschinenbauers, kam aber bald mit der Kunst in Berührung und besuchte die entsprechenden Akademien in Düsseldorf, Antwerpen und München. Dort fand er eine Anstellung beim „Münchner Bilderbogen" und den „Fliegenden Blättern" (1859 bis 1871) und veröffentlichte 1864 seine erste Bildgeschichte. In Werken wie „Hans Huckebein", „Julchen" und „Fipps der Affe" persiflierte er die Schwächen der Mitbürger und übte verhaltene Sozialkritik, was nicht ohne Schwierigkeiten blieb. „Der heilige Antonius von Padua" war wegen seiner Kritik am Klerus in Österreich von der Zensur sogar verboten.**

# 1908

**Buch des Jahres:**
„Caspar Hauser oder Die Trägheit des Herzens" von Jakob Wassermann

**Film des Jahres:**
„Die letzten Tage von Pompeji" von Arturo Ambrosio

**Schlager des Jahres:**
„Nach Hause geh'n wir nicht" komp. von J. Reckmann

## Katastrophe auf Sizilien

Eine Erdbebenkatastrophe von unglaublichem Ausmaß sucht am 28. Dezember die sizilianische Stadt Messina heim. Die blühende Hafenstadt wird dem Erdboden gleichgemacht. In ihren Trümmern sterben 84 000 Menschen. Die Zahl der Todesopfer insgesamt wird auf über 100 000 geschätzt. In ganz Europa folgt eine Welle der Hilfsbereitschaft. □

## Fußball auch international

Die Schweiz ist am 5. April Gegner der deutschen Fußballmannschaft im ersten offiziellen Länderspiel des DFB. Sie siegt mit 5:3. Im offiziellen Bericht des DFB heißt es dazu: „Der Torwart genügte. Von den Verteidigern war Jordan sehr schlecht, und Hempel fehlt der befreiende Stoß. Mit einem Partner, der über einen weiten Stoß verfügt, hätte er seinen Posten wohl ausgefüllt. Die Halfs genügten. In der Stürmerreihe vermißte ich bis zum letzten Teil des Spiels jegliche Kombination. Keiner vertraute dem anderen. □

## Mutige Frauen

Die englische Frauenbewegung WSPU (Women's Social and Political Union) tritt im Juni in einer machtvollen Demonstration mit 250 000 Anhängern im Hyde Park in Erscheinung. An der Haltung der Regierung gegenüber dem geforderten Frauenstimmrecht ändert sich aber nichts. □

Europas Theaterszene ist bestürzt. Im Oktober erklärt Eleonora Duse, gerade 50 Jahre alt geworden, ihren Rücktritt. Die italienische Schauspielerin steht auf dem Gipfel des Ruhmes und wird auf Bühnen in aller Welt gefeiert. Ihre ausdruckskräftigsten Rollen findet sie in den Dramen ihres Landsmannes Gabriele D'Annunzio, dem sie auch privat sehr nahe steht. „Die Duse" hält die Bühnenabstinenz jedoch nicht durch und wagt nach elf Jahren ein umjubeltes Comeback. □

**Nach 44jähriger Regierungszeit stirbt am 17. Dezember König Leopold II. von Belgien. Der beliebte Monarch (das Bild zeigt ihn bei einem Besuch in Nizza) hat den Kongostaat für Belgien gewonnen und die Spannungen zwischen Flamen und Wallonen in Grenzen halten können. Sein Nachfolger wird Albert I. (auf dem Bild mit Prinzessin Elisabeth von Bayern).**

**Leopold II.**

**Albert I. mit Gemahlin**

# Abschied von der Bühne

**Eleonora Duse bei einem Gastspiel in Berlin in der Rolle der Silvia in Gabriele D'Annunzios Drama „Gioconda"**

# Flugpioniere beeindrucken

Flugpioniere verschiedener Nationen beeindrucken in diesem Jahr mit fliegerischen Sensationen. Am 25. Juli überquert der Franzose Louis Blériot mit einem von ihm selbst gebauten Eindecker den Ärmelkanal und gewinnt den von der „Daily Mail" ausgesetzten Preis in Höhe von tausend englischen Pfund. Er startet mit seinem von einem 25-PS-Motor angetriebenen Flieger bei den Klippen von Calais und landet nach knapp 28 Minuten auf einer Wiese bei Dover.

Während einer Fliegerwoche in Frankfurt gewinnt der deutsche Flugpionier August Euler im Oktober ein Wettfliegen gegen drei Franzosen, darunter Blériot. Euler erhält später den deutschen Flugzeugführerschein Nr. 1.

Ebenfalls im Oktober wagt die erste Frau einen Alleinflug. Die Französin Elise de Laroche schafft in einem Doppeldecker einen 300-Meter-Hüpfer auf dem Gelände der Voisin-Werke bei Châlon. Mademoiselle de Laroche ist auch die erste Frau der Welt, die einen Flugzeugführerschein erhält. □

# Skandal des Jahrhunderts

In der besonders auf den guten Ruf ihres Offizierskorps bedachten k.u.k.-Armee von Österreich-Ungarn ereignet sich im Herbst ein Skandal, der ihr Gefüge bis in die Grundmauern erschüttert. Etliche Generalstabsoffiziere bekommen ein Gratis-Päckchen ins Haus geliefert, delikater Inhalt des Geschenks: ein Potenzstärkungsmittel. Ein Hauptmann testet die Gabe und stirbt an einer Zyankalivergiftung. Der Todesfall hat ebenso umfangreiche wie zunächst diskrete Ermittlungen zur Folge, in deren Verlauf ein Oberleutnant Adolf Hofrichter als Absender des dubiosen Geschenks überführt werden kann. Verblüffend ist sein Motiv. Bei der turnusmäßig anstehenden Beförderung in den Generalstab fühlte er sich übergangen und wollte dem Schicksal nun nachhelfen. Wenn andere Posteninhaber an seiner Giftgabe sterben würden – so sein naiver Plan – wäre der Weg für ihn in den höheren Rang frei. Der unglückliche Giftmischer wird zu zwanzig Jahren Gefängnis verurteilt. □

## JAHRES-CHRONIK

- Die Oper „Elektra" von Richard Strauss mit dem Libretto von Hugo von Hofmannsthal wird im Januar in Dresden uraufgeführt.
- Nach einer im Februar veröffentlichten Einkommensstatistik gibt es im Land 77 Millionäre.
- Der italienische Schriftsteller Filippo Tommaso Marinetti veröffentlicht am 20. Februar im „Le Figaro" (Paris) sein „Manifest des Futurismus" und begründet damit den neuen Trend in Literatur und bildender Kunst.
- Auf der 150 Meter langen Holzbahn der Ausstellungshalle am Zoo erlebt Berlin im März Europas erstes Sechstagerennen.
- Mit einem weitgehenden Kinderschutzgesetz, das vor allem Alkohol- und Tabakkonsum verbietet, erregt England im April Aufsehen.
- Im Mai wird in Berlin eine neue Ärzte-Organisation, der Reichsverband Deutscher Ärzte, gegründet. Sein Anliegen: freie Vereinbarungen zwischen Kassen und Ärzten.
- 65jährig stirbt am 22. Juli in Hamburg der Offizier und Lyriker Detlev von Liliencron.
- Der Zeppelin „LZ 3" absolviert den ersten Fernflug Friedrichshafen – Berlin und zurück.
- Der Sozialreformer Francisco Ferrer wird im Oktober bei Barcelona hingerichtet. Er soll Hauptbeteiligter eines Arbeiteraufstandes gewesen sein.
- In Berlin wird im Sommer mit dem Bau der „Avus" begonnen. Die neue Strecke wird mit einer Fahrbahn aus Beton ausgestattet.
- Das erste Selbstwählamt für Ortsgespräche besteht in diesem Jahr in Hildesheim seine Erprobungsphase.
- Mit einem von Nobelpreisträger Paul Ehrlich entwickelten Medikament namens „Salvarsan" ist die erste erfolgreiche Syphilis-Therapie durchgeführt worden.
- Der mit drei Beinen geborene Italiener Francis Lentini hat als Attraktion eines Panoptikums in Deutschland zweifelhaften Erfolg.

Der gewichtige William Howard Taft tritt im Januar sein Amt als 27. Präsident der Vereinigten Staaten von Amerika an.

## Krise auf dem Balkan

Die auf dem Balkan im Vorjahr geschaffenen Fakten lösen im Februar fast einen bewaffneten Konflikt aus. Serbien und Montenegro sehen sich durch Österreichs Annexion von Bosnien und der Herzegowina in ihrer Souveränität bedroht und erheben ihrerseits Anspruch auf dieses Gebiet, das der Donaumonarchie im Berliner Abkommen von 1878 in Verwaltungs- und Besatzungsrecht übertragen worden war. Die Serben drohen mit Krieg und verweisen auf den möglichen Partner Rußland. Doch Österreich erhält moralische Unterstützung aus Berlin, wo Reichskanzler von Bülow in starken Worten Europa wissen läßt, wo Deutschland in diesem Konflikt steht: fest und entschlossen an der Seite Österreichs. Dies verfehlt seine Wirkung nicht, Rußland zieht sich zurück, seine Armee ist für einen Krieg ohnehin nicht gerüstet. Der neue Status quo hat für das Pulverfaß Balkan allerdings nur eine neue Lunte gelegt. □

# 1909

**Buch des Jahres:**
„Königliche Hoheit" von Thomas Mann

**Film des Jahres:**
„Il Cid" von Mario Caserini

**Schlager des Jahres:**
„Der kleine Finkenhahn" von Robert Steidl

Selma Lagerlöf

## Peary gewinnt Rennen zum Pol

Der US-Marineoffizier Robert Edwin Peary erreicht als erster Mensch den Nordpol. Am 1. März mit 24 Mann, 133 Hunden und 19 Schlitten von Kap Columbia gestartet, ist er einen Monat später nur noch 200 Kilometer vom Ziel entfernt. Das letzte Stück geht er mit seinem langjährigen Begleiter Henson und vier Eskimos an. Am 6. April hißt er auf dem Eis des Nordpols die US-Flagge. Auf seine Leistung fällt im Herbst ein Schatten, als sein Landsmann Frederick A. Cook behauptet, den Pol bereits am 21. April 1908 erreicht zu haben, was er allerdings nie wirklich beweisen kann, so daß Peary bis heute als Eroberer des Nordpols gilt. □

## Tod auf Rennbahn

Ein schwerer Unfall während eines Steherrennens fordert am 18. Juli auf der Berliner Radrennbahn neun Todesopfer und zahlreiche Verletzte. Der Schweizer Radprofi Fritz Ryser stürzt auf dem Holzoval und durchbricht samt den ins Schleudern geratenen Schrittmachern die Barriere. □

**Im Juli bekommt Deutschland einen neuen Regierungschef. Reichskanzler Bernhard Fürst von Bülow scheidet aus dem Amt, nachdem er im Reichstag eine Abstimmungsniederlage erleidet. Konservative und Zentrum haben seine Steuervorlage abgelehnt. Diese Retourkutsche beider Parteien – das Zentrum hat das Abschieben in die Opposition nicht vergessen, die Konservativen fürchten Bülows angekündigte Wahlrechtsreform – beendet eine glanzvolle diplomatische Karriere. Als seinen Nachfolger empfiehlt Bülow den preußischen Innenminister Theobald von Bethmann Hollweg und kann dessen Nominierung durch den Kaiser auch durchdrücken. Der neue Kanzler (unten mit Kaiser Wilhelm II. bei einer Autofahrt am Ostseestrand) tritt ein schweres Erbe an.**

## Nobelpreis für Selma Lagerlöf

Die schwedische Dichterin Selma Lagerlöf erhält in Stockholm den Literaturnobelpreis. Die Akademie würdigt damit die Verfasserin vor allem in Skandinavien populärer Romane und Erzählungen. In Deutschland kennt man sie durch die Erzählung „Wunderbare Reise des kleinen Nils Holgersson mit den Wildgänsen", die hier 1907 erschien. Das als Lesebuch für die Volksschule geschriebene Werk bringt der Autorin Weltruhm, es wird in über dreißig Sprachen übersetzt. Selma Lagerlöf wird später als erste Frau Mitglied der Schwedischen Akademie und erhält von verschiedenen Universitäten mehrere Ehrendoktorhüte.
Zwei Nobelpreise gehen wiederum nach Deutschland. Karl Ferdinand Braun – Erfinder der Braunschen Röhre – erhält den Physikpreis, Wilhelm Ostwald den für Chemie. Der Medizinpreis geht an den Schweizer Emil Theodor Kocher. □

# Abschied vom Historismus des alten Jahrhunderts

Paris kann seine Stellung als kulturelle Metropole in diesem Jahrzehnt noch ausbauen. Die Stadt ist Sammelpunkt der Malerei. Matisse, Utrillo, Picasso, Braque, Léger u.a. leben hier und profitieren von Paul Cézanne, der bis zu seinem Tod ihr Mittelpunkt bleibt. Der gern als Vater der Moderne apostrophierte Bahnbrecher hat auch vom einsamen Wohnsitz in der Provence erheblichen Einfluß auf sie. Die in der Malerei entstehenden neuen ästhetischen Formen wie etwa die Geburtsstunde des Kubismus werden ihm nur allzugern mit zugeschrieben. 1905 ist in Paris mit dem Fauvismus eine andere revolutionäre Kunstrichtung öffentlich geworden. Seitdem Henri Matisse und Freunde im Herbstsalon von der Kritik als die „Fauves" (wilde Tiere) bezeichnet wurden, hat die neue Schule typisch französischer Farbnuancierung bei gleichzeitiger Mißachtung einer der Natur nachgezeichneten Gegenständlichkeit viele Freunde gefunden. Auch Einflüsse auf die Architektur wurden den Neuerern der Malerei nachgewiesen. Im deutschen Kaiserreich finden sich ebenfalls – von den großen van-Gogh-Ausstellungen 1901 und 1905 inspiriert – bildende Künstler zusammen, die vom Historismus des vergangenen Jahrhunderts wenig halten. Der Zusammenschluß der bedeutenden Expressionisten in den Künstlervereinigungen „Die Brücke" (Dresden) und „Blauer Reiter" (München) setzt Meilensteine für die Entwicklung der Kunst in Deutschland. Mit den neuen Strömungen in der Musik ist wiederum die französische Hauptstadt verbunden, in deren Mauern Claude Debussy und Maurice Ravel erste Zeichen setzen. Auch in der Literatur liegt die Bruchstelle zwischen Althergebrachtem und Moderne in diesem Jahrzehnt. Der Roman mit Abkehr von der Schilderung sozialer Realitäten, an deren Stelle ein Held oder Antiheld über das Sein nachdenkt, entsteht ab 1906 in Dublin mit James Joyce. □

**„Selbstbildnis" von Paul Cézanne**

**Das Haupteingangstor der Weltausstellung 1900 in Paris**

# Kaiserreich erstrebt

Die politische Großwetterlage zwischen Atlantik und Ural hat zu Beginn des neuen Jahrhunderts feste Konturen. Da sind auf der einen Seite Großbritannien, Frankreich und Italien, außenpolitisch vor allem in den Kolonialgebieten aktiv, gestützt auf eine feste Basis im Inneren. Demgegenüber stehen dynastische Gebilde mit fast altertümlicher staatlicher Struktur: die Reiche der Habsburger und Romanows und das weit nach Europa und Nordafrika ausgedehnte Osmanische Reich. Und dazwischen liegt quasi als dritte Kraft, das deutsche Kaiserreich, das jetzt versucht, den verpaßten Anschluß beim Wettlauf der industriellen Großmächte um den Rest der Welt aufzuholen. Die aufstrebende Großmacht fordert ihren „Platz an der Sonne", was zu einigen gefährlichen Krisenmomenten führt. Deutschlands Erscheinen in der Weltpolitik fällt zusammen mit der Amtszeit des wohl glänzendsten Regierungschefs der wilhelminischen Ära Bernhard Fürst von Bülow. Der Kanzler (1900–1909) initiiert den Bau der Bagdadbahn, die das Reich eng an die Türkei rückt, deckt die wenigen kolonialen Gewinne dieser Zeit und stützt vor allem den Bau einer gewaltigen Kriegsflotte, wie sie Kaiser Wilhelm II. schon immer gewollt hatte. Rückblickend kann dieses gewaltige Werk der Aufrüstung als eine Art Bündnisersatz für das isolierte Deutsch-

# Platz an der Sonne

land gesehen werden. Die enorme technische Anstrengung dieser Aufrüstung wird als Ergebnis eines tiefgreifenden sozialen Wandels möglich. Der Anteil städtischer Bevölkerung in Deutschland ist bis 1910 auf 60 Prozent der Gesamtbevölkerung gewachsen. Die Anzahl der Großstädte im Reich mit über 100 000 Einwohnern erreicht mittlerweile zwanzig Prozent. Nach den ersten zehn Jahren des 20. Jahrhunderts gibt es die Wirtschaftsgroßmacht Deutschland mit industriellen Zentren an Rhein und Ruhr, in Sachsen und Berlin. Bis 1910 gibt es einen großen Sprung in der Industrieproduktion, bei der Eisen- und Stahlerzeugung findet man Deutschland auf Platz zwei hinter den USA. Dieser deutsche Staat sieht sich nun zwangsläufig als Folge des Aufschwungs auf technologischem Sektor auf dem Weg zur Führungsposition in Europa. Die Modernisierung des industriellen Sektors bringt in allen Staaten einen neuen innenpolitischen Faktor: das Aufkommen der Arbeiterbewegung. Doch vorerst stellen die Sozialisten noch keine Gefahr für die bürgerliche Ordnung dar. Selbst die aus dem Rahmen fallende Bewegung der englischen Suffragetten hat keine wirklich revolutionären Ausmaße und auch die deutsche Jugendbewegung bleibt bloßes Aufbegehren gegen den als brüchig empfundenen bürgerlichen Lebensstil. □

# Das erste Jahrzehnt

## Aufbruch in das Zeitalter der totalen Mobilität

Erfolgreich erprobte Modelle technischen Erfindergeistes bringen den großen Aufbruch in das Zeitalter totaler Mobilität. Im Forschungssektor Physik werden die bereits vorhandenen Erkenntnisse auf dem Gebiet der Röntgenstrahlen und Radioaktivität verfeinert. Auch Max Planck oder Albert Einstein begründen mit ihren genialen Theorien völlig neue Dimensionen für die wissenschaftliche Forschung. Für den Normalbürger viel sensationeller sind aber die neuen Fortbewegungsmittel. In Paris (1900) und Berlin (1902) fährt man sogar unter der Erde zum Ziel. Die dort in Betrieb genommenen U-Bahnen stinken und qualmen nicht mehr, ihre Antriebskraft heißt Elektrizität. Am beeindruckendsten bleibt aber für alle Erdenbewohner das Treiben der Luftakrobaten. Vom ersten motorgetriebenen Hüpfer der Gebrüder Wright 1903 bis zur Gründung ihrer ersten Flugzeugfabrik in Frankreich 1908 sind es nur fünf Jahre, aber dann hält sich Wilbur Wright 2 Stunden und 20 Minuten in der Luft. Der britische Techniker Sir Hiram Maxim schreibt dazu: „Die Flugmaschine ist da, und sie wird da bleiben, ob wir wollen oder nicht. Es ist ein Problem, das wir sehr ernst überdenken müssen". Da haben die Fahrten der Luftschiffe des Grafen Zeppelin ganz andere Perspektiven. Als 1909 die ersten großen Reisen vom Bodensee nach Berlin, Frankfurt und Köln gelingen, scheint es keine Entfernungen mehr zu geben, die nicht überwunden werden können. □

**Orville Wright und Kronprinz Wilhelm bei einer Flugvorführung**

**Großartiges Zeitdokument: der Halleysche Komet und die Venus bei der ersten Erscheinung in diesem Jahrhundert**

# Hysterie um Kometen

Der erstmals 466 v. Ch. beobachtete und seitdem periodisch wiederkehrende Halleysche Komet – benannt nach seinem Entdecker Edmond Halley – sorgt für etliche hysterische Reaktionen. In Österreich haben Wahrsager wegen des diesjährigen Erscheinens des Himmelskörpers sogar den Weltuntergang vorausgesagt. Als am 11. Mai in Wien ein leichter Erdstoß registriert wird, erinnern sich viele Einwohner an diese Prophezeiung und fliehen voller Panik aus der Stadt. Da das leichte Beben ohne jede Folgen bleibt, kehren die Kometen-Flüchtlinge bald wieder in die gewohnte Umgebung zurück, von den mutig Daheimgebliebenen entsprechend gewürdigt. Bei seiner nächsten Erdannäherung 76 Jahre später wird Halley von der modernen Astronomie sorgfältig unter die Lupe genommen. Die Raumsonde „Giotto" macht aus geringer Entfernung mehrere hundert Fotos, um Halleys Geheimnis zu entschlüsseln. □

## Neuer Staat

Mit dem Zusammenschluß von vier ehemals britischen Kolonialgebieten konstituiert sich am 31. Mai das Dominion Südafrikanische Union. Dazu gehören die Kapkolonie und Natal sowie die Burenrepubliken Transvaal und Oranje-Freistaat. Erster Premierminister wird der frühere Burengeneral Botha. In dem neuen Staatengebilde existieren unterschiedliche Bedingungen für die Einwohner. In den früheren Burenstaaten haben nur Weiße das Wahlrecht, in den beiden anderen Gründungsgebieten dürfen zumindest partiell Farbige und Mischlinge an die Urnen. □

**Im Alter von 74 Jahren stirbt am 21. April der amerikanische Erzähler Mark Twain. Hinter diesem Pseudonym verbirgt sich der Abenteurer Samuel Langhorne Clemens, der seine Erlebnisse in vielgelesenen Geschichten festhielt. Besonders seine Romane „Die Abenteuer Tom Sawyers" und „Die Abenteuer und Fahrten des Huckleberry Finn" haben ihn weltberühmt gemacht.**

## JAHRES-CHRONIK

- Die chinesische Armee rückt im Januar in Tibet ein. Der Dalai Lama flieht nach Indien.
- Am Widerspruch der Adelskammer scheitert im Februar der Gesetzentwurf über ein neues Wahlrecht in Preußen.
- Mit dem Sportpalast an der Potsdamer Straße erhält Berlin ab März ein Forum für Großveranstaltungen aller Art.
- Die Kunsthandwerkerin Käthe Kruse bringt ihre erste, künstlerisch gestaltete Puppe auf den Markt.
- Ein Feuer auf der Weltausstellung in Brüssel vernichtet im August die Präsentationen Englands und Frankreichs.
- Auf der atlantischen Seite des im Bau befindlichen Panama-Kanals werden im August die ersten acht Kilometer eröffnet.
- Wegen eines Streiks der deutschen Seeleute werden im September englische Matrosen und Heizer von den Reedereien in deutschen Häfen eingesetzt.
- Der als „Sonntagsmaler" bekannt gewordene französische Maler Henri Rousseau stirbt am 4. September mit 66 Jahren in Paris.
- Nach einer Revolution und der Flucht des Königs Manuel II. wird am 4. Oktober in Portugal die Republik ausgerufen.
- Am Golf von Neapel fordert ein Erdrutsch im Oktober fast tausend Menschenleben.
- Der deutsche Erzähler Wilhelm Raabe stirbt am 15. November im Alter von 79 Jahren in Braunschweig.
- In Mexiko kommt es im November zu einer Erhebung von Opposition, Bauern und Banditen gegen den Präsidenten Diaz.
- Dem britischen Physiker Ernest Rutherford gelingt im Dezember erstmals der Nachweis des Atomkerns im Laborexperiment.

**Zehn Tage nach seinem Aufbruch zum Leben in der Einsamkeit wird der 82jährige russische Dichter Leo Tolstoi (hier mit seiner Frau Sophia Tolstaja) am 20. November tot aufgefunden. Eines seiner Meisterwerke ist der Roman „Krieg und Frieden".**

# Abstrakt hat Premiere

„Winter“ von Wassily Kandinsky

Der russische Maler Wassily Kandinsky zeigt im Frühjahr das erste abstrakte Aquarell der Kunstgeschichte. Wenig später folgt das Gemälde „Improvisation 9“, mit dem ein völlig neuer Stil der Malerei begründet wird. Kandinsky definiert Improvisation als die unbewußte, spontane Ausdrucksweise innerlich erfahrener Gefühlsinhalte. Ihren Ausdruck findet diese Betrachtungsweise in einer immer weniger gegenständlichen Formensprache sowie in einer totalen Hinwendung zu abstrakten Kompositionen. □

# Kontroverse um Enzyklika

Das Pontifikat von Pius X. ist geprägt von Konflikten mit den weltlichen Mächten und einem großen Maß an innerkirchlicher Überwachung und Gängelei. Im Mai ruft eine Enzyklika („Editae saepe“) erneut heftige Reaktionen von staatlicher Seite hervor, diesmal vor allem vom protestantischen Teil Deutschlands. Denn in seinem Hirtenwort hat das Oberhaupt der katholischen Kirche die Reformationsbewegung in harschen Formulierungen verurteilt. Die entsprechenden Reaktionen jenseits der Alpen erschrecken wiederum die Kurie, so daß man sich in Rom genötigt sieht, eine abschwächende Erklärung zu veröffentlichen. Als das wenig fruchtet, erhalten die deutschen Bischöfe Order, die Enzyklika nicht offiziell bekanntzumachen. Damit führt die Intervention von Reichskanzler von Bethmann Hollweg, der den deutschen Einspruch beim Vatikan vorgebracht hat, fast zur Rücknahme dieser Enzyklika. □

# 1910

**Buch des Jahres:**
„Lockruf des Goldes“ von Jack London

**Film des Jahres:**
„Der Abgrund“ mit Asta Nielsen

**Schlager des Jahres:**
„Zum Städtel hinaus“
komp. von Georg Meissner

# Volkszählung

Am 1. Dezember läßt der Kaiser wieder die Häupter seiner Untertanen zählen und kann zufrieden sein. Am Stichtag werden 64 896 881 Deutsche registriert, die Zahl der Einwohner hat sich damit seit der letzten Erhebung vor fünf Jahren um 4 255 392 erhöht. Mit 807 101 Köpfen sind die Frauen in der Überzahl. □

# Nobelpreis für drei Deutsche

Erneut werden drei Deutsche mit dem Nobelpreis geehrt. Otto Wallach erhält den Chemiepreis für seine Arbeiten auf dem Gebiet der ätherischen Öle. Der Medizinpreis geht an den Entdecker der Nukleinsäuren und des Histidin, Professor Albrecht Kossel. Der Literaturpreis geht an Paul Heyse „für das vollendete und von idealer Gesinnung geprägte Künstlertum, das er als Lyriker, Dramatiker, Romanschriftsteller und Verfasser weltberühmter Novellen verwirklicht hat.“ □

# Oberhaus verliert sein Vetorecht

Die Engländer erleben ein Jahr mit einschneidenden Veränderungen. König Eduard VII. stirbt im Alter von 68 Jahren an Herzversagen. Ein Jahr später wird sein Sohn als Georg V. neuer König von England und erhält auch den Titel Kaiser von Indien. Schwerwiegender ist eine Entscheidung des Unterhauses, das das „Parliament Bill“ verabschiedet. Das Vetorecht des Oberhauses gegen Gesetzesvorlagen ist damit abgeschafft. □

**Innerhalb von zehn Wochen verliert die Welt zwei Vorbilder, die mit ihrem Wirken als Helfer der Menschheit unvergessen bleiben. Am 13. August stirbt 90jährig Florence Nightingale, die als „Engel der Verwundeten“ im Krimkrieg 1853–1856 beispielhafte Samariterdienste leistete, indem sie selbstlos für eine bessere Versorgung der Verwundeten und für bessere Hygiene sorgte, und nach weiteren Kriegserlebnissen ein Konzept für militärische und zivile Krankenpflege entwickelte. – Ihr folgt mit 82 Jahren am 30. Oktober Henri Dunant in die Ewigkeit, der ebenfalls aufgrund von Schlachtfelderlebnissen in Solférino (1859) – im Krieg zwischen Napoleon III. und Kaiser Franz Joseph – zur Tat schreitet und vier Jahre später das „Internationale Komitee vom Roten Kreuz“ gründet. Dunant wird 1901 erster Träger des Friedensnobelpreises.**

# Revolution in Mexiko

Seit den manipulierten Präsidentschaftswahlen des Vorjahres steht Mexiko vor einer Zerreißprobe. Der unterlegene Kandidat, Sozialreformer Francisco Madero, ruft deshalb nun zum Aufstand und findet sogleich Verbündete. Bauernführer Emiliano Zapata und der Desperado Pancho Villa beginnen mit ihren Leuten einen Guerillakrieg gegen den Diktator Porfirio Diaz. Der 81jährige muß im Mai nach 30jähriger Alleinherrschaft seinen Posten räumen und flüchtet ins Exil. In Washington beobachtet man das revolutionäre Treiben mit Sorge und verlegt Truppen an die Grenze, greift aber nach dem Sturz des von der USA protegierten Präsidenten nicht ein. Als dessen Nachfolger läßt sich Madero feiern, der das Land nun reformieren will. □

# Marokko: Neue Krise

Zum Schutz dort lebender Staatsbürger entsendet Frankreich auf Bitten des Sultans im April Truppen nach Marokko. Deutschland sieht darin eine Verletzung seiner Interessen in Nordafrika und den Bruch des Algeciras-Abkommens von 1906. So läßt Berlin im Juli das deutsche Kanonenboot „Panther" in den Hafen von Agadir einlaufen und demonstriert damit Stärke. Das seitdem als „Panther-Sprung" bekannte Unternehmen löst in Paris und London Betroffenheit aus, im August machen gar Gerüchte von einem Kriegsausbruch die Runde. Im November wird der Konflikt mit einem Kompromiß beendet. Marokko bleibt in französischer Hand, Deutschland erhält ein Gebiet von Französisch Kongo. Der Vertrag löst im Reich wenig Zustimmung aus. □

**Am 24. Juni hat England wieder einen König. Ein Jahr nach dem Tod seines Vaters werden Georg V. und Königin Mary gekrönt.**

**Der Vater der deutschen Rechtschreibung Konrad Duden stirbt am 1. August im Alter von 82 Jahren in Wiesbaden. Der als Gymnasiallehrer und Rektor tätige Philologe hat sich um die Vereinheitlichung der deutschen Sprache verdient gemacht. 1880 erschien das von ihm gestaltete „Vollständige orthographische Wörterbuch der deutschen Sprache", das eine verbindliche Rechtschreibung vorschreibt und zum anerkannten Nachschlagewerk in Sachen Rechtschreibung wird.**

# Die „Mona Lisa" wird geraubt

Schock für ihre Fans aus aller Welt: Am 22. August verschwindet die „Mona Lisa", Leonardo da Vincis Meisterwerk, aus dem Pariser Louvre. Die wohl nicht allzu engagierten Wächter haben den Diebstahl erst 24 Stunden nach der Tat gemeldet. Angesichts der leeren Wand im Salle Carré hätten sie erst an einen Scherz geglaubt, geben sie zu Protokoll. Erst als der Rahmen des Bildes in einer dunklen Ecke aufgefunden wird, ahnen sie das kaum Faßbare und schlagen endlich Alarm. Die Pariser Polizei nimmt schließlich die Ermittlungen auf, tappt aber im Dunkeln. □

# Heißer Sommer

Deutschland stöhnt im August über den bisher heißesten Sommer des Jahrhunderts. Das preußische Kultusministerium ordnet aufgrund der Temperaturen von über 35 Grad für alle Schüler hitzefrei an. Betuchte Eltern fahren mit ihren Sprößlingen an die Nord- und Ostsee, deren Bäder seit einigen Jahren immer attraktiver werden. Die Kehrseite der Sommerfreuden bekommen die Landwirte zu spüren. Hitze und Trockenheit führen bei Kartoffeln und Zuckerrüben zu Ernteeinbußen von 25 bis 40 Prozent. Bei der Heu- und Futtermittelernte spricht man sogar von einer Katastrophe. Ein Phänomen bleibt die hohe Säuglingssterblichkeit dieses Sommers (19,2 Prozent). □

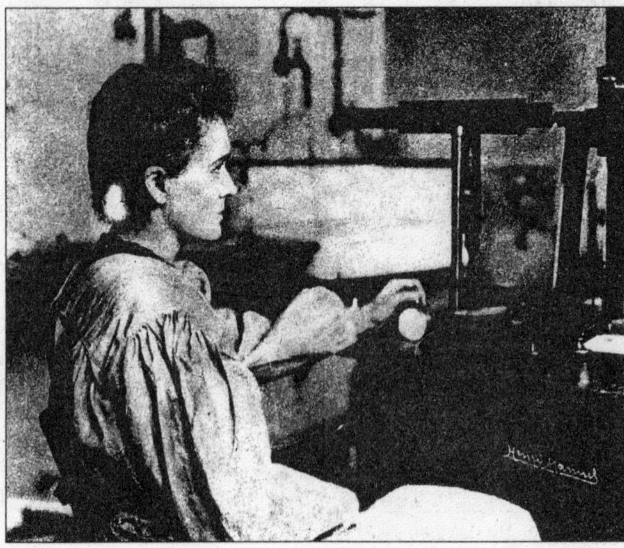

**Mit der Verleihung des Chemienobelpreises erfährt die wohl faszinierendste Frau der Jahrhundertwende, Marie Curie, im Dezember außergewöhnliche Anerkennung. Als einzige Vertreterin der Wissenschaft erhält sie diese Auszeichnung zum zweiten Mal. 1898 hat sie die Radioaktivität des Thoriums nachgewiesen und dafür den Physikpreis 1903 erhalten. Ebenfalls 1898 hat sie mit ihrem Mann die Elemente Polonium und Radium entdeckt. Dafür wird sie nun dieses Jahr geehrt. Seit ihrer Heirat 1895 hat sich die ehemalige polnische Lehrerin dem Gebiet der radioaktiven Strahlen zugewandt. Marie Curie gilt als anerkannte Begründerin der Radiochemie.**

# Amundsen am Südpol

Den Wettlauf zum letzten weißen Fleck auf unserem Planeten gewinnt der Norweger Roald Amundsen. Am 14. Dezember steht er auf dem Südpol und hißt die norwegische Flagge. Außerdem hinterläßt er eine Nachricht an den Zweiten an diesem Ziel, den Engländer Robert Scott. Beide waren im Spätherbst zu jener Stelle aufgebrochen, die noch keines Menschen Fuß betreten hatte. Amundsen startete sein Unternehmen mit dem vom Landsmann und Polarforscher Fridtjof Nansen geliehenen und in der Polarregion erprobten Spezialschiff „Fram". Damit steuerte er die Bay of Wales an, errichtete sein Winterquartier sowie mehrere Vorratslager und machte sich mit Gefährten und Schlittenhunden auf den Weg zum Südpol. □

Der norwegische Polarforscher und Südpol-Erste Roald Amundsen

# Turner feiern Hundertjähriges

Der Stellenwert der Körperertüchtigung im wilhelminischen Reich wird am 18. Juni mit zahlreichen Turnveranstaltungen unterstrichen. Genau hundert Jahre zuvor hat „Turnvater" Friedrich Ludwig Jahn in der Berliner Hasenheide den ersten Turnplatz eröffnet. Preußens Riegen begehen das Jubiläum mit landesweiten Schauveranstaltungen, die vor allem der nichtturnenden Bevölkerung den Sinn dieser Art der Körperertüchtigung nahe bringen sollen, nämlich eine allgemeine Fitneß durch viel Bewegung. □

# 1911

**Buch des Jahres:**
„Jennie Gerhardt"
von Theodore Dreiser

**Film des Jahres:**
„Die Halluzination des Barons Münchhausen" von Georges Méliès

**Schlager des Jahres:**
„Pauline geht tanzen"
von Lisa Weise und Oscar Sabo

**Auch die Damen führen beim Jubelfest ihre Turnkünste vor.**

## JAHRES-CHRONIK

- Im Berliner Lessing-Theater wird im Januar Gerhart Hauptmanns Tragikomödie „Die Ratten" uraufgeführt.
- Der schwedische Eiskunstläufer Ulrich Salchow erringt im Februar in Berlin seine zehnte Weltmeisterschaft.
- Im Alter von nur 50 Jahren stirbt am 18. Mai in Wien der österreichische Dirigent und Komponist Gustav Mahler.
- Der russische Ministerpräsident Pjotr Stolypin wird in Kiew von einem Anarchisten ermordet.
- Das Parlament von Niederösterreich hebt im September das Heiratsverbot für Lehrerinnen auf. Sie dürfen im Amt bleiben.
- Italienische Truppen besetzen im Oktober Tripolis. Es kommt zu Massakern an der Bevölkerung.
- Im Alter von 66 Jahren stirbt am 29. Oktober in Charleston der amerikanische Pressepionier Joseph Pulitzer.
- Die Motorfliegerin Milli Beese erringt im November den Frauenweltrekord im Dauerflug.
- In Mecklenburg werden unverheiratete Männer über 30 Jahre künftig mit einer Junggesellensteuer belegt. Das beschließt der Landtag im November.
- Im Berliner „Zirkus Schumann" wird Hugo von Hofmannsthals Mysterienspiel „Jedermann" am 1. Dezember uraufgeführt. Regie führt Max Reinhardt.
- In München findet im Dezember die erste Ausstellung der Künstlergemeinschaft „Blauer Reiter" statt.
- Der deutschte Wissenschaftler Wilhelm Wien erhält im Dezember den Physiknobelpreis für seine Arbeiten zur Erforschung der Wärmestrahlung.
- Nach dem Aufstand einer prowestlichen Revolutionsbewegung wird die chinesische Mandschu-Dynastie im Dezember zur Abdankung gezwungen.

# Die „Titanic" fährt in den Tod

Der Untergang der „Titanic" regte den Maler Willy Stöwer zu dieser Darstellung des Dramas an.

Für die meisten Passagiere des neuen Luxusdampfers „Titanic" wird die Jungfernfahrt eine Reise in den Tod. Fünf Tage nach dem Auslaufen in Southampton kommt für Britanniens neuen Stolz der Meere bereits das Ende. Das 269 Meter lange Schiff kollidiert am 14. April kurz vor Mitternacht mit einem Eisberg, der ein 90 Meter langes Leck in den Rumpf reißt. Die dadurch einbrechenden Wassermassen machen jede kontrollierte Rettungsaktion für die 2 224 Menschen an Bord zur Farce, vor allem, weil die vorhandenen Rettungsboote nur Platz für 1 100 Passagiere bieten. Während das Schiff langsam sinkt, dürfen nur Frauen und Kinder in die Boote. Von den SOS-Rufen alarmiert, nimmt der Dampfer „Carpathia" Kurs auf den Unglücksort. Die gegen vier Uhr eintreffenden Helfer können nur noch 711 Überlebende bergen, 1 513 Menschen wurden mit der „Titanic" zwei Stunden zuvor in die Tiefe gerissen. Unter den Opfern ist auch Kapitän Edward J. Smith, dem in der später stattfindenden Untersuchung die Schuld an der Katastrophe gegeben wird. Um das begehrte „Blaue Band" für die schnellste Ozeanüberquerung zu erringen, hat er alle Sicherheitsbedenken außer Acht gelassen. Er befuhr mit Volldampf die kürzere Sommerroute, die in der kalten Jahreszeit wegen der Eisberggefahr sonst gemieden wird. □

**Der deutsche Archäologe Ludwig Borchardt findet bei Ausgrabungen im ägyptischen Tell-El Amarna im Dezember die gut erhaltene Büste der Königin Nofretete. Geringe Beschädigungen können später problemlos rekonstruiert werden. Das Meisterwerk altägyptischer Kunst wird nach Zustimmung etlicher Institutionen nach Deutschland gebracht. Nofretete steht jetzt im Ägyptischen Museum in Berlin-Charlottenburg.**

# Karl May †

Der Erfinder von „Winnetou", „Old Shatterhand" und anderer bestens bekannter Romanhelden stirbt am 30. März im Alter von 70 Jahren in Radebeul. Karl May hat die Schauplätze seiner Geschichten erst mit dem Honorar für die Veröffentlichung betreten. Etliche entstanden gar während der insgesamt sieben Jahre, die er wegen verschiedener Delikte in Haft verbrachte. Seine über 60 Erzählbände begeistern vor allem Generationen von Jugendlichen. □

## JAHRES-CHRONIK

- Nach dem erzwungenen Rücktritt des sechsjährigen Kaisers Pu Yi wird in China im Februar die Republik ausgerufen.
- Nach einwöchigen harten Auseinandersetzungen im März geht der dritte Bergarbeiterstreik im Ruhrgebiet ergebnislos zu Ende.
- Das traditionelle Wettrudern der Universitätsmannschaften von Oxford und Cambridge bleibt im März ohne Wertung. Das Boot aus Cambridge sinkt unterwegs.
- Am 5. Mai erscheint erstmalig die „Prawda" (Wahrheit), das Organ der Bolschewistischen Partei.
- 63jährig stirbt am 14. Mai in Stockholm der schwedische Dichter August Strindberg.
- Am gleichen Tag erleidet Dänenkönig Friedrich VIII. in Hamburg einen tödlichen Schlaganfall. Der 68jährige ist auf der Rückreise von einem Urlaub in Nizza.
- Eine Schlagwetterexplosion auf der Zeche „Lothringen" in Bochum fordert 115 Todesopfer.
- Carl Diem, Vorsitzender der Deutschen Sportbehörde für Athletik, verleiht im Oktober erstmals das von ihm geschaffene Deutsche Sportabzeichen.
- Thomas Woodrow Wilson, Kandidat der Demokraten, gewinnt im November die Wahlen und wird 28. US-Präsident.
- Auf einem Berliner Friedhof findet im November die erste deutsche Urnenbestattung statt.
- China führt im Dezember das Wahlrecht ein – allerdings nur für einen Kreis privilegierter Bürger.

Der Schriftsteller Karl May

**Mit Rekordbeteiligung von 2 541 Sportlern aus 28 Nationen gehen die V. Olympischen Spiele in Stockholm (oben das offizielle Plakat) über die Bühne. Erstmals stehen hier die sportlichen Wettbewerbe wirklich im Mittelpunkt.**

## Scott stirbt am Südpol

Der Verlierer des Wettrennens zum Südpol, der englische Polarforscher Robert Scott, kehrt nicht von seiner Expedition zurück. Mit vier Begleitern hat er am 17. Januar, vier Wochen nach Amundsen, den Pol erreicht. Der Rückweg wird jedoch wegen schwerer Stürme zu einer Katastrophe. Am 17. Februar stirbt der Forscher Evans, vier Wochen später sein Kamerad Oates. Hunger und Kälte lassen den Polarforschern keine Chance. Die drei Überlebenden können ab dem 21. März ihr Zelt wegen eines fürchterlichen Schneesturms nicht mehr verlassen, nur etwa 20 Kilometer von dem rettenden Depot entfernt. Scott macht am 29. März seine letzte Tagebucheintragung. Ein Suchtrupp findet erst am 12. November die Leichen der Erfrorenen. □

# 1912

**Buch des Jahres:**
„Die Biene Maja und ihre Abenteuer" von Waldemar Bonsels

**Film des Jahres:**
„Königin Elisabeth" mit Sarah Bernhardt

**Schlager des Jahres:**
„Auf der Reeperbahn nachts um halbeins" von Ralph Arthur Roberts

**Mit Gerhart Hauptmann erhält erneut ein Deutscher den Literaturnobelpreis. Seine sozialkritischen Werke wie „Die Weber" oder „Die Ratten" werden vom Kaiser wenig geschätzt, erlangen aber noch Weltruhm.**

## Die SPD wird stärkste Partei

Die Reichstagswahlen im Januar enden mit einer politischen Sensation. Die Sozialdemokraten werden erstmals stärkste Partei. Bei 4 250 400 Wählern (über 34 Prozent) reicht es zu 110 Mandaten. Der christlich-konservative Block kommt nur noch auf 148 Abgeordnete und büßt damit seine regierungsfähige Mehrheit ein. Um an der Macht zu bleiben, bedarf es jetzt der Koalitionspartner aus dem liberalen Lager, wo Friedrich Naumanns Fortschrittliche Volkspartei mit fast 1,5 Millionen Stimmen großartig abschneidet. Der Erfolg der SPD ist das Ergebnis der wirtschaftlichen Entwicklung im Reich, durch die das Gefälle zwischen wenigen Wohlhabenden und der Masse des verarmten Proletariats immer größer wird. □

## Osmanische Vorherrschaft beendet

Das durch den Tripoliskrieg mit Italien geschwächte Osmanische Reich sieht sich im Herbst einem erneuten Waffengang gegenüber. Serbien, Bulgarien, Griechenland und Montenegro schließen sich zusammen, um die Türken aus Europa zu verdrängen. Ihre Truppen greifen im Oktober an und erringen überraschend schnell einen militärischen Erfolg. Nach dem Rückzug der Türken kommt es in den Folgemonaten zum Streit der Sieger über das eroberte Gebiet. Serbien fordert einen Zugang zur Adria und wird darin von Rußland unterstützt. Das wiederum wird von Österreich scharf abgelehnt, das gegen jeden Gebietsanspruch der Serben kämpft und statt dessen ein selbständiges Albanien fordert, wozu es im November auch kommt (Ausrufung der Unabhängigkeit). Im Dezember schalten sich die Großmächte Deutschland und England ein und sorgen durch Druck auf ihre Verbündeten Österreich und Rußland für Entspannung. □

**Gerhart Hauptmann (r.) mit dem SPD-Politiker Friedrich Ebert**

**Am 13. August stirbt August Bebel im Alter von 72 Jahren in der Schweiz. Der Führer der Sozialdemokraten, 1840 in Köln geboren und Drechsler von Beruf, wurde 1867 Vorsitzender des Verbandes der Arbeitervereine und war 1869 einer der Mitbegründer der SPD. Bebel (hier bei einer Rede im Reichstag) hat sich zunehmend für umfangreiche soziale und politische Reformen eingesetzt und bemühte sich um den Ausbau der SPD zu einer Massenpartei.**

## Ballett-Skandal

Als „verstimmteste Musik, die je geschrieben wurde", kritisiert die französische Zeitung „Le Temps" die Uraufführung des Balletts „Le sacre du printemps" von Igor Strawinski. Das Théatre des Champs-Elysées erlebt am 29. Mai einen der größten Theaterskandale des Jahrhunderts. Strawinski, der dieses unkonventionelle Ballett für Sergej Diaghilew und sein Balletts Russes geschrieben hat, verläßt das Theater unter Pfiffen und Buhrufen noch während der Vorstellung. □

## JAHRES-CHRONIK

- Papst Pius X. verbietet Kinovorführungen in Kirchen.
- Die beiden ungarischen Parlamentarier Graf Tisza und Graf Károlyi tragen ihre politischen Meinungsverschiedenheiten in einem Säbelduell aus. Beide überleben leicht verletzt.
- Der Philosoph Rudolf Steiner gründet die Anthroposophische Gesellschaft, aus der die Waldorfschulen hervorgehen.
- Kurz vor seinem 50. Regierungsjubiläum kommt der griechische König Georg I. bei einem Attentat in Saloniki ums Leben.
- Im April kehrt der Winter zurück und zerstört die gesamte Obsternte in Deutschland.
- Der berühmteste Tierhändler Deutschlands, Carl Hagenbeck, stirbt im Alter von 68 Jahren in Hamburg.
- Das Internationale Olympische Komitee (IOC) disqualifiziert den amerikanischen Olympiasieger Jim Thorpe (1912 Gold im Fünf- und Zehnkampf) nachträglich wegen Verstoßes gegen die Amateurregeln. Thorpe hatte 1909 gegen Bezahlung in einem Baseballteam gespielt.
- Anläßlich seines 25jährigen Thronjubiläums läßt Wilhelm II. 24 000 Straftäter frei.
- Erster Funksprechverkehr zwischen Berlin und Nauen mit Hilfe eines Röhrensenders.
- Der deutsche Chemiker Fritz Klatte erfindet den ersten Hartkunststoff, das PVC.
- Kaiser Wilhelm II. verbietet den Offizieren, in Uniform Tango zu tanzen.
- Der Inder Rabindranath Tagore erhält den Literaturnobelpreis.
- Der deutsche Physiker Hans Geiger entwickelt den nach ihm benannten Geigerzähler zum Nachweis von Radioaktivität.

# Central-Station – der größte Bahnhof der Welt

New York hat eine neue, kolossale Sehenswürdigkeit: die Grand Central Station, der größte Bahnhof der Welt, wird am 2. Februar in Manhattan eingeweiht. Auftraggeber des 600-Millionen-Mark-Projekts ist die Central Railroad Gesellschaft. Der riesige Bahnhofs- und Schienenkomplex, der sich über eine Fläche von 32 Hektar ausdehnt, ist einer der wichtigsten Knotenpunkte im amerikanischen Verkehrsnetz. Das imposante Gebäude repräsentiert die große Bedeutung der Eisenbahn zu Beginn dieses Jahrhunderts in Amerika. Der Zugverkehr wird in zwei Etagen abgewickelt. Im oberen Stockwerk befinden sich die Anschlüsse für den Fernverkehr, während die untere Etage ausschließlich für den Nah- und Vorortverkehr bestimmt ist. Die Reisenden, die die Bahnsteige erst betreten dürfen, wenn der Zug eingefahren ist, verbringen die Wartezeit in riesigen Sälen. □

## Albert Schweitzer geht nach Lambarene

Der 1875 in Kaysersberg im Elsaß geborene Mediziner und Theologe Albert Schweitzer wird Missionsarzt in Afrika. In Lambarene, an der westafrikanischen Küste, gründet er ein Hospital, das er zum größten Teil aus eigenen Mitteln finanziert. Sein Augenmerk gilt vor allem der Leprabekämpfung. Schweitzer hat sich mit Werken über deutsche und französische Orgelbaukunst, über Johann Sebastian Bach sowie mit zahlreichen religionswissenschaftlichen Schriften einen Namen gemacht. □

**Zum 100. Jahrestag des Sieges gegen Napoleon wird am 18. Oktober in Leipzig das 91 m hohe Völkerschlachtdenkmal eingeweiht.**

**Rudolf Diesel**

# Unfall oder Selbstmord?

Deutschland rätselt über den mysteriösen Tod von Rudolf Diesel, der Ende September in Antwerpen den Dampfer „Dresden" besteigt, der ihn zu einer Vortragsreise nach England bringen soll. Doch Diesel kommt dort nicht an. Unterwegs verschwindet der 55jährige Ingenieur und Erfinder auf bisher ungeklärte Weise von Bord des Schiffes. Drei Wochen später wird seine Leiche in der Nähe der Scheldemündung an Land gespült. Rudolf Diesel, 1858 als Sohn deutscher Eltern in Paris geboren, hatte 1897 mit dem nach ihm benannten und von der Maschinenfabrik MAN konstruierten Motor (im Bild) eine Alternative zum 20 Jahre früher entstandenen Otto-Motor entwickelt. □

## Gemälde-Fund

Eines der bekanntesten Werke der Malerei taucht kurz vor Jahresende wieder auf. Leonardo da Vincis „Mona Lisa“ wird im Dezember in Florenz einem Antiquitätenhändler angeboten. Der ruft die Polizei, die den Verkäufer als Dieb der geheimnisvoll lächelnden Schönheit entlarvt. Es handelt sich um den erfolglosen Maler Vincenzo Perugia der das Gemälde aus dem Pariser Louvre gestohlen hatte. Das Gemälde wird eine Woche in Florenz gezeigt, bevor es nach Paris zurückkehrt. □

Emmeline Pankhurst wird erneut verhaftet.

# 1913

**Buch des Jahres**
„Söhne und Liebhaber“
von D.H. Lawrence

**Film des Jahres:**
„Der Student von Prag“
mit Paul Wegener

**Schlager des Jahres:**
„Die Männer sind alle Verbrecher“
von Lisa Weise

## Suffragetten halten England in Atem

Emmeline Pankhurst (55), die Führerin der englischen Frauenrechtlerinnen wird wieder einmal verhaftet; diesmal während einer Demonstration vor dem Buckingham Palast (Bild). Die streitbare Lady kämpft seit einigen Jahren und mit allen Mitteln für das Wahlrecht der Frauen. 1903 gründet sie die „National Women's Social and Political Union“. In der Folge verlegen sich die Suffragetten, wie sie sich nennen, mehr und mehr auf ebenso militante wie öffentlichkeitswirksame Aktionen. 1909 schlägt eine Miß Theresa Garnett den damaligen englischen Handelsminister W. Churchill auf offener Straße mit einer Peitsche. Zwei andere bewerfen den Zug des Premiers Asquith mit Steinen. In diesem Februar zerstören sie die Telefonleitung London – Glasgow, und wenige Tage später sprengen sie in Walton on Hill das neuerbaute Landhaus des Schatzkanzlers Lloyd George in die Luft. Tragischer Höhepunkt all dieser Aktionen ist der Tod der jungen Emily Davison, die sich beim Derby in Epsom vor die königlichen Rennpferde wirft. Letztlich ist der Kampf der Suffragetten von Erfolg gekrönt. 1918 stimmt das Unterhaus für das Wahlrecht der Frauen. □

## Die Redl-Affäre

Der aufsehenerregendste Spionagefall der österreichisch-ungarischen Geschichte erschüttert im Mai die Monarchie. Alfred Redl, Oberst des Generalstabs und langjähriger Chef der k.u.k.-Spionageabwehr wird überführt, seit 1901 alle militärischen Geheimnisse, zu denen er Zugang hatte, sowie sämtliche Aufmarschpläne Österreichs an Rußland verraten zu haben. Hintergrund: Der Oberst war wegen homosexuellen Verkehrs in finanzielle Schwierigkeiten geraten. Die russische Regierung zahlte ihm für seine Arbeit jährlich zwischen 50 000 und 100 000 Kronen. Nach seiner Enttarnung wird Redl auf Befehl des Generalstabschefs zum Selbstmord gezwungen. In einem Hotel in Wien nimmt er sich mit einem Revolver das Leben. □

**Als am 24. Mai die einzige Kaisertochter, die 21jährige Viktoria Luise, den 26jährigen Herzog Ernst August von Braunschweig-Lüneburg heiratet, ist der gesamte europäische Hochadel bei den Feierlichkeiten in Berlin zu Gast. Auch die gekrönten Häupter fehlen nicht. An der Spitze Englands erscheint König Georg V., und auch der russische Zar Nikolaus II. zieht mit seiner Begleitung in Berlin ein. Beide sind Vettern von Kaiser Wilhelm. Die Zeitungen schreiben euphorisch von der „Hochzeit des Jahrhunderts“. Etwas respektloser bezeichnen die Berliner Bürger die großartigen Feierlichkeiten schlicht und einfach als „Familientreffen“.**
**Der Bräutigam trägt eine Uniform der Zieten-Husaren, und die Braut schmückt ein Schleier aus Spitzen, durchzogen mit Fäden aus schlesischem Gold. 70 junge Mädchen haben sechs Wochen lang daran gearbeitet.**

## Blutbad in Degerloch

Zu einem schrecklichen Verbrechen kommt es am 5. September in Degerloch bei Stuttgart. In einem Amoklauf ohnegleichen bringt der 35jährige Hauptschullehrer Wagner 15 Menschen um. Das erste Opfer ist seine Frau. Er schneidet ihr die Kehle durch. Dann ersticht er seine vier Kinder und zündet drei Scheunen an. Als einige Männer ihn entdecken, schießt er und tötet zehn weitere Menschen. Bei seiner Festnahme durch einen beherzten Polizisten sind die Bewohner so wütend, daß sie ihm eine Hand abschlagen. Das Motiv der Tat bleibt ungeklärt. Auf Wagner wartet die Todesstrafe. □

## JAHRES-CHRONIK

- Über 7 000 Menschen sterben im Januar beim Ausbruch eines Vulkans auf der japanischen Kirschblüteninsel.
- In allen Werken des Autokönigs Ford wird ab 15. Januar am von ihm im Vorjahr entwickelten Fließband gearbeitet.
- Der durch seine heiter-skurrilen Verse bekannte Dichter Christian Morgenstern („Galgenlieder") stirbt am 31. März im Alter von 42 Jahren.
- Literaturnobelpreisträger Paul Heyse stirbt am 2. April im Alter von 84 Jahren in München.
- Bei einer Schiffskollision im St.-Lorenz-Strom (Kanada) kommen im Mai über 700 Menschen ums Leben.
- Der Norweger Trygve Gran überquert am 30. Juni als erster Pilot die Nordsee.
- Am 21. Juni stirbt die 71jährige Trägerin des Friedensnobelpreises Bertha von Suttner.
- Im Alter von 79 Jahren stirbt am 20. August in Rom Papst Pius X. Genuas Kardinal Giacomo della Chiesa wird im September als Papst Benedikt XV. inthronisiert.
- Die neue Universität in Frankfurt am Main wird im Oktober mit einem Festakt eröffnet.
- Der österreichische Lyriker Georg Trakl stirbt am 4. November in einem Lazarett in Krakau an den Folgen eines Selbstmordversuches. Der 27jährige wurde mit seinen Fronterlebnissen nicht mehr fertig.
- Der Physiker Max von Laue erhält im Dezember den Nobelpreis für Physik. Er hat auf dem Gebiet der Strahlenmedizin gearbeitet.

# Alle marschieren in den Krieg

Die österreichisch-serbische Konfrontation löst eine weltweite Kettenreaktion aus. Das mit dem Balkanstaat befreundete Rußland sendet deutliche Signale Richtung Wien, die in einer nach etlichem Zögern ausgerufenen Generalmobilmachung enden. Damit sind die diplomatischen Möglichkeiten zur Verhinderung eines drohenden großen Krieges praktisch ausgeschöpft. Die deutsche Regierung fordert Ende Juli in einem auf zwölf Stunden befristeten Ultimatum Rußland zur Zurücknahme aller ergriffenen Maßnahmen auf. An Frankreich ergeht die ultimative Aufforderung, im Falle eines deutsch-russischen Krieges neutral zu bleiben. Da aus Moskau und Paris auf derartige Ansinnen keine Reaktionen kommen, erklärt das Deutsche Reich am 1. August Rußland und am 3. August Frankreich den Krieg. Ein weiteres Ultimatum Deutschlands zwingt dann auch die Großmacht England zu den Waffen. Es ist am 2. August an Belgien gerichtet und fordert freies Durchmarschrecht für die deutschen Streitkräfte. Damit sieht Britannien seine Interessen an der gegenüberliegenden Küste verletzt und erklärt dem Deutschen Reich am 4. August ebenfalls den Krieg. Die Verletzung der Neutralität Belgiens beruht auf dem für einen Kriegsfall bereits 1905 vom damaligen Generalstabschef Alfred Graf von Schlieffen ausgearbeiteten Angriffsplan. Er sieht eine schnelle Offensive im Westen mit der Niederwerfung Frankreichs und anschließender Verlegung der Truppen an die Ostfront vor, bevor der russische Aufmarsch abgeschlossen ist. Anfang August stehen auf Seiten Deutschlands und Österreichs 3,8 Millionen Mann den 5,8 Millionen Soldaten der Ententemächte gegenüber. □

**Heim zu Mütterchen Rußland darf im Januar der Dichter Maxim Gorki. Acht Jahre hat der Verfasser von „Nachtasyl" oder „Die Mutter" in Westeuropa warten müssen. Wegen enger Verbindung mit den Bolschewisten – seit 1905 kennt und schätzt der Dichter W.I. Lenin – wurde er vom Zaren mit Verbannung belegt.**

# Ein Attentat und seine Folgen

Während der Fahrt durch die bosnische Hauptstadt Sarajevo werden am 28. Juni der habsburgische Thronfolger Erzherzog Franz Ferdinand und seine Gemahlin Herzogin Sophie von einem serbischen Nationalisten erschossen. Ein erster Anschlag wenige Stunden vorher war fehlgeschlagen. Der designierte Herrscher über die österreichisch-ungarische Donaumonarchie hat mit Plänen für durchgreifende Reformen zugunsten der Nationalitäten im Doppel-Staat Träume der Serben von einem Großreich auf dem Balkan zerstört und mußte sterben. Der Mord an der wichtigsten Führerpersönlichkeit nach Kaiser Franz Joseph fordert entsprechendes Handeln von Österreich. In Wien ist man entschlossen, Serbien endlich als politische Macht zu vernichten. So stellt man dem Land am 23. Juli ein mit Deutschland abgesprochenes Ultimatum, das die Serben ohne Gesichtsverlust nicht annehmen können. Österreich-Ungarn erklärt so am 28. Juli Serbien den Krieg, nachdem es bereits drei Tage zuvor mobil gemacht hat. Die Regierung in Wien glaubt sich bei diesem Vorgehen genügend abgesichert, nachdem am 6. Juli vom verbündeten Deutschen Reich Zustimmung gekommen ist. □

**Das österreichische Thronfolgerpaar wenige Minuten vor dem Attentat in Sarajevo**

# Siege im Westen und im Osten

Die deutschen Armeen erringen in den ersten Kriegswochen einige schnelle Siege, die bei Daheimgebliebenen die Illusion eines glatten Durchmarschs nähren. An der Westfront verläuft zunächst alles planmäßig. Der rechte Flügel der deutschen Armee durchquert Belgien und schwenkt auf breiter Front nach Nordfrankreich ein. Aber Schlieffens Idee von der einzigen Umfassungsschlacht zur Niederwerfung Frankreichs scheitert mangels Masse. Die deutschen Kräfte reichen zur Westumgehung von Paris nicht aus, und auch der Versuch, die Hauptstadt im Osten über Oise und Marne zu bezwingen, bleibt ergebnislos. In der Marneschlacht (5. – 12. September) werden die deutschen Truppen gestoppt. Im Osten sieht es nach der Schlacht von Tannenberg (23. – 31. August) besser aus. Dort gelingt die Vernichtung der russischen Narew-Armee, kurz darauf die der Njemen-Armee an den Masurischen Seen. Der Oberbefehlshaber der Ostfront Generaloberst von Hindenburg sowie sein Stabschef Ludendorff begründen damit ihren Ruhm als Feldherren. □

# Auf allen Seiten nur Euphorie

# 1914

**Buch des Jahres:**
„Die Verliese des Vatikan“ von André Gide

**Film des Jahres:**
„Cabiria“ von Giovanni Pastrone

**Schlager des Jahres:**
„Max, du hast das Schieben raus“ von Hans Rose

**Der Kriegsausbruch wird auf allen Straßen, wie hier in der Berliner Voßstraße, mit Jubel begrüßt.**

Überschäumender Nationalismus und Patriotismus in den betroffenen Nationen erzeugen auf allen Seiten eine wahre Kriegseuphorie. Daran ändern auch die ersten Verlustmeldungen und militärischen Rückschläge nichts. Während der Tannenberg-Schlacht erleiden die österreichisch-ungarischen Truppen eine schwere Niederlage, müssen Ostgalizien preisgeben und können den Einmarsch der Russen nach Ungarn gerade noch verhindern. Auf den Meeren triumphieren derweil die Flotten Englands und Frankreichs. Die erste Niederlage der deutschen Kriegsmarine im Gefecht vor Helgoland (22. August) bedeutet bereits in den ersten Kriegsmonaten den Auftakt einer langen Reihe versenkter und besiegter deutscher Überseekreuzer auf den Weltmeeren. Unter den Gefallenen der ersten Kriegswochen ist auch der Mitbegründer der Künstlervereinigung „Blaue Reiter“, der Maler August Macke. Er fällt am 26. September, gerade 27 Jahre alt, in der Champagne. Am selben Tag ereilt den als „Heidedichter“ bekannten Hermann Löns dieses Schicksal. Er fällt bei Reims im Alter von 48 Jahren. □

**Der Sozialist Jean Jaurès**

## Jaurès ermordet

Ein erbitterter Kriegsgegner wird am 31. Juli ermordet. Zwei nationale Fanatiker töten den Führer der französischen Sozialisten, den Philosophie-Professor Jean Jaurès, als er sich auf dem Rückweg von einem Treffen mit Ministerpräsident Viviani befindet. Dort hat er im Namen seiner Partei einen Appell zur Mäßigung abgegeben. Auf dem Kongreß der Sozialisten zwei Wochen zuvor hatte er zu einem internationalen Gegenstreik in allen beteiligten Ländern als Maßnahme gegen die wachsende Kriegsgefahr aufgerufen. □

## Erschossen von Ministerfrau

Mit tödlichen Schüssen auf den Chefredakteur des Pariser „Figaro“ reagiert eine Dame der Gesellschaft auf angedrohte kompromittierende Veröffentlichungen. Madame Caillaux, Gemahlin des französischen Finanzministers, glaubt sich nur dadurch Genugtuung verschaffen zu können. Der „Figaro“ hatte bereits Anschuldigungen gegen ihren Ehemann im Rahmen einer Kampagne veröffentlicht. □

**Nach über 30jähriger Bauzeit eröffnet US-Präsident Wilson am 15. August offiziell den Panama-Kanal. Die „S.S. Ancon“ (Bild) unternimmt die historische Eröffnungsfahrt. Die USA haben sich Hoheitsrechte für je einen Landstreifen an beiden Kanalseiten gesichert und sind für Betrieb und Sicherheit verantwortlich.**

Titelblatt der Silvesterausgabe des „Volksfreund“ von Thalheimer

# Nicht alle für Krieg

Die nach außen hin geschlossene nationale Front der Kriegswilligen – Kaiser Wilhelm: „Ich kenne keine Parteien, ich kenne nur Deutsche“ – zeigt zur Jahreswende die ersten Risse. Im Dezember des Vorjahres hat Karl Liebknecht als einziger SPD-Abgeordneter gegen die zweite Kriegskreditvorlage gestimmt. Mit Hilfe von Zeitschriften und Flugblättern aber wird die oppositionelle Meinung des antimilitaristischen linken Parteiflügels artikuliert. Zum Beispiel in August Thalheimers Postille „Volksfreund“: Sie gibt der Anti-Kriegs-Minderheit der Sozialdemokraten ein Forum. Im Sommer finden sie dann auch beim offiziellen Parteiorgan „Vorwärts“ Gehör. Nach Abdruck ihrer Friedensresolution wird das Parteiblatt von der Regierung verboten. Immerhin aber gibt es Resonanz, denn im Dezember stimmen schon 20 Abgeordnete gegen die neuen Kriegskredite. □

**Für die Bevölkerung im Reich wird der Krieg durch die englische Seeblockade mit der damit gesperrten Zufuhr von Lebensmitteln und Rohstoffen schneller spürbar als erwartet. Mehl, Fisch und Fleisch werden zu Kostbarkeiten und ab Januar per Verordnung rationiert. Das bedeutet die Einführung von Wertmarken, gegen die man Nahrungsmittel in begrenztem Umfang eintauschen kann. So wie die abgebildete Brotmarke für Jugendliche in Berlin erhält jeder Deutsche sein Abholdokument für Grundnahrungsmittel. Da die nicht ausreichen, kann ab dem Sommer ein mit Kartoffelmehl gestrecktes Roggenbrot, das sogenannte „Kriegsbrot“, frei gekauft werden.**

# Stellungskrieg an allen Fronten

Zu Beginn dieses zweiten Kriegsjahres muß die deutsche Heeresleitung dem erschöpften österreichischen Heer an der Südostfront mit massiver Truppenhilfe beispringen. Die vereinigte deutsch-österreichische Armee erkämpft aber im Mai den Durchbruch zwischen den Beskiden und der oberen Weichsel. Es folgt die große Sommeroffensive, in deren Verlauf ganz Kurland, Litauen und Polen erobert werden. Erst im September erstarren die Kämpfe im Osten zum Stellungskrieg. Mitten in die Maioffensive platzt aus Rom die Nachricht, daß Italien den seit 1882 bestehenden Freibund mit Deutschland und Österreich aufkündigt und Österreich den Krieg erklärt (23. Mai). Die Mittelmächte bekommen dafür mit der Türkei und Bulgarien in diesem Jahr Bundesgenossen, die den Balkankrieg wesentlich mitgestalten. So erobern die Bulgaren bis zum Herbst ganz Serbien, während türkisch-deutsche Kräfte den englisch-französischen Angriff auf die Dardanellen abwehren. Die Westmächte müssen daher die Rußlandhilfe über weite Wege auf See befördern und versuchen, durch Angriffe im Westen den bedrängten Bundesgenossen im Osten zu entlasten. Aber selbst der Großangriff in der Champagne im September bleibt erfolglos und kann die deutsche Grabenlinie nicht durchbrechen. □

# Kampf gegen zivile Seefahrt

Die britische Seeblockade droht das Deutsche Reich von allen Lebensadern abzuschneiden. Sie wird ab 5. Februar mit dem uneingeschränkten U-Boot-Krieg beantwortet, der die britischen Gewässer zum Kriegsgebiet erklärt und den in ihnen kreuzenden Handelsschiffen die warnungslose Versenkung androht. Die Handelsschiffahrt auf den Meeren um Großbritannien und Irland wird schon im ersten Monat des deutschen U-Boot-Einsatzes durch etliche Versenkungen hart getroffen. Am 7. Mai torpediert ein U-Boot den englischen Passagierdampfer „Lusitania“ vor der irischen Südküste ohne Vorwarnung. Der Ozeanriese sinkt innerhalb von 18 Minuten, 1 198 Passagiere – darunter wenigstens 118 US-Bürger – kommen ums Leben. Der drohende Bruch mit den USA kann noch einmal abgewendet werden. Washington beharrt darauf, daß Bürger der Vereinigten Staaten ungehindert nach England reisen dürfen und erreicht von Deutschland den Verzicht auf Versenkung ohne vorherige Warnung. Der von Admiral Tirpitz von Anfang an bezweifelte Erfolg des U-Boot-Einsatzes hält sich damit bis Jahresende auch in Grenzen. Die Blockade aber bleibt bestehen. □

Der Kanal bei Brügge ist Ausgangsbasis für die deutschen U-Boote.

**Im März bombardiert wieder ein Zeppelin strategisch wichtige Ziele in Paris. Die Einsätze verlaufen nicht immer glücklich, wie dieses Gemälde von Adolf Bock zeigt: Der englische Fischdampfer „King Stephen“ verweigert die Rettung der Mannschaft des havarierten deutschen Luftschiffes L 19.**

# Erdbeben-Katastrophe

Ein Erdbeben, das für europäische Verhältnisse fast apokalyptische Ausmaße hat, erschüttert am 13. Januar Italien. Betroffen sind vor allem Rom und die Abruzzen, wobei es in der Hauptstadt bei Sachschäden bleibt. Das wahre Ausmaß der Katastrophe wird erst etliche Tage später offenbar, als man zu den unwegsamen Siedlungen der Abruzzen vordringt. Dort sind 17 Dörfer dem Erdboden gleichgemacht und viele schwer beschädigt. In den Trümmern werden fast 30 000 Tote geborgen. □

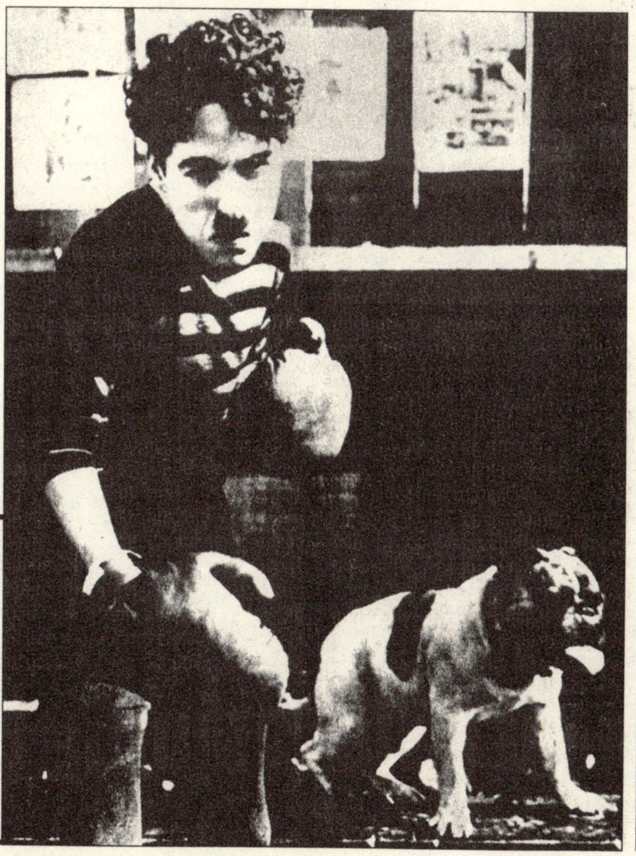

**Ein kleiner Mann mit schwarzem Schnurrbart erobert in diesem Jahr die Herzen des amerikanischen Kinopublikums. Der englische Schauspieler Charles Spencer, genannt Charlie Chaplin, schafft mit dem Film „Der Tramp“ den Durchbruch. Zwar hat er im Vorjahr in 35 Slapstickstreifen mitgewirkt, aber in der Rolle des komisch-hilflosen Landstreichers wirkt er einmalig erheiternd.**

# 1915

**Buch des Jahres:**
„Ferien vom Ich“ von Paul Keller

**Film des Jahres:**
„Die Geburt einer Nation“ von David Wark Griffith

**Schlager des Jahres:**
„Ganz ohne Weiber geht die Chose nicht“ von Josef König

## JAHRES-CHRONIK

● Der deutsche Panzerkreuzer „Blücher“ sinkt im Januar in der Seeschlacht an der Doggerbank.

● Die für das nächste Jahr in Berlin vorgesehenen Olympischen Spiele werden im Februar endgültig abgesagt.

● Mit Beteiligung der kriegführenden Mächte wird im Februar die Weltausstellung in San Francisco eröffnet.

● Deutsche Truppen setzen im April bei einem Angriff an der Westfront erstmalig Gas ein.

● In Havanna wird der 33jährige Jess Willard im April durch Sieg gegen Jack Johnson neuer Box-Weltmeister im Schwergewicht.

● Winston Churchill, Erster Lord der Admiralität in London, tritt im Mai nach der gescheiterten Dardanellen-Offensive zurück.

● In den osmanisch verwalteten Teilen von Armenien fallen im Sommer etwa 25 000 Zivilisten türkischen Massakern zum Opfer.

● Im Juli muß die kleine deutsche Kolonialtruppe in Südwestafrika vor den Engländern kapitulieren.

● Im Alter von 61 Jahren stirbt am 20. August in Bad Homburg der Mediziner (Nobelpreis 1908) Paul Ehrlich.

● Mit Beginn des neuen Schuljahres wird in Preußen die Sütterlinschrift eingeführt.

● Wegen Fluchthilfe bei Kriegsgefangenen wird die von dem deutschen Militärgericht verurteilte englische Krankenschwester Edith Cavell im Oktober in Brüssel hingerichtet.

**Eines der deutschen Großkampfschiffe beim Abfeuern einer Breitseite während der Seeschlacht am Skagerrak**

# Zu Hause Hunger und an den Fronten keine Fortschritte

Zu Beginn des dritten Kriegsjahres wirkt sich die britische Hungerblockade für die deutsche Bevölkerung noch drastischer aus als im Vorjahr. Trotz der Zuteilung auf Karten gibt es kaum noch Lebensmittel. Und von den Fronten hört man wenig gutes. Der Landkrieg bleibt festgefahren und fordert einen immer höheren Blutzoll. Generalstabschef Erich von Falkenhayn bläst Ende Februar zum Großangriff auf die Festung Verdun. Das französische Heer – so sein Ziel – soll dadurch zermürbt und England seines wichtigen Bundesgenossen beraubt werden. Die deutschen Angreifer können die Forts Douamont und Vaux auch nehmen, bleiben dann aber stecken. Es folgt ein monatelanges Ringen um jeden Meter, das Verdun zum Symbol der furchtbaren Materialschlachten dieses Krieges werden läßt. In die Kämpfe um Verdun platzt eine Offensive der Ententetruppen an der Somme. In der gleichnamigen Schlacht (ab 23. Juni) können die Deutschen einen Durchbruch verhindern. Mit dem ersten Einsatz von Panzern durch die Engländer gelingen den Alliierten ab September neue Geländegewinne. Die deutschen Besatzer räumen Douamont am 26. Oktober wieder, und am 16. Dezember endet diese Schlacht. Auf der Strecke sind auf beiden Seiten über 600 000 Gefallene und Verwundete geblieben. Mit der Kriegserklärung Rumäniens an Österreich im August wird auch die Lage an der Ostfront unstabiler, da setzt Kaiser Wilhelm auf neue Köpfe. Er installiert die dritte Oberste Heeresleitung (OHL) dieses Krieges. Anstelle von Falkenhayn wird Hindenburg Generalstabschef und Ludendorff Generalquartiermeister. Auf den Meeren bringt das Jahr keine Rückschläge. Vor dem Skagerrak endet die einzige große Seeschlacht des Krieges mit einem taktischen deutschen Erfolg, jedoch bleibt England die klar überlegene Seemacht. Auch der seit März wieder aufgenommene, aber nicht nur gegen die Zivilschiffahrt gerichtete U-Boot-Krieg, bleibt ohne große Wirkung. Die neue OHL wartet daher im Spätherbst auf den Befehl des Kaisers zur Aufnahme des warnungslosen Einsatzes dieser Waffe. □

**Im kalifornischen Glen Ellen nimmt sich der Schriftsteller Jack London am 22. November das Leben. Der meistübersetzte amerikanische Autor ist erst 40 Jahre alt. London, der eigentlich John Griffith hieß, begann nach harter Kindheit und Jugend mit etwa 25 Jahren seine Erlebnisse in spannenden Abenteuerromanen zu veröffentlichen. Der Autodidakt ohne große Schulbildung erzielte mit Werken wie „Ruf der Wildnis", „Der Seewolf" oder „Wolfsblut" zahlreiche Publikumserfolge. Insgesamt verfaßte er um die 50 Titel.**

# Kaiser stirbt

Österreichs Kaiser Franz Joseph stirbt am 21. November. Der Monarch, der 68 Jahre lang die Geschicke des Landes bestimmt hat, steht im 87. Lebensjahr. Sein Leichnam wird in der Burgkapelle aufgebahrt. Eine Woche später folgt nach dem Requiem im Stephansdom die Beisetzung in der Kaisergruft der Kapuzinerkirche. Am Todestag wird sein Enkel, der 29jährige Herzog Karl, zum neuen Kaiser proklamiert. Er übernimmt auch anstelle des abgesetzten Erzherzogs Friedrich den Oberbefehl über die Armee. □

**Kaiser Franz Joseph I.**

Am Zarenhof in Petrograd wird am 30. Dezember ein Mord verübt. Opfer ist der etwa 50jährige Grigori Jefimowitsch Nowych, der am Hofe, wo er 1907 eingeführt wurde, als der Mönch und Wunderheiler Rasputin bekannt ist. Der ursprünglich aus Sibirien stammende Bauernsohn hatte vor allem das Vertrauen von Zarin Alexandra gewonnen, die auf seine angeblich vorhandenen mystischen Kräfte bei der Genesung ihres Sohnes setzte. Kronprinz Alexander leidet nämlich an einer heimtückischen Blutkrankheit und schwebt bei der geringsten Verletzung in Lebensgefahr. Bei der Behandlung des Zarewitsch gewinnt Rasputin allmählich auch Einfluß auf politische Entscheidungen der Eltern. Er soll zuletzt sogar Regierungsämter mitbesetzt haben. Diese Machtfülle sorgt bei der übrigen Hofgesellschaft für großen Unmut. Gegen den nicht standesgemäßen Zarengünstling wird letztlich ein Komplott mit dem Ziel seiner Vernichtung geschmiedet. Hohe Würdenträger locken Rasputin dann auch in eine Falle, aber die ersten beiden Attentate mißlingen. Erst im dritten Anlauf können sie den verhaßten Günstling mit mehreren Revolverschüssen töten.

# 1916

**Buch des Jahres:**
„Pallieter" von Felix Timmermanns

**Film des Jahres:**
„Ehe der Luise Rohrbach" mit Henny Porten und Emil Jannings

**Schlager des Jahres:**
„Wien wird bei Nacht erst schön" komp. von Robert Stolz

## Ministerpräsident ermordet

In einem eleganten Wiener Hotel wird am 21. Oktober der Ministerpräsident von Österreich-Ungarn, Karl Graf Stürgkh, beim Mittagessen Opfer eines Mordanschlags. Als Todesschütze wird Dr. Friedrich Adler, der Sohn von Viktor Adler, des Gründers der SPÖ, festgenommen. Der Physiker ist wegen der Kriegspolitik der Sozialdemokraten aus der Partei ausgetreten und gibt deren Haltung sowie die der Regierung als sein Motiv an. □

## JAHRES-CHRONIK

- Im Januar fährt der Balkan-Express erstmalig von Berlin nach Konstantinopel über Prag, Wien und Belgrad.
- Bei den Kämpfen um Verdun fällt am 4. März der 36jährige Maler Franz Marc. Der Kriegsfreiwillige ist ein Mitglied der Gruppe „Blaue Reiter".
- Im Alter von 43 Jahren stirbt am 19. März in Leipzig der vor allem durch seine Orgelwerke bekannte Komponist Max Reger.
- Der Osteraufstand der Irischen Nationalisten gegen die englische Vorherrschaft wird im April niedergeschlagen.
- Der Chirurg Ferdinand Sauerbruch konstruiert im April bewegliche Armprothesen für amputierte Soldaten.
- Im Mai wird im Deutschen Reich erstmals die Sommerzeit eingeführt.
- In der Schlacht am Skagerrak fällt am 31. Mai der Schriftsteller Gorch Fock. Der 35jährige ist vor allem durch seine Romane über die Seefahrt bekannt geworden.
- Der Sozialdemokrat Karl Liebknecht wird wegen einer Antikriegsdemonstration im Juni zu 30 Monaten Zuchthaus verurteilt.
- In Zürich gründen Künstler die „Dadaisten"-Bewegung – eine Reaktion auf das real nicht mehr faßbare Grauen des Krieges.
- Die Operette „Die Rose von Stambul" von Leo Fall wird im Herbst am Theater an der Wien uraufgeführt.
- Im November wird Polen durch Deutschland und Österreich zum selbständigen Königreich erklärt, mit enger Verbindung zu den Mittelmächten.
- Der britische Agent T. E. Lawrence führt die Beduinenstämme Arabiens zum Aufstand gegen die mit Deutschland verbündete Türkei.
- In einigen Bundesstaaten der USA wird die Prohibition in diesem Jahr Gesetz.

## Wilson bleibt auf Friedenskurs und Präsident

**Wilson auf USA-Reise vor seiner Wiederwahl im November**

Von allen Weltmächten befindet sich Ende des Jahres nur die USA noch nicht im Krieg. Dies wird vor allem auf die Neutralitätspolitik von Präsident Woodrow Wilson zurückgeführt, der daher im November im Amt bestätigt wird. Selbst die großen Sympathien, die er für England und seine Verbündeten empfindet, können ihn nicht vom Friedenskurs abbringen. Noch am 21. Dezember erläßt er einen Friedensappell an die Welt. □

# USA erklären Kriegseintritt

Das im berüchtigten „Steckrübenwinter" hungernde deutsche Volk zwingt die Oberste Heeresleitung zu Jahresbeginn zum Handeln. Vor allem Ludendorff glaubt, man könne Englands Versorgung im Gegenzug ebenso lahmlegen, und zwar mit dem uneingeschränkten U-Boot-Krieg. Ein entsprechender Beschluß ergeht am 9. Januar, am 31. teilt man diesen US-Präsident Wilson mit, der sich tief enttäuscht zeigt. Nach den ersten Zwischenfällen ruft er Anfang April den Kongreß zusammen. In seiner Kriegsrede vom 2. April sagt der US-Präsident: „Der gegenwärtige deutsche Unterseebootkrieg gegen den Handelsverkehr ist ein Krieg gegen die Menschheit. Er ist ein Krieg gegen alle Nationen. Es sind keine Unterschiede gemacht worden, die Herausforderung hat der ganzen Menschheit gegolten". Nach breiter Zustimmung der beiden Parlamente erklären die USA dann Deutschland am 6. April den Krieg. Dies soll der entscheidende Wendepunkt sein. Für die nach drei Kriegsjahren ebenfalls erschöpfte Entente bedeutet der Kriegseintritt vor allem einen starken moralischen Schub. In England und Frankreich sammelt man neue Kräfte. Im Sinne Wilsons, der in seiner Rede davon gesprochen hatte, die Welt müsse für die Demokratie sichergemacht werden („to make the world safe for democracy"), begann jetzt der Kreuzzug der Demokratie gegen die Mächte der Reaktion. Gegen die deutsche U-Boot-Waffe gibt es zudem schnell Abhilfe: Man entwickelt Horchapparate zu ihrer Ortung, und die Handelsschiffe fahren nur noch im Konvoi, im Geleit von Kriegsschiffen. Die Zahl von Abschüssen minimiert sich so ab dem Sommer drastisch. Das Opfer dieser von der Oberen Heeresleitung durchgesetzten falschen Politik wird im Juli überraschend Kanzler von Bethmann Hollweg. Nach einer Friedensdebatte im Reichstag und auf Druck der Oberen Heeresleitung tritt er zurück. Der Landkrieg dieses Jahres bleibt mit den Namen der Schlachten in der Champagne und Flandern verbunden, die außer vielen Toten jedoch nichts bringen. □

**In Petrograd führen die anhaltenden Unruhen im März zur Abdankung des Zaren. Nikolaus II. setzt zunächst auf Gewalt als letztes Mittel, aber die gegen die Streikenden eingesetzten Soldaten schießen nicht, sondern verbrüdern sich mit ihnen, und sie ziehen gemeinsam durch die Hauptstadt. Die ohne Zustimmung des Zaren zusammengekommene Duma übernimmt die Regierungsgewalt, in Fabriken und Kasernen werden Sowjets (Räte) gewählt, es kommt zu Meutereien bei den Truppeneinheiten der Hauptstadt. Nikolaus II. (oben mit Frau Alexandra und seinen vier Töchtern) ernennt am 15. März den als liberal geltenden Fürsten Lwow zum Ministerpräsidenten und dankt ab. Sein Bruder Großfürst Michail soll an seiner Stelle das Ruder des schlingernden Schiffes Rußland in die Hand nehmen. Doch der erkennt die Zeichen der Zeit und gibt seinen Thronverzicht bekannt. Oberstes Machtorgan ist jetzt die Duma, Rußland praktisch eine Republik.**

## Auguste Rodin†

Als der Bildhauer Auguste Rodin am 17. November im Alter von 77 Jahren in Meudon stirbt, hat er endlich seinen Platz in der Kunstgeschichte sicher. Jahrzehntelang fand seine Arbeit keine Anerkennung. Während der neue Stil der Malerei (Impressionismus) in Frankreich zum Siegeszug ansetzte, kollidierte seine auf die Plastik umgesetzte Version, bei der der Klassizismus stark dominierte, mit dem Zeitgeschmack. □

## Edgar Degas†

Im hohen Alter von 83 Jahren stirbt am 26. September in Paris Edgar Degas, einer der herausragenden Vertreter des französischen Impressionismus. Der mit Édouard Manet bekannte Maler, Grafiker und Plastiker verschrieb sich dieser Kunstrichtung und setzte verschiedenste Szenerien wie von Reitplätzen, Ballettsälen oder dem Leben einfacher Leute in wie fotografiert wirkende Momentaufnahmen um. Auch die Frau bei ihren Tätigkeiten der Körperpflege war eines seiner ständigen Motive. □

Der Maler Edgar Degas

Der Bildhauer Auguste Rodin

## JAHRES-CHRONIK

● 78jährig stirbt am 8. März in Berlin der Luftfahrtpionier Ferdinand Graf von Zeppelin.

● Die von der SPD abgespaltenen Radikalen gründen im April in Gotha die Unabhängige Sozialdemokratische Partei Deutschland (USPD). Führer sind Karl Liebknecht und Rosa Luxemburg.

● Einer Pocken-Epidemie fallen in Norddeutschland im Sommer über 200 Menschen zum Opfer.

● Der inzwischen elf Jahre alte Pu Yi wird im Juli nach einem Militärputsch erneut zum Kaiser von China gekrönt.

● Ein Filmverleih in den USA bringt den ersten in Farbe hergestellten Film in die Kinos: „The Gulf Between".

● Auf der Ende August eröffneten Leipziger Kriegsmesse sind aus Papier als Ersatzstoff hergestellte Gebrauchsgüter der große Renner.

● Wegen angeblicher Spionage für Deutschland wird Mata Hari im Oktober von einem Kriegsgericht in Frankreich zum Tode verurteilt und erschossen.

● Bei den Palästina-Verhandlungen in London setzt sich Großbritannien erstmals für die dortige Ansiedlung von Juden ein.

● Finnland erklärt sich im Dezember zum autonomen, von Rußland unabhängigen Staat.

● Das Internationale Komitee vom Roten Kreuz wird mit dem Friedensnobelpreis ausgezeichnet.

● Zu Propagandazwecken wird auf Betreiben der Militärführung im Dezember in Berlin die Universum Film AG (Ufa) gegründet.

● Mit dem in der niederländischen Zeitschrift "De Stijl" veröffentlichten Aufsatz "Die neue Gestaltung der Malerei" markiert Piet Mondrian den Übergang zur geometrisch-abstrakten Malerei.

● Im Dezember wird der Normenausschuß der Deutschen Industrie gegründet, der die DIN-Normen festsetzt.

● Das Verbot des Jesuitenordens in Deutschland wird im Dezember aufgehoben.

● Der Filmstar Charlie Chaplin kommt mit seinen Filmen auf einen Jahresverdienst von einer Million Dollar.

# Lenins Bolschewiki übernehmen Macht

Nach dem Ende der Zarenherrschaft füllt die provisorische Regierung das machtpolitische Vakuum mehr schlecht als recht. Zudem war die Führung der radikalen Sozialisten (Bolschewiki) – mit Lenin an der Spitze – im April aus der Emigration zurückgekehrt. Der Versuch Lenins, auf legale Weise über die Sowjets die Staatsführung zu übernehmen („Alle Macht den Räten") scheitert, da die Sozialisten ihm nicht folgen. Da versuchen die Bolschewiki, mit einem Putsch ihr Ziel zu erreichen. Der Aufstandsversuch wird im Juli niedergeschlagen, die Führer der Radikalen werden verhaftet, nur Lenin kann nach Finnland entkommen. □

# 1917

**Buch des Jahres:**
„Das indische Grabmal" von Thea von Harbou

**Film des Jahres:**
„Die kleine Amerikanerin" mit Mary Pickford

**Schlager des Jahres:**
„Was nützt denn den Mädchen die Liebe?" von Grete Freund

**Oktoberrevolution: Lenin nach einem Gemälde von B. Zyplakowa**

**Der Putschversuch im Juli wird niedergeschlagen.**

**In Berlin werden am 30. November erstmals Arbeiten des 47jährigen Ernst Barlach gezeigt. Der Bildhauer, Grafiker und Dichter lebt seit 1910 in Güstrow, wo er abseits der Kunstszene seine Werke gestaltet. Die Berliner Präsentation paßt nicht in die von Durchhalteparolen bestimmte Kriegszeit, denn Barlachs Schöpfungen spiegeln ganz und gar nicht das hohle Pathos der offiziellen wilhelminischen Kunstauffassung. Die Gestalten des als sehr norddeutsch (Geburtsort Wedel) beschriebenen Barlach sind schwer und spröde, ihre Gesichtszüge hart und schwermütig. Die hier abgebildete Bronzeplastik „Singender Mann" zeigt die andere Seite des Künstlers: die sehr im Verborgenen angesiedelte Heiterkeit des Lebens, die in der Regel eher in seinen literarischen Arbeiten zu finden ist.**

# Die Oktoberrevolution

Im September sieht sich Ministerpräsident Kerenski einem erneuten Putschversuch gegenüber. Dieser wird aber von Rechtsaußen gesteuert, und die Meuterer unter General Kornilow werden mit den von Kerenski zu Hilfe gerufenen Bolschewisten zurückgeschlagen. Danach können die Bolschewiki mit überzeugenden Parolen bei den aufgescheuchten Volksmassen Boden gut machen. Die Oktoberwahlen bringen ihnen die Mehrheit in den wichtigen Sowjets von Petrograd und Moskau. Im selben Monat kehrt ihr Führer Lenin heimlich aus Finnland zurück. Er sieht die Zeit für den Sturz des liberalen Regimes gekommen. Am 25. Oktober (nach dem damals geltenden julianischen Kalender 7. November europäischer Zeitrechnung) stürmen die Bolschewiki den Sitz der Regierung, das Winterpalais in Petrograd. Die Minister werden verhaftet, Kerenski kann fliehen. Lenin proklamiert darauf den Sowjetstaat unter seiner Führung. Der Befehlshaber der „Roten Garden" der Bolschewiki, Leo Trotzki, wird Kriegsminister. Anfang Dezember bietet Lenin den Kriegsgegnern Verhandlungen über einen Sonderfrieden an. Es wird eine Waffenruhe vereinbart, und in der Grenzstadt Brest-Litowsk beginnen Gespräche zwischen Rußland, Deutschland und seinen Verbündeten über Bedingungen eines Friedens im Osten. Dabei repräsentieren die Sowjets nicht mehr die Mehrheit des russischen Volkes. Bei den Wahlen zur verfassunggebenden Versammlung haben sie nur 25 Prozent der Stimmen erhalten. □

# Die Waffen schweigen

Das letzte Kriegsjahr begann mit dem von Deutschland diktierten Frieden von Brest-Litowsk (3. März). Rußland verzichtet auf Polen, Litauen und die Ostseeprovinzen, die Ukraine und Finnland werden selbständig. Die OHL kann die bisher im Osten gebundenen Truppen an die Westfront verlagern, wo die Offensiven auf Amiens, in Flandern, an der Marne und in Reims folgen. Von diesen wenig bringenden Anstrengungen geschwächt, bricht die deutsche Front beim Gegenschlag der Entente am 8. August, dem „Schwarzen Tag" des Heeres, fast zusammen. Schon kurz darauf strebt Ludendorff einen schnellen Waffenstillstand an, um dem totalen Zusammenbruch der Westfront zuvorzukommen. Kaiser und OHL werden dann von den innerdeutschen Ereignissen überrollt und müssen Nachfolgern die Unterzeichnung des Waffenstillstandes im Wald von Compiègne überlassen. Immerhin können Hindenburg und der neue Stabschef Groener das Westheer später geordnet in die Heimat zurückführen. □

**Der Volksbeauftragte Friedrich Ebert auf der Rednertribüne am Pariser Platz beim Einzug der Frontgruppen in Berlin.**

**In Berlin rollen die Arbeiter- und Soldatenräte mit roten Fahnen an den Massen vorbei.**

# Revolution im Reich

Mitten in den Waffenstillstandsverhandlungen beginnt mit einer Meuterei von Matrosen in Kiel ein revolutionärer Akt im Reich. Die Seekrieger verhindern das Auslaufen der Hochseeflotte zu einem letzten – sinnlosen – Entlastungsangriff am 3. November. Diese Gehorsamsverweigerung wird in Windeseile überall bekannt und nachvollzogen. In den großen Städten des Nordens wie Hamburg, Bremen, Hannover, Braunschweig bilden Streikende und Militärangehörige Arbeiter- und Soldatenräte, in München werden am 8. November die Wittelsbacher gestürzt, und in Bayern wird die Republik ausgerufen. Auch in Berlin geht das Volk auf die Straße, vor allem Karl Liebknechts Spartakusgruppe zeigt sich aktiv. Der erst vor wenigen Wochen berufene Reichskanzler Prinz Max von Baden übergibt Friedrich Ebert, dem Führer der Mehrheitssozialdemokraten (MSPD), die Regierungsgeschäfte. Kaiser Wilhelm flieht in der Nacht vom 9./10. November nach Holland. □

**Der bekannte französische Komponist Claude Debussy stirbt am 25. März in Paris an Krebs. Er wurde nur 55 Jahre alt. In den letzten Lebensjahren schuf er weltberühmte Werke wie „Das Martyrium des heiligen Sebastian" oder das Ballett „Jeux". In Deutschland ist er vor allem wegen zahlreicher Lieder und Klavierkompositionen bekannt.**

## JAHRES-CHRONIK

- Im Alter von 72 Jahren stirbt am 8. Januar in Halle der deutsche Mathematiker Georg Cantor, Begründer der Mengenlehre.
- Die deutsche Flugzeugbaufirma Junkers meldet im Januar das Tiefdecker-Flugzeug zum Patent an.
- US-Präsident Wilson verkündet in einer Januar-Botschaft einen 14-Punkte-Plan für den Frieden.
- Der Sowjetstaat führt im Februar den Gregorianischen Kalender ein und hat nun mit Westeuropa die gleiche Zeitrechnung.
- Im Alter von 53 Jahren stirbt am 9. März in München der Schriftsteller Frank Wedekind, Schöpfer des Sexsymbols „Lulu".
- Der Sender der Funkstelle Nauen umspannt im April erstmals die Erde.
- Zwischen New York und Washington wird im Mai der erste regelmäßige Luftverkehr aufgenommen.
- Im Alter von fast 75 Jahren stirbt am 26. Juni in Krieglach (Steiermark) der österreichische Schriftsteller Peter Rosegger.
- Der deutsche Botschafter in Moskau, Wilhelm Graf von Mirbach-Harff, wird im Juli von zwei Revolutionären erschossen.
- Das Ballett „Die Geschichte vom Soldaten" von Igor Strawinski wird im September in Lausanne uraufgeführt.
- Die geistliche Schulaufsicht wird im Herbst in Preußen aufgehoben.
- Am 1. Dezember erreicht Island Unabhängigkeit von Dänemark und wird selbständige Republik.
- Eine seit September andauernde Grippe-Epidemie fordert bis Jahresende fast 200 000 Todesopfer.
- Max Planck erhält für seine Quantentheorie im Dezember den Nobelpreis für Physik. Der Chemiepreis geht an Fritz Haber.
- In Deutschland und Österreich wird der gesetzliche Acht-Stunden-Arbeitstag eingeführt.

# Tod eines „Helden"

Am 21. April fällt an der Westfront der berühmteste deutsche Jagdflieger der vergangenen drei Jahre, Manfred Freiherr von Richthofen. Nach 80 erfolgreichen Einsätzen wird der Kommandeur des Jagdgeschwaders 1 über Vaux-sur-Somme selbst angeschossen. Als er mit seiner getroffenen roten Fokker Dr. 1 hinter den feindlichen Linien landen will, beendet der Schuß eines kanadischen Fliegerkollegen Leben und Karriere des Offiziers. Für seine Gegner war er wegen der Farbe seines Fliegers der „Rote Baron", für seine zahlreichen Fans in der Heimat nach seinem 1917 erschienenen Buch „Der rote Kampfflieger" ein Held, dem man nacheifern mußte. Die Berichte über seine tollkühnen Feindflüge waren ein Lichtblick in der dunklen Kriegstristesse. □

Manfred von Richthofen

# 1918

**Buch des Jahres:**
„Der Untertan" von Heinrich Mann

**Film des Jahres:**
„Blinde Ehemänner" von Erich von Stroheim

**Schlager des Jahres:**
„Frühling in Wien"
komp. von Robert Stolz

Richthofen bei einer Landung mit seiner roten Fokker Dr. 1

**Der im Oktober zum Staatssekretär des Reichskanzlers gewählte MSPD-Abgeordnete Philipp Scheidemann ruft am Mittag des 9. November vom Balkon der Reichskanzlei in Berlin die Republik aus. Damit soll die revolutionäre Machtübernahme der Linken verhindert werden. MSPD und USPD übernehmen im Rat der Volksbeauftragten – von jeder Partei drei Mann – die Macht. Liebknechts linke Gruppe nennt sich ab 11. November „Spartakusbund". Die USPD verläßt am 30. Dezember den Rat der Volksbeauftragten, und die Spartakisten gründen am nächsten Tag die KPD.**

## Zarenfamilie ermordet

Nach dem Friedensschluß von Brest-Litowsk bricht in Rußland der Bürgerkrieg aus. Es kämpfen die „Weißen", Monarchisten und Anhänger einer parlamentarischen Regierungsform, gegen die „Roten", Lenins und Trotzkis Bolschewisten. Als Tschechen, Kosaken und Zaristen sich an Jekaterinburg herankämpfen, wo die Bolschewiki Nikolaus II. und seine Familie gefangen halten, wird die gesamte Zarenfamilie in der Nacht zum 17. Juli erschossen. □

## Fürchterliche Bedingungen

Der am 11. November vom Zentrumsabgeordneten Matthias Erzberger in seiner Funktion als Delegationsleiter unterzeichnete Waffenstillstandsvertrag enthält für Kriegsverlierer Deutschland fürchterliche Bedingungen. Elsaß-Lothringen, alle besetzten Gebiete, das linke Rheinufer und die drei Brückenköpfe Köln, Mainz und Koblenz müssen geräumt werden. In Köln und Bonn ziehen im Dezember englische, in Mainz französische Truppen ein. Alle großen Waffensysteme wie Schlachtschiffe, U-Boote, die Luftflotte müssen abgeliefert werden, die Friedensverträge mit Rußland und Rumänien werden annulliert, Deutschland muß sich zur Wiedergutmachung verpflichten. Die Hungerblockade der Entente aber bleibt bestehen. □

## Europa hat sich verändert

Vor Deutschland haben am 3. November Bulgarien, die Türkei und Österreich Waffenstillstandsverträge abgeschlossen. Kaiser Karl I. dankt am 11. November ab, und am folgenden Tag ruft der Präsident der Nationalversammlung Franz Dinghofer die Republik aus. Alle Nationalitäten waren bis dahin vom ehemaligen Habsburger Reich abgefallen. Geblieben ist nur der deutschsprachige Kleinstaat Österreich. An seiner Ostseite wird ein neuer Staat, die Tschechoslowakische Republik ausgerufen (14. November), mit Thomás G. Masaryk als erstem Präsidenten. Polen sagt sich von den Mittelmächten los, der aus deutscher Haft entlassene Józef Pilsudski wird am gleichen Tag Staatspräsident. Die Landkarte Europas hat am Ende des Weltkrieges ein neues Gesicht. Als Bilanz dieses Waffenganges bleiben zehn Millionen Gefallene, davon knapp zwei Millionen Deutsche, und Gesamtkosten von 730 Milliarden Goldmark. Für den Wiederaufbau der zerstörten Gebiete müssen noch einmal 610 Milliarden Goldmark aufgewendet werden. □

Am 9. November ruft Philipp Scheidemann die Republik aus.

# Aufstand der Linken scheitert

Räterepublik nach russischem Vorbild oder demokratischer Staat – die Frage nach dem künftigen Status des Deutschen Reiches wird Anfang Januar in Berlin mit Waffengewalt entschieden. Die gerade gegründete KPD und die Linkssozialisten rufen zum Aufstand gegen die Regierung auf, die Wahlen für eine verfassunggebende Versammlung anstrebt. Aber die von Karl Liebknecht und Rosa Luxemburg geführten Revoluzzer bleiben ohne große Resonanz bei der Bevölkerung. Weder in der Arbeiterschaft noch beim Militär finden sie ausreichende Unterstützung, so daß die als Spartakusaufstand bekannte Bewegung schnell niedergeschlagen werden kann. Der Sozialdemokrat Gustav Noske, Mitglied im Rat der Volksbeauftragten, setzt Regierungstruppen ein, die am 13. Januar in Berlin Herren der Lage sind. Außerhalb der Hauptstadt hat es keine Zwischenfälle gegeben. Die Kämpfe in Berlin fordern 156 Todesopfer. Am 19. Januar kann die verfassunggebende Nationalversammlung gewählt werden. Erstmals in der deutschen Geschichte sind Frauen bei der Wahl eines nationalen Parlaments stimmberechtigt, erstmals wird auch nach dem Verhältniswahlrecht gewählt. Das überraschende Ergebnis bringt keine klaren Mehrheiten. Zwar liegen die Mehrheitssozialdemokraten mit 163 zu 22 Mandaten klar vor der USPD, erzielen aber keine absolute Mehrheit. Das schaffen auch die bürgerlichen Parteien nicht, aber Zentrum, Deutsche Demokratische Partei und Deutschnationale Volkspartei kommen auf beachtliche Stimmen- und Mandatsanteile. Diese Nationalversammlung tritt erstmals am 6. Februar in Weimar zusammen, das als Symbol für freies Geistesschaffen an die Stelle von Berlin treten soll. Sie wählt Friedrich Ebert (SPD) zum vorläufigen Reichspräsidenten. Kurz darauf entsteht aus drei Parteien (SPD, DDP und Zentrum) unter Philipp Scheidemann als Reichskanzler die neue Regierung. Vom Parlament wird dann die Ausarbeitung der neuen Verfassung in Angriff genommen, die am 11. August in Kraft tritt. □

**Reichspräsident F. Ebert**

# Unruhen im ganzen Reich

Während die gewählten Volksvertreter in Weimar beraten, schwappt eine zweite revolutionäre Welle über das Land. Im Februar marschiert der zum Reichswehrminister ernannte Gustav Noske in Bremen mit Freiwilligen gegen den dortigen Arbeiter- und Soldatenrat und stürzt ihn. In München wird Ministerpräsident Kurt Eisner (USPD) von einem adligen Offizier erschossen, und im März marschieren wieder Noske-Einheiten gegen streikende Arbeiter in Berlin und Sachsen. Ein von Noske ausgegebener Schießbefehl gegen waffentragende Personen beschäftigt die Justiz das ganze Jahr. Einen weiteren Höhepunkt bildet der allerdings nur 30 Tage dauernde Generalstreik im Ruhrgebiet. Noch stärkere Wogen schlägt aber die im Februar von dem Kölner Oberbürgermeister Konrad Adenauer angestrebte Loslösung des Rheinlandes von Preußen. □

# Das Versailler Friedensdiktat

**Auch diese Massenkundgebung im Berliner Lustgarten ist ein Protest gegen die diktierten Friedensbedingungen des Versailler Vertrages.**

Unter Ausschluß der Besiegten verhandeln in Paris ab Januar 27 Staaten und fünf Dominien über die Bedingungen für einen offiziellen Friedensschluß nach dem Krieg. Am 7. Mai bekommt eine deutsche Delegation das Buch mit dem Ergebnis der Beratungen. Echte Einspruchmöglichkeiten gibt es nicht, bei Ablehnung droht der Einmarsch fremder Heere. Unter diesem Druck nimmt das Weimarer Parlament am 28. Juni mit 237 gegen 138 Stimmen dieses als Versailler Vertrag in die Geschichte eingehende Werk an. Es beinhaltet die fast totale Entwaffnung (nur 100 000 Mann Berufsheer sind erlaubt), umfangreiche Reparationsleistungen und Landabtretungen: alle Kolonien und Elsaß-Lothringen fallen an Frankreich, Eupen-Malmedy an Belgien, Posen, Westpreußen und ein Teil Hinterpommerns an Polen, das Saarland unter internationale Verwaltung. Ferner muß Deutschland mit seinen Verbündeten die alleinige Schuld an diesem Krieg übernehmen. Im Land selbst beginnt der Kampf gegen dieses Friedensdiktat der Siegermächte. □

**JAHRES-CHRONIK**

- Im Alter von 60 Jahren stirbt am 6. Januar in Sagamore Hill/ New York der frühere US-Präsident Theodore Roosevelt.
- Truppen der von Leo Trotzki geschaffenen „Roten Armee" marschieren im Februar in der Ukraine ein. In Kiew wird ein Sowjetstaat ausgerufen.
- Der deutsch-amerikanische Architekt Walter Gropius gründet im März in Weimar das „Bauhaus", eine Hochschule für künstlerische Gestaltung.
- In den USA gründen im April mehrere Filmschauspieler, darunter Charlie Chaplin die Produktionsgesellschaft „United Artists".
- Mit einem Blutbad stürzen Truppen des Reiches im Mai in München die dortige rote Räteregierung.
- Schwarz-Rot-Gold, die Revolutionsfarben von 1848, werden von der Nationalversammlung im Sommer zur Flagge des Deutschen Reiches erklärt.
- Der Fräser Karl Neuhaus erbeutet bei einem Überfall auf einen Zug der Deutschen Reichspost Diamanten im Wert von einer Million Mark.
- Die freien Gewerkschaften im Reich bilden im Juli den Allgemeinen Deutschen Gewerkschaftsbund (ADGB).
- In Stuttgart wird im September mit der Waldorfschule die erste private Gesamtschule Deutschlands eröffnet.
- Der deutsche Wissenschaftler Johannes Stark erhält den Nobelpreis für Physik.

# Liebknecht und R. Luxemburg ermordet

Die nach dem gescheiterten Aufstand geflüchteten linken Kämpfer Rosa Luxemburg und Karl Liebknecht werden am 15. Januar in ihrem Versteck in Berlin-Wilmersdorf entdeckt und nach der Festnahme auf dem Weg ins Untersuchungsgefängnis Moabit von Angehörigen der Garde-Kavallerie-Schützendivision ermordet. Rosa Luxemburgs Leichnam wird in den Landwehrkanal geworfen. Die aus Polen stammende überzeugte Marxistin hatte fast die gesamte Kriegszeit im Gefängnis verbringen müssen, eine Folge der bei Kriegsausbruch vorgenommenen Gründung der antimilitaristischen „Gruppe Internationale", der auch ihr Kampfgefährte Karl Liebknecht angehörte. Ihren Traum von einer deutschen Räterepublik konnte die 48jährige nicht verwirklichen. Sie blieb für Jahrzehnte ein Idol der Linken in Deutschland. □

# Völkerbund beginnt mit seiner Arbeit

Noch vor Fertigstellung des Friedensvertrages realisieren die in Paris versammelten Delegationen eine Idee von US-Präsident Wilson: die Schaffung eines Bundes aller freien Völker, der künftige Streitfragen friedlich lösen soll. Die neuen Institutionen – Völkerbundesrat und Vollversammlung – erhalten ihren Sitz in Genf. Der US-Senat aber verbietet die Teilnahme der USA, so daß der Bund zum Instrument der Siegermächte wird. □

# 1919

**Buch des Jahres:**
„Mitsou" von Sidonie Gabrielle Colette

**Film des Jahres:**
„Madame Dubarry" von Ernst Lubitsch

**Schlager des Jahres:**
„Hallo, du süße Klingelfee" von Franzi Ressel

**In Berlin stirbt am 25. März der 38jährige Wilhelm Lehmbruck durch Selbstmord. Der schon früh bekannte Vertreter einer expressionistischen Plastik schuf während seiner Pariser Zeit zwischen 1910 und 1914 unter anderem die "Knieende" (Bild). Dieser weibliche Akt von 1911 zeigt besonders deutlich den von Lehmbruck bevorzugten Skulpturen-Stil: überlange feine Glieder in sinnbildhafter und stark allegorischer Formensprache.**

**Für die Boxszene der USA ist die Welt am 4. Juli wieder in Ordnung. In Toledo schlägt der 24jährige Jack Dempsey (Bild) den unter dubiosen Umständen zum Weltmeister aller Klassen aufgestiegenen Jess Willard (1915 Sieg gegen Jack Johnson) in der dritten Runde Knockout und ist neuer Schwergewichts-Champion. Der neue Weltmeister hat sich mühsam nach oben geboxt und wird nach diesem Sieg zu einem wahren Idol in den USA.**

# Technische Innovationen nur zur Vernichtung anderer genutzt

Die Erkenntnisse der Wissenschaft kommen in Kriegszeiten dem „Vater aller Dinge" mehr zugute als der Menschheit, wie in diesem Jahrzehnt erstmals überdeutlich wird. Was wäre wohl aus der von Fritz Haber und Carl Bosch entdeckten synthetischen Herstellung von Stickstoff geworden, wenn nicht ab 1914 andere Gesetze gegolten hätten? 1913 werden in ihrer kleinen Fabrik in Oppau (Pfalz) 7 000 Tonnen Stickstoff hergestellt. Ab dem folgenden Jahr braucht man nicht nur Düngemittel, sondern auch Sprengstoff, für dessen Herstellung synthetischer Stickstoff eine Voraussetzung ist. So werden im ersten Kriegsjahr in Oppau 10 000 Tonnen produziert, bis Kriegsende sind es 550 000 Tonnen. Auch bei der Entwicklung von Fortbewegungsmitteln bleiben zivile Perspektiven außer acht. Während der Somme-Schlacht 1916 erschrecken die dröhnenden Stahlungeheuer der Briten die eingegrabenen Deutschen. Mit der Verwendung von Ketten ist der Durchbruch zur Entwicklung gepanzerter Fahrzeuge mit aufmontierten Geschützen gelungen, eine neue Tötungsmaschine erschaffen. Auch am Himmel gibt es großartige Neuerungen. Bei Kriegsausbruch stehen ausschließlich kleine Ein- oder Zweisitzer zur Verfügung, die keine Lasten transportieren können. Bomben werden von Luftschiffen abgeworfen, die wegen ihrer Unbeweglichkeit leicht zu bekämpfen sind. Daher tüfteln zahlreiche Experten an geeigneteren Flugzeugen. Der deutsche Bomber Gothe G. 5 darf als einer ihrer „Erfolge" gelten. Er bekommt mit den ebenfalls neuen leichten und schnellen Jagdflugzeugen Gesellschaft am Himmel. Alle Maschinen werden nur für einen Zweck konstruiert: zum Töten. Das von der jeweiligen Presse als sportlicher Wettkampf am Himmel dargestellte gegenseitige Abschießen gehört zu den Unfaßbarkeiten dieses Krieges sowie auch die chemische Herstellung von Kampfgasen, nach deren Einsatz Menschen elendig zugrunde gehen. □

Wladimir Iljitsch Lenin

Der Stellungskrieg an der Somme im Juni 1917. Französische Artilleristen

# Fast alle ebnen den

Seit 1904 stehen sich in Europa zwei Mächtelager gegenüber: der deutsch-österreichisch-italienische Dreibund und die Entente von England und Frankreich plus weiterer Verbündeter. Diese Bündnisse verhindern zwar in der ersten und zweiten Marokkokrise und in den Balkankriegen noch den ganz großen Knall, führen aber zwangsläufig zu den Ereignissen von 1914. Deutschland versucht seit Jahren die Briten auf den Meeren an Kampfkraft einzuholen. Das bedeutet für England eine ständige Herausforderung. Ab 1913 stehen sich dann die Bündnisblöcke in Europa Gewehr bei Fuß gegenüber. Deutschland führt in diesem Jahr die große Heeresreform durch, Frankreich die dreijährige Dienstpflicht ein. Österreich-Ungarn, Rußland, die Niederlande und Belgien rüsten auf. Als England in einer Flottenkonvention den französischen Seestreitkräften im Falle des Falles die Sicherung des Mittelmeeres anvertraut und im Gegenzug den Schutz der französischen Kanalküste zusagt, hätte man in Berlin hellhörig sein müssen. Aber Helmuth Moltke, Chef des Generalstabs, verkündet, ein Krieg in Europa sei wohl unvermeidbar. Sowohl bei der Großindustrie – dafür stehen Namen wie Thyssen, Krupp und Stinnes – wie auch in der Finanzwelt geistern pangermanische Vorstellungen durch die Köpfe, und die politischen Parteien als Repräsentanten des Volkes ebnen durch ihre

bedienen englische 20,3-cm-Mörser.

# Weg ins Verderben

Entscheidungen den Weg ins Verderben. Die Sozialdemokraten stimmen 1914 nicht nur für die Kriegsanleihe, sie decken auch in vaterländischer Pflicht den Konflikt mit Rußland. Auch nach Abspaltung der Kriegsgegner bleibt die Führung der SPD auf staatstragendem Kurs und tritt bis zuletzt für die Erhaltung der Monarchie ein. Ob eine konsequent pazifistisch agierende SPD den Krieg verhindert hätte, wird ewig ungeklärt bleiben. Der später von der Rechten als entscheidend apostrophierte „Dolchstoß der Heimatfront“ in Form der Streiks und Meutereien bleibt eine Marginalie im Zug des allgemeinen Zusammenbruchs. Weder USPD noch Spartakus-Gruppe haben wirklichen Einfluß auf die weitere Entwicklung. Viel schwerwiegender für Europas Zukunft wirkt sich aus, was im Juni 1919 als Versailler Vertrag aktenkundig wird. Nach der von Lenin angeführten Oktoberrevolution in Rußland, von deren Auswirkungen man am Ende dieses Jahrzehnts noch keine Vorstellungen hat, bedeutet Versailles den anderen großen Wendepunkt. Jetzt gibt es schuldige und unschuldige Staaten, Kriegsbetreiber und Friedensbewahrer. Eine derartige Polarisierung findet mit dem Spartakusaufstand auch in der politischen Szene des geschlagenen Landes statt. Seine Niederschlagung bildet die Basis für schwerwiegende innenpolitische Auseinandersetzungen in den kommenden Zeiten. □



## Nach dem Waffengang melden sich die Kreativen zu Wort

Der Donner der Kanonen hat vieles übertönt, die schöpferische Kraft des Geistes konnte er aber nur vorübergehend überlagern. Im November 1918 veröffentlichen der junge Architekt Le Corbusier und der Maler und Kunstschriftsteller Amédée Ozenfant ihr Manifest „Apré le cubisme“ und begründen damit eine neue Kunstrichtung, den Purismus: klare strenge Malerei mit einfachen geometrischen Formen. Auch in Deutschland melden sich erste Architekten zu Wort. Das Bauhaus-Manifest von 1919 bedeutet einen Aufbruch in eine neue Zeit. Bereits vor Kriegsausbruch haben Bahnbrecher in der Musik für völlig neue Töne gesorgt. Der seit 1910 in der Schweiz lebende Igor Strawinski stellt etwa mit „Sacre du Printemps“ (1913) neue radikale Musikschöpfungen vor, die für die Zuhörer erst noch gewöhnungsbedürftig sind. Noch stärker zeigt sich dies bei Arnold Schönberg, der mit seiner 1910 veröffentlichten „Harmonielehre“ den Bruch mit der klassischen Harmonie vollzieht. Bei zahlreichen Aufführungen des Meisters der feinen Atonalität kommt es zu Tumulten. In der Literatur werden Neuerer wie Thomas und Heinrich Mann, Hermann Hesse, André Gide und Marcel Proust vom Krieg stärker gebremst. Dabei nehmen Heinrich Mann, dessen Abrechnung mit dem Bürgertum in „Der Untertan“ 1914 schon beim Vorabdruck gestoppt wird, und Hermann Hesse mit seinem in der „Neuen Züricher Zeitung“ abgedruckten Aufsatz „O Freunde, nicht diese Töne“ eine Sonderstellung ein. Nicht neue literarische Formen, sondern Gesellschaftskritik bestimmen ihr Handeln. □

Arnold Schönberg

Freibankfleisch ist für viele das einzige, was sie sich leisten können.

# Unruhige Demokratie

Für die Weimarer Republik gibt es durch den Vertrag von Versailles die denkbar ungünstigsten Startbedigungen. Seit 1919 ist ein allgemeiner wirtschaftlicher Niedergang zu beobachten, die Mark verliert immer mehr an Wert, die Versorgung der Bevölkerung wird nahezu dramatisch. Zu Jahresbeginn hungern und frieren in Deutschland Millionen Menschen – der Nährboden für extreme politische Ideologien von rechts und links ist geschaffen. Gewalt wird zunehmend Mittel der politischen Auseinandersetzung in Deutschland. Bei einer von KPD und USPD organisierten Massendemonstration vor dem Berliner Reichstag wird geschossen. 42 Tote und 105 Verletzte bleiben auf der Strecke, Friedrich Ebert verhängt über Berlin den Ausnahmezustand. In München verkündet im Februar ein gewisser Adolf Hitler das 25-Punkte-Programm einer „Nationalsozialistischen Arbeiterpartei", das aufgrund starker populistischer und antisemitischer Tendenzen wenig Gutes für den inneren Frieden verheißt. Die Gruppierung wurde 1919 von einem Anton Drexler gegründet und hieß bisher „Deutsche Arbeiterpartei". Hitler ist seit 1919 Mitglied. Er und seine Parteigenossen fördern im März einen zunächst erfolgreichen Putschversuch rechter Militärkräfte. Diese zwingen die sozialdemokratische Regierung zum Rücktritt und installieren ein rechtsgerichtetes Regime unter Führung des bisherigen Regierungspräsidenten von Oberbayern, Gustav Ritter von Kahr. Im Ruhrgebiet wird man auf der anderen Seite des politischen Spektrums aktiv. Dort bildet sich im März eine kommunistische „Rote Ruhrarmee", die sich mit anrückenden Reichswehreinheiten schwere Kämpfe liefert. Anfang April wird diese Aufstandsbewegung mit einem hohen Blutzoll niedergeworfen, Schätzungen gehen von über tausend Todesopfern aus. Auch eine in Sachsen ausgerufene Räterepublik wird von regierungstreuen Einheiten der Reichswehr niedergeworfen. Erst danach herrscht Waffenruhe. □

**Mit 56 Jahren stirbt am 14. Juni in München der Soziologe, Nationalökonom und Wirtschaftshistoriker Max Weber. Sein Hauptwerk „Wirtschaft und Gesellschaft" ist bis heute ein Standardwerk für die Sozialwissenschaften und verschafft seinem Autor den Ehrentitel eines „Vaters der Soziologie". Weber war auch Kommissionsmitglied der Weimarer Verfassung.**

## JAHRES-CHRONIK

- Im Januar wird in Berlin das Reichsarbeitsamt gegründet.
- Holland verweigert im Januar die von den Alliierten geforderte Auslieferung Kaiser Wilhelms II.
- Im Alter von 56 Jahren stirbt am 8. Februar in Hamburg der Lyriker Richard Dehmel.
- Das Gesetz über die Einführung der obligaten vierklassigen Grundschule tritt im April in Preußen in Kraft.
- Papst Benedikt XV. verkündet im Mai die Heiligsprechung der Jungfrau von Orleans.
- Der 1. FC Nürnberg wird durch einen Sieg gegen die SpVg. Fürth im Juni erster Deutscher Fußballmeister nach dem Krieg.
- Ungarn verliert durch den im Juni unterzeichneten Friedensvertrag von Trianon 71 Prozent seines Territoriums und 63 Prozent seiner Bevölkerung.
- 65jährig stirbt am 24. Juli in Tegernsee der bayerische Heimatdichter Ludwig Ganghofer.
- Durch den im August in Sèvres zwischen der Türkei und den Alliierten unterzeichneten Friedensvertrag schrumpft das Staatsgebiet der Türkei auf ein Zehntel seiner früheren Größe.
- Der Nationalist Mahatma Gandhi ruft im September die Bevölkerung Indiens zum waffenlosen Kampf für die Unabhängigkeit des Landes auf.
- Am 2. Oktober stirbt in Berlin der Komponist Max Bruch im Alter von 82 Jahren.
- Auf einem Parteitag der USPD im November stimmt die Mehrheit für eine Vereinigung mit der KPD. Der rechte Flügel der Partei zieht daraus Konsequenzen und spaltet sich ab.
- Die erste Vollversammlung des Völkerbundes findet im November in Genf statt.
- Der Deutsche Walter H. Nernst, der als ein Begründer der physikalischen Chemie gilt, erhält im Dezember den Chemienobelpreis.

# Der frühe Tod eines Malers

In Paris stirbt am 25. Januar der italienische Maler und Bildhauer Amedeo Modigliani. Seit 1906 ist die damalige Kunsthauptstadt Europas das Domizil des von Jugend an kränkelnden Cézanne-Schülers. Modigliani wird nur 36 Jahre alt, hinterläßt aber eine Fülle weiblicher Akte und Porträts, wie das erste zwischen 1917 und 1918 entstandene Porträt seiner Geliebten Jeanne Hebuterne (unten). Bekannt ist Modigliani auch für die Vielzahl seiner Sandsteinplastiken. □

# Wahlpleite

Der Verfassung entsprechend wird im Juni der erste Reichstag der Weimarer Republik gewählt. Das Plebiszit endet mit einer Schlappe für die regierenden Sozialdemokraten. Sie kommen nur noch auf 21,6 Prozent (vorher 37,9) der Stimmen und verlieren 51 Mandate, die USPD steigert sich von 7,6 auf 18,0 Prozent. Kanzler und Kabinett werden von einer Koalition aus Zentrum, DDP und DVP gestellt, die aber auch keine klare Mehrheit hat. □

# Schnaps-Idee

Der Präsident kämpfte vergebens: Ab 29. Oktober gilt für die gesamten Vereinigten Staaten von Amerika die Prohibition. Das bedeutet, sowohl Herstellung als auch Verkauf alkoholischer Getränke sind bei Strafe verboten. Dieser Senatsentscheid löst sofort die von Woodrow Wilson befürchtete Welle der Illegalität aus. Noch im Spätherbst werden in allen Städten der USA geheime Treffs für Freunde des Alkohols eröffnet. □

# Polen-Sieg

Im Osten Europas wird auch in diesem Jahr noch gekämpft. Polen greift die Ukraine an, erlebt aber eine stürmische Offensive der Roten Armee, die diese bis vor Warschau führt. Mit französischer Hilfe kann Marschall Pilsudski in der „Schlacht von Warschau" im August die Russen schlagen und zum Rückzug zwingen. Dafür gewinnen die Sowjets im Bürgerkrieg wertvollen Boden im Donez-Becken, an der Wolga und in Sibirien. □

# 1920

**Buch des Jahres:**
„In Stahlgewittern" von Ernst Jünger

**Film des Jahres:**
„Das Kabinett des Dr. Caligari" mit Werner Krauss

**Schlager des Jahres:**
„Wer wird denn weinen, wenn man auseinander geht" von Trude Hesterberg

**Ein schrecklicher Anblick für Freunde eines guten Tropfens: die Vernichtung von Whiskeyfässern.**

# Olympia lebt

Im August findet wieder olympischer Sport statt. Der Krieg hat die für Stockholm 1916 vorgesehene Veranstaltung verhindert, das IOC aber zählt weiter und so ist das von den Kämpfen noch gezeichnete Antwerpen der Gastgeber der VII. Olympischen Spiele. In Erinnerung bleibt vor allem der finnische Langläufer Paavo Nurmi, der dreimal Gold und einmal Silber gewinnt. Deutsche Sportler dürfen am olympischen Fest nicht teilnehmen. □

# Neue Festspiele

Ein Berliner Theatermann schreibt im August ein Stück Kulturgeschichte. Max Reinhardt eröffnet in Salzburg mit einer von Hugo von Hofmannsthal bearbeiteten Fassung des mittelalterlichen „Jedermann" die ersten Festspiele dieser Stadt. Der Regisseur benutzt die Innenstadt als Bühne – gespielt wird auf dem Domplatz. Kircheneinrichtungen wie Orgeln und Glocken dienen als akustische Begleitung. Hofmannsthal realisiert so einen alten Traum. □

**Unruhen am Pariser Platz während des Kapp-Putsches**

# Putschversuch

Im März kommt es zum ersten Anschlag gegen die junge deutsche Demokratie. Der frühere Leiter der Vaterlandspartei Wolfgang Kapp verbündet sich mit oppositionellen Kreisen der Reichswehr und besetzt mit 6 000 Mann das Berliner Regierungsviertel. Die Reichsregierung flieht nach Dresden und Stuttgart. Kapp bildet eine Gegenregierung. Der Putsch scheitert jedoch an der festen Haltung der Bevölkerung, die dem Aufruf der Gewerkschaften zum Generalstreik Folge leistet. Der versuchte Staatsstreich verläuft ohne Blutvergießen. Kapp flüchtet nach Schweden, die Regierung kehrt am 20. März nach Berlin zurück. □

# Zensur droht

Der lockere Lebenswandel im Nachkriegsberlin scheint es zu ermöglichen: Das Kleine Schauspielhaus will das um 1900 vom Österreicher Arthur Schnitzler geschriebene, wegen seines brisanten Inhaltes (sexueller Partnertausch) aber bisher unter Verschluß gehaltene Stück „Der Reigen" im Dezember aufführen. Zwar wird die Premiere per Gerichtsentscheid verboten, geht aber dennoch über die Bühne. Eine vorsichtige Regie läßt die Zensur nicht zum Zuge kommen. □

## JAHRES-CHRONIK

● Beim Untergang des spanischen Dampfers „Santa Isabel“ vor Villa Garcia kommen im Januar 244 Menschen ums Leben.

● Nach einem Staatsstreich des persischen Kosakenkommandeurs und Kriegsministers Reza Khan wird Persien im Februar Militärdiktatur.

● Im März protestieren emanzipierte Frauen aus vier Ländern mit einer Frauen-Olympiade in Monte Carlo gegen das IOC.

● Der Deutsche Emanuel Lasker, seit 1894 ununterbrochen Schach-Weltmeister, verliert im April seinen Titel an den Kubaner José Raúl Capablanca.

● Die SPD ist ab Mai wieder Regierungspartei. Unter Kanzler Josef Wirth (Zentrum) ist sie zweites Mitglied der neuen Koalition mit Zentrum und DDP.

●Aus der Berliner Staatsoper gelingt im Juni erstmals eine Funkübertragung.

● Eine Schlagwetterexplosion auf der Zeche „Mont Cenis“ im Ruhrgebiet fordert im Juni 85 Tote.

● An der Universität Toronto isolieren Wissenschaftler im Juli erstmals das Sekret der Bauchspeicheldrüse: Insulin.

● Adolf Hitler übernimmt im Juli den Vorsitz der NSDAP.

● In China gründen 57 Marxisten, darunter Mao Tse-tung, die Kommunistische Partei Chinas.

● Im Alter von 54 Jahren stirbt am 26. August in Rottach-Egern der Satiriker und Erzähler Ludwig Thoma, Mitherausgeber des „Simplicissimus“.

● Der Irak wird im August Königreich unter Feisal I.

● Auf der ersten in Deutschland eröffneten Autobahn, der zehn Kilometer langen Berliner Avus, findet im September das erste Automobilrennen statt.

● 67jährig stirbt am 27. September in Neustrehlitz der Komponist der Märchenoper „Hänsel und Gretel“ Engelbert Humperdinck.

● Karl I., der letzte österreichische Kaiser, versucht im Oktober durch einen Militärputsch als ungarischer König an die Macht zu kommen, wird nach seinem Scheitern aber ausgewiesen.

● Nach einer Saalschlacht im Münchner Hofbräuhaus wird der bisher als „Sport- und Turn-Abteilung“ firmierende Saalschutz der NSDAP ab November „Sturm Abteilung“ (SA) genannt.

# Preis für ein Genie

Der Physiknobelpreis dieses Jahres wird dem 42jährigen Direktor des Kaiser-Wilhelm-Instituts für Physik in Berlin, Albert Einstein, zuerkannt, entgegennehmen kann er die Auszeichnung aber erst 1922. Die Schwedische Akademie der Wissenschaften begründet die Auszeichnung mit der „Einführung der Lichtquanten und seinen Arbeiten auf dem Gebiet der theoretischen Physik“. Dahinter verbergen sich geniale Erkenntnisse des bedeutendsten Physikers unseres Jahrhunderts. Der in Ulm geborene Einstein arbeitete nach dem Studium zunächst sieben Jahre am Patentamt in Bern, danach ab 1909 als Professor für theoretische Physik in Zürich und Prag. 1914 erfolgte seine Berufung nach Berlin. Von seinen kühnen, alle bis dahin gültigen Normen der Wissenschaft sprengenden Erkenntnissen sind dem Normalbürger Namen wie spezielle und allgemeine Relativitätstheorie, die Theorie der allgemeinen Gleichwertigkeit von Masse und Energie und die sogenannte Quantentheorie bekannt. Den wahren Wert seiner die Physik revolutionierenden Forschungsergebnisse aber können nur Wissenschaftler richtig einschätzen. □

Albert Einstein

## Neuer Kurs nach Aufstand

Das innenpolitische Chaos des Sowjetstaates und die großen Versorgungsprobleme führen im Februar zu einer Eskalation. Ausgerechnet die Speerspitzen der Revolution von 1917, die Matrosen von Kronstadt, meutern gegen das bolschewistische System. Der Aufstand wird nach zehntägigem blutigen Ringen von Leo Trotzkis Truppen niedergeschlagen. Weitere Unruhen an anderen Orten veranlassen Lenin, das Steuer radikal herumzuwerfen und gegen den Widerstand vieler Funktionäre die Neue Ökonomische Politik (NEP) zu verkünden. Sie bedeutet Verlangsamung des Sozialisierungsprozesses der Wirtschaft und eine Teilrückkehr zu Methoden kapitalistischer Wirtschaftsführung. □

**Nach der jahrelangen Uniformverherrlichung während des Krieges brauchen die Menschen neue Idole. Die Frauen in der ganzen Welt haben in diesem Jahr einen neuen (Leinwand)helden gefunden, den 25jährigen Schauspieler Rudolph Valentino. Der als Rodolfo Guglielmi im italienischen Tarent geborene Dunkelhaarige ging 1913 in die USA und landete nach einigem Bemühen 1918 in Hollywood. Mit dem Film „Die vier apokalyptischen Reiter“ gelang ihm der Durchbruch, und mit „Der Scheich“ – Szenenfoto mit Adolphe Menjou – erzielt er nun einen wahren Kassenknüller.**

# Freistaat nach Guerillakrieg

Dublin ist Schauplatz der heftigsten Kämpfe zwischen irischen Nationalisten und Briten.

Für die englische Provinz Irland beginnt auch dieses Jahr mit blutigen Auseinandersetzungen zwischen Freiheitskämpfern und britischen Truppen. Seit 1919 hat der irische Widerstand eine politische Basis. Die bei den Wahlen erfolgreiche Partei Sinn Féin (Wir allein) weigert sich, ins britische Parlament einzuziehen und gründet eine eigene irische Volksvertretung, den Dáil Eireann, der in Dublin tagt. Präsident wird Eamon de Valera, der einzige überlebende Offizier des Osteraufstandes von 1916. Gleichzeitig ändern die militanten Irish Volunteers ihren Namen in Irisch-Republikanische Armee (IRA) und beginnen einen Guerillakrieg gegen die britische Armee und Polizei. Der folgende zweijährige Kampf fordert etwa 1 300 Menschenleben und richtet umfangreiche Zerstörungen, auch in Dublin, an. Die Stadt wird im Februar dieses Jahres von britischen Truppen besetzt und von zahlreichen heftigen Straßenkämpfen durchzogen. Englands Premier Lloyd George fordert daraufhin de Valera zu Verhandlungen auf, die sich bis Dezember hinziehen. Dann steht fest: die 26 Grafschaften Südirlands werden als Irischer Freistaat anerkannt, als selbstregierendes Dominion innerhalb des britischen Empires. Die Mitglieder des neuen Parlaments sollen den Treueeid gegenüber der britischen Krone schwören. Die sechs vorwiegend protestantischen Grafschaften des Nordens bleiben Teil des Vereinigten Königreichs. □

**Die Welt trauert am 2. August um einen wahren Publikumsliebling, um Enrico Caruso. Im Alter von 48 Jahren stirbt er in Neapel nach zweijähriger Krankheit. Der Tenor mit der begnadeten Stimme war zu Lebzeiten schon eine Legende und feierte an den großen Opernhäusern von Mailand bis New York Triumphe. Sein Repertoire umfaßte 67 Opernpartien und 500 Lieder. Das Bild zeigt ein Originalautogramm aus dem Jahre 1907.**

## Erzberger ermordet

Der durch seine Unterzeichnung des Waffenstillstands von Compiègne bei den Rechten verhaßte Zentrumspolitiker Matthias Erzberger wird am 26. August von zwei ehemaligen Offizieren erschossen. Die Mörder entkommen ins Ausland. Erzberger war bis März 1920 Finanzminister im ersten Weimarer Kabinett, trat aber nach einer Diffamierungskampagne der Rechten zurück. □

## Europa im Jazz-Fieber

Mit Beginn der zwanziger Jahre hält der Jazz in Europa Einzug. US-Musiker wie Sidney Bechet und Tommy Ladnier geben die ersten Gastspiele und inspirieren auch deutsche Musiker zum Jazz. Hier machen sich die sogenannten Bauhaus-Jazzbands einen Namen, in Berlin hat die Band „Original Piccadilly Four" im Februar dieses Jahres sogar einen ersten Schallplattenerfolg. Die neue Musik aus den USA erobert auch die Tanzflächen. Der Tanzhit dieses Jahres heißt „Jimmy" und hat mit geziemter Bewegung zu zweit nicht mehr viel gemein. Die Presse widmet dem neuen Vergnügen zahlreiche und ausführliche Berichte. □

# 1921

**Buch des Jahres:**
„Die Abenteuer des braven Soldaten Schwejk" von Jaroslav Hašek

**Film des Jahres:**
„The Kid" von und mit Charlie Chaplin

**Schlager des Jahres:**
„Komm, mein Schatz, wir trinken ein Likörchen" komp. von Paul Preil

**Auguste Viktoria, die letzte deutsche Kaiserin, stirbt am 11. April im Exil im niederländischen Doorn mit 62 Jahren. Ihre Beisetzung in Potsdam gerät noch einmal zu einer Demonstration monarchistischer Größe. Außer Wilhelm II. und dem Kronprinzen geben ihr die gesamte kaiserliche Familie, Deutschlands Hochadel und die Heerführer des Krieges, Paul von Hindenburg, Alfred von Tirpitz und August von Mackensen letztes Geleit.**

# Vertrag von Rapallo

Die Reparationsfrage belastet auch in diesem Jahr die Entwicklung in Deutschland, das sich um eine Minderung der Lasten bemüht. Mit dem Sturz Aristide Briands im Januar verliert das geschlagene Land aber seinen einzigen Freund im Westen. Nachfolger Raymond Poincaré setzt als Hardliner auf volle Erfüllung der Versailler Verträge. So bringt die Konferenz von Genua im April keine Lösung, obwohl Deutschland durch Außenminister Walther Rathenau glänzend vertreten wird. Während dieser Wirtschaftskonferenz von 28 Nationen schließt Rathenau aber mit Rußland den Rapallo-Vertrag ab, nach dem Ort nahe Genua so genannt. Darin erkennt Deutschland den Sowjetstaat als erstes Land völkerrechtlich an und erneuert die Wirtschaftsbeziehungen auf der Grundlage eines Freundschaftsvertrages. Dieser Schritt löst vor allem in Frankreich tiefe Enttäuschung aus, das die Isolierung Deutschlands durchbrochen sieht. □

Walther Rathenau

**Der britische Archäologe Howard Carter ist im November am Ziel seiner Träume. Nach mehrmaligen Versuchen entdeckt er im „Tal der Könige" bei Luxor das Grab des ägyptischen Königs Tutenchamun, der um 1337 v. Chr. ermordet wurde. Es ist das erste vollständig erhaltene Grab eines Pharaos. Carters sensationeller und kostbarer Fund, darunter auch der Thronsessel und die Goldmaske, kommt ins Ägyptische Museum in Kairo.**

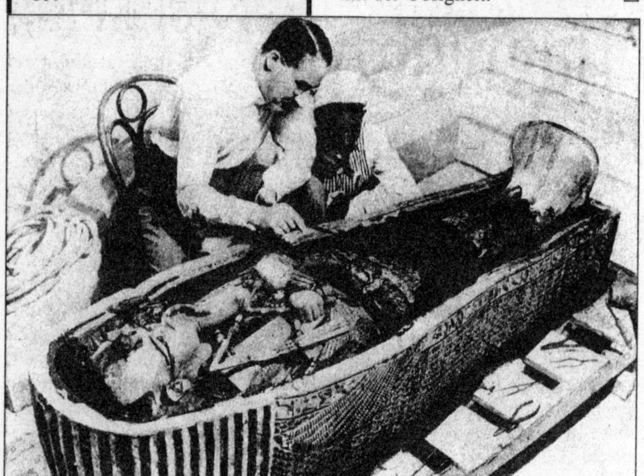

# Republik hat Nationalhymne

Seit September hat die erste demokratische Republik auf deutschem Boden auch eine Nationalhymne. Auf Beschluß des Reichstags wird dazu das „Deutschlandlied" des Lyrikers August Heinrich Hoffmann von Fallersleben bestimmt, gesungen nach der Melodie der österreichischen Kaiserhymne „Gott erhalte Franz den Kaiser", die 1797 von Joseph Haydn geschaffen wurde. Fallersleben hat den Text 1841 auf der Insel Helgoland verfaßt. Wegen seiner nationalliberalen Haltung hatte auch er Probleme mit der Obrigkeit. □

# Rathenau ermordet

Reichsaußenminister Walther Rathenau kann die Früchte seiner auf Versöhnung ausgerichteten Politik nicht mehr ernten. Auf der Fahrt zum Dienst im Auswärtigen Amt wird er am 24. Juni in Berlin von Mitgliedern der rechtsradikalen Organisation „Consul" erschossen. Die drei Täter werden festgenommen, zwei begehen Selbstmord. Der Anschlag ist Höhepunkt einer Hetzkampagne gegen den Politiker jüdischer Abstammung, dem vor allem nach dem Vertrag von Rapallo enge Beziehungen zum Bolschewismus vorgeworfen werden. Rathenau war seit 1919 Mitglied von Friedrich Naumanns liberaler Deutscher Demokratischer Partei und vertrat als Wirtschaftsfachmann Deutschland bei den Verhandlungen über Kriegsfolgen. 1921 wurde er Wiederaufbauminister, seit dem 31. Januar dieses Jahres Außenminister. Reichspräsident Ebert reagiert auf den Mordanschlag mit einer Notverordnung nach § 48 der Verfassung, die republikfeindliche Umtriebe wie Zugehörigkeit zu Femeorganisationen verbietet. □

# Friedenspapst Benedikt XV. kann Werk nicht vollenden

In Rom stirbt am 22. Januar im Alter von 70 Jahren Papst Benedikt XV., dessen Pontifikat mit den ersten Schlachten des Weltkriegs begann. Der neue Oberhirte der katholischen Kirche setzte sich von Anfang an gegen diesen Krieg ein, mußte aber schnell erkennen, daß die Mächte keine päpstliche Einmischung wollten. So erhob er erst 1917 wieder seine Stimme in einer Friedensnote „An die Häupter der kriegführenden Völker", in der er nach Ende des großen Tötens eine „gleichzeitige und gegenseitig kontrollierte Abrüstung" forderte. In einer weit vorausschauenden Perspektive denkt er nach einem Friedensschluß an die Wiederherstellung des polnischen Staates, an eine völkerrechtliche Ordnung auf dem Balkan und an Lebensraum für die Armenier im Osten. Die für den Waffengang verantwortlichen Staatsmänner hören nicht auf den Ruf des Papstes und nehmen 1919 auch nur zur Kenntnis, daß dieser auch die Bestimmungen des Versailler Vertrages verurteilt. So bleibt für Benedikt XV. die diplomatische Anerkennung des Heiligen Stuhls durch Großbritannien und Frankreich der einzige politische Erfolg. Sein humanitärer Einsatz aber, wie die Vermittlung des Austausches von Verwundeten oder eines Suchdienstes für Vermißte, bleibt immer unvergessen. □

## JAHRES-CHRONIK

- Der als „Hauptmann von Köpenick" bekannte Wilhelm Voigt stirbt am 3. Januar im Alter von fast 73 Jahren in Luxemburg.
- In Den Haag wird im Februar der vom Völkerbund initiierte Ständige Internationale Gerichtshof gegründet.
- Das britische Protektorat Ägypten wird im März mit Fuad I. unabhängige parlamentarische Monarchie.
- Wegen Widerstandes gegen die britische Herrschaft wird der indische Freiheitskämpfer Mahatma Gandhi im März zu sechs Jahren Haft verurteilt.
- Im Exil auf Madeira stirbt am 1. April der 34jährige letzte Kaiser von Österreich-Ungarn, Karl I.
- Die evangelischen Landeskirchen schließen sich im Mai zum Deutschen Evangelischen Kirchenbund zusammen.
- Der SPD-Politiker Philipp Scheidemann übersteht im Juni ein Blausäureattentat.
- Der Flughafen Bremen wird im Juni eröffnet.
- Der Amerikaner Johnny Weissmüller schwimmt am 9. Juli als erster Mensch 100 Meter Kraul unter einer Minute.
- Im Alter von 75 Jahren stirbt am 1. August in Baddeck (Neuschottland) Alexander G. Bell, der Erfinder des Telefons.
- In Paris finden im August die ersten Frauen-Weltspiele in der Leichtathletik statt.

Wilhelm II. mit seiner neuen Familie bei einem Spaziergang

# Zweite Ehe im Exil

Exkaiser Wilhelm II. hat im niederländischen Exil auf Haus Doorn in der Provinz Utrecht seit dem 5. November eine neue Familie. Eineinhalb Jahre nach dem Tod von Kaiserin Auguste Viktoria vermählt er sich mit der ebenfalls verwitweten Prinzessin Hermine Schönaich-Carolath, geborene von Reuß. Sie bringt aus ihrer ersten Ehe fünf Kinder im Alter von vier bis fünfzehn Jahren in die zweite Ehe. Wilhelm II., der 1918 von der Königin der Niederlande politisches Asyl gewährt bekam, hat Haus Doorn für eine halbe Million Goldmark erworben. □

# UdSSR wird gegründet

Im bolschewistischen Rußland beginnen Lenins Wirtschaftsreformen zu greifen. Am 1. Dezember hat das Land wieder eine stabile Währung. Privateigentum an Grund und Boden sowie deren Kauf, Erbe oder Verkauf sind aber verboten. Im April ist Josef Stalin Generalsekretär der kommunistischen Partei Rußlands geworden. Er gehört zu den Befürwortern eines Zusammenschlusses aller Sowjetrepubliken, der am 30. Dezember auch erfolgt. In Moskau wird die Union der Sozialistischen Sowjetrepubliken (UdSSR) gegründet. Sie besteht aus Rußland, Weißrußland, der Ukraine und den Kaukasus-Republiken Georgien, Armenien und Aserbaidschan und hat förderalen Charakter. □

Mussolini zwischen Schwarzhemden bei der Siegesfeier in Rom

# Mussolini an der Macht

Der 39jährige Benito Mussolini, der 1919 die Faschistische Partei Italiens gegründet hat, übernimmt im Spätherbst die Regierungsgewalt auf der Apenninhalbinsel. Nach vergeblichem Anlauf zur Macht bei den Parlamentswahlen verlegt er mit seinen straff durchorganisierten Schwarzhemden die Aktivitäten auf die Straße und bekämpft mit zahlreichen Terroreinsätzen die radikale Linke. Als die Sozialisten am 1. August einen Generalstreik ausrufen, verlangt Mussolini eine Regierungsmitbeteiligung und den Rücktritt des Kabinetts von Luigi Facta. Zur Durchsetzung seiner Forderung tritt er am 28. Oktober mit über 40 000 Schwarzhemden von Neapel aus den „Marsch auf Rom“ an. König Viktor Emanuel III. ist zum Nachgeben gezwungen und erteilt Mussolini am anderen Tag den Auftrag zur Regierungsbildung. □

# 1922

**Buch des Jahres:**
„Ulysses“ von James Joyce

**Film des Jahres:**
„Nosferatu – Eine Symphonie des Grauens“ von F. W. Murnau

**Schlager des Jahres:**
„Der treue Husar“
komp. von Heinrich Frantzen

**Der große französische Schriftsteller Marcel Proust stirbt am 18. November mit 51 Jahren in Paris. Der Träger des Prix Goncourt von 1919 ist durch den Romanzyklus „Auf der Suche nach der verlorenen Zeit“, die letzten Bände erscheinen posthum, bekannt.**

# Bürgerkrieg

Das irische Parlament nimmt am 8. Januar einen von Führern der Sinn Féin und Großbritannien ausgehandelten Vertrag an. Er sieht die Anerkennung der 26 Grafschaften Südirlands als Irischer Freistaat innerhalb des britischen Empires vor. Die sechs protestantischen Grafschaften im Norden können wählen, ob sie beitreten oder Teil des Vereinigten Königreichs von Großbritannien bleiben wollen. Die radikale Minderheit, vertreten durch die IRA, lehnt die Ratifizierung ab und beginnt einen neuen gewaltsamen Feldzug für eine unabhängige Republik. Bis zur Proklamation des Irischen Freistaates durch König Georg V. im Dezember herrscht wiederum elf Monate Bürgerkrieg. □

- Die Rest-USPD und die MSPD schließen sich im September zur Vereinigten Sozialdemokratischen Partei Deutschlands zusammen.
- Im Oktober wird das von der Stadt Essen erworbene und mit dem Kunstmuseum verschmolzene Folkwang-Museum eröffnet.
- Der parteilose Reederei-Direktor Wilhelm Cuno wird nach Rücktritt von Joseph Wirth im November neuer Reichskanzler.
- Der englische Rundfunksender BBC strahlt ab November ein regelmäßiges Programm aus.
- Der norwegische Polarforscher und Diplomat Fridtjof Nansen erhält für seine Verdienste um russische Kriegsgefangene den Friedensnobelpreis.

# Ruhrgebiet besetzt

Das immer noch schwer unter den Kriegsfolgen leidende Deutschland kann zu Jahresbeginn die ihm auferlegten Kohle- und Holzlieferungen an die Alliierten nicht erfüllen. Frankreich sieht darin einen absichtlichen Verstoß gegen den Versailler Vertrag. Um die Reparationsforderungen sicherzustellen, marschieren am 11. Januar französische und belgische Truppen im Ruhrgebiet ein. Die anderen Siegermächte reagieren verschnupft. Die USA mißbilligen den französischen Vorstoß, Großbritannien distanziert sich deutlich. Von der Reichsregierung kommen ein offizieller Protest und der Vorwurf der Verletzung des Völkerrechts. Die Bevölkerung an der Ruhr wird zum passiven Widerstand aufgerufen. Es kommt zu Demonstrationen, blutigen Zusammenstößen und Ausbürgerungen. Die deutschen Botschafter werden daraufhin aus Paris und Brüssel abberufen. Im September muß der Widerstand angesichts der dramatischen wirtschaftlichen Lage aufgegeben werden. □

Französische Kavallerie zieht in Essen ein.

**Nach hundert Tagen erfolgreicher Arbeit wird Reichskanzler Gustav Stresemann im November durch ein Mißtrauensvotum der SPD gestürzt. Sein Nachfolger wird Wilhelm Marx von der Zentrumspartei, der eine bürgerliche Koalition bildet. Stresemann übernimmt das Außenministerium. Die Stabilisierung des öffentlichen Lebens in diesem Krisenjahr bleibt sein Verdienst.**

# Das Radio hat Premiere

Dies ist das Geburtsjahr des Hörfunks in Deutschland. Zwar werden bereits seit 1920 posteigene Programme ausgestrahlt. Aber erst als das Verbot des privaten Rundfunkempfangs aufgehoben wird, ist die allgemeine Nutzung möglich. Am 29. Oktober wird in Berlin der erste deutsche Rundfunksender gegründet. Die Übertragung eines Konzerts, mit dem an diesem Tag der Programmbetrieb aufgenommen wird, findet überall begeisterten Anklang. □

# Der erste Tonfilm

Die deutschen Ingenieure Joseph Masolle, Hans Vogt und Jo Benedict Engl melden ihr Triergon-Verfahren zum Patent an. Erstmalig können nun Bild und Ton auf einem Filmstreifen zusammengeführt werden. Ihren ersten praktischen Versuch, einen Kurzfilm über „Das Leben auf dem Dorfe“, den die Ufa finanziert hat, führen die drei Filmpioniere im „Alhambra“ am Kurfürstendamm vor. Doch die Reaktion des Publikums ist enttäuschend, weil die Tonwiedergabe noch nicht richtig funktioniert. Das Patent wird in die Schweiz verkauft. □

**Hoffnungslose Armut sowie der Mangel an Lebensmitteln und Brennstoffen prägen das Inflationsjahr 1923.**

## Deutscher Muttertag

Der Muttertag, bereits im Vorjahr vom Verband der deutschen Blumengeschäfte heftig propagiert, hat sich nun auch in Deutschland durchgesetzt. Alljährliches Datum: der 2. Sonntag im Mai. Die Amerikanerin Ann Jarvis machte die Idee eines Geschenkfestes zu Ehren der Mütter populär, und seit 1914 ist der Muttertag in den USA Staatsfeiertag. □

## Ausnahmezustand

Die Konfrontation zwischen Bayern und dem Reich eskaliert weiter. Als Reichspräsident Friedrich Ebert am 26. September einen Stresemann-Aufruf zum Abbruch des passiven Widerstands im Ruhrgebiet unterzeichnet, erklären die Bayern provokativ den Ausnahmezustand. Ebert reagiert, indem er den Ausnahmezustand über das ganze Reich verhängt. □

## JAHRES-CHRONIK

- Der tschechische Schriftsteller Jaroslav Hašek, Autor des „Schwejk“, stirbt im Alter von 39 Jahren.
- Lenin schlägt die Absetzung Stalins als Generalsekretär des ZK der KPdSU vor.
- 78jährig stirbt der Physiker Wilhelm Conrad Röntgen.
- Der Reichstag verabschiedet ein Notgesetz gegen Wucher und Spekulantentum.
- Die französische Schauspielerin Sarah Bernhardt stirbt mit 78 Jahren während der Dreharbeiten zu ihrem ersten Film.
- Südtiroler Städte erhalten durch Regierungserlaß italienische Namen.
- Kommunistenaufstand im Ruhrgebiet. Im gesamten Revier kommt es zu Straßenkämpfen.
- Wegen Sabotage und Spionage wird Albert Leo Schlageter von den Franzosen hingerichtet.
- Erstes 24-Stunden-Rennen von Le Mans. Sieger werden die Franzosen Lagache und Leonard.
- Ätna-Ausbruch zerstört die Landschaft um Castiglione.
- Hitler nutzt Deutsches Turnfest in München zu einer Großkundgebung im Zirkus Krone.
- Gründung einer Internationalen Kriminalpolizeilichen Kommission (Interpol) in Wien.
- Ein schweres Erdbeben in Japan fordert mehr als 140 000 Menschenleben und zerstört die Städte Tokyo und Yokohama.
- Die Türkei wird Republik, Mustafa Kemal Pascha (Atatürk) erster Staatspräsident.
- Eröffnung des Berliner Flughafens Tempelhof.
- Medizinnobelpreis für den Kanadier F. G. Banting, der 1921 das Insulin entdeckte.
- Den Literaturnobelpreis erhält der Ire William Butler Yeats.
- Der Schweizer Arzt Carl Spengler stiftet den nach ihm benannten Eishockey-Pokal für Vereinsmannschaften.
- Im Laufe des Jahres sind 111 000 Deutsche ausgewandert. Ein Viertel davon sind Bauern. Hauptziel der Auswanderer sind die USA.

Vor den Geschäften stehen Menschen Schlange.

# Währungsreform – das Ende der Inflation

Im Herbst steht das Reich vor dem Konkurs. Die Menschen, die vor den Lebensmittelgeschäften Schlange stehen, wissen nicht, wieviel ihr Geld noch wert ist, wenn sie endlich an der Reihe sind. Stündlich verliert die Mark an Kaufkraft. Löhne werden vormittags ausgezahlt, damit die Frauen einkaufen können, bevor nach 12 Uhr das Brot oder die Eier um einige Millionen RM teurer sind. Die Beamten tragen ihr wöchentliches Gehalt in Wäschkörben nach Hause. Die Notenpressen kommen längst nicht mehr nach. Der Heizwert der Geldscheine, sagt man, sei höher als der der Kohle, die man dafür kaufen könnte; wenn es sie gäbe. Im Januar gab es den Dollar noch für 7 260 Mark. Im November kostet er bereits 4,2 Billionen. Für ein Pfund Fleisch muß man 3,2 Billionen hinblättern; 200 Milliarden Mark mehr als der Tageslohn eines Arbeiters. Stresemann gelingt es schließlich, diesem Spuk ein Ende zu setzen. Mit Hilfe des Ermächtigungsgesetzes vom 13. Oktober, mit dem auf dem Verordnungsweg finanzielle, wirtschaftliche und soziale Maßnahmen getroffen werden können, setzt er eine Währungsreform durch. Mit der Einführung der Rentenmark als Zwischenwährung (Wechselkurs 1:1 Billion) am 15. November wird die Inflation gestoppt, und die wirtschaftliche Lage beginnt sich zu stabilisieren. □

# 1923

**Buch des Jahres:**
„Bekenntnisse des Hochstaplers Felix Krull“ von Thomas Mann

**Film des Jahres:**
„I.N.R.I.“ mit Henny Porten, Asta Nielsen u. Werner Krauss

**Schlager des Jahres:**
„Hoch auf dem gelben Wagen“ komp. von Heinz Höhne

## Neue Wege der Krebsbekämpfung

Nachdem Krebs bisher als ansteckend galt, geht man nun zu anderen Therapien und chirurgischen Eingriffen über. In der im Juli in der Berliner Charité neu eingerichteten Abteilung für experimentelle Zellforschung sollen weitere wichtige Erkenntnisse für die Krebsbekämpfung gewonnen werden. O. H. Warburg gelingt hier 1926 die Entschlüsselung von Stoffwechselvorgängen in Tumoren. □

**Am Abend des 8. November stürmt Adolf Hitler (hier auf dem „Deutschen Tag“ in Nürnberg) mit bewaffneten Anhängern in den Münchner Bürgerbräukeller, in dem eine „vaterländische Kundgebung“ stattfindet, verschafft sich mit einem Pistolenschuß Gehör, erklärt die Regierungen Bayerns und des Reiches für abgesetzt und ruft die „nationale Revolution“ aus. Der General a.D. Erich Ludendorff schließt sich ihm an. Als die Putschisten am nächsten Tag einen Demonstrationsmarsch durch die Münchner Innenstadt organisieren, glaubt Hitler, die Landespolizei werde nicht auf die Aufständischen schießen. Doch in Höhe der Feldherrnhalle eröffnet die Polizei das Feuer. 19 Menschen kommen ums Leben. Ludendorff wird verhaftet. Hitler kann zunächst entkommen, wird aber zwei Tage später gefaßt. Der Putsch ist gescheitert.**

## JAHRES-CHRONIK

● Unter Premier Ramsay Macdonald wird im Januar die erste Labour-Regierung in der Geschichte Englands gebildet.

● Mahatma Gandhi, Führer der indischen Kongreßpartei, wird im Februar von der Kolonialmacht England begnadigt und vorzeitig aus der Haft entlassen.

● Das Orchesterwerk „Rhapsody in Blue“ des Komponisten George Gershwin wird im Februar in New York uraufgeführt.

● Im Gefängnis von Carson City (Nevada) wird im Februar erstmals eine Hinrichtung in der Gaskammer vollzogen.

● Das griechische Parlament proklamiert im März die Errichtung einer republikanischen Staatsform.

● Im April erringen Benito Mussolinis Faschisten bei den Parlamentswahlen in Italien fast zwei Drittel Mehrheit.

● Mit 54 Jahren stirbt am 21. April während einer Gastspielreise durch die USA die italienische Schauspielerin Eleonora Duse.

● Bei den Wahlen zum zweiten Reichstag der Weimarer Republik im Mai gewinnen Radikale von rechts und links an Stimmen.

● Im Detroiter Automobilwerk von Henry Ford verläßt im Juni der zehnmillionste Wagen die Fabrikhalle.

● Italiens Sozialistenführer Giacomo Matteotti wird im Juni von Faschisten auf offener Straße ermordet.

● In Bayreuth werden nach kriegsbedingter Pause im Juli wieder Wagner-Festspiele durchgeführt.

● Mit dem im August in London verabschiedeten „Dawes-Plan“ werden die Reparationszahlungen Deutschlands auf eine feste Basis gestellt.

● Im Programm der Berliner Funkstunde werden im September erstmals Werbespots ausgestrahlt.

● Der im Mai gewählte zweite Reichstag der Republik wird im September wegen Beschlußunfähigkeit aufgelöst.

● Anfang Dezember wird in Berlin die erste deutsche Funkausstellung eröffnet.

# Staunen über Nurmi

**Paavo Nurmi vor der Konkurrenz beim 5 000-m-Lauf in Paris**

Das Sportjahr 1924 beginnt mit einer Neuheit: Im französischen Kurort Chamonix finden im Februar die I. Olympischen Winterspiele statt. 293 Teilnehmer aus 16 Nationen – ohne Deutschland – kämpfen um die Medaillen. Beim Eiskunstlauf der Damen ist auch ein Kind am Start. Die elfjährige Sonja Henie aus Norwegen belegt Platz acht und beginnt damit eine Weltkarriere. Auch bei den auf Wunsch des langjährigen IOC-Präsidenten Pierre de Coubertin in Paris stattfindenden VIII. Olympischen Sommerspielen bleiben Deutsche ausgesperrt, der Andrang ist ansonsten mit 3 092 Aktiven aus 44 Nationen, darunter 134 Frauen, recht groß. Diese Olympiade bleibt mit dem Namen des finnischen Wunderläufers Paavo Nurmi verbunden, der vier Goldmedaillen gewinnt – im 1 500-m-, im 5 000-m-Mannschaftslauf und im 10 000-m-Querfeldeinlauf. Von den Zwangszuschauern macht der Krefelder Sprinter Herbert Houben kurz darauf von sich reden. In Berlin besiegt er am 4. August die US-Sprintelite mit Weltrekordler Charles Paddock und Staffel-Olympiasieger Loren Murchison. Der Deutsche hätte in Paris echte Medaillenchancen gehabt. □

# Ozeanflug

Im Oktober beginnt eine neue Ära in der Geschichte des Luftverkehrs. Luftfahrtpionier Hugo Eckener überquert mit dem Luftschiff LZ 126 zum ersten Mal den atlantischen Ozean. Der Start zu dem weltweit beachteten Unternehmen erfolgt am 12. Oktober vom heimatlichen Friedrichshafen. Nach einer Flugdauer von 71 Stunden und 17 Minuten landet der Zeppelin am 15. Oktober im 8.150 km entfernten New York. Auf dem dortigen Flughafen Lakehurst wird die „Fliegende Zigarre“ von Tausenden begeisterter Menschen erwartet. Das Luftschiff bleibt in den USA, es ist für einen dortigen Auftraggeber gebaut worden. Auch US-Präsident Coolidge beglückwünscht Eckener für sein geglücktes Unternehmen. □

# Beinparade

Die Unterhaltungsszene im amüsierwilligen Berlin hat seit Herbst neue Attraktionen. Im Großen Schauspielhaus, in der Komischen Oper oder im Theater im Admiralspalast schwingen leicht bekleidete Mädchen im Takt ihre Beine. Die meist aus dem englischsprachigen Raum importierten Gruppen bedeuten den Beginn der großen Revuen und der eine Zeitlang dominierenden neuen Bühnenkultur. „Tiller“, „Rosy“ und andere Girls lösen in der Publikumsgunst nicht nur in Berlin die alten Bühnenstars vorübergehend ab. Die Paraden schöner Beine werden für die zweite Hälfte dieses Jahrzehnts zum Markenzeichen der Unterhaltungsindustrie und fördern ein völlig neues Frauenbild. □

**Ein früher Tod erlöst am 3. Juni in einem Sanatorium bei Wien den gerade 40jährigen Schriftsteller Franz Kafka von seinem Tuberkuloseleiden. Der Vertreter eines selbstbewußten europäischen Judentums hatte testamentarisch die Vernichtung seines Nachlasses verfügt. Nur weil sein Freund Max Brod dem nicht folgt, bleiben Werke wie „Der Prozeß“ oder „Das Schloß“ der Nachwelt erhalten.**

**Lenins einbalsamierter Leichnam im Mausoleum am Roten Platz**

## Machtkampf

Die politischen Nachfahren Lenins ehren ihr Idol zunächst mit der Umbenennung von Petrograd in Leningrad (26. Januar), streiten aber bald um sein Erbe. Die Partei wird von einer „Troika" aus Josef Stalin, Lew Kamenew und Grigorij Sinowjew geführt, den Vorsitz im Rat der Volkskommissare übernimmt Alexej Rykow. Doch Josef Stalin, seit 1922 Generalsekretär der ZK, will die Alleinherrschaft. Bereits Ende Januar macht er Front gegen den nach Lenin stärksten Mann in der Führung, Verteidigungsminister und Armeechef Leo Trotzki. □

# 1924

**Buch des Jahres:**
„Der Zauberberg" von Thomas Mann

**Film des Jahres:**
„Der letzte Mann" mit Emil Jannings

**Schlager des Jahres:**
„Wenn Du meine Tante siehst" von Rudolf Nelson

## Tod eines Revolutionärs

Mit dem Tod von Wladimir Iljitsch Lenin verliert die Sowjetunion am 21. Januar den Wegbereiter der Oktoberrevolution von 1917 und den Gründer des ersten marxistisch gestalteten Staates der Welt. Der Vorsitzende des Rates der Volkskommissare erliegt nach längerem Krankenhausaufenthalt in Gorki bei Moskau einem Schlaganfall. Er ist nur 53 Jahre alt geworden. Sein Leichnam wird sechs Tage später in einem Mausoleum auf dem Roten Platz in Moskau beigesetzt. Der in Simbirsk geborene Lenin – diesen Namen nahm er 1901 anstelle des Geburtsnamens Uljanow an – betätigte sich von Jugend an als Oppositioneller gegen das Zarentum. Die Gründung des „Kampfbundes zur Befreiung der Arbeiterklasse" 1895 brachte ihn mit dem herrschenden Regime in Konflikt, was eine Verbannung nach Sibirien (1897–1900) zur Folge hatte. Danach lebte er bis 1905 in der Emigration in Westeuropa. Nach der ersten Revolution in Rußland 1905/06 kehrte er bis 1917 dorthin zurück. Nach dem Sturz der Regierung im Oktober jenes Jahres kämpfte er um die Realisierung seines großen Zieles – eines von revolutionären Kräften der Arbeiter- und Bauernklasse gestalteten Staatswesens. □

**Im Juni wird der Massenmörder Fritz Haarmann (Mitte, bei einem erkennungsdienstlichen Fototermin) festgenommen. Der 1879 geborene Hannoveraner gesteht die Tötung von 24 jungen Männern. Als Polizeispitzel und Inhaber eines Detektivbüros fand der homosexuell veranlagte Täter leichten Zugang zu seinen Opfern, die vorwiegend aus dem Obdachlosenmilieu stammten. Haarmann gibt auch Kannibalismus zu.**

**Hitler spricht mit Ludendorff und Oberlandführer Dr. Weber.**

## Große Show des Adolf Hitler

Der wegen des Putschversuchs im November 1923 gegen Adolf Hitler und andere angestrengte Hochverratsprozeß endet für den NSDAP-Führer mit der Verurteilung zu fünf Jahren Festungshaft. In der Öffentlichkeit aber bleiben die großspurigen Auftritte des Angeklagten in beinahe positiver Erinnerung. Hitler macht aus den 24 Verhandlungstagen zwischen dem 26. Februar und dem 1. April eine Politshow für seine Bewegung und läßt den Hauptangeklagten, General a.D. Erich Ludendorff, zur Nebenfigur geraten. Der Prozeß wird zur Farce. Mehr oder minder Putschbeteiligte wie Generalstaatskommissar von Kahr, General von Lossow und Polizeipräsident Ritter von Seisser treten als Belastungszeugen auf. Ludendorff wird als einziger freigesprochen, Hitler tritt die Strafe in der Festung Landsberg am Lech an, jedoch nur bis Dezember. □

# Der Hüter der Republik stirbt viel zu früh

Mit der Wahl des achten Reichskanzlers scheint im Januar wieder etwas Ruhe in die Weimarer Republik einzukehren. Der parteilose Hans Luther bildet ein aus bürgerlichen Parteien bestehendes Kabinett, das sich auf eine Reichstagsmehrheit stützen kann. In die beginnende Konsolidierungsphase fällt mit dem Tod von Reichspräsident Friedrich Ebert am 28. Februar ein dunkler Schatten. Der 54jährige erliegt den Folgen einer verschleppten Blinddarmentzündung. Wegen eines Beleidigungsprozesses gegen die Rechten hatte er sich nicht der notwendigen ärztlichen Behandlung unterzogen. Die Rechten hatten ihn jahrelang in ehrabschneidender Weise angegriffen. Auch an der Bahre des ersten demokratisch gewählten deutschen Staatsoberhauptes zeigen sie keine Achtung. Nationalsozialisten und Kommunisten lehnen die Übernahme der Kosten für die Beisetzung durch das Reich ab. In den sechs Jahren seiner Amtszeit hat sich der Sozialdemokrat als Hüter der Republik, Wahrer des Reiches, Anwalt der Nation und pflichtbewußter Demokrat bewährt. Er hat dem Einsatz für die Sicherung einer demokratischen Staatsordnung Privatleben und Gesundheit untergeordnet. Ebert, der im Krieg zwei Söhne verlor, war seit 1899 Mitglied der sozialdemokratischen Bewegung, seit 1905 Sekretär des Parteivorstandes und seit 1912 im Reichstag. □

# Versöhnung wird angestrebt

**Blick auf den Konferenztisch bei der Unterzeichnung des Vertrages von Locarno**

Sieben Jahre nach Kriegsende strebt Außenminister Gustav Stresemann endlich eine Versöhnung mit Frankreich an, das immer noch große Teile Westdeutschlands besetzt hält. In einer Note an die Westmächte schlägt er im Februar einen Garantiepakt aller Kriegsbeteiligten vor. Er findet in seinem französischen Amtskollegen einen Ansprechpartner. Aristide Briand bemüht sich ebenfalls um ein neues Verhältnis der beiden „Erzfeinde". Bis August wird als Zeichen der Verständigungsbereitschaft das Ruhrgebiet geräumt, im Oktober kommt es dann in Locarno zur Unterzeichnung des gleichnamigen Vertrages zwischen Deutschland, Frankreich, England, Belgien und Italien, in dem Deutschland endgültig auf Elsaß-Lothringen sowie auf die gewaltsame Änderung seiner neuen Ostgrenzen und Frankreich auf das noch besetzte Rheinland verzichten. Auf dem Foto sind Stresemann vorne links, Kanzler Luther, Balbo (Italien) Mussolini, Chamberlain (mit Monokel) und an der Stirnseite des Tisches Aristide Briand zu erkennen. □

**Nach dem Staatsstreich 1921 wird Reza Khan im Dezember zum Schah von Persien gekrönt und begründet damit die Dynastie der Pahlewi. Der gestürzte Ahmad Schah verübt im europäischen Exil am 29. Dezember Selbstmord.**

# Münchens neuer Stolz: das Museum

**Oskar von Miller**

Am 7. Mai wird der Techniker und Ingenieur Oskar von Miller 70 Jahre alt. Zum Geburtstag bereitet ihm seine Vaterstadt München ein besonderes Fest mit der Einweihung des Deutschen Museums für Naturwissenschaft und Technik, das dieser 1903 gegründet hatte. Für den Baukomplex hat Wilhelm II. 1906 den Grundstein gelegt, der Krieg hat eine frühere Fertigstellung verhindert. Reichskanzler Luther hält eine bewegende Rede, in der er Deutschlands Leistungen auf technischem Gebiet würdigt. Die Eröffnung selbst wird im Land als nationales Ereignis gefeiert, das für die Republik einen hohen Prestigewert hat. □

**Das Deutsche Museum**

# Rechtsruck durch Wahl

**Paul von Hindenburg**

Das Ergebnis der Reichspräsidentenwahl im April ist ein Spiegelbild der Weimarer Verhältnisse. Es siegt der Kandidat der Rechten Paul von Hindenburg mit 14,7 Millionen Stimmen vor dem Kandidaten der Weimarer Koalition, dem Zentrumsführer Wilhelm Marx, der 13,75 Millionen Stimmen erhält. Für die Kommunisten kann Ernst Thälmann 1,9 Millionen Wähler mobilisieren. Die Wahl des mittlerweile 77jährigen Generalfeldmarschalls dokumentiert die Sehnsucht des deutschen Volkes nach einer charismatischen Führerfigur angesichts des Parteiengezänks im Parlament. Hindenburg hat seit Kriegsende ein Leben als Privatier in Hannover geführt. Er gilt aber als Miturheber der sogenannten „Dolchstoßlegende", die weismachen will, daß das deutsche Heer nicht an der Front, sondern durch das Versagen der Heimat in Form der Novemberrevolution 1918 besiegt worden ist. Der Mann, der dem Kaiser 40 Jahre als Soldat gedient hat, wird am 12. Mai als neues Staatsoberhaupt vereidigt. Das Ausland reagiert auf die Wahl mit großer Skepsis. □

## JAHRES-CHRONIK

● 23 Menschen kommen ums Leben, als im Januar der D-Zug Berlin-Köln bei Herne verunglückt.

● Revolutionsheld und Verteidigungsminister Leo Trotzki wird auf Betreiben Stalins im Januar abgesetzt.

● Eine Schlagwetterexplosion auf der Zeche „Minister Stein" in Dortmund fordert im Februar 136 Menschenleben.

● Im März wird der FKK-Film „Wege zu Kraft und Schönheit" in Berlin erstaufgeführt.

● Der im Vorjahr zum Tode verurteilte Massenmörder Haarmann wird im April hingerichtet.

● Mit Gründung der Reichsrundfunkgesellschaft im Mai wird der deutsche Rundfunk auf eine neue öffentlich-rechtliche Basis gestellt.

● Bei einer Übung der Reichswehr ertrinken im Mai 81 Soldaten in der Weser.

● Im Juli erscheint der erste Band des von Hitler während der Festungshaft geschriebenen Buches „Mein Kampf".

● Der Geheimorden „Ku-Klux-Klan" hält im August in Washington seine erste nationale Tagung.

● Bei Bad Homburg wird im August auf dem Taunusring das erste international besetzte Automobilrennen nach dem Kriege ausgetragen.

● Dem schottischen Fernsehtechniker John Logie Baird gelingt im Oktober in seiner Werkstatt in London die erste Fernsehübertragung eines beweglichen Objektes.

● Die NSDAP gründet im November eine Spezialtruppe der SA, die „Schutzstaffel" (SS).

● Drei deutsche Wissenschaftler erhalten im Dezember Nobelpreise: Richard Adolf Zsigmondy für Chemie, James Frank und Gustav Hertz für Physik. Den Literaturnobelpreis erhält der Ire George Bernard Shaw.

# 1925

**Buch des Jahres:**
„Der Prozeß" von Franz Kafka

**Film des Jahres:**
„Goldrausch" von und mit Charlie Chaplin

**Schlager des Jahres:**
„Gern hab ich die Frau'n geküßt" von Carl Clewing

## Damenmode schockiert

Die von der Damenwelt seit einiger Zeit bevorzugte Freizügigkeit erfährt in diesem Frühjahr einen weiteren Höhepunkt. Nach Bubikopf und Hängekleid provozieren jetzt ein strenger Herrenschnitt und männliche Modeaccessoires. Die Frau trägt Melone, Hemdkragen und Krawatten, einige ganz Mutige wagen sich sogar in den Hosenanzug. Die Männer sind schockiert. □

## Ausstellung der Surrealisten

In der Galerie Pierre in Paris wird in einer großen Ausstellung eine neue Stilrichtung der Malerei vorgestellt: der Surrealismus. Die Deutschen Hans Arp und Max Ernst sind beteiligt. Sie setzen der rational erfahrbaren Wirklichkeit eine Traumwelt entgegen. Die Surrealisten sind von der Psychoanalyse beeinflußt, der Gründer dieser Richtung ist der dichtende Nervenarzt André Breton. □

**Im Alter von 66 Jahren stirbt am 17. Juli im niederländischen Zandvoort der Maler und Grafiker Lovis Corinth. Er galt als einer der führenden deutschen Impressionisten, hat sich aber neuen Richtungen nie verschlossen und ist von seinem Spätwerk auch expressionistisch einzustufen. Vor der Jahrhundertwende schuf er Stilleben und Kompositionen mit christlich-mythologischen Motiven, ab 1902 wurden Porträts, Akte und Landschaften wie die „Walchenseebilder" zu seinen Motiven. Später schuf er auch Radierungen, Lithografien und Buchillustrationen. Von besonderer Ausdruckskraft sind die Selbstbildnisse (rechts), die kurz vor vor seinem Tod entstanden.**

# Besetzung ist beendet

In der Nacht zum 1. Februar findet rund um den Kölner Dom ein Freudenfest statt. Die Bevölkerung feiert den Abzug der letzten englischen und belgischen Besatzungssoldaten, die im Januar die Kölner Zone freigegeben haben. Damit ist auch für diese Region endlich die letzte sichtbare Folge des Weltkrieges beseitigt. Die Festlichkeiten setzen sich den ganzen Tag über fort. Auch Reichspräsident Hindenburg ist aus Berlin angereist und nimmt mit dem Kölner Oberbürgermeister Konrad Adenauer an dem offiziellen Festakt teil. Adenauer hat für den großen Tag allen Kölner Kindern schulfrei gegeben. Für Außenminister Gustav Stresemann ist dieser Tag ein weiterer Beweis für seinen Kurs des Ausgleichs mit den Siegermächten. Zwar erfolgt die Räumung des besetzten Kölner Raumes ein Jahr später als im Versailler Vertrag vereinbart, für den Außenminister ist es aber eine wichtige Etappe auf seinem Weg der kleinen Schritte. Dazu gehört auch der Abschluß des sogenannten Berliner Vertrages, eines Freundschafts- und Neutralitätsabkommens mit der Sowjetunion im April. Er soll Ausgangsbasis für ein freundschaftliches Verhältnis zwischen Deutschland und der UdSSR sein. □

**Hindenburg und Adenauer während des Festaktes in Köln**

**Auf der Berliner Avus wird im Juli der erste Große Preis von Deutschland für Automobile ausgetragen. Sieger des Rennens, das von zwei Todesfällen überschattet ist, wird der Rheinländer Rudolf Caracciola auf Mercedes Benz „SSK" (Foto), dem zur Zeit erfolgreichsten Sportwagen. Caracciola erreicht mit dem 7,1-Liter-Motor eine durchschnittliche Geschwindigkeit von 135 Stundenkilometern.**

## Stigmatisierte erregt Aufsehen

Bei der 28jährigen Schneiderstochter Therese Neumann aus dem bayerischen Konnersreuth treten blutende Wundmale des gekreuzigten Christus' auf. Die seit einem Unglücksfall 1918 erblindete und gelähmte Frau ist seit dem Vorjahr völlig geheilt, wie Mediziner bestätigen. Nach Bekanntwerden der Stigmatisierung kommt es zu regelrechten Wallfahrten in das Dorf. □

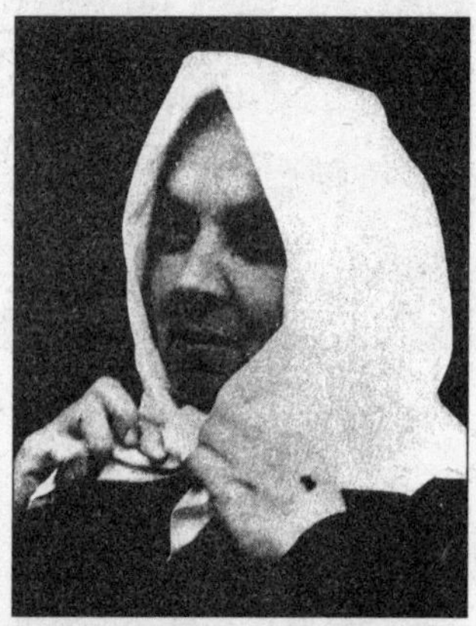

## JAHRES-CHRONIK

- Die Berliner Illustriertenpresse propagiert im Januar den Charleston als den Tanz des Jahres.
- Am 1. Januar erreicht das Rheinhochwasser bei Koblenz mit 9,30 m den höchsten Stand seit 1781.
- Am 6. Januar schließen sich die beiden privaten Fluggesellschaften Aero Lloyd und Junkers Luftverkehr zur Deutschen Lufthansa AG zusammen.
- In Massachusetts gelingt dem Raketenforscher Robert H. Goddard im März der Start der ersten Flüssigkeitsrakete.
- Im Alter von fast 84 Jahren stirbt am 4. April der Großindustrielle August Thyssen.
- Der amerikanische Kaufhauskonzern Woolworth eröffnet im Mai die ersten Einheitspreisläden in Deutschland.
- In Preußen tritt im Mai die Reform des Paragraphen 218 in Kraft. Sie sieht Strafmilderung bei Abtreibungen vor.
- Mitte Juni tritt eine einheitliche deutsche Straßenverkehrsordnung in Kraft.
- Durch Zusammenschluß der Daimler-Motoren-Gesellschaft und der Benz & Cie., Rheinische Gasmotorenfabrik entsteht im Juni die Daimler-Benz AG.
- Wegen einer Hitzewelle übernachten im Juli Hunderttausende von New Yorkern am Strand von Coney Island.
- Im Juli wird die Schwebebahn auf die Zugspitze vom österreichischen Obermoos aus eröffnet.
- Mit nur 31 Jahren stirbt am 23. August in New York der Leinwandheld Rudolph Valentino.
- In Berlin werden im August die ersten Selbstwähltelefone in Betrieb genommen.
- Zur dritten Funkausstellung in Berlin wird im September nach zweijähriger Bauzeit der 138 Meter hohe Funkturm eingeweiht.
- In Philadelphia wird im September der seit 1919 amtierende Box-Weltmeister Jack Dempsey von Gene Tunney entthront.
- Im Alter von 51 Jahren stirbt am 29. Dezember der österreichische Dichter Rainer Maria Rilke an Leukämie.

# Deutschland im Völkerbund

Am 8. September ist Deutschlands Außenseiterstellung in der Welt endlich vorüber. Der Völkerbund beschließt seine Aufnahme, die zwei Tage später in der Vollversammlung in Genf vollzogen wird. Gustav Stresemann hält eine vielbeachtete Rede, der Akt ist der vorläufige Höhepunkt seiner Verständigungspolitik. Im französischen Außenministerkollegen Aristide Briand hat er seit dem Vorjahr einen Ansprechpartner, der sich – auch gegen die öffentliche Meinung im Lande – um ein tragbares deutsch-französisches Verhältnis bemüht. Die beiden treffen sich während der Völkerbundtagung im kleinen französischen Dorf Thoiry nahe der Schweizer Grenze zu einem Vier-Augen-Gespräch, von dem sich der Deutsche weitere Fortschritte der Locarno-Politik erhofft. □

**Wenige Monate nach der Premiere in Paris kommt auch Berlin in den Genuß des neuen Revuestars Josephine Baker. Die „Schwarze Venus“ gastiert im Januar mit ihrer Truppe, der „Revue Negre“, im Nelson-Theater und erregt auch hier riesiges Aufsehen. Die nur mit einem Lendenschurz aus Bananenblättern bekleidete Schönheit verzaubert die Besucher mit ihren Tanzkünsten zu den heißen Rhythmen der zum Programm gehörenden schwarzen Musik.**

# 1926

**Buch des Jahres:**
„Fiesta“ von Ernest Hemingway

**Film des Jahres:**
„Panzerkreuzer Potemkin“ von Sergej Eisenstein

**Schlager des Jahres:**
„Valencia“ von Die Sunnies und das Cormel Trio

# Nobelpreis-Quartett

Friedensnobelpreisträger Aristide Briand und Gustav Stresemann

Das Nobelpreiskomitee in Oslo würdigt das Engagement der beiden Außenminister aus Deutschland und Frankreich um eine Verständigung in Europa mit der Verleihung der Friedenspreise an Gustav Stresemann und Aristide Briand. Damit der dritte am Versöhnungsvertrag von Locarno beteiligte Politiker, Joseph Austen Chamberlain, nicht leer ausgeht, schafft man eine einmalige Sonderlösung. Die Friedensnobelpreise für 1925 und 1926 werden zusammengelegt und an vier Personen verteilt. Stresemann und Briand erhalten den Preis für dieses Jahr, Englands Außenminister Chamberlain und der US-Politiker Charles Dawes, Initiator des gleichnamigen Planes, den Preis für 1925. Für Stresemann und Briand bedeutet die Auszeichnung einen moralischen Ansporn angesichts der Stimmung in weiten Teilen der Bevölkerung. □

# Claude Monet †

Am 6. Dezember stirbt in Giverny der französische Maler Claude Monet, Wegbereiter und wichtigster Vertreter des Impressionismus, im Alter von 86 Jahren. Der stets umstrittene Künstler hinterläßt viele heute weltberühmte Werke. □

Claude Monet

# Zuckmayer-Stück wird Skandal

Die Aufführung des Lustspiels „Der fröhliche Weinberg“ von Carl Zuckmayer endet am 3. Mai in Halle mit einem Skandal. Das im Vorfeld von konservativen Kreisen als anstößig abqualifizierte und deswegen bekämpfte Stück – einer der Gegner ist der Bischof von Mainz – kann in Halle nicht zu Ende gespielt werden. Wegen massiver Störungen aus dem Publikum wird der Saal teilweise von der Polizei geräumt, die Zurückgebliebenen demonstrieren für Zuckmayer. □

# Medienkonzern fast komplett

Auch der Film „Metropolis“ wird für die Ufa zu einem Debakel.

Mit dem Kauf eines ihm die Mehrheit sichernden Aktienpaketes der Universum-Film AG (Ufa) vergrößert der frühere Krupp-Direktor Alfred Hugenberg im März seinen Medienkonzern. Bis auf Rundfunkrechte ist der damit komplett. Hugenbergs 15-Millionen-Mark-Spritze saniert den maroden Filmbetrieb und sichert dem rechtsorientierten Abgeordneten der DNVP breiten Einfluß auf die öffentliche Meinung. Sein Scherl-Verlag gibt außerdem mehrere Tageszeitungen heraus, er ist an der Nachrichten-Agentur „Telegraphen-Union“ Hauptaktionär und hat auch über verschiedene Finanzierungsgesellschaften großen Einfluß auf die Provinzpresse. □

**Isadora Duncan wird am 14. September Opfer eines tragischen Unfalls. Ihr Schal verwickelt sich während der Fahrt mit ihrem Cabrio in Nizza in den Speichen und erdrosselt sie. Sie gilt als Wegbereiterin des sinfonischen Tanzes.**

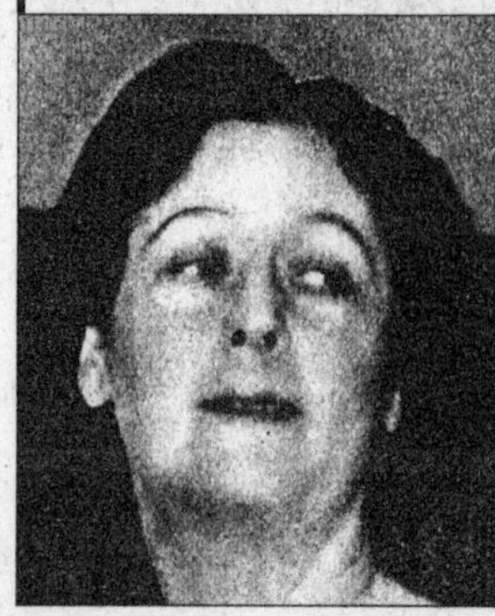

## JAHRES-CHRONIK

- Nach Presseberichten vom März sind Horst, Günther, Inge und Ursula die beliebtesten Vornamen in Deutschland.
- Der Führer der Kuomintang-Partei, General Tschiang Kai-schek, bildet im April eine nationalistische Regierung in Nanking.
- Bei den Leuna-Werken wird im April die erste Großanlage der Welt zur Hydrierung von Kohle in Betrieb genommen.
- Überschwemmungen des Mississippi fluten im Mai 41 000 Quadratmeilen Land.
- Der Hindenburgdamm nach Sylt wird von seinem Namensgeber am 1. Juni eingeweiht.
- Auf dem Nürburgring gewinnt Rudolf Caracciola im Juni das erste dort ausgetragene Rennen.
- Im Juli verabschiedet der Reichstag die Einführung der Arbeitslosenversicherung.
- Der zehnjährige Michael, Enkel des verstorbenen Ferdinand I., wird im Juli zum König von Rumänien proklamiert.
- Nach einer im September veröffentlichten Statistik sind beim Versuch, den Ozean zu überfliegen, bisher 25 Piloten ums Leben gekommen.
- Mit der Uraufführung des US-Streifens „Der Jazz-Sänger“ bricht im Oktober die Tonfilm-Ära an.
- Im Herbst kommt es zu zwei großen Neugründungen: Der internationale Blumenversand „Fleurop“ und das Versandhaus „Quelle“ öffnen ihre Pforten.
- Der elfjährige Geiger Yehudi Menuhin feiert im November in der New Yorker Carnegie Hall einen Konzert-Triumph.
- Mit einem Sieg über Capablanca wird der Russe Alex Aljechin neuer Schach-Weltmeister.

# Protest endet in Blutbad

Ein schreckliches Ende nimmt am 15. Juli eine Protestdemonstration Wiener Arbeiter. Sie wollen eigentlich nur ihren Unmut gegen den Freispruch von Mitgliedern der rechten Frontkämpfervereinigung artikulieren, die bei Zusammenstößen mit dem linken Republikanischen Schutzbund Anfang des Jahres einige seiner Anhänger getötet hatten. Nachdem die Marschkolonne vom Parlament durch berittene Polizei abgedrängt werden kann, stürmt sie den Justizpalast und setzt ihn in Brand. Die Feuerwehr wird vom Löschen abgehalten. Darauf ergeht ein Schießbefehl. Das Resultat sind 89 Tote und über 1 600 Verletzte. Die Gewerkschaften rufen den Generalstreik aus, und die Sozialdemokraten fordern den Rücktritt des Bundeskanzlers. □

Der brennende Justizpalast in Wien ist das Fanal für den blutigen Polizei-Einsatz gegen die Arbeiter.

# 1927

**Buch des Jahres:**
„Der Steppenwolf“ von Hermann Hesse

**Film des Jahres:**
„Metropolis“ von Fritz Lang

**Schlager des Jahres:**
„Trink, trink, Brüderlein, trink“ komp. von Wilhelm Lindemann

**Die Leistung des Jahres vollbringt der amerikanische Pilot Charles A. Lindbergh (hier mit seiner Mutter). Der 25jährige startet am 20. Mai mit seiner einmotorigen Maschine „Spirit of St. Louis“ in New York und landet 33 Stunden und 29 Minuten später in Paris. Lindbergh, der damit als erster Mensch im Alleinflug den Ozean überquert hat, wird danach in Europa und den USA als neuer Held gefeiert. In seiner Heimat kann er aus dem Abenteuer auch klingende Münze machen.**

## Hingerichtet

Im Staatsgefängnis von Boston (Massachusetts) sterben in der Nacht zum 23. August zwei Menschen auf dem elektrischen Stuhl. Die Hinrichtung löst besonders in den USA große Proteste aus. Nicola Sacco und Bartolomeo Vanzetti, US-Bürger italienischer Herkunft, sitzen seit sechs Jahren in der Todeszelle. Die engagierten Gewerkschaftler sollen im April 1920 einen Raubmord verübt haben. Das Todesurteil erging nach einem ausschließlich auf schwachen Indizien aufgebauten Prozeß. Die beiden Verurteilten haben bis zuletzt ihre Unschuld beteuert. □

## Nobelpreise

Erneut erhält im Dezember ein Deutscher den Friedensnobelpreis. Ludwig Quidde, Präsident der Deutschen Friedensgesellschaft, teilt sich die Auszeichnung mit dem Franzosen Ferdinand Buisson, Präsident der Liga für Menschenrechte. Der Historiker Quidde ist seit 1894 in der Friedensbewegung engagiert. In diesem Jahr erschien seine Schrift „Caligula“, die von allen Seiten als Kritik an Wilhelm II. verstanden wurde und seine Karriere als Hochschullehrer beendete. Der Chemienobelpreis geht an den Münchner Professor Heinrich Otto Wieland. □

## Machtgewinn

Dreieinhalb Jahre nach dem Tode Lenins ist von seinen „Troika“-Nachfolgern nur noch einer an der Spitze: Josef Stalin. Er kann seine Macht auf dem XV. Parteitag der KPdSU im Dezember bestätigen und andere führende Mitbewerber um die Macht ausschalten. Trotzki wird aus der Partei entfernt. Sinowjew und Kamenew werden ausgeschlossen, aber nach einer abverlangten Unterwerfungserklärung wieder aufgenommen. Mit dem Beschluß zur Kollektivierung der Landwirtschaft beginnt nun eines der düstersten Kapitel der Sowjetgeschichte. □

## Tauber-Zauber für Berlin

Berlins Operettenpublikum hat einen neuen Liebling. Der 35jährige in Österreich geborene Sänger Richard Tauber fasziniert die Zuschauer mit Stimme und Auftreten. Ein Jahr nach der Wiener Premiere von Franz Lehárs „Paganini“, die für beide schon zum Erfolg wurde, feiert das Gespann im Februar in Berlin bei der Uraufführung von Lehárs „Der Zarewitsch“ Triumphe. Frauenliebling Tauber bleibt eine Zeitlang in Berlin. Das Bild zeigt ihn in „Dreimädelhaus“ im Theater des Westens. □

# Kühner Atlantikflug

Zwei Deutschen und einem Iren gehören die Schlagzeilen im April. Hermann Köhl, Ehrenfried Günther Freiherr von Hünefeld und James C. Fritzmaurice schaffen den ersten Atlantikflug in Ost-West-Richtung. Die drei Fliegerhelden starten am 12. des Monats mit einer einmotorigen Junkersmaschine in Irland und erreichen nach gut 35stündigem Flug Greeny Island, zwischen Neufundland und Labrador. Für ihre Pioniertat werden die tollkühnen Flieger am 28. April in New York mit der berühmten Konfettiparade geehrt. Sie haben 6 750 Luftkilometer zurückgelegt und werden nun in einem Atemzug mit Charles Lindbergh genannt. Initiator Köhl hat die auf den Namen „Bremen" getaufte Junkersmaschine übrigens aus eigener Tasche bezahlt. □

Vor dem Abflug winkt die Besatzung der „Bremen" zum Abschied.

# Olympia wieder mit Deutschen

Die IX. Olympischen Sommerspiele in Amsterdam werden in zwei Etappen zwischen dem 17. Mai und 12. August ausgetragen. Erstmals seit dem Weltkrieg sind deutsche Sportler wieder dabei. Sie holen elfmal Gold, neunmal Silber und 19mal Bronze und werden damit hinter den USA zweitbeste Nation. Der 800-m-Lauf der Frauen geht in die Sportgeschichte ein. Mit ihrem Sieg holt die 25jährige Lina Radke nämlich die erste Leichtathletik-Goldmedaille für Deutschland bei Olympia überhaupt, ihre Siegeszeit von 2:16,8 Minuten wird überdies als erster offizieller Weltrekord geführt. Gold und Weltrekord gibt es auch für die Brustschwimmerin Hilde Schrader über 200 m. Helene Mayer rundet mit Florett-Gold den Triumph der Frauen ab. □

# Opels schneller Raketenwagen

In ihrem Rüsselsheimer Werk haben Max Valier und Fritz von Opel einen Rennwagen gebastelt, der mittels Pulverraketenantrieb unglaubliche Geschwindigkeiten erreicht. Die rasende Rakete wird am 11. April auf der Opel-Versuchsstrecke bei Rüsselsheim erstmals getestet und erreicht über 200 Stundenkilometer. Am 23. Mai gehen die beiden Tüftler mit ihrem Fahrzeug auf der Berliner Avus auf Rekordjagd und erreichen eine Spitzengeschwindigkeit von 220 Stundenkilometern. Opel entwickelt nach eigenen Angaben auch eine Rakete für den ersten Weltraumflug und hat sogar schon einen Piloten für dieses Unternehmen. □

## JAHRES-CHRONIK

- Leo Trotzki wird im Januar auf Geheiß Stalins nach Kasachstan verbannt.
- Nach 14jähriger Pause wird im Februar in Köln wieder ein Rosenmontagszug veranstaltet.
- Bei den II. Olympischen Winterspielen in St. Moritz erringt die deutsche Mannschaft im Viererbob mit Bronze die erste deutsche Wintersportmedaille.
- Der aus Frankfurt stammende Kunstflieger Ernst Udet landet im Februar mit einem Motorflieger auf der Zugspitze.
- Beim Bruch des St.-Francis-Damms bei Los Angeles im März sterben über 500 Menschen.
- Zwischen Paris und Buenos Aires wird im März die erste regelmäßige Flugverbindung für den Personenverkehr über den Atlantik in Betrieb genommen.
- Der 68jährige Berliner Droschkenkutscher Gustav Hartmann („Eiserner Gustav") startet im April mit seiner Kutsche in Richtung Paris.
- Aus den Wahlen zum vierten Reichstag gehen im Mai die Sozialdemokraten und die Kommunisten als klare Sieger hervor.
- Im Alter von 70 Jahren stirbt am 14. Juni in London die Begründerin der Frauenrechtbewegung Emmeline Pankhurst.
- Deutschland und weitere 14 Staaten unterzeichnen im August in Paris den Kellogg-Pakt zur Ächtung des Krieges.
- Mit Beifallstürmen endet die Uraufführung der „Dreigroschenoper" von Bertolt Brecht am 31. August in Berlin.
- In der Sowjetunion tritt der erste Fünfjahresplan der Stalinschen Wirtschaftspolitik in Kraft.
- Ab Oktober gibt es bei der Deutschen Reichsbahn keine Wagen der 4. Klasse mehr.
- Die Reichspost schafft die pauschalen Telefongebühren ab. Nur geführte Telefonate sollen gezahlt werden.
- Mit dem Luftschiff LZ 127 „Graf Zeppelin" beginnt im Oktober der Passagierverkehr von Friedrichshafen nach New York.
- Bei den Präsidentschaftswahlen der USA im November geht Herbert Hoover von den Republikanern als Sieger durchs Ziel.
- Den Chemienobelpreis dieses Jahres erhält der Göttinger Professor Adolf Otto Windaus.
- Wegen Gotteslästerung wird im Dezember der Maler und Bühnenbildner George Grosz in Berlin verurteilt.

Der Opel-Raketenwagen „RAK 2" mit Fritz von Opel am Steuer auf der Berliner Avus

# 1928

**Buch des Jahres:**
„Lady Chatterley“ von
D. H. Lawrence

**Film des Jahres:**
„Die Schlacht des Jahrhunderts“
mit Stan Laurel und Oliver Hardy

**Schlager des Jahres:**
„Sonny Boy“ von Al Johnson

**Auf Werften in Hamburg und Bremen laufen am 15. und 16. August zwei neue Ozeanriesen vom Stapel: die „Europa“ (Bild) und die „Bremen“. Mit 46 000 BRT sind es die größten Schiffe, die je für Deutschland die Meere befuhren. Sie werden zwischen Deutschland und den USA eingesetzt.**

**Der aus Schottland stammende Arzt Alexander Fleming (Bild) experimentiert an seinem Arbeitsplatz, dem Londoner St. Mary's Hospital, mit Bakterien. 1922 hat er in Sekreten der Schleimhaut ein Enzym mit keimtötender Wirkung entdeckt. In diesem Jahr findet er heraus, daß der Schimmelpilz Penicillium notatum eine antibakterielle Wirkung hat. Seine Erkenntnisse führen zur Herstellung des Antibiotikums Penicillin.**

## Italiens König entgeht nur knapp einem Bombenattentat

**König Viktor Emanuel III.**

König Viktor Emanuel III. entgeht am 12. April nur knapp dem Schicksal seines Vaters, der 1900 ermordet wurde. Der italienische Monarch bleibt bei einem Bombenanschlag während der Eröffnung der Internationalen Messe in Mailand unverletzt. Das Attentat fordert aber 17 Todesopfer und 30 Verletzte. Viktor Emanuel hat sich durch die nachgiebige Haltung gegenüber Mussolini etliche Feinde gemacht. Zuletzt hat er die Verabschiedung eines Wahlgesetzes gebilligt, das der politischen Opposition keine Chancen läßt. Der König ist aber praktisch ohne jeden Einfluß und muß sich von Mussolini Dekrete vorschreiben lassen. □

## Mickey Mouse im Kino

Der 19. September ist für den 25jährigen Filmproduzenten Walt Disney ein großer Tag. Sein erster Zeichentrickfilm mit Ton wird uraufgeführt und findet begeisterte Resonanz. Im Werk mit dem Titel „Steamboat Willie“ spielt die von ihm erfundene Märchenfigur „Mickey Mouse“ die Hauptrolle und begründet seinen Weltruhm im Genre des Zeichentrickfilms, an dem Disney seit 1922 arbeitete. □

## Amundsen kam nicht zurück

Bei der Suche nach seinem Partner vom Nordpolflug 1926 verunglückt der norwegische Polarforscher Roald Amundsen selbst. Umberto Nobile wollte im Mai den Polflug mit dem neuen Luftschiff „Italia“ wiederholen, stürzte aber ab. An der Rettungsaktion beteiligt sich auch Amundsen mit einem Wasserflugzeug, dessen Trümmer am 18. Juni im Barentssee entdeckt werden. Amundsen gilt seit dem Tag als vermißt. Nobile wird mit seinem Team am 24. Juni gerettet. □

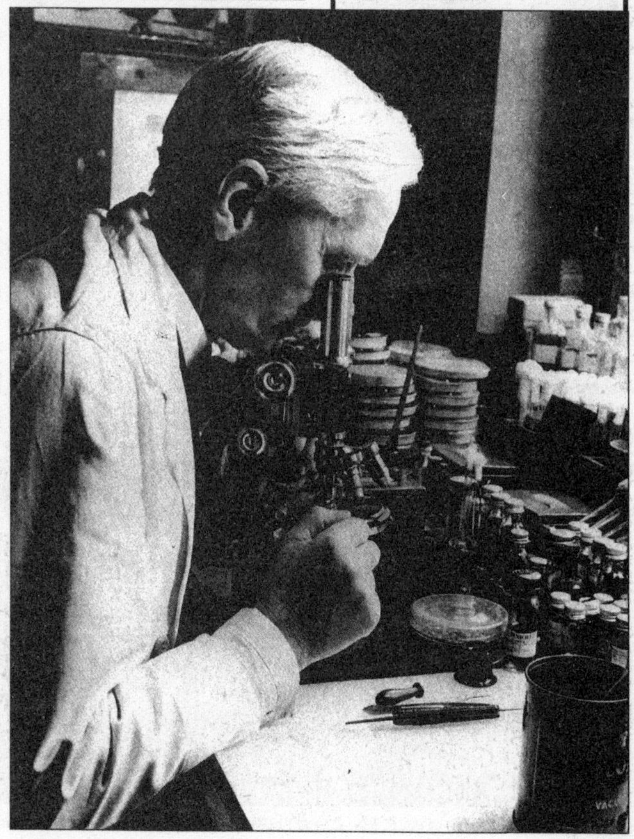

# Zusammenbruch der Weltwirtschaft

**Am „Schwarzen Freitag“ drängen sich aufgebrachte New Yorker vor der Börse.**

An der New Yorker Börse kommt es Ende Oktober zu enormen Verlusten. Kurseinbrüche von dramatischen Ausmaßen und Panikverkäufe bestimmen die Szene. Allein am 25. Oktober wird ein Aktienhandel in Höhe von 13 Milliarden Dollar verzeichnet, was zu Kursverlusten von bis zu 90 Prozent führt. Auch nach diesem „Schwarzen Freitag“ an der Wall Street folgt keine Beruhigung. Bis zum 29. Oktober belaufen sich die Verluste auf 50 Milliarden Dollar. Amerikas Banken stellen ihre Zahlungen ein, sämtliche verfügbaren Kapitalien werden zurückgerufen, auch die internationalen Kredite, wie sie beispielsweise an Deutschland vergeben wurden. Es kommt zu einer vorübergehenden Lähmung der gesamten Weltwirtschaft, die durch vielfache Beziehungen wie Reparations- und Kriegsschuldenabkommen, Handels- oder Zollverträge miteinander vernetzt ist. □

# Erststart des Flugriesen

Für den Flugzeugbauer Claudius Dornier ist es eine Sternstunde: Am 12. Juli startet auf dem Bodensee das auf seiner Flugzeugwerft in Friedrichshafen konstruierte zwölfmotorige Großraumflugzeug DO-X. Das technische Wunderwerk ist die Weiterentwicklung des von Dornier bereits 1922 vorgestellten Flugbootes, eines Flugkörpers also, dessen Rumpf bootsförmig konstruiert ist und damit auch auf dem Wasser getragen wird. Das Riesenflugzeug hat Platz für 169 Passagiere auf drei übereinanderliegenden Decks. Es gibt sogar Schlafräume für die Fluggäste. Seine Reichweite wird vom Konstrukteur mit ungefähr 3 600 Kilometern angegeben. □

**Flugtauglich und seetüchtig: das Flugboot DO-X**

## JAHRES-CHRONIK

- Leo Trotzki wird im Januar durch Parteibeschluß in die Türkei abgeschoben.
- Heinrich Himmler übernimmt zu Jahresbeginn die zu Adolf Hitlers persönlichem Schutz gebildete „Schutzstaffel“ (SS).
- Die 1926 erstmals in Berlin aufgetretene Josephine Baker erhält im Februar in München Bühnenverbot.
- Der Versuchssender der Telefunken AG strahlt im März erstmals Fernsehbilder aus.
- Der amerikanische Automobilkonzern General Motors kauft im März Deutschlands Autofirma Adam Opel AG.
- Im Alter von 84 Jahren stirbt am 4. April in Ladenburg der Konstrukteur des ersten benzinbetriebenen Automobils, Carl F. Benz.
- Bei Straßenkämpfen werden in Berlin anläßlich der Maifeiern 31 Menschen getötet.
- In Essen wird im Juni die Große Ruhrländische Gartenbau-Ausstellung (Gruga) eröffnet, die nie wieder geschlossen wird.
- In Genf wird im Juli von 42 Staaten die Konvention über die Behandlung von Kriegsgefangenen unterzeichnet.
- Der Gynäkologe Hermann Knaus veröffentlicht im Juli Erkenntnisse über den weiblichen Zyklus, die Teil einer Methode der Empfängnisverhütung werden.
- Der amerikanische Ingenieur Philipp Drinker erfindet im Juli das Beatmungsgerät „Eiserne Lunge“.
- Das Luftschiff „Graf Zeppelin“ beendet im August nach 49 000 Kilometern eine 21tägige Weltreise.
- Die „Landvolkbewegung“, ein Zusammenschluß unzufriedener Bauern, verübt im September einen Bombenanschlag auf das Reichstagsgebäude.
- In Berlin wird im September ein Korruptionsskandal offengelegt, in den die gesamte Verwaltung, einschließlich des Oberbürgermeisters, verwickelt ist.
- Im Alter von 80 Jahren stirbt in Rom am 28. Oktober der Kanzler des Kaiserreiches Bernhard Fürst von Bülow.

## Bis 1988 zahlen

Nach fünf Monaten zäher Verhandlungen wird die Zahlung deutscher Reparationen nach dem Plan des US-Bankiers Owen D. Young endgültig geregelt. Danach muß Deutschland insgesamt 116 Milliarden Mark zahlen, und zwar bis 1988 in jährlichen Raten von durchschnittlich 1,9 Milliarden Mark. Dafür entfallen sämtliche Kontrollen der deutschen Wirtschaft. Gegen den Youngplan gibt es laute Proteste im Reich. □

## Erste Oscars

Die Akademie für Filmkunst der USA verleiht im Mai erstmals die volkstümlich „Oscar“ genannte Auszeichnung für die besten künstlerischen Leistungen in in- und ausländischen Filmen, die zwischen August 1927 und Juli 1928 gedreht wurden. Als bester Hauptdarsteller erhält der Deutsche Emil Jannings für seine Rollen in „Der Weg allen Fleisches“ und „Sein letzter Befehl“ den Academy Award in Hollywood überreicht. □

## Stresemann tot

Mit dem Tod des Außenministers Gustav Stresemann endet am 3. Oktober eine wichtige Ära der Weimarer Republik. Der 51jährige hat sein Amt sechs Jahre lang zur Wiederherstellung eines geachteten Deutschlands genutzt. Der National-Liberale (1914–18) und Gründer der Deutschen Volkspartei (1918) wird nach einem Staatsakt am 6. Oktober beigesetzt. Sein Grab wird tagelang zur Wallfahrtsstätte deutscher Demokraten. □

# 1929

**Buch des Jahres:**
„Im Westen nichts Neues“
von Erich Maria Remarque

**Film des Jahres:**
„Liebesparade“ von Ernst Lubitsch

**Schlager des Jahres:**
„Just a Gigolo“
von Leonello Casucci

**Der Lübecker Romancier Thomas Mann erhält den diesjährigen Literaturnobelpreis „hauptsächlich für seinen großen Roman 'Buddenbrocks' der sich die Anerkennung als eines der klassischen Werke der zeitgenössischen Literatur erworben hat“ (oben: das Lübecker Buddenbrockhaus). Soweit die Begründung der Schwedischen Akademie für Literatur, die der Dichter selbst glossierte: „'Buddenbrocks' allein hätten mir niemals die Geltung verschafft, welche es der Akademie ermöglicht und sie bestimmt hatte, mir den Preis zu verleihen“, sondern eher der „verpönte 'Zauberberg'“.**

## Perfekter Raub

Mit einer Freilassung mangels Beweisen endet in Berlin der spektakulärste Bankraub der 20er Jahre. Die einschlägig bekannten Brüder Franz und Erich Sass holen sich durch einen selbst gegrabenen Stollen aus den Tresoren der Disconto-Bank Wertgegenstände für über zwei Millionen Mark. Die Polizei kann ihnen die Tat aber nicht nachweisen. □

**In Berlin stirbt am 9. August der 71jährige Heinrich Zille. Der Zeichner ist durch seine satirischen und auch sehr bissig-sozialkritischen Darstellungen des sogenannten „Milljöhs“, der Lebensverhältnisse der armen Leute Berlins, weithin bekannt, aber auch gefürchtet.**

Hugo von Hofmannsthal

## Tod eines Dichters

Auf seinem Refugium Fuchs-Schlößl bei Wien stirbt am 15. Juli im Alter von 55 Jahren Hugo von Hofmannsthal. Der Dichter des „Jedermann“ hat der österreichischen Kulturszene viel gegeben. Seine Dramen „Die Schwierige“ oder „Der Unbestechliche“ gehören zum Standardrepertoire der Bühnen. Vielen Zeitgenossen ist er als Opernlibrettist noch bekannter. Von ihm stammen die Texte zu den berühmten Musikwerken von Richard Strauss wie „Elektra“, „Rosenkavalier“, „Ariadne auf Naxos“ und „Die Frau ohne Schatten“. Hofmannsthal ist auch Mitbegründer der Salzburger Festspiele, für die seine „Jedermann“-Variante entstand. □

# Das alte Europa erhält ein völlig neues Gesicht

Die alte Weltordnung ist zerbrochen, auf ihren Trümmern wächst ein völlig neues Europa empor. Den größten Einschnitt gibt es im ehemaligen Zarenreich. Der Kriegskommunismus treibt das Land an den Rand des Ruins. Terror, Epidemien und Hungersnöte fordern bis 1922 etwa 5 Millionen Tote, erst Lenins Kurswechsel zur Neuen Ökonomischen Politik verhilft dem Riesen über die Runden. Als Lenin 1924 stirbt, tritt mit Josef Stalin eine ebenso starke Führerpersönlichkeit an, die am Ende der 20er Jahre konkurrenzlos die Alleinherrschaft im ersten sozialistischen Staat der Erde ausübt. Schwerwiegende innenpolitische Veränderungen erlebt auch Italien. Das Königreich wird bereits 1922 zur Diktatur. Der Führer der faschistischen Bewegung, Benito Mussolini, stürzt mit seinem „Marsch auf Rom“ Regierung und Parlament. Das Königtum bleibt als Proforma-Institution erhalten, bis 1929 sind alle Parteien beseitigt, die Alleinherrschaft der Faschistischen Partei besiegelt. Von den Nachfolgestaaten der früheren Donaumonarchie gelten die Tschechoslowakei und Ungarn als stabile Pfeiler im neugeordneten Südosteuropa. Das neue Staatengebilde Jugoslawien dagegen erlebt ein Jahrzehnt voller Auseinandersetzungen zwischen Serben und Kroaten. Tschechoslowakei, Jugoslawien und Rumänien bilden unter französischem Dach die Kleine Entente und damit ein deutliches Gegengewicht zum wiederaufsteigenden Deutschland. Am härtesten hat es die Türken getroffen. Im Frieden von Sèvres ist ihr Land auf einen Rumpfstaat von Anatolien und den Besitz von Konstantinopel geschrumpft. Somit führen die Türken Krieg gegen Griechenland. Drei Jahre blutiger Kämpfe zementieren eine Feindschaft für das ganze Jahrhundert. Entscheidender aber ist die Ausrufung der Republik 1923. Ihr erster Präsident, Mustafa Kemal Pascha, nähert sich nach der Abschaffung des Sultanats Europa an. □

Benito Mussolini bei einer faschistischen Kundgebung

Damengruppe aus dem Ballett „Die Laune der Favoritin“ in der Eisarena

# Die Suche nach dem

Nach dem das Entsetzen der Kriegsjahre abgeschüttelt ist, verändert sich in Deutschland das Lebensgefühl. Die meisten der althergebrachten Bindungen verlieren ihre Wirkungskraft, es offenbart sich eine freiere Einstellung. Die eigene Körperlichkeit bekommt einen völlig neuen Stellenwert und führt zu einem Boom in Mode, Freizeitsport und Badewesen, läßt aber auch eine stark gewandelte Einstellung zur Sexualität erkennen. Die freizügige Präsentation auf Bühne, Leinwand oder Tanzparkett geht Hand in Hand mit einer gewandelten Rolle der Frau, die – während des Krieges noch gezwungenermaßen – jetzt aber freiwillig und selbstbewußt weg vom Herd ins Berufsleben und in die Öffentlichkeit strebt. Die Suche nach neuem Lebensgenuß läßt politische und ökonomische Warnsignale vergessen und bereitet den Boden für das folgende ernüchternde Zeitalter. Zwar wird auch Deutschland durch die weiter voranschreitende Industrialisierung und den zwingenden Wiederaufbau vom letzten Aufschwung des Hochkapitalismus erfaßt, aber die starken Rationalisierungstendenzen mit Serienfabrikation und Fließbandarbeit führen in diesen angeblich „Goldenen Zwanzigern“ zu nachhaltigen Veränderungen in der Arbeitswelt. Denn Handwerk, Handel und Landwirtschaft stehen am Ende als die großen Verlierer da. Mit steigender Produktivität geht keine gleichwertige Entwicklung der Kaufkraft einher, anstelle kaufmännischen Denkens tritt vielfach die Spekulation. Aber selbst die Inflationsjahre bleiben im Wirtschaftsboom vergessen und so trifft die Weltwirtschaftskrise nach

des Berliner Sportpalastes

# neuen Lebensgefühl

dem Zusammenbruch der New Yorker Börse am Ende des Jahrzehnts die Deutschen am heftigsten. Denn der ökonomische Aufschwung findet keine Parallelen in Politik und Gesellschaft. Den Gehversuchen der jungen deutschen Demokratie werden zu viele Hindernisse entgegengestellt, der Ballast der wilhelminischen Vergangenheit wiegt schwer. Nachdem der Weimarer Staat das Krisenjahr 1923 mit der ins uferlose wachsenden Inflation, Ruhrkampf, Hitlerputsch und kommunistischen Umsturzversuchen überstanden hat, kann er sich dank des einzigen großen Politikers endlich konsolidieren: Gustav Stresemann, der als Außenminister in vielen Kabinetten das Bild des Kriegsverlierers Deutschland in Europa wieder anschauenswert macht. Die Verständigung mit den Westmächten, vor allem mit Frankreich, gehört zu den großen Leistungen des DVP-Politikers. Ohne ihn hätte es 1925 keinen Vertrag von Locarno gegeben, die durch Dawes- und Youngplan (1924 bzw. 1929) gemilderten Reparationsbedingungen fallen in seine Amtszeit. Auch die Aufnahme Deutschlands in den Völkerbund (1926) unterstreicht nur das herausragende Wirken des Friedensnobelpreisträgers des Jahres 1926. Sein Tod im Oktober 1929, noch vor dem Bankenkrach an der Wall Street, kann symbolträchtig als Beginn der politischen Götterdämmerung in der Weimarer Demokratie gesehen werden. Denn nun steht dem Rechtsdrall des deutschen Volkes, das sich mit Feldmarschall Hindenburg als Reichspräsident bereits eine Art „Ersatzkaiser" geholt hat, niemand mehr entgegen. □

# Das dritte Jahrzehnt

## Blüte des Expressionismus und eine Vielzahl völlig neuer Töne

In Frankreich hat André Bretons Surrealistisches Manifest neue Dimensionen eröffnet. Improvisation, Phantasie und freie Kreativität sprengen bis dahin geltende Konventionen. Währenddessen erlebt der Expressionismus in Deutschland seine wahre Blüte. Vom Bauhaus gehen dabei die stärksten Impulse aus. Diese ursprüngliche Kunst- und Handwerksschule, die Walter Gropius völlig reorganisiert, wird für viele Jahre ein künstlerisches Zentrum in Deutschland. Dort wirkt der Gropius-Kollege Mies van der Rohe, aber neben Architekten und Designern setzen auch Maler und Bildhauer Akzente. Um Oskar Kokoschka versammeln sich Paul Klee, Lionel Feininger, Rußland-Flüchtling Kandinsky und andere. Ab 1925 treten neue Formen auf, die als „Neue Sachlichkeit" schnell einen Sammelbegriff finden. Der Funktionalismus hat seinen Hauptvertreter in Max Beckmann, dessen präzise Gegenstandsschilderung eine neue Wirkung der Dinge erreicht, ihm zur Seite stehen die Nonfigurativen wie Baumeister, Klee, Schlemmer, deren Bemühen es war, durch abstrakte Zeichen und Formen Unsichtbares sichtbar zu machen. Für literarische Neuerung stehen in dieser Zeit Namen wie Walter Hasenclever, Else Lasker-Schüler und der junge Bert Brecht, dessen expressionistisches Drama „Baal" 1922 in München auf die Bühne kommt und der mit der „Dreigroschenoper" 1928 Anarchismus bühnenfähig macht. Um musikalische Fortschritte machen sich weiter Strawinski Bartók, Schönberg und Paul Hindemith verdient. □

Uraufführung von Bertolt Brechts „Dreigroschenoper"

# Neuer Kaiser für Äthiopien

**Kaiser Haile Selassie unterzeichnet die Verfassungsurkunde.**

Nach dem Tod der Kaiserin Zaudito bleibt der Thron des Kaiserreichs Äthiopien nicht lange verwaist. Im November wird der bisherige Negus (König) und Regierungschef Ras Tafari zum Negus Negsti (König der Könige) gekrönt und nimmt den Titel Kaiser Haile Selassie I. („Macht der Dreifaltigkeit") an. Ras Tafari war 1906 nach dem Tode seines Vaters als 14jähriger vom Großonkel, Kaiser Menilek II., an den Hof nach Addis Abeba geholt worden. Zehn Jahre später übernahm er als Regent und Thronfolger die Regierungsgeschäfte. Kühn reformierte er das in Traditionen erstarrte Land. Der Beitritt zum Völkerbund 1923 und die Abschaffung der Sklaverei 1924 kamen auf seine Initiativen hin zustande. 1928 wurde er zum Negus gekrönt. Nach Besteigung des Kaiserthrons gibt er unverzüglich die Ausarbeitung einer Verfassung, der ersten für sein Land, in Auftrag. □

## JAHRES-CHRONIK

- Der Vatikan veröffentlicht im Januar die erste in nicht lateinischer Sprache verfaßte Enzyklika: „Über die Jugenderziehung".
- Der indische Nationalkongreß fordert im Januar völlige Unabhängigkeit von England.
- In der Sowjetunion beginnt mit Enteignungen und Deportationen der Großbauern die Kollektivierung der Landwirtschaft.
- Im Februar besteigt „Miß Hellas" aus Griechenland als erste „Miß Europa" den Thron.
- Der amerikanische Astronom C. W. Tombaugh entdeckt im März den Planeten Pluto.
- Im Alter von 92 Jahren stirbt am 1. April in Bayreuth Cosima Wagner, die nach dem Tod ihres Mannes Richard die Leitung der Festspiele übernommen hatte.
- In China bricht im April ein neuer Bürgerkrieg aus, den ein abtrünniger Heerführer gegen Tschiang Kai-schek führt.
- Eine US-Fluggesellschaft setzt im Mai erstmals auf Inlandsflügen eine Stewardeß ein.
- Im Alter von 68 Jahren stirbt am 13. Mai bei Oslo der Nordpolforscher Fridtjof Nansen.
- Frankreichs Außenminister Briand legt im Mai eine Denkschrift über eine mögliche Vereinigung Europas vor.
- Uruguay gewinnt im Juli die erste Fußball-Weltmeisterschaft durch Sieg gegen Argentinien.
- Bei einem Grubenunglück im schlesischen Neurode kommen im Juli 150 Bergleute ums Leben.
- Im Alter von 71 Jahren stirbt am 7. Juli der Kriminalschriftsteller (Sherlock Holmes) Sir Arthur Conan Doyle.
- Bei der Verfolgung aufständischer Kurden marschieren türkische Truppen im August auch in persisches Gebiet ein.
- Nach Bildung einer Gegenregierung in Peking droht China im September die Spaltung.
- Bei der Explosion eines britischen Luftschiffs in Frankreich kommen im Oktober 50 Insassen ums Leben.
- Eine Explosion in einer Kohlengrube bei Aachen fordert am 21. Oktober 250 Todesopfer.
- Der Probeflug der Dornier DO-X von Friedrichshafen nach Amsterdam verläuft erfolgreich.
- Das englische Unterhaus diskutiert im November die Ansiedlung von 10 000 arabischen Familien im Mandatsgebiet Palästina.
- Der im Mai in den USA uraufgeführte Antikriegsfilm „Im Westen nichts Neues" wird im Dezember in Deutschland verboten.

# Gandhis Kampf wird härter

Der Kampf gegen die britische Herrschaft in Indien erreicht in diesem Jahr einen weiteren Höhepunkt. Nach Verhaftung eines seiner Getreuen ruft Mahatma Gandhi im März zum „Feldzug der Gehorsamsverweigerung" auf und will das Salzmonopol der Kolonialregierung brechen. Er marschiert mit ein paar Dutzend Anhängern zu den Salzminen nach Jalapur. Nach zwei Monaten ist die Schar der Mitziehenden auf über 100 000 angewachsen. Als sie in Bombay demonstrieren wollen, läßt die Regierung Gandhi und seine wichtigsten Unterführer verhaften. Gandhi wird ohne Gerichtsverhandlung auf unbestimmte Zeit im Gefängnis von Poona inhaftiert. Im November beginnt ohne Gandhi-Vertreter in London eine Konferenz, die den Dominion-Status für das Land diskutiert. □

# Polarforscher stirbt im ewigen Eis Grönlands

**Die Grönlandexpedition startet mit der „Gustav Holm" ihre Reise.**

Mit dem tragischen Tod ihres Leiters Alfred Wegener endet im November die deutsche Grönlandexpedition. Wegener war mit der „Gustav Holm" zu einer Reise ins Innere Grönlands aufgebrochen, um weitere Erkenntnisse über das Inlandeis und eventuelle klimatische Auswirkungen zu gewinnen. Auf der Station Eismitte hat Wegener am 1. November seinen 50. Geburtstag gefeiert, was durch ein Foto belegt ist. Auf der Rückkehr von dort zur Weststation ereilt ihn vermutlich der Tod durch Herzversagen. Das exakte Geschehen bleibt im Dunkeln, da sein einziger Begleiter Rasmus Villumsen ihn zwar bestattet und das Grab mit Skiern kennzeichnet, seitdem aber auch verschollen ist. □

# 1930

**Buch des Jahres:**
„Das Wunschkind“ von Ina Seidel

**Film des Jahres:**
„Der blaue Engel“ mit
Marlene Dietrich

**Schlager des Jahres:**
„Ein Freund, ein guter Freund“
von Willy Fritsch und
Heinz Rühmann

**Mit dem Jungfernflug seines neuen Flugzeuges im Oktober leitet Hugo Junkers eine weitere Ära der Zivilluftfahrt ein. Die dreimotorige Maschine Ju 52 erfüllt alle Voraussetzungen: sie ist bequem, wirtschaftlich und zuverlässig. Das im Volksmund liebevoll als „Tante Ju“ bezeichnete Flugzeug tritt im folgenden Jahr seinen Siegeszug zur am weitesten verbreiteten Verkehrsmaschine an. Nach dem viermotorigen Riesen G 38, den Junkers Anfang des Jahres in Dienst stellte, ist die Ju 52 sein zweiter großer Wurf.**

## Republik geht auf Rechtskurs

Der Einzug von 107 braununiformierten Abgeordneten der NSDAP in den Reichstag markiert im Oktober einen Wendepunkt in der Geschichte der Weimarer Republik und bildet den unrühmlichen Höhepunkt einer Kette politischer Querelen dieses Krisenjahres. Das Jahr begann mit einem parlamentarischen Streit über die Annahme des im Januar in Den Haag verabschiedeten Youngplanes zur Regelung der Reparationsfrage, in dessen Verlauf das Kabinett Müller zurücktritt. Es folgt die Auflösung des Reichstages im Juli und dessen Neuwahl im September, die den Nationalsozialisten diesen enormen Erfolg bringt. □

**Nach dem Rücktritt des Kabinetts Müller stellt Heinrich Brüning im Auftrag Hindenburgs als neuer Reichskanzler am 30. März ein Koalitionskabinett der Mitte vor. Im Juni verweigert der Reichstag dem unpopulären Finanzplan des Kanzlers die Zustimmung. Brüning löst das Parlament auf, regiert aber mit anderen Notverordnungen gemäß Artikel 48 der Verfassung weiter. Damit beginnt die Zeit der Präsidialdiktatur.**

**Max Schmeling (links) beim Titelkampf gegen Jack Sharkey**

## Max Schmeling besteigt den Thron des Box-Weltmeisters

Seit dem 12. Juni hat Deutschland seinen ersten Box-Weltmeister aller Klassen, wie der Schwergewichts-Champion auch genannt wird. Der aus der Uckermark stammende Max Schmeling besiegt an diesem Abend vor 80 000 Zuschauern im New Yorker Yankee-Stadion den US-Boy Jack Sharkey durch Disqualifikation in der 4. Runde. Sharkey hat den Deutschen mit einem Tiefschlag zu Boden gestreckt, was den Regeln nach Kampfende zugunsten des Getroffenen bedeutet. Schmeling ist in der langen Geschichte der Box-WM der erste Disqualifikationssieger und bekommt das selbst in der Heimat zu spüren. Dem Titelgewinn haftet bei aller Freude etwas Anrüchiges an. Der neue Champion spielt sogar mit dem Gedanken, den so errungenen Meistergürtel zurückzugeben. Dabei hatte er sich den Kampf um die Krone des Boxsports durch entsprechende Leistungen redlich verdient. Als Gene Tunney 1928 ungeschlagen abtrat, gehörte der „Schwarze Ulan vom Rhein“ – so sein reklameträchtiger Beiname in den USA – zu den vier Aspiranten, die um die Nachfolge auf dem Box-Thron kämpfen durften. Er qualifizierte sich gegen den als der „Baskische Holzfäller“ auftretenden Spanier Paolino Uzcudun in einem Punktsieg nach 15 Runden, während Sharkey seinen Landsmann Young Stribling im Ring ausschaltete. □

# Neues Kino-Traumpaar

Willy Fritsch und Lilian Harvey in einer Szene des neuen Films

Die ersten Aufführungen des neuen Eric-Charell-Films „Der Kongreß tanzt" werden im Herbst fast überall gestürmt. Allein die Besetzung der beiden Hauptrollen garantiert den Kassenerfolg. Lilian Harvey und Willy Fritsch werden mit diesem Film endgültig zum Traumpaar des Kinos. Die in London geborene Aktrice hat mit dem charmanten Hamburger erstmals 1926 in „Die keusche Susanne" vor der Kamera gestanden. Fritsch hatte ein Jahr zuvor mit dem Stummfilm „Ein Walzertraum" den ersten ganz großen Erfolg. Als Liebespaar gewannen die beiden 1930 mit „Die drei von der Tankstelle" erstmals die Herzen des deutschen Kinopublikums. □

# Rechte marschiert

Nachdem KPD und NSDAP durch die im März erlassenen Notverordnungen (Uniformverbot u.a.) von den Straßen gedrängt wurden, ist Adolf Hitler mit seiner Bewegung im Herbst wieder im Aufwind. Am 10. Oktober wird er zum ersten Mal vom Reichspräsidenten empfangen. Zusammen mit Hermann Göring erklärt er Hindenburg seine politischen Vorstellungen, der greise Kriegsheld kann damit aber nichts anfangen. Am Tag danach fährt Hitler nach Bad Harzburg, wo eine große Kundgebung der rechten Parteien und Organisationen stattfindet, umrahmt von Aufmärschen militanter Gruppen. Neben der NSDAP sind die DNVP Alfred Hugenbergs, Teile der DVP, der Frontsoldatenbund Stahlhelm und Einzelpersonen wie der frühere Chef der Heeresleitung, General von Seeckt, der frühere Reichsbankpräsident Hjalmar Schacht und Vertreter der Großindustrie zusammengekommen. Sie fordern in einem Appell an Hindenburg die Absetzung der Regierung Brüning. Dieser stellt am 13. Oktober im Reichstag eine neue Regierung vor. Das Parlament hat bis zu diesem Zeitpunkt nicht ein einziges Gesetz verabschiedet, Brüning aber hat im selben Zeitraum 40 Notverordnungen erlassen. Hitler erkennt die Schwäche des Reichskanzlers und veröffentlicht am 14. Oktober einen offenen Brief an Brüning, in dem er ihm und der Regierung einen „schmählichen Verrat an den Interessen des deutschen Volkes" vorwirft. □

## Aussem gewinnt Wimbledon

Das Tennismekka Wimbledon erlebt in diesem Jahr ein deutsches Fräuleinwunder. Zum ersten Mal bestreiten zwei Tennisdamen aus dem Reich das Finale im Einzel. Siegerin und erste deutsche Titelträgerin von Wimbledon wird die Kölnerin Cilly Aussem, geschlagen wird die Essenerin Hilde Krahwinkel mit 6:2 und 7:5. Die 21jährige Cilly Aussem hat im Juni bereits die Internationalen Meisterschaften von Frankreich gewonnen, Hilde Krahwinkel stand schon 1930 im Wimbledon Mixed-Finale. □

# Al Capone verurteilt

Aufatmen in Chicago: Gangsterboß Alfonso („Al") Capone wird wegen Steuerhinterziehung zu elf Jahren Gefängnis und 50 000 Dollar Geldstrafe verurteilt. Andere von dem 32jährigen Neapolitaner und seiner Organisation begangene Verbrechen, darunter zahlreiche

Gangsterboß Al Capone

brutale Morde, kann man ihm nicht nachweisen. Haupteinnahmequellen der Capone-Bande sind Prostitution, Glückspiel und Schwarzbrennerei, illegale Kneipen- und Schutzgelderpressungen. Das Vermögen der Gangsterorganisation wird auf etwa 100 Millionen Dollar geschätzt. □

## Höchstes Haus wird eingeweiht

Nach dreizehnmonatiger Bauzeit wird im Mai in New York das Empire State Building eingeweiht. Das vom US-Architekten W. F. Lamp konzipierte Bürohochhaus ist mit 381 Metern das höchste Gebäude der Welt. Über 3 500 Arbeitskräfte sind am Bau beteiligt gewesen. Der neue Riese bietet eine Büro- und Geschäftsfläche von 16,6 Hektar. Etwa 50 000 Menschen können sich gleichzeitig darin aufhalten. Der Wolkenkratzer hat 6 400 Fenster und 67 Aufzüge. □

**Zum SA-Treffen werden 100 000 SA-Männer mit 38 Sonderzügen und 5 000 Lastwagen nach Braunschweig gebracht. In einem stundenlangen Zug marschieren sie an Hitler vorbei. Die Mitgliederzahl der NSDAP ist bereits auf 800 000 angestiegen.**

# Wirtschaft steht wieder vor Kollaps

Mit dem Zusammenbruch der Österreichischen Credit-Anstalt im Mai steht die Weltwirtschaft wieder vor einer Krise. Das Wiener Geldinstitut wird zwar durch massive Unterstützung des Staates gerettet, aber die internationale Finanzwelt ist alarmiert. Im Juli muß mit der Darmstädter und Nationalbank (Danat) ein führendes deutsches Geldinstitut seine Zahlungen einstellen. Der folgende panikartige Ansturm der Kunden auf Banken und Sparkassen führt zum Zusammenbruch des Zahlungsverkehrs. Per Notverordnung werden Banken und Börsen geschlossen. Erst ein Stillhalteabkommen der USA und Englands mit Deutschland, das deren Auslandskredite noch bei den deutschen Banken läßt, gibt der deutschen Wirtschaft eine Überlebenschance. Am 18. August werden die Bankschalter wieder geöffnet. Zur Stabilisiering trägt dann das auf Anregung der USA gewährte „Schuldenfreijahr" für Deutschland bei. Doch normalisiert sich nur der Zahlungsverkehr, die Wirtschaft krankt weiter, Ende November sind fast 5 Millionen Menschen im Reich arbeitslos. □

# 1931

**Buch des Jahres:**
„Die gute Erde" von Pearl S. Buck

**Film des Jahres:**
„Mata Hari" mit Greta Garbo

**Schlager des Jahres:**
„Das gibt's nur einmal" von Lilian Harvey

# Genialer Erfinder tot

Am 18. Oktober verliert die Welt einen genialen Erfinder, der mit seinen Entdeckungen der Menschheit epochale Fortschritte gebracht hat. In West Orange (New York) stirbt im Alter von 84 Jahren Thomas Alva Edison, der über 2 000 technische Patente angemeldet hat. Schon mit neun Jahren hat er naturwissenschaftliche Experimente durchgeführt, 15jährig stellte er eine selbsttätige Signaleinrichtung vor. Als erstes Patent meldete er 1868 einen neuen Telegraphen an, es folgten der Drucktelegraf für Börsenkurse, das verbesserte Bell-Telefon und der Phonograf, ein Vorläufer des Grammophons. In New York baute er 1882 das erste öffentliche Elektrizitätswerk der Welt, 1888 bis 1891 erfolgten Verbesserungen des Fotowesens, die erste Laufbildkamera für das Kino. Auch der erste Fernschreiber wurde 1914 von ihm vorgestellt, um nur einige der bahnbrechendsten Neuerungen aus seinem Labor in West-Orange zu nennen. □

**Wenige Tage vor ihrem 49. Geburtstag stirbt am 23. Januar die weltbekannte Tänzerin Anna Pawlowa in Den Haag. Durch ihre Solopartie im Ballett „Der sterbende Schwan" (Musik: Camille Saint-Saens, Choreographie: Michail Fokine) ist sie berühmt geworden. Auf Tourneen durch die ganze Welt feierte sie mit ihrem Partner W. Nijinsky große Triumphe.**

**Die US-Filmgesellschaft United Artists startet im Februar ihren Stummfilm „Lichter der Großstadt". Charlie Chaplin führt wieder Regie und spielt die Hauptrolle. Der Film wird ein Kassenschlager und noch nach Jahrzehnten gezeigt.**

## JAHRES-CHRONIK

- Mahatma Gandhi wird nach seiner Entlassung im Januar in Bombay von Anhängern triumphierend empfangen.
- Bei einem Grubenunglück in Eschweiler finden im Februar 31 Bergleute den Tod.
- Mit der Abdankung von König Alfons XIII. endet im April in Spanien die Monarchie. Im Land wird die Republik ausgerufen.
- Bei einem Erdbeben kommen im April in Nicaragua 2 000 Menschen ums Leben.
- Der Schweizer Physiker Auguste Piccard erreicht im Mai mit einem Stratosphärenballon eine Höhe von 15 781 Metern.
- Beim Brand des Münchner Glaspalastes am 6. Juni werden 3 000 unersetzbare Gemälde, meist Werke der deutschen Romantik, vernichtet.
- Vor der Loire-Mündung sinkt am 14. Juni ein Ausflugsdampfer. Bei der größten Schiffskatastrophe seit dem Untergang der „Titanic" kommen Hunderte von Passagieren ums Leben.
- Der Massenmörder Peter Kürten aus Düsseldorf wird im Juli durch das Fallbeil hingerichtet.
- Bei einer Überschwemmungskatastrophe am Jangtsekiang (China) kommen im August 8 000 Menschen ums Leben, 23 Millionen werden obdachlos.
- Bei einem Sprengstoffanschlag auf den D-Zug Budapest-Wien werden am 12. September 22 Menschen getötet.
- Der australische Polarforscher George Hubert Wilkins dringt im September mit dem Tauchboot „Nautilus" unter das Packeis des Nordmeeres vor.
- Im Alter von 69 Jahren stirbt am 21. Oktober in Wien der österreichische Schriftsteller Arthur Schnitzler. Ihm verdanken wir Werke wie „Anatol", „Leutnant Gustl", „Der Reigen" oder „Liebelei".
- Der deutsche Publizist Carl von Ossietzky wird im November wegen Verrats militärischer Geheimnisse zu 18 Monaten Haft verurteilt.
- Carl Bosch und Friedrich Bergius erhalten im Dezember den Chemienobelpreis, Otto Heinrich Warburg den Medizinpreis.
- In der Türkei wird im Dezember erstmals eine Frau öffentlich hingerichtet.

## JAHRES-CHRONIK

- Wegen fahrlässiger Tötung werden im Februar mehrere Ärzte in Lübeck zu Haftstrafen verurteilt. In ihrem Spital sind 75 Säuglinge nach einer Tuberkulose-Schutzimpfung gestorben.
- Durch Ernennung zum Regierungsrat seitens der Braunschweiger Regierung wird Adolf Hitler automatisch deutscher Staatsbürger.
- Der englische Krimiautor Edgar Wallace stirbt am 10. Februar im Alter von 56 Jahren.
- Paul von Hindenburg wird bei den Wahlen im April als Reichspräsident bestätigt. Hitler erhält fast 37 Prozent der Stimmen.
- Nach zwölfjähriger Bauzeit wird im Mai der Zuider-Damm fertiggestellt und die Nordseebucht in Ijsselmeer umbenannt.
- Nach einer Punktniederlage gegen den Amerikaner Jack Sharkey verliert Max Schmeling im Juni seinen Titel als Box-Weltmeister.
- Beim Untergang des deutschen Segelschulschiffs „Niobe" in einem Sturm in der Ostsee ertrinken im Juli 69 Seekadetten.
- Bei vorgezogenen Reichstagswahlen im Juli wird die NSDAP mit 37,4 Prozent und 230 Sitzen erstmals stärkste Partei.
- Die deutsche Flugpionierin Elly Beinhorn kehrt im Juli nach einem erfolgreichen Flug um die Welt nach Berlin zurück.
- In Venedig wird im August erstmals das internationale Filmfestival veranstaltet.
- Die britische Rundfunkgesellschaft BBC beginnt im August mit der Ausstrahlung eines regelmäßigen Fernsehprogramms.
- Die Autobahn von Köln nach Bonn wird im August in Betrieb genommen.
- Im Alter von 63 Jahren stirbt am 20. September in Neukastel der Maler Max Slevogt.
- Der inhaftierte Mahatma Gandhi tritt im September aus Protest gegen die Indienpolitik Großbritanniens in Hungerstreik.
- Bei den Präsidentschaftswahlen der USA siegt im November der Kandidat der Demokraten, Franklin D. Roosevelt.

# Viel Glanz inmitten der Krise

**Die Eröffnungsfeier der X. Olympischen Sommerspiele gerät zu einem wahren Spektakel.**

Das olympische Geschehen dieses Jahres spielt sich ausschließlich in den USA ab. Nach den Winterspielen in Lake Placid, an denen lediglich sieben Nationen mit kleinen Delegationen teilnehmen, werden auch die Jubiläumsspiele im Land der unbegrenzten Möglichkeiten ausgetragen. Los Angeles ist in den beiden ersten Augustwochen Gastgeber der X. Olympischen Sommerspiele. Inmitten der weltweiten Wirtschaftskrise bietet die kalifornische Metropole den Teilnehmern einigen Glanz. Wer die lange Anreise nicht scheute, wohnt in einem olympischen Dorf mit für Sportler überraschendem Luxus. Unter den 37 Nationen, die 1 408 Aktive an den Pazifik schicken, ist auch ein 87 Köpfe starkes deutsches Aufgebot. Mit der „Europa" sind die Deutschen zunächst über den Atlantik geschippert, dann ging es per Eisenbahn an die amerikanische Westküste. Doch nur wenige können zur Siegerehrung auf ein erstmals bei Olympia benutztes Podium steigen, das dann als „Treppchen" in die Sportgeschichte eingeht. Gold gewinnen der Gewichtheber Rudolf Ismayr, der Ringer Jakob Brendel und die Ruderer des Vierers mit Steuermann. Als eindeutige Sieger gehen die Amerikaner aus den Spielen hervor: Ihr Team heimst insgesamt 110 Medaillen (44 Gold, 36 Silber, 30 Bronze) ein – ein neuer Olympiarekord. □

## Staatspräsident wird ermordet

Schock für die Franzosen: In seiner Heimatgemeinde in Paris (Department Gard) wird am 6. Mai Staatspräsident Paul Doumer auf offener Straße niedergeschossen. Der Politiker erliegt am folgenden Tag seinen schweren Verletzungen. Doumer war erst im Vorjahr ins höchste Amt der Republik gekommen. Der 68jährige war seit 1893 in der Politik aktiv. Das Bild zeigt die unmittelbar nach dem Attentat erfolgte Festnahme des Attentäters, des weißrussischen Emigranten Paul Gorgeloff. □

# Jubelfeier der Machtergreifung

Italiens Diktator Benito Mussolini feiert am 30. Oktober mit großem Pomp den zehnten Jahrestag der faschistischen Machtergreifung. Ganz Rom wird von den Marschkolonnen der Schwarzhemden beherrscht. Der „Duce" hat in den vergangenen zehn Jahren die Italiener zu strenger Arbeitsdisziplin erzogen, den Ertrag der Landwirtschaft beträchtlich gesteigert (Trockenlegung der Pontinischen Sümpfe) und durch die Lateranverträge das Papsttum gestärkt. □

Mussolini bei seiner Jubiläumsansprache in Rom

# 1932

**Buch des Jahres:**
„Kleiner Mann – was nun?" von Hans Fallada

**Film des Jahres:**
„Shanghai Express" mit Marlene Dietrich

**Schlager des Jahres:**
„Flieger, grüß mir die Sonne" von Hans Albers

# Lindberghs Baby wird entführt

Selbst die hartgesottene amerikanische Öffentlichkeit zeigt blankes Entsetzen: Am 2. März wird der eineinhalbjährige Sohn des Ozeanfliegers Charles A. Lindbergh entführt. Nach Ermittlungen der Polizei hat sich das Verbrechen so abgespielt: Ein Mann ist durch ein offenes Fenster der Villa Lindbergh eingestiegen, hat Charles jun. aus dem Bett geholt und einer draußen wartenden Frau übergeben. Im Kinderbett hinterlassen die Entführer eine Botschaft für die Eltern. Sie lautet: „Wir fordern 50 000 Dollar. Wir werden morgen wiederkommen, um die Geldangelegenheit zu regeln. Sagen Sie nichts der Polizei oder den Zeitungen". Lindbergh schaltet dennoch die Behörden ein, und die Nachricht von der Untat gelangt an die Presse. Ganz Amerika nimmt Anteil. Hilfe verspricht sogar Verbrecher Nummer eins, Al Capone, der eine Belohnung für die Aufklärung aussetzt. Obwohl eine Armee von Polizisten versucht, die Täter zu fassen, bleibt die Suche vergeblich. Der kleine Junge wird zehn Tage später, am 12. Mai, ermordet aufgefunden. □

**Nach der Entlassung seines Regierungschefs Brüning macht Hindenburg am 31. Mai den Zentrumsabgeordneten Franz von Papen zum Reichskanzler. Dessen einzige Leistung in nur sechseinhalb Monaten Amtszeit: In einem Staatsstreich erklärt er die Regierung in Preußen per Notverordnung für abgesetzt und übernimmt selbst die Stellung eines Reichskommissars. Sein Nachfolger wird am 3. Dezember General Kurt von Schleicher.**

# Straßenterror

Die politischen Auseinandersetzungen auf Deutschlands Straßen nehmen in diesem Jahr noch zu. Nationalsozialisten und Kommunisten tragen ihre Meinungsverschiedenheiten mehr und mehr durch blutige Zusammenstöße in der Öffentlichkeit aus. Trauriger Höhepunkt ist der 17. Juli mit dem „Altonaer Blutsonntag", an dem die KPD-Kämpfer eine NSDAP-Demonstration mit Schußwaffen angreifen. Es gibt 17 Todesopfer. □

# Selbstmord

In Paris stirbt am 12. März ein Mann von eigener Hand, den die Öffentlichkeit als einen der ganz Reichen zu kennen glaubt. Der 52jährige schwedische Industrielle Ivar Kreuger, als Zündholzkönig weltbekannt, gibt in einem Abschiedsbrief als Grund einen Nervenzusammenbruch an. Kreugers Firmen beherrschen Dreiviertel des Weltmarktes für Zündhölzer, das deutsche Monopol hat er sich 1930 gesichert. Die wahre Selbstmordursache sind finanzielle Probleme. □

**Einer der prominentesten Sportler der USA wechselt in diesem Jahr seinen Beruf. Johnny Weissmüller, der erfolgreichste Schwimmer der ersten Jahrhunderthälfte, geht nach Hollywood. Der Mann, der 67 Weltrekorde aufgestellt hat, erhält einen langfristigen Filmvertrag und gleich eine Traumrolle. Als „Tarzan, der Affenmensch" begeistert der muskulöse Darsteller mit seinem Affen das Publikum.**

# Nationalsozialisten ergreifen die Macht

Mit einem Fackelzug der SA durch Berlin feiert die NSDAP die Machtübernahme.

Am 30. Januar sind die Rechtsparteien endlich am Ziel. Der 85jährige Reichspräsident Hindenburg ernennt Adolf Hitler zum Reichskanzler. Alle Bedenken des greisen Kriegshelden werden mit Hinweisen auf Koalitionszwänge seitens der NSDAP und die aktuellen Mehrheitsverhältnisse im Parlament beschwichtigt. Hitler legt an diesem Tag sogar den vorgeschriebenen Eid auf die Verfassung ab und bildet ein Koalitionskabinett, in dem nur zwei NSDAP-Mitglieder außer Hitler sitzen: Wilhelm Frick als Innenminister und Hermann Göring als Minister ohne Geschäftsbereich. Für die Drahtzieher dieser Koalition, Hugenberg und von Papen, sind ebenfalls Ministersessel reserviert. Ihr Irrglaube, sie könnten so Hitler besser kontrollieren, wird schnell offenkundig. Hitler will mit Macht Neuwahlen und neue Mehrheitsverhältnisse, die er aber mit den linken Parteien nie bekommen wird. Als Vorwand für ihre Ausschaltung dient ihm der Reichstagsbrand im Februar. □

## Ende aller Freiheiten

Am 28. Februar erläßt Hindenburg auf Veranlassung Hitlers die Notverordnung „Zum Schutz von Volk und Staat". Sie bedeutet das Ende der von der Verfassung garantierten persönlichen Freiheit. Die KPD wird umgehend verboten, politische Gegner ohne rechtstaatliche Verfahren ausgeschaltet. In dieser Stimmung finden am 5. März Neuwahlen statt, bei denen die NSDAP aber die absolute Mehrheit verfehlt. Sogar die KPD erhält noch 81 Mandate, die jedoch sofort eingezogen werden. Das neue Parlament tritt am 21. März in der Garnisonskirche von Potsdam zusammen. 288 Nationalsozialisten, 52 Deutsch-Nationale, 73 Zentrumsvertreter und einige Vertreter aus den Splittergruppen feiern den „Tag von Potsdam". Die durch Verhaftungen von 120 auf 94 Abgeordnete geschrumpfte SPD-Fraktion ist erst zwei Tage später anwesend und stimmt geschlossen gegen das von den anderen 441 Abgeordneten angenommene Ermächtigungsgesetz, das die erste deutsche Republik endgültig liquidiert. □

## JAHRES-CHRONIK

- Im Alter von 65 Jahren stirbt am 31. Januar in London der englische Schriftsteller („Forsyte Saga") John Galsworthy.
- Der Dramatiker Bertolt Brecht emigriert am 28. Februar nach Frankreich.
- Bei einem Explosionsunglück in einem Eisenwerk von Neunkirchen (Saarland) kommen im Februar 70 Menschen ums Leben.
- Erdbeben und anschließende Springflut in Japan fordern im März über 3 000 Menschenleben.
- In Dachau wird am 20. März das erste Konzentrationslager des NS-Staates eröffnet.
- Bei der Zerstörung des US-Marineluftschiffs „Akron" durch einen Gewittersturm kommen im April 74 Passagiere ums Leben.
- Mahatma Gandhi beginnt im Mai einen dreiwöchigen Hungerstreik wegen Unterdrückung der Parias durch die englische Regierung.
- Am 1. Juni wird die Weltausstellung „Jahrhundert des Fortschritts" in Chicago eröffnet.
- In Camden (New Jersey) wird im Juni das erste Autokino der Welt in Betrieb genommen.
- In Österreich werden im Juni die NSDAP und ihre Organisationen verboten.
- Der Italiener Primo Carnera wird im Juni neuer Box-Weltmeister im Schwergewicht.
- Der Leichtathlet Hans-Heinrich Sievert stellt im Juli einen neuen Zehnkampf-Weltrekord auf.
- Der evangelische Pfarrer Martin Niemöller gründet im September mit dem „Pfarrernotbund" eine Widerstandsbewegung gegen den NS-Staat.
- Ein Hurrikan zerstört im September die mexikanische Stadt Tampico. Es werden über 1 000 Todesopfer geborgen.
- In Kopenhagen wird im Oktober die erste Fußgängerampel Europas in Betrieb genommen.
- Der Deutsche Physiker Werner Heisenberg erhält nachträglich für 1932 den Physiknobelpreis.
- Die USA hebt im Dezember das Prohibitionsgesetz auf.

**Mit dem 35jährigen Joseph Goebbels besetzt Hitler am 13. März das neugeschaffene Reichsministerium für Volksaufklärung und Propaganda, dessen Hauptaufgabe die kulturelle Gleichschaltung des öffentlichen Lebens wird. Goebbels macht sich mit Schwung an diese Aufgabe und meldet mit Schaffung der Reichskulturkammer im September organisatorischen Vollzug. Anschließend erläßt er das Schriftleitergesetz zur vollkommenen Reglementierung der öffentlichen Meinung.**

# Willkür gegen Juden

**SA-Männer bei der Boykott-Aktion gegen jüdische Bürger Berlins**

Mit dem Gesetz zur Wiederherstellung des Berufsbeamtentums wird im April die erste Willkürmaßnahme gegen im Reich lebende Juden eingeleitet. Es enthält den berüchtigten „Arierparagraphen", der von Beamten eine arische Abstammung verlangt. Aufgrund dieses Gesetzes werden jüdische Beamte im Schul- und Universitätsdienst, in Justiz und anderen öffentlichen Einrichtungen beurlaubt. Gegen jüdische Künstler ergeht Arbeitsverbot. Die SA organisiert in diesem Monat durch massives Auftreten vor den entsprechenden Niederlassungen auch einen Boykott jüdischer Geschäfte und Dienstleistungen. □

# 1933

**Buch des Jahres:**
„Die Feuerzangenbowle"
von Heinrich Spoerl

**Film des Jahres:**
„King Kong und die weiße Frau"
von Merian C. Cooper

**Schlager des Jahres:**
„An der schönen grünen Isar"
von Georg Freundorfer

## Ein Volk wird gleichgeschaltet und seiner Kultur beraubt

Nachdem sich die Parteien den neuen Machthabern durch Zustimmung zum Ermächtigungsgesetz ausgeliefert haben, rollt eine Welle von Verordnungen und Gesetzen über das Land, mit denen eine möglichst schnelle Ein-Parteien-Herrschaft gesichert werden soll. Das Gesetz zur Gleichschaltung der Länder zerschlägt die föderale Struktur des deutschen Staates. An die Stelle der Länderregierungen treten nun Reichsstatthalter, fast immer Gauleiter der Partei. Eine Ausnahme bildet Preußen, das weiterhin einen Ministerpräsidenten bekommt: Hermann Göring. Im Mai werden die noch bestehenden freien Gewerkschaften verboten, alle Mitglieder kommen in die „Deutsche Arbeitsfront" (DAF). Am 10. Mai werden die Parteibüros der SPD besetzt, ihr Vermögen beschlagnahmt, ihre Abgeordneten bleiben aber im Reichstag. Gleichzeitig beginnt die Vertreibung der Intellektuellen aus Lehre und Forschung. Alfred Döblin, Ricarda Huch, Franz Werfel, Paul Tillich, Alfred Kantorowicz und andere verlieren ihre Existenzgrundlage, die Bücher von Thomas und Heinrich Mann, Stefan und Arnold Zweig, Upton Sinclair und vieler mehr werden aus Bibliotheken entfernt und öffentlich verbrannt. Am 22. Juni erfolgt das Verbot der SPD, die anderen Parteien lösen sich selbst auf. Zementiert wird das ganze durch ein Gesetz gegen die Neubildung von Parteien. Kritiker und Gegner werden in den bereits seit März bestehenden Konzentrationslagern inhaftiert. □

**Wie hier in Berlin werden überall öffentlich Bücher verbrannt.**

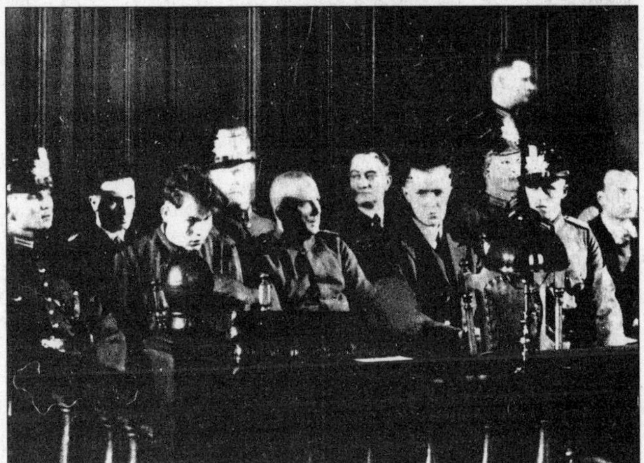

**Vom 20. September an veranstaltet der NS-Staat den Reichstagsbrandprozeß, in dem der junge Holländer Marinus van der Lubbe (3. von links), Mitglied der anarchistischen Sekte „Raden-Kommunisten", als Brandstifter angeklagt ist. Der Prozeß ist eine einzige Propagandaveranstaltung, in der die NSDAP ihr Handeln gegen KPD und andere Regimegegner zu rechtfertigen sucht. Selbst Göring tritt als Zeuge auf. Der Holländer wird zum Tode verurteilt.**

## Nicht nur Kirchen unter Kontrolle

Neben der Ausschaltung unbequemer Stimmen durch Verhaftung oder Vertreibung starten die neuen Machthaber eine große Kampagne für ihre Ziele mit legalen Mitteln. Dazu gehört eine Übereinkunft mit den Kirchen. Durch das im Juli mit dem Vatikan abgeschlossene Reichskonkordat sichert sich die NSDAP das Stillhalten der katholischen Kirche. Die evangelische Kirche wird auf dem Verwaltungswege mit allerlei Beschränkungen in Schach gehalten. Für die Masse des Volkes werden mit großem Propagandaaufwand Erfolgssituationen geschaffen. Gekoppelt ist dies mit der Einführung des Einheitsradios für jedermann, dem im August vorgestellten Volksempfänger. Mit dem im September gestarteten Winterhilfswerk wird ein Solidarisierungseffekt mit den arbeitslosen Unterstützungsempfängern bewirkt. Hitler nutzt dann die positive Grundstimmung in Deutschland und erklärt den Austritt aus dem Völkerbund. Er will seine Entscheidung in für November angesetzten Wahlen absegnen lassen. Da stimmen dann 95 Prozent der Außenpolitik zu, die Einheitsliste der NSDAP für den Reichstag erhält 92,1 Prozent, die anderen Stimmzettel werden ungültig gemacht. Ihre Freizeit verbringen die Wähler im ebenfalls im November etablierten Feierabendwerk „Nach der Arbeit" (NDA) und dem Urlaubswerk „Kraft durch Freude" (KdF). □

Hier noch alte Kampfgenossen: Ernst Röhm und Adolf Hitler

# Gegner ausgeschaltet

Seit der Machtergreifung hat sich die SA zu einer zweiten Säule des NS-Staates entwickelt. Sie wächst nach Vereinnahmung von Stahlhelm und Kyffhäuserbund auf 3,5 Millionen Mann. Ihr Führer, Hitlers Stabschef Ernst Röhm, will noch mehr. Er fordert Verschmelzung der Braunhemden mit der Reichswehr und plant eine zweite soziale Revolution. Die konservative Reichswehrführung und ihre Partner in der NSDAP holen deshalb Ende Juni zu einem Gegenschlag aus. Unter dem Vorwand, Röhm plane einen Putsch mit der SA gegen die Partei, setzen sie Streitkräfte in Alarmbereitschaft. Hitler setzt sich am 30. Juni an die Spitze dieser Aktion und läßt – persönlich anwesend – Röhm und andere SA-Führer in München sowie, durch die SS, den Rest der SA-Führung in Berlin verhaften. Die meisten werden unmittelbar danach erschossen. Drei Tage lang wüten SS und Gestapo dann im gesamten Reich und beseitigen unbequeme Persönlichkeiten aller Schattierungen. Unter den Ermordeten sind General von Schleicher mit Ehefrau, die SA-Führer und die Hitler-Weggenossen Röhm, Karl Ernst und Gregor Strasser. Für ihre Verdienste wird die SS zur selbständigen Organisation unter Hitlers Oberbefehl ernannt. □

# Bundeskanzler wird ermordet

Einen Monat nach dem „Röhm-Putsch" scheitert in Wien der Versuch der gewaltsamen Machtübernahme der dortigen Nationalsozialisten. Am 25. Juli erschießt ein Parteimitglied den amtierenden Bundeskanzler Engelbert Dollfuß in dessen Arbeitszimmer. Weitere 144 Bewaffnete stürmen das Kanzleramt, andere besetzen das Funkhaus und geben per Radio die Abdankung der Regierung bekannt. Von verbleibenden Amtsträgern werden sogleich Gegenmaßnahmen getroffen. Es kommt zu Verhandlungen, bei denen Unterrichtsminister Kurt von Schuschnigg die legitime Restregierung vertritt und an deren Ende das Aufgeben der Putschisten steht. Schuschnigg wird vier Tage nach dem Mord an Dollfuß zum neuen Regierungschef ernannt. Von den Attentätern werden acht hingerichtet. Im ganzen Land gibt es bis Ende Juli schwere politische Auseinandersetzungen, denen insgesamt 269 Menschen zum Opfer fallen. Der Putschversuch zeigt die schon weit fortgeschrittene Durchsetzung von Polizei und Heer mit Nationalsozialisten. □

**Der 31jährige Hans Stuck (rechts umringt von zumeist jugendlichen Fans – ist der erfolgreichste Rennfahrer der Saison. Er gewinnt in diesem Jahr die Großen Preise von Deutschland, der Schweiz und der Tschechoslowakei – erstmals mit dem neuen Auto-Union-Wagen, der in diesem Jahr Premiere hat. Stuck stellt mit dem Flitzer im September auf der Avus auch fünf neue Geschwindigkeits-Weltrekorde auf. Für seinen alten Arbeitgeber Mercedes war er mit dem Benz SSKL 1932 Europameister der Sportwagen.**

## JAHRES-CHRONIK

- Begleitet von Protesten der Kirchen tritt im Januar das Sterilisierungsgesetz in Kraft.
- Nach dem Bergtod seines Vaters König Albert I. wird Kronprinz Leopold III. im Februar neuer König von Belgien.
- Die deutschen Rundfunkstationen werden im März in der Reichsrundfunkgesellschaft (RRFG) zusammengefaßt.
- Ab März wird die Stadtjugend künftig zu einem „Landjahr" nach der Schule verpflichtet.
- Der Gründer des Deutschen Museums, Oskar von Miller, stirbt am 9. April mit 78 Jahren.
- Der Volksgerichtshof, zuständig für Hoch- und Landesverrat, nimmt im Mai seine Arbeit auf.
- Im Mai wird das „Haushaltsjahr" für Mädchen nach der Schule eingeführt.
- Schalke 04 wird im Juni durch einen 2:1-Sieg gegen den FC Nürnberg Deutscher Fußballmeister.
- Der Reichsführer der SS, Heinrich Himmler, übernimmt im Juli die Befehlsgewalt über die Konzentrationslager und führt SS-Wachmannschaften ein.
- 66jährig stirbt am 4. Juli die französische Physikerin und Nobelpreisträgerin Marie Curie.
- Mahatma Gandhi beendet im August einen neunmonatigen Sympathiefeldzug für die Unberührbaren Indiens.
- In Turin wird Deutschland bei den ersten Leichtathletik-Europameisterschaften im September mit sieben Goldmedaillen erfolgreichste Nation.
- Bei einer Brandkatastrophe auf dem britischen Passagierdampfer „Morro Castle" südlich Neufundlands sterben 150 Menschen.
- Ein Taifun in Japan fordert im Oktober 1 660 Todesopfer und vernichtet die Reisernte.
- Mahatma Gandhi tritt im Oktober aus der Allindischen Kongreßpartei aus.
- Im Alter von 51 Jahren stirbt am 17. November in Berlin der Schriftsteller Joachim Ringelnatz.
- Im Dezember wird eine „Weltkonferenz zum Boykott deutscher Waren" einberufen.

# Alle Macht an Hitler

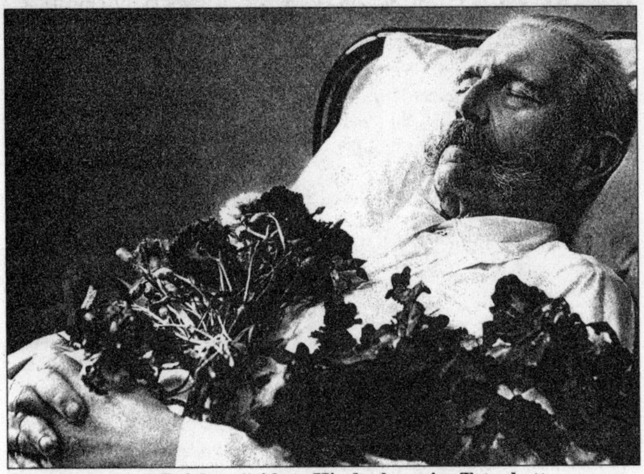

**Der verstorbene Reichspräsident Hindenburg im Totenbett**

Am 2. August stirbt auf Gut Neudeck (Westpreußen) Reichspräsident Paul von Hindenburg im Alter von 86 Jahren. Der Berufssoldat hat die Kriege von 1866 und 1870/71 als Offizier miterlebt und war im Generalsrang verabschiedet worden. 1914 holte ihn der Kaiser wieder, am Ende dieses Krieges war er Chef der Obersten Heeresleitung. Die Reichswehrführung hatte bereits auf das Ableben des Kriegshelden gewartet. Zwischen ihr und Hitler herrschte schon im Juni Einigkeit über das weitere Vorgehen. Noch am Todestag Hindenburgs wird das Militär auf Adolf Hitler, den „Führer des Deutschen Reiches und Volkes und Oberbefehlshaber der Wehrmacht", vereidigt. Am 19. August läßt Hitler das deutsche Volk über die schon am 1. August per Gesetz vollzogene Vereinigung beider Regierungsämter abstimmen. Nach einer entsprechenden Propagandaschlacht erhält Hitler über 38 Millionen Ja-Stimmen (89,93 Prozent). Damit kann er offiziell als Kanzler und Reichspräsident die Alleinherrschaft antreten. □

# 1934

**Buch des Jahres:**
„Drei Männer im Schnee"
von Erich Kästner

**Film des Jahres:**
„Maskerade" mit Paula Wessely
und Adolf Wohlbrück

**Schlager des Jahres:**
„Gitarren spielt auf"
von Comedian Harmonists

## Amtsenthebung

Wilhelm Furtwängler, seit 1931 musikalischer Leiter der Bayreuther Festspiele, wird im Dezember von allen Ämtern entbunden. Der Dirigent hat sich für seinen jüdischen Komponistenkollegen Paul Hindemith eingesetzt und fällt bei Goebbels in Ungnade. □

## Maos Langer Marsch beginnt

Die 1931 vom Führer der chinesischen Kommunisten Mao Tse-tung in der Provinz Kiangsi (Südostchina) gegründete „Chinesische Sowjetrepublik" gerät im Herbst unter verstärkten militärischen Druck der Truppen Tschiang Kai-scheks. Der Chef der Kuomintang-Regierung (Nanking) hat seinen fünften Feldzug gegen die Kommunisten im Vorjahr gestartet und gewinnt – gestützt auf deutsche Militärberater und vom Ausland gelieferte Waffen – schnell an Boden. Die Kommunisten müssen sich zurückziehen und starten unter Maos Führung im Oktober den Geschichte gewordenen „Langen Marsch" Richtung Nordwesten, der ein Jahr dauern wird. Für Tschiang hat sich mit den 1931 in China eingedrungenen Japanern ein zweiter Gegner gestellt. Sie haben die Mandschurei erobert. Der letzte Mandschu-Herrscher Pu Yi wird zunächst Präsident und im März dieses Jahres zum Kaiser – allerdings von Japans Gnaden – gekrönt. Der nationalistische Flügel der Nanking-Regierung fordert Tschiang zum Angriff auf die Mandschurei auf. □

**Der nach dem Reichstagsbrand ins KZ Oranienburg gebrachte Schriftsteller Erich Mühsam wird dort am 10. Juli umgebracht. Der Sozialist und Verleger der Zeitschrift „Fanal" wurde 63 Jahre alt. Mühsam hatte bei linken und satirischen Zeitschriften gearbeitet und schrieb Gedichte, Dramen und Essays. Bekannt waren seine Lyrikbände „Die Wüste" oder „Der Krater".**

## Kirche erhebt ihre Stimme

Für die NS-Propaganda gibt es in diesem Jahr einige Rückschläge. Die evangelische Kirche läßt sich nicht unterdrücken und distanziert sich in der „Barmer Theologischen Erklärung" vom Mai deutlich vom NS-Staat. Die Dahlemer Bekenntnissynode vom Oktober opponiert gegen eine linientreue Reichskirche, und einen Monat später ist der Versuch zur Gleichschaltung der evangelischen Kirche unter Reichsbischof Ludwig Müller endgültig gescheitert. Im November wird nämlich von der aus Pastor Niemöllers „Pfarrernotbund" hervorgegangenen Bekennenden Kirche ein rechtmäßiges Kirchenregiment in Deutschland etabliert. □

**Bei einem Staatsbesuch in Frankreich im Oktober wird Jugoslawiens König Alexander I. von einem kroatischen Attentäter in seinem Wagen erschossen.**

## Italien Fußball-Weltmeister

Die zweite Fußball-Weltmeisterschaft wird in Italien ausgetragen. Die Beteiligung ist größer als 1930 in Uruguay, auch Deutschland nimmt erstmals teil. Die von Reichstrainer Otto Nerz und seinem Assistenten Sepp Herberger gut vorbereitete Mannschaft erreicht durch Siege gegen Belgien und Schweden das Halbfinale. Da setzt es eine Niederlage gegen die Tschechoslowakei, die im Finale aber gegen Italien mit 1:2 unterliegt. Die deutsche Elf gewinnt das Prestige-Duell um Platz drei gegen Österreich mit 3:2. Im Aufgebot stehen u.a. Paul Janes (Düsseldorf), Edmund Conen (Saarbrücken), Willibald Kress (Dresden), Reinhold Münzenberg (Aachen), Fritz Szepan (Schalke). □

## JAHRES-CHRONIK

- In Wien wird am 26. Januar erstmals ein Opernball gefeiert.
- In den USA kommt im Januar für Testzwecke das erste Dosenbier in den Verkauf.
- Im März wird in Deutschland wieder die allgemeine Wehrpflicht eingeführt.
- In Berlin wird im März die erste Luftschutzübung der NS-Zeit durchgeführt.
- Die Moskauer U-Bahn wird im April mit einer Streckenlänge von 82 Kilometern eröffnet.
- Das Drama „Mord im Dom" von T. S. Eliot wird im Mai beim Canterbury Festival uraufgeführt.
- Der US-Leichtathlet Jesse Owens stellt im Mai mit 8,13 Metern einen neuen Weitsprung-Weltrekord auf.
- Eine Erdbebenkatastrophe in Belutschistan fordert im Mai etwa 26 000 Todesopfer.
- Der Automobilbauer Ferdinand Porsche baut im Juni den Prototyp des künftigen Volkswagens.
- Gottfried von Cramm verliert im Juli das Wimbledonfinale gegen den Briten Fred Perry.
- Der Spielfilm „Amphytrion" mit Willy Fritsch und Käthe Gold hat im Juli Premiere.
- Die Großglockner-Hochalpenstraße wird im August eröffnet.
- Belgiens Königin Astrid stirbt bei einem Verkehrsunfall am Vierwaldstätter See.
- „Nigger-Jazzmusik" im deutschen Rundfunk wird im Oktober von Reichssendeleiter Eugen Hadamovsky verboten.
- Der Komponist Alban Berg stirbt am 24. Dezember im Alter von 50 Jahren in Wien.
- Der Freiburger Physiologe Hans Spemann erhält im Dezember den Medizinnobelpreis.

Max Liebermann in seinem Atelier

# Saargebiet will zum Reich

Die Bevölkerung des seit 15 Jahren unter internationaler Verwaltung durch den Völkerbund stehenden Saargebiets entscheidet sich in der vertragsgemäß im Januar dieses Jahres anberaumten Volksabstimmung für Deutschland. 90,8 Prozent sprechen sich für eine Rückgliederung nach Deutschland aus. 8,5 Prozent sind für die Aufrechterhaltung des Status quo, nur 0,4 Prozent votieren für einen Anschluß an Frankreich. Am 1. März erfolgt dann auch mit entsprechendem Pathos die Übergabe an das Deutsche Reich. □

# Max Liebermann gestorben

Am 8. Februar stirbt in Berlin der Maler Max Liebermann. Der bedeutende Vertreter des deutschen Impressionismus wurde 87 Jahre alt, von denen die letzten Jahre seine schwersten waren. Nach der Machtergreifung wurde der Berliner Ehrenbürger wegen seiner jüdischen Abstammung aller Ämter enthoben und mit Berufsverbot belegt. Liebermann verbrachte die meiste Zeit seines Lebens in seiner Heimat Berlin, ließ sich aber bei Aufenthalten in Paris und München von der dortigen Kunstszene inspirieren und fand zu seinem farbigen Impressionismus. 1920 wurde er Präsident der Akademie der Künste in Berlin. □

# Fernsehbilder für Bevölkerung

In der Filmmetropole Berlin gibt es seit März ein neues Medium. Nach einiger Vorlaufzeit geht der Fernsehversuchssender Paul Nipkow an die Öffentlichkeit und strahlt an drei Abenden pro Woche ein Programm aus. Es besteht aus Spielfilmen und Teilen der Kino-Wochenschauen. Die wenigen Besitzer der seit einiger Zeit erhältlichen Empfangsgeräte können montags, mittwochs und samstags zwischen 20.30 und 22.00 Uhr dabei sein. Für die anderen Bürger der Hauptstadt werden öffentliche Fernsehstuben eingerichtet, in denen man an der überraschenden Neuerung teilhaben kann. Für die Präsentation auf dem Bildschirm werden zwei Ansagerinnen eingestellt. □

Feierlich eröffnet Adolf Hitler im Mai das erste Teilstück der Reichsautobahn Darmstadt – Frankfurt.

Die Regisseurin Leni Riefenstahl (im Bild bei Anweisungen während der Dreharbeiten) erhält im Mai den Nationalpreis für Film. Ausgezeichnet wird damit ihr Werk „Triumph des Willens", der offizielle Film über den Reichsparteitag 1934. Darin wird die Ideologie des NS-Staates perfekt wiedergegeben. Zur Musik des von Hitler besonders geschätzten Richard Wagner sieht man bewegende Massenszenen, dem Zeitverständnis angepaßte Einzelaufnahmen heroischer Gestalten und wallende Flaggenwälder.

# 1935

**Buch des Jahres:**
„Der Großtyrann und das Gericht"
von Werner Bergengruen

**Film des Jahres:**
„Meuterei auf der Bounty"
mit Clark Gable

**Schlager des Jahres:**
„Ob blond, ob braun"
von Jan Kiepura

## Nürnberger Gesetze

Der diesjährige Parteitag der NSDAP tritt am 15. September in Nürnberg zusammen und beschließt einstimmig drei Gesetze. Das erste ist das Reichsflaggengesetz. Es lautet: „Die Reichsfarben sind Schwarz-Weiß-Rot. Die Hakenkreuzfahne ist Reichs-, National- und Handelsflagge." Das zweite ist das Reichsbürgergesetz. Es lautet: „Reichsbürger ist nur der Staatsangehörige deutschen Blutes, der beweist, daß er gewillt und geeignet ist, dem deutschen Volk zu dienen." Das dritte ist das Gesetz zum Schutz des deutschen Blutes und der deutschen Ehre. Es lautet: „Eheschließungen mit Juden werden untersagt. Von nun an werden die Juden fortschreitend unter Ausnahmerecht gestellt." Die Bestimmungen zu diesem Gesetz schränken die jüdischen Bürger so ein, daß sie fortan nur als Menschen zweiter Klasse im Deutschen Reich leben können. Bis zum Herbst 1938 wandern über 170 000 Juden aus. □

**Von Krankheit gezeichnet und über die politische Entwicklung in seiner Heimat verzweifelt begeht der Journalist und Schriftsteller Kurt Tucholsky am 21. Dezember im schwedischen Exil Selbstmord. Der 45jährige ist 1933 ausgewandert, bis dahin war er wichtigster Mitarbeiter der linksintellektuellen Zeitschrift „Weltbühne", die der Zeitkritiker entscheidend prägte.**

## Einmarschiert

Wegen angeblicher Grenzzwischenfälle marschieren am 3. Oktober italienische Truppen in das äthiopische Kaiserreich ein. Mussolini will sein aus Eritrea und Somaliland bestehendes Kolonialreich in Nordafrika offenbar vergrößern. Die Streitmacht der Angreifer besteht aus 18 Divisionen, denen teilweise noch mittelalterlich ausgerüstete Äthiopier gegenüber stehen. □

## Mao am Ziel

Ein Jahr nach ihrem Aufbruch erreichen die von Mao Tse-tung geführten aufständischen Kommunisten die Provinz Schensi im Nordwesten Chinas. Sie haben von Kiangsi aus etwa 12 000 Kilometer zurückgelegt und wurden immer wieder in Kämpfe mit den Truppen der Nanking-Regierung verwickelt. In der neuen Umgebung machen die Maoisten die Stadt Yenan zu ihrem Verwaltungszentrum. Mao wird als unumschränkter Führer anerkannt. Er kann sich noch auf 7 000 der einst 80 000 Kämpfer der Roten Armee stützen, die anderen sind beim Marsch durch elf Provinzen auf der Strecke geblieben. In Yenan wächst seine Streitmacht wieder auf 20 000 Mann an. □

## Arbeitsdienst wird zur Pflicht für jeden

**Junge Mädchen beim Arbeitsdiensteinsatz auf dem Lande**

Der im Oktober 1933 zur Bekämpfung der Arbeitslosigkeit eingeführte Arbeitsdienst wird im Juni dieses Jahres Pflicht. Das Gesetz hat folgenden Wortlaut: „Alle jungen Deutschen beiderlei Geschlechts sind verpflichtet, im Reichsarbeitsdienst dem Volk zu dienen. Zum Arbeitsdienst werden körperlich Untaugliche und Nichtarier sowie solche, die mit Nichtariern verheiratet sind, nicht herangezogen. Durch Verfügung des Führers wird die Arbeitsdienstzeit auf ein halbes Jahr festgesetzt". Damit hat der Staat eine Armee von Arbeitskräften zur Verfügung, die beim Autobahnbau, bei Landgewinnungsarbeiten wie dem Adolf-Hitler-Koog in Schleswig-Holstein oder in der Ernte eingesetzt werden können. Verpflichtet sind alle zwischen 18 und 25 Jahren. □

**Adolf Hitler eröffnet die XI. Olympischen Spiele in Berlin. Rechts an der Kamera Leni Riefenstahl**

# Olympiade in Berlin

Mit der Ausrichtung der bis dahin größten Veranstaltungen der Sportgeschichte kann Deutschland in diesem Jahr einen erheblichen Prestige-Erfolg verbuchen, der die Welt von den politischen Aktivitäten der NS-Regierung vorübergehend ablenkt. Über 600 000 Zuschauer verfolgen zunächst im Februar in Garmisch-Partenkirchen die Wettbewerbe der IV. Olympischen Winterspiele, an denen 28 Nationen teilnehmen. Gold geht an die deutschen Ski-Asse Christl Cranz und Franz Pfnür.

Die im August in Berlin ausgetragenen XI. Olympischen Sommerspiele werden zur spektakulärsten Veranstaltung in der Geschichte dieses Sportlertreffens. 49 Nationen schicken 4 069 Aktive, die in 20 Sportarten um die Medaillen kämpfen, in die deutsche Hauptstadt. Gastgeber Deutschland stellt mit 470 Teilnehmern erstmals die größte Mannschaft. Der NS-Staat hat keine Kosten und Mühen gescheut, um der Welt optimale Voraussetzungen sowie eine reibungslose und perfekte Durchführung der Berliner Olympiade zu präsentieren. Erstmals in der olympischen Geschichte wird das symbolträchtige Feuer im Hain des klassischen Olympia in Griechenland entzündet. Damit wird eine Idee des Sportprofessors Carl Diem, der als der eigentliche Initiator dieser Spiele auf deutschem Boden gilt, realisiert. Diem hat das IOC bereits 1934 für den Staffellauf des Feuers von Griechenland nach Berlin gewonnen und organisiert das Spektakel nun perfekt. Das Feuer wird mit 3 840 von den Krupp-Werken hergestellten Magnesiumfackeln über die 3 015 km lange Strecke bis ins Berliner Olympiastadion getragen. Die Spiele werden von Adolf Hitler eröffnet, dessen Gefolgschaft während der zweiwöchigen Veranstaltung für ein Rahmenprogramm in der Reichshauptstadt sorgt, das höchste Anerkennung der internationalen Gäste findet. Die Wettkämpfe auf dem eigens angelegten Reichssportfeld bringen den begeisterten Zuschauern einen Höhepunkt nach dem anderen. Besonders der amerikanische Leichtathlet Jesse Owens brilliert im Olympiastadion und geht mit dem Gewinn von vier Goldmedaillen in die Annalen der Sportgeschichte ein. In der Nationenwertung liegt Deutschland am Ende auf dem Spitzenplatz: 33 Gold-, 26 Silber- und 30 Bronzemedaillen bleiben im Lande. Die erfolgsverwöhnten Teilnehmer aus den USA müssen sich überraschend mit dem zweiten Platz begnügen. Von den zahlreichen Beobachtern der Weltpresse wird das mit großem Pathos ablaufende Sportspektakel in Berlin positiv beurteilt. Auch die Ehrengäste haben an Olympia 1936 nichts auszusetzen. □

**Mit einem erneuten politischen Handstreich schafft Hitler Anfang März für die internationale Völkergemeinschaft neue Fakten. Auf seinen Befehl hin rücken deutsche Truppen in das Rheinland ein, das laut Vertrag von Locarno entmilitarisierte Zone bleiben muß. Das Einrücken von Wehrmachtsverbänden in diese Region – das Bild zeigt Truppen vor dem Kölner Dom – stellt einen klaren und einseitigen Bruch des Völkerrechts dar. Doch Hitler hat richtig kalkuliert. Die anderen Mitunterzeichner des Vertrages sind zu Gegenmaßnahmen nicht in der Lage, aus dem Westen kommen lediglich verbale Pflichtproteste. Ende März darf die Bevölkerung im Reich per Wahlakt Hitlers Politik auch noch absegnen. Nach einer großen Propagandaschlacht erhält Hitler 99 Prozent aller Stimmen.**

# Max Schmeling schlägt Louis

Im New Yorker Yankee Stadion soll der mittlerweile 31jährige Max Schmeling am 19. Juni letzter Aufbaugegner für Amerikas neue Boxhoffnung Joe Louis sein. Der „Braune Bomber" will nach Erledigung dieser vermeintlich leichten Aufgabe gegen den amtierenden Weltmeister James J. Braddock um den Titel kämpfen. Für die 40000 Zuschauer am Ring und Millionen Radiohörer in Deutschland – bei Kampfbeginn ist es dort 3.06 Uhr – ist es keine Frage, daß Louis den Herausforderer besiegen wird. Aber Schmeling präsentiert sich ohne jeden Respekt vor dem ungeschlagenen US-Boy, schickt ihn in der 4. Runde zu Boden, gerät nicht mehr in Gefahr und krönt seine überragende Leistung mit dem k.o. in der 12. Runde. Mit der Aussicht auf den WM-Kampf kommt Schmeling kurz darauf per Luftschiff in die Heimat und wird triumphal gefeiert. □

Max Schmeling gegen Joe Louis im New Yorker Yankee Stadion

# 1936

**Buch des Jahres:**
„Vom Winde verweht"
von Margaret Mitchell

**Film des Jahres:**
„Moderne Zeiten"
von und mit Charlie Chaplin

**Schlager des Jahres:**
„San Francisco"
von Jeanette MacDonald

# Auf Thron verzichtet

Die letzte Rede im Rundfunk

Der britische König Eduard VIII. gibt am 10. Dezember seinen Verzicht auf Krone und Thron bekannt. Der 42jährige wählt dafür privates Glück an der Seite der in Amerika geborenen Wallis Warfield-Simpson. Die bürgerliche und zweimal geschiedene Frau kollidiert mit der Hofetikette. □

Soldaten der Rotspanischen Armee in einer Kampfpause

# Bürgerkrieg

Mit dem Aufstand der in Marokko stationierten Einheiten der spanischen Armee gegen die republikanische Regierung in Madrid beginnt am 18. Juni der Spanische Bürgerkrieg. Nur zwei Tage später landen die ersten aufständischen Truppen auf dem spanischen Festland. Die Einheiten stehen unter dem Kommando des Generals Francisco Franco, den die Regierung aus politischen Gründen auf die Kanaren abgeschoben hatte. Er läßt sich nach seinen großen Kampferfolgen im Herbst zum Regierungschef bestimmen. □

## JAHRES-CHRONIK

● Rudyard Kipling, Autor der von einem großen Leserkreis geschätzten Dschungelbücher und 1907 mit dem Literaturnobelpreis ausgezeichnet, stirbt im Alter von 70 Jahren in London.

● Als Nachfolger seines 71jährig verstorbenen Vaters König Fuad I. besteigt der 16jährige Faruk den ägyptischen Thron.

● Mit dem erfolgreichen Flug der „Hindenburg" nach New York wird der Zeppelin-Verkehr zwischen Deutschland und den USA offiziell aufgenommen.

● Italien beendet im Juni die Eroberung Abessiniens, dessen Herrscher Haile Selassie ins Londoner Exil geht.

● Maxim Gorki, einer der großen russischen Literaten, stirbt im Alter von 68 Jahren in Moskau.

● Rußlands Diktator Josef Stalin läßt ehemalige Weggefährten und Mitkämpfer im ersten sogenannten Trotzkisten-Schauprozeß zum Tode verurteilen.

● Bei einer Schlagwetter-Explosion auf der Zeche „Verein Präsident" in Bochum kommen 28 Bergleute ums Leben.

● Der fahrplanmäßige Eisenbahnfährverkehr zwischen Dover und Calais wird im Oktober mit drei Fähren eröffnet, auf denen zwölf Waggons Platz finden.

● Die Regierungen Deutschlands und Italiens beschließen in einem Abkommen eine weitreichende Zusammenarbeit und begründen damit die sogenannte Achse Berlin – Rom.

● Der mit dem Friedensnobelpreis für 1935 ausgezeichnete Publizist Carl von Ossietzky darf diesen nicht annehmen. Er befindet sich in einem Konzentrationslager in Haft.

● Der italienische Dichter Luigi Pirandello, Inhaber des Nobelpreises für Literatur 1934, stirbt im Alter von 69 Jahren in Rom.

● Die Universität Bonn erkennt dem Schriftsteller Thomas Mann die Ehrendoktorwürde wieder ab, nachdem dieser ebenfalls aus dem Deutschen Reich ausgebürgert ist.

**Der spanische Bürgerkrieg geht in diesem Jahr mit unverminderter Härte weiter, ohne daß sich der Sieg einer der beiden Parteien abzeichnet. Die Nationalisten Francos erfahren aber weiter massive Unterstützung aus Deutschland und Italien. Die deutsche Legion Condor verschafft dem aufständischen General vor allem durch Luftangriffe ihrer Kampf- und Sturzkampfflieger immer wieder große Vorteile. Am 26. April wird die baskische Stadt Guernica, etwa 20 km nördlich von Bilbao, von deutschen Bomben in einer Nacht fast völlig zerstört (Bild). Pablo Picasso malt daraufhin für den spanischen Pavillon der Pariser Weltausstellung das Bild „Guernica", das eine einzige bittere Anklage gegen den Krieg darstellt.**

# Prinz nun „Hoheit"

Am 7. Januar wird in Den Haag eine deutsch-niederländische Verbindung abgesegnet. Die holländische Kronprinzessin und Thronfolgerin Juliana (27) wird mit dem 25jährigen Prinz Bernhard von Lippe-Biesterfeld vermählt. Der deutsche Prinz erhält durch die Hochzeit den Titel „Prinz der Niederlande" und ist damit eine „Königliche Hoheit". Die Bevölkerung des Regierungssitzes nimmt an der Zeremonie lebhaften Anteil. Auf dem Bild erkennt man von links Königin Wilhelmina, Prinzessin Juliana und Prinz Bernhard, daneben die Mutter und den Bruder von Prinz Bernhard. □

# Das „Häseken" ist Revuestar

Die Eiskunstläuferin mit der größten Erfolgsserie der Sportgeschichte verzaubert ab Januar die Besucher einer amerikanischen Eisrevue. Sonja Henie, 24jähriger Kufenstar aus Norwegen, hat es wahrgemacht und ihre Amateurkarriere im vergangenen Jahr beendet. Die ungekrönte Eisprinzessin war mit gut vierzehn Jahren 1927 erstmals Weltmeisterin und verteidigte diesen Titel neunmal in Folge bis 1936. Dazwischen gab es drei Olympiasiege und sechs Europameisterschaften. Die vom Vater geförderte kleine Kunstläuferin hatte besonders in Berlin ihre Fans, die sie als ihr „Häseken" verehrten. □

# Die längste Hängebrücke

Im kalifornischen San Francisco wird am 27. April ein gigantisches Bauwerk freigegeben. An diesem Tag rollt erstmals der Verkehr über die längste Hängebrücke der Welt, die die berühmte Pazifikbucht Goldenes Tor, „Golden Gate", überspannt. Als der Plan der Golden Gate Bridge Anfang der 30er Jahre erstmals diskutiert wurde, hielt man die Realisierung aufgrund der großen Erdbebengefahr in der Region für unmöglich. Aber nun hängt die sechsspurige Fahrbahn mit dicken Hauptkabeln (91 cm) an 210 Meter hohen Türmen. Der Verkehr rollt 67 Meter über dem Meer. Die Brücke bietet ein einzigartiges Panorama. □

**Die Hochzeitsgesellschaft stellt sich dem jubelnden Volk.**

# Schwarzer Box-Weltmeister

Am 22. Juni besteigt wieder ein Farbiger den Thron des Box-Weltmeisters. Der 23jährige Joe Louis aus Alabama kämpft anstelle des qualifizierten Max Schmeling gegen den Titelträger Braddock und gewinnt durch k.o. in Runde acht. Der „Braune Bomber" boxt sich damit in die Herzen der Amerikaner, die ihm die Niederlage gegen den Deutschen verzeihen. Davor hatte er immerhin Primo Carnera und Paolino Uzcudun geschlagen. □

**Zur Reichsmusikwoche heißt das Kontra „Entartete Musik".**

# Mißachtung großer Kunstwerke

Die neue arteigene Kunst des NS-Staates legt Wert auf Übereinstimmung mit der Ideologie. Begriffe wie rassisch, nordisch, völkisch, heroisch stehen dafür ein. Schöpferische Momente bleiben für Kunstschaffende praktisch außer acht, wer es dennoch wagt, muß sich das Prädikat „artfremd" gefallen lassen. Um dem deutschen Volk die Produkte solcher Menschen vorzuführen, wird im Juli die Wanderausstellung „Entartete Kunst" eröffnet. Dort werden Meisterwerke von Paul Klee, Emil Nolde, Erich Heckel, Oskar Kokoschka, Otto Dix, Wassily Kandinsky, Max Beckmann und vieler anderer als „typische Werke der Verfallskunst aus der Systemzeit" vorgeführt. Die Ausstellung geht durch das ganze Reich. Die Kunstwerke von unschätzbarem Wert werden danach zum Teil vernichtet. Während der Präsentationen sind sie mit Parolen dekoriert, um dem Betrachter ja das verabscheuungswürdige Tun nahezubringen. □

# 1937

**Buch des Jahres:**
„Von Mäusen und Menschen“
von John Steinbeck

**Film des Jahres:**
„Die große Illusion“
von Jean Renoir

**Schlager des Jahres:**
„Yes, Sir“ von Zarah Leander

**Mit der Explosion des Luftschiffs „Hindenburg“ bei der Landung in Lakehurst bei New York geht am 6. Mai um 7.30 Ortszeit die hoffnungsvoll gestartete Ära des Zeppelin-Verkehrs über den Atlantik zu Ende. Nach dem Unglück, das 33 Todesopfer fordert, hat nur noch das Flugzeug als Transportmittel über derartige Entfernungen eine Zukunft. Die Unglücksursache bleibt auch nach einer umfassenden Analyse ungeklärt.**

## JAHRES-CHRONIK

- Hitler untersagt im Januar allen Deutschen künftig die Annahme des Nobelpreises.
- Die Firma Du Pont de Nemours meldet im Februar in den USA das Patent zur Herstellung der Synthetikfaser Nylon an.
- Papst Pius XI. meldet im März mit der Enzyklika „Mit brennender Sorge“ Bedenken gegen das Vorgehen des NS-Staates an.
- Die Weltausstellung „Kunst und Technik der Gegenwart“ wird im Mai in Paris eröffnet. 52 Staaten nehmen teil.
- Im Alter von 97 Jahren stirbt am 23. Mai in Florida der amerikanische Großindustrielle John D. Rockefeller.
- Neville Chamberlain wird im Mai englischer Premierminister.
- Im Rahmen der von ihm betriebenen „Säuberungen“ läßt Josef Stalin im Juni Marschall Tuchatschewskij liquidieren.
- Im Schloß Candé (Frankreich) heiratet im Juni der frühere englische König Eduard VIII. seine Geliebte, die Amerikanerin Wallis Warfield-Simpson.
- Gottfried von Cramm verliert im Juli zum dritten Mal das Wimbledonfinale, diesmal gegen den Amerikaner Donald Budge.
- Japan beginnt im Juli einen Feldzug gegen das von inneren Unruhen erschütterte China.
- Im Alter von 38 Jahren stirbt am 11. Juli in Beverly Hills der amerikanische Komponist George Gershwin.
- Der italienische Physiker und Nobelpreisträger Guglielmo Marconi stirbt am 20. Juli 63jährig in Bologna.
- Im September wird erstmals ein Radargerät praktisch erprobt: Im Ärmelkanal werden zwei britische Kriegsschiffe geortet.
- Der Begründer der Olympischen Spiele der Neuzeit, Pierre Baron de Coubertin, stirbt am 2. September mit 72 Jahren.
- Hitler legt im September in Nürnberg den Grundstein für das „Deutsche Stadion“, das 405 000 Zuschauern Platz bieten soll.
- Mit 62 Jahren stirbt der französische Komponist Maurice Ravel am 28. Dezember in Paris.

## Die Leander wird Topstar

Mit der 1902 geborenen Zarah Leander präsentiert die Ufa in diesem Jahr einen neuen Kassenmagneten. Unter der Regie von Detlef Sierck wird zunächst der Film „Zu neuen Ufern“ produziert, in dem die Leander als englische Music-Hall-Sängerin ihre sängerischen und tänzerischen Qualitäten ausspielen kann. Die Romanvorlage für den Film wurde extra zu einer Love-Story umgeschrieben, um den neuen Ufa-Star in seinem Rollenklischee als männerverbrauchende Libertine festzumachen. „Zu neuen Ufern“ wird ein Großerfolg, so daß die Ufa bis Jahresende einen zweiten Leander-Film nachschiebt. Diesmal spielt sie eine schwedische Großbürgertochter auf leichten Abwegen. „La Habanera“ ist ein Musikfilm, der ab Dezember zu langen Schlangen an den Kinokassen führt. Als Schwedin konnte die Leander die von der Reichsfilmkammer gesetzten strengen moralischen Leitlinien unterlaufen. Deutsche Schauspielerinnen dürfen der NS-Ideologie entsprechend nur als saubere, tüchtige Frauen und Mütter auftreten. Erotische Abschweifungen sind ihnen nicht erlaubt. □

## Staatsbesuch als große Schau

Italiens Regierungs- und Parteichef Benito Mussolini besucht im September seinen Gesinnungsfreund Adolf Hitler. Zum ersten Staatsbesuch des Duce wird Berlin festlich herausgeputzt. Die beiden Diktatoren veranstalten eine große Propagandaschau und dekorieren sich gegenseitig mit Orden und Ehrenzeichen. Mussolini erhält eine einmalige Ausführung des Großkreuzes des Verdienstordens vom Deutschen Adler und das goldene Hoheitszeichen der NSDAP. Hitler wird Ehrenkorporal der faschistischen Miliz, die höchste Ehrung, die Italiens Faschisten zu vergeben haben. Die beiden Franco-Helfer versichern sich weitere Unterstützung im Kampf gegen den Kommunismus. □

## KZ Buchenwald errichtet

Das Konzentrationslager Buchenwald wird im Juli auf dem Ettersberg, 8 km nördlich von Weimar errichtet. Neben Dachau und Sachsenhausen zählt es nun zu einem der drei festen Stammlager. Das vierte Konzentrationslager Lichtenburg wird als Frauen-KZ genutzt. Im August wird in den drei Konzentrationslagern für Männer ein SS-Totenkopfverband mit über 1000 Mann zur Bewachung stationiert. Im Lager Buchenwald werden von 1937 bis 1945 etwa 240.000 Menschen interniert, mindestens 56.000 davon fanden hier den Tod. □

## Guernica zerstört

Am 26. April wird die baskische Stadt Guernica bei einem Luftangriff der deutschen Legion Condor vollständig zerstört. Die neun deutschen Kampfflugzeuge unterstützen die Faschisten unter Franco im Spanischen Bürgerkrieg. Statt der außerhalb liegenden militärischen Anlagen, wird die Stadt selbst zu 71% zerstört. Dabei kommen nach Angaben der baskischen Regierung über 1600 Menschen zu Tode, über 800 werden verletzt. Pablo Picasso malt im selben Jahr das Bild »Guernica« und machte damit das Schicksal der Stadt weltbekannt. □

# Volkswagen kommt

**Der Führer bei der Grundsteinlegung des Volkswagenwerks**

Mit der Grundsteinlegung für das Volkswagenwerk am 26. Mai kommt die NSDAP ihrem Ziel näher, auch weniger gut verdienenden Volksgenossen die Möglichkeit zum Erwerb eines Automobils zu verschaffen. Das Werk im niedersächsischen Fallersleben soll Keimzelle für eine großflächig geplante Produktionsstätte des deutschen Autos für Jedermann werden. Nach intensiver Testphase stellt der Konstrukteur dieses Fahrzeuges Ferdinand Porsche die ersten Prototypen bei der Grundsteinlegung vor. Dem staunenden Publikum werden eine Limousine, ein Cabrio und ein völlig offener VW präsentiert. Der Wagen wird angetrieben von einem luftgekühlten 24-PS-Heckmotor, der sechs bis sieben Liter Benzin auf 100 Kilometern verbrauchen soll. Seine Durchschnittsgeschwindigkeit wird mit 100 Stundenkilometern angegeben. Im Fahrzeug sollen vier bis fünf Personen Platz finden. Als Verkaufspreis ab Werk werden 990 Reichsmark genannt. Sie können über ein Sparsystem finanziert werden, damit das technisch in der Tat hervorragend konstruierte Automobil auch in großer Stückzahl an den Mann gebracht werden kann. Einer der ersten VW-Besitzer ist im darauffolgenden Jahr Adolf Hitler. □

## JAHRES-CHRONIK

- Der 28jährige Rennfahrer Bernd Rosemeyer verunglückt tödlich bei Rekordfahrten auf der Autobahn Frankfurt-Darmstadt.
- Kronprinz Paul von Griechenland heiratet im Januar Prinzessin Friederike von Braunschweig.
- Im Februar werden Sechstagerennen in Deutschland verboten.
- Die Firma Du Pont bringt im Februar ihr erstes Nylonprodukt auf den Markt: die Zahnbürste.
- Mit der Hinrichtung von weiteren 18 Personen ist im März die „Säuberung" der Partei in der Sowjetunion abgeschlossen.
- Der zweiteilige Film über die Olympischen Spiele 1936 von Leni Riefenstahl „Fest und Völker" und „Fest der Schönheit" hat im April Premiere.
- Der Vatikan erkennt im Mai das Franco-Regime in Spanien an.
- Im Alter von 58 Jahren begeht am 15. Juni im Schweizer Exil der deutsche Expressionist Ernst Ludwig Kirchner Selbstmord.
- Italien wird im Juni durch einen 4:2-Sieg gegen Ungarn erneut Fußball-Weltmeister. Deutschland scheidet vorzeitig aus.
- Max Schmeling verliert im Juni den Revanchekampf gegen Joe Louis durch k.o. in der ersten Runde.
- Die Eiger-Nordwand wird im Juli erstmals bezwungen.
- Der Generalstabschef des Heeres, Generaloberst Ludwig Beck, tritt aus Protest gegen Hitlers Politik von seinem Amt zurück.
- In Glasgow läuft im September der Transatlantikdampfer „Queen Elizabeth" vom Stapel.
- Im Alter von 90 Jahren stirbt am 15. September in Baltimore der US-Dichter („Schau heimwärts, Engel") Thomas Wolfe.
- 68jährig stirbt am 24. Oktober in Rostock der Grafiker, Bildhauer und Dichter Ernst Barlach.
- Die Reichsautobahn Berlin-München mit einer Gesamtlänge von 522 Kilometern ist im November fertiggestellt.
- In England wird im Dezember die erste fahrbare Telefonstation der Welt vorgestellt.

# Ausschreitungen gegen Juden

In der Nacht zum 10. November kommt es erstmals zu massiven öffentlichen Ausschreitungen und Gewalttätigkeiten gegen die Juden im Reich. Als angebliche Vergeltung für das Attentat eines jungen Juden auf einen deutschen Diplomaten in Paris rücken Horden von Schlägern gegen jüdische Einrichtungen aller Art vor, morden, brandschatzen und verhaften. Zahlreiche Häuser und Synagogen gehen in Flammen auf, Zehntausende jüdischer Bürger werden vorübergehend in KZs gesteckt, aus denen sie sich – noch – zwecks Auswanderung freikaufen können. Die zahlreichen demolierten Schaufenster geben diesen Pogromen den beschönigenden Namen „Reichskristallnacht". Es folgen weitere Maßnahmen gegen Juden auf dem Verwaltungswege. □

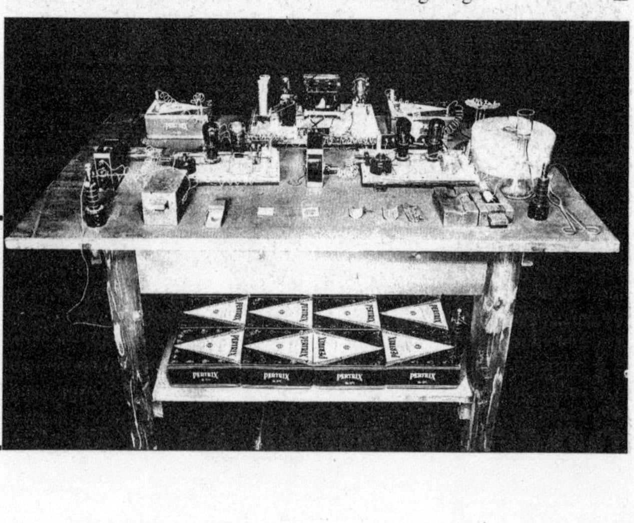

**Eine wissenschaftliche Erkenntnis von noch nicht absehbarer Tragweite geben die Berliner Chemiker und Atomforscher Otto Hahn, Lise Meitner und Fritz Straßmann im Dezember öffentlich bekannt. Ihnen gelang im Labor die Spaltung von Uranatomen durch Neutronenbeschuß und die damit verbundene mögliche Gewinnung von Atomenergie. Die Forscher am Kaiser-Wilhelm-Institut für Chemie in Dahlem arbeiten schon lange an diesem Phänomen. Das Bild zeigt den Arbeitstisch von Professor Otto Hahn, an dem die Experimente durchgeführt wurden.**

**Zur Feier des Anschlusses werden österreichische Arbeiter mit KdF-Fahrten nach Berlin gebracht.**

# Österreich wird einverleibt

Österreich sieht sich vom großen Nachbarn im Norden zunehmend bedrängt und will in einer Abstimmung das Volk über seine Zukunft entscheiden lassen. Als die Regierung in Wien einem deutschen Ultimatum nicht nachgibt, marschiert die deutsche Wehrmacht am 12. März in das Land ein. Widerstand wird kaum geleistet, an vielen Orten werden die Truppen vielmehr jubelnd empfangen. Auch Hitler begibt sich in sein Heimatland, besucht seinen Geburtsort Braunau und das nahe Linz, wo am folgenden Tag die Wiedervereinigung mit dem Reich unterzeichnet wird. Am 14. März reist Hitler nach Wien und hält eine Rede. Auf dem Heldenplatz wird am 15. März eine riesige „Befreiungsfeier" veranstaltet, an der Hunderttausende Österreicher teilnehmen. In einer Volksabstimmung am 10. April stimmen über 99 Prozent für den Anschluß. □

# Besetzung des Sudetenlandes

Das nächste Ziel der hitlerschen Expansionspolitik ist das teilweise von Deutschen bewohnte Sudetenland. Das zum Staatsgebiet der Tschechoslowakei gehörende Land sehen die Nationalsozialisten als deutsches Eigentum. Anders als bei der Annektierung Österreichs ruft ihre Begehrlichkeit diesmal die Westmächte auf den Plan, die im September während der legendären Münchner Konferenz mit Deutschland und Italien in einer Art Kuhhandel das Ende des souveränen Staates Tschechoslowakei programmieren. Im Münchner Abkommen beschließen England, Frankreich und die beiden Diktaturen die Abtretung des Sudetenlandes an Deutschland und die Räumung des Gebietes durch dort lebende Tschechen. Deutsche Truppen marschieren am 1. Oktober in das Gebiet ein und werden von jubelnden Landsleuten empfangen, die sich als Verfolgte der Tschechen sahen. Das Bild zeigt sudetendeutsche Flüchtlinge im Lager Brunndobra. □

# 1938

**Buch des Jahres:**
„Rebecca" von Daphne du Maurier

**Film des Jahres:**
„Leoparden küßt man nicht"
mit Katharine Hepburn
und Clark Gable

**Schlager des Jahres:**
„Jeepers Creepers"
von Benny Goodman

**Im Alter von 49 Jahren stirbt am 4. Mai in Berlin der Publizist Carl von Ossietzky (auf dem Bild als KZ-Häftling). Der überzeugte Pazifist erliegt in einem Krankenhaus den Folgen der mehrjährigen KZ-Haft seit 1933. Der frühere Chefredakteur der „Weltbühne" erhielt den Friedensnobelpreis 1935, durfte ihn aber nicht annehmen.**

# Pastor im KZ

Zu den kritischen Stimmen, die in diesem Jahr vom NS-Staat zum Schweigen gebracht werden, gehört die des evangelischen Pastors Martin Niemöller. Der Mitherausgeber der Denkschrift vom Mai 1936, in der das Vorgehen des Staates gegen die Kirche angeprangert wird, bekommt im Februar zunächst einen anscheinend fairen Prozeß, wird dann aber unter Ausschluß der Öffentlichkeit zu Festungshaft verurteilt und statt dieser eher ehrenvollen Haft in ein KZ gebracht. □

# „Seit 4.45 Uhr wird zurückgeschossen"

Nach der Zerschlagung der Tschechoslowakei haben die Westmächte zunächst nur Protestnoten an die deutschen Botschafter überreicht. Allerdings habe Hitler, so ein britischer Diplomat, „den Rubikon überschritten". England schließt Ende März einen Beistandspakt mit Polen, dem Frankreich schnell beitritt. Alle drei Staaten wissen, daß Polen das nächste Ziel Hitlers sein kann. Er hat die Folgen des Versailler Vertrages fast beseitigt, zur alten Größe des Deutschen Reiches fehlen nur noch Danzig und die seit Versailles zu Polen gehörenden Ostgebiete. Die Westmächte versuchen im Sommer bei Rußland Verständnis für ihre Politik zu gewinnen, da platzt die Nachricht vom deutsch-sowjetischen Wirtschafts- und Nichtangriffspakt in alle Friedensbemühungen. Daß durch ein geheimes Zusatzprotokoll Polen und andere Gebiete bereits zwischen den Vertragspartnern Hitler und Stalin aufgeteilt worden sind, erfährt die Weltöffentlichkeit erst viel später. Gestützt auf diese Rückversicherung gibt Hitler am 31. August den Befehl zum Angriff. In der Nacht wird noch ein polnischer Überfall auf den deutschen Sender Gleiwitz in Oberschlesien vorgetäuscht, dann heißt es am Morgen des 1. September: „Seit 4.45 Uhr wird zurückgeschossen." Zu diesem Zeitpunkt dringen Verbände der Wehrmacht in Polen ein. Die polnischen Vertragspartner England und Frankreich erklären dem Deutschen Reich am 3. September den Krieg, es folgen Australien, Marokko, Irak, Südwestafrika und Kanada. Von den USA und anderen Staaten kommen Neutralitätserklärungen. Unbeirrt überrollt die bestens gerüstete Wehrmacht den Gegner von drei Seiten und zwingt Warschau am 27. September zur Kapitulation. Zehn Tage zuvor ist die Rote Armee in den Osten Polens einmarschiert. Bereits Ende des Monats teilen die Sieger ihre Beute auf. Hitler nimmt Danzig, Westpreußen und den Warthegau zum Reich, Stalin verleibt der Sowjetunion große Teile Ostpolens ein, für die Polen selbst wird mit Warschau und Krakau als Zentren das sogenannte Generalgouvernement unter deutscher Verwaltung geschaffen (25. Oktober). □

**Soldaten der Wehrmacht reißen die Grenzpfähle zu Polen nieder.**

# Attentat auf Hitler

**Der Münchner Bürgerbräukeller nach dem Attentat auf Hitler**

Im Münchner Bürgerbräukeller schlägt am 8. November ein Attentat auf Adolf Hitler fehl. Hitler gedenkt dort wie in jedem Jahr des Marsches auf die Feldherrnhalle von 1923. Erst nachdem er den Saal verlassen hat, explodiert die Bombe. Es gibt sechs Todesopfer und 63 Verletzte. Noch in der folgenden Nacht wird der 36jährige Georg Elser festgenommen, ein Einzelgänger, wie sich bei den Verhören und seinem Geständnis herausstellt. Die NS-Propaganda nutzt den Vorfall für sich und spricht von der „Vorsehung", die den Führer gerettet habe. Als Anstifter werden der britische Geheimdienst und der im Exil lebende Hitlergegner Otto Strasser hingestellt. □

## JAHRES-CHRONIK

- Die irische Untergrundorganisation IRA fordert im Januar den Rückzug englischer Truppen aus Nordirland und verübt Terroranschläge in London.
- Die Eroberung Katalaniens durch die spanischen Nationalisten ist im Februar abgeschlossen.
- Italien besetzt im April Albanien und verleibt dessen Krone der eigenen ein.
- Mit einem Festakt im Beisein Hitlers wird im April in Berlin das erste Teilstück der Ost-West-Achse eröffnet.
- Am Muttertag wird erstmals das von der NSDAP eingeführte Mutterkreuz verliehen.
- Im deutschen Straßenverkehr werden im Mai die ersten Geschwindigkeitsbegrenzungen eingeführt.
- In Berlin wird im Mai ein deutsch-italienischer Beistandspakt, der sogenannte „Stahlpakt", unterzeichnet.
- Die US-Fluggesellschaft Pan-Am nimmt im Juni den regelmäßigen Passagierflugverkehr zwischen den USA und Europa auf.
- Auf der Berliner Funkausstellung im Juli wird erstmals ein Einheits-Fernsehempfänger vorgestellt.
- Der Dresdner Sportler Rudolf Harbig stellt im Sommer neue Weltrekorde mit 1:46,6 Minuten im 800-m-Lauf und 46,0 Sekunden im 400-m-Lauf auf.
- Im August gelingt dem ersten Düsenflugzeug der Welt, der von Heinkel konstruierten He 178, ein achtminütiger Erstflug.
- Mit dem auf den 1. September vordatierten Euthanasie-Erlaß beginnt die Vernichtung kranker Menschen im Reich.
- Die Trockenlegung der Pontinischen Sümpfe südlich von Rom wird im Oktober abgeschlossen.
- Der amerikanische Monumentalfilm „Vom Winde verweht" wird im Dezember in den USA uraufgeführt.
- Die deutschen Wissenschaftler Adolf Butenandt und Gerhard Domagk dürfen die ihnen verliehenen Nobelpreise für Chemie und Medizin im Dezember nicht annehmen.

**Der Begründer der Psychoanalyse Sigmund Freud stirbt am 23. September in London im Alter von 83 Jahren. Der österreichische Arzt und Psychologe jüdischer Abstammung hat seine Heimat nach dem Einmarsch der Deutschen verlassen müssen. Freud hatte seit 1902 an der Universität Wien gelehrt. Aus der ärztlichen Arbeit mit psychisch gestörten Patienten entwickelte er schon früh Behandlungsmethoden bei Hysterie. Daraus leitete er psychoanalytische Therapieverfahren ab und gewann Einsichten in die Triebstruktur des Menschen. Er entdeckte dabei den Geschlechtstrieb als zentrales Steuerungsmoment jedes menschlichen Verhaltens. Seine Unterdrückung durch die allgemein gültigen Normen des Zusammenlebens ist für Freud die Ursache aller Neurosen. Seine Erkenntnisse sind der Zeit weit voraus und werden teilweise heftig bekämpft. Dennoch haben sie entscheidenden Einfluß genommen auf die Entwicklung von Psychologie, Psychiatrie und Psychotherapie in diesem Jahrhundert.**

# 1939

**Buch des Jahres:**
„Wind, Sand und Sterne"
von Antoine de Saint-Exupéry

**Film des Jahres:**
„Vom Winde verweht"
mit Vivien Leigh und
Clark Gable

**Schlager des Jahres:**
„In the Mood" von Glenn Miller

**Ab April dieses Jahres wird zur vollständigen Erfassung der Jugend die Mitgliedschaft in der Hitlerjugend für alle 10- bis 18jährigen Jungen Pflicht. Die Jugendorganisation der NSDAP nutzt den jugendlichen Hang zu Lagerromantik und sportlichem Wettstreit gschickt aus. Perfekt organisiert und mit Ansätzen zu militärischem Schauspiel (Uniformen, Musik etc.) verfehlt die HJ ihre Wirkung auf die „Pimpfe" nicht.**

## Tschechei besetzt

Im März hat Hitler die Souveränität eines Volkes noch ohne Folgen brechen können. Nach der Besetzung des Sudetenlandes ist die Rest-Tschechoslowakei sein Expansionsziel. Dort haben die Slowaken der tschechischen Regierung schon im Herbst des Vorjahres Autonomierechte abgetrotzt und rufen jetzt (14. März) mit moralischer Unterstützung Deutschlands die Unabhängigkeit ihres Landes aus. Der tschechoslowakische Staatspräsident Emil Hácha wird zur Unterstützung eines Abkommens gezwungen, das das Ende der Souveränität seines Staatsgebietes bedeutet. Hitler ordnet den Einmarsch der Wehrmacht und die Umwandlung der Tschechei in ein „Protektorat Böhmen und Mähren" unter deutscher Obhut an. Auf Anweisung Háchas dürfen die Bürger den deutschen Truppen keinen Widerstand leisten. Am 23. März wird auch das Memelgebiet annektiert. □

**Feindselig werden die deutschen Truppen in Prag empfangen.**

## Eugenio Pacelli neuer Papst

Seit dem 2. März hat die katholische Kirche ein neues Oberhaupt. Der bisherige Staatssekretär im Vatikan, Kardinal Eugenio Pacelli, wird als Nachfolger des am 10. Februar verstorbenen Pius XI. zum neuen Papst gewählt und nimmt den Namen Pius XII. an. Sein Vorgänger hat zum Teil ein besseres Verhältnis zwischen Kirche und Staat verwirklichen können. □

## Die ersten Verlustmeldungen

Der im Reich gefeierte Blitzkrieg gegen Polen ist durch die Westmächte kaum eingeschränkt worden. Von ihrer Seite gibt es im Westen keine massiven Kriegshandlungen, nur auf Cuxhaven und Wilhelmshaven fallen die ersten englischen Fliegerbomben. England verlegt Mitte Oktober ein Expeditionskorps von 1 600 000 Mann an die französische Küste. Von der Wehrmachtsführung werden in diesem Monat auch offizielle Verlustzahlen des Polenfeldzuges bekanntgegeben: 10 572 Gefallene, über 30 000 Verwundete und 3 409 Vermißte. Im Dezember wird das deutsche Panzerschiff „Graf Spee" vor Montevideo von den Briten angegriffen und versenkt sich selbst. In Deutschland selbst gibt es bis Jahresende aber keine direkten Kriegseinflüsse. Dafür wird in Nordeuropa gekämpft. Die Sowjetunion überfällt am 30. November ihren Nachbarn Finnland, um sich die im Hitler-Stalin-Pakt versprochene Vorherrschaft zu sichern. Die Russen verlangen die Abtretung der südlichen Gebiete und die Einrichtung von Militärstützpunkten, die sie sich bereits von den drei baltischen Staaten Litauen, Estland und Lettland erzwungen haben. □

# Der Westen läßt Hitler sechs Jahre ungestört expandieren

Die Machtübernahme der Nationalsozialisten beschert Europa zunächst eine Phase aktiver Außenpolitik. Wie schon von den Weimarer Parteien angestrebt, bleibt auch für die NSDAP eine Revision des Versailler Vertrages außenpolitisches Ziel Nummer 1. Vom „Großgermanischen Reich" und neuem „Lebensraum" im Osten ist vorerst nur hinter vorgehaltener Hand zu hören. Fortschritte werden ausschließlich auf diplomatischem Parkett erzielt. Der Nichtangriffspakt mit Polen ist nur zur Beruhigung argwöhnischer Sieger des Ersten Weltkrieges gedacht, die das neue Machtpotential Deutschland zu fürchten beginnen. Nach dem Austritt aus dem Völkerbund (1933) hält die Hitler-Riege aber nichts mehr auf. Die Rückgliederung des Saarlandes 1935 ist noch mit dem Vertrag von Versailles konform, aber die beginnende Wiederaufrüstung Deutschlands bedeutet glatten Vertragsbruch wie auch der Einmarsch ins entmilitarisierte Rheinland 1936. Die Westmächte belassen es jedoch bei verbalen Ermahnungen und bereiten damit den Boden für den Waffeneinsatz Deutschlands im Spanischen Bürgerkrieg. Die Lawine ist nicht mehr aufzuhalten. Als 1938 deutsche Truppen in Österreich einmarschieren und das Land als „Ostmark" dem Deutschen Reich angliedern, hätten in London, Paris und Washington die Alarmglocken läuten müssen. Doch dort sitzen die Schrecken des großen Krieges noch tief in den Gemütern der Politiker, deren Handeln auf Abwiegeln ausgerichtet ist. So wird auch der Raub des Sudetenlandes durch den NS-Staat zugelassen. Hitler zerschlägt auch die Rest-Tschechei, eine offene Aggression gegen eine souveräne Nation. Aber mehr als eine Garantie-Erklärung für Polen kommt von England und Frankreich nicht. Dafür entsteht durch den „Stahlpakt" mit Italien die Front für den Angriff auf Europa im Herbst 1939. □

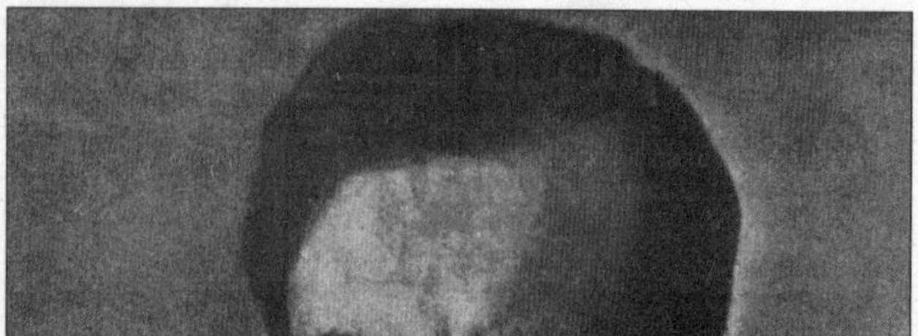

Walter Gropius emigriert in die USA.

Adolf Hitler nach einer Parteiversammlung

# Mit der Machtergreifung

Als unrühmliche Ausnahme dürfen die 30er Jahre es für sich verbuchen, daß die Entwicklung des gesamten Weltgeschehens an einem einzigen Datum festgemacht werden kann. Am 30. Januar 1933 endet nicht nur die Weimarer Republik in Deutschland, der Tag der Machtergreifung durch die Nationalsozialisten bedeutet einen Wendepunkt in der Weltgeschichte. Er ist Ausgangspunkt für Geschehnisse, die man bei zivilisierten Völkern Mitteleuropas nicht für möglich gehalten hätte. Die seit 1929 andauernde Weltwirtschaftskrise hat schwere Spuren hinterlassen, aber in England und den USA trifft sie auf gefestigte, traditionelle demokratische Strukturen. Wie kann die Weimarer Republik, vom ersten Tag ihres Bestehens von extremen Rechten wie Linken angefeindet, diesem Sturm standhalten? In ihren drei letzten Jahren ist das Parlament Spielball von Präsidialwillkür, keine Volksvertretung, sondern Versammlung von politischen Abenteurern. Einige sind sich als Steigbügelhalter für den neuen Mann nicht zu schade. Hitler wird auf legale Weise Reichskanzler, von Papen und Hugenberg sitzen mit sechs anderen nicht der „Bewegung" angehörenden Ministern im ersten Kabinett Hitlers, und dem Ermächtigungsgesetz stimmen bis auf die SPD alle anderen Parteien zu. Damit hat sich das Parlament selbst außer Funktion gesetzt und die Welle der Maßnahmen zur Gleichschaltung des gesamten öffentlichen Lebens in Deutschland rollt an. Bis Juli 1933 sind alle anderen Parteien verboten, alle Institutionen des poli-

# kommt der Schrecken

tischen und gesellschaftlichen Lebens kommen unter strenge Staatsaufsicht. Die deutschen Länder verlieren ihre Eigenständigkeit, Verwaltung, Justiz, Presse, Kultur und Wissenschaft werden den Interessen des Staates unterstellt. Nach dem Tode des Reichspräsidenten Hindenburg 1934 liegt alle Macht bei Hitler. Er ist Regierungschef, Staatsoberhaupt und Oberbefehlshaber. Beamte und Soldaten werden auf den „Führer des deutschen Reiches und Volkes" vereidigt. Der als „Röhm-Putsch" verfälschte Mord an ehemaligen Weggefährten sowie Regimegegnern konsolidiert die NS-Herrschaft. Die SS macht sich bei der Überwachung und Verfolgung von Regimegegnern „verdient". Die Konzentrationslager – das erste wird bereits 1933 eingerichtet – werden zu einem der düstersten Kapitel in der deutschen Geschichte. Die Judenverfolgung beginnt offiziell mit dem Gesetz, das sich als „Arierparagraph" fragwürdige Popularität erwirbt. Aber was ist – außer für die Betroffenen – schon die Entfernung aus Beruf, Amt oder Bildungsstätte gegen das, was im September 1935 mit dem als „Nürnberger Gesetz" bekanntgewordenen „Gesetz zum Schutze des deutschen Blutes und der deutschen Ehre" auf die jüdische Bevölkerung zukommt. Die „Reichskristallnacht" vom November 1938 ist vorgezeichnet. Ein Jahr danach stehen die jüdischen Mitbürger mit der Gründung der Reichsvereinigung in Deutschland endgültig außerhalb der Volksgemeinschaft, in einem „Ghetto ohne Mauern", wie Historiker bemerken. □

# Das vierte Jahrzehnt

## Nach dem Exodus beherrschen „arische" Normen die Szenerie

Für die meisten Künstler in Deutschland beginnt der Kampf ums Überleben. Die Bücherverbrennungen bilden ein schreckliches Fanal für die Zerstörung der bestehenden Kulturszene. Die Nationalsozialisten agitieren zunächst gegen alle modernen Tendenzen in der Kunst und prägen dafür den Ausdruck „entartet". Damit klassifizieren sie alles, was nicht-arisch, nicht-heroisch, nicht-völkisch ist. Für die Betroffenen gibt es nur einen Ausweg: die Emigration. Wer es schafft, geht in die USA, die zum Sammelbecken der deutschen und europäischen Intellektuellen werden. Dafür stehen Namen wie Strawinski, Bartók, Hindemith, Weill, Brecht, Piscator, Léger, Max Ernst, Dalí, Mondrian, Beckmann, Gropius. Für die Daheimgebliebenen besteht der Alltag aus Ausstellungs-, Veröffentlichungs- und totalen Arbeitsverboten. Die alles beherrschende Institution heißt nun Reichskulturkammer, dem Propagandaminister Goebbels unterstellt. Auf sein Konto geht die Ausstellung „Entartete Kunst" und die Vernichtung unschätzbarer Werte. 17 000 Gemälde und Skulpturen werden aus deutschen Museen entfernt. Derweil feiert die NS-Kunst fröhliche Urstände. Der verkannte Architekt Hitler läßt zwischen 1934 und 1940 von seinen Adlaten wie Albert Speer und Hermann Gieseler jene geschmacklosen Monumentalbauten errichten, die von deutscher Größe für die Ewigkeit zeugen sollen. Sie werden geschmückt von den typischen Plastiken der NS-Zeit: riesige Leiber heldischer Jünglinge, hohe Reliefs in heroischem Gebärdenspiel oder monumentale Frauengestalten. □

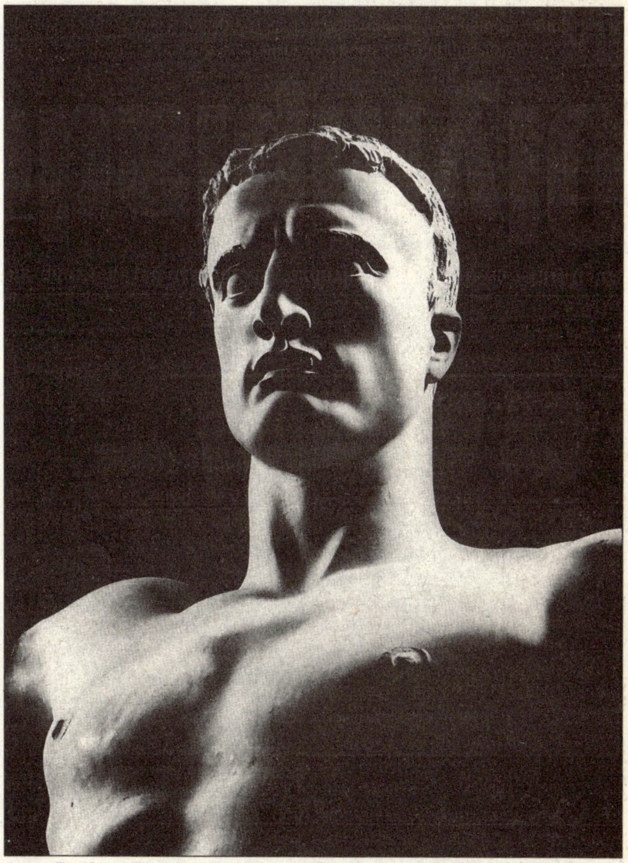

**Arno Brekers Plastik „Die Partei" für die Neue Reichskanzlei**

# Premiere für Coppi

Radprofi Fausto Coppi

Der Giro d'Italia endet im Juni mit einer Sensation. Denn es gewinnt nicht Seriensieger und Favorit Gino Bartali, sondern sein zwanzigjähriger Landsmann Fausto Coppi. Der 3 574 Kilometer lange Radklassiker ist für den jungen Mann aus Castellania zwar Erfolgspremiere, aber gleichzeitig für etliche Jahre Endstation. Denn der Giro ist das letzte große Sportereignis, das dem Krieg jetzt zum Opfer fällt. Die für dieses Jahr in St. Moritz (Winter) und Tokyo (Sommer) vorgesehenen Olympischen Spiele fallen ebenso aus wie die Tour de France, Wimbledon und der Davis-Cup. Das kriegführende Großdeutschland trägt allerdings zwischen dem 7. April und dem 17. November zehn Fußball-Länderspiele aus. □

# Angriff im Norden und Westen

Nach dem Polen-Feldzug will Hitler noch im Winter 39/40 Frankreich angreifen, doch die Witterung und eine neue Entwicklung ändern die Zielrichtung, da den Deutschen bei einer möglichen Landung der Westmächte in Norwegen das Ende der unentbehrlichen Erzlieferungen aus Schweden droht. Um dem zu vorzukommen, erfolgt am 9. April der Überfall deutscher Truppen auf Dänemark und Norwegen. Die Dänen kapitulieren sofort, Norwegens Armee aber leistet heftigen und für die Wehrmacht verlustreichen Widerstand. Erst als König und Regierung nach England ins Exil gehen, gewinnt man die Oberhand. Danach erfolgt am 10. Mai der Angriff im Westen. Nach dem Plan von General von Manstein brechen starke Kräfte nördlich der von den Franzosen als Sicherung gedachten Maginot-Linie durch und erreichen über die Maas und Somme die Kanalküste. Belgier und Niederländer kapitulieren nach wenigen Tagen. Das englische Expeditionskorps kann über den Kanal nach Hause entkommen. Paris fällt am 14. Juni, vier Tage später ergeht die Bitte der Franzosen um einen Waffenstillstand. □

## JAHRES-CHRONIK

- Eine extreme Kältewelle in Europa bringt im Januar sogar an der Riviera Schnee.
- Stalins Rote Armee fällt im Januar in Finnland ein.
- In Birmingham werden im Februar zwei Aktivisten der irischen Untergrundarmee hingerichtet.
- In den amerikanischen Kinos wird der Walt-Disney-Film „Pinocchio" erstaufgeführt.
- Finnland verliert im März durch den „Frieden von Moskau" einen Teil seines südlichen Grenzgebietes an die UdSSR.
- 71jährig stirbt am 16. März in Mabacka die schwedische Schriftstellerin Selma Lagerlöf.
- Heinrich Himmler befiehlt Ende März die Einrichtung des KZ Auschwitz.
- In Norwegen bildet der rechtsradikale Sektierer Quisling im April als selbsternannter Ministerpräsident eine Regierung.
- Die Rote Armee besetzt im Juni die baltischen Staaten.
- Der nach England entkommene General de Gaulle gründet im Juni in London das „Nationalkomitee der freien Franzosen".
- Im Alter von 60 Jahren stirbt am 29. Juni in Locarno der deutsche Maler Paul Klee.
- Der Pfälzer Fußballer Fritz Walter feiert im Juli gegen Rumänien sein Debüt in der Nationalmannschaft.
- Im Juli verurteilt die evangelische Kirche in einer Denkschrift das von Hitler angeordnete Euthanasieprogramm.
- Der Schriftsteller Walter Benjamin nimmt sich am 27. September in Port Bou (Spanien) das Leben.
- Mit 62 Jahren stirbt am 30. September in Berlin der Operetten- und Singspielkomponist Walter Kollo.
- Im Warschauer Ghetto sind im November 350 000 Juden eingeschlossen.
- Am 9. November stirbt der britische Staatsmann Arthur Neville Chamberlain in Hechfield.
- Churchill beruft im Dezember Anthony Eden als Außenminister in sein Kriegskabinett.

Nach 22 Jahren wieder Waffenstillstand im Wald von Compiègne

# Ein symbolträchtiger Akt

Der Waffenstillstand mit Frankreich wird im Juni im Wald von Compiègne unterzeichnet, dem gleichen Ort, an dem Deutschland 1918 der Frieden diktiert wurde. Zum symbolträchtigen Akt sind angereist und auf dem Bild zu erkennen: links Großadmiral Raeder, Hermann Göring, Adolf Hitler, Generalfeldmarschall von Brauchitsch, Bildmitte Rudolf Heß, rechts die französische Delegation. Die Bedingungen lauten: Frankreichs Armee bleibt in Kriegsgefangenschaft und große Teile des Landes von deutschen Truppen besetzt. Im unbesetzten Teil kann eine neue Regierung mit Sitz in Vichy gebildet werden. □

**Leo Trotzki (ganz links), Mitkämpfer Lenins und Mitbegründer der Sowjetunion, wird am 20. August im mexikanischen Exil Opfer eines Mordanschlags. Ein als „Freund" getarnter Besucher fügt ihm so schwere Schädelverletzungen zu, daß der 60 Jahre alte Revolutionär am folgenden Tag stirbt. Nicht nur enge Weggenossen Trotzkis vermuten den stalinistischen Geheimdienst GPU hinter diesem brutalen Mord. Trotzki hat seit der Ausweisung aus der Heimat im Jahr 1929 Stalins Politik publizistisch bekämpft und zu diesem Zweck auch die „Vierte Internationale" gegründet. Seine Bücher erreichten seit 1930 allerdings kaum noch die gedachten Empfänger in der UdSSR, sondern im wesentlichen nur die Linke im Westen. Der Attentäter kann übrigens von der Polizei gefaßt werden, Informationen über seinen Auftraggeber gibt es aber bis heute nicht.**

# 1940

**Buch des Jahres:**
„Wem die Stunde schlägt"
von Ernest Hemingway

**Film des Jahres:**
„Rebecca" von Alfred Hitchcock

**Schlager des Jahres:**
„Die Musi, Musi, Musi"
von Madeleine Lohse

## England nicht zu bezwingen

Der Blitzkrieg im Westen läßt den für die Kriegsführung allein verantwortlichen Hitler ein neues Ziel anpeilen: die Landung in England. Unter dem Decknamen „Unternehmen Seelöwe" wird dieses auch vorbereitet. Vorher soll jedoch die englische Luftwaffe ausgeschaltet werden. Das feindliche Radarsystem und die Kampfkraft der Royal Air Force (RAF) verhindern aber einen deutschen Erfolg in der von Göring so bezeichneten „Luftschlacht über England". Der Invasionsplan wird daher auf das kommende Jahr verschoben. In London regiert inzwischen Winston Churchill als Premierminister. Er verspricht dem englischen Volk „Blut, Schweiß und Tränen" und wird zum Symbol des britischen Widerstandes. Zwar werden englische Städte, darunter auch London, von deutschen Bomben getroffen, aber auch die RAF greift München und andere deutsche Großstädte an. Am 14. November zerstören über 500 deutsche Bomber die englische Stadt Coventry. 568 Menschen kommen bei diesem Großbombardement ums Leben. England aber bleibt bis zum Jahresende unbesiegt und kann an anderen Fronten (Nordafrika) weiterkämpfen. □

**Franklin D. Roosevelt wird im November ein drittes Mal zum US-Präsidenten gewählt. Der Demokrat hat seine Neutralitätspolitik aufgegeben und versorgt England und Frankreich inzwischen mit Kriegsmaterial. Anfang November bietet er allen Nationen Hilfe gegen die Aggressoren an.**

**Die Ruinen der im November zerstörten Kathedrale von Coventry**

## Neue Partner: Dreimächtepakt

Als Frankreich schon besiegt ist, stellt sich Italien an die Seite seines Bündnispartners Deutschland, erklärt dem Land am 11. Juni den Krieg und möchte bei der Verteilung der Beute dabei sein. Mussolini hat vor allem in Nordafrika Gebietsansprüche, träumt von einem italienisch beherrschten Mittelmeer und läßt im August Britisch Somalia von Abessinien aus angreifen. Der erste Erfolg scheint auch Hitler Recht zu geben, der England dort schwer getroffen glaubt. Neben Italien stellt sich Ende September ein weiterer Bundesgenosse ein. Die beiden Diktatoren unterzeichnen mit Japan den sogenannten Dreimächtepakt, der die beteiligten Staaten zu gegenseitiger Militärhilfe verpflichtet. Hilfe hätte Italien tatsächlich bei seinem Nordafrika-Abenteuer gebraucht, denn es gibt in der Seeschlacht vor Tarent (November) und der gescheiterten Offensive in Libyen (Dezember) deftige Niederlagen gegen die Briten. □

## Überfall auf Griechenland

Mussolini schafft im Herbst auf dem Balkan einen weiteren Kriegsschauplatz. Nachdem er Albanien bereits im Frühjahr 1939 seinem Land einverleibt hat, überfallen seine Streitkräfte Ende Oktober Griechenland, das mit Albanien stets Grenzstreitigkeiten hatte. Das italienische Heer ist allerdings für einen Winterkrieg in keiner Weise gerüstet und muß gegen die offensichtlich unterschätzte griechische Armee herbe Niederlagen einstecken. Der Balkankrieg nimmt im November eine neue Dimension an, als britische Truppen auf ein griechisches Ersuch hin auf Kreta landen. □

# Die Japaner überfallen Pearl Harbour

Die Pazifikflotte der USA wird von dem Luftangriff der Japaner in Pearl Harbour überrascht.

Für US-Präsident Roosevelt bedeutet die Achse Berlin-Rom-Tokyo auch für sein Land Gefahr. Das Verhältnis zwischen den USA und Japan verschlechtert sich im Laufe des Jahres derart, daß die Vereinigten Staaten im Juli Japans Guthaben bei ihren Banken sperren und gemeinsam mit Großbritannien und den Niederlanden eine Ölsperre für die südostasiatischen Besitzungen gegenüber Japan verhängen. Daraufhin entscheidet sich Tokyo für den Krieg, verbunden mit möglichst rascher Eroberung der lebenswichtigen Erdölquellen in Niederländisch-Indien. Der japanische Angriff beginnt am 7. Dezember mit dem Überfall auf die amerikanische Pazifikflotte in Pearl Harbour (Hawaii). Der Überraschungscoup bringt den USA schwere Verluste: 3 435 US-Soldaten werden getötet oder verwundet; acht Schlachtschiffe, drei Kreuzer, drei Zerstörer und vier kleinere Schiffe werden vernichtet, weitere Teile der Flotte schwer beschädigt. □

# Einmarsch nach Rußland führt zu großen Geländegewinnen

Wegen der Balkankrise fünf Wochen später als geplant und ohne jede Vorwarnung marschiert die Wehrmacht am 22. Juni in die Sowjetunion ein. Zwischen dem Schwarzen Meer und Nordfinnland setzen sich über drei Millionen Soldaten mit 600 000 Kraftfahrzeugen, 3 500 Panzern und 7 134 Geschützen auf breiter Front in Marsch. Luftunterstützung erhält der Vormarsch durch 2 740 einsatzbereite Flugzeuge. Die überraschte Rote Armee erleidet schwere Verluste und muß der Wehrmacht schnell große Geländegewinne erlauben. Im Norden stoppt der deutsche Angriff erst vor Leningrad, in der Doppelschlacht von Bialystik und Minsk werden 300 0000 Gefangene gemacht, im Süden erfolgt der Vormarsch auf Kiew, das im September eingenommen wird. Die deutsche Heeresleitung glaubt nach diesen Anfangserfolgen an einen Blitzkrieg wie im Westfeldzug des Vorjahres, und Hitler gibt den Befehl zum Angriff auf Moskau. Bis Mitte Oktober dringen deutsche Panzereinheiten nahe an die sowjetische Hauptstadt heran, dann aber kommt die Offensive im Schlamm des russischen Herbstes zum Stehen. Ein früh einsetzender Winter lähmt weitere Bemühungen der Wehrmacht, die sich ab dem 5. Dezember einem überraschenden russischen Gegenangriff gegenüber sieht, der sie erstmals in diesem Krieg in die Defensive zwingt. □

**Im Warschauer Ghetto, das nach dem Polen-Feldzug eingerichtet wurde, sind in diesem Jahr etwa 600 000 Juden auf engstem Raum zusammengepfercht. Für viele ist es schon das zweite Jahr unter schlimmsten Bedingungen – eine regelmäßige Versorgung mit Lebensmitteln gibt es nicht, von medizinischer Betreuung ganz zu schweigen. Den Schrecken vergrößern die Kommandos der SS, die Tausende zum Abtransport in die Vernichtungslager, vor allem nach Auschwitz, holen. Das Bild zeigt einen Einwohner des Ghettos beim Schneeräumen.**

# JAHRES-CHRONIK

● Im Alter von 58 Jahren stirbt am 13. Januar in Zürich der irische Schriftsteller James Joyce.

● Bei den Ski-Weltmeisterschaften in Cortina d'Ampezzo gewinnen die deutschen Alpinen im Februar sechs Goldmedaillen.

● SS-Reichsführer Himmler fordert im Februar höhere Geburtenziffern in Deutschland.

● Die englische Schriftstellerin Virginia Woolf begeht am 28. März mit 59 Jahren Selbstmord.

● Die deutsche Wehrmacht greift am 6. April Jugoslawien und Griechenland an und erobert bis Monatsende beide Länder.

● Im April wird der Staat Kroatien unter Führung des Faschisten Ante Pavelic gegründet.

● Nach der Rückeroberung Abessiniens durch die Briten kehrt Kaiser Haile Selassie im Mai nach Addis Abeba zurück.

● Kaiser Wilhelm II. stirbt 82jährig am 4. Juni im Exil.

● Bischof Clemens August Graf Galen stellt im Juli in Münster Strafantrag wegen Mordes durch Euthanasieverfahren.

● Im Alter von 80 Jahren stirbt am 7. August in Westbengalen der indische Philosoph und Dichter Rabindranath Tagore.

● Der polnische Pater Maximilian Kolbe erliegt am 14. August im KZ Auschwitz dem freiwilligen Hungertod für einen zum Tode verurteilten Mitgefangenen.

● Die Polizeiverordnung zum Tragen des Judensterns tritt am 1. September im Reich in Kraft.

● Im September beginnt die Deportation der Wolga-Deutschen nach Sibirien.

● Mohammed Reza Pahlewi wird nach der Abdankung seines Vaters im September zum neuen Schah von Persien ausgerufen.

● Das Deutsche Reich erklärt am 5. Dezember den USA den Krieg.

# 1941

**Buch des Jahres:**
„Der stille Don"
von Michail Scholochow

**Film des Jahres:**
„Quax, der Bruchpilot"
mit Heinz Rühmann

**Schlager des Jahres:**
„Lili Marlen" von Lale Andersen

## Heß will mit Briten reden

Am 10. Mai wird aus Großbritannien die Festnahme des Hitler-Stellvertreters Rudolf Heß gemeldet. Der Reichsminister ist aus eigenem Antrieb mit einem Jagdflugzeug dorthin geflogen, um mit den Briten über einen Friedensschluß zu sprechen, bevor Hitler den Befehl zum Angriff auf die Sowjetunion geben kann. Heß muß in Schottland notlanden und wird festgenommen. Gesprächspartner findet er nicht. Die englische Propaganda nutzt den Vorfall vielmehr auf ihre Weise, so daß sich die NSDAP gezwungen sieht, im Reich die Nachricht zu verbreiten, ihr stellvertretender Vorsitzender sei geistesgestört. □

**Das Wrack der Heß-Maschine**

**Generalfeldmarschall Erwin Rommel bei der Landung in Afrika**

## Rommel als „Wüstenfuchs"

Die Mißerfolge des italienischen Bundesgenossen in Nordafrika machen die deutsche Unterstützung auch an diesem Kriegsschauplatz notwendig. So landen im Februar deutsche Verbände in Libyen, die unter dem Kommando von Panzergeneral Erwin Rommel stehen. Die Truppe erhält den Namen „Deutsches Afrikakorps". Die neue Streitmacht hat mit der Einschließung von Tobruk im April auch gleich Anfangserfolge, Rommel wird wegen seiner Kriegsführung als glänzender Taktiker und Panzerführer in Deutschland schnell populär und erhält den Beinamen „Der Wüstenfuchs". □

## Selbstmord

Neben Rudolf Heß verliert Hitler in diesem Jahr einen weiteren Gefolgsmann. Der für die Flugzeugproduktion verantwortliche Generaloberst Ernst Udet verübt am 17. November Selbstmord, um Beschuldigungen im Zusammenhang mit der Rüstung der Luftwaffe zu entgehen. Offiziell wird von einem Unglück gesprochen, und der populäre Jagdflieger des 1. Weltkrieges (62 Abschüsse) wird mit einem Staatsbegräbnis beigesetzt. Udet war seit 1936 in leitender Position im Reichsluftfahrtministerium beschäftigt. □

**Im Züricher Schauspielhaus wird am 19. April das Drama „Mutter Courage und ihre Kinder" von Bertolt Brecht uraufgeführt. Das Stück wird begeistert aufgenommen. Die Hauptrolle in dieser Geschichte aus dem 30jährigen Krieg spielt Brechts Ehefrau Helene Weigel (Bild). Die beiden haben in vielen Ländern Zuflucht gesucht und dürfen jetzt in die USA einreisen.**

**JAHRES-CHRONIK**

- Wegen zunehmender Importschwierigkeiten werden im März in der Schweiz die Grundnahrungsmittel rationiert.
- Im März erläßt das Reich eine Verordnung zur Kennzeichnung von jüdischen Wohnungen.
- Als Protest gegen Hitler-Gefolgsmann Vidkun Quisling legen 5 000 norwegische Pfarrer ihr Amt nieder.
- Im Alter von 61 Jahren stirbt in Genf der österreichische Schriftsteller Robert Musil („Der Mann ohne Eigenschaften").
- Seit April dürfen Juden im Reich keine öffentlichen Verkehrsmittel mehr benutzen.
- Im Vernichtungslager Birkenau werden im Mai bei der ersten datierten Selektion 1 500 Juden aus Sasnovice ermordet.
- Bei einem Großangriff alliierter Bomber wird im Mai die Kölner Innenstadt schwer beschädigt. 474 Menschen kommen ums Leben.
- Japanische Seestreitkräfte erleiden im Juni in der Schlacht bei den Midway-Inseln eine schwere Niederlage gegen die US-Flotte.
- Schalke 04 wird durch einen Sieg gegen Vienna Wien im Juli zum sechsten Mal Deutscher Fußballmeister.
- Die Führer des Allindischen Kongresses, Gandhi und Nehru, werden im August wegen ihres Kampfes für die Unabhängigkeit Indiens verhaftet.
- Auf dem Versuchsgelände Peenemünde auf Usedom gelingt am 3. Oktober der Start der ersten V-2-Rakete.
- Ein Wirbelsturm mit anschließender Überschwemmungskatastrophe fordert im Oktober bei Bombay über 40 000 Todesopfer.
- Beim Großbrand in einem Nachtclub in Boston (USA) kommen im November 474 Menschen ums Leben.
- Im Alter von 64 Jahren stirbt am 3. November in Brüssel der deutsche Dramatiker Carl Sternheim („Der Snob", „Die Hose").
- Der italienische Nobelpreisträger Enrico Fermi meldet im Dezember aus Chicago eine gelungene Kernspaltung mit anschließender Kettenreaktion.

**So sieht die Lübecker Innenstadt nach dem Flächenbombardement Ende März aus.**

# Lübeck von Bomben zerstört

Die Hansestadt Lübeck wird Ende März Ziel des ersten flächendeckenden Bombardements der Royal Air Force. Diese steht seit dem Vormonat unter Befehl von Arthur T. Harris, der eine neue Angriffsstrategie entwickelte. Nach ihr greifen die britischen Maschinen nicht mehr in Wellen an, sondern massiv im großen Verband. In der Nacht zum 29. März läßt „Bomber-Harris" die Lübecker Innenstadt fast dem Erdboden gleichmachen. Die deutsche Luftabwehr ist von diesem Angriff völlig überrascht worden, die Bevölkerung reagiert entsetzt. Um das wahre Ausmaß des Luftangriffs zu verschleiern, werden falsche Verlustangaben gemacht. Die NS-Propaganda spricht von lediglich 50 Opfern und verweist umso lauter auf die Zerstörung der Baudenkmäler. In Wahrheit fallen 320 Menschen den Bomben zum Opfer, 785 werden verletzt, 1 044 Wohngebäude zerstört. Auch an zahlreichen Industrie- und Hafenanlagen der Stadt ist beträchtlicher Schaden entstanden. □

# Massenmord wird vorbereitet

Am Großen Wannsee trifft sich auf Einladung von Reinhard Heydrich, Leiter des Reichssicherheitshauptamtes, am 20. Januar eine Besprechungsrunde, die nur ein Thema hat: die „Endlösung" der Judenfrage. Obwohl anwesende Leiter von SS-Dienststellen bereits Vollzugsmeldungen in Sachen physischer Vernichtung von großen Teilen der jüdischen Bevölkerung im Reich und den besetzten Gebieten machen, will Heydrich mit dieser Wannsee-Konferenz die organisatorischen Voraussetzungen für eine planmäßige Vernichtung der Juden in Europa schaffen. Laut Protokoll führt Heydrich aus: „Unter entsprechender Leitung sollen im Zuge der Endlösung die Juden in geeigneter Weise im Osten zum Arbeitseinsatz kommen. In großen Arbeitskolonnen unter Trennung der Geschlechter, werden die arbeitsfähigen Juden straßenbauend in diese Gebiete geführt, wobei zweifellos ein Großteil durch natürliche Verminderung ausfallen wird. Der allfällig endlich

**Reinhard Heydrich**

verbleibende Restbestand wird, da es sich bei diesem zweifellos um den widerstandsfähigsten Teil handelt, entsprechend behandelt werden müssen, da dieser, eine natürliche Auslese darstellend, bei Freilassung als Keimzelle eines neuen jüdischen Aufbaues anzusprechen ist (siehe die Erfahrungen der Geschichte). Im Zuge der praktischen Durchführung der Endlösung wird Europa von Westen nach Osten durchkämmt ..." Der wegen seiner kalten Brutalität gefürchtete Heydrich wird dann im Mai Opfer eines Attentats. Er wird in Prag von zwei Tschechen angeschossen und erliegt am 4. Juni seinen Verletzungen. Sein Tod hat einen blutigen Rachefeldzug der SS im Protektorat zur Folge. Bis Anfang September werden 1 357 Frauen und Männer von Standgerichten zum Tode verurteilt. □

Nachdem der Vormarsch des deutschen Afrikakorps im Juni bei El Alamein zum Stehen gekommen ist, erfolgt Ende Oktober eine britische Gegenoffensive auf die Stellungen der deutsch-italienischen Streitmacht. Die Angreifer sind materiell hoch überlegen, dem Afrikakorps fehlt wegen des ausgebliebenen Nachschubs vor allem der Treibstoff. Nach zwei Wochen gibt es kaum noch einsatzfähige Panzer. Daher tritt Generalfeldmarschall Rommel gegen den ausdrücklichen Befehl Hitlers am 3. November den Rückzug aus der befestigten Kampflinie an.

# 1942

**Buch des Jahres:**
„Das siebte Kreuz"
von Anna Seghers

**Film des Jahres:**
„Casablanca" mit Humphrey Bogart
und Ingrid Bergmann

**Schlager des Jahres:**
„White Christmas" von Bing Crosby

## Niederlagen in Afrika und bei Stalingrad leiten Wende ein

Die vierte sogenannte Kriegsweihnacht wird von schlimmen Frontnachrichten überschattet. Nach schweren Rückschlägen für die Wehrmacht und ihre Verbündeten steht eine entscheidende Wende in diesem Krieg bevor. Die Niederlage im Afrika-Feldzug wird mit der überraschenden Landung der Alliierten (Amerikaner, Engländer und Franzosen) am 7. November an der Westküste Marokkos eingeleitet. Die unter Befehl des US-Generals Dwight Eisenhower stehende Invasionsarmee geht auch in den Mittelmeerhäfen Algeriens an Land und zwingt die deutsch-italienische Truppe zum Rückzug. Zu diesem Zeitpunkt hat sich an der Ostfront eine Katastrophe angebahnt, deren Ausmaß die Verteidigungskraft der Wehrmacht schwer erschüttern wird. Zunächst ist eine deutsche Offensive mit der Eroberung der Ukraine im Sommer und dem Vorstoß bis in die Höhen des Kaukasus und an die Wolga bei Stalingrad erfolgreich verlaufen. Dort endet sie in einem Stellungskrieg. Mitte November wird die um Stalingrad stehende 6. Armee jedoch von einer Offensive der Roten Armee überrascht und eingeschlossen. □

**Der österreichische Schriftsteller Stefan Zweig geht mit seiner Frau am 28. Februar im brasilianischen Exil in den Freitod. Er konnte die Bedrückung durch die Folgen der NS-Herrschaft in Europa nicht länger ertragen und faßte so diesen verhängnisvollen Entschluß. Der 1881 in Wien geborene Jude ging 1938 nach England und 1941 weiter nach Südamerika. Seine Essays wie „Sternstunden der Menschheit" erlangten ebenso Weltruhm wie die Novellen „Angst", „Amok" oder „Schachnovelle".**

**Auf Anordnung Adolf Hitlers wird eine Woche nach dem Tod Reinhard Heydrichs das Dorf Lidice in der Nähe von Prag als Vergeltung für das Attentat dem Erdboden gleichgemacht. Einer der Täter soll sich dort aufgehalten haben. Alle 199 männlichen Bewohner über 15 Jahren werden sofort getötet, Frauen und Kinder kommen in die KZs Ravensbrück, Theresienstadt und Litzmannstadt, einige Kinder werden auch zur „Eindeutschung" ins Reich verschleppt.**

**Erschossene männliche Einwohner von Lidice nach der Strafaktion der SS**

## Tod im KZ

Unter den KZ-Opfern dieses Jahres sind auch die Karmeliterin Edith Stein und der Arzt und Pädagoge Janusz Korczak. Die Nonne jüdischer Abstammung war 1938 in die Niederlande geflüchtet, um das Karmeliter-Kloster in Köln durch ihre Anwesenheit nicht länger zu gefährden. Sie wird am 2. August von der Gestapo aufgespürt und am 9. August in Auschwitz vergast. Vier Tage zuvor stirbt im Vernichtungslager Treblinka der Leiter des Waisenhauses im Warschauer Ghetto mit seinen Schützlingen. Korczak hätte in Warschau bleiben können, doch er begleitet im Bewußtsein des Bevorstehenden die Kinder in die Gaskammer. Sterben müssen auch die in diesem Monat entdeckten Mitglieder der Widerstandsorganisation „Rote Kapelle", die Moskau mit Informationen über die Entwicklung im Reich versorgt haben. Der Organisation gehören Menschen aus allen Schichten, darunter hohe Ministerialbeamte, an. Unter den unverzüglich Hingerichteten sind auch 19 Frauen. □

# Invasion zugesagt

Stalin, Roosevelt und Churchill (von links) in Teheran

Während an allen Fronten noch gekämpft wird, verhandeln die Alliierten bereits über das künftige Aussehen der Welt. Ende November treffen sich Roosevelt, Churchill und Tschiang Kai-schek zunächst in Kairo, unmittelbar darauf kommen der US-Präsident und der Premierminister mit Stalin zur Konferenz von Teheran zusammen. Dort werden konkrete Grenzverläufe im Osten und die mögliche administrative Form des neuen Deutschlands besprochen. Hier ist inzwischen den meisten klar, daß der Kampf bald vorbei sein wird, auch wenn das Volk noch im Februar von Joseph Goebbels zum „totalen Krieg" aufgefordert worden ist. Der Propagandaminister fragte dabei in einer vom Rundfunk übertragenen Rede im Berliner Sportpalast, ob sich alle dem großen Ziel des „Endsieges" unterordnen und noch mehr persönliche Opfer als bisher bringen wollten. In Teheran ist man davon unbeeindruckt und verspricht dem noch unter starkem Druck der Wehrmacht stehenden Stalin die baldige Errichtung einer zweiten Front, nämlich die Landung der Amerikaner und Engländer in Frankreich im kommenden Mai. Besonders zwischen Roosevelt und Stalin herrscht Übereinstimmung. □

## JAHRES-CHRONIK

- Auf einer Geheimkonferenz in Casablanca erörtern Winston Churchill und Franklin D. Roosevelt im Januar eine zweite Front gegen die Achsenmächte.
- Mahatma Gandhi tritt aus Protest gegen seine andauernde Haft im Februar wieder in einen Hungerstreik.
- Ab Ende Februar werden im Reich Schüler und Lehrlinge als Luftwaffen- und Marinehelfer eingesetzt.
- Anläßlich des 25jährigen Jubiläums der Ufa wird am 5. März der Film „Münchhausen" mit Hans Albers in der Hauptrolle uraufgeführt.
- Der frühere Reichskommissar Carl Goerdeler ruft im März in einer Denkschrift an die Generalität zu einem Staatsstreich gegen Hitler auf.
- 70jährig stirbt am 28. März in Beverly Hills der russische Komponist Sergej Rachmaninow.
- In einem Wald nahe der polnischen Ortschaft Katyn werden im April Massengräber von 4 000 polnischen Offizieren entdeckt.
- Bei einem englischen Luftangriff auf die Eder- und Möhnetalsperre kommen im Mai etwa 1 500 Menschen ums Leben.
- Der erste Düsenjäger der Kriegsgeschichte, die „Me 262", wird im Mai von Adolf Galland erfolgreich getestet.
- Der Dresdner SC wird im Juni durch einen Sieg gegen den FV Saarbrücken Deutscher Fußballmeister.
- Nach einwöchigen Luftangriffen ist Hamburg Ende Juli fast völlig zerstört. Über 40 000 Menschen kommen ums Leben.
- Das Drama „Leben des Galilei" von Bertolt Brecht wird im September in Zürich uraufgeführt.
- Im Alter von 70 Jahren stirbt am 30. Oktober in New York der österreichische Theatermann und Regisseur Max Reinhardt.
- Bei einem Erdbeben in der Türkei kommen im November 1 800 Menschen ums Leben.
- Auf Befehl Heinrich Himmlers werden Anfang November im KZ Majdanek 17 000 jüdische Zwangsarbeiter umgebracht.
- Der Berliner Domprobst und Hitlergegner Bernhard Lichtenberg stirbt am 5. November in Berlin im Alter von 67 Jahren.
- Der Partisanenführer Josip Tito bildet im Dezember eine aus Partisanen bestehende Regierung für Jugoslawien.

# Im Warschauer Ghetto Kämpfe

Als die SS im April die letzten der noch 60 000 im Warschauer Ghetto dahinvegetierenden Juden zum Abtransport in die Vernichtungslager zusammentreiben will, stößt sie auf bewaffneten Widerstand. Unter den Ghetto-Bewohnern ist der Aufbau einer kleinen Kampforganisation gelungen, die mit eingeschmuggelten oder selbstgefertigten Waffen lieber im Kampf gegen die Übermacht der Besatzer sterben will als in den Gaskammern der Lager. Bereits im Januar hat es Kämpfe im Ghetto gegeben, jetzt entwickelt sich eine regelrecht kriegerische Auseinandersetzung, bei der die SS sogar Panzer und Artillerie einsetzt. Die Ghetto-Kämpfer leisten vier Wochen Widerstand, bis der ungleiche Waffengang zu ihren Ungunsten beendet ist. Die SS gibt 56 065 getötete Juden an. □

**SS-Männer und Angehörige des Staatssicherheitsdienstes treiben jüdische Männer, Frauen und Kinder wie Vieh aus dem brennenden Ghetto. Die Aufständischen hatten sich auch an polnische Widerstandsgruppen außerhalb des Ghettos gewandt, fanden aber keine Unterstützung.**

Die deutsche Zivilbevölkerung ist das Ziel schwerer alliierter Luftangriffe, die die Großstädte systematisch in Schutt und Asche legen. Dabei werden auch Baudenkmäler wie der Kölner Dom am 28. Juni (im Bild nach der späteren Einnahme durch US-Truppen) durch Brandbomben schwer beschädigt. Nach einem Angriff auf Berlin am 3. November mit 3 738 Toten sprach „Bomber-Harris" davon, daß man Berlin von einem Ende bis zum anderen in Trümmer legen könne. Die Angreifer haben noch viele Verluste, können aber ungestört nachrüsten.

# 1943

**Buch des Jahres:**
„Der kleine Prinz"
von Antoine de Saint-Exupéry

**Film des Jahres:**
„Wem die Stunde schlägt" mit Gary Cooper und Ingrid Bergmann

**Schlager des Jahres:**
„Einen wie dich könnt' ich lieben"
von Zarah Leander

## Untergang einer ganzen Armee

Die seit November bei Stalingrad eingekesselte 6. Armee ist mit Hitlers Weigerung, ihren rechtzeitigen Rückzug zu erlauben, dem Untergang preisgegeben. Sie kämpft unter unmenschlichen Bedingungen und trotz hoher Verluste bis Ende Januar weiter, dann muß Feldmarschall Paulus am 31. Januar kapitulieren. Die Überlebenden der ehemals 270 000 Soldaten treten einen von Not und Elend begleiteten Marsch in die Gefangenschaft an (Bild). Die Rote Armee gewinnt nach dieser Schlacht weiter an Boden, sieht sich aber im Juli der „Operation Zitadelle", dem Angriff der deutschen Heeresgruppen Mitte und Süd am Kursker Bogen, gegenüber. Der Vorstoß wird zum Stehen gebracht, danach liegt das Gesetz des Handelns an der Ostfront nur noch bei der Roten Armee. Die tritt im August zur Gegenoffensive an, die über die Stationen Donezbecken und Smolensk zur Befreiung Kiews am 6. November führt. □

## Alliierte landen auf Sizilien

Zwei Monate nach der Kapitulation der deutsch-italienischen Streitkräfte in Nordafrika (13. Mai), wo 250 000 Mann unter Rommel-Nachfolger General von Arnim in Gefangenschaft gingen, setzen die Alliierten von dort ab dem 10. Juli zum Sprung nach Europa an. Nach schneller Besetzung Siziliens geht es im zügigen Vormarsch über die Straße von Messina aufs italienische Festland. In Rom wird am 25. Juli Mussolini von einer Koalition aus Armee, König und Kronprinz zum Rücktritt gezwungen und verhaftet. Marschall Pietro Badoglio bildet eine neue Regierung und nimmt Kontakt zu den Westmächten auf. Deren Vormarsch kommt aber nicht schnell genug voran, so daß Hitler mit schon bereit gestellten Truppen nach Italien einmarschiert und einem Sonderfrieden seiner ehemaligen Waffenbrüder mit den Alliierten zuvorkommt. Mussolini wird Mitte September in einem Handstreich aus der Haft befreit und ruft in Norditalien eine faschistische „Soziale Republik" aus. □

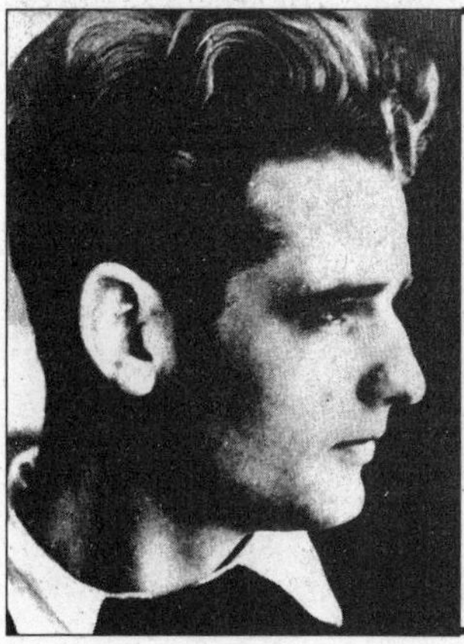

In München werden am 18. Februar Mitglieder einer aus Studenten bestehenden Widerstandsgruppe verhaftet, die seit einigen Monaten mit Flugblättern gegen die NS-Herrschaft protestieren. Der „Weiße Rose" genannte Kreis wird an der Universität München von den Geschwistern Hans und Sophie Scholl geleitet und hat Anhänger in anderen Universitätsstädten. Den Festgenommenen wird schon am 22. Februar in München durch den Volksgerichtshof unter Vorsitz von Roland Freisler der Prozeß gemacht. Die 24 und 21 Jahre alten Geschwister Scholl und ein Freund werden zum Tode verurteilt und noch am gleichen Tag hingerichtet. Im April endet ein zweiter Prozeß gegen Angehörige der „Weißen Rose" mit Todesurteilen gegen drei weitere Mitglieder. Die Geschwister Scholl werden zum Symbol des zivilen Widerstands gegen den Nationalsozialismus. Ihre Bewegung kann nicht vollkommen zerschlagen werden, sondern lebt in Kreisen junger Menschen fort, vor allem in den studentischen Zirkeln der Universitäten.

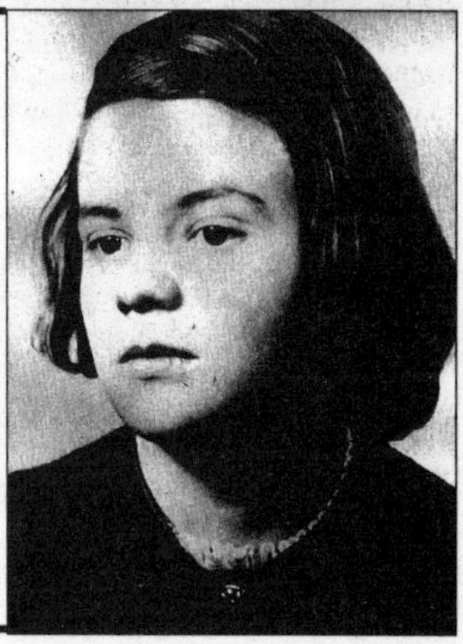

# Invasionsarmee landet in der Normandie

Amerikanische Marinesoldaten kurz vor dem Betreten des europäischen Festlandes in der Normandie

Am 6. Juni erfolgt die Stalin in Teheran versprochene Errichtung einer zweiten Front im Westen durch die Landung einer angloamerikanischen Invasionsarmee in der Normandie. Die deutsche Heeresleitung hat in Erwartung eines derartigen Unternehmens mit dem „Atlantikwall“ eine durch Minenfelder und Artillerie geschützte Abwehrstellung errichtet. Ein starkes Truppenkontingent soll den erwarteten Angriff abschlagen. Die unter dem Kommando von General Dwight D. Eisenhower stehende Landeoperation ist allerdings bestens vorbereitet und durch massiven Materialeinsatz – 6 697 Schiffe und 14 900 Bomber bzw. Jagdflugzeuge – auch erfolgreich. Die Angreifer können schnell errichtete Brückenköpfe zu einer kleinen Frontlinie ausbauen und haben nach zehn Tagen eine Million Soldaten und 300 000 Fahrzeuge an Land gebracht. Die Halbinsel Contentin wird besetzt, der Hafen Cherbourg schon am 26. Juni erobert und bis August große Teile Nordwest-frankreichs befreit. Zu Beginn der alliierten Landeoperation setzt Deutschland erstmals seine Vergeltungswaffe ein, die Flugbombe V1. Am 12. Juni werden die ersten der raketenähnlichen Waffen auf London abgefeuert, richten zwar beträchtlichen Schaden an, haben aber nicht die erhoffte Wirkung einer entscheidenden militärischen oder moralischen Schwächung des Gegners. Vielmehr rücken die Alliierten bis Ende Juli an allen Fronten weiter vor. □

**Adolf Hitler kurz nach dem mißglückten Attentat im Kreise von Offizieren in einem Bunker des Führerhauptquartiers. Links hinter ihm der Chef der „Kanzlei des Führers“ Martin Bormann, rechts mit verbundenem Kopf Generaloberst Jodl. Hitler empfängt am Nachmittag schon den zu einer Visite angereisten Mussolini und führt ihn durch den zerstörten Raum, in dem die Bombe explodierte. Das Scheitern des Attentats führt er wiederum auf die „Vorsehung“ zurück.**

## Attentat mißglückt

Am 20. Juli scheitert der Versuch einer Widerstandsbewegung, Hitler durch einen Bombenanschlag zu töten und dann mit einer aus ihren Reihen gebildeten Regierung die Verantwortung in Deutschland zu übernehmen. Als Attentäter hat sich der im Afrikafeldzug schwer verletzte Oberst Graf Schenk von Stauffenberg zur Verfügung gestellt, der als Generalstabschef des Ersatzheeres unmittelbaren Zugang zu Hitler hat. Bei einer Besprechung im Führerhauptquartier „Wolfsschanze“ nahe Rastenburg deponiert er eine Zeitbombe im Besprechungszimmer der Lagerbaracke. Aus der Ferne sieht er die Explosion und glaubt Hitler nicht mehr am Leben. Dieser hat den Anschlag aber unverletzt überstanden und leitet sofort Gegenmaßnahmen ein. Die Übernahme der Gewalt in Berlin scheitert außerdem an Kommunikationsschwierigkeiten der Beteiligten, so daß hitlertreue Einheiten schnell die Oberhand gewinnen. Die Verschwörer werden verhaftet und unverzüglich exekutiert. □

**Der zur Truppenbetreuung eingesetzte Posaunist und Bandleader Glenn Miller kommt am 16. Dezember beim Absturz seines Flugzeuges über dem Ärmelkanal ums Leben. Der 40jährige ist auf dem Weg von London nach Paris. Der Komponist des Welthits „In the Mood“ hinterläßt der Nachwelt seinen berühmten Glenn-Miller-Sound.**

**Der Schriftsteller Antoine de Saint-Exupéry kehrt am 31. Juli von einem Aufklärungsflug über dem Mittelmeer nahe Korsika nicht mehr zurück. Der Verfasser weltberühmter Werke wie „Der kleine Prinz" und „Wind, Sand und Sterne" hat sich 1940 bei der US-Airforce verpflichtet und seit der Stationierung in Nordafrika 1943 regelmäßig alliierte Aufklärungsflüge durchgeführt.**

# Frankreich befreit

Anfang August wird ein Gegenstoß deutscher Panzerdivisionen in Nordfrankreich vernichtend zurückgeschlagen, am 15. August landen die Alliierten in Südfrankreich zwischen Toulon und Cannes. Am 25. August erreicht eine freifranzösische Truppe Paris, das gegen Hitlers ausdrücklichen Befehl vom deutschen Befehlshaber ohne Widerstand übergeben wird. Einen Tag später trifft General de Gaulle in der Hauptstadt ein und übernimmt wieder die Regierungsgeschäfte. Im September greift Hitler angesichts der bevorstehenden Niederlage zu einem letzten Mittel und läßt alle noch waffenfähigen Männer zwischen 16 und 60 Jahren zum sogenannten „Volkssturm" einziehen, der in der Heimat zum Schutz bedrohter Gebiete die Wehrmacht unterstützen soll. Nach der Befreiung Griechenlands (September), gehen aber bis Ende November auch Belgien und der Süden der Niederlande verloren. Dennoch gibt es im Dezember mit der Ardennen-Offensive noch einen Vorstoß der Wehrmacht, der aber scheitert, denn die Amerikaner haben inzwischen Aachen erreicht. □

# 1944

**Buch des Jahres:**
„Gigi" von Sidonie Gabrielle Colette

**Film des Jahres:**
„Die Feuerzangenbowle"
mit Heinz Rühmann

**Schlager des Jahres:**
„La Paloma" von Hans Albers

**Die amerikanischen Truppen werden beim Einmarsch in Paris von der Bevölkerung jubelnd begrüßt.**

## Auch Ostfront weicht zurück

Auch an der Ostfront läuft eine russische Offensive, die bis zur Weichsel vorankommt und Rumänien erreicht. Zu dieser Zeit bricht die Balkanfront zusammen, Belgrad und Sofia werden erobert. Mitte Oktober steht die Sowjetarmee im Osten Ungarns, andere Einheiten dringen nach Abschnürung der deutschen Kräfte im Baltikum nach Ostpreußen vor. Gleichzeitig beginnt die Schlacht um die Befreiung Ungarns, die mit der Einschließung von Budapest erfolgt. Kurz vor Jahresende wird eine neue ungarische Regierung gebildet, die Deutschland den Krieg erklärt. □

## JAHRES-CHRONIK

- Im Alter von 80 Jahren stirbt am 23. Januar in Ekely bei Oslo der norwegische Maler Edvard Munch.
- Mit 71 Jahren stirbt am 1. Februar in New York der niederländische Maler Piet Mondrian.
- Nach einem schweren Luftangriff der Alliierten wird das historisch bedeutsame Kloster von Monte Cassino in Italien zerstört.
- Am 1. April bombardiert die US-Airforce irrtümlich die Schweizer Stadt Schaffhausen. 40 Menschen kommen ums Leben.
- Mit 41 Jahren begeht der Zeichner E. O. Plauen am 6. April in Gestapohaft Selbstmord.
- Die Generäle Erwin Rommel und Karl-Heinz von Stülpnagel beabsichtigen im April, im Westen einen Waffenstillstand zu schließen. Hitler soll verhaftet und vor Gericht gestellt werden.
- In Warschau beginnt am 1. August ein Aufstand der polnischen Heimatarmee gegen die deutschen Besatzer.
- General von Stülpnagel wird am 30. August wegen Organisierung des Widerstandes gegen Hitler in Plötzensee hingerichtet.
- Am 8. September wird erstmals eine V-2-Rakete Richtung London abgeschossen.
- General Rommel wird nach Festnahme wegen Zugehörigkeit zum Widerstand gegen Hitler am 14. Oktober zum Selbstmord durch Gift gezwungen.
- Franklin D. Roosevelt wird im November erneut zum US-Präsidenten gewählt.
- Bei der Versenkung des deutschen Schlachtschiffes „Tirpitz" kommen im November 1 200 Marineangehörige ums Leben.
- 78jährig stirbt am 13. Dezember in Neuilly-sur-Seine der Maler Wassily Kandinsky.

# Dresden wird völlig zerbombt

Die mit Flüchtlingen überfüllte sächsische Hauptstadt Dresden ist am 13. und 14. Februar Ziel des bis dahin schwersten Luftangriffs der Alliierten. Über tausend Maschinen der RAF und der US-Airforce fliegen die Stadt an und werfen ihre Bomben über der Elbmetropole ab. In der Stadt bricht ein tagelanger Feuersturm aus, sogar der Asphalt brennt in den Straßen. Rettungsarbeiten sind unmöglich. Außer den Wohngebäuden im gesamten Stadtbereich wird auch die historische Innenstadt mit weltberühmten Bauwerken wie Zwinger, Frauenkirche, Hof- und Kreuzkirche vernichtet. Die Zahl der Todesopfer wird auf über 200 000 geschätzt. □

**Nach dem zweitägigen Bombardement liegt Dresden in Trümmern.**

# Am Ende Kapitulation

**Generaloberst Jodl (Mitte) unterzeichnet die Kapitulation.**

Ende April kapitulieren die Verteidiger Berlins sowie die Italienarmee, die am Po festsitzt. Mussolini will fliehen, wird aber von Partisanen erschossen. Die Kapitulation der deutschen Wehrmacht wird am 7. Mai im Hauptquartier General Eisenhowers in Reims von Generaloberst Jodl, Generaladmiral von Friedeburg und General Oxenius unterzeichnet. Am folgenden Tag wird der Akt im Quartier der Roten Armee in Berlin-Karlshorst mit Marschall Schukow und dem britischen Luftmarschall Tedder wiederholt. Am Abend des 8. Mai werden alle Kämpfe eingestellt. Der Zweite Weltkrieg ist beendet. □

# Fronten überall zerbrochen

Für die Wehrmacht beginnt das neue Jahr mit weiteren Rückschlägen. Im Westen und Osten starten die Alliierten große Offensiven, denen man nichts mehr entgegensetzen kann. Am 12. Januar wird die deutsche Front an der Weichsel überrannt, am 13. die in Ostpreußen. Bis Ende Januar hat die Rote Armee Oberschlesien erobert und bedroht Breslau. Nach Überschreiten der Weichsel wird Pommern besetzt und Ostpreußen eingeschlossen. Im Westen läßt Hitler Anfang Januar trotz warnender Stimmen der Generalität eine Offensive starten, die aber schnell ins Stocken gerät. Der Gegenschlag der Alliierten erfolgt am 8. Februar. Sie rücken zügig vor und stehen Anfang März im Rheinland. Am 7. wird die Brücke von Remagen unzerstört eingenommen, am gleichen Tag auch Köln von US-Panzern besetzt. Ende März beginnt die Besetzung der süddeutschen Länder, des Ruhrgebiets und Niedersachsens. Am 25. April begegnen sich bei Torgau an der Elbe russische und amerikanische Truppen. Berlin ist von der Roten Armee völlig umzingelt. Hier lebt Hitler im Bunker und glaubt an ein Wunder. Am 30. April begeht er nach vorheriger Eheschließung mit seiner Geliebten Eva Braun Selbstmord, zuvor bestimmt er Großadmiral Dönitz zu seinem Nachfolger. □

# Besetztes Deutschland wird von den Alliierten aufgeteilt

Noch vor dem offiziellen Kriegsende haben die potentiellen Sieger auf einer Gipfelkonferenz in Jalta (Krim) festgelegt, was mit Deutschland geschehen soll. Anfang Februar kommen Churchill, Roosevelt und Stalin überein, daß nach einer bedingungslosen Kapitulation das Land unter Hinzuziehung Frankreichs in vier Besatzungszonen geteilt wird. Die Sowjetunion erhält Gebiete in Ostpolen und das nördliche Ostpreußen, Polen soll dafür mit bisher deutschen Ostgebieten entschädigt werden. Der Verlauf der polnischen Westgrenze bleibt einer endgültigen Friedensregelung vorbehalten. Um künftig Katastrophen wie diesen Krieg zu verhindern, soll durch eine Erneuerung des Völkerbundes in Form der Vereinten Nationen (UN) der Weltfrieden gesichert werden. Die neue Weltorganisation wird im Juni in San Francisco von 46 Staaten gegründet. Einen Monat später werden die in Jalta vorbestimmten Ergebnisse bei der Potsdamer Konferenz der drei Siegermächte abgesegnet. Neben der Aufteilung in die vier Besatzungszonen einigt man sich über Polens Grenzen. Alle Gebiete östlich der Oder und Neiße kommen zunächst unter polnische Verwaltung, und Berlin wird in vier Sektoren geteilt. Bis zur endgültigen Festlegung der deutschen Reparationen können die Besatzungsmächte sich in ihren Zonen selbst bedienen. □

**Der Zusammenbruch des Deutschen Reiches bedeutet für Millionen Soldaten Gefangennahme durch die Sieger. Dabei haben jugendliche Wehrmachtsangehörige, die von US-Soldaten entwaffnet werden, noch Glück. Ihnen droht nicht die Verschleppung in entlegene Gebiete, die für viele Gefangene der Ostfront Endstation nach jahrelangem Leben im Schützengraben ist. Ihre genaue Zahl wird nie ermittelt.**

# JAHRES-CHRONIK

- Das KZ Auschwitz wird im Januar von Einheiten der Roten Armee befreit. Sie finden noch 5 000 Gefangene vor.
- Beim Untergang des früheren Feriendampfers „Wilhelm Gustloff“ ertrinken am 30. Januar über 5 000 Ostpreußen-Flüchtlinge.
- 75jährig stirbt am 22. Januar in Jerusalem die deutsche Dichterin Else Lasker-Schüler.
- Bei Luftangriffen auf Berlin kommen im Februar 22 000 Menschen ums Leben.
- Mit Einverständnis von Adolf Hitler sollen im Februar auch Frauen und Mädchen zum Volkssturm einberufen werden.
- Mit 15 Jahren stirbt im März im KZ Bergen-Belsen das jüdische Mädchen Anne Frank.
- Am 21. April stirbt in Moritzburg bei Dresden die Grafikerin und Bildhauerin Käthe Kollwitz.
- Ab Mai erscheint im sowjetisch besetzten Berlin als erste Zeitung die „Tägliche Rundschau“.
- Am 26. Mai findet das erste Nachkriegskonzert der Berliner Philharmoniker statt.
- Im Juni beginnt im Sudetenland die Ausweisung der Sudetendeutschen durch die tschechischen Behörden.
- Der Chef des Vichy-Regimes, Marschall Philippe Pétain, wird im August zum Tode verurteilt, auf Betreiben de Gaulles aber zu lebenslanger Haft begnadigt.
- Der britische Kommandant Kölns entläßt im September Oberbürgermeister Konrad Adenauer „wegen Unfähigkeit“.
- 64jährig stirbt am 26. September in New York der ungarische Komponist Béla Bartók.
- Amerikanische Truppen landen als Reaktion auf den sowjetischen Einmarsch in den Norden Koreas im Süden des Landes.
- Im Oktober richtet das DRK einen Vermißten-Suchdienst ein.
- Der deutsche Atomforscher Otto Hahn erhält im November den Chemienobelpreis für 1944.
- Jüdische Widerstandsorganisationen starten im Dezember eine Terrorwelle gegen die britische Mandatsmacht in Palästina.

**Nach der Kapitulation der Berlin-Verteidiger hissen Soldaten der Roten Armee Anfang Mai die sowjetische Flagge auf dem Brandenburger Tor. Acht Bezirke der ehemaligen Reichshauptstadt kommen unter sowjetische Vorherrschaft. In diesem Bereich nimmt die „Gruppe Ulbricht“ die Verwaltungsarbeit auf.**

# 1945

**Buch des Jahres:**
„Pippi Langstrumpf“ von Astrid Lindgren

**Film des Jahres:**
„Kinder des Olymp“ von Marcel Carné

**Schlager des Jahres:**
„Wenn ich dich seh', dann fange ich zu träumen an“ von Detlev Lais

## Amtswechsel

Unmittelbar vor und nach der deutschen Kapitulation hat es an den Schaltstellen der Siegermächte Veränderungen gegeben. US-Präsident Franklin D. Roosevelt stirbt am 12. April und wird durch den bisherigen Vize-Präsidenten Harry S. Truman ersetzt. Winston Churchill tritt im Juli als Verlierer der Unterhauswahlen zurück. Neuer englischer Premier wird Clement Attlee. □

**Bis Ende April befreien westalliierte Soldaten die in ihrem Vormarschbereich liegenden KZs und sind beim Anblick der Opfer (hier ein Massengrab in Bergen-Belsen) genauso erschüttert wie die Sowjetsoldaten, die zuvor die Lager im Osten gesehen haben. Noch nach der Befreiung sterben Zehntausende der ehemaligen Insassen an den Folgen der erlittenen Qualen in den Lagern, darunter auch Frauen und Kinder.**

# Atombomben auf Japan

Weil Japan den amerikanischen Kapitulationsforderungen nicht nachkommt, greifen die USA zum letzten Mittel und werfen auf Hiroshima (6. August) und Nagasaki (9. August) je eine Atombombe ab. Die Auswirkungen sind grauenhaft: Innerhalb einer Kilometerzone töten radioaktive Strahlen alles Leben. In Hiroshima sterben 80 000 Menschen, 14 000 werden vermißt, 10 000 schwer verletzt. Für Nagasaki lauten die Schreckenszahlen: 36 000 Tote, 40 000 Verletzte. Nun erfolgt die japanische Kapitulation, nachdem die USA den Erhalt des Kaisertums zugesagt haben. Die UdSSR hat dem Land noch am 8. August den Krieg erklärt und erhält die Kurilen-Inseln und Südsachalin, außerdem besetzen ihre Truppen die Mandschurei und Korea. □

**Opfer in Nagasaki**

## Neuanfang

Nach dem Ende der Zwangsherrschaft beschließt die SPD im Frühjahr ihre Wiedergründung. Im Oktober findet in Wennigsen bei Hannover eine Konferenz statt, an der Erich Ollenhauer als Vertreter des Exilparteivorstandes in London sowie eine Delegation aus Berlin unter Leitung von Otto Grotewohl teilnehmen. Kurt Schumacher wird einstimmig zum politischen Beauftragten für die Westzonen gewählt. Im Dezember gründen außerdem frühere Zentrumsmitglieder, Nationalliberale und Mitglieder der christlichen Arbeiterbewegung die Christlich-Demokratische Union (CDU) und in Bayern die Christlich-Soziale Union (CSU). □

# Lebensmittelrationierung – Nur 1.000 Kalorien

Mangel an allen lebensnotwendigen Gütern – vor allem an Lebensmitteln und Brennstoffen – bestimmt im ersten Nachkriegswinter das Leben der Bevölkerung in den Besatzungszonen. Den täglich vorgesehenen Satz von 1300 Kalorien pro Kopf erreicht kaum jemand. In der britischen Besatzungszone werden die Lebensmittelrationen im Januar auf 1014 Kalorien herabgesetzt. Auch den Landsleuten in der amerikanischen Zone geht es nicht besser. Nur knapp erreichen sie eine Tagesration von 1000 Kalorien, die aus 18 g Zucker, 9 g Kaffee-Ersatz, 18 g Nudeln, 27 g Grieß, 375 g Brot, 5 g Butter, 2 g Käse, 14 g Fischmarinaden und 30 g Fleisch besteht. Dazu kommen noch 355 ccm Magermilch. Um zu überleben, tauscht man noch vorhandene Wertsachen ein. Als Zweitwährung entwickeln sich auch amerikanische Zigaretten. Für eine Lucky Strike oder eine Camel bekommt man schon einiges. Selbst die von Besatzungsmitgliedern fortgeworfenen Kippen haben ihren Wert und werden sorgfältig aufgesammelt. □

Das Schlangestehen nach Lebensmitteln gehört für jeden zum täglichen Programm.

## Schauspieler George tot

George in „Der Postmeister“

Kurz vor seinem 53. Geburtstag stirbt im ehemaligen Konzentrationslager Sachsenhausen der Schauspieler und Intendant Heinrich George. Der durch seine vitalen und kraftvollen Rollen wie in „Der Postmeister“ im Deutschen Reich populär gewordene Mime war von der sowjetischen Militärregierung in das jetzt von ihr benutzte Lager gebracht worden. □

## Ringen um Zukunft

Ein Jahr nach Kriegsende bemühen sich die Siegermächte um den künftigen Status des von ihnen besetzten Landes. Auf der Pariser Außenministerkonferenz (25. April bis 12. Juli) plädieren die USA für zentrale deutsche Verwaltungsstellen – zumindest auf wirtschaftlichem Gebiet. Gleichzeitig legen sie den Entwurf zu einem Viermächtevertrag vor, der die Kontrolle eines demilitarisierten Deutschlands vorsieht. Das wird von Frankreich abgelehnt, die UdSSR ist gegen jede Art der Föderalisierung. Daraufhin vereinbaren der amerikanische und der britische Militärgouverneur im Herbst für ihre Zonen die Bildung von gemeinsamen Zentralstellen für Wirtschaft, Verkehr, Finanzen, Ernährung und Transportwesen. Im Dezember gründen die Außenminister der beiden Staaten die sogenannte Bizone. □

**Mit den heißen Sommermonaten erwachen wieder Lebensfreude und Hoffnung. Zwar ist es nicht jedem möglich, die herrlichen Sommertage im Grünen oder im Bad zu verbringen, die Sonne aber macht keinen Unterschied zwischen Wald und Trümmern. Hier in Frankfurt müssen zwei Eisenträger die Baumstämme ersetzen, aber auch in dieser trostlosen Umgebung kann man die Sonne genießen.**

## Frauen dürfen endlich wählen

Auch in Japan bemüht sich die USA um eine Demokratie. Bei den ersten Nachkriegswahlen im April stellen sich fünf Parteien den Stimmberechtigten, unter denen erstmals Frauen sind. Im November wird eine neue Verfassung verabschiedet, nach der der Kaiser nur noch repräsentative Funktionen hat. □

# Urteile im Nürnberger Prozeß

Nach knapp elfmonatiger Verhandlungsdauer werden am 1. Oktober vor dem internationalen Militärtribunal in Nürnberg die Urteile gegen 22 als Hauptkriegsverbrecher angeklagte NS-Größen verkündet. In dem von der Öffentlichkeit mit Spannung verfolgten Prozeß werden ihnen der Bruch internationaler Verträge, militärische Aggressionen, Verbrechen gegen die Gesetze der Kriegführung, Massentötungen, Massendeportationen und Plünderungen angelastet. Das Urteil lautet: für Göring, Ribbentrop, Keitel, Rosenberg, Frick, Frank, Streicher, Kaltenbrunner, Sauckel, Jodl, Seyß-Inquart und Bormann (in Abwesenheit) auf Tod durch Erhängen; für Heß, Funk und Raeder lebenslänglich Zuchthaus; für von Schirach und Speer 20 Jahre Zuchthaus; für von Neurath 15 Jahre Zuchthaus; für Dönitz 10 Jahre Zuchthaus. Schacht, von Papen und Fritzsche werden freigesprochen. Die Urteile werden am 16. Oktober vollstreckt. Göring gelingt es, unmittelbar davor Selbstmord zu begehen. Die zu Haftstrafen Verurteilten müssen ihre Strafe in Berlin absitzen. □

## JAHRES-CHRONIK

- In Hessen, Bayern und Baden-Württemberg werden die Gemeinderäte im Januar erstmals seit 1933 wieder in freien Wahlen bestimmt.
- Nach nur dreimonatiger Amtszeit erklärt Frankreichs Staatspräsident Charles de Gaulle seinen Rücktritt.
- Argentinien hat seit Februar einen neuen Präsidenten: General Juan Domingo Perón.
- In der Sowjetzone werden die Arbeiterparteien SPD und KPD zur Sozialistischen Einheitspartei (SED) zwangsvereinigt.
- Nach einer letzten Sitzung in Genf löst sich im April der Völkerbund auf. Die Nachfolgeorganisation trägt den Namen „Vereinte Nationen".
- In seiner Heimat im Riesengebirge stirbt der Dichter Gerhart Hauptmann mit 83 Jahren.
- Nach der Abreise von König Umberto II. wird Italien Republik. Der erste Präsident heißt Enrico de Nicole.
- Die USA beginnen mit Atombombenversuchen auf dem Bikini-Atoll.
- Die griechische Bevölkerung entscheidet sich in einer Wahl für die Monarchie. König Georg II. kehrt auf den Thron zurück.
- Bei den Gemeinderatswahlen in der britischen, französischen und sowjetischen Zone gibt es eindeutige Sieger: die CDU im Westen, die SED im Osten.
- Im Oktober entsteht das Land Niedersachsen, ein Zusammenschluß von Hannover und Schaumburg-Lippe mit Oldenburg und Braunschweig.
- Der deutsche Romancier Hermann Hesse erhält den Literaturnobelpreis.
- Ein Dreivierteljahr nach der Wahl des ersten UNO Generalsekretärs Trygve Halvdan Lie wird New York zum ständigen Sitz der UNO bestimmt.
- Im Züricher Schauspielhaus wird Carl Zuckmayers Stück „Des Teufels General" uraufgeführt.

# Pulverfaß Palästina

In Palästina beginnen jüdische Untergrundorganisationen mit Terroranschlägen den Kampf um einen Judenstaat. Am 21. Juli sprengt die von Menachem Begin geführte Irgun Zwai Leumi das britische Militärhauptquartier im Jerusalemer König David Hotel. Der Anschlag fordert 91 Menschenleben. Das öffentliche Leben in Palästina wird das ganze Jahr über von Brückensprengungen, Bombenanschlägen in Zügen und Attentaten gegen britische Militäreinrichtungen beherrscht. □

# 1946

**Buch des Jahres:**
„Alexis Sorbas" von Nikos Kazantzakis

**Film des Jahres:**
„Tote schlafen fest"
mit Humphrey Bogart

**Schlager des Jahres:**
„The girl that I marry"
von Frank Sinatra

**Nachdem der Kontrollrat einen Plan zur Demontage der deutschen Schwerindustrie vorgelegt hat, beginnen in den Fabriken Abbau und Versand in die UdSSR und andere politische Nationen.**

# Neuer Kriegsschauplatz

Auslöser für die ersten kriegerischen Auseinandersetzungen im französischen Kolonialgebiet Indochina ist der Sieg des von Ho Chi Minh 1941 gegründeten Viet Minh (Liga für die Unabhängigkeit Vietnams) bei den Regionalwahlen im Norden des Landes Anfang Januar. Als Folge erkennt die Regierung in Paris am 6. März Vietnam als freien Staat innerhalb der Union Française an. Frankreich behält sich aber militärische und politische Präsenz auch im Norden des Landes vor. Nach etlichen kleineren Zusammenstößen zwischen Franzosen und Vietnamesen schlagen die ehemaligen Kolonialherren am 12. November hart zurück. Von Kriegsschiffen aus wird das Feuer auf die Hafenstadt Haiphong eröffnet, ganze Viertel sinken in Schutt und Asche, etwa 6 000 Menschen werden getötet. Ho Chi Minh und sein Militärchef General Giap wollen die französische Garnison in Hanoi erstürmen, die Franzosen aber sind an diesem 19. Dezember in erhöhter Alarmbereitschaft. Zwar können die Vietnamesen das Kraftwerk von Hanoi sprengen, Kasernen und Wohnungen der Franzosen unter Feuer nehmen, letztlich aber werden sie zurückgeschlagen. Der örtliche Befehlshaber verhängt über die Region das Kriegsrecht. In der Folgezeit kommt es zu schweren Kämpfen zwischen Vietnamesen und Franzosen. □

## JAHRES-CHRONIK

● Das politische Wochenmagazin „Der Spiegel“ erscheint erstmalig im Januar in Hamburg.

● 48jährig stirbt am 25. Januar in Miami der amerikanische Gangsterboß Al Capone.

● Ab Januar bilden die britische und amerikanische Besatzungszone den Wirtschaftsraum Bizone.

● Der Schriftsteller Hans Fallada („Wer einmal aus dem Blechnapf frißt“) stirbt im Alter von 53 Jahren am 5. Februar in Berlin.

● In Paris werden im Februar Friedensverträge mit fünf einstigen Verbündeten Deutschlands geschlossen: Italien, Rumänien, Bulgarien, Ungarn und Finnland.

● US-Präsident Truman verkündet im März vor dem Kongreß seine Doktrin: Hilfe für die freie Welt gegen die Gefahren eines totalitären Umsturzes.

● Mit 83 Jahren stirbt am 7. April in Michigan der amerikanische Industrielle Henry Ford.

● In Recklinghausen wird im Mai mit den „Ruhrfestspielen“ ein neues Kultur- und Theaterfestival begründet.

● Der SPD-Politiker Ernst Reuter wird im Juni zum Oberbürgermeister von Gesamtberlin gewählt.

● Im August wird die erste Hannover-Messe als Export- und Industriemesse eröffnet.

● Auf Initiative von Werner Richter und Alfred Andersch bildet sich im September aus jungen Literaten die „Gruppe 47“.

● Im Alter von 89 Jahren stirbt am 4. Oktober in Göttingen der Physiker Max Planck.

● Im Oktober legen die Alliierten eine neue Liste vor, nach der nur noch 682 deutsche Betriebe zur Demontage bestimmt sind.

● In Genf unterzeichnen im Oktober 23 Staaten das GATT-Abkommen zur Herabsetzung der Zolltarife.

● Nach dem Anschluß Kaschmirs an die Indische Union entsteht ein Konflikt mit dem ebenfalls Anspruch erhebenden Pakistan.

● Der US-Flugkapitän Charles Yeager durchbricht mit dem raketengetriebenen Versuchsflugzeug Bell X-1 am 14. Oktober als erster Mensch die Schallmauer.

# Indien unabhängig und geteilt

Der lange Kampf des Mahatma Gandhi und seiner Gefolgschaft ist im August dieses Jahres endlich zu Ende. Großbritannien gewährt der britischen Kronkolonie die Unabhängigkeit, allerdings auf Kosten eines einheitlichen Staates. Seit dem 15. August existieren auf dem Subkontinent die an Einwohnerzahl und Umfang wesentlich größere Indische Union und das mohammedanische Pakistan, das aus den bisherigen indischen Provinzen mit islamischer Bevölkerungsmehrheit gebildet wird. Zum ersten Premierminister der Indischen Union wird der Führer der Kongreßpartei Jawaharlal Nehru bestimmt; auf dem Bild bei der Unabhängigkeitserklärung. □

# Mit Floß über den Pazifik

Nach 97tägiger Reise sieht sich der norwegische Naturforscher Thor Heyerdahl im August am Ziel einer wissenschaftlichen Theorie. So lange hat er nämlich gebraucht, um auf dem Floß „Kon Tiki“ vom peruanischen Hafen Callao über den Pazifik nach Tahiti zu gelangen. Die verwegene Seefahrt auf dem leichten indianischen Wasserfahrzeug aus Binsenrollen und Balken mit einem viereckigem Segel, das auch den Inkas schon bekannt war, soll beweisen, daß die polynesische Kultur möglicherweise ihren Ursprung in Altperu haben könnte. Heyerdahls These bleibt umstritten, das Buch über dieses Abenteuer wird dagegen ein Bestseller. Es erscheint ein Jahr später. Der Norweger versucht auch noch durch ein ähnliches Unternehmen die Herkunft der mittelamerikanischen Kultur nachzuweisen und überquert dazu mit einem Papyrosboot den Atlantik. □

**Nehru und der ehemalige Vizekönig Lord Mountbatten**

**Für US-Außenminister George C. Marshall ist nach einem Besuch im zerstörten Europa klar, daß den Menschen dieser Region geholfen werden muß, und zwar auch der Sowjetunion und ihren Satelliten. In einer Rede an der Harvard-Universität stellt er am 5. Juni einen Plan „zur Wiederherstellung gesunder wirtschaftlicher Verhältnisse in der Welt, gegen Hunger, Armut, Verzweiflung und Chaos“ vor. Dieser Plan zur Wiederbelebung einer funktionierenden Weltwirtschaft wird noch Ende des Monats von den Außenministern der drei europäischen Siegermächte, Wjatscheslaw Molotow (UdSSR), Ernest Bevin (Großbritannien) und Georges Bidault (Frankreich), in Paris diskutiert, wobei starke Differenzen zwischen der Sowjetunion einerseits sowie Frankreich und England andererseits zu Tage treten. Die beiden Westmächte sehen in einer Beteiligung der Sowjetunion eigene Interessen gefährdet, und die UdSSR bangt um ihre wirtschaftliche Unabhängigkeit. Die Konferenz scheitert Anfang Juli. Dadurch läuft die Hilfe der USA nur für den Westen an. Hier profitieren vor allem die Besatzungszonen in Deutschland und Berlin, dem Marshall auf seiner Europareise im April auch einen Besuch abgestattet hat. Das Bild zeigt ihn hier bei der Begrüßung durch General Lucius D. Clay (links).**

Die Lebensverhältnisse der deutschen Bevölkerung sind noch immer katastrophal. Man haust in Ruinen oder notdürftig hergerichteten Unterkünften, für die die Bezeichnung Wohnung übertrieben wäre. Wegen der strengen Lebensmittelrationierung – pro Kopf kommen keine 1 000 Kalorien am Tag zusammen – besorgt man sich die zum Überleben notwendigen Dinge auf dem sogenannten Schwarzmarkt durch Tausch mit noch vorhandenen Besitztümern. Heizmaterial wie Holz oder Kohle ist für die meisten nur auf dem Weg des Diebstahls zu erlangen, eben durch den „Kohlenklau".

# 1947

**Buch des Jahres:**
„Die Pest" von Albert Camus

**Film des Jahres:**
„Monsieur Verdoux" von und mit Charlie Chaplin

**Schlager des Jahres:**
„Caprifischer" von Rudi Schuricke

**Auch in der Frankfurter Altstadt lebt man in Trümmern weiter. Kinder suchen im Schutt früherer Häuser nach Heizmaterial.**

## Thronfolgerin im Ehestand

Die englische Kronprinzessin Elisabeth heiratet am 20. November den Marineleutnant Philip Mountbatten. Der Bräutigam, Sohn des Prinzen Andreas von Griechenland und der deutschen Prinzessin Alice von Battenberg, ist unter seinem neuen Namen erst in diesem Jahr Brite geworden. Am Vorabend der Trauung wird er zum Herzog von Edinburgh ernannt. Die britische Öffentlichkeit nimmt an der Zeremonie wohlwollenden Anteil. Brautvater König Georg VI. übernimmt wegen der angespannten Finanzlage des britischen Königreiches die Apanage der Neuvermählten. □

**Das Brautpaar Kronprinzessin Elisabeth und Herzog Philip**

## Helgoland widersteht

Der Fremdenverkehrsattraktion Helgoland droht in diesem Jahr das endgültige Aus. Den Briten war die kleine Felseninsel in der Deutschen Bucht während des Krieges als Stützpunkt für die Kriegsmarine ein derartiger Dorn im Auge, daß sie ihre Vernichtung beschlossen. Bereits am 18. April 1945 zerstörten sie durch einen Bombenangriff den Ort Helgoland, nach der Kapitulation mußten deutsche Bewohner am 11. Mai 1945 das Eiland verlassen. Um den Felsbrocken in die Luft zu jagen, scheut die englische Armee keine Mühen. In Bunkern und Stollen werden Wasserbomben, Torpedoköpfe und Unterwassersprengmittel angebracht. Am 18. April erfolgt die Fernzündung der gewaltigen Menge Sprengstoff von einem Kriegsschiff aus – es handelt sich um insgesamt 6 000 Tonnen. Die Explosion sorgt zur Verblüffung der Briten allerdings nur für verhältnismäßig unbedeutende Blessuren. Lediglich ein Teil der Steilküste im Südwesten stürzt ein, und im Oberland entsteht ein tiefer Einsturzkrater. Zwischen dem bis zu 62 Meter hohen Oberland und dem Helgoländer Unterland bildet sich dadurch ein neues Mittelland. Nach der mißglückten Vernichtung dient der Felsen der Royal Air Force als Übungsplatz für Bombenabwürfe. □

## Wiederbeginn

Auch im Sport gibt es einen Neubeginn. Die Automobilrennfahrer treffen sich bei den Großen Preisen von Italien und Frankreich, die Radsportler bei den klassischen Rundfahrten Giro d'Italia (Sieger Fausto Coppi) und Tour de France (Sieger Jean Robic). Der Giro und Wimbledon hatten sogar schon 1946 Nachkriegspremiere. In Deutschland findet auf dem Nürburgring das erste Autorennen statt. □

# Gandhi ermordet

Der Vater der Unabhängigkeit Indiens, Mahatma Gandhi, wird am 30. Januar in Delhi von einem fanatischen Hindu mit drei Schüssen ermordet. Der Begründer des gewaltlosen Widerstandes als Mittel der Politik ist 78 Jahre alt geworden. Sein Leichnam wird am folgenden Tag in Neu-Delhi öffentlich verbrannt und der hinduistischen Lehre entsprechend am 12. Februar über dem Ganges verstreut. Der aus gutem Hause stammende Gandhi hat seine Ausbildung an Universitäten in London und Südafrika erhalten. Seit 1914 kämpfte er in seiner Heimat gegen die englische Kolonialmacht. Mehrmals wurde er verhaftet und zu Gefängnisstrafen verurteilt, obwohl er strikt gegen jede Gewalt war. □

So kennt die Welt den Führer der Kongreßpartei, M. Gandhi.

Fanny Blankers-Koen bei einem Vorlauf über 80-m-Hürden

# Wieder Olympische Spiele Deutsche müssen zuschauen

Nach 12jähriger Pause werden in diesem Jahr wieder Olympische Spiele ausgetragen. Wie nach dem Ersten Weltkrieg bleiben deutsche Sportler von der Teilnahme ausgeschlossen. In St. Moritz treffen sich vom 30. Januar bis 8. Februar 713 Teilnehmer aus 28 Nationen zum Kampf um die Medaillen, wobei erstmals im Alpinen Skisport Olympiamedaillen in den Einzeldisziplinen vergeben werden. Die XIV. Olympischen Sommerspiele finden dann vom 29. Juli bis 14. August in London statt. Hier sind 4 468 Teilnehmer aus 59 Nationen dabei. Viele wohnen in Baracken der Royal Air Force, die Verpflegung wird zum Teil in Schulen ausgegeben. Für ein Olympisches Dorf hat es im Nachkriegsengland noch nicht gereicht. Den Athleten machen die äußeren Umstände wenig aus, es gibt hervorragende Leistungen. Besonders bewundert wird die der bereits 30jährigen Niederländerin Fanny Blankers-Koen, die – obwohl bereits zweifache Mutter – der jüngeren Konkurrenz die Hacken zeigt und vier Goldmedaillen – 100 und 200 m, 80-m-Hürden und Springstaffel – gewinnt. Ihren letzten Wettkampf bestreitet sie 1956 als 38jährige. Im 10 000-m-Lauf gewinnt der knapp 26jährige Emil Zatopek als erster Läufer eine Goldmedaille für die Tschechoslowakei und holt auch noch Silber im 5 000-m-Lauf. □

**Als auch von den westlichen Stadtkommandanten in Berlin nach der Währungsreform die Deutsche Mark eingeführt wird, antworten die Sowjets mit einer Blockade sämtlicher Land- und Wasserverbindungen zwischen den Westzonen und West-Berlin. Das von ihnen mit „technischen Störungen" begründete Manöver beginnt am 24. Juni. Die drei Westsektoren der Stadt benötigen zum Überleben täglich 3 440 Tonnen Nahrungsmittel und Brennstoffe. Der US-Generalstab organisiert zur Versorgung eine Luftbrücke, über die täglich Tausende von Tonnen Lebensmittel eingeflogen werden. Das Bild zeigt Berliner Kinder, die einen der sogenannten „Rosinenbomber" begrüßen.**

# Arabischer Angriff nach der Unabhängigkeitserklärung

Der Chemiker Dr. Chaim Weizmann wird Israels erster Präsident.

Einige Stunden vor Ablauf der englischen Mandatsherrschaft über Palästina proklamieren Vertreter aller jüdischen Organisationen am 14. Mai im Stadtmuseum von Tel Aviv den unabhängigen Staat Israel. Chaim Weizmann wird die erste Präsidentenschaft übertragen, David Ben Gurion zum Ministerpräsidenten bestimmt. Die 650 000 jüdischen Siedler warten besorgt auf die Reaktion der Araber. Sie kommt Minuten nach dem offiziellen Ende Palästinas in Form des Einmarsches von fünf Armeen aus Ägypten, Libanon, Syrien, Irak und Jordanien. Die gut ausgerüsteten Angreifer erobern am 25. Mai die Altstadt von Jerusalem, werden dann aber von der am 31. Mai zur Armee Israels erklärten bisherigen Selbstschutzorganisation Hagana zunehmend in Bedrängnis gebracht. Die Kämpfe dauern trotz Vermittlungsversuchen der UNO bis zum Jahresende an. Da stehen die siegreichen Israelis bereits im ägyptischen Sinai und in Galiläa. Sie kontrollieren damit ein weit größeres Gebiet, als ihnen im Palästina-Teilungsplan der UNO von 1947 zugestanden worden ist. □

## JAHRES-CHRONIK

- Im Alter von 56 Jahren stirbt am 8. Januar in London der Operettenstar Richard Tauber.
- In der Tschechoslowakei übernehmen die Kommunisten mit einem Staatsstreich im Februar die Macht.
- Am 9. Februar stirbt der Volksschauspieler Karl Valentin in München mit 65 Jahren.
- In Frankfurt entsteht im März die Zentralbank der Länder im Vereinigten Wirtschaftsgebiet der Westzonen.
- Tschiang Kai-schek wird im April Präsident des auf Taiwan beschränkten Nationalchinas.
- In Kalifornien wird im Juni ein Riesenteleskop mit einer Reichweite von 1 Milliarde Lichtjahren in Betrieb genommen.
- In der sowjetischen Besatzungszone wird im Juli die kasernierte Volkspolizei gebildet.
- Der 1. FC Nürnberg wird im August durch ein 2:1 gegen Kaiserslautern erster Deutscher Fußballmeister nach dem Krieg.
- Mit der Proklamation der Republik Südkorea ist im August die Spaltung des Landes besiegelt.
- In Bonn tritt im September erstmals der Parlamentarische Rat zur Ausarbeitung einer Verfassung zusammen.
- Der Unterhändler der UNO in Palästina, Folke Graf Bernadotte, wird im September Opfer eines Attentats.
- 78jährig stirbt am 24. Oktober Franz Lehár in Bad Ischl.

# 1948

**Buch des Jahres:**
„Die Nackten und die Toten" von Norman Mailer

**Film des Jahres:**
„Der Schatz der Sierra Madre" mit Humphrey Bogart

**Schlager des Jahres:**
„Der Theodor im Fußballtor" von Margot Hielscher

## Sex-Report ist die Sensation

Alfred Charles Kinsey, Professor an der Universität von Indiana, sorgt im Januar in den USA für eine Sensation. Er veröffentlicht erste Ergebnisse einer Befragung über das Sexualverhalten bei 20 000 Bürgern des Landes. Die nach außen hin prüde amerikanische Öffentlichkeit zeigt sich schockiert, die Wissenschaft ist begeistert. Die von Kinsey ermittelten Daten werden Grundlage für weltweite Studien. □

**In den Westzonen wird am 20. Juni mit einer Währungsreform die Deutsche Mark eingeführt. Jeder Bürger erhält 40 DM des neuen Geldes, das in den Ausgabestellen kritisch geprüft wird (Bild). Gleichzeitig erfolgt auf Anweisung von Ludwig Erhard, Direktor der Verwaltung für Wirtschaft, die Aufhebung der Preisbindung und der Bewirtschaftung eines großen Teils der Waren. Das bedeutet für die von Rationierungen geplagten Deutschen auf einen Schlag endlich wieder volle Schaufenster.**

Das erste Kabinett der Bundesrepublik Deutschland besteht aus folgenden Personen: Anton Storch (Arbeit), Heinrich Hellwege (Bundesrat), Ludwig Erhard (Wirtschaft), Wilhelm Niklas (Landwirtschaft), Hans Schuberth (Post), Konrad Adenauer (Kanzler), Gustav Heinemann (Inneres), Fritz Schäffer (Finanzen), Eberhard Wildermuth (Wohnungsbau), Franz Blücher (Vizekanzler), Hans-Christoph Seebohm (Verkehr), Jakob Kaiser (Gesamtdeutsch), Thomas Dehler (Justiz), Hans Lukaschek (Vertriebene). (Von links nach rechts).

# Die Teilung Deutschlands wird besiegelt

Mit der von den jeweiligen Siegermächten anerkannten Gründung zweier eigenständiger Staaten wird die Teilung Deutschlands als Folge des Zweiten Weltkrieges endgültig vollzogen.
In den westlichen Besatzungszonen hat ein Parlamentarischer Rat die Voraussetzung für den Übergang in eine parlamentarische Demokratie geschaffen. Dieses Grundgesetz genannte juristische Werk wird im Mai von den westdeutschen Ländern ratifiziert und am 23. Mai vom Parlamentarischen Rat, dessen Abgeordnete es bis auf zwei KPD-Mitglieder zuvor unterzeichnen, feierlich verkündet. Damit beginnt die Geschichte der Bundesrepublik Deutschland. In der sowjetischen Besatzungszone (SBZ) findet ebenfalls im Mai die Wahl zu einem Volkskongreß statt, der Ende des Monats eine Verfassung für einen als Deutsche Demokratische Republik bezeichneten Staat genehmigt.
Aus den ersten Wahlen der neuen Bundesrepublik geht im August die CDU als Sieger hervor, die den 73jährigen früheren Kölner Oberbürgermeister Konrad Adenauer für das Amt des Regierungschefs nominiert. Im September konstituieren sich Bundestag und Bundesrat als gesetzgebende Gremien der Bundesrepublik Deutschland. Der Bundestag wählt auf Vorschlag des zum Bundespräsidenten gewählten Theodor Heuss (FDP) den CDU-Vorsitzenden Konrad Adenauer zum Bundeskanzler der neuen Republik. Er erhält bei der Abstimmung die zur Wahl erforderliche Mindestzahl von 202 Stimmen.
In der SBZ reagiert man entsprechend auf die Vorgänge in Westdeutschland. Der dort bestehende Nationalrat erklärt sich zur provisorischen Volkskammer, ruft eine Verfassung aus und proklamiert damit die Deutsche Demokratische Republik als den neuen Staat. Die provisorische Volkskammer beschließt Gesetze über eine ebenfalls zu bildende provisorische Länderkammer und Regierung. Die Kabinettsbildung wird von Otto Grotewohl vorgenommen, den die SED als stärkste Fraktion für das Amt des Ministerpräsidenten vorgeschlagen hat. Die Gremien Länderkammer und Volkskammer wählen im Oktober Wilhelm Pieck zum Präsidenten der Deutschen Demokratischen Republik. Der neue Staat entscheidet sich einen Monat später für eine eigene Nationalhymne und wird von den kommunistischen Staaten völkerrechtlich anerkannt. □

## JAHRES-CHRONIK

- Die USA, Kanada, Frankreich, Großbritannien und die Benelux-Staaten gründen das Verteidigungsbündnis NATO.
- Die komplette Mannschaft des italienischen Fußballmeisters Turin kommt bei einem Flugzeugabsturz ums Leben.
- Am 22. Mai stirbt der Komponist Hans Pfitzner in Salzburg.
- Thomas Mann betritt nach 16 Jahren der Emigration wieder deutschen Boden und erhält den Goethe-Preis der Stadt Frankfurt.
- Die Autorin Margaret Mitchell („Vom Winde verweht") stirbt bei einem Autounfall in Atlanta.
- Achmed Sukarno wird erster Präsident des von den Niederlanden in die Unabhängigkeit entlassenen Indonesiens.
- Der VfR Mannheim gewinnt das zweite Nachkriegs-Fußballfinale gegen Borussia Dortmund.
- Am 8. September stirbt der Komponist Richard Strauss im Alter von 85 Jahren in Garmisch.

**Die Interzonenbusse fahren wieder und werden jubelnd begrüßt.**

# Die Berliner hielten durch
## Das Ende der Blockade

Nach monatelanger Blockade der Stadt Berlin durch die sowjetische Besatzungsmacht konnten die Berliner im Mai die Aufhebung der Absperrung ihrer Stadt feiern.
Die Sowjets hatten nicht nur den gesamten Verkehr mit den Westzonen verhindert, sondern auch die Versorgung West-Berlins mit Elektrizität, Brennmaterial und Lebensmitteln unterbunden. Mit diesen Maßnahmen sollten die West-Alliierten zum Abzug gezwungen werden, um das „Loch Berlin" im Eisernen Vorhang zu stopfen.
Die Alliierten reagierten mit einer Luftbrücke, an der täglich 225 viermotorige „Skymasters" der USA und 158 englische Maschinen beteiligt waren, die in bis zu 1 000 Flügen pro Tag alles Notwendige in die blockierte Stadt brachten. 55 Soldaten und deutsche Mitarbeiter kamen bei dem fast neun Monate dauernden Einsatz ums Leben. □

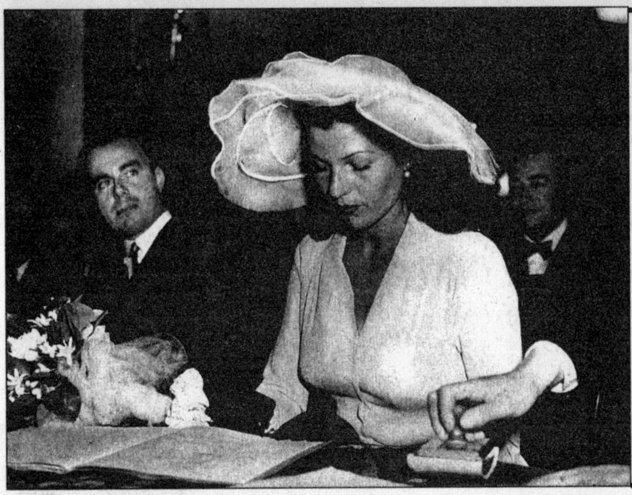

**Ein kleiner Ort an der französischen Riviera erlebt im Mai eine sensationelle Trauungszeremonie. Der Bürgermeister von Vallauris bestätigt den Ehestand der katholischen amerikanischen Filmschauspielerin Rita Hayworth, die als Margarita Carmen Cansino 1918 in New York geboren wurde und schon zweimal verheiratet war, u.a. mit Orson Welles, mit dem 1911 geborenen Ali Khan. Der Sohn Aga Khans III. übt eine politische Tätigkeit in seiner Heimat Pakistan aus und ist schiitischer Moslem. Die beiden werden später noch einmal nach islamischem Ritus getraut.**

# 1949

**Buch des Jahres:**
„1984" von George Orwell

**Film des Jahres:**
„Adel verpflichtet" mit Alec Guinness

**Schlager des Jahres:**
„La vie en rose" von Edith Piaf

## Kardinal verurteilt

In einem aufsehenerregenden Verfahren wird der Primas von Ungarn, Kardinal József Mindszenty (im Bild an einem der ersten

Verhandlungstage) zu einer lebenslangen Haftstrafe verurteilt. Die Anklage wirft dem Kirchenfürsten Hochverrat und Zerstörung der demokratischen Ordnung des ungarischen Staates vor. Der Staatsanwalt nennt gegen Mindszenty und fünf Mitangeklagte im einzelnen folgende strafwürdige Handlungen: Versuch der Wiederherstellung der Vorkriegsverhältnisse in Ungarn mit westlicher Hilfe, Schwarzmarktgeschäfte und verschwörerische Umtriebe. Der Primas legt vor Gericht ein Teilgeständnis ab, das ihn als Gegner des Kommunismus im allgemeinen ausweist. Seine gesundheitliche Verfassung läßt Beobachter – soweit sie überhaupt zugelassen sind – aber zu der Annahme kommen, daß ihm seine Äußerungen abgepreßt worden sind. □

## Sieg für Israel

Der 1. Palästinakrieg zwischen Israel und seinen arabischen Nachbarn endet im Februar mit einem Waffenstillstandsvertrag zwischen Ägypten und Israel. Israel geht aus dem Krieg mit einem größeren territorialen Gebiet als ursprünglich vorgesehen hervor. Es verfügt nun über ein zusammenhängendes Gebiet von Elat bis zur libanesischen Grenze. Lediglich ein Küstenstreifen bei Gaza bleibt noch von Ägypten besetzt. □

## Nach Rücktritt armer Mann

Einer der bekanntesten Sportler tritt im März von der Bühne ab: Joe Louis, Box-Weltmeister im Schwergewicht von 1937 bis 1949, legt seinen Titel nieder. Der als der „Braune Bomber" in Deutschland vor allem wegen seiner legendären Kämpfe gegen Max Schmeling bekannte Faustkämpfer war in 25 Titelkämpfen ungeschlagen geblieben. Sein letzter Kampf fand im Juni 1948 statt. Nun ist er ein armer Mann. Von den geschätzten 4,7 Millionen Dollar Gesamteinnahmen sind ihm nur noch Steuerschulden geblieben. □

**Schwedens hochdekorierter Weltstar Ingrid Bergmann („Wem die Stunde schlägt") gibt im Sommer die bevorstehende Scheidung von Peter Lindström bekannt. Grund soll der italienische Regisseur Roberto Rosselini sein, mit dem sie gerade den Film „Stromboli" dreht. Der 43jährige hat sich ihretwegen von Anna Magnani getrennt.**

## Mao siegt in China

Der Bürgerkrieg in China endet mit dem Sieg der kommunistischen Truppen unter Führung von Mao Tse-tung. Als letzte Stadt Nordchinas besetzen sie im Januar Peking. Staatspräsident Tschiang

**Mao Tse-tung proklamiert die Volksrepublik China.**

Kai-schek legt sein Amt als oberster Repräsentant Nationalchinas nieder und zieht sich nach Taiwan zurück. Im weiteren Verlauf des Jahres kämpft sich die kommunistische Volksarmee auch im Süden des Landes vor. Nach Nanking fallen Shanghai, Hankau und Tsingtau. Der Generalsekretär der KP Chinas, Mao Tse-tung, ruft am 1. Oktober in Peking vor 200 000 Zuhörern die Volksrepublik China aus, deren erstes Staatsoberhaupt er selbst wird. Mit seinem Ministerpräsidenten begibt sich Mao anschließend zu einem Besuch in die UdSSR, die die neue Volksrepublik als erster Staat anerkennt. □

# Schrecken der Vergangenheit durch die Kunst nicht zu fassen

Für die Kunst bedeutet das Ende der NS-Herrschaft eine scharfe Zäsur. Doch nach 12jähriger Unterdrückung fällt der Neubeginn schwer. Es erfolgt keine Aufarbeitung chronologischer Art, die europäische Kunstszene wendet vielmehr den Blick nach vorn. Aufarbeitung findet ausschließlich im Nachkriegsfilm statt, und auch da vor allem im sowjetisch besetzten Teil Deutschlands, wo mit dem Namen der DEFA dieser Teil der Vergangenheitsbewältigung verbunden bleibt. Die Ergebnisse der Kriegstechnik hingegen können nach der Katastrophe kontinuierlich weiterentwickelt werden. Das zur Ortung feindlicher Flugzeuge entwickelte Radar wird nach 1945 zum entscheidenden Bestandteil fast aller Flugsicherungssysteme. Auch die zur besseren Trefferquote der Flak von den Amerikanern geschaffenen elektronischen Rechenanlagen stehen Pate bei der Geburt der Analogrechner. Der rasante Aufschwung der Zivilluftfahrt mit den bald marktbeherrschenden Düsenmaschinen wäre ohne den Krieg noch lange ausgeblieben. Die wichtigste Neuerung der Kriegsjahre bleibt jedoch die Atombombe. Denn was menschlicher Forschergeist da im Labor entdeckt hat, machen die Militärs zur fürchterlichsten Vernichtungswaffe der Menschheit. Schon bald nach den USA kann auch die Sowjetunion mit Kernwaffen drohen, und da auch die Transportfrage durch die von den Deutschen bereits in den letzten Kriegsjahren entwickelten Raketen schnell geklärt ist, bleibt von einer der größten wissenschaftlich-technologischen Leistungen dieses Jahrzehnts eine Bedrohung für die ganze Welt. □

Atompilz nach einer Versuchsexplosion

Im Mai 1945 werden verletzte Wehrmachtsoldaten von Rotkreuz-Helfern

# Der Götterdämmerung

Nach der Kapitulation der Wehrmacht steht das deutsche Volk vor einer noch nie in seiner Geschichte erlebten Situation. Das gesamte Land ist vollständig von Truppen der vier Siegermächte besetzt, seine wirtschaftliche und zivile Infrastruktur praktisch vollkommen zerstört, ein ganzes Volk ist nur noch Objekt der Sieger. Historiker vergleichen die Situation mit einer Inszenierung von Richard Wagners „Götterdämmerung". Die Anti-Hitler-Koalition der Siegermächte erweist sich aber bald schon als brüchig. Zeigte man sich auf der Potsdamer Konferenz mit den grundsätzlichen Maßnahmen – Erhalt der wirtschaftlichen Einheit Deutschlands und Neuaufbau einer demokratischen Ordnung – noch konform, so erfolgen bei der Umsetzung derartige Anlehnungen an das eigene politische System, daß in jeder der vier Besatzungszonen andere Strukturen zutage treten. Diese Auseinanderentwicklung der vier Zonen bildet die Basis für die später nicht mehr aufzuhaltende Spaltung Deutschlands. Sein Territorium wird ab der Jahreswende 1946/47 Hauptschauplatz des als Kalten Krieges bezeichneten Phänomens der ideologischen und machtpolitischen Auseinandersetzung zwischen Siegern aus Ost und West. Spätestens mit der Zwangsvereinigung der auch in der östlichen Zone nach dem Zusammenbruch wiederbelebten Arbeiterparteien KPD und SPD 1946 ist den auf ein föderalistisches Prinzip bei der Neuordnung Deutschlands setzenden Amerikanern klar geworden, daß dieses Land zum Modellfall der Nachkriegsentwicklung geworden ist, die den Zerfall der Welt in zwei große Macht-

auf den Straßen des zerstörten Berlins versorgt.

# folgt die Spaltung

blöcke bedeutet. Zwischen der Gründung der UN 1946, bei der noch alle 46 am Krieg gegen die Achsenmächte beteiligten Staaten mitwirken, und der Schaffung des Nordatlantikpaktes (NATO) 1949 durch die Westmächte liegt nicht nur eine bloße Zeitspanne von drei Jahren, dazwischen liegt auch die totale Entfremdung der in ihrem Kampf gegen den Faschismus noch so einigen Waffenbrüder aus Ost und West. Die USA müssen in dieser Zeit fast tatenlos mit ansehen, wie sich der nur auf die Sowjetunion beschränkte Kommunismus aufmacht, sein Ziel, die Weltherrschaft, zu erreichen, indem er seinen Einflußbereich bis an die Elbe ausdehnt. Denn Stalin bricht die in Jalta vereinbarten Prinzipien, den zwischeneuropäischen Nationen die Bildung freier, demokratischer Staatswesen zu gewähren, und stülpt ihnen mehr oder weniger gewaltsam sein Konzept über. Die Rote Armee stellt in Polen, Ungarn, der Tschechoslowakei, Bulgarien und Albanien den eigentlichen Machtfaktor dar, natürlich erst recht in dem Teil Deutschlands, der ihr 1945 als Besatzungszone zugefallen ist. Vor dem Hintergrund der weltpolitischen Spannungen seit 1946/47 und der darauf basierenden sowjetischen Deutschlandpolitik geschieht dann nahezu zwangsläufig, was am Ende dieses Kriegsjahrzehnts manifest wird: die endgültige Spaltung Deutschlands in zwei verschiedene Staaten, die Deutsche Demokratische Republik und die Bundesrepublik Deutschland. Gegen diese Ergebnisse des Zweiten Weltkrieges scheint der seinerzeit als unfaßbar geltende Versailler Vertrag nahezu erträglich. □

# Das fünfte Jahrzehnt

## Ost-West-Konfrontation bricht in der ganzen Welt auf

Auch Korea wird nach der japanischen Niederlage in eine russisch besetzte Hälfte im Norden und eine amerikanisch besetzte im Süden geteilt. Als sich die Besatzer 1949 zurückziehen, hinterlassen sie einen neuen Krisenherd. Die weltpolitisch bedeutendste Entwicklung spielt sich in China ab. Mit dem Sieg der Kommunisten Mao Tse-tungs über Tschiang Kai-schek und dessen Rückzug auf die Insel Taiwan stehen sich auch hier die beiden Machtblöcke der Welt gegenüber, weil die USA Maos beabsichtigten Inselsprung mit nachhaltiger Drohung verhindern. Nach der jahrzehntelangen Neutralitätspolitik sind die Vereinigten Staaten ein neuer Machtfaktor in der westlichen Hemisphäre geworden, zumal die alten kolonialen Großmächte England und Frankreich mit dem Zerfall ihrer Weltreiche beschäftigt sind. Als England sich 1947 aus Indien zurückzieht, stehen sich mit der Indischen Union und Pakistan zwei Todfeinde gegenüber, genauso wie der 1948 in Palästina gegründete Staat Israel und seine arabischen Nachbarn. Frankreich muß die Mandate über Syrien und den Libanon aufgeben, liefert sich aber in Indochina einen Krieg gegen die Vietminh, die Unterstützung von Mao erhalten. □

Einer der mächtigsten Kämpfer des Kalten Krieges: Josef Stalin

JAHRES-CHRONIK

- Mit nur 46 Jahren stirbt am 21. Januar in London der englische Schriftsteller George Orwell.
- Heinrich Mann stirbt im Alter von 78 Jahren am 12. März in Santa Monica (Kalifornien).
- In Köln findet im Mai die erste „Fotokina“, Foto- und Kinoausstellung, statt.
- Im Mai wird eine gesamtdeutsche CDU mit Konrad Adenauer als Vorsitzendem gegründet.
- Polen und die DDR erkennen im Juni gegenseitig die Oder-Neiße-Linie als Staatsgrenze an.
- Uruguay wird durch einen 2:1-Sieg gegen Brasilien in Rio de Janeiro Fußball-Weltmeister.
- In Frankfurt wird im Juli der „Zentralrat der Juden“ in Deutschland gegründet.
- Walter Ulbricht wird im Juli zum Generalsekretär der SED ernannt.
- Chinesische Truppen marschieren im Oktober in das Nachbarland Tibet ein.
- Im Alter von 83 Jahren stirbt am 26. November in Rottach-Egern die Schriftstellerin Hedwig Courths-Mahler.
- Die deutschen Wissenschaftler Otto Diels und Kurt Alder erhalten im Dezember den Chemienobelpreis.
- Im Alter von 66 Jahren stirbt am 27. Dezember in New York der Maler und bedeutende Expressionist Max Beckmann.

# Nordkorea überfällt den Süden

**Zwei in Seoul von einer Patrouille gestellte Saboteure werden auf Waffen untersucht.**

Während man sich im Süden des geteilten Koreas auf die Bildung einer Nationalversammlung zum Zwecke der Vereinigungsmodalitäten vorbereitet, überschreiten Truppen des Nordens am frühen Morgen des 25. Juni den als Grenze dienenden 38. Breitengrad. Die völlig überraschte Armee des Südens muß zwei Tage später die Hauptstadt Seoul preisgeben und wird weiter nach Süden zurückgedrängt. Die Schutzmacht USA läßt sich von der Vollversammlung der UNO den Segen zum militärischen Eingreifen geben. Die Lage der Südkoreaner ist mittlerweile dramatisch. Ihre Streitkräfte sind von der Nord-Armee in einem Brückenkopf bei Pusan zusammengedrängt worden. Aber der Oberbefehlshaber der US-Truppen, der bereits siebzigjährige Weltkriegsgeneral Douglas MacArthur, setzt seine Erfahrungen aus dem Pazifikkrieg um und fällt der Nord-Armee mit einer Landung starker amphibischer Kräfte in den Rücken. Im September werden die Nordkoreaner geschlagen und ihre Hauptstadt Pjöngjang besetzt. Da greifen chinesische „Freiwillige“ ein, drängen die unter UN-Flagge kämpfenden Amerikaner zurück und besetzen bis Jahresende ihrerseits wieder Teile des Südens mit Seoul. □

**Atomspion Dr. Klaus Fuchs an seinem Arbeitsplatz**

# Atomspion verurteilt

Ein Londoner Gericht verurteilt am 1. März den 38jährigen Klaus Fuchs wegen Atomspionage zu 14 Jahren Zuchthaus. Damit geht ein aufsehenerregender Prozeß zu Ende, der den ersten großen Spionagefall der Nachkriegszeit abgehandelt hat. Der verurteilte Wissenschaftler ist deutschstämmig (geboren in Rüsselsheim) und seit 1932 Mitglied der KPD. Nach der Machtergreifung kommt er über Frankreich nach England, wo er seine Studien beendet und danach wissenschaftlich tätig ist. Mittlerweile britischer Staatsangehöriger arbeitet er von 1943 bis 1946 am amerikanischen Atombombenprojekt in Los Alamos. Danach wird er Leiter der theoretischen Abteilung des britischen Atomforschungszentrums Harwell. Während seiner Tätigkeit in den USA und vor allem in Großbritannien liefert er dem sowjetischen Geheimdienst wichtige Informationen über den Stand der westlichen Atomtechnik und verschafft der UdSSR damit die Möglichkeit, beispielsweise bei der Entwicklung der Wasserstoffbombe gleichzuziehen. Fuchs wird erst 1948 enttarnt. Nach seiner Begnadigung 1959 geht er in die DDR. □

# Lebensmittel frei zu kaufen

Ab Ende März erleben die Nachkriegsdeutschen im Westen ein völlig neues Lebensgefühl. Endlich wird die Rationierung aufgehoben, und die Zeit der Lebensmittelkarten ist vorbei. Bereits zu Jahresbeginn sind die meisten Grundnahrungsmittel frei zu erwerben, lediglich für Zucker und Fett besteht noch eine Mengenbegrenzung durch die berühmt-berüchtigte Nachkriegserfindung der Lebensmittelmarke, aber auch diese Rationierung wird im weiteren Verlauf des Jahres völlig abgeschafft. □

# Traumpaar des deutschen Films

Für das deutsche Kinopublikum ist der erste Nachkriegsfarbfilm die Sensation des Jahres. Hans Deppes „Schwarzwaldmädel" leitet die Welle der Heimatfilme ein und wird zum absoluten Kassenschlager. 16 Millionen Deutsche sehen den Film, in dem der Österreicher Rudolf Prack und die Berlinerin Sonja Ziemann zum neuen Traumpaar des Kinos werden. Gleich im folgenden Jahr dreht Deppe mit ihnen das Heimkehrer-Drama „Grün ist die Heide", das im ersten Kinoeinsatz von 15 Millionen Zuschauern gesehen wird. Die Filme werden die kommerziell erfolgreichsten der 50er Jahre. □

# Fußball wieder international

Die Schweiz ist am 22. November Gegner des ersten Nachkriegsländerspiels der deutschen Fußballer. Sie gewinnen in Stuttgart mit 1:0. Bundestrainer Sepp Herberger hat bis auf Fritz Walter (verletzt) die besten Akteure aufgestellt, die den Krieg überstanden haben. Seine Mannschaft siegt durch ein Tor des Verteidigers Burdenski. Am historischen Spiel sind beteiligt: Toni Turek (Fortuna Düsseldorf), Herbert Burdenski (Werder Bremen), Jacob Streitle (Bayern München), Gunter Baumann (1. FC Nürnberg), Andreas Kupfer (Schweinfurt 05), Karl Barufka (VfB Stuttgart), Berni Klodt (Schalke 04), Max Morlock (1. FC Nürnberg), Ottmar Walter (1. FC Kaiserslautern), Fritz Balogh (VfL Neckarau) und Richard Hermann (FSV Frankfurt). □

# 1950

**Buch des Jahres:**
„Das Tagebuch der Anne Frank" von Anne Frank

**Film des Jahres:**
„Der dritte Mann" mit Orson Welles

**Schlager des Jahres:**
„La-le-lu" von Anneliese Rothenberger und Detlev Lais

Das Berliner Stadtschloß, vormals Sitz der preußischen Könige, wird auf Befehl des Ostberliner Magistrats im September gesprengt (im Bild der Apothekenflügel). Man benötigt den Platz für ein neues Regierungsgebäude.

**Probleme mit der unbewältigten Vergangenheit führen in diesem Jahr zu einem vorzeitigen Thronwechsel in Belgien. Als König Leopold III. nach seinem sechsjährigen Exil im Juli in die belgische Heimat zurückkehrt, empfangen ihn nicht nur Jubel, sondern auch harsche Kritik. Man wirft ihm die vorschnelle Kapitulation vor den Deutschen im Jahre 1940 vor. Der König hatte in der Folgezeit bis 1944 auf Schloß Laeken in Brüssel gelebt und war dann in deutsche Kriegsgefangenschaft gebracht worden. Ein Jahr später ging er ins Ausland. Nun halten ihm vor allem die Wallonen seine schnelle Niederlage vor und gehen protestierend auf die Straße. Als schließlich im französischsprachigen Teil des Landes ein Generalstreik ausgerufen wird, den auch noch die belgischen Sozialisten unterstützen, eskaliert der Konflikt. Es kommt zu blutigen Zusammenstößen mit der Polizei, in Lüttich werden schließlich fünf Arbeiter getötet. Aufgrund dieser Ereignisse fühlt sich der König gezwungen, am 1. August seine Abdankung bekanntzugeben. Er überträgt die Thronrechte auf seinen ältesten Sohn Baudouin; auf dem Bild links neben Leopold und seinem jüngeren Bruder Prinz Albert.**

**Am 2. November stirbt nach einem Sturz im Garten seines Alterssitzes nahe London der irische Schriftsteller und Nobelpreisträger von 1925 George Bernard Shaw. Der 94jährige galt als der große Spötter der Literatur, weil er auch ernste Themen in witzig-ironischer Weise oder mit beißendem Spott meisterhaft bearbeitete.**

# Autoschau wird Publikumsmagnet

**Kurz vor der Eröffnung der ersten Internationalen Automobilausstellung herrscht noch Ruhe.**

Die von Bundespräsident Heuss am 19. April eröffnete erste Internationale Automobilausstellung (IAA) wird zum Publikumsmagneten. Bereits in den beiden ersten Stunden drängen sich mehr als 12 000 Besucher auf dem Frankfurter Messegelände um die neuen Erzeugnisse der 518 beteiligten Firmen. Das Auto ist zum Wirtschaftsmotor geworden: Die Produktion stieg von 7 000 im Jahre 1945 auf 306 000 Fahrzeuge 1950. In Frankfurt werden vor allem die neuen deutschen Pkw bestaunt. Bei den großen Namen ist Mercedes mit zwei Neuerscheinungen vertreten, dem „Typ 220" und dem „Typ 300". Letzterer erreicht mit seinen 115 PS stolze 155 Stundenkilometer Höchstgeschwindigkeit. Erstmals nach dem Krieg ist BMW wieder auf einer Ausstellung, der „501" hat einen Zwei-Liter-Motor mit 60 PS. Der Kleinste der Schau ist der Lloyd „LP 300" mit 10 PS und 75 Stundenkilometern Höchstgeschwindigkeit. □

## JAHRES-CHRONIK

- Mit 75 Jahren stirbt am 30. Januar in Stuttgart der Autokonstrukteur Ferdinand Porsche.
- In Westberlin wird im Februar die erste „Grüne Woche" eröffnet.
- Der Bundestag stimmt im Februar der Einrichtung des Bundesgrenzschutzes (Stärke 10 000 Mann) zu.
- Der NWDR sendet im März sein erstes Live-Fernsehspiel.
- Die Bundesrepublik erhält ab März durch ein neues Besatzungsstatut mehr Souveränität.
- Bundeskanzler Konrad Adenauer übernimmt im März auch das Außenministerium.
- In den USA wird im April die erste Operation mit einer Herz-Lungen-Maschine vorgenommen.
- General Eisenhower übernimmt im April den Oberbefehl über die NATO-Truppen in Europa.
- „Das doppelte Lottchen" von Erich Kästner erhält im Mai den ersten Bundesfilmpreis.
- Im Juni werden in Berlin die ersten Filmfestspiele eröffnet. Der Film „Die vier im Jeep" erhält den ersten verliehenen „Goldenen Bären".
- Einen Tag vor seinem 76. Geburtstag stirbt am 2. Juli in Berlin der Chirurg Ferdinand Sauerbruch.
- In den USA wird im Juli die erste Fernsehsendung in Farbe, eine Produktion des Senders CBS, ausgestrahlt.
- Mit Wilhelm Furtwängler werden im Juli die Bayreuther Festspiele wiedereröffnet.
- In Karlsruhe wird im September das Bundesverfassungsgericht eröffnet.
- Das Düsseldorfer Schauspielhaus und das Berliner Schillertheater werden ebenfalls im September eröffnet.
- Winston Churchill wird im Oktober als 77jähriger erneut britischer Premierminister.
- Die DDR lehnt die Teilnahme an den Olympischen Spielen 1952 mit einer gesamtdeutschen Mannschaft ab.

# Korea-Krieg geht weiter Verhandlungsmarathon beginnt

Der Korea-Krieg geht in den ersten Monaten dieses Jahres mit unverminderter Härte weiter. Die im wesentlichen aus US-Soldaten bestehende UNO-Truppe kann nach Offensivoperationen im Januar und Februar Seoul wieder befreien und überschreitet dann erneut den 38. Breitengrad Richtung Norden. General MacArthur will angesichts der chinesischen Freiwilligenverbände auf der Gegenseite bis nach China vorstoßen, wird aber von US-Präsident Truman zurückgehalten und im April vom Kommando abberufen. An seine Stelle tritt General Ridgway. Die Fronten der Kriegsgegner pendeln sich schließlich um den 38. Breitengrad ein. Auf Druck der sowjetischen UN-Delegation kommt es nach einigem Tauziehen um Verhandlungsort, Tagesordnung und Teilnehmer im Sommer in Panmunjon zur Aufnahme von Waffenstillstandsgesprächen, die – unterbrochen von ständigen militärischen Provokationen beider Seiten – zwei Jahre dauern werden. Die USA verlieren in diesem Krieg über 24 119 Soldaten. Der hohe Blutzoll löst angesichts der festgefahrenen Situation im umkämpften Land auch einige innenpolitische Diskussionen aus. □

**In Teheran heiratet Mohammed Reza Pahlewi, Schah von Persien, im Februar die fast 18jährige Soraya Esfandiari. Der 31jährige Herrscher auf dem persischen Pfauenthron war in erster Ehe (1939) mit Prinzessin Fausija verheiratet. Diese Verbindung blieb jedoch kinderlos.**

80 000 Menschen folgen dem Aufruf der Gewerkschaften zur Maikundgebung auf dem Münchner Königsplatz (Bild). In Berlin kommen fast 600 000 Menschen aus Ost und West am 1. Mai zusammen.

# 1951

**Buch des Jahres:**
„Verdammt in alle Ewigkeit"
von James Jones

**Film des Jahres:**
„Ein Amerikaner in Paris"
mit Gene Kelly

**Schlager des Jahres:**
„Pack die Badehose ein"
von Conny Froboess

**Bei den Eiskunstlauf-Weltmeisterschaften in Mailand gewinnt im Februar das fünffache deutsche Meisterpaar Ria Baran/Paul Falk den Paarlauf-Titel. Die beiden Dortmunder heiraten nach ihrem Sieg.**

## Erster Schritt zur Einigung

Frankreichs Außenminister Robert Schuman sieht sich im April am Ziel seiner Wünsche. In Paris unterzeichnen sechs Staaten – Italien, Frankreich, Deutschland und die Benelux-Staaten – einen Vertrag über die künftige Zusammenarbeit und Kontrolle auf den Gebieten der Kohle- und Eisenindustrie. Das als Montanunion in die europäische Geschichte eingegangene Vertragswerk ist die erste supranationale Abmachung der sechs westeuropäischen Länder. Der französische Außenminister und überzeugte Europäer Schuman hatte bereits im Mai des Vorjahres in einem nach ihm benannten Plan solches vorgeschlagen, um die Montanindustrie als Basis wirtschaftlicher und auch militärischer Macht der alleinigen Kontrolle einzelner Staaten zu entziehen und durch gemeinsame Verantwortung darüber auch zu einer politischen Annäherung zu kommen. Das Bild zeigt die Außenminister beim feierlichen Akt der Unterzeichnung. Von links: Paul von Zeeland (Belgien), Joseph Bech (Luxemburg), Graf Carlo Sforza (Italien), Robert Schuman mit dem Dokument, Konrad Adenauer, Dirk Stikker (Niederlande). Die noch ungelöste Saarlandfrage wird durch einen Notenwechsel ebenfalls berücksichtigt. □

## Skandal um „Die Sünderin"

Das Regie-Comeback des vor dem Weltkrieg vor allem als Darsteller sehr beliebten Wieners Willi Forst gerät zum Skandal. Bereits vor der Uraufführung im Januar verweigert die Freiwillige Selbstkontrolle die Freigabe. Nach der schließlich doch erfolgten Genehmigung treten die Vertreter der Kirchen aus dem Gremium zurück. Der Film schildert das Schicksal der Prostituierten Marina, gespielt von Hildegard Knef, die einen von den Zeitereignissen gebrandmarkten Maler kennen- und liebenlernt und ihm dann Sterbehilfe leistet. Dieser brisante Inhalt sowie eine Nacktszene der Hauptdarstellerin sorgen bei allen möglichen um „Sitte und Moral" besorgten Personen und Institutionen für Proteste, was dem Film schon vor dem Start eine ungeahnte Publicity verschafft. Vor und in den Kinos kommt es zu teilweise gewalttätigen Ausschreitungen. Für Hildegard Knef hat der Rummel einen besonderen Effekt: Hollywood wird auf sie aufmerksam und holt sie zu Probeaufnahmen und einer ersten Produktion in die USA. □

**Albert Schweitzer erhält im Dezember den diesjährigen Friedensnobelpreis. Der als Urwald-Doktor weltbekannte Menschenfreund ist im Vorjahr auch mit dem Friedenspreis des Buchhandels ausgezeichnet worden. Die Verleiher würdigen damit den uneigennützigen Einsatz des auch als Theologen und Musiker bekannten Elsässers, der sich seit 1913 als Missionar in Französisch-Westafrika aufhält und dort das Tropenkrankenhaus Lambarene sowie eine Lepra-Station aufbaute, die er durch Vorträge, Konzerte und Spenden finanziert.**

# Sieg für Eisenhower

**Eisenhower nach dem Amtsantritt als US-Präsident**

Die amerikanischen Präsidentschaftswahlen enden im November mit einem großen Sieg des Republikaners General Dwight D. Eisenhower. Der künftige US-Präsident erhält 33 Millionen Stimmen, Gegenkandidat Adlai Stevenson 26,5 Millionen. Damit kommt es nach 20jähriger Herrschaft der Demokraten zur Wachablösung im Amt des mächtigsten Mannes der westlichen Welt. Eisenhower hat eine glanzvolle militärische Karriere hinter sich. In Europa kennt man ihn als Oberbefehlshaber der alliierten Streitkräfte und der Invasionsarmee. Amerika erhofft sich von ihm eine Beendigung des „schmutzigen Krieges" in Korea. □

**Peter Müller nach dem erfolgreichen k.o. über den Ringrichter**

# Ringrichter k.o. geschlagen

Der Revanchekampf um die deutsche Meisterschaft im Mittelgewicht am 8. Juni in Köln endet mit dem k.o. des Ringrichters Max Pippow. Herausforderer Peter Müller fühlt sich während des Kampfes gegen Meister Hans Stretz vom Referee ständig benachteiligt und streckt ihn in der 8. Runde mit einer klassischen Rechten zu Boden. Danach drischt er auf den Gegner und dessen Manager ein. Der Kölner, vom Publikum nur „de Aap" gerufen, wird disqualifiziert und lebenslang gesperrt. Müller geht darauf ins Catcherlager, wo er als Glatzkopf für Furore sorgt. □

# Dreimal Gold zur Premiere

Die Olympiapremiere des wieder startberechtigten Deutschlands verläuft äußerst erfolgreich. Bei den Winterspielen in Oslo gewinnt Weltmeister Anderl Ostler aus Garmisch-Partenkirchen die Goldmedaillen im Zweier- und Viererbob, auch das Ehepaar Falk siegt im Paarlauf. In den alpinen Disziplinen gewinnen Annemarie („Mirl") Buchner in der Abfahrt und Ossi Reichert im Slalom Silber, Buchner holt dazu noch zweimal Bronze. □

# Rocky ist oben

Nach 15 Jahren gibt es wieder einen weißen Box-Weltmeister aller Klassen. In Philadelphia entthront der 29jährige Rocky Marciano im September Titelträger Hersey Joe Walcott nach 13 Runden durch knockout. Der Weltkriegsteilnehmer Rocco Francis Marchegiano, so sein richtiger Name, aus Massachusetts hat erst mit 24 Jahren den ersten Profikampf bestritten, gewann seitdem aber alle 22 Fights vorzeitig. □

## JAHRES-CHRONIK

- Die Bundesregierung kündigt im Januar die Aufstellung einer Armee und eine allgemeine Wehrpflicht an.
- Im Februar wird in Dortmund die Westfalenhalle, Europas größte Sportarena, eingeweiht.
- Der norwegische Dichter und Nobelpreisträger von 1920 Knut Hamsun stirbt 92jährig am 19. Februar bei Grimstad.
- Ein durch ein Sprengstoffpaket geplantes Attentat auf Bundeskanzler Adenauer scheitert im März. Ein Sprengmeister kommt dabei ums Leben.
- In den USA wird ein Atombombenversuch in der Wüste von Nevada erstmals live im Fernsehen übertragen.
- Adenauer unterzeichnet im Mai den später gescheiterten Vertrag über die Europäische Verteidigungsgemeinschaft (EVG).
- Die dritte Strophe des Deutschlandliedes wird im Mai zur Nationalhymne bestimmt.
- In der Bundesrepublik kommen im Mai die ersten 5-DM-Münzen in Umlauf.
- Die SED beschließt im Juli die Aufstellung einer nationalen Volksarmee.
- Im Alter von 33 Jahren stirbt am 26. Juli in Buenos Aires die Politikerin Evita Perón.
- Im August läuft der erste Lloyd-Kleinwagen, der LP 300 mit 10 PS und kunststoffbezogener Holzkarosserie, vom Band.
- Als Nachfolger seines Vaters Talal wird der 16jährige Hussein II. im August neuer König von Jordanien.
- Der amerikanische Jazz-Trompeter Louis Armstrong beginnt im Oktober in Düsseldorf seine erste Deutschlandtournee.
- Der frühere CDU-Politiker Gustav Heinemann gründet mit Freunden im November die Gesamtdeutsche Volkspartei.
- In Stockholm stirbt der schwedische Entdeckungsreisende Sven Hedin 87jährig am 26. November.
- Der Kultfilm „Casablanca" mit Humphrey Bogart und Ingrid Bergmann hat im Dezember in Berlin Deutschland-Premiere.

# Schumacher tot

Der von langjähriger KZ-Haft geschwächte SPD-Vorsitzende Kurt Schumacher stirbt am 20. August im Alter von 56 Jahren an Kreislaufversagen. Er hat die Partei nach der Kapitulation reorganisiert und ist im ersten deutschen Bundestag ein scharfzüngiger Oppositionsführer, vor allem gegen Konrad Adenauers Deutschlandpolitik. Schumacher sieht nur in einem eigenstaatlichen wiedervereinigten Deutschland eine Chance für die Zukunft. □

Dr. Kurt Schumacher

# Neuer SPD-Chef

Vier Wochen nach dem Tod Schumachers wird der 51jährige Erich Ollenhauer zum neuen Parteivorsitzenden gewählt. Der Magdeburger ist seit dem 15. Lebensjahr Parteimitglied und seit 1946 zweiter Vorsitzender. □

**Nach einem Putsch der Militärführung muß König Faruk im Juli abdanken und Ägypten verlassen. Der Potentat startet mit großem Gefolge auf einer Luxusjacht Richtung Europa, wo er Italiens schönste Insel als künftiges Domizil auserkoren hat. Auf dem Bild vor dem Eden Paradiso Hotel auf Capri erkennt man ihn mit seiner zweiten Frau, Prinzessin Narriman, seinen Töchtern und dem sieben Monate alten Sohn Fuad, dem neuen König von Ägypten.**

# Fernsehzeitalter hat begonnen

Am Abend des ersten Weihnachtstages beginnt in der Bundesrepublik das Fernsehzeitalter. Nach erfolgreicher Testphase strahlen die Studios des NWDR in Hamburg und Köln das erste reguläre Programm aus. In Norddeutschland kann man weihnachtliche Chormusik, im Rheinland ein Kölsches Krippenspiel und Volkstänze bestaunen. Die Zuschauerzahlen sind noch gering. In NRW gibt es lediglich 300 Gerätebesitzer, in Norddeutschland und Berlin etwa doppelt so viele. Aus den improvisierten Studios in Hamburg und Köln kommt bis zum 31. Dezember ein getrenntes Programm, erst dann funktioniert die Fernsehbrücke zwischen beiden Städten. Damit kann NRW ab 1. Januar die am 26. Dezember von Hamburg erstmals produzierte Nachrichtensendung „Tagesschau“ empfangen. Sie ist zunächst dreimal wöchentlich im Abendprogramm, das zwei Stunden zwischen 20 und 22 Uhr umfaßt, zu sehen. □

# Held Emil

Unter 5 867 Aktiven aus 69 Ländern, die an den XV. Olympischen Spielen in Helsinki teilnehmen, ist Emil Zatopek der große Held. Die „tschechische Lokomotive“, so sein Beiname, gewinnt dreimal Gold über 5 000 und 10 000 m und im Marathonlauf und geht so in die Sportgeschichte ein. Die Sportler wohnen bei Gastfamilien, ein olympisches Dorf kann sich Finnland nicht leisten. Die deutschen Athleten erkämpfen sieben Silber- und 17 Bronzemedaillen. In Helsinki tritt auch erstmals die Sportgroßmacht UdSSR auf. □

# 1952

**Buch des Jahres:**
„Der alte Mann und das Meer“
von Ernest Hemingway

**Film des Jahres:**
„12 Uhr mittags“
mit Gary Cooper und Grace Kelly

**Schlager des Jahres:**
„Es hängt ein Pferdehalfter an der Wand“
von Kilima Hawaiians

Emil Zatopek beim Marathonlauf in den Straßen Helsinkis

## JAHRES-CHRONIK

- Dwight D. Eisenhower wird am 20. Januar als neuer US-Präsident vereidigt.
- Im Programm des NWDR wird im März erstmalig eine Schlagerparade gesendet. Auf Platz eins der Mäcky-Boogie.
- Erster DFB-Pokalsieger nach dem Krieg wird im Mai Rot-Weiß Essen durch einen 2:1-Sieg gegen Alemannia Aachen.
- General Nagib ruft im Juni in Ägypten die Republik aus. Nasser wird sein Stellvertreter.
- Im August unterzeichnen die USA und Südkorea einen Beistandspakt für den Fall eines kommunistischen Angriffs.
- Die CDU erringt mit Konrad Adenauer bei der Bundestagswahl im September die absolute Mehrheit der Mandate.
- Winston Churchill erhält den Literaturnobelpreis für seine historischen und biographischen Werke.
- Der erste Cinemascope-Farbfilm „Das Gewand" wird in Frankfurt und München uraufgeführt.
- Englands Fußballauswahl verliert erstmals ein Heimspiel. Die Ungarn siegen in London mit 6:3.
- Ein deutsch-österreichisches Team bezwingt zum ersten Mal den Nanga Parbat.

**Mit Steinwürfen protestieren Bürger gegen den Aufmarsch von Sowjetpanzern am Potsdamer Platz.**

# Volksaufstand

Der Flüchtlingsstrom aus der DDR nimmt in diesem Jahr ständig zu. Im Januar melden sich 20 000 Ostdeutsche in den Notaufnahmelagern im Westen, im Februar 24 000, im März 51 000. Auch der Machtwechsel im Kreml bringt für die geplagte Bevölkerung in der Osthälfte Deutschlands keine Besserung. Zwar hat sich Malenkow gleich im April für ein mäßigeres Tempo beim Aufbau des Sozialismus ausgesprochen, doch dieses Signal wird in Ost-Berlin überhört. Vielmehr werden am 28. Mai „Maßnahmen zur Überprüfung der Arbeitsnormen" angekündigt, die nichts weiter bedeuten als eine erneute Erhöhung der geforderten Arbeitsleistung. Die Proteste der Bauarbeiter auf der Baustelle „Stalinallee" gegen die neuen Normen weiten sich Mitte Juni zu einem Volksaufstand gegen das SED-Regime aus. Nach einem Demonstrationszug am 16. Juni wird am folgenden Tag in fast allen Ost-Berliner Betrieben gestreikt, die Welle der Proteste und Streiks wogt schließlich durch das ganze Land. Arbeiter entfernen Sowjetsterne von ihren Fabriken, Denkmäler werden beschädigt oder gestürzt, in vielen Städten wie in Halle, Merseburg, Bitterfeld, Brandenburg, Görlitz und Gera werden Häftlinge befreit. In Magdeburg, Weißenfels und Güstrow scheitern derartige Aktionen im Kugelhagel der Volkspolizei. Bis zum Abend des 17. Juni hat es in 250 Orten der DDR Aktionen gegeben, Berlin stand aber eindeutig im Mittelpunkt. Um 11.10 Uhr wird die Rote Fahne vom Brandenburger Tor geholt, gegen 12 Uhr fallen erste Schüsse. Kurz darauf verhängt der sowjetische Stadtkommandant den Ausnahmezustand und das Standrecht. Anschließend walzen sowjetische Panzer den Widerstand nieder. Nach amtlichen Angaben werden an diesem Tag 19 Demonstranten getötet und 126 schwer verletzt. □

**Sieg am Mount Everest. Der Neuseeländer Edmund Hillary bezwingt zusammen mit dem nepalesischen Sherpa Tensing als erster Mensch den als höchsten Berg der Erde geltenden Mount Everest. Die beiden erreichen in einem dramatischen Wettlauf mit anderen Expeditionen am 29. Mai den Gipfel.**

**Neben chromblitzenden Nobelkarossen erregt auf der Internationalen Automobil-Ausstellung (IAA) in Frankfurt in diesem Jahr ein neues Dreirad-Fahrzeug Aufsehen. Die Firma Messerschmidt stellt als Neuentwicklung einen Zwitter aus Kleinstauto und Motorrad vor. Der Kabinenroller (auf dem Bild mit Konstrukteur Fritz Fend am Steuer) wird von einem 175-ccm-Motor angetrieben und erreicht eine Geschwindigkeit von 75 Stundenkilometern.**

**Zum ersten europäischen Fernsehspektakel werden die Krönungsfeierlichkeiten für Elisabeth II., die am 2. Juni in der Westminster-Abtei nach altem Zeremoniell zur Herrscherin von Großbritannien und Irland ausgerufen wird. Das Geschehen wird zum ersten Mal vom Fernsehen übertragen und fesselt Millionen von Zuschauern vor öffentlich ausgestellten Geräten auch in der Bundesrepublik. Die 27jährige folgt ihrem im Vorjahr verstorbenen Vater Georg VI. auf den Thron.**

# 1953

**Buch des Jahres:**
„Das Brot der frühen Jahre"
von Heinrich Böll

**Film des Jahres:**
„Verdammt in alle Ewigkeit"
mit Burt Lancaster
und Deborah Kerr

**Schlager des Jahres:**
„Mäckie-Boogie"
von Michael Jary

## J. Stalin ist tot

Am 2. März stirbt der mächtigste Mann des Ostblocks Josef W. Stalin. Nach offizieller Verlautbarung aus Moskau erleidet er in seiner Wohnung einen Gehirnschlag. Als Todestag des 73jährigen Diktators wird der 5. März bekanntgegeben. Der als J. W. Dschugaschwili in Georgien geborene Stalin ist seit 1928 unbestrittener Führer der KPdSU und damit des Sowjetstaates. Er hat seinen Machtanspruch durch blutige Säuberungsaktionen in Partei und Staat immer unterstrichen. Der verblichene Generalsekretär wird für einige Tage im Kremlsaal aufgebahrt, wo eine riesige Menschenmenge Abschied nimmt. Die Beisetzung erfolgt neben Lenin im Mausoleum. Schon am 6. März verteilen seine Nachfolger die Machtbefugnisse neu: Erster Vorsitzender des Ministerrats wird Georgi Malenkow, zu Stellvertretern werden Berija, Bulganin, Molotow und Kaganowitsch ernannt. Das ZK der KPdSU wählt am 14. März Nikita Chruschtschow zum Ersten Sekretär, der damit die eigentliche Schlüsselposition im Kreml-Machtgefüge besetzt. □

## Katastrophe

Die Küsten Englands und der Niederlande werden Anfang Februar von der schwersten Flutkatastrophe des Jahrhunderts heimgesucht. Unter der Wucht von Sturm und Wasser brechen vor allem die holländischen Deiche. Über hunderttausend Menschen müssen in dramatischen Aktionen mit Hubschraubern und Booten evakuiert werden. Für 1 487 Bewohner der Küstengebiete kommt jede Hilfe zu spät. □

## Fausto Coppi wird Legende

Italiens Tifosi feiern ihren Radsporthelden. Der 33jährige Fausto Coppi gewinnt Anfang Juni zum fünften Mal den Giro d'Italia und stellt damit den Rekord des legendären Alfredo Binda ein. Der „Campionissimo" wird in diesem Jahr auch noch Straßenweltmeister in Lugano und krönt damit seine zu Ende gehende Laufbahn. Im Jahr zuvor hatte Coppi seinen zweiten Sieg bei der Tour de France gefeiert. Coppi wird mit den Siegen dieses Jahres endgültig zu einer Radsportlegende, zumal er bis zum folgenden Jahr auch noch fünfmal die Lombardei-Rundfahrt gewinnt. Sein erster Giro-Erfolg datiert von 1940. □

## Nobelpreis

Nach langer Zeit wird wieder ein deutscher Wissenschaftler bei der Verleihung der Nobelpreise berücksichtigt. Der Freiburger Professor Hermann Staudinger erhält den Chemiepreis als Anerkennung seiner Forschungsergebnisse auf dem Gebiet der Makromolekularchemie, anwendbar in der Kunststoffindustrie. □

# Deutschland ist Weltmeister

Rahn, O. Walter, Liebrich, Posipal, Schäfer und Mai (von links), davor F. Walter mit WM-Trophäe

Am 4. Juli erfüllt sich für Millionen Fußballfans in ganz Deutschland ein Traum: Ihre Helden erringen zum ersten Mal den Titel eines Fußball-Weltmeisters. Die Mannschaft von Bundestrainer Sepp Herberger bezwingt in einem denkwürdigen Finale im Berner Wankdorfstadion den hohen Favoriten Ungarn mit 3:2. Die Magyaren sind durch Puskas und Czibor bereits nach neun Minuten mit 2:0 in Führung, aber Morlock und zweimal Rahn stellen den deutschen Erfolg sicher. Obwohl die elf Spieler als „Helden von Bern" in die Sportgeschichte eingehen, wird der zweifache Torschütze Helmuth Rahn besonders gefeiert. „Der Boß", wie der Bierliebhaber von Rot-Weiß Essen genannt wird, steht im Mittelpunkt vieler Ehrungen. Die Aufstellung: Toni Turek (Fortuna Düsseldorf), Jupp Posipal (Hamburger SV), Werner Kohlmeyer (1. FC Kaiserslautern), Horst Eckel (1. FC Nürnberg), Werner Liebrich (Kaiserslautern), Karl Mai (SpVg. Fürth), Helmuth Rahn, Max Morlock (Nürnberg), Ottmar Walter, Fritz Walter (Kaiserslautern), Hans Schäfer (1. FC Köln). □

## JAHRES-CHRONIK

- Papst Pius XII. warnt im Januar vor Aufnahme des Fernsehsendebetriebs in Italien vor den Gefahren des neuen Mediums.
- Durch eine Ergänzung des Grundgesetzes wird die Einführung der Wehrpflicht ermöglicht.
- Zehn Schüler und drei Lehrer aus Heilbronn kommen im April bei einer Wanderung im Dachsteinmassiv durch einen Schneesturm ums Leben.
- Das Oberste Gericht der USA hebt durch ein Urteil im Mai die Rassentrennung an Schulen auf.
- Im Mai findet die Nachkriegsgründung der Deutschen Lufthansa AG statt.
- Die Bundesrepublik und sieben weitere Staaten gründen im Juni den europäischen Fernsehaustausch „Eurovision".
- Im Juni kommt es zu einer totalen Sonnenfinsternis über Nordamerika, Europa und Asien.
- Theodor Heuss wird im Juni als Bundespräsident wiedergewählt.
- Bei den Leichtathletik-Europameisterschaften in Bern wird Heinz Fütterer Doppelsieger im Sprint (100 und 200 m).
- Mit 81 Jahren stirbt am 3. August in Paris die Schriftstellerin Sidonie Gabrielle Colette.
- Der Luftschiffkonstrukteur Hugo Eckener stirbt 86jährig am 14. August in Friedrichshafen.
- Im September wird in Manila der Südostasien-Verteidigungspakt SEATO begründet.
- Mao Tse-tung wird im September zum chinesischen Staatsoberhaupt gewählt.
- Ende September wird im Deutschen Fernsehen die erste Familienserie mit dem Kurztitel „Familie Schölermann" gestartet.
- Eine Außenministerkonferenz in London beschließt die Wiederbewaffnung der Bundesrepublik und ihre Aufnahme in die NATO.
- 68jährig stirbt am 30. November der Komponist und Dirigent Wilhelm Furtwängler.
- Die deutschen Wissenschaftler Max Born (Göttingen) und Walter Bothe (Heidelberg) erhalten den diesjährigen Physiknobelpreis.

**84jährig stirbt am 3. November in Nizza der Begründer des Fauvismus, Henri Matisse. Der erfolgreiche Maler hinterläßt eine Vielzahl von Werken mit Weltbedeutung wie „Das rote Atelier", „Die grüne Bluse", „Dame in Blau". Zuletzt verschönerte er die Kapelle im Kloster Vence.**

## Algerienkrieg

Mit Bombenanschlägen und der Ermordung französischer Beamter beginnt Anfang November der Aufstand einer algerischen Unabhängigkeitsbewegung unter Führung von Achmed Ben Bella. Frankreich reagiert mit Truppenentsendung. □

# 1954

**Buch des Jahres:**
„Bonjour tristesse"
von Françoise Sagan

**Film des Jahres:**
„Die Faust im Nacken"
mit Marlon Brando

**Schlager des Jahres:**
„Ganz Paris träumt von der Liebe"
von Caterina Valente

**In den USA läuft am 21. Januar das erste mit Kernenergie angetriebene U-Boot, die „SSN 571 Nautilus" vom Stapel. Die schnell als „Atom-U-Boot" geläufige neue Waffengattung hat anstelle eines bisher üblichen konventionellen Brenners als Antriebsaggregat einen Kernreaktor an Bord, der diese Aufgabe übernimmt. Er ermöglicht praktisch unbegrenzten Betrieb und ist auch noch unabhängig von der Außenluft.**

# Schlacht verloren

Nach 57tägiger Belagerung fällt am 7. Mai die Festung Dien Bien Phu im Norden Vietnams in die Hände der angreifenden Vietminh unter General Giap. Für Frankreich bedeutet diese Niederlage den Anfang vom Ende der Kolonialzeit in Indochina. Der französische Befehlshaber Oberst Christian des Castries geht mit 10 000 Überlebenden in Gefangenschaft, insgesamt sind 17 französische Elite-Einheiten vernichtet worden. Ministerpräsident Pierre Mendès-France erreicht nach zähen Verhandlungen einen am 20. Juli in Genf abgeschlossenen Waffenstillstandsvertrag, der Frankreich das Gesicht durch einen geordneten Rückzug wahren läßt. Das Land wird in Höhe des 17. Breitengrades geteilt. Der Norden gehört Ho Tschi Minhs Vietminh-Bewegung, im Süden wird Ngô Dinh Diêm Staatspräsident. □

**Französische Legionäre betreuen in der belagerten Festung einen verwundeten Kameraden.**

# Eine Affäre voller Rätsel

Die Bonner Politszene wird im Juli durch eine rätselhafte Affäre erschüttert. Ausgerechnet der Präsident des Bundesverfassungsschutzes Otto John meldet sich nach ungeklärtem Verschwinden aus dem Amt einige Tage später aus der DDR und sorgt mit öffentlichen Erklärungen für beträchtlichen Wirbel. Der höchste Sicherheitsbeamte der Bundesrepublik bezieht eindeutig die Position des Ostens. Auch eine Bundestagsdebatte im September bringt außer gegenseitigen Beschuldigungen keine Klarheit in diese verworrene Angelegenheit. Einig ist man sich nur, daß der Fall John eine schwere Schlappe für die Bundesrepublik darstellt. □

**J. Robert Oppenheimer**

# Nur Opfer der Hetze

Der Atomphysiker J. Robert Oppenheimer wird im April prominentes Opfer der von Senator McCarthy inszenierten Hexenjagd. Seit 1950 führt der Senator im Untersuchungsausschuß für „unamerikanische Umtriebe" eine Hetzkampagne gegen jede auch nur andeutungsweise positive Betrachtung des Kommunismus. Da sich Oppenheimer 1949 als damaliger Vorsitzender der Atomkommission gegen das Wasserstoffbomben-Projekt ausgesprochen hatte, wird er jetzt nach peinlichen öffentlichen Verhören einer kommunistischen Gesinnung verdächtigt und beruflich kaltgestellt. Der deutschstämmige Atomphysiker hat seit 1942 in leitender Funktion am US-Atomwaffenprogramm gearbeitet. Er wird erst 1963 von Präsident Kennedy rehabilitiert. Sein Schicksal ist auch Inhalt eines Dramas von Heinar Kipphardt. □

# Militärbündnis im Ostblock

Als Gegenpol zur NATO wird auf Betreiben der Sowjetunion im Mai der Warschauer Pakt beschlossen. In der polnischen Hauptstadt unterzeichnen die Staaten des Ostblocks diesen Militärpakt als „Vertrag über Freundschaft, Zusammenarbeit und gegenseitigen Beistand", der an die Stelle bisher bestehender Nichtangriffspakte zwischen der Sowjetunion und ihren Satelliten tritt. Seine Mitglieder sind neben der Sowjetunion vorerst Ungarn, Polen, die Tschechoslowakei, Rumänien, Bulgarien und Albanien. Wichtigster Punkt des Vertragswerks ist die Bildung eines „Vereinten Kommandos der Streitkräfte". □

**Die sowjetische Delegation am Verhandlungstisch in Warschau**

**Auf einem Highway bei Salinas (Kalifornien) verunglückt der 24jährige Schauspieler James Dean am 30. September tödlich. Seine Filme „Denn sie wissen nicht, was sie tun" und „Jenseits von Eden" (Szenenbild) machten ihn zu einem Idol der Jugend, die sein betont lässiges, aber auch zorniges Auftreten als Ausdruck ihres Selbstverständnisses vom Leben in einer Zeit der totalen Elternherrschaft verstand.**

# Besatzungszeit ist zu Ende

Zehn Jahre nach der Kapitulation werden in diesem Jahr die letzten Relikte des verlorenen Krieges beseitigt, die Spaltung Deutschlands aber formell besiegelt. Mit Inkrafttreten des Deutschlandvertrages und des Truppenstationierungsvertrages wird am 5. Mai die volle Souveränität der Bundesrepublik Deutschland hergestellt. Das bedeutet das Ende der Kontrollen durch die Siegermächte, die Abschaffung ihrer Dienststellen und den Rückzug der Hohen Kommissare der Alliierten, denen der Status von Botschaftern zuerkannt wird. Der souveräne Staat Bundesrepublik begründet im folgenden Monat sein Auswärtiges Amt und beruft mit Heinrich von Brentano (4. Juni) seinen ersten Außenminister. Bisher hat Kanzler Adenauer diese Aufgaben wahrgenommen. Das Ende der Besatzungszeit und die Eingliederung der Bundesrepublik in die westliche Allianz beantwortet die Sowjetunion mit der Souveränitätserklärung für die DDR und stellt die These von den zwei deutschen Staaten auf dem Gebiet des früheren Deutschen Reiches auf. □

# Auch Österreich souverän

Auch das in vier Besatzungszonen aufgeteilte Österreich erhält im Mai seine staatliche Souveränität. Bundeskanzler Julius Raab erzielt nach zähen Verhandlungen im April den entscheidenden Durchbruch bei den bis zuletzt zögernden Sowjets. So wird am 15. Mai im Wiener Belvedere der Staatsvertrag von den vier Siegermächten und Österreich unterzeichnet, der das Land als souveränen, unabhängigen und demokratischen Staat wiederherstellt. Die Republik verpflichtet sich zu immerwährender Neutralität, die Besatzungstruppen ziehen bis Ende des Jahres ab. □

# Abschied vom Führungsamt

England bekommt im April einen neuen Regierungschef. Der mittlerweile 80jährige Winston Churchill tritt als Premierminister zurück, behält aber seinen Sitz im Unterhaus, dem er seit 1900 angehört. Der inzwischen zur lebenden Legende gewordene Adelsspross aus dem Hause der Herzöge von Marlborough will sich künftig seinen Memoiren widmen. Das Unterhaus würdigt den großen Politiker in einer Sondersitzung. Als Nachfolger ernennt Königin Elisabeth am 6. April den bisherigen Außenminister Sir Anthony Eden. □

# Hofaffäre

Staatsräson bringt im Sommer das Aus für eine Romanze, die den britischen Königshof seit einiger Zeit beschäftigt. Die 24jährige Schwester der Königin, Prinzessin Margaret, muß ihre Beziehung zum geschiedenen Fliegeroffizier Peter Townsend abbrechen, weil er nicht als Ehemann für sie infrage kommt. □

## JAHRES-CHRONIK

- Der Film „Des Teufels General" mit Curd Jürgens in der Titelrolle hat im Februar Uraufführung.
- Nikolai Bulganin wird nach dem Sturz Malenkows Ministerpräsident der Sowjetunion.
- In Düsseldorf unterzeichnen die Ministerpräsidenten der Länder ein Abkommen zur Vereinheitlichung des Schulwesens.
- Im März verleiht die Hansestadt Lübeck die Ehrenbürgerschaft an Thomas Mann.
- Der Österreicher Herbert von Karajan wird im April Chefdirigent der Berliner Philharmoniker.
- Albert Einstein stirbt am 18. April in Princeton (New York). Der Physiker wurde 76 Jahre alt.
- Ein Unfall während des 24-Stunden-Rennens von Le Mans fordert im Juni 85 Todesopfer.
- Im Alter von 73 Jahren stirbt am 29. Juni in Berlin der deutsche Expressionist Max Pechstein.
- In Anaheim bei Los Angeles wird im Juli der Vergnügungspark „Disneyland" eröffnet.
- Bei einem Grubenunglück auf der Zeche Gelsenkirchen-Rotthausen kommen im August 41 Bergleute ums Leben.
- Der Absturz eines amerikanischen Verkehrsflugzeuges bei Freudenstadt fordert im August 66 Menschenleben.
- Thomas Mann stirbt 80jährig am 12. August in Kilchberg am Zürichsee.
- Das argentinische Militär stürzt im September Staatspräsident Juan Perón, der nach Paraguay flieht.
- Mit 73 Jahren stirbt am 12. Oktober in Madrid der spanische Philosoph José Ortega y Gasset.
- Die Wiener Staatsoper wird im November wiedereröffnet.
- Im November werden die ersten Offiziere der neugeschaffenen Bundeswehr ernannt.

Am Grenzübergang Herleshausen betreten Heimkehrer erstmals den Boden der Bundesrepublik.

# Letzte Gefangene kehren heim

Im September kommt es bei einem Besuch Konrad Adenauers in Moskau zu ersten direkten Verhandlungen zwischen der Bundesrepublik und der Sowjetunion. Der Kanzler ist den Weg gegangen, weil die UdSSR als Besatzungsmacht für eine Wiedervereinigung, sein nach wie vor größtes politisches Ziel, mitverantwortlich ist. Die Führung in Moskau hat nach Ratifizierung des Deutschlandvertrages ebenfalls den Kriegszustand mit Deutschland für beendet erklärt, gleichzeitig aber deutlich gemacht, daß die Wiedervereinigung Sache der beiden nunmehr existierenden deutschen Staaten sei. An diesem Standpunkt kann Adenauer in Moskau nicht rütteln, dafür hat er in einem anderen Punkt großen Erfolg. Nach Einigung über die Aufnahme diplomatischer Beziehungen zwischen Bonn und Moskau erhält er von seinen Verhandlungspartnern die Zusage, daß alle 9 626 noch gefangenen Wehrmachtsangehörigen umgehend freigelassen werden. Die ersten Züge mit Heimkehrern treffen Anfang Oktober in Friedland ein, von wo aus nach der Registrierung der Weg in die Heimat angetreten wird. In Friedland und auf den zuvor durchfahrenen Stationen kommt es zu erschütternden Szenen. Die Männer sind mehr als zehn Jahre in russischer Gefangenschaft gewesen, das Wiedersehen mit den Angehörigen bedeutet eine ungeheure psychische Belastung. □

**Die deutsche Kulturszene ist seit Juli um eine große Attraktion reicher. In diesem Monat wird in Kassel die erste „Documenta" eröffnet, eine Ausstellung, die den Besucher mit der bildenden Kunst der Gegenwart vertraut machen soll. Nach langer Vorbereitung können die Veranstalter eine erfreulich große internationale Beteiligung melden. Auch Bundespräsident Theodor Heuss, hier im Gespräch mit Professor Arnold Bode vor einem Gemälde von Picasso, gehört zu den zahlreichen Besuchern.**

# 1955

**Buch des Jahres:**
„Lolita" von Vladimir Nabokov

**Film des Jahres:**
„Jenseits von Eden" mit James Dean

**Schlager des Jahres:**
„Rock around the Clock" von Bill Haley

## John zurück

Eineinhalb Jahre nach seinem Verschwinden in der DDR kehrt Otto John im Dezember in die Bundesrepublik zurück. Der ehemalige Verfassungsschützer kommt im Pkw eines dänischen Korrespondenten aus Ost-Berlin und bittet um Asyl. Er wird festgenommen und in Bonn inhaftiert. □

Ansprache: Gustaf Gründgens

## Neuer Intendant

Mit Beginn der Spielzeit 55/56 hat das Deutsche Schauspielhaus in Hamburg einen neuen Generalintendanten. Der 55jährige Gustaf Gründgens ist dem Ruf in die Hansestadt gefolgt und beginnt im September mit Carl Zuckmayers „Das kalte Licht" seine Arbeit. Der Rheinländer hat zuletzt in Düsseldorf als Geschäftsführer der von ihm mitgeschaffenen Düsseldorfer Schauspielhaus GmbH als Schauspieler und Regisseur große Erfolge, wie etwa als „Mephisto", gefeiert. □

# Panzer gegen Streiks

**Die aufgebrachte Menge in Budapest stürzt das Stalindenkmal.**

In zwei Staaten des Ostblocks walzen Panzer in diesem Jahr oppositionelle Bewegungen nieder. Im Sommer streiken zunächst in der polnischen Industriestadt Posen Arbeiter gegen die hohen Normen. Gegen die Demonstranten setzt die Armee Panzer ein und beendet den Streik. 57 Menschen werden getötet, mehrere hundert verletzt. Die Ereignisse in Polen regen ungarische Oppositionelle zu einer Solidaritätskundgebung in Budapest an, die am 23. Oktober zu einem allgemeinen Aufstand eskaliert. Studenten, Arbeiter und übergelaufene Militäreinheiten stürzen Stalins Denkmal und fordern die Rückkehr des im Vorjahr aus seinen Parteiämtern entfernten Reformpolitikers Imre Nagy. Die Sowjetunion stimmt den Forderungen zunächst zu und läßt Nagy als Ministerpräsidenten und János Kádár als Parteisekretär der ungarischen KP ernennen. Bis zum 31. Oktober verstärken die Sowjets aber ihre Einheiten im Lande. Imre Nagy erklärt daraufhin den Austritt Ungarns aus dem Warschauer Pakt und die Neutralität des Landes. Die Rote Armee antwortet am 4. November mit einem Angriff auf Budapest. Nach drei Tagen ist jeder Widerstand gebrochen. Der in die Botschaft geflüchtete Nagy wird festgenommen, in einem Geheimprozeß zum Tode verurteilt und 1958 hingerichtet. Auf Seiten der Aufständischen werden etwa 2 000 Opfer beklagt, 20 000 Ungarn werden zu langjährigen Haftstrafen verurteilt. 200 000 fliehen ins Nachbarland Österreich. □

# Ski-Helden

Bei den Olympischen Winterspielen in Cortina d'Ampezzo gewinnt der 20jährige Kitzbüheler Toni Sailer alle drei alpinen Goldmedaillen und versetzt ganz Österreich in einen Freudentaumel. „Der weiße Blitz aus Kitz" startet damit eine Weltkarriere. Für Deutschland holen die bereits 30jährige Sonthofenerin Ossi Reichert Gold im Riesenslalom und Harry Glaß Bronze im Spezialspringen. □

**Mit Bertolt Brecht verliert die deutsche Theaterszene am 14. August eine ihrer hervorragenden Gestalten. Der Chef des „Theaters am Schiffbauerdamm" in Ostberlin stirbt im Alter von 58 Jahren. Der Dramatiker hat sich nach der Rückkehr aus dem Exil dort niedergelassen, weil ihm die Einreise in die Westzonen von alliierten Behörden verweigert wurde.**

# Olympiateam gesamtdeutsch

Die XVI. Olympischen Spiele finden im November in Melbourne statt. Die Sportler aus DDR und BRD starten als gesamtdeutsches Team. Wegen der australischen Quarantänebestimmungen werden die Pferdesportwettbewerbe als eigene „Reiterspiele" im Sommer in Stockholm ausgetragen. Dort kommt es zum Legende gewordenen Ritt von Hans Günther Winkler auf Halla, die den verletzten Warendorfer über die Hindernisse trägt und ihn zweimal Gold gewinnen läßt. Im Spätherbst kommen in Melbourne noch vier „Goldene" hinzu (Helmut Banz, Ursula Happe, Wolfgang Behrendt, Zweier-Kajak). □

**Hans Günther Winkler beim Siegesritt auf Halla in Stockholm**

## JAHRES-CHRONIK

- Die Eisenbahnlinie Peking – Moskau wird im Januar eingeweiht.
- Eine plötzlich auftretende Kältewelle in Mitteleuropa fordert im Februar 919 Todesopfer.
- Das britische Parlament beschließt im März die Abschaffung der Todesstrafe.
- Das Musical „My Fair Lady" wird am Broadway uraufgeführt.
- Der Schwergewichtler Rocky Marciano tritt im April nach 49 Kämpfen ungeschlagen als Weltmeister zurück.
- Der Maler Emil Nolde stirbt im Alter von 88 Jahren am 13. April in Seebüll (Nordfriesland).
- Der 66jährige W. M. Molotow tritt im Juni als Außenminister der Sowjetunion zurück.
- Real Madrid gewinnt im Juni durch ein 4:3 gegen Stade Reims den erstmals ausgespielten Europapokal der Landesmeister.
- Beim Untergang des italienischen Passagierschiffs „Andrea Doria" kommen im Juli über 50 Menschen ums Leben.
- Im Alter von 70 Jahren stirbt am 7. Juli in Berlin der Dichter Gottfried Benn.
- Bei einer Explosion in einer Sprengstoffabrik in Kolumbien sterben über 1 000 Menschen.
- Die KPD wird im August vom Bundesverfassungsgericht als verfassungsfeindlich verboten.
- Vom 1. Oktober an wird die „Tagesschau" vom Deutschen Fernsehen täglich ausgestrahlt.
- Der bisherige Atomminister Franz Josef Strauß wird von Kanzler Adenauer zum neuen Verteidigungsminister berufen.
- Die Führer der algerischen Aufstandsbewegung FLN werden im Oktober von französischen Soldaten festgenommen.
- US-Präsident Eisenhower wird im November mit großer Mehrheit wiedergewählt.
- Der 21jährige Floyd Patterson wird im November jüngster Box-Weltmeister im Schwergewicht.
- Der Chirurg und Urologe Werner Forßmann erhält im Dezember den Medizinnobelpreis.

# Hochzeitsrummel

Unter beträchtlichem Medienrummel feiern zwei Weltstars aus Hollywood in diesem Jahr Hochzeit, wobei die Vermählung der 26jährigen Grace Kelly weitaus höhere Wogen schlägt als der erneute Start ins vermeintliche Eheglück von Marilyn Monroe. Die schöne Oscar-Preisträgerin aus Philadelphia wird nämlich im April die Gemahlin von Fürst Rainier III. von Monaco und tritt als Gracia Patricia einen völlig anderen Lebensabschnitt an. Der fast 33jährige Herrscher über das kleine Paradies am Mittelmeer ist einer der begehrtesten Junggesellen Europas und zieht die blonde Schönheit mit dem untadeligen Ruf Damen aus entsprechenden Adelshäusern vor. Mit dem als Traumhochzeit eingestuften Ereignis endet die glanzvolle Schauspielkarriere der Braut. In Filmen wie „12 Uhr Mittags" oder „Über den Dächern von Nizza" erreichte Grace Kelly Weltruhm. Kollegin Marilyn Monroe, die im Juli ihren Landsmann und zeitkritischen Autor Arthur Miller heiratet, hat schon zwei gescheiterte Ehen hinter sich. Die Verbindung mit dem führenden Intellektuellen Miller erscheint manchem Beobachter als Hollywood-PR-Gag. □

Das Brautpaar von Monaco

# 1956

**Buch des Jahres:**
„Das Geheul" von Allen Ginsberg

**Film des Jahres:**
„Moby Dick" mit Gregory Peck und Orson Welles

**Schlager des Jahres:**
„Heimweh"
von Freddy Quinn

**Der 21jährige ehemalige Lastwagenfahrer Elvis Presley aus Tupelo (Mississippi) erreicht am 3. Mai mit seinem Titel „Heartbreak Hotel" den ersten Platz der US-Hitparade. Damit hat der seit zwei Jahren singende junge Mann den ersten großen Erfolg. Im September steht „Don't be cruel" ganz oben, und der Siegeszug des Rock'n' Roll-Königs beginnt.**

# Abrechnung mit Stalin

Auf dem XX. Parteitag der KPdSU im Februar rechnet Chruschtschow in einer zunächst geheimgehaltenen Rede mit Stalin und seiner Politik ab. Die Delegierten werden mit Zahlen über das Vernichtungswerk des Diktators gegenüber Partei, Armee und Volk konfrontiert. Doch erst Ende des Monats wird in der „Prawda" öffentliche Kritik an Stalin geübt, und sein Leichnam wird aus dem Mausoleum entfernt und an die Kreml-Mauer verlegt. □

# Krieg am Sueskanal

Einen Monat nach dem vertraglich festgelegten Abzug der britischen Besatzungstruppen aus der Sueskanalzone gibt Ägyptens Staatspräsident Nasser am 26. Juli die Verstaatlichung der Sueskanal-Gesellschaft bekannt. Eigentümer der Gesellschaft sind in der Hauptsache die Regierungen von Frankreich und Großbritannien. Israel nutzt im Herbst die Krisensituation zu einem Angriff auf das Nachbarland, mit dem es zuvor zahlreiche Grenzzwischenfälle ausgetragen hat und erobert schnell den Sinai. Nasser erwartet zu diesem Zeitpunkt Aktionen der Franzosen und Engländer in der Kanalzone, die beide dort wieder einrücken wollen. Der Angriff erfolgt am 31. Oktober durch Bombardements auf Kairo und andere Ziele, dann landen Fallschirmjäger beider Nationen und besetzen Anfang November die Kanalzone. Erst auf Druck der USA ziehen alle drei Invasoren ihre Truppen aus Ägypten ab. □

# Deutschland rüstet wieder auf

Elf Jahre nach Kriegsende gibt es in Deutschland wieder Armeen. Zunächst beschließt die Volkskammer der DDR das „Gesetz zur Schaffung der Nationalen Volksarmee und des Ministeriums für Nationale Verteidigung der DDR" (Januar), dann folgt im Juli nach 18stündiger Debatte im Bundestag der Beschluß zur Einführung der allgemeinen Wehrpflicht in der Bundesrepublik. Es besagt, daß alle Männer zwischen 18 und 45 Jahren mit der Einberufung zu einem 18monatigen Wehrdienst rechnen müssen. Man kann den Dienst aus Gewissensgründen verweigern. Dazu muß man einen Antrag stellen, dessen Stichhaltigkeit von entsprechenden Ausschüssen geprüft wird. Die Opposition glaubt an schwere Folgen für die Deutschlandpolitik durch die Wehrpflicht. □

Auch die Altstadt von Port Said wird durch Bomben zerstört.

# Südstaatler kämpfen

Die Öffentlichkeit der USA wird im Frühherbst auf eines ihrer größten Probleme aufmerksam: auf die quasi noch immer existierende Rassentrennung. Auslöser ist der vom Gesetzgeber sanktionierte Zugang schwarzer Schüler in bisher nur weißen Jugendlichen vorbehaltene Bildungseinrichtungen. In den konservativen Südstaaten kommt es mit Schuljahresbeginn im September zu gewalttätigen Auseinandersetzungen, als schwarze Schüler die für sie bisher verbotenen Schulen betreten wollen. Zu einer Eskalation der Gewalt führt dabei die Haltung des Gouverneurs im Bundesstaat Arkansas. Er läßt bildungswilligen Schwarzen sogar durch die Nationalgarde den Zutritt zur High School in der Hauptstadt Little Rock verwehren. Erst das Eingreifen von Präsident Eisenhower zwingt ihn zur Rücknahme seiner Truppe. An ihre Stelle treten fanatische Südstaatler aus dem Ort und der Umgebung, die ihre „weiße" Schule verteidigen. Mit inzwischen zum Teil auch angereisten schwarzen Gegendemonstranten liefern sie sich im Schulbezirk Straßenschlachten, bei denen waffentragende weiße Extremisten etliche schwarze Demonstranten brutal umbringen. Erst als Eisenhower eine Eliteeinheit in Marsch setzt, können die blutigen Rassenunruhen beendet werden. Die allgemeine Situation in den Südstaaten bleibt aber explosiv. □

So sieht es am 23. September vor der Oberschule von Little Rock aus: Ein Weißer bei der Verfolgung eines Farbigen, der neun schwarzen Schülern ihr Zutrittsrecht verschaffen will.

Die „Pamir" in Seenot. Rechts ein britisches Rettungsboot

# Das Ende der „Pamir"

Die Reise nach Südamerika wird für die Viermastbark „Pamir" zur letzten Fahrt. Der auch als Segelschulschiff genutzte Windjammer gerät am 21. September 600 Seemeilen südwestlich der Azoren in einen Orkan und sinkt. An Bord befinden sich außer der Stammbesatzung auch 51 Schiffsoffiziersanwärter, die auf der Fahrt von Hamburg nach Buenos Aires ihr seemännisches Rüstzeug erhalten sollen. Obwohl auf die Notrufe 78 andere Schiffe zu Hilfe herbeieilen, gehen 80 Besatzungsmitglieder mit der „Pamir" unter. Es gibt nur sechs Überlebende, die an Bord eines amerikanischen Frachters wieder das Festland erreichen. Die „Pamir" war 1904 in Dienst gestellt worden. □

## JAHRES-CHRONIK

- Nach Rücktritt von Anthony Eden wird Harold Macmillan im Januar neuer englischer Premierminister.
- Der aus der „Organisation Gehlen" hervorgegangene Bundesnachrichtendienst (BND) nimmt im Januar offiziell seine Arbeit auf.
- Im Alter von 89 Jahren stirbt am 16. Januar in New York der italienische Dirigent Arturo Toscanini.
- Der seit 1939 im diplomatischen Dienst beschäftigte Andrej Gromyko wird im Februar neuer sowjetischer Außenminister.
- Ab 1. April wird in der deutschen Bauindustrie die 45-Stunden-Woche eingeführt.
- Nach abgeschlossener Räumung wird der Sueskanal im April wieder für die Schiffahrt geöffnet.
- Im April kommt es in Deutschland zur ersten Massenschutzimpfung gegen Kinderlähmung.
- Der Schriftsteller Alfred Döblin („Berlin Alexanderplatz") stirbt am 28. Juni im Alter von 78 Jahren.
- Ab Juli wird in Deutschland die Geschwindigkeit innerhalb geschlossener Ortschaften auf 50 Stundenkilometer begrenzt.
- Am 7. August stirbt im Alter von 65 Jahren der Schauspieler Oliver Hardy, als Dick unvergessener Teil des komischen Filmpaares „Dick und Doof".
- Der Regierende Bürgermeister von Berlin, Otto Suhr, stirbt am 30. August mit 68 Jahren.
- Die „Westside story" von Leonard Bernstein wird in New York im September uraufgeführt.
- Im Oktober erreicht die Zahl der Fernsehteilnehmer in Deutschland die Millionengrenze.
- 52jährig stirbt am 24. Oktober in Montecatini der Modeschöpfer Christian Dior.
- Der erste atomgetriebene Eisbrecher läuft im Dezember in Leningrad vom Stapel.

Am 3. Oktober wählt das Berliner Abgeordnetenhaus mit großer Mehrheit seinen Präsidenten Willy Brandt zum neuen Regierenden Bürgermeister der Stadt. Der SPD-Politiker ist seit 1950 Mitglied des Abgeordnetenhauses und seit 1955 sein Präsident. Außerdem sitzt er seit 1949 als einer der Berliner Abgeordneten im Bundestag. Hier scheidet er jetzt aus, da er als „Regierender" nunmehr dem Bundesrat angehört. Willy Brandt war nach seinem zehnjährigen Exil 1948 wieder eingebürgert worden.

## Saarland wird wieder deutsch

Mit Jahresbeginn wird das seit dem Ende des Zweiten Weltkrieges unter französischer Verwaltung stehende Saarland wieder ein Teil Deutschlands. Damit geht ein seit Jahren dauernder Verhandlungsmarathon zwischen der Bundesrepublik und Frankreich zu Ende. Die Saarbevölkerung hatte sich zuletzt 1955 gegen eine andere Lösung ausgesprochen. Im deutsch-französischen Saar-Vertrag vom Oktober 1956 wird dann die politische Eingliederung in die Bundesrepublik zum 1. Januar dieses Jahres festgeschrieben. Bundespräsident Heuss besucht noch im Laufe des Monats das Land. □

## 15 Rekruten ertrinken

Für 15 Rekruten einer in Bayern stationierten Bundeswehreinheit endet eine Übung mit dem Tod. Sie sind mit ihren Kameraden auf Befehl ihres Vorgesetzten in den Donauzufluß Iller gestiegen, um ihn zu durchqueren. Der Befehlshabende hat die Strömung des Flusses unterschätzt. Die Soldaten werden fortgerissen, 15 können nur tot geborgen werden. In der Öffentlichkeit wird die Rolle von Offizieren in der neuen Armee heftig diskutiert. □

## Signale aus dem Weltraum

Im Oktober umkreist erstmals ein von Menschenhand geschaffener Flugkörper unseren Planeten außerhalb der Erdatmosphäre. Der künstliche Erdtrabant heißt „Sputnik I", ist von der Sowjetunion gestartet worden und sorgt mit seinen Piepsignalen für weltweites Aufsehen. Die Pioniertat läßt westliche Militärexperten erschauern, die zivilen Mithörer sind entzückt. Vier Wochen später trägt „Sputnik II" das erste Lebewesen, die Hündin Laika, ins All. Sie überlebt das Abenteuer nicht, für die Menschheit aber hat die neue Ära der Weltraumfahrt begonnen. □

Die Ermordung des Callgirls Rosemarie Nitribitt droht im Gefolge routinemäßiger Ermittlungen im November zu einem bundesweiten Sittenskandal zu werden. In ihrer Kundenkartei finden sich die Namen hochkarätiger Persönlichkeiten des öffentlichen Lebens. Die Aufklärung erfolgt eher schleppend.

# 1957

**Buch des Jahres:**
„Doktor Schiwago"
von Boris Pasternak

**Film des Jahres:**
„Die Brücke am Kwai"
mit Alec Guinness

**Schlager des Jahres:**
„Banana Boat Song"
von Harry Belafonte

## Europa einig

Mit Gründung der Europäischen Wirtschaftsgemeinschaft (EWG) vollendet sich der Traum alter Paneuropäer. In Rom unterzeichnen im März Italien, Frankreich, die Benelux-Staaten und die Bundesrepublik Deutschland entsprechende Verträge, die zunächst einen wirtschaftlichen Zusammenschluß und später ein politisch geeinigtes Europa vorsehen. Vorerst geht es um den Wegfall von Handels- und Zollschranken und um Zusammenarbeit bei der Nutzung der Atomkraft. Dafür wird das Gremium Europäische Atomgemeinschaft (Euratom) aus der Taufe gehoben. □

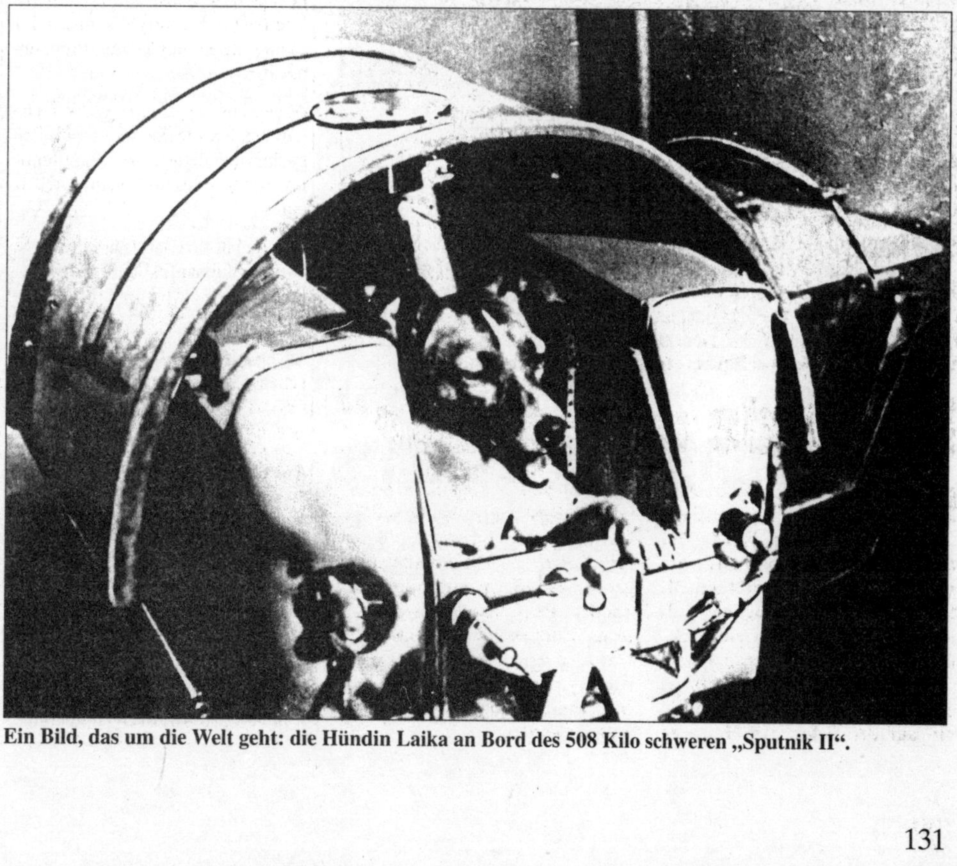

**Ein Bild, das um die Welt geht: die Hündin Laika an Bord des 508 Kilo schweren „Sputnik II".**

# Elvis in Germany

Soldat Elvis Presley wird in Bremerhaven stürmisch begrüßt.

Für die deutschen Fans des amerikanischen Rock'n' Roll-Stars Elvis Presley erfüllt sich in diesem Jahr ein Traum. Sie können ihr Idol leibhaftig in Augenschein nehmen. In Uniform zwar und nicht auf der Bühne, aber immerhin... Das Rockidol aus Memphis (Tennessee) wird am 24. März zur Armee eingezogen, exakt zwei Wochen vorher hat er mit dem Song „Don't" zum siebten Mal die Nummer 1 der US-Hitparaden erreicht. Dann wird bekannt, daß der prominente GI seinen Wehrdienst in Übersee, in „Good Old Germany", ableisten wird, und zwar in der Kaserne der US-Army im hessischen Friedberg. Schon bei der Ankunft in Bremerhaven kommt es am 1. Oktober zu in Deutschland ungewohnter Euphorie. Hunderte von Elvis-Fans hoffen im Hafen auf eine Begegnung mit dem verehrten Heißsporn. Der Army ist Aufsehen allerdings noch peinlich, und so darf sich der Plattenmillionär gut abgeschirmt zur Weiterfahrt per Zug davonstehlen. Auch in Hessen warten die Fans auf Elvis, werden aber weiträumig vom Kasernengelände abgeschirmt. □

**Im neunzehnten Jahr seines Pontifikats stirbt am 9. Oktober im Alter von 82 Jahren Papst Pius XII. In einer politisch von Extremen geprägten Zeit blieb er umstritten. Sein Nachfolger wird der 77jährige Kardinal von Venedig, Angelo Giuseppe Roncalli als Johannes XXIII.**

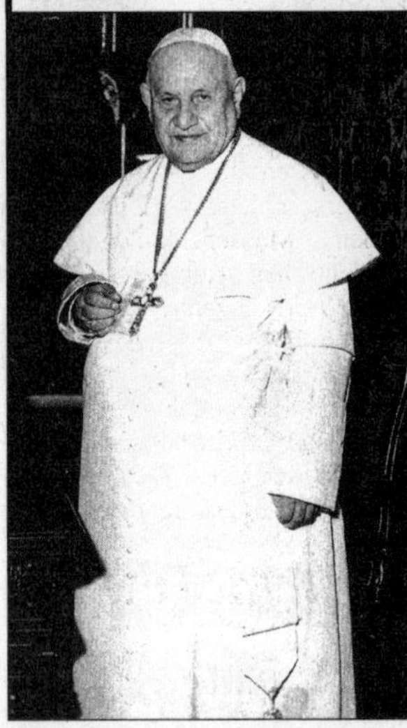

# Ende einer Fußballmannschaft

Beim Anflug auf den Flughafen München-Riem stürzt am 6. Februar eine aus Belgrad kommende Chartermaschine ab. Dabei kommen 23 Menschen ums Leben, darunter acht Spieler des englischen Fußballmeisters Manchester United. Die Mannschaft kam von einem Europacupspiel gegen Roter Stern Belgrad. Unter den Überlebenden ist Trainer Matt Busby, der die Mannschaft in den letzten Jahren in die europäische Spitze geführt hat. Das Unglück bedeutet das Ende der nach ihm benannten „Busby-Babies", denn von den schwer verletzten Akteuren kann keiner später mehr Fußball spielen. Busby selbst liegt mehrere Wochen in einem Münchner Krankenhaus. Später arbeitet er wieder als Trainer in seiner Heimat Manchester und holt mit seinem neuen Team 1968 den Europapokal der Landesmeister. □

# Scheidung des Schahs

Mohammed Reza Pahlewi hat seit seinem Amtsantritt als Schah von Persien 1941 auf eine Modernisierung des Landes hingearbeitet. Aber gegen die Staatsräson ist selbst der Mann auf dem Pfauenthron machtlos. Die verlangt nämlich endlich einen Thronfolger, den die seit sieben Jahren mit dem Schah verheiratete Prinzessin Soraya bisher nicht geboren hat. Die zweite Ehefrau des orientalischen Herrschers steht seit langem unter dem Druck des von ihr erwarteten und muß sich besonders von der europäischen Regenbogenpresse viel gefallen lassen. Im März muß der Schah sich von seiner Frau auf Druck führender Repräsentanten seines Landes trennen und sie verstoßen. □

## JAHRES-CHRONIK

● Das Kraftfahrt-Bundesamt in Flensburg richtet im Januar die sogenannte „Verkehrssünder-Kartei" ein.

● Im Februar wird in Kairo der Zusammenschluß von Ägypten und Syrien zur „Vereinigten Arabischen Republik" proklamiert.

● Die USA feiern im Februar den ersten erfolgreichen Start eines Weltraumsatelliten („Explorer").

● Nach der Absetzung Bulganins wird Nikita Chruschtschow Ministerpräsident der UdSSR.

● Im April wird das erste deutsch-sowjetische Handels- und Konsularabkommen in Bonn unterzeichnet.

● Nach einem Militärputsch der in Algerien lebenden Franzosen übernimmt General Charles de Gaulle im Mai die Regierungsverantwortung.

● In Moskau wird im Juni die Hinrichtung des 1956 verurteilten ungarischen Ministerpräsidenten Imre Nagy bekanntgegeben.

● Der als KZ-Arzt von Buchenwald berüchtigte Dr. Eisele flüchtet im Juli nach Ägypten.

● Im August läuft in Kiel das neue Segelschulschiff „Gorch Fock" vom Stapel.

● Das amerikanische Atom-U-Boot „Nautilus" unterquert im August den Nordpol.

● Im Alter von 85 Jahren stirbt am 18. September in Tegernsee der norwegische Maler und Zeichner Olaf Gulbransson.

● Die deutschen Leichtathleten erringen im September in Augsburg den ersten Länderkampfsieg gegen die Sowjetunion.

● Frankreichs Staatspräsident de Gaulle trifft im September erstmals mit Bundeskanzler Adenauer zusammen.

● Nach Auftritten der US-Rockband „Bill Haley & Comets" in Hamburg und Berlin kommt es im Oktober zu schweren Zuschauerkrawallen.

● Der sowjetische Schriftsteller Boris Pasternak darf den ihm verliehenen Literaturnobelpreis nicht annehmen.

● Lion Feuchtwanger stirbt 74jährig am 21. Dezember in Los Angeles.

# Atomgegner marschieren

Aus Protest gegen die von den Regierungsparteien geforderte Ausrüstung der Bundeswehr mit Atomwaffen gehen auch in der Bundesrepublik die Menschen auf die Straße. Getreu dem englischen Vorbild, wo Anfang April Zehntausende demonstrieren, folgen sie dem Aufruf „Kampf dem Atomtod", der in Frankfurt von Politikern, Wissenschaftlern und Künstlern verabschiedet wird. Die ersten großen Menschenkundgebungen der deutschen Atomgegner finden am 10. April in zahlreichen Städten statt. In Berlin formiert sich die Anti-Atom-Bewegung zu einem eindrucksvollen Schweigemarsch. Prominente Schriftsteller wie Heinrich Böll und Erich Kästner unterstützen die Protestierenden. □

Schweigemarsch in Berlin gegen atomare Aufrüstung

# 1958

**Buch des Jahres:**
„Exodus" von Leon Uris

**Film des Jahres:**
„Zeugin der Anklage"
mit Marlene Dietrich

**Schlager des Jahres:**
„Der lachende Vagabund"
von Fred Bertelmann

**Als „Samba in Stockholm" kommentiert die Presse den 5:2-Sieg Brasiliens im WM-Finale gegen Gastgeber Schweden. Die Fußballartisten von der Copacabana – darunter der 17jährige Neuling Pelé, der in Schweden sechsmal trifft – dominieren das Turnier im Juni total. Titelverteidiger Deutschland belegt nach dem Ausscheiden gegen Schweden und Frankreich Platz vier.**

# Drohgebärde aus Moskau

Aus dem Kreml kommen Ende November wieder drohende Töne zum Status von Berlin. Nikita Chruschtschow läßt die drei Westmächte in einer Note wissen, daß alle Besatzungstruppen aus der Stadt abzuziehen seien und die drei Westsektoren zur entmilitarisierten „Freien Stadt" erklärt werden müssen. Entsprechende Verhandlungen sollen innerhalb von sechs Monaten aufgenommen werden. Andernfalls werde die Sowjetunion alle Rechte als Besatzungsmacht an die DDR übertragen. Die Antwort der Westmächte erfolgt Ende des Jahres und enthält die Ablehnung des sowjetischen Ansinnens. □

# Staatsbesuch

Der nach 50 Jahren erste Besuch eines deutschen Staatsoberhauptes in England ist noch von vielen Ressentiments geprägt. Als Bundespräsident Heuss im Oktober britischen Boden betritt, ist davon allerdings bei Königin Elisabeth nichts zu spüren. Der Empfang für den deutschen Staatsgast wirkt sehr herzlich. Die weniger harmonische Begleitmusik spielt vielmehr die britische Presse. □

Schwedens Prinz Gustav VI. ehrt die neuen Fußball-Weltmeister.

Bundespräsident Heuss und die Queen bei der Fahrt durch London

# Alle Welt tanzt Hula-Hoop

Da Europäer und vor allem Deutsche aus Amerika kommende Trends gern übernehmen, findet auch die dort grassierende Hula-Hoop-Welle hier schnell zahlreiche Anhänger. Dabei handelt es sich um einen pseudosportlichen Bewegungsablauf mittels eines farbigen Plastikreifens, der durch kräftige Hüftschwünge in kreisenden Bewegungen gehalten werden muß. Der preiswerte Plastikring schwingt bald um fast jeden Körper der Westdeutschen, verspricht der clevere Hersteller und auch den Verlust eventuell vorhandener Speckringe an den Hüften. Da er auch noch Sex-Symbol Marilyn Monroe ins Spiel bringt, indem er behauptet, von ihrem Hüftschwung zum neuen Spielzeug angeregt worden zu sein, findet der Plastikring im Laufe des Jahres reißenden Absatz bei allen Generationen. □

## Schwede neuer Box-Champion

Die fünfte Titelverteidigung gerät für Weltmeister Floyd Patterson zum Desaster. Im New Yorker Madison Square Garden wird er am 26. Juni von Ingemar Johannson schwer getroffen, so daß der Ringrichter den Kampf in der dritten Runde abbricht. Es ist auch deshalb eine Sensation, weil Patterson von bisher 36 Kämpfen erst einen verloren hat und der Schwede, erstmals in einem amerikanischen Ring, noch nie einen der ganz Großen besiegt hat. Aber „Thors Hammer" – wie findige Sportreporter die Rechte des Siegers taufen – fällt den Champion. Der Kampf wird erstmals in den USA und in Europa im Fernsehen sowie in angemieteten Kinos übertragen. □

# Castro übernimmt die Macht

**Fidel Castro (Mitte) jubelt nach der erfolgreichen Revolution.**

Zu Beginn des neuen Jahres ist Fidel Castro am Ziel. Kubas Präsident Batista flüchtet am 1. Januar in die Dominikanische Republik, nachdem ein Generalstreik und der Entzug der amerikanischen Unterstützung sein Ende eingeläutet haben. Castro zieht mit seinen Guerilleros unter dem Jubel der Bevölkerung in Havanna ein. Es beginnt die Abrechnung vor allem mit Offizieren der regulären Armee in Form zahlreicher Hinrichtungen. Provisorischer Staatspräsident Kubas wird zunächst Castro-Mitkämpfer Manuel Urrutia. Castro selbst übernimmt am 16. Februar als Ministerpräsident die Regierungsgewalt. Anfang Juni erfolgt eine Bodenreform. □

## Rekordhitze und Jahrhundertwein

Mit Rekordtemperaturen bietet der Sommer endlich einmal wieder vollen Genuß. Land- und Forstwirtschaft leiden dagegen unter der Hitze. Nur die Winzer freuen sich und können im Herbst tatsächlich Trauben für einen Jahrhundertwein ernten. Die Durchschnittsmostgewichte liegen bei sagenhaften 90 bis 100 Grad Öchsle. □

## De Gaulle wird Staatspräsident

Am 8. Januar wird Charles de Gaulle zum ersten Präsidenten der V. Republik in Frankreich ausgerufen, die durch das Plebiszit vom Herbst des Vorjahres mit neuer Verfassung in Kraft getreten ist. Diese gibt dem Präsidenten eine größere Machtbefugnis: Er ernennt den Ministerpräsidenten und kann die Nationalversammlung auflösen. De Gaulle beruft Michel Debré zum Regierungschef. □

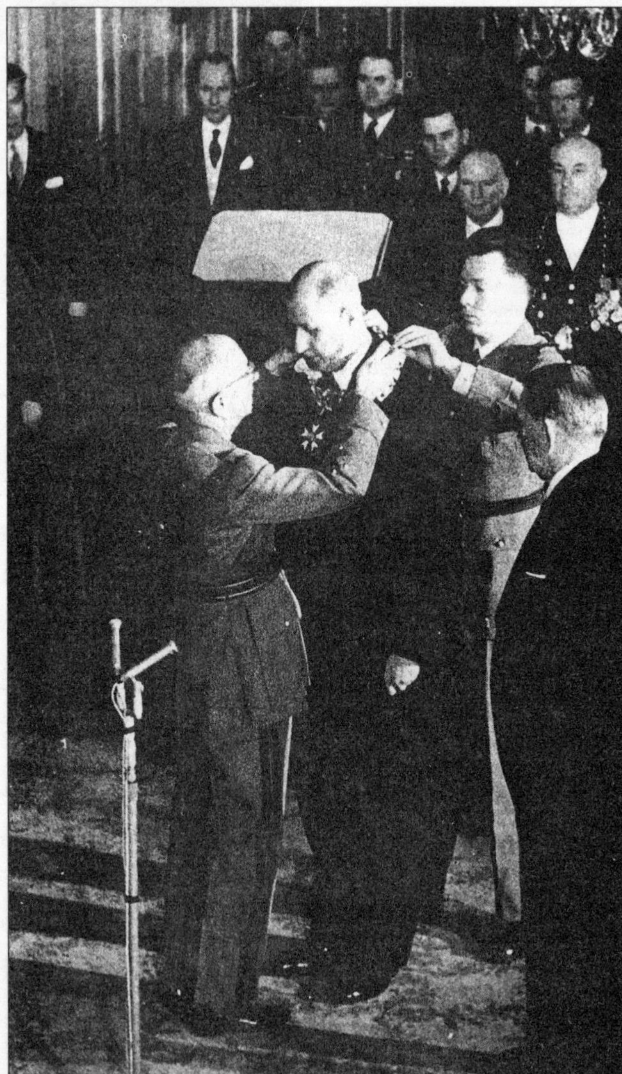

**Nach der Wahl erhält de Gaulle die Ordenskette der Ehrenlegion.**

## JAHRES-CHRONIK

- Alaska wird im Januar 49. Bundesstaat der USA, im März folgt Hawaii als Nummer 50.
- Die Bundeswehr erhält im Februar 300 Düsenjäger vom Typ „Starfighter" aus den USA.
- Erich Koch, früherer Gauleiter in Polen, wird im März in Warschau zum Tode verurteilt.
- Die ersten in Deutschland aufgelegten Volksaktien (VEBA) sind im März innerhalb von zwei Tagen ausverkauft.
- Den USA gelingt im Mai erstmals die Bergung einer Raketenspitze nach erfolgtem Weltraumflug mit zwei Affen an Bord.
- In Berlin wird mit 37,8 Grad im Schatten am 11. Juli der heißeste Tag seit 1830 ermittelt.
- Im Alter von 79 Jahren stirbt am 14. Juli in Imperia (Italien) der schweizerische Musikclown Grock (Adrian Wettach).
- Am Abend des 13. September erreicht eine sowjetische Rakete den Mond.
- Bei sommerlichen Taifunen in Japan sterben 10 000 Menschen.
- Im Alter von 58 Jahren stirbt am 28. September in Kassel der Rennfahrer Rudolf Caracciola.
- Der weltbekannte Tenor Mario Lanza stirbt im Alter von 37 Jahren am 7. Oktober in Rom.
- Mit nur 50 Jahren stirbt am 14. Oktober in Los Angeles der US-Filmstar Errol Flynn.
- Der bei den NSU-Werken beschäftigte Felix Wankel stellt seinen Rotationskolbenmotor vor.
- Das 300 Jahre alte Lüneburger Rathaus wird im Dezember durch ein Großfeuer vernichtet.

# SPD auf dem Weg zur Volkspartei

# 1959

**Buch des Jahres:**
„Die Blechtrommel"
von Günter Grass

**Film des Jahres:**
„Das süße Leben"
von Federico Fellini

**Schlager des Jahres:**
„Ich möcht' mit dir träumen" von
Conny Froboess und Peter Kraus

**Blick auf den Vorstandstisch beim Godesberger Parteitag. Zu erkennen von links Erich Ollenhauer, Herbert Wehner, Alfred Nau, Fritz Erler, Hans Matthöfer, Carlo Schmid und Willi Eichler**

Mit überwältigender Mehrheit beschließt am 15. November ein außerordentlicher Parteitag der SPD in Bad Godesberg ein neues Grundsatzprogramm. Damit stellen sich die Sozialdemokraten unter Loslösung von marxistischem Gedankengut als Volkspartei dar, die auf der Basis des demokratischen Sozialismus Grundforderungen für eine menschenwürdige Gesellschaft erfüllen will. Im Gegensatz zum mittlerweile 34 Jahre alten Heidelberger Programm wird nicht mehr an die Beseitigung der kapitalistischen Produktionsverhältnisse durch Sozialisierung und Planwirtschaft gedacht. Vielmehr enthält das Godesberger Programm ein klares Bekenntnis zur freien Marktwirtschaft. Dabei tritt die SPD zwar für eine gerechtere Verteilung von Einkommen und Vermögen ein, betont aber ausdrücklich das private Eigentum an Grund und Boden. Eine Kontrollfunktion soll Arbeitnehmern durch die betriebliche Mitbestimmung gewährt werden. Mit diesem Programm wird die SPD für neue Volksschichten wählbar. □

## Heinrich Lübke neuer Präsident

Als Nachfolger von Theodor Heuss wird der bisherige CDU-Politiker Heinrich Lübke am 1. Juli zum neuen Bundespräsidenten gewählt. Lübke, zuletzt Landwirtschaftsminister im Kabinett Adenauer, kommt aus dem ländlich-christlichen Lager – Direktor der „Deutschen Bauernschaft" – und gehörte als Zentrumsabgeordneter (1931–1933) dem preußischen Landtag an. □

**Der mittlerweile 39jährige Schah von Persien heiratet am 21. Dezember zum dritten Mal. Die Auserwählte von Mohammed Reza Pahlewi ist die 21jährige Architekturstudentin Farah Diba. Sie kommt aus einer der vornehmsten Familien des Landes und ist in der aserbaidschanischen Provinz geboren worden. Die prunkvollen Feierlichkeiten ziehen sich über sieben Tage und Nächte hin. Die Öffentlichkeit in Persien erwartet von der künftigen Schahbanuh Farah Diba endlich den lang ersehnten Thronfolger.**

## Chruschtschow besucht die USA

Der sowjetische Ministerpräsident absolviert im September einen von der gesamten Weltöffentlichkeit mit Spannung verfolgten zwölftägigen Staatsbesuch in den USA. Nikita Chruschtschow gilt als Symbolfigur des Kalten Krieges, kann aber durch joviales Auftreten – zum Beispiel beim Plausch mit zahlreichen Filmstars in Hollywood – einige Pluspunkte sammeln. Das Bild zeigt den Chef der Sowjetunion zusammen mit Gattin Nina und US-Präsident Eisenhower auf den Stufen des Gästehauses der amerikanischen Regierung in Washington. Die Atmosphäre der Begegnung wird als freundlich beschrieben. □

## Dem großen Friedensschluß folgen bald Kriege und Krisen

Während mit offiziellen Friedensschlüssen die Folgen des Zweiten Weltkrieges endlich administrativ geregelt werden, kämpfen amerikanische Soldaten gegen einen neuen Feind. Nachdem kommunistische Truppen den 38. Breitengrad in Korea überschreiten, bricht 1950 der Krieg aus. Die USA glauben als Schutzmacht des Südens nicht anders reagieren zu können und sehen sich einer möglichen großen Konfrontation mit dem kommunistischen China gegenüber. Die droht auch den Franzosen, die sich bis 1954 mit Indochina einen zähen Kolonialkrieg liefern, der mit einer militärischen Niederlage der Europäer und der Spaltung eines weiteren Landes (Vietnam) endet. Ein neuer Krisenherd steht damit bereit, weil wie in Deutschland und Korea die beiden ideologischen Lager jeweils eine Hälfte beherrschen. Frankreich zieht auch in anderen Teilen seines ehemaligen Kolonialbereiches den Kürzeren. Die nordafrikanischen Besitzungen Marokko und Tunis erlangen bis 1956 ihre Unabhängigkeit, nur in Algerien läßt Paris weiterkämpfen, wo bald das Schlagwort vom „schmutzigen Krieg" geboren wird. Französische Truppen sind auch an der Sueskrise beteiligt. Die beiden Kolonialmächte Frankreich und England glauben, den Sueskanal gegen die Besetzung durch den Aggressor Israel verteidigen zu müssen. Dieses Abenteuer endet am Verhandlungstisch, wo die neugeordnete Staatenwelt eine Vielzahl von Verträgen und Bündnissen abschließt, die einen weiteren Weltkrieg verhindern sollen. Dafür stehen Namen wie der Südostasienpakt (SEATO), der Bagdadpakt im Nahen Osten, der australisch-amerikanisch-neuseeländische ANZUS-Pakt, die internationale Atomenergie-Organisation (IAEA) und die Konferenz der 29 asiatischen und afrikanischen Staaten 1953 mit den Neutralitätsbekundungen für die Länder der Dritten Welt. Sie alle haben den großen Krieg zwar verhindern können, nicht aber die vielen regionalen Konflikte und Krisen. □

Der erste deutsche Bundeskanzler: Konrad Adenauer

Der Markusplatz von Venedig und seine Tauben – bald haben zahlreiche

## Als die vielen „Wellen"

Nach Beseitigung der größten Trümmerhaufen beginnen die Deutschen auch an das leibliche Wohlergehen zu denken. Mit Aufhebung der Lebensmittelrationierung 1950 rollt eine wahre „Freßwelle" an. Dagegen stehen in diesem Jahr noch zwei Millionen Arbeitslose in der Bundesrepublik, wo die meisten Familien mit einem monatlichen Durchschnittseinkommen von 243 DM auskommen müssen. Aber der von Wirtschaftsminister Ludwig Erhard versprochene „Wohlstand für alle" bekommt allmählich Konturen, und am Ende des Jahrzehnts ist es geschafft: in der Bundesrepublik herrscht Vollbeschäftigung. Zu diesem Zeitpunkt hat der westdeutsche Normalverbraucher auch seine ersten Statussymbole im teilweise noch baulich improvisierten Zuhause: den modernen Nierentisch und den Kleinfernseher. Auch Mobilität ist angesagt. Die von Hitler seinerzeit versprochenen Volkswagen rollen en masse vom Band – 1955 ist schon die erste Million voll. Wer auf die eigenen vier Räder noch verzichten muß, stürzt sich per Bahn oder Bus in die jetzt so erreichbare Ferne. Die „Reisewelle" läuft. 1959 überschwemmen die Deutschen elfmillionenfach Italien, Spanien, Jugoslawien, Österreich. Geldverdienen und Geldausgeben werden zur Massenbewegung in der neuen Wohlstandsgesellschaft, die

Deutsche dieses Bild in ihrem Album.

## ins Rollen kommen

jenes Phänomen hervorgebracht hat, das als „Wirtschaftswunder" untrennbar mit der westdeutschen Geschichte verbunden bleiben wird. Die Deutschen jenseits der Elbe sind nur Zaungäste in dieser Entwicklung. Während man sich diesseits der Grenze über die (Fernseh)-Familie Schölermann aufregt oder die großen Karos an der Jacke des TV-Unterhalters Peter Frankenfeld für diskussionswürdig hält, arbeiten die „Brüder und Schwestern" im Osten in mehrfach von den russischen Befreiern demontierten Fabriken und auf zwangskollektivierten Agrarflächen. Zwar ist ihre DDR im Ostblock eine angesehene Wirtschaftsgröße, aber der Lebensstandard der Bevölkerung bleibt deutlich hinter dem der Westdeutschen zurück. So setzt eine Flüchtlingswelle in die Bundesrepublik ein, die hier zu einem weiteren deutschen Nachkriegsphänomen führt: dem Notaufnahmeverfahren in den Notaufnahmelagern. 1950 bis 1952 werden 545 829 „Republikflüchtlinge" im Westen registriert, nach dem Volksaufstand 1953 allein 331 390. Da vor allem arbeitsfähige und zum Teil gut ausgebildete Menschen den Schritt in das vermeintliche Paradies wagen, blutet die DDR-Wirtschaft zusehends aus. Während die Westdeutschen ab 1959 dem staatlich kontrollierten Glücksspiel „6 aus 49" frönen, wird das Überleben in der DDR zu einem wahren Glücksspiel. □

# Das sechste Jahrzehnt

## Selbst im Wiederaufbau spürt man den Ost-West-Gegensatz

Als im Westteil des geteilten Berlins mit der Internationalen Bauausstellung 1957 das Hansa-Viertel als Musterbeispiel für menschenwürdiges Wohnen in der neuen Zeit entsteht, präsentieren die Verantwortlichen im Osten mit der Stalin-Allee einen scharfen Kontrast. Der Klassizismus nach Moskauer Art steht in schroffem Gegensatz zu den begeistert aufgenommenen Wohnideen der größten Baumeister der Zeit wie Walter Gropius, Le Corbusier und Alvar Aalto. Nachdem die alliierten Bombengeschwader fast alles zerstört haben, was in Generationen aufgebaut worden war, dauert es einige Jahre, bis man in Westdeutschland an effektiven Wiederaufbau denken kann. Dabei setzen vor allem wirtschaftlich-zweckmäßige Momente die entscheidenden Akzente. Zu diesem Zeitpunkt ragt allerdings in Düsseldorf auch das Mannesmann-Hochhaus empor, der erste von weiteren Riesen in der deutschen Nachkriegsbaulandschaft, die beweisen, daß das Hochhaus als der neue Bautyp der Moderne nicht auf die USA beschränkt bleiben muß. Doch in Deutschland dominieren zunächst noch die Normen des sozialen Wohnungsbaus. Unter diesem Stichwort steht in der Bundesrepublik eine gewaltige Wiederaufbauleistung in den 50er Jahren, die auch die äußeren Merkmale – mehr oder weniger einheitlich aussehende Mietshäuser in drei- oder vierstöckiger Bauweise, errichtet mit der 60-Quadratmeter-Wohnung für die vierköpfige Familie, einen kleinen Balkon eingeschlossen – nicht mindern können. Es sind nämlich endlich wieder die berühmten eigenen vier Wände. □

Im Hintergrund das Mannesmann-Hochhaus in Düsseldorf

Das gesamtdeutsche Team war bei den VIII. Olympischen Winterspielen in Squaw Valley sehr erfolgreich. Die Ostberlinerin Helga Haase (Bild) bricht in die Phalanx der sowjetischen Eisflitzerinnen ein und gewinnt Gold (500 m) und Silber (1 000 m) im Eisschnellauf. Noch sensationeller mutet der Sieg der 19jährigen Heidi Biebl aus Oberstaufen in der Damen-Abfahrt an, überraschend ist auch der Sieg des Schwarzwälder Postboten Georg Thoma in der Nordischen Kombination. Der Thüringer Helmut Recknagel gewinnt Gold im Spezialspringen.

Der deutsche Sprinter Armin Hary setzt in diesem Sommer neue Meilensteine in der Leichtathletik. Am 21. Juni läuft er beim Züricher Meeting im Letzigrund die 100 m in genau zehn Sekunden, und das in einem Wiederholungsrennen, nachdem beim ersten Rekordlauf ein Frühstart erfolgt sein soll. Der neue Weltrekordler wiederholt seine Leistung bei den Olympischen Spielen in Rom, als er die ob der sagenhaften Zeit von Zürich immer noch skeptischen US-Sprinter im Kampf ums Gold schlägt und über 100 m ganz oben auf dem Siegertreppchen steht.

## JAHRES-CHRONIK

- Am 15. Februar zündet Frankreich in der Sahara seine erste Atombombe.
- Im Februar gibt es in der Bundesrepublik 626 999 Arbeitslose.
- Prinzessin Margaret, Schwester von Königin Elisabeth II., heiratet im Mai den Hoffotografen Anthony Armstrong-Jones.
- Im Mai wird Leonid Breschnew sowjetischer Staatspräsident.
- Real Madrid gewinnt im Mai den Europapokal der Landesmeister durch ein 7:3 gegen Eintracht Frankfurt.
- Im Juni wird der Hamburger SV durch einen 3:2-Sieg gegen den 1. FC Köln Deutscher Fußballmeister.
- Zypern wird im August von England in die Unabhängigkeit entlassen und zur Republik erklärt.
- Ein US-Pharmazieunternehmen bringt im August die erste Anti-Baby-Pille mit Namen „Enovid" auf den Markt.
- Erster Auftritt der Beatles im „Indra", einem Stripteaselokal in Hamburg-St. Pauli.
- Im September gründen Iran, Irak, Kuwait, Saudi-Arabien und Venezuela die OPEC (Organization of Petroleum Exporting Countries).
- Im Oktober fordern ein Wirbelsturm und eine anschließende Flutwelle in Ostpakistan über 6 000 Menschenleben.
- Die dritte Frau des Schahs von Persien, Farah Diba, schenkt dem Land im Oktober mit Sohn Reza endlich einen Thronfolger.
- König Baudouin von Belgien heiratet die spanische Prinzessin Fabiola des Mora y Aragon.
- Beim Absturz einer US-Militärmaschine auf die Münchner Innenstadt sterben im Dezember insgesamt 53 Menschen.
- Die Sowjetunion schießt ein Raumschiff mit zwei Hunden an Bord in den Weltraum, das nach 20 Stunden verglüht.

# Kreml-Chef entgleist vor UNO

Ein spektakulärer Auftritt des sowjetischen Regierungschefs Nikita Chruschtschow bildet den Höhepunkt der vor sich hin dümpelnden UN-Vollversammlung in New York. Als am 13. Oktober der Hammer des Versammlungspräsidenten zerbricht, zieht der starke Mann aus dem Kreml seinen Schuh aus und trommelt damit heftig auf sein Pult. Außer dieser kaum belachten Entgleisung haben die Sowjets in New York wenig beizutragen. Ihre Forderungen nach totaler Abrüstung werden ebenso abgelehnt wie die nach dem Rücktritt des UN-Generalsekretärs. Außerdem verhindern die USA die von Chruschtschow geforderte Behandlung des sogenannten U-2-Zwischenfalls vom Mai, bei dem ein amerikanisches Aufklärungsflugzeug abgeschossen wurde und der Pilot in sowjetische Gefangenschaft geriet. Die politischen Folgen sind schlimm, denn Chruschtschow läßt daraufhin das geplante Gipfeltreffen der Staatschefs der vier alten Siegermächte platzen, bei dem ein Friedensvertrag mit Deutschland vorbereitet werden sollte. □

**Nikita Chruschtschow bei seinem Schuh-Auftritt vor der UNO**

# Entführung

Der israelische Geheimdienst entführt in Argentinien den früheren SS-Obersturmbannführer Adolf Eichmann, der ab 1941 für die sogenannte „Endlösung" der Judenfrage im Deutschen Reich zuständig war. Das bedeutete Deportation und Vernichtung der dort lebenden Juden. Eichmann ist nach dem Krieg geflohen und hat unter falschem Namen in Buenos Aires mit seiner Familie ein bürgerliches Leben geführt. Er wird mit einer Sondermaschine für eine israelische Delegation außer Landes gebracht. □

# Bürgerkrieg

Wenige Tage nach den Unabhängigkeitsfeiern bricht in der ehemaligen Kolonie Belgisch-Kongo ein blutiger Bürgerkrieg zwischen Anhängern der neuen Machthaber aus. Der Ministerpräsident der Provinz Katanga, Moise Tschombé, ruft diese zur unabhängigen Republik aus und fordert damit den neuen Regierungschef des Kongo, Patrice Lumumba, zum offenen Kampf heraus. Armeechef Joseph Mobutu und eine zu Hilfe eilende UNO-Sicherheitstruppe sorgen bis Jahresende dann für Ruhe. □

Die Welt des Films verliert in diesem Jahr zwei ihrer ganz Großen. Im Alter von 59 Jahren stirbt in Kalifornien Clark Gable an den Folgen einer Herzkrankheit. Der als „König von Hollywood" bekannte Schauspieler ist einem Millionenpublikum in aller Welt durch seine Rolle in „Meuterei auf der Bounty" oder als Rhett Buttler in „Vom Winde verweht" unvergeßlich. Der Star sorgte durch zahlreiche private Affären und mehrere Ehen für Schlagzeilen.

Vor allem das deutsche Publikum trauert um Hans Albers (Bild), der im Alter von 69 Jahren in Bayern stirbt. Über drei Jahrzehnte konnte er sich als Darsteller echter Hamburger Volkstypen in die Herzen der Zuschauer spielen. Seine berühmtesten Rollen spielte er in „Der blaue Engel", „Münchhausen", „Varieté" oder „Der Mann, der Sherlock Holmes war". Mit Liedern wie „Auf der Reeperbahn nachts um halb eins" und „La Paloma" errang er Weltruhm.

# 1960

**Buch des Jahres:**
„Es muß nicht immer Kaviar sein"
von Johannes Mario Simmel

**Film des Jahres:**
„Psycho" von Alfred Hitchcock

**Schlager des Jahres:**
„Marina" von Rocco Granata

## Medaillenregen für Deutsche

Mit den besten Ergebnissen seit 1936 beendet die deutsche Mannschaft die XVII. Olympischen Sommerspiele in Rom. Die Athleten des fast 400köpfigen Aufgebots aus Ost und West erkämpfen zwölf Gold-, neunzehn Silber- und elf Bronzemedaillen. Einige der insgesamt 5 886 Teilnehmer aus 84 Ländern bleiben immer unvergessen, so die als „Schwarze Gazelle" gefeierte US-Sprinterin Wilma Rudolph. Die 20jährige gewinnt drei Sprint-Goldmedaillen (100 m, 200 m und Staffel) und verzaubert das Publikum durch ihren Charme. Unvergeßlich ist auch der Marathon-Sieger Bikila Abebe. Das Mitglied der Leibwache Kaiser Haile Selassis durchläuft die 42 Kilometer barfuß in Weltrekordzeit. Die deutschen Leichtathleten holen außer Harys „Goldenen" noch jede Menge Silbermedaillen, und zwar durch Jutta Heine (200 m), Johanna Lüttge (Kugelstoßen) und die Sprintstaffel sowie Carl Kaufmann (400 m), Hans Grodotzki (5 000 und 10 000 m), Walter Krüger (Speerwerfen) und durch die 4 x 400-m-Staffel. Ebenfalls auf dem Lago Albano hamstern deutsche Ruderer und Kanuten jede Menge Edelmetall ein, dabei gibt es in der Kanustaffel über 4 x 500 m echtes gesamtdeutsches Gold für je zwei Kanuten aus Ost (Dieter Krause, Günter Perleberg) und West (Paul Lange, Friedhelm Wentzke). Die Ruderer fahren dreimal Gold ein (Zweier und Vierer mit Steuermann und Achter). Zwei Olympiasieger sind sogar noch Teenager. Die siebzehnjährige Ingrid Krämer aus Dresden gewinnt Doppelgold im Springen von Turm und Brett, der achtzehnjährige Peter Kohnke aus Bremervörde holt Gold im Kleinkaliberschießen. Sie bleiben ebenso unvergessen wie der schwere Mann, den sie „Kran aus Schifferstadt" nennen. Wilfried Dietrich ist Ringer und holt Silber und Gold in der schweren Klasse. Den krönenden Abschluß bilden die Siegesritte von Hans Günther Winkler, Fritz Thiedemann und Alwin Schockemöhle, die mit Mannschaftsgold im Springreiten nach Hause fahren. □

Hans Günther Winkler auf Halla

## Hinrichtung

Mit dem Tod in der Gaskammer endet am 2. Mai der zwölfjährige Kampf des Häftlings Caryl Chessman um Begnadigung. Er war wegen Mordes rechtskräftig zum Tode verurteilt worden, konnte die Vollstreckung aber durch spektakuläre Einsprüche achtmal hinausschieben und geriet so in die Schlagzeilen der Weltpresse. □

## Boxgeschichte

Boxgeschichte schrieb im New Yorker Yankee-Stadion der 25jährige US-Profi Floyd Patterson. Als erster Fighter durchbrach er das seit 61 Jahren geltende ungeschriebene Gesetz „They never come back", das für Box-Weltmeister im Schwergewicht nach einem verlorenen Titelkampf eine Rückkehr auf den Meisterschaftsthron ausschließt. Patterson gewinnt jedoch den Rückkampf gegen den Schweden Ingemar Johannson, der ihn 1959 besiegt hat, und setzt damit einen Meilenstein in der Geschichte der Box-WM. □

Mit dem knappsten Stimmenvorsprung, der seit 1884 ausgezählt wurde, wird der 43jährige John F. Kennedy im November zum 35. Präsidenten der USA gewählt. Er erhält nur 111 957 Wählerstimmen mehr als sein Kontrahent Richard Nixon, kann aber durch das in der USA praktizierte Wahlmänner-System mit deutlicher Mehrheit nominiert werden. Der Demokrat und Katholik Kennedy (hier mit Ehefrau Jackie), löst den nach zwei Amtszeiten ausscheidenden Republikaner Eisenhower auf dem Präsidentenstuhl ab und krönt damit eine von seinem Vater zielbewußt geplante politische Karriere.

## 10 000 Opfer

Die marokkanische Hafenstadt Agadir wird am 1. März von einem Erdbeben mit nachfolgender Springflut heimgesucht und fast völlig dem Erdboden gleichgemacht. In den Trümmern kommen etwa 10 000 Menschen ums Leben. Die Überlebenden der zuvor 30 000 Einwohner werden obdachlos und verbringen mehrere Tage und Nächte voller Angst im Freien, bis eine internationale Hilfsaktion anläuft. □

# DDR legt Grundstein zum häßlichsten Monument

Die Bevölkerung des geteilten Deutschlands wird am 13. August vom größten Schock der Nachkriegszeit getroffen. Unter Aufsicht bewaffneter Kontrolleure von Volkspolizei und Volksarmee mauern von diesem Tag an Ostberliner Bauarbeiter – für einen Stundenlohn von 1,38 Mark – die Sektorengrenze in der ehemaligen Hauptstadt zu. Innerhalb weniger Wochen entsteht das häßlichste Bauwerk der Welt, eine von Todesstreifen und verbotener Sicherheitszone gerahmte, stacheldrahtbezogene dicke Mauer. Das grausame Jahrhundertbauwerk ist die Antwort der DDR und ihrer Schutzmacht Sowjetunion auf den nicht zu stoppenden Flüchtlingsstrom aus dem „Arbeiter- und Bauernstaat", dem seit der Staatsgründung 1949 bis zum August dieses Jahres trotz der vorgeblichen Segnungen des Sozialismus 2 689 922 Personen den Rücken gekehrt haben. Der Westen wird von der Aktion völlig überrascht. Es gibt eine Protestnote der Westmächte an Moskau, die ebenso förmlich zurückgewiesen wird wie ein Besuch des Vizepräsidenten Johnson. Die Deutschen müssen allein mit dem Problem fertig werden. □

**Bewaffnete Volkspolizisten überwachen die mit dem Mauerbau beschäftigten Arbeiter.**

**Der 27jährige Fliegermajor Juri Gagarin umrundet am 12. April mit dem Raumschiff „Wostok I" beim ersten bemannten Weltraumflug die Erde und kehrt nach 108 Minuten zurück. Die Pionierleistung des Kosmonauten wird in aller Welt gewürdigt, zu Hause erhält er die Auszeichnung „Held der Sowjetunion".**

## JAHRES-CHRONIK

- Bei einem Lawinenunglück im Schweizer Wintersportzentrum Lenzerheide kommen im Februar zehn Schüler ums Leben.
- Die gesamte Eiskunstlaufmannschaft der USA verunglückt im Februar bei einem Flugzeugabsturz bei Brüssel.
- Der 79jährige Pablo Picasso heiratet im März sein Modell Jacqueline Roque.
- Ende März eröffnet Ministerpräsident Nehru Indiens erstes, von Deutschen und Österreichern erbautes, Stahlwerk in Rourkela.
- Ein Putsch der in Algerien dienenden Generale und Offiziere gegen de Gaulle bricht im April zusammen.
- Die NASA schickt im Mai Alan B. Shepard in einer ballistischen Kurve als ersten Amerikaner in den Weltraum.
- Im Alter von 60 Jahren stirbt am 13. Mai in Hollywood der amerikanische Filmschauspieler Gary Cooper.
- Das britische Protektorat Kuwait wird im Juni unabhängiges Emirat.
- Im Rahmen der Berliner Festwochen wird die Deutsche Oper in Berlin im September eröffnet.
- Der XXII. Parteitag der KPdSU endet im Oktober mit der Verurteilung Stalins und leitet den Bruch der Sowjetunion mit China ein.
- Im neuen Kabinett der Koalition aus CDU/CSU und FDP ist Elisabeth Schwarzhaupt (Gesundheit) die erste Frau auf einem Bonner Ministerposten.
- Sithu U Thant aus Burma wird im November neuer UN-Generalsekretär.

**Der erste Ministerpräsident des Kongo, Patrice Lumumba, wird im Februar auf Geheiß seines politischen Widersachers Moise Tschombé ermordet. Lumumba verschwindet aus dem Gefängnis von Katanga (hier sein Transport dorthin) und taucht nie wieder auf.**

# der Welt: die Mauer durch Berlin

Durch das Fenster einer im Hochparterre gelegenen Wohnung flüchtet eine Familie in letzter Minute von Ost- nach West-Berlin. Hier bildet die Bauflucht der zu Ost-Berlin gehörenden Häuser die Sektorengrenze, die gesamte Straße einschließlich der Bürgersteige gehört zum Westen. Die Haustüren der Osthäuser wurden von innen vermauert, die Schlösser zugeschweißt. Der Mann reicht sein Hab und Gut aus dem Fenster, während Frau, Tochter und hilfsbereite West-Berliner es in Sicherheit bringen. Als letzter springt er aus dem Fenster in die Freiheit.

## Todesfahrt

Der Traum vom ersten deutschen Formel-I-Fahrer endet am 10. September beim Großen Preis von Italien in Monza. Der in der WM-Wertung führende Wolfgang Graf Berghe von Trips touchiert in der zweiten Runde den Lotus des Schotten Jim Clark und rast in die Menge. Der Rennfahrer und 16 Zuschauer kommen ums Leben. Von Trips wäre Vize-Weltmeister geworden. □

## Abgestürzt

Der 56jährige UN-Generalsekretär Dag Hammarskjöld kommt während seiner Friedensmission im Kongo ums Leben. Der Schwede stürzt auf dem Flug von Leopoldville nach Ndola (Nordrhodesien) am 18. September ab. Weitere elf Insassen der Maschine sterben ebenfalls. Die Ursache des Unglücks wird nie geklärt. Im Dezember erhält der frühere UN-Botschafter Schwedens posthum den Friedensnobelpreis. □

Castro-Soldaten marschieren gegen die Aufständischen.

# 1961

**Buch des Jahres:**
„Angélique" von Anne Golon

**Film des Jahres:**
„Die Nacht" mit Marcello Mastroianni und Jeanne Moreau

**Schlager des Jahres:**
„Weiße Rosen aus Athen" von Nana Mouskouri

**Der amerikanische Schriftsteller und Literaturnobelpreisträger von 1954 Ernest Hemingway stirbt am 2. Juli in Ketchum (Idaho) an den Folgen eines Selbstmordversuches. Der 62jährige Schöpfer berühmter Werke wie „Wem die Stunde schlägt" oder „Der alte Mann und das Meer" wird immer unvergeßlich bleiben.**

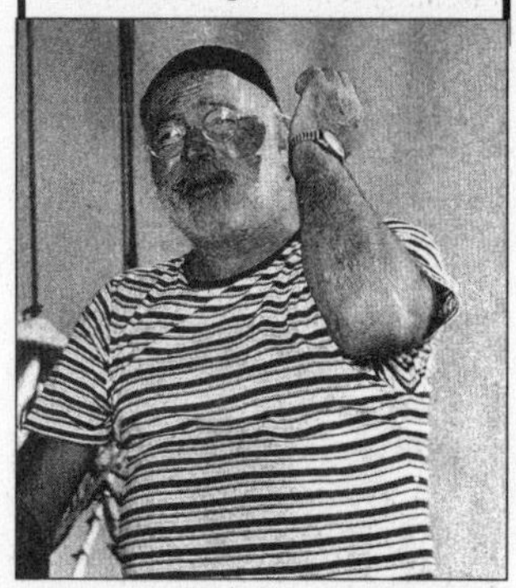

## Fehlschlag

Militante Gruppen unter den zahlreichen Exilkubanern im US-Bundesstaat Florida haben mit Unterstützung ihres Gastlandes ein Expeditionskorps aufgestellt und landen damit im April in der Schweinebucht ihrer Heimatinsel. Sie glauben – unterstützt von US-Geheimdienst CIA – an die Möglichkeit des Sturzes von Fidel Castro und seines Regimes. Aber es kommt anders als erwartet. Die Unterstützung durch castrofeindliche Kreise bleibt aus, vielmehr vernichten die Volksmilizen die Eindringlinge innerhalb kurzer Zeit. Der Fehlschlag bedeutet auch einen herben Gesichtsverlust für die US-Außenpolitik, mit dem die Vereinigten Staaten lange zu kämpfen haben werden. □

## JAHRES-CHRONIK

- Wegen Übergriffen auf kirchliche Einrichtungen wird Fidel Castro im Januar vom Vatikan exkommuniziert.
- Die Plattenfirma Decca lehnt Aufnahmen mit den „Beatles" wegen mangelnder Qualität ab.
- Als erstem US-Astronauten gelingt John Glenn im Februar eine Erdumkreisung.
- Ein Grubenunglück auf der Zeche Luisenthal fordert im Februar 299 Todesopfer.
- Georges Pompidou wird im April neuer französischer Ministerpräsident.
- Der ehemalige SS-Obersturmbannführer Adolf Eichmann wird im Mai in Israel gehängt.
- Zwölf Bewohnern der DDR gelingt im Mai die Flucht durch einen Tunnel unter der Mauer.
- Der spanische Thronanwärter Juan Carlos heiratet im Mai Prinzessin Sophia von Griechenland.
- Titelverteidiger Brasilien erringt im Juni in Chile erneut die Fußball-Weltmeisterschaft.
- Im Juli entläßt Frankreich nach einer Volksabstimmung Algerien in die Unabhängigkeit.
- Der aus Arkansas stammende Charles („Sonny") Liston wird im September neuer Box-Weltmeister im Schwergewicht.
- Der Deutsche Fußballbund beschließt im Oktober die Bildung einer aus 16 Vereinen bestehenden Fußball-Bundesliga.
- Kuba tauscht 1 113 Gefangene der Invasion von 1961 gegen Lebensmittel aus den USA aus.

Sowjetwaffen in Richtung Kuba

Viele junge Menschen demonstrieren gegen Franz Josef Strauß als Gefahr für die Pressefreiheit.

# Strauß stolpert über „Spiegel"

Eine Polizeiaktion gegen das Nachrichtenmagazin „Der Spiegel" stürzt die Bundesrepublik im Spätherbst in eine innenpolitische Krise. Wegen angeblichen Geheimnisverrates durch einen Artikel über das NATO-Manöver „Fallex 62" wird die Staatsgewalt aktiv, durchsucht die Redaktionsräume des Blattes und läßt mehrere Redakteure und den Herausgeber Rudolf Augstein verhaften. Das Vorgehen, hinter dem auch Verteidigungsminister Franz Josef Strauß vermutet wird, führt in der Öffentlichkeit, vor allem bei der studentischen Jugend, zu großen Demonstrationen. Auf Veranlassung von Parteichef Erich Mende treten im November die FDP-Minister wegen der Affäre aus dem Koalitionskabinett zurück. Ein Untersuchungsausschuß bescheinigt Kanzler Adenauer korrektes Verhalten, gleichzeitig bedauert Strauß eventuelles Fehlverhalten. Da der Koalitionspartner FDP mit ihm aber nichts mehr zu tun haben will, verzichtet er am 30. November auf seinen Posten als Verteidigungsminister. Der Vorwurf von unzulässigen Eingriffen in Polizeiangelegenheiten seinerseits bleibt bestehen. □

**Ein Jahr nach Errichtung der Mauer in Berlin gibt es dort am 17. August den ersten Toten. Der noch jugendliche Ostberliner Peter Fechter wird bei einem Fluchtversuch niedergeschossen und verblutet. Das Bild zeigt den Abtransport des Leichnams. Seit dem Vorjahr flüchten noch immer Bürger aus der DDR in den Westen.**

# Welt steht wegen Kuba-Krise kurz vor Krieg der Supermächte

In der letzten Oktoberwoche hält die Welt den Atem an. Nach einem Ultimatum von US-Präsident Kennedy an die Sowjetunion droht ein Konflikt der beiden Supermächte. Den Hintergrund bildet die Stationierung von Mittelstreckenraketen der Sowjetunion auf Kuba, die eine Bedrohung der gesamten Süd-USA bedeuten. Kennedy reagiert am 22. Oktober mit Verhängung einer Seeblockade gegen Kuba und der Ankündigung, daß die US-Marine alle Kuba ansteuernden Schiffe kontrollieren werde. Amerikanische Streitkräfte werden in Alarmbereitschaft gesetzt. Da sich mehrere sowjetische Schiffe mit Kriegsmaterial auf dem Weg nach Kuba befinden, scheint eine bewaffnete Auseinandersetzung unvermeidlich. Schließlich lenkt Nikita Chruschtschow auf Vermittlung der UNO ein. Die Schiffe ändern kurz vor der Blockade ihren Kurs, außerdem verspricht er den Abbau aller russischen Raketenbasen auf Kuba. Im Gegenzug garantieren die USA, keine Invasion auf der Insel vorzunehmen. Im November hebt Kennedy die Blockade auf, nachdem auf Veranlassung Castros auch sowjetische Kampfflugzeuge aus Kuba abgezogen sind. □

**Im Alter von 85 Jahren stirbt am 9. August in Montagnola (Tessin) der deutsch-schweizerische Dichter Hermann Hesse. Der im schwäbischen Calw geborene Erzähler und Lyriker entzog sich schon als Jugendlicher dem Einfluß des Vaters, eines pietistischen Missionspredigers, indem er das für seine Erziehung bestimmte evangelisch-theologische Seminar Maulbronn verließ und statt dessen eine Buchhändlerlehre absolvierte. Als solcher war er ab 1899 in Basel tätig. Die Staatsbürgerschaft seines Gastlandes nahm er 1923 an. Da waren schon die ersten erfolgreichen Werke erschienen, wie „Demian“ und „Siddharta“. Berühmt wurde Hesse durch „Der Steppenwolf“, „Narziß und Goldmund“, „Das Glasperlenspiel“. 1946 erhält er den Literaturnobelpreis, 1955 den Friedenspreis des Deutschen Buchhandels.**

# 1962

**Buch des Jahres:**
„Das Narrenschiff“
von Katherine Anne Porter

**Film des Jahres:**
„Lawrence von Arabien“
mit Peter O'Toole und Omar Sharif

**Schlager des Jahres:**
„Speedy Conzales“ von Pat Boone

# Jahrhundert-Flut

**Das Schlauchboot ist der letzte Weg aus den überfluteten Häusern.**

Die Anrainer-Länder der Nordseeküste werden in der Nacht zum 17. Februar von der bis dahin schwersten Sturmflut des Jahrhunderts betroffen. Nach orkanartigen Nordweststürmen brechen alle Sicherungseinrichtungen, und die Fluten ergießen sich über das Land. Die Bewohner der Küstenländer Niedersachsen und Schleswig-Holstein können nach entsprechender Vorwarnung vor dem schlimmsten bewahrt werden, im Hamburger Elbegebiet haben die hereinbrechenden Wassermassen dagegen katastrophale Folgen. Das gesamte Hafengebiet und der Stadtteil Wilhelmsburg werden überflutet, sogar bis zum Rathausmarkt in der Innenstadt dringt das Wasser vor. In der Hansestadt kommen 312 Menschen ums Leben, weitere Opfer gibt es in Bremen und an der niedersächsischen Küste. Insgesamt sind 337 Menschenleben zu beklagen. Bei den Rettungsarbeiten verlieren auch neun eingesetzte Bundeswehr- bzw. Polizeiangehörige ihr Leben. □

# Schauspielerin Marilyn Monroe begeht Selbstmord

Mit einer Überdosis Schlaftabletten setzt die 36jährige Marilyn Monroe am 5. August in ihrem Haus in Hollywood ihrem Leben ein Ende. Die Schauspielerin litt zuletzt zunehmend unter Depressionen. Die junge Frau aus Los Angeles war zunächst unter ihrem bürgerlichen Namen Norma Jean Baker als Akt- und Pin-up-Modell aktiv, bevor der Film sie entdeckte und aufgrund ihrer körperlichen Vorzüge als Sex-Symbol vermarktete. Privat stolperte die junge Diva von einer Affäre in die andere und fand in drei Ehen – ein Polizist, Baseballstar Joe di Maggio und Arthur Miller – keine feste Bindung. □

**In dieser Pose kannten sie ihre Fans: umflorter Blick, goldblondes Haar, Traumfigur und hinreißende Beine: Marilyn als Sex-Symbol über viele Jahre. In Filmen wie „Blondinen bevorzugt“, „Wie angelt man sich einen Millionär“, „Das verflixte 7. Jahr“, „Manche mögen's heiß“ oder „Machen wir's in Liebe“ spielte sie stets die Rolle des männermordenden Dummchens. Erst in „Nicht gesellschaftsfähig“ (Drehbuch Arthur Miller) konnte sie zeigen, was sie wirklich konnte.**

**Zu einer Triumpfahrt im Konfettiregen gerät der Besuch von US-Präsident John F. Kennedy am 26. Juni in Berlin. Vor dem Schöneberger Rathaus versichert er die Berliner seiner moralischen Unterstützung in der berühmt gewordenen Ansprache mit den Worten: „Ich bin stolz heute in ihre Stadt zu kommen. Heute ist der stolzeste Satz, den jemand in der freien Welt sagen kann: Ich bin ein Berliner“.**

## JAHRES-CHRONIK

- Marika Kilius und Hans-Jürgen Bäumler werden im März in Cortina d'Ampezzo Weltmeister im Eiskunstlauf der Paare.
- Das Zweite Deutsche Fernsehen (ZDF) nimmt am 1. April den Sendebetrieb auf.
- Schiitenführer Khomeini wird nach religiösen Unruhen im Juni von der iranischen Regierung verhaftet.
- Im Alter von 81 Jahren stirbt am 3. Juni in Rom Papst Johannes XXIII. Neuer Papst wird Kardinal Montini (Mailand) als Paul VI.
- Am 16. Juni wird Valentina Tereschkowa als erste Frau mit dem Raumschiff „Wostok VI“ in den Weltraum befördert.
- Eine als „heißer Draht“ bezeichnete direkte Telefonleitung zwischen Washington und Moskau wird im Juni eingerichtet.
- Nach Rücktritt von Ben Gurion wird Levy Eschkol im Juni neuer israelischer Ministerpräsident.
- Bei einem Erdbeben in der südjugoslawischen Stadt Skopje kommen im Juli 1 800 Menschen ums Leben.
- Bei einem Überfall auf den Postzug Glasgow-London erbeuten die Täter im August 2,5 Millionen Pfund.
- Der Rebellenführer Achmed Ben Bella wird im September erster algerischer Staatspräsident.
- Im Alter von 63 Jahren stirbt am 8. Oktober in Manila der Schauspieler und Regisseur Gustaf Gründgens.
- Am 11. Oktober sterben in Paris Edith Piaf (47) und in Milly-La-Forêt Jean Cocteau (74).
- Der SPD-Vorsitzende Erich Ollenhauer stirbt im Alter von 62 Jahren am 14. Dezember in Bonn.

# Erhard ist Kanzler

**Konrad Adenauer und sein Nachfolger Ludwig Erhard (links)**

Amtswechsel in Bonn: Wie bei der Kabinettsbildung 1961 vereinbart, verläßt Konrad Adenauer am 15. Oktober das Kanzleramt. Der mittlerweile 87jährige macht Platz für Ludwig Erhard, der einen Tag darauf zum neuen Bundeskanzler gewählt wird. Mit dem Abschluß des deutsch-französischen Vertrages vom Januar hat Adenauer sein letztes großes Ziel noch erreicht: die offizielle Beendigung der „historischen Rivalität zwischen beiden Staaten“. Der große „Alte von Rhöndorf“ wird mit allen Ehren verabschiedet, beim Verhandlungspartner Charles de Gaulle gerät der Abschiedsbesuch sogar zum Staatsakt. Adenauer hat in seinen 14 Kanzlerjahren eine konsequente Politik der Anlehnung an den Westen betrieben, da er nur durch gemeinsames starkes Auftreten das Ziel einer Wiedervereinigung Deutschlands als erreichbar sah. Innenpolitisch mußte er erst zu Erhards „sozialer Marktwirtschaft“ gedrängt werden, blieb dann aber konsequent. Im neuen Kabinett Erhard taucht mit FDP-Chef Erich Mende als Vize-Kanzler ein neues Gesicht auf. Erhards bisherige Position als Wirtschaftsminister nimmt Hans Krüger (CDU) ein. □

# Marsch auf Washington

Die Proteste der schwarzen Bürgerrechtsbewegung gegen Rassendiskriminierung erreichen in diesem Sommer einen spektakulären Höhepunkt. Im „Marsch auf Washington“ vereinigen sich über 200 000 Menschen unter Führung von Martin Luther King am 28. August zu einer machtvollen Demonstration in der US-Hauptstadt. In der Nähe des Washington-Denkmals kommt es zur friedlich verlaufenden beeindruckenden Schlußkundgebung. □

**Demonstration in Washington**

# John F. Kennedy wird ermordet

Während einer offiziellen Besuchsreise durch Texas wird Präsident Kennedy am 22. November auf einer Straße in Dallas durch zwei Gewehrschüsse tödlich verletzt. Die Weltöffentlichkeit ist schockiert. Auch in Deutschland gibt es Trauerkund gebungen. Als Täter wird ein gewisser Lee Harvey Oswald festgenommen. Dieser wiederum wird einen Tag vor der Beisetzung Kennedys auf dem Heldenfriedhof Arlington bei Washington während der Überführung vom Polizeihauptquartier in ein städtisches Gefängnis vom Barbesitzer Jack Ruby aus Dallas mit Revolverschüssen getötet. Die Umstände der Ermordung Kennedys als auch der des Täters beschäftigen die Welt noch Jahrzehnte. Die Hintergründe bleiben bis heute ungeklärt. □

**Jack Ruby erschießt Lee Harvey Oswald vor den Kriminalbeamten.**

# 1963

**Buch des Jahres:**
„Ansichten eines Clowns"
von Heinrich Böll

**Film des Jahres:**
„Die Vögel" von Alfred Hitchcock

**Schlager des Jahres:**
„Junge, komm bald wieder"
von Freddy Quinn

**Der Präsident im Fond seines Wagens unmittelbar bevor ihn die aus dem fünften Stock eines angrenzenden Hauses abgefeuerten Schüsse treffen. Der vor ihm sitzende Texas-Gouverneur John Conally wird ebenfalls getroffen. Die First Lady Jackie bleibt unverletzt.**

## Tod im Feuer als Protest

In Südvietnam eskalieren die seit längerem andauernden Auseinandersetzungen zwischen dem Regime des unter Mißbrauch der Staatsgewalt diktatorisch regierenden Präsidenten Ngô Dinh Diêm und den Buddhisten im Mai zu einem Aufstand. Es kommt zu Strafaktionen Diêms und als Antwort zu öffentlichen Selbstverbrennungen buddhistischer Mönche. Im August werden die Pagoden der Hauptstadt vom Militär besetzt, Hunderte von Mönchen verhaftet. Diêm wird im November von einer Militärjunta gestürzt und ermordet. □

**Flammentod als Protest**

## Wunder

Bei einem Unglück in der Eisenerzgrube „Mathilde" bei Lengede (Niedersachsen) kommen am 24. Oktober 29 Bergleute ums Leben. Drei andere können in einer dramatischen Rettungsaktion nach sieben Tagen geborgen werden. Doch elf Bergleute werden noch vermißt. Bei der Suche nach ihnen wird nach Tiefenbohrungen am 3. November tatsächlich durch Klopfzeichen Kontakt mit ihnen aufgenommen; alle elf haben in einem Hohlraum überlebt. Von diesem Augenblick an beginnt ein unter großem Zeitdruck stehendes Ringen um das Leben der Männer. Unter schwierigsten Bedingungen werden sie bis zum 7. November ans Tageslicht geholt. Das „Wunder von Lengede" ist vollbracht. □

## Abschied

Am 12. Dezember stirbt in Stuttgart der erste Präsident der Bundesrepublik Deutschland, Theodor Heuss. Der Schwabe hat in seiner zehnjährigen Amtszeit bemerkenswerte Akzente gesetzt und es durch sein Auftreten geschafft, das Ansehen seines Vaterlandes zu verbessern. Heuss bewegte sich von Jugend an in liberal-freisinnigen Kreisen, gehörte zu Friedrich Naumanns Gefolgschaft und nahm in dessen DDP verschiedene Mandate wahr. Bis 1933 saß er sieben Jahre im Reichstag der Weimarer Republik, nach der Machtergreifung der Nationalsozialisten zog er sich als Schriftsteller nach Heidelberg zurück. Später war er maßgeblich an der Ausarbeitung des Grundgesetzes beteiligt. □

# Clay auf WM-Thron

Der 22jährige Cassius Marcellus Clay aus Louisville (Kentucky) besiegt im Februar den als „häßlicher Bär" verspotteten Sonny Liston und wird neuer Weltmeister aller Klassen. Der junge Mann auf dem Box-Thron – als 18jähriger bereits Olympiasieger im Halbschwergewicht – hat sich durch eine Serie vorzeitiger Siege für diesen Titelkampf qualifiziert, wobei er das schnelle Ende jeweils exakt voraussagte. Dem von der Presse als „Großmaul" apostrophierten Herausforderer werden gegen Kraftpaket Liston kaum Chancen eingeräumt. Beim Kampf in Miami Beach belehrt der leichtfüßige Newcomer dann alle Skeptiker. Mit exakten Treffern und Attacken zermürbt er den Champion derart, daß dieser nach der 6. Runde einfach in der Ecke sitzen bleibt und aufgibt. Drei Tage nach dem Titelgewinn gibt Clay seinen vor sechs Monaten vollzogenen Übertritt zum Islam bekannt. Im Juni heiratet er ein Mannequin. □

**Geschickt tanzt Cassius Clay die Schläge Sonny Listons aus.**

**Der 37 Meter hohe Stahlglobus „Unisphere" ist das Wahrzeichen der im April in New York eröffneten Weltausstellung 64.**

**Indiens erster Premierminister Jawaharlal „Pandit" Nehru stirbt am 27. Mai im Alter von 74 Jahren. Er regierte das Land seit August 1947. Zuvor hat er an der Seite und als Nachfolger von Mahatma Gandhi für die Unabhängigkeit Indiens gegen die britische Kolonialherrschaft gekämpft, die ihn insgesamt 14 Jahre hinter Gitter steckte. Der langjährige Führer der Indischen Kongreßpartei wurde nach dem Zweiten Weltkrieg Verhandlungspartner seiner ehemaligen Verfolger. Zuletzt galt er als Sprecher der sogenannten „blockfreien Nationen" der Dritten Welt.**

# Hit-Rekord

Zwei Jahre nach ihrem Plattendebüt schafft die Popgruppe „Beatles" aus Liverpool einen einmaligen Rekord. In der US-Hitparade vom 31. März belegen fünf Titel der „Beatles" die fünf ersten Plätze. Die vier jungen Pop-Musiker mit der Pilzkopffrisur haben mit ihrem Sound die Musikwelt der Teenager erobert. Die Konzerte von George Harrison, Ringo Starr, John Lennon und Paul McCartney geraten zu Kultveranstaltungen mit exzessiven Verhaltensformen der kreischenden jungen Fangemeinde. □

# Modeschrei

Aus dem anglo-amerikanischen Raum kommen Modeschöpfungen, die für beträchtliches Aufsehen sorgen: Der viel Damenbein zeigende Minirock der Engländerin Mary Quant stößt bei Moralaposteln zwar auch auf Bedenken, tritt aber dennoch seinen Siegeszug durch die Modeszene an. Anders die als „Oben ohne" berüchtigte Kreation des in den USA lebenden österreichischen Modeschöpfers Rudi Gernreich. Der blanke Busen setzt sich nur kurzzeitig an bestimmten Stränden durch. □

## JAHRES-CHRONIK

- Bei den Olympischen Winterspielen in Innsbruck gewinnt Manfred Schnelldorfer Gold im Eiskunstlauf.
- Ein Parteitag in Bad Godesberg wählt im Februar Willy Brandt mit großer Mehrheit zum neuen SPD-Vorsitzenden.
- Nach dem Tod seines Vaters Paul I. wird der 23jährige Kronprinz Konstantin im März König von Griechenland.
- Die Staatschefs aus der Bundesrepublik, Frankreich und Luxemburg weihen im Mai die Großschiffahrtsstraße Mosel ein.
- Im Alter von 83 Jahren stirbt am 18. Juni in Wien der Volksschauspieler Hans Moser.
- Auf dem ersten Palästinensischen Nationalkongreß im jordanischen Teil Jerusalems wird im Juni eine „Palästinensische Befreiungsfront" (PLO) gegründet.
- Der südafrikanische Schwarzenführer Nelson Mandela wird im Juni vom Apartheid-System zu lebenslanger Haft verurteilt.
- Heinrich Lübke wird im Juli für weitere fünf Jahre zum Bundespräsidenten gewählt.
- Wegen seiner Apartheidspolitik wird Südafrika im August von der Teilnahme an Olympischen Spielen ausgeschlossen.
- Der Portugiese Armando Rodriguez wird im September als der Einmillionste Gastarbeiter in Deutschland begrüßt.
- Die Volksrepublik China gibt im Oktober die erste erfolgreiche Zündung einer Atombombe bekannt.
- Nach dem ersten Sieg der Labour Partei seit 1951 wird Harold Wilson im Oktober neuer englischer Premierminister.
- Nach Absetzung seines Bruders Saud wird Kronprinz Feisal im November neuer König von Saudi-Arabien.
- Lyndon B. Johnson wird mit dem größten Stimmenanteil in der Geschichte der Präsidentschaftswahlen im November in seinem Amt bestätigt.
- Martin Luther King erhält im Dezember den Friedensnobelpreis. Jean-Paul Sartre lehnt die Annahme des Literaturpreises ab.

# USA beginnen Vietnam-Krieg

Die massive Unterstützung des pseudodemokratischen Systems in Südvietnam durch die USA führt im Sommer zu einem neuen Krieg. Bis Ende 1963 haben die Staaten im „Bollwerk gegen den Kommunismus“ 16 300 Soldaten stationiert, die Südvietnams Streitkräfte – offiziell nur als Militärberater – im Kampf gegen die Guerillabewegung FLN (Nationalfront zur Befreiung Südvietnams) unterstützen sollen. Um das kommunistische Nordvietnam vor weiteren Aktivitäten zu warnen, nutzt US-Präsident Johnson die erste Gelegenheit zum militärischen Eingreifen. Nach einem angeblichen Angriff nordvietnamesischer Torpedoboote im Golf von Tonkin und damit außerhalb der Hoheitsgewässer auf amerikanische Kriegsschiffe am 2. und 4. August gibt er nach Rückversicherung durch den Kongreß den Befehl zur Bombardierung der nordvietnamesischen Küstenbefestigungen. Damit treten die USA offen in das Kriegsgeschehen in Vietnam ein. Nordvietnam sieht übrigens im Gegensatz zu den USA den gesamten Golf von Tonkin als sein Hoheitsgebiet an und nicht als offene See, dort eindringende US-Kriegsschiffe sind in der Tat am 2. August attackiert worden. Nach dem „Zwischenfall von Tonkin“ verstärken die aus dem Norden eingesickerten Guerillas ihre Aktivitäten in Südvietnam. Im November überfällt der Vietcong, stärkste der in der FLN zusammengeschlossenen Gruppen, sogar den Flughafen Bien Hoa, 20 Kilometer nordöstlich von Saigon. Das Leiden der Zivilbevölkerung des geteilten Landes beginnt damit in diesem Herbst wieder zu eskalieren. □

Menschen in Angst

# 1964

**Buch des Jahres:**
„Die Clique“ von Mary McCarthy

**Film des Jahres:**
„Alexis Sorbas“mit Anthony Quinn und Alan Bates

**Schlager des Jahres:**
„Liebeskummer lohnt sich nicht, my darling“
von Siw Malmkvist

## Krisenherd

Mit der Mittelmeerinsel Zypern hat die Welt einen neuen Krisenherd. Nach Auseinandersetzungen zwischen türkischen und griechischen Bewohnern droht im Frühjahr ein Bürgerkrieg beider Volksgruppen. Auf Initiative der früheren Kolonialmacht England wird eine UNO-Friedenstruppe mit der Zustimmung von Staatspräsident Makarios auf der Insel stationiert. □

## Machtwechsel

Im Oktober wird die Welt durch einen Machtwechsel im Kreml überrascht. Nikita Chruschtschow wird aus seinen Ämtern entlassen. Neuer Regierungschef wird Alexej N. Kossygin und erster Sekretär des ZK, also Parteichef, Leonid I. Breschnew. Die Ablösung Chruschtschows wird mit Fehlverhalten, vor allem in der Außenpolitik, begründet. □

## Letztmalig gemeinsam

Die XVIII. Olympischen Spiele erleben mit der Teilnahme von 94 Nationen einen Rekord. In Tokyo ist aber im Oktober zum letzten Mal ein gesamtdeutsches Olympiateam am Start, für das bei Siegerehrungen eine mit den olympischen Ringen verzierte Schwarz-Rot-Gold-Flagge gehißt und Beethovens-Hymne „An die Freude“ als Nationalhymnenersatz gespielt wird. Die Mannschaft holt 50 Medaillen. Unter den vielen Glanzleistungen bleibt die Goldmedaille von Zehnkampfsieger Willi Holdorf aus Leverkusen unvergessen. Der Kampf des neuen „Königs der Athleten“ mit dem Russen Aun und Landsmann Hans-Joachim Walde geht in die Sportgeschichte ein, ebenso der erneute Sieg von Marathonmann Bikila Abebe. Die Ostdeutsche Karin Balzer holt Gold über 80 m Hürden. □

Holdorf (links) und Walde

**Seit Juni hat die deutsche Fußballnationalmannschaft einen neuen Chef. Der 48jährige bisherige Assistent Helmut Schön übernimmt den Posten der Trainer-Legende Sepp Herberger, der im Mai seinen Abschied genommen hat. Bei 162 Spielen hat Herberger die Nationalelf betreut. Der gebürtige Sachse Schön (auf dem Bild mit Herberger bei einem Lehrgang in der Sportschule Duisburg-Wedau) war mit dem Dresdner SC 1943 und 1944 Deutscher Meister und 1940 und 1941 Pokalsieger. Er spielte 16 Mal in Herbergers Nationalmannschaft.**

## Weiter Blutvergießen im Kongo

Auch im vierten Jahr seiner Unabhängigkeit bleibt der Kongo ein ständiger Unruheherd, der die ehemalige Kolonialmacht Belgien und die stark engagierte UNO in Atem hält. Seit dem Frühjahr operieren zwei konkurrierende Rebellenorganisationen im Land, die bis zum Sommer große Gebiete kontrollieren. Nach dem Erlöschen des UNO-Mandats im Sommer ernennt der letzte noch legitim bestimmte Kongo-Politiker, Staatspräsident Kasawubu, ausgerechnet den wegen seiner Sezessionspolitik verbannten Moise Tschombé zum neuen Regierungschef und holt ihn zurück. Dieser bittet im August die USA und Belgien um Hilfe im Kampf gegen die Rebellen. Zur Befreiung ihrer Staatsangehörigen in den besetzten Gebieten starten beide Nationen im Herbst Militäraktionen und holen etwa 2 000 Personen aus dem Kongo heraus. Die Aufrührer richten dafür unter der Zivilbevölkerung Massaker an, denen einige tausend Menschen zum Opfer fallen. Die belgischen Truppen verlassen bis Ende November das Land, in dem das Morden aber weitergeht. □

Der Mai steht in der Bundesrepublik völlig im Zeichen des ersten offiziellen Staatsbesuchs eines britischen Herrscherpaares im Lande. Königin Elisabeth II. und Prinz Philip werden besonders von der weiblichen Bevölkerung ihrer Reisestationen enthusiastisch begrüßt und gefeiert. Die Medien haben die deutsche Öffentlichkeit entsprechend eingestimmt und verfolgen das Königspaar während der zehn Tage zwischen dem 18. und 28. Mai auf Schritt und Tritt. Bonn hat für ein zuvor heiß diskutiertes Besuchsprogramm gesorgt – jeder wollte sich im Glanz der Queen sonnen – und kann den Gästen tatsächlich ein gutes Stück deutscher Geschichte und Gegenwart vermitteln. In den Stationen Bonn, München, Wiesbaden, Stuttgart, Köln, Düsseldorf, Duisburg, Berlin, Hannover und Hamburg ergibt sich für neutrale Beobachter manche Situation zum nachdenklichen Schmunzeln. Die demokratischen Deutschen erweisen den Majestäten reichlich Tribut. □

# Rummel um die Queen

Der Blumenstrauß aus Kinderhand erfreut die englische Königin.

# Sühne für Mordtaten

Im August geht mit der Urteilsverkündung das bisher größte Strafverfahren der deutschen Rechtsgeschichte, der sogenannte „Auschwitz-Prozeß“, zu Ende. In dem seit Dezember 1963 andauernden Verfahren stehen 21 ehemalige Bewacher des berüchtigten Vernichtungslagers wegen Massenmordes in Frankfurt vor Gericht. Sechs der ehemaligen SS-Männer werden zu lebenslanger, elf andere zu zeitlich begrenzter Haft verurteilt. Drei werden freigesprochen. Nach einer vom Bundestag verabschiedeten Gesetzesänderung über Verjährungsfristen können schwerwiegende NS-Verbrechen weiterhin strafrechtlich verfolgt werden. □

# Bomben auf Nordvietnam

Die Kampfhandlungen im Vietnam-Krieg eskalieren weiter. Nach Aktionen des Vietcong im Süden des Landes fliegen US-Kampfverbände ab dem 7. Februar regelmäßig Einsätze gegen Ziele in Nordvietnam. Dabei werden ab März auch Napalmbomben eingesetzt. Die USA müssen ihr Truppenkontingent erheblich verstärken. Bis Ende Juli stehen 125 000 Mann unter Waffen, zu Hause wird die Zahl der Einberufungen erhöht. Im November wird bei Bekanntgabe erster Verlustzahlen das Ausmaß dieses Krieges deutlich. Die USA haben bisher 133 Flugzeuge verloren, 97 Piloten werden vermißt, die Zahl der getöteten Vietcong wird mit 25 000 angegeben. □

## JAHRES-CHRONIK

- Der anglo-amerikanische Dichter T. S. Eliot stirbt am 4. Januar im Alter von 67 Jahren in London.
- Im New Yorker Stadtteil Harlem wird der radikale Schwarzenführer Malcolm X im Februar auf offener Straße erschossen.
- Im Alter von 47 Jahren stirbt am 15. Februar in Santa Monica (Kalifornien) der Jazzmusiker Nat „King“ Cole.
- Das Einberufungsalter zur Bundeswehr wird im März auf 18 Jahre herabgesetzt.
- Der ägyptische Ex-König Faruk I. stirbt am 18. März in Rom.
- Nach bewaffneten Auseinandersetzungen in der Dominikanischen Republik marschieren im April US-Truppen ein.
- Im Mai wird das Vermögensbildungsgesetz (312-DM-Gesetz) vom Bundestag verabschiedet.
- General Ngyen Cao Ky wird im Juni neuer Regierungschef in Südvietnam.
- Nach Sturz von Achmed Ben Bella wird Oberst Boumedienne neuer Staatschef in Algerien.
- Der fast 12 Kilometer lange Straßentunnel durch den Mont Blanc wird im Juli eröffnet.
- Der französisch-schweizerische Architekt Le Corbusier stirbt am 27. August im Alter von 77 Jahren in Roquebrunne-Cap-Martin.
- Astronaut Scott Carpenter hält sich im September 29 Tage im Unterwasserlabor „Sealab 2“ auf.
- In Louisiana fordert der Wirbelsturm „Betsy“ im September 250 Todesopfer.
- Seit September wird die Ziehung der Lottozahlen im Deutschen Fernsehen übertragen.
- Ludwig Erhard wird nach vorangegangenem Wahlsieg im Oktober erneut zum Bundeskanzler bestimmt.
- Ferdinand Marcos wird im November Staatspräsident der Philippinen.
- Armeechef Joseph Mobutu übernimmt im November die Macht im Kongo.
- Am 16. Dezember stirbt in Saint-Jean-Cap-Ferrat der Dichter Somerset Maugham.

**Bei Rassenunruhen in den USA kommen auch in diesem Jahr Menschen ums Leben. Die Staatsgewalt geht besonders gegen die extremistische Organisation „Black Muslims“ vor. Ein Feuergefecht in Los Angeles fordert am 17. August 33 Tote. Zahlreiche Farbige werden verhaftet.**

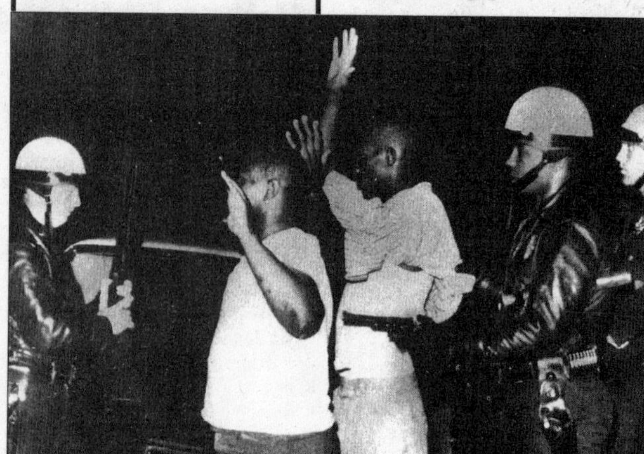

# Kirche auf Reformkurs

Papst Paul VI. beendet am 8. Dezember die vierte und letzte Sitzungsperiode des II. Vatikanischen Konzils, das vor drei Jahren noch von seinem Vorgänger Johannes XXIII. eröffnet worden ist. Die in Rom versammelten Amtsträger der katholischen Kirche behandeln in dieser Zeit Fragen von höchster kirchengeschichtlicher Brisanz wie das Primat ihrer Kirche, Bischofsamt, Erklärung zum Judentum, Religionsfreiheit usw. Die Themen sind vielfach von Reformpapst Johannes XXIII. angesprochen worden. Die von ihm angeregte Öffnung der Kirche nach außen und die Aufnahme neuer Kontakte zu den Kirchen des Ostens hat Paul VI. durch seine historische Pilgerreise ins Heilige Land und das Treffen mit dem Patriarchen von Konstantinopel verwirklicht. Die Einrichtung der „Bischofssynode" als beratendes Organ des Papsttums ist sein Schlußakt dieses Konzils. □

# 1965

**Buch des Jahres:**
„Kaltblütig" von Truman Capote

**Film des Jahres:**
„Dr. Schiwago"
mit Omar Sharif
und Geraldine Chaplin

**Schlager des Jahres:**
„Satisfaction" von Rolling Stones

**Mit dem Tod von Stan Laurel am 23. Februar ist das berühmte Komikerpaar der Stummfilmzeit endgültig gesprengt. Laurel hat mit seinem Partner Oliver Hardy als „Dick und Doof" ein Stück Filmgeschichte geschrieben. Der 74jährige, eigentlich Arthur Stanley Jefferson, hat seinen Partner um acht Jahre überlebt.**

**Winston Churchill**

# W. Churchill †

Großbritannien verliert am 24. Januar seinen herausragendsten Politiker dieses Jahrhunderts. Der 90jährige Sir Winston Churchill stirbt an diesem Tag an den Folgen eines Schlaganfalls. Der Hochbetagte ist erst im Juli des Vorjahres nach 64jähriger Zugehörigkeit vom Unterhaus aus Altersgründen verabschiedet worden. Wie keiner seiner Zeitgenossen hat er die britische Geschichte mitbestimmt, und zwar von den Kolonialkriegen des 19. Jahrhunderts über den Zweiten Weltkrieg bis zur Ost-West-Konfrontation der Gegenwart. Sowohl die britische Krone als auch die Bevölkerung haben ihm viel zu verdanken. □

# Die Ostküste blieb dunkel

Die hochtechnisierte Welt der amerikanischen und kanadischen Ostküste wird am 9. November von einem plötzlichen Stromausfall betroffen, der das gesamte öffentliche Leben lahmlegt. In der Metropole New York verlöschen am Abend um 18.27 Uhr Ortszeit alle Lichter, erst nach 14 Stunden strahlt die Millionenstadt wieder im gewohnten Glanz. Für U-Bahn- und Liftbenutzer kommen nach dem Blackout dramatische Stunden, auch die Polizei hat wegen der Finsternis Probleme mit Straßenverkehr und Kriminalität. Mit Schmunzeln nimmt die Welt neun Monate später einen sprunghaften Anstieg der Geburtenrate in der betroffenen Region zur Kenntnis. □

# Beziehungen

Nach der Aufnahme diplomatischer Beziehungen zwischen der Bundesrepublik und Israel treten die Botschafter im August im jeweiligen Land ihren Dienst an. Als Zeichen des Protestes brechen alle arabischen Staaten mit Ausnahme von Libyen, Marokko und Tunesien ihrerseits die Beziehungen zur Bundesrepublik Deutschland ab. □

# Krise nach Rücktritt

**Ein umjubelter Papandreou inmitten seiner Anhänger in Athen**

Schon im zweiten Jahr seiner Amtszeit beschwört Griechenlands junger König Konstantin II. eine schwere Staatskrise herauf. Der linksdemokratisch orientierte Ministerpräsident Georgios Papandreou fordert vom König Vollmachten zur Entpolitisierung der Armee, die durch verschiedene Geheimbünde wie die republikanische „Aspida" außerhalb ihres militärischen Auftrags in Griechenland aktiv ist. Papandreou möchte das Verteidigungsressort übernehmen, um gegenüber den Militärs aktiver werden zu können. Konstantin lehnt dieses ab und nimmt im Juli den darauf vom Ministerpräsidenten angebotenen Rücktritt an. Große Teile der griechischen Öffentlichkeit reagieren mit heftigen Demonstrationen. Die Polizei greift hart durch, und es kommt in vielen Städten zu brutalen und blutigen Straßenkämpfen. □

# In Bonn nun Große Koalition

Nach einjähriger Regierungszeit zerbricht Ende Oktober die von Ludwig Erhard geführte Koalition aus CDU/CSU und FDP. Die Liberalen wollen der Finanz- und Wirtschaftspolitik des Kanzlers nicht länger folgen und verlassen mit ihren Ministern Bucher, Mende, Dahlgrün und Scheel das Regierungsbündnis. Der folgende Monat steht ganz im Zeichen der Suche nach einer regierungsfähigen Mehrheit und endet mit dem Rücktritt Ludwig Erhards am 30. November. Dazwischen liegen die Nominierung des baden-württembergischen Ministerpräsidenten Kurt Georg Kiesinger als neuen Kanzlerkandidaten und Sondierungsgespräche mit der SPD über eine eventuelle Regierungsbeteiligung in einer „Großen Koalition" beider Parteien. Nach Zustimmung der Sozialdemokraten nimmt dieses Zweckbündnis am 1. Dezember unter Kanzler Kiesinger und Vizekanzler Brandt die Regierungsgeschäfte auf. Die SPD übernimmt damit erstmals Regierungsverantwortung für die Bundesrepublik Deutschland. Durch das Bonner Engagement von Kiesinger und Brandt werden ihre Länderchefpositionen frei. Hans Filbinger wird Nachfolger von Kiesinger in Stuttgart, Pastor Heinrich Albertz von Brandt in Berlin. □

**Die Großen Koalition: Paul Lücke, Hermann Höcherl, Käte Strobel, Heinrich Lübke, Kiesinger, Brandt, Georg Leber, Bruno Heck, Herbert Wehner, Carlo Schmid, Werner Dollinger, Kurt Schmücker, Kai-Uwe von Hassel, Karl Schiller, Hans Katzer, Gerhard Schröder, Gustav Heinemann, Hans Jürgen Wischnewski, Lauritz Lauritzen, Franz Josef Strauß und Gerhard Stoltenberg.**

**Der Mannheimer Rudi Altig krönt sein bestes Jahr als Radprofi mit dem Gewinn des Weltmeistertitels am 28. August auf dem Nürburgring. Altig (oben mit Raymond Poulidor) kann auf dem Eifelkurs Superstar Jacques Anquetil auf Rang zwei verweisen. Bei der vorausgegangenen Tour de France hat der mehrfache Bahnweltmeister drei Etappen gewonnen und neun Tage das Gelbe Trikot des Spitzenreiters getragen.**

# Opfer der Luftfahrt

Die zivile und militärische Luftfahrt in Deutschland muß in diesem Jahr zahlreiche Todesopfer beklagen. Zunächst stürzt am 30. Januar beim Anflug auf den Flughafen Bremen eine Lufthansa-Maschine vom Typ Convair ab, wobei alle 46 Insassen ums Leben kommen, darunter italienische Sportler und die Schauspielerin Ada Tschechowa. Die Bundesluftwaffe beklagt bis zum Sommer den Verlust von 60 Maschinen des Kampfflugzeuges „Starfighter", die bei Übungsflügen abgestürzt sind. Die erste Maschine dieses 1956 von der US-Firma Lockheed vorgestellten Kampfflugzeugs ist bereits einen Tag nach Überstellung an die Bundesluftwaffe am 19. Juni 1962 beim Testflug abgestürzt. Allein im Vorjahr zerschellten 26 Maschinen. Die Konsequenz ist ein Wechsel im Amt des Inspekteurs der Luftwaffe. Auf Generalleutnant Werner Panitzki folgt im September Generalleutnant Johannes Steinhoff. □

**Prinzessin Beatrix und Claus von Amsberg besiegeln ihre Ehe.**

# Beatrix heiratet Deutschen

Die niederländische Kronprinzessin Beatrix heiratet am 10. März in Amsterdam den deutschen Diplomaten Claus von Amsberg. Dem Fest wohnen gekrönte Häupter und Vertreter des europäischen Hochadels bei. Der 39jährige deutsche Edelmann wird durch die Heirat mit dem Titel Jonkheer van Amsberg Mitglied des Hauses Oranien, das mit dem Ehemann von Königin Juliana bereits einen Deutschen aufzuweisen hat. Neben den Feierlichkeiten gibt es aufgrund der Herkunft des Bräutigams einige Mißfallensäußerungen auf den Straßen. □

Indira Gandhi wird als Regierungschefin vereidigt.

# Indira Gandhi führt Indien

Seit Mitte Januar hat Indien eine Regierungschefin. Die 49jährige Indira Gandhi wird von der Kongreßpartei nach dem Rücktritt von Premierminister Shastri zu dessen Nachfolgerin in diesem Amt und als neue Parteivorsitzende bestätigt. Die Tochter Nehrus hat seit 1964 als Informationsministerin im Kabinett Shastris gearbeitet und ist seit 1937 – damals als Beraterin ihres Vaters – politisch aktiv. Eine ihrer ersten Amtshandlungen ist die Unterzeichnung des Schlußdokuments im Kaschmir-Konflikt mit Pakistan, der jetzt beigelegt wird. □

# 1966

**Buch des Jahres:**
„Das Tal der Puppen" von Jacqueline Susann

**Film des Jahres:**
„Wer hat Angst vor Virginia Woolf?" mit Elizabeth Taylor und Richard Burton

**Schlager des Jahres:**
„Strangers in the Night" von Frank Sinatra

## JAHRES-CHRONIK

- Bei einem Flugzeugabsturz am Montblanc-Massiv kommen im Januar 177 Insassen einer indischen Maschine ums Leben.
- Nach einem Militärputsch in der Zentralafrikanischen Republik übernimmt im Januar Oberst Bokassa als Diktator die Macht.
- Mit 69 Jahren stirbt am 1. Februar in Hollywood der Star der Stummfilmzeit Buster Keaton.
- Eine Weltraumsonde der Sowjetunion erreicht im März als erster irdischer Flugkörper die Venus und zerschellt.
- Die Liste der für Katholiken verbotenen Bücher, der sogenannte Index, wird im April vom Vatikan aufgehoben.
- Im US-Herzzentrum Houston (Texas) wird im Mai erstmals ein Mensch an ein Kunstherz angeschlossen. Er stirbt nach vier Tagen.
- Borussia Dortmund gewinnt im Mai durch einen 2:1-Sieg gegen FC Liverpool den Europa-Cup der Pokalsieger.
- Die amerikanische Raumsonde „Surveyor 1" sendet im Juni erstmals für die NASA nach weicher Landung Bilder vom Mond.
- Frankreich zündet im Juli auf dem Mururoa-Atoll im Südpazifik seine erste Atombombe.
- Bei einem Busunglück auf der Autobahn bei Limburg kommen im Juli 36 Menschen ums Leben.
- Südafrikas Ministerpräsident Verwoerd fällt im September einem Messerattentat zum Opfer.
- Beim Untergang des deutschen U-Bootes „Hai" sterben im September 20 Besatzungsmitglieder.
- Der deutsche Spitzentenor Fritz Wunderlich stirbt am 17. September in Heidelberg mit 35 Jahren.
- Baldur von Schirach und Albert Speer werden im September nach 20jähriger Haft aus dem Gefängnis in Berlin-Spandau entlassen.
- Der Republikaner Ronald Reagan wird Gouverneur von Kalifornien.
- Die Schriftstellerin Nelly Sachs erhält im Dezember einen halben Literaturnobelpreis.

**Der König des Zeichentrickfilms und Erfinder von „Mickey Mouse" Walt Disney stirbt am 15. Dezember 65jährig im kalifornischen Burbank. Für seine Werke, darunter auch abendfüllende Spiel- und Dokumentarfilme, erhielt er insgesamt 39 Oscars. Aus dem Trickfilmzeichner von 1922 wurde der Chef eines Filmimperiums.**

# Das Tor des Jahrhunderts

Über dem Gewinn des Weltmeistertitels der englischen Fußballer liegt ein Schatten. Im Finale zwischen England und Deutschland am 30. Juli in London erzielen die Gastgeber beim Stand von 2:2 einen Treffer, dessen Gültigkeit bis heute umstritten ist. Niemand kann exakt erkennen, ob der vom Stürmer Hurst an die Querlatte des deutschen Tores geschossene Ball vor oder hinter der Torlinie die Erde berührt hat. Schieds- und Linienrichter sind zunächst verschiedener Meinung, dann überzeugt der Mann an der Seitenlinie, der Russe Bachramow, den Spielleiter Gottfried Dienst aus der Schweiz zur Anerkennung des Treffers. Das Tor geht als „Tor des Jahrhunderts" in die Sportgeschichte ein. England gewinnt das Spiel schließlich mit 4:2. □

Tor oder nicht Tor – das bleibt ewig die große Frage.

# Flutwelle

Norditalien erlebt Anfang November eine Flutwasserkatastrophe von beinahe apokalyptischem Ausmaß. Nach extremen Regenfällen verwandeln sich Po und Arno in reißende Ströme und überfluten weite Landstriche. Die Touristenzentren Florenz, Pisa und Venedig melden „Land unter", in der Kunstmetropole Florenz stehen 40 Prozent der Landfläche unter Wasser. Hier werden unersetzliche Kulturgüter zerstört. In den Fluten kommen ungefähr 120 Menschen ums Leben. Die Sachschäden gehen an die zehn Milliarden Mark. Die Aufräumungsarbeiten dauern Monate. □

**Nach der Totenmesse im Kölner Dom tragen Offiziere der Bundeswehr die Kränze für Adenauer aus dem Gotteshaus.**

# Abschied von Konrad Adenauer

Am 19. April verliert Deutschland seinen wohl bedeutendsten Politiker dieses Jahrhunderts. An diesem Tag stirbt in seinem Haus in Rhöndorf der 91jährige Konrad Adenauer. Er hat als Politiker und Staatsmann Jahrzehnte aktiv im Lande gewirkt und seine Geschichte entscheidend mitbestimmt. Allein in den vierzehn Jahren seiner Kanzlerschaft ist aus dem zerschlagenen Nachkriegsdeutschland die drittstärkste Wirtschaftsmacht der Welt geworden. Sein Lebenswerk wird weiter durch die vollständige und dauerhafte Aussöhnung mit Frankreich, die Voraussetzung für den Zusammenschluß der Westeuropäer wurde, und den Aufbau eines demokratischen Staatswesens im vom Nationalsozialismus schwer geschädigten Deutschland gekrönt. Die von ihm eingeleitete Wiedergutmachung an Israel hat das moralische Ansehen seiner Bundesrepublik Deutschland wesentlich gestärkt. In der Innenpolitik hat sich der langjährige Kölner Oberbürgermeister, preußische Parlamentarier und NRW-Landtagsabgeordnete um eine Stärkung der Parlamente bemüht. Zur Beisetzung am 25. April kommen Abordnungen aus 54 Staaten der Welt. Vorher kann die Bevölkerung im Kölner Dom von dem Verstorbenen Abschied nehmen, der bei den Deutschen unvergessen bleibt. □

# Asyl in USA

Im März erhält ein prominenter Ost-Flüchtling ein Visum der USA: die Stalin-Tochter Swetlana Allilujewa, die die Beisetzung ihres indischen Ehemanns zur Ausreise nach Indien und von dort zur Weiterreise nach Europa nutzt. Hier beantragt sie ein Visum für die USA. □

# Tod in Kapsel

Beim Test einer Apollo-Kapsel für den nächsten Raumflug kommen im Januar die drei US-Astronauten Virgil Grissom, Edward White und Roger Chaffee ums Leben, als die Kapsel bei dem Experiment plötzlich in Brand gerät. Das Unglück bedeutet einen schweren Rückschlag für die NASA. Nach intensiven Untersuchungen wird zwar die genaue Todesursache – Ersticken durch Einatmen giftiger Gase – festgestellt, nicht aber die Ursache für den Ausbruch des Feuers. Auch die Sicherheitsvorkehrungen werden kritisiert. □

**Grissom, White und Chaffee vor dem Probelauf**

## JAHRES

- Der Oswald-Mörder Jack Ruby stirbt im Januar in Dallas und nimmt das Geheimnis um den Kennedy-Mord mit ins Grab.
- Wirtschaftsminister Karl Schiller initiiert im Februar die sogenannte „Konzertierte Aktion zur Belebung der Wirtschaft".
- Die USA setzen ab Februar in Vietnam chemische Waffen ein.
- Nach Untergang des Tankers „Torrey Canyon" kommt es zu einer Ölpest im Ärmelkanal.
- Am 1. Mai heiratet Elvis Presley seine langjährige Freundin Priscilla Beaulieu in Las Vegas.
- Wegen Wehrdienstverweigerung wird Muhammad Ali im Mai der WM-Titel aberkannt.

# Israel gewinnt Sechstagekrieg

Nach Scheitern diplomatischer Bemühungen wird der israelisch-arabische Konflikt erneut mit Waffen ausgetragen. Am 5. Juni beginnt mit einem Überraschungsangriff der Israelis auf ägyptische Flugplätze der dritte Nahost-Krieg des Judenstaates mit seinen Nachbarn. Die Angreifer stoßen bis zum Sueskanal vor und erobern die von Syrien gehaltenen Golanhöhen. Nach sechs Tagen ist der Waffengang mit einem erneuten Sieg Israels beendet. □

**Mit dem 28jährigen Düsseldorfer Wilhelm Bungert steht nach 30 Jahren wieder ein deutscher Spieler im Wimbledon-Finale. Der vielfache Deutsche Meister (links) unterliegt dem Australier John Newcombe aber glatt in drei Sätzen. Bungert hat in Wimbledon 1963 und 1964 bereits zweimal das Halbfinale erreicht. In diesem Jahr ist er durch vier lange Fünfsatzmatches in den vorigen Runden geschwächt.**

# 1967

**Buch des Jahres:**
„Alle Menschen werden Brüder" von Johannes Mario Simmel

**Film des Jahres:**
„Bonnie und Clyde" mit Faye Dunaway und Warren Beatty

**Schlager des Jahres:**
„Penny Lane" von den Beatles

# Guevara tot

Der Revolutionär Ernesto „Che" Guevara wird im bolivianischen Dschungel am 9. Oktober von zwei Offizieren erschossen. Der frühere Kampfgefährte Fidel Castros hat dort eine Guerilla-Organisation aufgebaut. □

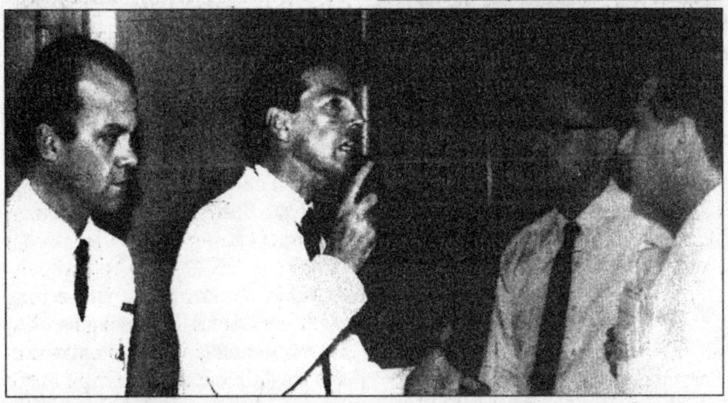

**Dr. Barnard im Gespräch mit Kollegen nach der Herzoperation**

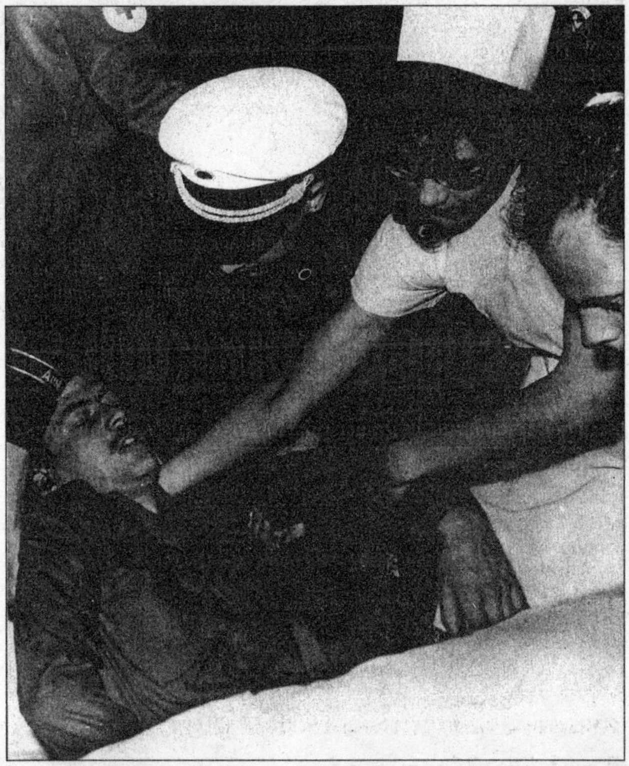

**Der verletzte Benno Ohnesorg wird auf eine Trage gelegt.**

## -CHRONIK

- Bei einem Großfeuer in einem Brüsseler Warenhaus kommen 322 Menschen ums Leben.
- Ein Zugunglück in der DDR fordert im Juli 94 Menschenleben.
- Nigerias Zentralregierung erklärt Biafra im August den Krieg.
- ARD und ZDF beginnen im August mit der Ausstrahlung eines regelmäßigen Farbfernsehprogramms.
- Nach einer Regierungskrise tritt im September der Regierende Bürgermeister von Berlin, Heinrich Albertz, zurück. Sein Nachfolger wird Klaus Schütz.
- Der Göttinger Professor Manfred Eigen erhält im Dezember den Chemienobelpreis.

# Ein Herz verpflanzt

Aus Südafrika wird die medizinische Sensation des Jahres gemeldet. Der Chirurg Dr. Christiaan Barnard hat am Groote-Schur-Hospital in Kapstadt erstmals ein Herz verpflanzt. Dem 55jährigen Louis Washkansky wird am 3. Dezember in einer fünfstündigen Operation das Herz der 24jährigen Denise Darvall eingepflanzt, die kurz zuvor tödlich verunglückt ist. Der unheilbar herzkranke Empfänger übersteht den Eingriff gut und überlebt 18 Tage mit dem Implantat. Er stirbt schließlich an einer Lungenentzündung, weil sein Körper nicht in der Lage war, genügend Abwehrkräfte zu mobilisieren. Barnard plant dennoch eine zweite Transplantation. □

# Tod bei Demo

Der Besuch Schah Reza Pahlewis und seiner Frau Farah Diba wird in der Bundesrepublik von heftigen Demonstrationen begleitet. Als das persische Herrscherpaar am 2. Juni in Berlin erscheint, werden bei einer Straßenschlacht zwischen Polizei und vor allem studentischen Demonstranten über 60 Personen verletzt und der Student Benno Ohnesorg von einer Polizeikugel getötet. An den Ausschreitungen haben sich auch zahlreiche iranische Studenten beteiligt. □

# Militärputsch

Durch einen Staatsstreich der Armee wird im April die Regierung in Griechenland gestürzt. An ihrer Stelle übernimmt eine Militärjunta die Macht. Die Obristen wollen einer angeblich bevorstehenden kommunistischen Machtergreifung zuvorkommen. Juntachef wird Oberst Georgios Papadopoulos. Im Dezember versucht König Konstantin die Junta zu stürzen, es fehlt ihm aber an der nötigen Unterstützung, vor allem beim Militär. Er gibt auf und geht nach Rom ins Exil. □

# Der „Prager Frühling" endet in Trauer

Ein Prager Arbeiter fordert die Besatzung eines Panzers auf zu schießen. Wenig später ist er tot.

Der Versuch der tschechoslowakischen Parteiführer, den Sozialismus unter demokratischen Vorzeichen zu verwirklichen, scheitert am Widerstand der Sowjetunion. In der Nacht zum 21. August walzen Panzer der Roten Armee und der Warschauer-Pakt-Staaten den sogenannten „Prager Frühling" nieder. Der Reformpolitiker Alexander Dubček, der seit dem 5. Januar das Land auf einem eigenwilligen Kurs steuerte, kann kurz vor der Erstürmung noch über den Rundfunk zum Volk sprechen: „Wer daran gezweifelt hat, daß die Sowjets Imperialisten sind, der weiß es ab heute," erklärt der 47jährige Parteisekretär. Nur bei der Besetzung des Senders Radio Prag gibt es Kämpfe. Die Invasion fordert insgesamt 50 Todesopfer. In den folgenden Wochen werden die Reformer schrittweise entmachtet. Am 28. Oktober ratifiziert das Parlament einen Vertrag „über den zeitweiligen Aufenthalt von Truppen des Warschauer Paktes auf dem Territorium der ČSSR". Zurück bleibt Trauer. □

# Schwere Unruhen nach Attentat

Die Studentenproteste gegen die Mißstände in der Gesellschaft bekommen im April eine neue Dimension, nachdem ihr Führer Rudi Dutschke bei einem Mordanschlag in Berlin schwer verletzt wird. Nach dem Attentat kommt es vor allem in Universitätsstädten zu schweren Unruhen, bei denen es auf beiden Seiten (Demonstranten und Ordnungskräfte) zahlreiche Verletzte gibt. Ein weiteres Protestziel der Studenten ist die beabsichtigte Verabschiedung einer sogenannten Notstandsverfassung, in der die jungen Leute eine Bedrohung der demokratischen Grundrechte sehen. Auf dem Bild protestieren Studenten vor dem Landgericht während des Verfahrens gegen Rechtsanwalt Horst Mahler. □

Studenten versuchen die Absperrgitter zu überwinden.

## JAHRES-CHRONIK

● In der Bundesrepublik wird mit Jahresbeginn anstelle der Umsatzsteuer eine elfprozentige Mehrwertsteuer eingeführt.

● Ein US-Flugzeug mit vier Wasserstoffbomben an Bord stürzt im Januar über Grönland ab. Die Bomben schmelzen ins Eis ein.

● Erzbischof Makarios wird im Februar zum Staatspräsidenten der Insel Zypern gewählt.

● Der schottische Rennfahrer Jim Clark verunglückt im April bei einem Formel-II-Rennen auf dem Hockenheimring tödlich.

● Die Internationalen Filmfestspiele in Cannes werden wegen schwerer Unruhen in Frankreich im Mai abgebrochen.

● Beim Untergang des US-U-Bootes „Scorpion" im Atlantik sterben 99 Besatzungsmitglieder.

● Der Kölner Berufsboxer Jupp Elze stirbt im Juni bei einem Kampf in der Dortmunder Westfalenhalle nach Kopfverletzungen.

● In der im Juli veröffentlichten Enzyklika „Humanae vitae" (Über das menschliche Leben) lehnt Papst Paul VI. die Anwendung der Anti-Baby-Pille zur Geburtenkontrolle ab.

● Der Atomwaffensperrvertrag zwischen den USA, der UdSSR, Großbritannien und Frankreich tritt im Juli in Kraft.

● Mit 89 Jahren stirbt am 28. Juli in Göttingen der Chemiker und Nobelpreisträger Otto Hahn.

● Beim Absturz eines Verkehrsflugzeuges auf die Autobahn München-Nürnberg kommen im August 48 Insassen ums Leben.

● In Frankfurt wird im September eine Deutsche Kommunistische Partei (DKP) neugegründet.

● Der Republikaner Richard M. Nixon gewinnt im November die US-Präsidentschaftswahlen.

● Am 1. November tritt ein von Lyndon B. Johnson angeordneter Bombardierungsstop für Nordvietnam in Kraft.

● Der Schriftsteller John Steinbeck („Jenseits von Eden") stirbt im Alter von 66 Jahren am 20. Dezember in New York.

# Das Leiden in Vietnam nimmt noch kein Ende

Diese Szene symbolisiert das Leiden.

Für die leidgeprüfte Bevölkerung in Vietnam (das Bild zeigt einen Vater, der seinen verletzten Säugling nach einem Gefecht aus der Gefahrenzone bringt) beginnt das Jahr mit der großen Test-Offensive der FLN und der Nordvietnamesen. Trotz einer 18tägigen Bombardierungspause der amerikanischen Luftwaffe dringen 300 000 Mann bis kurz vor Saigon vor und besetzen mit dem Kaiserpalast und der Zitadelle die alte Kaiserstadt Huè. Der Norden des Landes wird dafür auf Befehl von Lyndon B. Johnson bis Ende März verstärkt bombardiert. Im Landkrieg werden die Südvietnamesen massiv von US-Streitkräften unterstützt und können den Vietcong wieder aus Hué und Saigons Schwesterstadt Cholon zurückdrängen. Zwei Monate früher, am 16. März, hat eine amerikanische Kompanie im Dorf My Lay ein grausames Kriegsverbrechen verübt, das allerdings erst später bekannt wird. Die Einheit unter Führung des Leutnants William Calley hat die Dorfbevölkerung My Lays zusammengetrieben und mehr als 500 Männer, Frauen und Kinder getötet. Das blutige Massaker war vollkommen sinnlos, auch deswegen, weil im Dorf weder Vietcong noch Waffen entdeckt wurden. Die Armee versucht das Geschehen zu vertuschen. Der Leutnant wird später zu lebenslanger Haft verurteilt, dann aber zum Teil begnadigt. □

# 1968

**Buch des Jahres:**
„Deutschstunde"
von Siegfried Lenz

**Film des Jahres:**
„Spiel mir das Lied vom Tod"
von Sergio Leone

**Schlager des Jahres:**
„Mama" von Heintje

**Der amerikanische Bürgerrechtler und Friedensnobelpreisträger Martin Luther King wird am 4. April in Memphis (Tennessee) von einem weißen Rassenfanatiker ermordet. Sein Tod löst in den USA schwere Rassenunruhen aus. Das Bild zeigt den großen Trauerzug für King in seiner Heimatstadt Atlanta (Georgia).**

# Auch bei Olympia nun geteilt

Bei den Olympiawettbewerben dieses Jahres erfolgt die Teilung Deutschlands nun auch im Sport. Erstmals gehen zwei deutsche Mannschaften an den Start. Das bundesdeutsche Team holt durch Franz Keller und Namensvetter Erhard zwei Goldmedaillen bei den Winterspielen im Februar in Grenoble (Nordische Kombination bzw. Eissprint). Bei den Sommerspielen in Mexiko City im Oktober gibt es besonders bei den Leichtathleten eine durch die Höhenlage beeinflußte Leistungsexplosion, zum Beispiel bei Bob Beamon (USA) und seinem „Sprung ins andere Jahrhundert" mit 8,90 m Weite. In der Medaillenwertung liegen die ostdeutschen Sportler weit vor den bundesdeutschen. □

# Der Contergan-Prozeß beginnt

Im April beginnt in Alsdorf (Jülicher Bucht) der sogenannte Contergan-Prozeß. Kläger sind Eltern, deren Kinder mit Mißbildungen auf die Welt gekommen sind, weil die Frauen während der Schwangerschaft das Schlafmittel „Contergan" eingenommen haben. Dessen Wirkstoff Thalidomid wird als Ursache dafür angesehen. Angeklagt wird die Chemiefirma Grünenthal, die das unheilvolle Medikament auf den Markt gebracht hat. □

**Fast fünf Jahre nach dem Tod seines Bruders John wird auch Robert Kennedy ermordet. Der 43jährige Senator (New York) ist aussichtsreicher Kandidat für die anstehenden Präsidentschaftswahlen. Er wird am 6. Juni während einer Wahlreise in Los Angeles von einem eingewanderten Jordanier im Ambassador Hotel (das Bild zeigt ihn dort am Boden) erschossen. Robert wird neben seinem Bruder John F. Kennedy beigesetzt.**

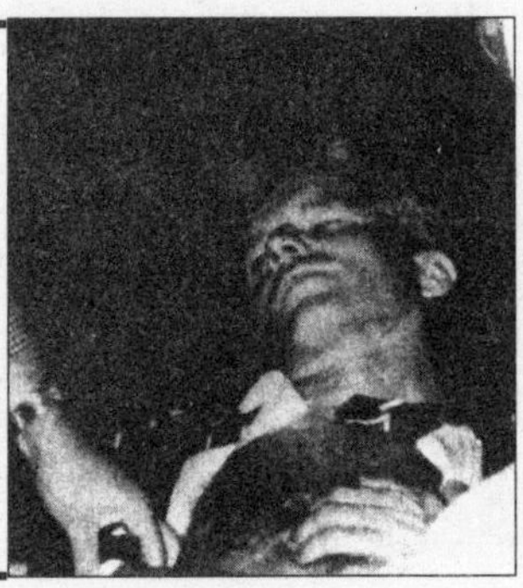

# Eine Frau wird Chefin

Erstmals in der Geschichte wird der Staat Israel von einer Ministerpräsidentin geführt. Die Knesseth wählt im März mit einem Ergebnis von 84 gegen 12 Stimmen die 70jährige Golda Meir zur neuen Regierungschefin. Die Nachfolgerin des verstorbenen Levi Eschkol ist seit 1949 für die Mapai-Partei im Parlament tätig und hat seit dem schon zwei Ministerposten bekleidet. Der frühere Ministerpräsident David Ben Gurion boykottiert die Abstimmung. □

**Die Fans des holländischen Kinderstars können ihr Idol nun auch im Kino bewundern. Mit dem Film „Heintje – ein Herz geht auf Reisen" bringt er seine Lieder auf die Leinwand. Mit dem Titel „Mama" feiert er seit zwei Jahren Triumphe. Der 12jährige ist Star zahlreicher Fernsehshows wie etwa in Vico Torrianis „Der goldene Schuß".**

# Ed Kennedy im Zwielicht

Senator Edward Kennedy wird im Juli von einem Einzelrichter in Edgarton (Massachusetts) zu einer Gefängnisstrafe mit Bewährung verurteilt. Der 37jährige stürzt während der Rückfahrt von einer Wahlparty mit dem Auto ins Wasser. Während er sich retten kann, ertrinkt seine 28jährige Wahlkampfhelferin Mary Jo Kopechne. Da er den Unfall erst zehn Stunden später meldet, wird er angeklagt. □

**Gruppenbild mit Dame – das Kabinett Brandt beim Bundespräsidenten Gustav Heinemann**

# Sozialdemokrat wird Kanzler

Nach 20jähriger Regierungszeit durch die CDU/CSU deutet sich nach den Bundestagswahlen vom September ein Machtwechsel an. Zwar haben die Regierungsparteien bei 46,1 Prozent und 242 Sitzen eine knappe Mehrheit vor den Sozialdemokraten (42,7 Prozent und 224 Sitze), können aber ohne Koalitionspartner keine Regierungsmehrheit erlangen. Infrage kommt dafür nur die FDP (5,8 Prozent). Mit dieser Partei liebäugelt aber auch SPD-Spitzenkandidat Willy Brandt, der seine Partei zum eigentlichen Gewinner dieser Wahl erklärt und seine Kandidatur für die Wahl des Bundeskanzlers ankündigt. Die beiden Parteien einigen sich auf eine Koalition, die eine Regierung unter Bundeskanzler Brandt stellen soll. Das Vorhaben wird am 21. Oktober Wirklichkeit, als der Bundestag Willy Brandt zum Regierungschef wählt. Damit wird erstmals ein Sozialdemokrat Kanzler der Bundesrepublik. Bereits am nächsten Tag stellt dieser das Kabinett der sozialliberalen Koalition vor: u.a. Außenminister und Vize-Kanzler Walter Scheel, Innenminister Hans Dietrich Genscher, Verteidigungsminister Helmut Schmidt, Wirtschaftsminister Karl Schiller, Finanzminister Alex Möller, Landwirtschaftsminister Josef Ertl. □

## JAHRES-CHRONIK

- Der Sowjetunion gelingt im Januar das erste Kopplungsmanöver zweier bemannter Raumschiffe im Weltall.
- Kai-Uwe von Hassel wird im Februar Nachfolger des zurückgetretenen Bundestagspräsidenten Eugen Gerstenmaier.
- Der Palästinensische Nationalrat wählt im Februar den Al-Fatah-Führer Jassir Arafat zum neuen Chef der PLO.
- Der Sozialdemokrat Gustav Heinemann wird im März im dritten Wahlgang zum neuen Bundespräsidenten gewählt.
- Alexander Dubček wird im April als Erster Sekretär der ZK in der ČSSR abgelöst.
- Auf dem IX. Parteitag der KP Chinas wird der Verteidigungsminister Lin Piao als Nachfolger Mao Tse-tungs nominiert.
- Nach Ablehnung seiner Reformpläne tritt Frankreichs Staatspräsident Charles de Gaulle im April zurück. Sein Nachfolger wird der Gaullist Georges Pompidou.
- Der CDU-Politiker Helmut Kohl wird im Mai Ministerpräsident von Rheinland-Pfalz.
- Heinz Oskar Vetter wird im Mai neuer Vorsitzender des Deutschen Gewerkschaftsbundes.
- Papst Paul VI. besucht im Juli als erstes Kirchenoberhaupt der Geschichte Schwarzafrika.
- Im Alter von 65 Jahren stirbt am 6. August in Visp (Schweiz) der Philosoph und Soziologe Theodor W. Adorno.
- Der frühere Box-Weltmeister Rocky Marciano stirbt am 31. August bei einem Flugzeugabsturz.
- Auf den Sumpfwiesen von Max Yasguras Farm in Bethel bei Woodstock findet im August ein von 400 000 Menschen besuchtes dreitägiges Popfestival statt.
- Nach dem Sturz von König Idris übernimmt Oberst Muammar al-Gaddhafi im September die Macht in Libyen.
- Die frühere Eisprinzessin Sonja Henie stirbt im Oktober bei einem Flugzeugabsturz.

# Den Mond betreten

Mit den Worten „Das war ein kleiner Schritt für einen Mann, aber ein gewaltiger für die Menschheit" betritt der 38jährige amerikanische Astronaut Neil Armstrong am 21. Juli um 3.56 MEZ als erster Mensch den Mond. Wenig später folgt sein Kollege Edwin Aldrin. Die beiden Astronauten halten sich 22 Stunden auf dem Erdtrabanten auf, davon mehr als zwei außerhalb der Landefähre. Das sind die Höhepunkte des Weltraumunternehmens „Apollo XI", mit dem die USA den Wettlauf um die Vorherrschaft im Weltall gegen die UdSSR gewonnen haben. Mehr als eine Milliarde Fernsehzuschauer in aller Welt sieht in den beiden Gestalten aber lediglich die ersten „Mondmenschen", die den Traum der Menschheit vom Betreten des Nachbarn realisiert haben. Der dritte an diesem Abenteuer beteiligte Mann, Michael Collins, steuert während des Mondaufenthaltes das Mutterschiff „Columbia" um den Trabanten, an das die beiden anderen nach Verlassen der Mondoberfläche wieder ankoppeln. □

Astronaut Neil Armstrong bei der Arbeit auf dem Mond

# 1969

**Buch des Jahres:**
„Der Pate" von Mario Puzo

**Film des Jahres:**
„Love Story" mit Ali MacGraw und Ryan O'Neal

**Schlager des Jahres:**
„In the Ghetto" von Elvis Presley

# Auf Rückzug

Im Oktober beginnt der von Präsident Nixon angekündigte Rückzug der US-Truppen aus Vietnam. Die Verteidigung Saigons wird von Regierungstruppen Südvietnams übernommen. Die USA verlieren allein in diesem Jahr 9 249 Soldaten im Kampf, 69 043 werden verwundet. Auf Seiten des Vietcong und Nordvietnams sind im gleichen Zeitraum 150 000 Soldaten gefallen. Die Südvietnamesen verstärken nach dem Teilabzug ihre Armee auf über eine Million Bewaffnete. □

**Amerika trauert um Dwight D. Eisenhower. Der ehemalige Weltkriegsgeneral und spätere Präsident der USA stirbt am 28. März im Alter von 78 Jahren in Washington. Er gilt als Begründer der Ost-West-Entspannung, die den Kalten Krieg zwischen den beiden Supermächten ablöste, nachdem „Ike" den persönlichen Kontakt zu Nikita Chruschtschow gesucht hatte.**

# Flüge in neue Ära

Mit den spektakulären Jungfernflügen von wahren Supermaschinen hat in diesem Jahr eine neue Ära der Zivilluftfahrt begonnen. Am 9. Februar absolviert ein vierstrahliges Riesenflugzeug der US-Firma Boeing seinen Erstflug. Die bald als Jumbo, der fliegende Elefant, bekannte Maschine bekommt die Serienbezeichnung Boeing 747 und wird später zum erfolgreichsten Düsenpassagierflugzeug der Geschichte. In Frankreich unternimmt ein anderer Flugriese am 2. März bei Toulouse als „Concorde 001" seinen Jungfernflug. Am 9. April folgt „Concorde 002" bei Filton auf den britischen Inseln. Am ersten Oktober durchbricht die Concorde zum ersten Mal die Schallmauer – die Ära des überschallschnellen Passagierverkehrs ist eingeläutet. Aber erst nach weiteren acht Testjahren beginnt der kommerzielle Passagierverkehr mit der Concorde. □

**In ihrer Villa in Hollywood wird die 26jährige amerikanische Filmschauspielerin Sharon Tate im August Opfer eines bestialischen Verbrechens. Gemeinsam mit vier Freunden wird die im siebten Monat schwangere Frau des polnischen Regisseurs Roman Polanski (links) förmlich abgeschlachtet. Als Täter kann die Polizei einen gewissen Charles Manson festnehmen, der mit drei rauschgiftsüchtigen Mädchen die Tat begangen hat. Manson bezeichnet sich selbst als Satan und verlangt von seinen Komplizinnen blinden Gehorsam. Sharon Tate war vor allem durch ihre Rolle in dem Film „Tanz der Vampire" berühmt geworden. Manson wird im April 1971 zum Tod in der Gaskammer verurteilt, später aber zu lebenslanger Haft begnadigt.**

# Das Wettrennen zum Mond elektrisiert die Menschheit

Die sechziger Jahre sind das große Jahrzehnt der Raumfahrt. Durch die gleichzeitig fortschreitende Entwicklung der Fernsehtechnik erhalten die Abenteuer der wagemutigen Männer in den Raumkapseln eine völlig neue Dimension für die Öffentlichkeit. Als Juri Gagarin mit „Wostok I" 1961 die Erde umrundet und heil zurückkommt, scheint die Sowjetunion einen uneinholbaren Vorsprung im Weltall-Wettrennen zu haben. Der Weltraumspaziergang ihres Kosmonauten Leonow 1965 und mehr noch die erste weiche Landung von „Luna 9" ein Jahr später mit den ersten übertragenen Bildern zementieren diese Ansicht, wenngleich die USA mit der Mondlandung des „Surveyor I" wenige Monate später nachzieht. Doch die US-Weltraumfahrt hat in der Zwischenzeit andere spektakuläre Erfolge aufzuweisen. 1961 sendet ihre Venussonde erste Daten zur Erde, 1965 fotografiert „Mariner 4" den Krater vom Mars. Mit dem Apollo-Programm liegen die NASA-Astronauten dann ab 1968 endgültig auf Mondkurs, als den drei Weltraumpiloten von „Apollo 8" 1968 der erste bemannte Raumflug in Mondnähe gelingt. Bis dahin hat der Mensch 801 Raumschiffe bzw. Satelliten gestartet, die zum Teil noch die Erde umkreisen. 18mal treffen Sonden auf unserem Erdtrabanten auf, bei elf Missionen gelingt seine Umkreisung. Die Venus erhält je einmal Besuch aus den USA und der UdSSR, um die Sonne bringt man 19 künstliche Himmelskörper in Umlauf. Dann endlich ist am 21. Juli 1969 der ersehnte Augenblick da: Neil Armstrong und Edwin Aldrin betreten als erste Menschen den Mond. Mit dem erfolgreichen Verlauf des Unternehmens „Apollo 11" gelingt den USA nicht nur ein erheblicher Prestigeerfolg gegenüber der Sowjetunion, sondern es hat in diesem Jahrzehnt des allgemeinen Wettrüstens auch eine enorme strategische Bedeutung. □

**Auf dem Mond weht die amerikanische Flagge.**

**Die „Beatles" mit dem Orden des britischen Empires**

# Jugend der westlichen

Selten fielen Zeitgenossen so viele Attribute für ihr Jahrzehnt ein wie in den 60er Jahren. „Swinging Sixties", „Wilde Sechziger", ja selbst „Golden Sixties" müssen in Erinnerung an einen ja doch nicht vergleichbaren Vorgänger herhalten. Es ist das Jahrzehnt gesellschaftspolitischer Eruption, die unter Begriffen wie Jugendprotest, Jugendkultur, Jugendbewegung zusammengefaßt wird. Beat-Generation hat man sie auch getauft, die jungen Leute auf der ganzen Welt, die jener Liverpooler Popgruppe mit dem Pilzkopf in jeder Kleinigkeit folgen und so anfangs tatsächlich spielerisch „swingend" ihre leise Verachtung für das verkrustete Verhalten der nur arbeitenden Elterngeneration ausdrücken. Aber die Begleitmusik dieser bewußten Jugendbewegung gegen die überlieferte Werteskala ihrer Gesellschaft bekommt alsbald schrille Töne, als ihre führenden Köpfe den Unmut verbalisieren. Für die Elterngeneration sind mit „Beatles", „Rolling Stones", „Beach Boys" Lärm und ungepflegtes Aussehen verbunden, wobei sie gerade den „Beatles" Unrecht tun. Aber als es das Deutsche Fernsehen 1965 wagt, ihnen mit dem Beat-Club eine eigene Sendefolge einzuräumen, hagelt es bei Sender Radio Bremen Proteste. Schließlich muß man den gerade aufgekommenen Mode-Auswuchs verkraften, jenen als unmoralisch empfundenen Mini-Rock. Überhaupt hat diese Generation aus Sicht der Eltern eine ungeheuerliche Einstellung zur Sexualität. In den USA und bald auch in Deutschland wohnen Studierende beiderlei Ge-

Eine Modeschau für junge Leute

# Das siebte Jahrzehnt

## Gewaltandrohung durch UdSSR und Kriegsbeteiligung der USA

Die USA schicken ihre Soldaten wieder aufs Schlachtfeld. Ihr Engagement in Vietnam prägt das Weltgeschehen in der zweiten Hälfte des Jahrzehnts. Begriffe wie Napalm, nichttötendes Gas, Entlaubung des Dschungels und Erntevernichtung prägen in dieser Zeit das Bild vom häßlichen Amerikaner. Der Mann, der aufgebrochen war, ein besseres Amerika zu schaffen, wird 1963 ermordet. Mit John F. Kennedys Tod scheint die Gewalt als Mittel der politischen Auseinandersetzung wieder zu triumphieren. Obwohl ab 1964 mit den Bürgerrechtsgesetzen Rassentrennung- und Diskriminierung formaljuristisch beseitigt werden, gibt es noch immer schwere Rassenunruhen. Daß ausgerechnet der Führer des gewaltlosen Widerstandes der Schwarzen, Martin Luther King, 1968 selbst das Opfer eines weißen Rassisten wird, mutet wie ein böser Hohn der Geschichte an. Am Ende dieses Jahrzehnts kämpfen die USA an zwei Fronten – in Vietnam gegen eine Guerilla-Armee, zu Hause gegen demonstrierende Schwarze und Gegner des Vietnam-Krieges. Zu dieser Zeit ist im Kalten Krieg eine Koexistenz von Bestand erreicht, die 1961 mit Chruschtschows Drohungen von einem möglichen nuklearen Weltkrieg noch undenkbar schien. Doch trotz aggressiver Momente wie dem Bau der Berliner Mauer kommen Chruschtschow und seine Nachfolger bis Mitte des Jahrzehnts zu einer neuen Außenpolitik, die auf Ausgleich mit den USA und Europa ausgerichtet ist. □

## Welt flippt aus

schlechts in „Kommunen“ zusammen und propagieren die freie Liebe. In den USA werben junge Leute in wallenden Gewändern und mit langen Haaren öffentlich für ungehinderten Zugang zur gerade auf den Markt gekommenen Anti-Baby-Pille. Die Hippies prägen das Bild der amerikanischen Öffentlichkeit, wobei sich ihr Protest immer noch irgendwie spielerisch artikuliert. Europa erlebt da eine härtere Gangart, wohl auch, weil hier die Ordnungsmächte dem Treiben nicht gelassen zuschauen können. So geraten Teds, Mobs und Popper in England, Provos in den Niederlanden und – man fand wirklich kein anderes Wort – Gammler hierzulande zunehmend in eine Ecke, aus der sie sich gewaltfrei nicht mehr befreien können. Aus der swingenden antikulturellen Jugendbewegung wird durch eine starke Politisierung ein harter Protest gegen die bestehende Gesellschaft. Das Reizthema Vietnam-Krieg findet überall Mitstreiter. An Rudi Dutschke und den SDS hat man bei den ersten Beatlesklängen wirklich nicht denken können. Jetzt geht es gegen die bestehenden Macht- und Herrschaftsstrukturen, zunächst gegen den Muff von tausend Jahren, der angeblich unter den Talaren der „Profs“ steckt, dann gegen jede staatliche Ordnung schlechthin. Am Ende des Jahrzehnts spaltet sich die Jugend. Die große Mehrheit genießt die kommerzialisierten Folgen des Aufbruchs und folgt neuen Idolen wie Brigitte Bardot, während der harte Kern verbittert um demokratische Öffnungen in der Gesellschaft kämpft. □

Dr. Martin Luther King winkt den Demonstranten zu.

# Morden hat ein Ende

Freiwillige versorgen vom Hunger gekennzeichnete Biafra-Kinder.

Das seit 30 Monaten andauernde Morden im nigerianischen Bürgerkrieg hat im Januar endlich ein Ende. Die Armee der abtrünnigen Provinz Biafra bietet die bedingungslose Kapitulation an, der selbsternannte Staatschef Ojukwu flieht ins Ausland. Damit endet der von vornherein aussichtslose Versuch der Ibos, die Ostprovinz Nigerias zur selbständigen Republik Biafra zu machen. Das Sterben in diesem Krieg hat bei den Ibos schreckliche Ausmaße. Von den Bundestruppen zusammengedrängt vegetieren sie über zwei Jahre auf engstem Raum oder in überfüllten Flüchtlingslagern. Internationale Hilfsorganisationen versuchen über eine Luftbrücke die größte Not zu mildern. Von den auf eine Million geschätzten Opfern des Krieges waren nur etwa 50 000 aktive Kämpfer. Nach dem Feldzug gelingt Nigerias Staatschef Yakubu Gowon im Geiste der Versöhnung die Integration der Ibos in die Nation. □

# Serie von Terroranschlägen

Dieses Jahr ist voller Anschläge arabischer bzw. palästinensischer Terroristen auf die Zivilluftfahrt. Im Februar sterben bei München und Zürich 48 Flugzeuginsassen bei Bombenanschlägen. Im September entführt die PLO vier Maschinen nach Kairo und Zerqa und nimmt 409 Passagiere als Geiseln. □

# Nasser stirbt

Der Schöpfer des modernen Ägyptens, Gamal Abd el-Nasser, erliegt am 28. September in Kairo im Alter von 52 Jahren einem Herzschlag. Der Staatspräsident hat trotz des nicht gerade vorbildlich demokratischen Weges zur Macht das uneingeschränkte Vertrauen des ägyptischen Volkes, da seine innenpolitischen Maßnamen wie Auflösung der Moslembruderschaft, umfassende Bodenreform und Industrialisierungen wirklichen Fortschritt bedeuteten. Der Beisetzung wohnen vier Millionen Menschen bei, 46 sterben im Gedränge. Zu seinem Nachfolger wird der bisherige Stellvertreter Anwar as-Sadat gewählt. □

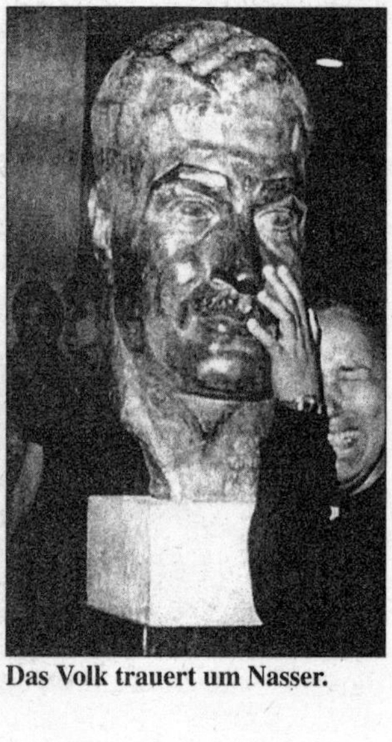

Das Volk trauert um Nasser.

# De Gaulle †

Auf seinem Landsitz in Colombey-les-deux-Églises erliegt Charles de Gaulle am 9. November im Alter von 80 Jahren einem Herzschlag. Der General und Politiker wird – seinem Testament entsprechend – im engen Familienkreis ohne offiziellen Aufwand beigesetzt. Seit 1940 hat er maßgeblich das Schicksal Frankreichs mitbestimmt und den sogenannten Gaullismus ausgelöst, der seine politischen, sozialen und wirtschaftlichen Vorstellungen verwirklichen half. Seine Memoiren bilden ein Stück europäischer Geschichte. □

Charles de Gaulle

## JAHRES-CHRONIK

- Das Großraumflugzeug Boeing 747 absolviert im Januar seinen ersten Atlantikflug.
- Bei Lawinenunglücken in Val d'Isère und im Wallis kommen im Februar 69 Wintersportler ums Leben.
- Der Bestsellerautor Erich von Däniken wird im Februar wegen Betruges und Urkundenfälschung zu 3½ Jahren Haft verurteilt.
- Die Weltausstellung „Expo 70" wird im März von Kaiser Hirohito in Osaka eröffnet.
- Der deutsche Botschafter in Guatemala, Graf Spreti, wird im April von Guerilleros entführt und ermordet.
- Bruno Kreisky wird nach Wahlsieg seiner Partei im April erster sozialdemokratischer Regierungschef in Österreich.
- Der Kaufhausbrandstifter Andreas Baader wird im Mai aus dem Zuchthaus in Berlin-Tegel befreit.
- Edward Heath wird im Juni Premierminister von England.
- Brasilien wird in Mexiko durch Sieg gegen Italien im Juni zum dritten Mal Fußball-Weltmeister.
- Nach zehnjähriger Bauzeit wird im Juli der Bau des Assuanstaudamms am Nil endgültig abgeschlossen.
- In New York beginnen im August Nahost-Friedensgespräche zwischen der VAR, Jordanien und Israel.
- Der Formel-I-Fahrer Jochen Rindt verunglückt am 3. September beim Training zum Großen Preis von Monza tödlich.
- Der Bürgerkrieg zwischen Palästinensern und der königstreuen Armee in Jordanien wird im September durch Waffenstillstand unterbrochen.
- Erich Maria Remarque („Im Westen nichts Neues") stirbt im Alter von 72 Jahren am 25. September in Locarno.
- Drei Jahre nach dem Lizenzentzug wegen Wehrdienstverweigerung darf Muhammad Ali (Cassius Clay) im Oktober wieder in den Boxring.
- General Hafis al-Assad übernimmt nach einem Militärputsch in Syrien die Macht.

# 1970

**Buch des Jahres:**
„Der geschenkte Gaul“
von Hildegard Knef

**Film des Jahres:**
„Klute“ mit Jane Fonda
und Donald Sutherland

**Schlager des Jahres:**
„El Condor Pasa“
von Simon & Garfunkel

**Der als wahrer Hexenmeister der Gitarrenmusik geltende Jimi Hendrix wird am 18. September in seinem Londoner Appartment tot aufgefunden. Der 27jährige Popmusiker stammt aus den USA und hieß ursprünglich James Marshall. Als Todesursache wird Ersticken an Erbrochenem nach Alkoholgenuß und Einnahme von Schlaftabletten genannt. Er war der große Star zahlreicher Popfestivals.**

**Als letzten der „Ostverträge“ unterzeichnen Bundeskanzler Willy Brandt und Polens Ministerpräsident Cyrankiewicz am 7. Dezember den deutsch-polnischen Grundlagenvertrag. Wichtigster Punkt ist die Anerkennung der Oder-Neiße-Linie als polnische Westgrenze, weiterhin vereinbaren die beiden Politiker Gewaltverzicht und wirtschaftliche sowie kulturelle Zusammenarbeit. Bei der Unterzeichnung sind auch die aus den ehemaligen Ostgebieten stammenden Schriftsteller Günter Grass und Siegfried Lenz anwesend. Willy Brandt hat zuvor mit einem Kniefall am Mahnmal der Opfer des Aufstandes – ein Bild, das um die Welt ging – im Warschauer Ghetto eine Geste der Versöhnung gesetzt.**

## Erfolgreiche Ostpolitik

Die konsequente Einbeziehung der DDR und der UdSSR in die neue Ostpolitik der sozialliberalen Regierung Brandt und Scheel führt in diesem Jahr zu erheblichen Fortschritten. Zu ersten gesamtdeutschen Treffen kommen Bundeskanzler Brandt und Willi Stoph, Ministerpräsident der DDR, in Erfurt (März) und Kassel (Mai) zusammen. Diesem innerdeutschen Dialog folgt als Krönung der Abschluß des Vertrages zwischen der Sowjetunion und der Bundesrepublik im August. Brandt, Scheel, Kossygin und Gromyko als Unterzeichner bekräftigen darin gegenseitigen Gewaltverzicht und Anerkennung der Unverletzlichkeit aller europäischen Grenzen. □

## Polen erlebt offenen Aufruhr

Als die polnische Parteiführung im Dezember trotz schlechter Versorgungslage Arbeitsnormen und Preise für Lebensmittel erhöht, kommt es zu einem Streik der Arbeiter auf der Danziger Lenin-Werft, gegen den Polizei und Militär gewaltsam vorgehen. Es gibt Tote und Verletzte. Darauf greift die Rebellion auf andere Städte über, auch hier kommt es zu blutigen Zusammenstößen. Unter dem Eindruck des Geschehens muß Parteichef und Altstalinist Gomulka zurücktreten, seine Position nimmt Edward Gierek, Mitglied in Politbüro und ZK, ein. Regierungschef Cyrankiewicz verliert seine Stellung an Piotr Jaroszewicz, bisher stellvertretender Ministerpräsident. □

# Nobelpreis für Willy Brandt

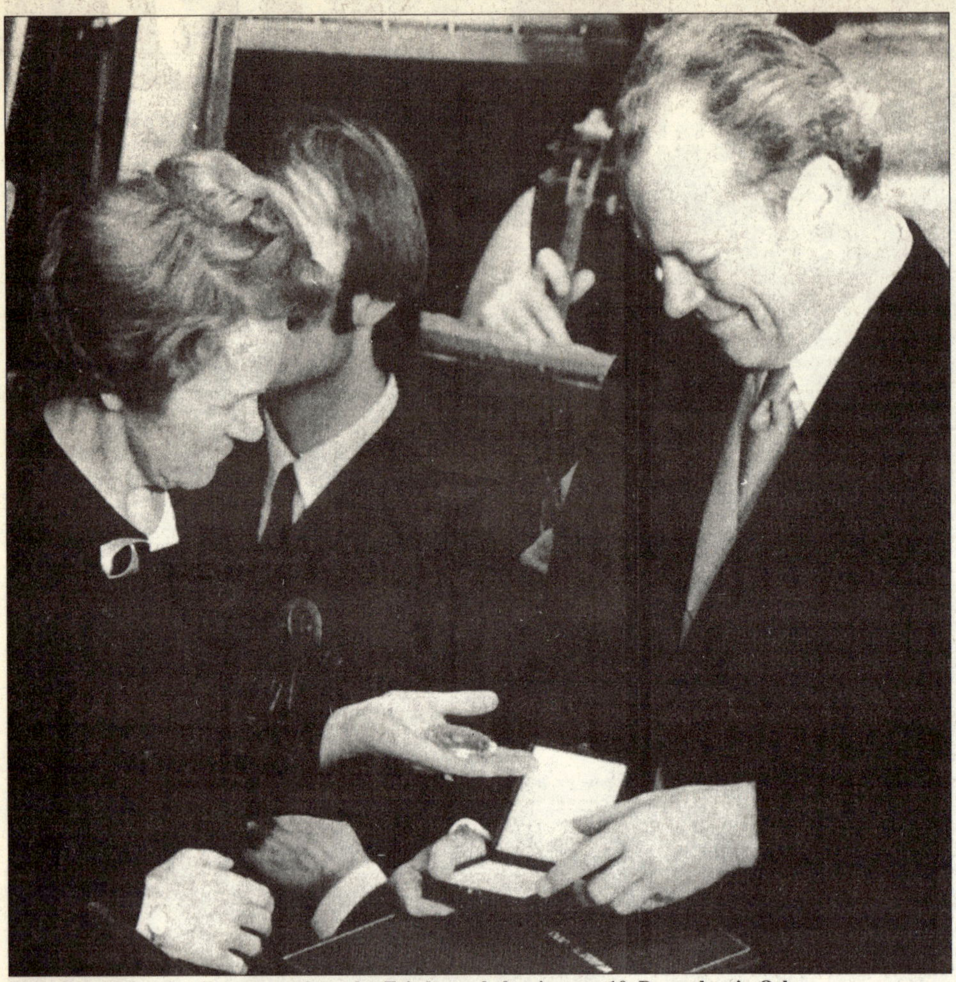

Willy Brandt bei der Entgegennahme des Friedensnobelpreises am 10. Dezember in Oslo

Während der Haushaltsdebatte des Bundestages am 20. Oktober erfährt Willy Brandt durch eine Mitteilung von Bundestagspräsident von Hassel, daß das Nobelpreiskomitee den diesjährigen Friedensnobelpreis dem deutschen Bundeskanzler verliehen hat. Weiter kann er aus der Mitteilung zitieren, daß diese Entscheidung leicht gefallen sei, weil Brandt für seine Versöhnungspolitik geradezu mit Freude auserkoren worden sei. Den folgenden Ovationen des Hohen Hauses schließen sich viele Menschen in Deutschland an. Sie würdigen wie viele Politiker in offiziellen Stellungnahmen die in den „Ostverträgen" festgeschriebene Politik der Normalisierung im Verhältnis der Bundesrepublik mit den im Krieg am schlimmsten betroffenen Nationen Polen und UdSSR. Die mit Brandts Namen verbundenen Abkommen werden den Verträgen mit Frankreich und Israel aus der Adenauerzeit gleichgestellt. □

**Die französische Modeschöpferin Gabrielle („Coco") Chanel stirbt am 10. Januar im Alter von 87 Jahren in Paris. Wie keine andere hat sie die Modetrends dieses Jahrhunderts mitbestimmt. Sie gilt als Erfinderin des „kleinen Schwarzen" und ist Schöpferin zahlreicher Variationen des weltberühmten Chanel-Kostüms.**

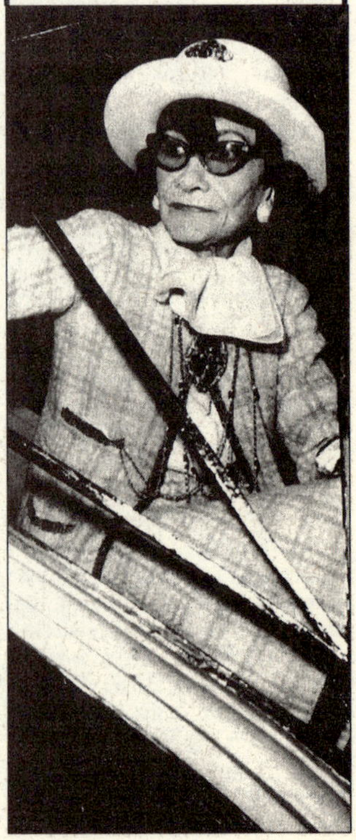

# Unfallserie der Bahn

Rettungsarbeiten am entgleisten Bavaria-Express im Allgäu

Auf Deutschlands Schienen gibt es in diesem Jahr mehrere schwere Unfälle. Am 9. Februar entgleist im Allgäu der TEE „Bavaria" auf der Fahrt von München nach Zürich. Hierbei sterben 29 Reisende. Am 21. Juli entgleist der Schweiz-Expreß D 370 von Basel kommend im Bahnhof Rheinweiler (Baden). Das Unglück fordert 23 Todesopfer, 123 Reisende werden zum Teil schwer verletzt. Glimpflicher kommen die Passagiere des „Alpenexpress" davon, der eine Woche später bei Bad Hersfeld (Hessen) entgleist, nur der Packwagen kippt um. Bei schweren Unglücken sind im Monat zuvor bei Radevormwald (Rheinland) und auf der Strecke Ulm-Kempten 51 Menschen ums Leben gekommen. Am 31. Dezember sind im Westerwald weitere sieben Tote zu beklagen. □

# Jazzkönig gestorben

Nur zwei Tage nach seinem 71. Geburtstag stirbt am 6. Juli in New York der „König des Jazz" Louis Armstrong. Der aus den Slums von New Orleans stammende Trompeter spielte zunächst klassischen Jazz, ehe er sich in den 30er Jahren der Swing-Ära verschrieb. Danach war er ebenso maßgeblich an der Wiederbelebung des Dixieland beteiligt. Als wohl bester Jazz-Trompeter aller Zeiten und Sänger mit der rauchig-kratzenden Stimme begeisterte er seine Fans in aller Welt. „Satchmo", wie er von ihnen genannt wurde, schaffte auch in der Pop-Welt der 60er Jahre den Durchbruch. Mit „Hello Dolly" hatte er 1964 seinen ersten Millionenseller, drei Jahre später bekam er wieder Gold für den Titel „What A Wonderful World". □

So kannte ihn die Welt: Louis Armstrong mit seiner Trompete.

**Der französische Filmkomiker Fernandel stirbt am 26. Februar im Alter von 67 Jahren in Paris. Der als Ferdinand Joseph Désiré Constandin in Marseille geborene Schauspieler wirkte zu Beginn seiner Karriere in slapstickartigen Rollen, bevor ihm 1953 der große Durchbruch als Charakterkomiker in dem Film „Der Bäcker von Valorgue" gelang. Weltberühmt und unvergessen wurde er aber – in den 50er Jahren – durch seine Rolle als humorvoller und streitbarer Pfarrer im Kampf gegen den Kommunismus in der Filmserie „Don Camillo und Peppone" (Szenenbild).**

# Erich Honecker neuer SED-Chef

Die 17. Tagung des ZK der SED bringt im Mai einen Wechsel. Walter Ulbricht, inzwischen 77 Jahre alt, räumt seinen Platz als erster Sekretär der Partei und Vorsitzender des Verteidigungsrates und übergibt die Ämter an den 58jährigen Erich Honecker, Mitglied des Politbüros und Sekretär des ZK. Der Altkommunist ist seit 1929 KP-Mitglied und war nach jahrelanger Haft während der NS-Zeit Jugendsekretär des ZK der KPD und Vorsitzender der FDJ. □

# Wieder Krieg

Nach der Unabhängigkeitserklärung Ostpakistans als neuem Staat Bangla Desh greift die westpakistanische Armee ein, es kommt zu einem von beiden Seiten grausam geführten Bürgerkrieg. Etwa 10 Millionen Menschen fliehen von Ostpakistan nach Indien, das schließlich Anfang Dezember zugunsten Ostpakistans militärisch eingreift. Die hoch überlegenen Streitkräfte erobern bis zum 14. des Monats Dacca, zwei Tage später kapituliert die pakistanische Armee. Am 6. Dezember hat Indien Bangla Desh als unabhängigen Staat anerkannt. In (West-) Pakistan wird Ali Bhutto neuer Staatschef. □

# 1971

**Buch des Jahres:**
„Tadellöser und Wolff" von Walter Kempowski

**Film des Jahres:**
„Der Pate" mit Marlon Brando und Al Pacino

**Schlager des Jahres:**
„Butterfly" von Danyel Gerard

## JAHRES-CHRONIK

- Beim Einsturz einer Tribüne in einem Glasgower Fußballstadion kommen im Januar 66 Menschen ums Leben.
- Der ehemalige Box-Weltmeister Sonny Liston wird Anfang Januar in seiner Wohnung in Las Vegas tot aufgefunden.
- Nach einem Staatsstreich in Uganda ernennt sich Generalmajor Idi Amin Dada Anfang Februar zum Staats- und Regierungschef.
- Als Ergebnis einer Volksabstimmung im Februar dürfen die Frauen in der Schweiz künftig ihr Wahlrecht ausüben.
- Der US-Oberleutnant William Calley wird als Verantwortlicher für das My-Lai-Massaker zu lebenslanger Haft verurteilt.
- Mit Verkündung des Todesurteils gegen Charles Manson endet im April der „Mordfall Sharon Tate" in Los Angeles.
- Drei Kosmonauten werden nach ihrem Weltraumflug im Juni nach der Landung tot in der Kapsel aufgefunden.
- Nikita Chruschtschow stirbt mit 77 Jahren am 11. September in Moskau.
- Die Volksrepublik China wird anstelle Taiwans im Oktober Mitglied der UNO.
- Der Österreicher Kurt Waldheim wird im Dezember als Nachfolger U Thants neuer UNO-Generalsekretär.
- Nach langen Verhandlungen wird zwischen der Bundesrepublik und der DDR das „Transitabkommen" abgeschlossen.

**US-Präsident Richard Nixon unternimmt in diesem Jahr einige als historisch bewertete Reisen und leitet damit eine neue Verständigungspolitik zwischen den Machtblöcken in Ost und West ein. Im Februar trifft er in Peking Chinas Parteichef Mao Tse-tung (Bild), im Mai in Moskau Kremlchef Leonid Breschnew, wo das SALT-1-Abkommen zur Begrenzung der strategischen Atomwaffen unterzeichnet wird. Auf den Reisen begleitet ihn Henry Kissinger, der als eigentlicher Vater dieser Entspannungspolitik gilt.**

# Baader, Meinhof und andere festgenommen

Begleitet von Fernsehkameras werden Anfang Juni die führenden Köpfe der Baader-Meinhof-Gruppe nach einer Schießerei in Frankfurt festgenommen. Andreas Baader, Jan-Carl Raspe und Holger Meins sowie Ulrike Meinhof und Gudrun Ensslin kommen an verschiedenen Orten zunächst in U-Haft. Sie werden für viele Bombenanschläge verantwortlich gemacht, die zahlreiche Opfer gefordert haben. Bei Attentaten gegen die US-Armee in Frankfurt stirbt ein Offizier, ein weiterer Anschlag gegen das Hauptquartier der US-Streitkräfte in Heidelberg fordert drei Todesopfer. Bomben explodieren auch vor dem Axel-Springer-Hochhaus in Berlin und vor verschiedenen Polizeiwachen. □

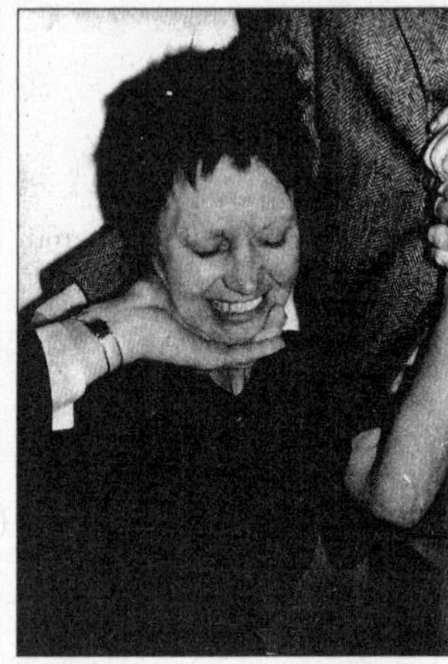

**Festnahme von Ulrike Meinhof**

# Skandal um Ausschluß

Unmittelbar vor den Wettkämpfen der Olympischen Winterspiele im japanischen Sapporo sollen 53 Sportler wegen Verstoßes gegen den Amateurstatus ausgeschlossen werden. Da die Durchführung der Spiele damit gescheitert wäre, wird nur der Österreicher Karl Schranz „geopfert". Sein Ausschluß wird allgemein als Skandal angesehen. Deutsche Sportler gewinnen in Japan drei Goldmedaillen. □

# Nobelpreis an Heinrich Böll

In Stockholm nimmt Heinrich Böll am 10. Dezember den Nobelpreis für Literatur entgegen. In der Laudatio für den Kölner heißt es: „für sein Schaffen, das durch die Verbindung von ungeschminkter Zeitbetrachtung und einfühlsamer Charakterisierungskunst zu einer Erneuerung der deutschen Literatur beigetragen hat". Böll hat zunächst in Erzählungen das Trauma seiner Generation in Kriegs- und Nachkriegszeit beschrieben, tritt dann aber zunehmend als Romanautor hervor. „Ansichten eines Clowns", „Entfernung von der Truppe", oder „Ende einer Dienstfahrt" sind ebenso erfolgreich wie die früheren Titel „Irisches Tagebuch" und „Billard um halbzehn". □

# Brandt bleibt Bundeskanzler

Brandts Ostpolitik verschafft ihm innenpolitisch viele Gegner. Nachdem auch einige Abgeordnete aus den eigenen Reihen abtrünnig zu werden drohen, muß sich der Kanzler im April einem von der CDU-Fraktion beschlossenen Mißtrauensvotum stellen. Die CDU hofft, durch den erstmals in der Bundesrepublik vollzogenen Akt Rainer Barzel zum neuen Kanzler machen zu können. Doch es fehlen zum Erfolg zwei Stimmen. Bis September hat die SPD/FDP-Koalition durch Übertritte von Abgeordneten zur Opposition allerdings die Mehrheit verloren. Um den Weg für Neuwahlen freizumachen, stellt Brandt die Vertrauensfrage und verliert – wie zuvor im eigenen Lager abgesprochen. Darauf kann das Parlament aufgelöst werden. Aus den Neuwahlen geht die Koalition als Sieger hervor, und Brandt bleibt Kanzler. □

**Wie hier in Hamburg kommt es im ganzen Bundesgebiet zu Solidaritätskundgebungen für Brandt.**

# Terrorüberfall auf Olympiadorf

# 1972

Während der XX. Olympischen Spiele in München überfällt ein Kommando der palästinensischen Terrororganisation „Schwarzer September“ am 5. September die israelische Mannschaft im olympischen Dorf. Die Freischärler ermorden zwei Sportler und nehmen neun als Geiseln. Damit wollen sie 200 in israelischen Gefängnissen einsitzende Landsleute freipressen. Ein Befreiungsversuch der bayerischen Polizei auf dem Flugplatz Fürstenfeldbruck, wo man für die Terroristen eine Fluchtmaschine bereitgestellt hat, endet in einem Blutbad. Alle Geiseln, fünf Palästinenser und ein Polizist kommen ums Leben. Nach einem Trauertag für die Opfer werden die Spiele fortgesetzt. Zur Freipressung der drei überlebenden Attentäter entführen palästinensische Flugpiraten am 29. Oktober eine Boeing 727 der Deutschen Lufthansa. In Zagreb werden alle Insassen im Austausch gegen die drei Attentäter freigelassen. Flugzeugentführungen nehmen immer bedrohlichere Formen an. In diesem Jahr werden weltweit 20 Passagiermaschinen zu Erpressungszwecken entführt. □

**Terroristen im Olympiadorf (oben). Innenminister Genscher und Münchens Polizeipräsident Schreiber (unten) „verhandeln“.**

## Kannibalismus

Über zwei Monate nach einem Flugzeugabsturz werden im Dezember 16 Überlebende in den chilenischen Anden entdeckt. Nach der Rettung erfährt die Welt Entsetzliches: Nur das Fleisch der bei dem Unfall Getöteten ermöglichte das Überleben. □

**Buch des Jahres:**
„Die Antwort kennt nur der Wind“ von Johannes Mario Simmel

**Film des Jahres:**
„Is' was, Doc“ mit Barbra Streisand und Ryan O'Neal

**Schlager des Jahres:**
„Am Tag, als Conny Kramer starb“ von Juliane Werding

**Die deutschen Leichathletinnen erweisen sich im Münchner Olympiastadion als Medaillensammler. Gold geht an Heide Rosendahl (Bild) im Weitsprung, Ulrike Meyfarth im Hochsprung und Hildegard Falck im 800-m-Lauf und in der 100-m-Staffel. Der 22jährige US-Schwimmer Mark Spitz gewinnt sieben Goldmedaillen und wird damit der erfolgreichste Olympiateilnehmer aller Zeiten.**

## JAHRES-CHRONIK

- Im Alter von 83 Jahren stirbt am 1. Januar in Paris der berühmte Sänger und Schauspieler Maurice Chevalier.
- Beim „Blutsonntag von Londonderry“ sterben am 30. Januar in der nordirischen Stadt 13 Demonstranten.
- Im Februar verläßt der 15millionste VW-Käfer die Werkshalle. Das bedeutet neuen Verkaufsrekord für ein Auto.
- Ex-Bundespräsident Heinrich Lübke stirbt 77jährig am 6. April in Bonn.
- Die Schauspielerin Asta Nielsen stirbt mit 90 Jahren am 24. Mai in Kopenhagen.
- Die deutsche Fußballnationalmannschaft wird im Juni in Brüssel durch ein 3:0 gegen die UdSSR erstmals Europameister.
- Am 20. Juli stirbt in Konstanz der angeblich reichste Mann Deutschlands, der Industrielle Friedrich Flick.
- Wirtschafts- und Finanzminister Karl Schiller tritt im Juli zurück und anschließend auch aus der SPD aus.
- Beim Absturz einer DDR-Maschine nahe dem Flughafen Berlin-Schönefeld kommen im August 156 Menschen ums Leben.
- Ab 1. Oktober wird in der Bundesrepublik die Höchstgeschwindigkeit auf Bundes- und Landstraßen auf 100 Stundenkilometer begrenzt.
- Bobby Fischer wird durch Sieg gegen Boris Spasski neuer Schach-Weltmeister
- Annemarie Renger wird im Dezember erste Präsidentin des Deutschen Bundestages.

## Normalisierung

Die Unterhändler der DDR Michael Kohl und der Bundesrepublik Egon Bahr unterzeichnen im November den Grundlagenvertrag zwischen der Bundesrepublik und der DDR zur Normalisierung der gegenseitigen Beziehungen. Das nach langem Tauziehen zustande gekommene Vertragswerk hat vor allem Bedeutung wegen einiger Vereinbarungen zur Kontaktaufnahme von Menschen in beiden Staaten: kleiner Grenzverkehr, Familienzusammenführungen und Reisen. □

# Allende vom Militär gestürzt

**Der bewaffnete Allende sucht mit seinen Leibwächtern im Moneda-Palast nach einer Zuflucht.**

Mit einem blutigen Staatsstreich endet am 11. September die Herrschaft des demokratisch bestimmten Präsidenten Salvador Allende in Chile. Beim Sturm der Armee auf den Amtssitz des Präsidenten kommt Allende auf lange Zeit ungeklärte Weise ums Leben. Seit dem Wahlsieg 1970 hat der 65jährige durch seine Volksfrontregierung versucht, in Chile eine sozialistisch bestimmte Politik durchzusetzen. Aber die Verstaatlichung von Banken und Kohlengruben sowie die eingeleitete Bodenreform stoßen auf Widerstand der Konservativen. Als die an dieser Entwicklung nicht interessierte USA Chile daraufhin die Kredite stoppt, gerät das Land in wirtschaftliche Schwierigkeiten. Unruhen sind die Folge, die in diesem Jahr fast zur Lähmung der Wirtschaft führen. Als Allende am 28. August die 22. Kabinettsumbildung seit 1970 vornimmt, putscht schließlich die Armee. Eine Militärjunta unter General Augusto Pinochet Ugarte übernimmt die Macht. Mit dem Tod Allendes ist das chilenische Modell des Sozialismus am Ende. □

# 28 Tage im Himmelslabor

Am 22. Juni kehren zum ersten Mal in der Geschichte der Raumfahrt Menschen nach einem längeren Aufenthalt im All auf die Erde zurück. Die Astronauten Charles Conrad, Joseph Kerwin und Paul Weitz haben seit dem 25. Mai im sogenannten Himmelslabor „Skylab 1“ gelebt und gearbeitet. Das Laboratorium ist zunächst unbemannt in die Erdumlaufbahn geschickt worden und wird nach der Ankopplung einer „Apollo-Kapsel“, mit der die Astronauten nachgereist sind, von seiner Besatzung „besiedelt“. In der 36 Meter langen Raumstation befinden sich ein Arbeits- und ein Wohnraum. Die drei Astronauten haben in 28 jeweils 16stündigen Arbeitstagen im Weltraum zahlreiche wissenschaftliche und technische Aufgaben zu bewältigen. □

**Nach 230 Bundesligaspielen und 82 Toren für Borussia Mönchengladbach wechselt der fast 29jährige Günter Netzer zu Spaniens Starclub Real Madrid. Der 31fache Nationalspieler und Fußballer des Jahres verläßt den Verein, da er sich mit Trainer Weisweiler überworfen hat. Im Juli nimmt er bei Real das Training auf. Über die Ablösesumme wird Stillschweigen bewahrt.**

## JAHRES-CHRONIK

- Nach Einstellung der Kampfhandlungen durch die USA unterzeichnen die Kriegsparteien in Vietnam im Januar einen Waffenstillstand.
- Der RAF-Anwalt Horst Mahler wird im Februar wegen Raubes und Gründung einer kriminellen Vereinigung zu zwölf Jahren Haft verurteilt.
- Die Fußballer von Eintracht Braunschweig machen ab Februar als erster Verein Trikotwerbung im Profifußball.
- Zwei seit vier Jahren von den Vietcong gefangengehaltene deutsche Malteser-Helfer werden im März freigelassen.
- Der Grundvertrag mit der DDR wird im Mai von Bundestag und Bundesrat gebilligt.
- Willy Brandt unternimmt im Juni den ersten offiziellen Staatsbesuch eines bundesdeutschen Regierungschefs in Israel.
- Am 30. Juni kommt es zur mit sieben Minuten Dauer zweitlängsten totalen Sonnenfinsternis unserer Zeitrechnung.
- Durch einen wochenlangen Bummelstreik der Fluglotsen wird im Sommer das Urlaubsvergnügen der Deutschen erheblich beeinträchtigt.
- Nach Sturz der Monarchie in Afghanistan wird im Juli die Republik ausgerufen.
- Im Alter von 71 Jahren stirbt am 13. Juli in Hamburg der Filmschauspieler Willy Fritsch.
- Der frühere SED-Chef Walter Ulbricht stirbt 80jährig am 1. August in Berlin.
- Henry Kissinger wird im August US-Außenminister.
- Der im Vorjahr nach 17jährigem Exil nach Argentinien zurückgekehrte Juan Perón wird im September zum Staatspräsidenten gewählt.
- Karl XVI. Gustav wird im September nach dem Tod seines Großvaters Gustav VI. Adolf neuer König von Schweden.
- Die als Reaktion der Araber auf den Jom-Kippur-Krieg hervorgerufene Ölkrise führt in Westeuropa im November zu Sonntagsfahrverboten und Geschwindigkeitsbegrenzungen für Pkw.

# London feiert Traumhochzeit

In der Westminster-Abbey werden am 14. November die 23jährige Prinzessin Anne und der 25jährige Dragoner-Hauptmann Mark Phillips ein Ehepaar. Die von der britischen Öffentlichkeit als „Traumhochzeit" eingestufte Zeremonie wird vom Erzbischof von Canterbury vollzogen. Es ist die zehnte Trauung des britischen Königshauses in Westminster. Die Tochter der englischen Königin und der Offizier haben sich bei ihrem Hobby, der Vielseitigkeits-Reiterei, kennen- und liebengelernt. Sowohl die Prinzessin als auch Mark Phillips sind bereits mit Goldmedaillen bei WM- bzw. EM-Wettbewerben der Military dekoriert. □

# Ohr verloren

Erst nachdem die Entführer seines Enkels dessen abgeschnittenes Ohr an eine römische Zeitung schicken, zahlt der Multimilliardär Paul Getty I. im Dezember 6,5 Millionen Mark Lösegeld. Paul Getty III. ist nach fünfmonatiger Gefangenschaft frei. Die Kidnapper werden gefaßt. □

**Prinzessin Anne und Captain Mark Phillips nach der Trauung**

# 1973

**Buch des Jahres:**
„Eines Menschen Zeit"
von Peter Bamm

**Film des Jahres:**
„Der Clou" mit Paul Newman und Robert Redford

**Schlager des Jahres:**
„Good bye, my Love, good bye"
von Demis Roussos

**91jährig stirbt am 8. April in Mougins Pablo Picasso. Der Spanier hat wie kein anderer als Maler, Grafiker und Bildhauer die Kunstszene des 20. Jahrhunderts mitbestimmt. Noch im hohen Alter ist er in seinem Atelier (Bild) in dem kleinen Ort an der Cote d'Azur aktiv, wo er seit Ende des Zweiten Weltkrieges lebt. Er arbeitet zuletzt noch in den Bereichen der Lithographie, Grafik und Keramik und verblüfft durch seine enorme produktive Vielfalt.**

# Wieder Nahost-Krieg

**Israelische Truppen beim Vormarsch in Richtung Damaskus**

Nach jahrelangen Grenzzwischenfällen bricht am jüdischen Fest- und Fastentag Jom Kippur (6. Oktober) der vierte Krieg zwischen Arabern und Israelis aus. Ägyptische Truppen greifen an und stoßen auf die Sinaihalbinsel vor. Auf den Golanhöhen attackieren gleichzeitig die Syrer Israels Stellungen. Nach Anfangserfolgen durch die überraschenden Angriffe werden die Araber von den Israelis zurückgeschlagen. Als auf Vermittlung der UNO am 22. Oktober ein Waffenstillstand erreicht ist, stehen israelische Truppen weit in den Gebieten der Angreifer. □

**JAHRES-CHRONIK**

- Ägypten und Israel einigen sich im Januar auf einen Truppenrückzug vom Sueskanal.
- Der sowjetische Schriftsteller und Regime-Kritiker Alexander Solschenizyn wird im Februar des Landes verwiesen.
- Nach dem Wahlsieg der Labour-Partei im Februar wird Harold Wilson neuer Premierminister von England.
- Das wegen der Ölkrise im November des Vorjahres verhängte Tempolimit wird in der Bundesrepublik im März wieder aufgehoben.
- Nicolae Ceauşescu wird im März zum Staatspräsidenten Rumäniens gewählt.
- Im Alter von 62 Jahren stirbt am 2. April in Paris Staatspräsident Georges Pompidou. Sein Nachfolger wird Valéry Giscard d'Estaing.
- Nach 40jähriger Diktatur wird in Portugal nach einem Militärputsch im April der Weg zur Demokratisierung beschritten.
- Bayern München gewinnt im Mai gegen Athletico Madrid den Europapokal der Landesmeister.
- Der Zusammenbruch der Kölner Herstatt-Bank weitet sich im Juni zum größten Bankenkrach seit der Weltwirtschaftskrise 1929 aus.

**Bundeskanzler Helmut Schmidt erläutert sein Programm.**

- Die ständigen Vertretungen der Bundesrepublik und der DDR nehmen im Juni entsprechend den Vereinbarungen des Grundlagenvertrages ihre Arbeit wieder auf.
- Nach Sturz von Erzbischof Makarios durch die griechisch-zyprische Nationalgarde landen im Juli Truppen auf Zypern.
- Der Schriftsteller Erich Kästner stirbt im Alter von 75 Jahren am 29. Juli in München.
- Der Baader-Meinhof-Angehörige Holger Meins stirbt im November nach einem Hungerstreik im Gefängnis.
- Manfred Rommel, Sohn des legendären Feldmarschalls, wird im November neuer Oberbürgermeister von Stuttgart.

# Schmidt regiert

In den führenden Positionen der Bundesrepublik Deutschland gibt es im Mai entscheidende Veränderungen. Bundeskanzler Willy Brandt gibt seinen Rücktritt bekannt und übernimmt damit die politische Verantwortung für den größten Spionagefall in der Geschichte der Republik. Sein persönlicher Referent Günter Guillaume sowie dessen Ehefrau haben jahrelang als Spione für die DDR gearbeitet und damit sämtliche Details der Regierungsarbeit des Kanzlers verraten. Guillaume war 1956 als Flüchtling getarnt in die Bundesrepublik eingeschleust worden und hatte in der SPD systematisch Karriere gemacht, bis er ins Kanzleramt gelangen konnte. Nachfolger Brandts als Bundeskanzler wird der bisherige Finanzminister Helmut Schmidt. Er erhält im Bundestag 267 Stimmen, 255 Abgeordnete votieren gegen ihn. Wenige Tage später wird der bisherige Außenminister Walter Scheel neuer Bundespräsident. Er erhält in der Bundesversammlung 530 Stimmen, Gegenkandidat Richard von Weizsäcker 498. Neuer Chef im Auswärtigen Amt wird Hans-Dietrich Genscher, dessen Nachfolger als Innenminister Werner Maihofer. Der neue Finanzminister heißt Hans Apel. Das Kabinett wird vom scheidenden Bundespräsidenten Heinemann vereidigt. □

# Nixon stürzt

US-Präsident Richard Nixon tritt am 8. August zurück und übergibt sein Amt an Vize-Präsident Gerald Ford. Seit bekannt wurde, daß der Einbruch ins Washingtoner Watergate-Hotel, dem Hauptquartier der Demokratischen Partei mit Nixons Wissen verübt worden ist, wackelt sein Stuhl. Die nur tröpfchenweise ans Licht kommende Wahrheit hat die Stellung des Präsidenten geschwächt, sein Leugnen war eine schwere Belastung für die Republikaner. □

**Beim bisher schwersten Flugzeugunglück kommen im März alle 344 Insassen einer türkischen DC 10 ums Leben. Die Maschine stürzt kurz nach dem Start in Paris ab und schlägt dabei eine kilometerlange Schneise in den Wald nahe des Flughafens Orly.**

**Der Belgier Eddy Merckx (hier mit seiner Tochter) gewinnt im Juli zum fünften Mal die Tour de France und zieht damit mit Jacques Anquetil gleich. Bei sechs Tour-Starts hat er 96 Tage das Gelbe Trikot getragen und 35 Etappen gewonnen.**

# 1974

**Buch des Jahres:**
„Der Salamander“
von Morris L. West

**Film des Jahres:**
„Der weiße Hai“
von Steven Spielberg

**Schlager des Jahres:**
„Theo, wir fahr'n nach Lodz“
von Vicky Leandros

V. l.: Franz Beckenbauer, Sepp Maier, Georg Schwarzenbeck, Rainer Bonhof, Bernd Hölzenbein, Jürgen Grabowski, Gerd Müller, Wolfgang Overath, Berti Vogts, Paul Breitner und Uli Hoeneß.

## Wieder Fußball-Weltmeister

Zwanzig Jahre nach den „Helden von Bern“ wird wieder eine deutsche Mannschaft Fußball-Weltmeister. Das von Helmut Schön betreute Team besiegt am 7. Juli im Finale im Münchner Olympiastadion die Mannschaft der Niederlande mit 2:1. Bei diesem erstmals auf deutschem Boden ausgetragenen Turnier hat sich die einheimische Elf erst nach etlichen Anlaufschwierigkeiten gefunden und geht nicht unbedingt als Favorit ins Finale. Gegner Niederlande hat dagegen zuvor mit Erfolgen gegen die südamerikanischen Ballartisten aus Argentinien und Brasilien beeindruckt. Das Team von Rinus Michels geht auch in der 2. Minute durch einen von Johan Neeskens verwandelten Elfmeter – nach Foul von Uli Hoeneß an Johan Cruyff – mit 1:0 in Führung. Den Ausgleich besorgt in der 26. Minute Paul Breitner, ebenfalls durch Foulelfmeter (Wim Jansen an Bernd Hölzenbein). Das 2:1 für die deutsche Elf fällt noch vor der Pause durch ein typisches Tor des Mittelstürmers Gerd Müller. Es ist ein Jubiläumstor von hohem Stellenwert, nämlich der einhundertste Treffer für Deutschland in einer WM-Endrunde. Er entscheidet das Finale 1974. Helmut Schön krönt mit diesem Sieg im 101. Länderspiel unter seiner Regie seine Karriere als Bundestrainer. Für Overath, Grabowski, Breitner und Müller war es das letzte Nationalspiel, denn sie geben ihren Rücktritt bekannt. □

Kapitän Franz Beckenbauer präsentiert stolz die WM-Trophäe.

## Alis Comeback

Sieben Jahre nach seiner Verbannung aus dem Boxring wegen Wehrdienstverweigerung durchbricht Muhammad Ali am 30. Oktober als zweiter Schwergewichtler das Gesetz vom „They never come back“ und wird durch einen k.o.-Sieg gegen George Foreman erneut Weltmeister. Dieser Superfight in Kinshasa (Zaire) bringt durch Fernseh- und Werbegelder eine neue Rekordeinnahme der Boxgeschichte, denn jeder Kämpfer kassiert die sagenhafte Summe von 5 Millionen Dollar. Ali ist inzwischen 32 Jahre alt. □

## Diktatur-Ende

Nach sieben Jahren geht im Juli in Griechenland die Militärdiktatur zu Ende. Juntachef General Gisikis übergibt die Regierungsgewalt an zivile Politiker und beruft den früheren Ministerpräsidenten Karamanlis zum Regierungschef. Damit ziehen die Militärs Konsequenzen aus ihrer verfehlten Mittelmeerpolitik. □

**Mit der Absetzung von Kaiser Haile Selassie endet im September die älteste Monarchie der Welt. Der 82jährige Herrscher war der 255. Nachfolger einer Dynastie, die ihre Ursprünge auf den Sohn des Königs Salomon und der Königin Saba zurückführt. Er wird von einer provisorischen Militärregierung entmachtet. Dem seit 1928 amtierenden Kaiser wird von den innenpolitischen Gegnern Versagen bei der Bewältigung der sozialen Probleme vorgeworfen. Äthiopien ist trotz guter Klimabedingungen immer noch eines der ärmsten Länder der Welt.**

# Terroristen sind weiter aktiv

Drei Monate vor dem – für Mai terminierten – Beginn des Prozesses gegen den harten Kern der Baader-Meinhof-Gruppe beweist ein erneuter Anschlag, daß der Terrorismus mit ihrer Verhaftung noch nicht besiegt war. Am 27. Februar wird nämlich mitten im Berliner Wahlkampf Peter Lorenz, Spitzenkandidat der CDU, von Mitgliedern der „Bewegung 2. Juni“ entführt. Einen Tag nach dem professionell durchgeführten Akt erhält eine Nachrichtenagentur die Forderung der Entführer: sofortige Haftentlassung der Terroristen Horst Mahler, Verena Becker, Gabriele Kröcher-Tiedemann, Ingrid Siepmann, Rolf Heißler und Rolf Pohle, Bereitstellung einer Boeing 707 plus Besatzung und eines offiziellen Begleiters. Die Bundesregierung läßt sich auf den Deal ein, nachdem im früheren Berliner Bürgermeister und Pfarrer Heinrich Albertz die geforderte Begleitung gefunden wird. Bis auf Mahler, der in Haft bleiben will, fliegen die Terroristen aus und werden nach einigem Hin und Her von der Volksrepublik Jemen aufgenommen. Nach der Rückkehr von Heinrich Albertz wird Peter Lorenz am 5. März freigelassen. Vier Wochen vor Prozeßbeginn folgt ein neuer Schlag. Ein „Kommando Holger Meins“ überfällt am 24. April die deutsche Botschaft in Stockholm, nimmt Geiseln und fordert die Freilassung der 26 inhaftierten Baader-Meinhof-Häftlinge. Als das abgelehnt wird, erschießen die vier Terroristen den Militärattaché Andreas von Mirbach und den Botschaftsrat Heinz Hillegaart und sprengen das Gebäude. Beim anschließenden Fluchtversuch werden sie festgenommen. So kann am 21. Mai im eigens dafür errichteten „Hochsicherheitstrakt“ der Strafanstalt Stuttgart-Stammheim der Prozeß gegen Baader, Meinhof, Ensslin und Raspe doch noch beginnen. □

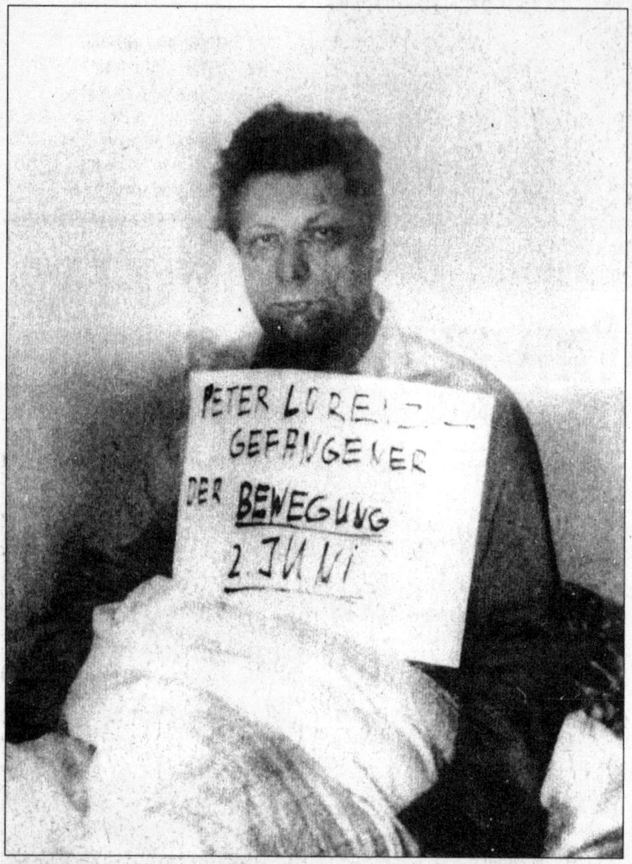


**So wird Peter Lorenz von den Entführern fotografiert.**

# Auch Überfall auf Ölminister

Daß der Terrorismus nicht auf die Bundesrepublik beschränkt ist, muß Österreich im Dezember erfahren. Wenige Tage vor Weihnachten überfällt der angeblich aus Venezuela stammende und international gesuchte Terrorist „Carlos“ mit Komplizen das OPEC-Gebäude in Wien, in dem die Erdölminister der arabischen Staaten tagen. Dabei werden drei Menschen erschossen und 70 als Geiseln genommen. Nach zweitägigen Verhandlungen fliegen die Terroristen mit 35 Geiseln nach Algerien, wo diese freigelassen werden. □

**Der aus Virginia stammende Arthur Ashe gewinnt als erster Farbiger das Tennis-Turnier von Wimbledon durch einen Finalsieg gegen seinen gut zehn Jahre älteren Landsmann Jimmy Connors. Ashe, der in diesem Jahr auch WCT-Weltmeister wird, stirbt später an Aids.**

## JAHRES-CHRONIK

- Zur weiteren Förderung der Gleichberechtigung proklamiert die UNO am 1. Januar das Jahr 1975 zum „Jahr der Frau“.
- Zwölf deutsche Skifahrer werden im Januar von einer Lawine am Vorarlberg in den Tod gerissen.
- Margaret Thatcher wird im Februar Vorsitzende der Konservativen Partei Englands.
- Das Bundesverfassungsgericht lehnt im Februar eine Reform des § 218 ab.
- Im Alter von 69 Jahren stirbt am 15. März in Paris der Multimilliardär Aristoteles Onassis.
- König Feisal von Saudi-Arabien wird am 25. März in seinem Palast in Riad von einem Attentäter ermordet.
- Am 3. April stirbt in Taiwan Staatschef Tschiang Kai-schek im Alter von 77 Jahren.
- Beim Brand eines holländischen Ausflugsschiffes in Köln sterben im April 20 Fahrgäste.

Mit 68 Jahren stirbt der große Showstar Josephine Baker am 12. April in Paris.

- Borussia Mönchengladbach gewinnt im Mai den UEFA-Pokal durch Sieg gegen Twente Enschede, Bayern München wird zum zweiten Mal Sieger bei den Landesmeistern gegen Leeds United.
- Nach Abbau der Minensperren wird der seit acht Jahren blockierte Sueskanal Anfang Juni wieder befahrbar.
- Im Juli kommt es mit der Ankopplung einer Apollo-Kapsel an ein Sojus-Raumschiff zum ersten amerikanisch-sowjetischen Weltraumunternehmen.
- Der Staatspräsident von Bangla Desh, Mujibur Rahman, wird im August mit seiner Familie bei einem Militärputsch ermordet.
- In Helsinki wird im August die Schlußakte einer seit 1973 tagenden Konferenz für Sicherheit und Zusammenarbeit in Europa (KSZE) unterzeichnet.
- Im Alter von 83 Jahren stirbt am 27. August in Addis Abeba Ex-Kaiser Haile Selassie I.
- US-Präsident Gerald Ford kommt bei zwei Attentaten im September ungeschoren davon.
- Der italienische Filmregisseur Pier Paolo Pasolini wird am 1. November in der Nähe von Rom ermordet aufgefunden.
- Der sowjetische Physiker und Bürgerrechtler Andrej Sacharow darf den ihm verliehenen Friedensnobelpreis nicht annehmen.

## Helmut Schmidt besucht China

Helmut Schmidt besucht Ende Oktober als erster Kanzler die Volksrepublik China. Dabei wird er am 30. des Monats auch vom „Großen Vorsitzenden“ Mao Tse-tung zu einer zweistündigen Unterredung empfangen. Nach diesem eher repräsentativen Termin trifft der deutsche Regierungschef auch mit dem stellvertretenden Ministerpräsidenten Deng Xiaoping zusammen, um Verträge zur Verbesserung der beiderseitigen Beziehungen zu unterschreiben. □

Deng Xiaoping begrüßt Bundeskanzler Helmut Schmidt.

# 1975

**Buch des Jahres:**
„Der Geist der Mirabelle“
von Siegfried Lenz

**Film des Jahres:**
„Taxi Driver“ mit Robert DeNiro
und Jodie Foster

**Schlager des Jahres:**
„Griechischer Wein“
von Udo Jürgens

## Bürgerprotest formiert sich

Seit Beginn der 70er Jahre haben sich in den westlichen Industrieländern Bürgerbewegungen gebildet, die auf Fehlentwicklungen und Mißstände aufmerksam machen. In der Bundesrepublik agieren solche Gruppierungen zunächst vorwiegend gegen das Kernenergieprogramm der Regierung. Im Februar und März protestieren viele Menschen gegen den Neubau des Kernkraftwerkes Wyhl am Oberrhein. Es kommt zu Konfrontationen mit der Polizei. Auch gegen den Bau des Kernkraftwerkes im hessischen Biblis wird häufig demonstriert. □

## Heide brennt

Das niedersächsische Heidegebiet wird im August von einer Brandkatastrophe heimgesucht, der 8 000 Hektar Wald zum Opfer fallen. Sechs Menschen, darunter fünf Feuerwehrleute, kommen ums Leben. 30 Ortschaften müssen evakuiert werden. Erst nach Tagen können die 14 000 Helfer der Flammenhölle Herr werden. Der Sachschaden beträgt 40 Millionen Mark. Die Organisation der Feuerbekämpfung wird kritisiert, der Katastrophenschutz soll neu überdacht werden. □

## Nach der Kapitulation beginnt die große Flucht in die USA

**Vor der amerikanischen Botschaft in Saigon drängen sich Amerikaner, um für ihre vietnamesischen Frauen ein Einreisevisum in die Vereinigten Staaten von Amerika zu erhalten.**

Auch nach dem Waffenstillstandsabkommen von 1973 sind die Kämpfe in Vietnam nicht eingestellt worden. Der Vietcong bedrängt den Süden weiter stark, so daß Präsident General Dong Van Minh am 30. April die bedingungslose Kapitulation verkündet. Eine provisorische Revolutionsregierung des Vietcong übernimmt darauf in Südvietnam die Macht. Die letzten Amerikaner haben am Tag zuvor Saigon verlassen. Tausende von Südvietnamesen wollen mit ihnen in die USA fliehen, doch nur 30 000 werden bis Ende des Monats evakuiert. Dennoch beginnt jetzt eine Fluchtwelle aufs offene Meer und über die Grenze nach Kambodscha. Die Menschen fürchten Vergeltung des Vietcong. Saigon wird bald in Ho-Chi-Minh-Stadt umbenannt. Nordvietnam öffnet im Herbst seine Grenzen für Südvietnamesen, für das folgende Jahr sind Wahlen geplant. In den USA werden bald die Zahlen ihres Engagements im früheren Indochina bekannt. Danach sind 45 928 US-Soldaten gefallen, über 30 000 wurden verwundet, 1.806 gefangen oder vermißt. Bis Januar 1973 (Waffenstillstand) kostete der Krieg 112 Milliarden Dollar. □

**Seit November ist Spanien nicht mehr Monarchie von Francos Gnaden. Mit dem Tod des Diktators am 20. November beginnt eine neue Ära. Franco hatte das Land 1947 formell wieder zur Monarchie erklärt, aber keinen Herrscher geduldet. 1960 wurde Juan Carlos durch ihn zum ersten Thronanwärter erklärt und später als Prinz von Spanien vereidigt. Nach dem Tod des „Caudillo“ übernimmt er die Staatsgeschäfte und wird am 22. November zum König Juan Carlos I. ausgerufen. Im Bild mit seiner Ehefrau Königin Sophia.**

Aus den Präsidentschaftswahlen in den USA geht Anfang November überraschend ein bis vor einem Jahr weitgehend unbekannter Politiker als Sieger hervor: der 52jährige Jimmy Carter, Senator des Bundesstaates Georgia (im Bild mit Frau Rosalyn und der neunjährigen Tochter Amy nach der Wahl). Mit dem 39. Präsidenten der USA kommt erstmals seit 1849 wieder ein Südstaatler ins Weiße Haus. Zu den 50,1 Prozent des Erdnußfarmers aus Plains, die für seinen knappen Sieg reichen, haben vor allem die farbigen Wähler viel beigesteuert. Mit ihm lösen die Demokraten den Republikaner Gerald Ford (48 Prozent) ab. Carter war von 1970–74 schon Gouverneur von Georgia gewesen.

# Oetker-Sohn entführt

Mit schweren Verletzungen übersteht im Dezember der Industriellen-Sproß Richard Oetker seine Entführung durch Lösegelderpresser. Nach dem Kidnapping im oberbayerischen Freilassing geht bei der Familie Oetker eine Lösegeldforderung von 21 Millionen Mark ein. Die Riesensumme wird unter dramatischen Umständen übergeben, die Geisel selbst nach einem Hinweis der Entführer gefunden. Richard Oetker ist in einer kleinen Holzkiste eingesperrt gewesen, die lediglich 60 x 70 x 120 Zentimeter maß. Da er 48 Stunden dort eingezwängt verbringen mußte, erleidet er schwere Verletzungen: beidseitige Oberschenkelfrakturen, Brüche der Brustwirbel und einen Lungenkollaps. Die Täter bleiben nach dem Verbrechen trotz intensiver Ermittlungen spurlos verschwunden. □

Der amerikanische Spielfilm „Einer flog über das Kuckucksnest" wird bei der Oscarverleihung dieses Jahres hoch dekoriert. Gleich fünf der begehrten Preise gehen an ihn. Einen Oscar erhält er für den besten Film des Jahres, dann natürlich einen für die Regie von Milos Forman, einen erhalten die Drehbuchautoren Bo Goldman und Lawrence Hauben und je einer geht an die beiden Hauptdarsteller Jack Nicholson (Szenenbild) und Louise Fletcher. Der Film wird auch in den europäischen Kinos ein Kassenschlager.

## JAHRES-CHRONIK

- Die schwerste Sturmflut an der deutschen Nordseeküste seit 1962 fordert im Januar 40 Todesopfer.
- 84jährig stirbt am 12. Januar in Oxford die englische Kriminalschriftstellerin Agatha Christie.
- Der Film „Salò oder die 120 Tage von Sodom" des italienischen Regisseurs Pasolini wird im Februar bundesweit verboten und beschlagnahmt.
- In Argentinien stürzt eine Militärjunta im März Staatspräsidentin Isabel Perón und übernimmt die Macht.
- Der Deutsche Bundestag verabschiedet nach mehrjährigen Beratungen im März das Gesetz über die betriebliche Mitbestimmung.
- Nach dem Rücktritt von Harold Wilson wird James Callaghan im April englischer Premierminister.
- Ein Erdbeben im italienischen Friaul fordert im Mai über 2 000 Todesopfer.
- Ulrike Meinhof, Mitbegründerin der Baader-Meinhof-Gruppe erhängt sich am 9. Mai in ihrer Zelle in Stuttgart-Stammheim.
- Im Alter von 86 Jahren stirbt am 26. Mai in Freiburg mit Martin Heidegger einer der bedeutendsten Philosophen unseres Jahrhunderts.
- In der ausschließlich von Schwarzen bewohnten Vorstadt Soweto bei Johannesburg (Südafrika) brechen im Juni blutige Rassenunruhen aus.
- Kurz vor seinem 77. Geburtstag stirbt der frühere Bundespräsident Gustav Heinemann am 7. Juli in Essen.
- Wegen Verwicklung in die sogenannte Lockheed-Affäre legt Prinz Bernhard der Niederlande im August alle öffentlichen Ämter nieder.
- Der Schauspieler Jean Gabin stirbt am 15. November mit 72 Jahren in Paris.

# Ausweisungen

Die Behörden der DDR setzen ihren harten Kurs gegen Regimekritiker und andere mißliebige Personen fort und entledigen sich ihrer durch Ausweisung oder Ausbürgerung. So darf der Sänger Wolf Biermann von einer Tournee in der Bundesrepublik nicht zurückkehren, auch der ARD-Korrespondent Lothar Loewe und die Popsängerin Nina Hagen müssen das Land verlassen. □

# Machtkampf

In Peking stirbt Mao Tse-tung am 9. September im Alter von 72 Jahren. Der charismatische Parteiführer und Staatsmann hinterläßt ein Machtvakuum, in das viele stoßen möchten. Nur einen Monat später werden seine Witwe und drei andere Funktionäre als sogenannte „Viererbande" verhaftet und ausgeschaltet. Neuer Parteivorsitzender wird Hua Kuo-Feng. □

**In Stockholm geht im Juni eine der von der Öffentlichkeit aufmerksam verfolgten „Traumhochzeiten" über die Bühne. Der 30jährige Schwedenkönig Karl XVI. Gustav heiratet die 32jährige deutsche Kaufmannstochter Silvia Sommerlath. Sie haben sich während der Olympischen Spiele 1972 kennengelernt, wo die Deutsche als Hosteß arbeitete. Per Fernsehübertragung kann ganz Europa teilnehmen.**

# 1976

**Buch des Jahres:**
„Die Bankiers" von Arthur Hailey

**Film des Jahres:**
„Rocky" mit Sylvester Stallone

**Schlager des Jahres:**
„Fernando" von Abba

## Geiseldrama

Mit der Erstürmung des von Terroristen entführten Flugzeuges auf dem Flugplatz von Entebbe (Uganda) endet am 4. Juli ein einwöchiges Geiseldrama. Ein ohne Erlaubnis der ugandischen Behörden eingeflogenes israelisches Kommando schießt sich den Weg frei und fliegt mit den befreiten Geiseln – es sind nur noch Israelis und Juden anderer Nationalitäten – über Kenia nach Tel Aviv. Bei der Aktion kommen 3 Geiseln, ein israelischer Major, 7 Entführer und 20 ugandische Soldaten, die den Sturm verhindern wollten, um. □

## Gurtpflicht im Auto

Deutschlands Autofahrer müssen sich an ein neues Gefühl gewöhnen. Seit Jahresbeginn ist das Anlegen eines Sicherheitsgurtes für Personen auf den Vordersitzen Pflicht. Der Verordnung ist ein langer Streit vorausgegangen, in dem sich die Befürworter der neuen Sicherheitsmaßnahme durchsetzten. Die Autofahrer reagieren gelassen. □

## Schreckliche Folgen eines Chemieunfalls

Bei einem Unfall in der Icmesa-Chemiefabrik in Meda bei Mailand tritt am 10. Juli eine giftige Substanz in die Atmosphäre, die für das Leben in der Umgebung schreckliche Folgen hat. Das unter dem Namen Dioxin bekannte Gift verseucht insbesondere in der Gemeinde Seveso die Umwelt derart, daß Haustiere sterben, Pflanzen verdorren und bei Menschen Hauterkrankungen auftreten. Erst nach einigen Tagen werden die Behörden von der Firmenleitung informiert, daß durch Überhitzung eine hochgiftige Substanz entstanden und durch den Schornstein entwichen ist. Die Behörden sorgen in Seveso für die Evakuierung aus einer 115 Hektar großen Gefahrenzone. In dem verseuchten Gebiet wird das Vieh getötet, Betriebe geschlossen, vor landwirtschaftlichen Produkten gewarnt. Wissenschaftler befürchten Langzeitschäden bei Mensch, Tier und Vegetation, vor allem Mißbildungen bei Neugeborenen. Den Frauen im verseuchten Gebiet wird von Ärzten empfohlen, mehrere Monate empfängnisverhütende Mittel einzunehmen. Gegen den verantwortlichen Schweizer Pharmakonzern Hoffmann-La Roche, zu dem das Werk gehört, wird ermittelt. Dieser versucht, durch eine großzügige finanzielle Entschädigung der Seveso-Opfer den Schaden wenigstens etwas wiedergutzumachen. Die Giftgaskatastrophe gilt als eine der schlimmsten des Jahrhunderts. □

**Rosi Mittermaier**

## Zweimal „Goldmarie"

Zwei deutsche Sportlerinnen werden zu umjubelten Stars des Olympiajahres. Bei den Winterspielen in Innsbruck gewinnt die 25jährige Rosi Mittermaier von der Winkelmoosalm bei Reit im Winkl die Goldmedaillen im Abfahrtslauf und im Slalom. Im Riesenslalom holt sie noch eine Silbermedaille. Als „Gold-Rosi" geht sie dann in die deutsche Sportgeschichte ein. Bei den Sommerspielen in Montreal siegt die Dortmunderin Annegret Richter im 100-m-Sprint, nachdem sie im Halbfinale einen neuen elektrisch gestoppten Weltrekord mit 11,01 Sekunden aufgestellt hat. Die bundesdeutschen Sportler gewinnen in Kanada zehn Goldmedaillen, darunter durch Alwin Schockemöhle im Jagdspringen, durch Alexander Pusch das erste Gold im Degenfechten für Deutschland überhaupt und durch Gregor Braun im Radsport. Herausragende Teilnehmerin dieser Sommerspiele wird die rumänische Turnkönigin Nadia Comaneci. □

**Annegret Richter**

# RAF-Terrorismus erreicht den Höhepunkt

In dem blutigsten Jahr des deutschen Terrorismus führt die zweite Generation der RAF einen Krieg auf eigene Faust. Am 28. April geht der Mammutprozeß gegen die Terroristen der ersten Stunde in Stuttgart zu Ende. Baader, Ensslin, Raspe und weitere Gruppenmitglieder werden zu lebenslanger Haft verurteilt. Das Gericht sieht 34 Mordversuche nachgewiesen. Noch vor der Urteilsverkündung erschießen zwei RAF-Mitglieder – sie nennen sich „Aktionsgemeinschaft Ulrike Meinhof" – den Generalbundesanwalt Siegfried Buback und dessen Fahrer am 7. April in Karlsruhe. Am 30. Juli dringen vier Frauen in die Wohnung des Vorstandssprechers der Deutschen Bank, Jürgen Ponto, ein und töten ihn. Das alles ist nur ein Vorspiel zum als „Deutschen Herbst" bezeichneten Drama bis zum 18. Oktober. Arbeitgeberverbandspräsident Hanns-Martin Schleyer ist am 5. September von einem „Kommando Siegfried Hauser" in Köln entführt worden, sein Fahrer und drei Polizisten werden dabei ermordet. Für seine Freilassung verlangt die RAF die Entlassung von elf inhaftierten „Kampfgenossen". Nach wochenlangen vergeblichen Verhandlungen wird am 13. Oktober die Lufthansa-Maschine „Landshut" auf dem Weg von Mallorca nach Frankfurt entführt. Auch hier wird als Gegenleistung für ein gutes Ende die Freilassung der inhaftierten RAF-Gruppe sowie zweier in der Türkei einsitzender Palästinenser gefordert. Nach tagelangem Irrflug landet die Maschine erst in Aden, wo die Kidnapper den Flugkapitän Jürgen Schumann erschießen. Nächste Station ist der Flugplatz im somalischen Mogadischu. Mit Zustimmung der dortigen Regierung entsendet die Bundesregierung eine Sondereinheit des Bundesgrenzschutzes, GSG 9. Diese stürmt am 18. Oktober die Maschine und befreit die 86 Passagiere und vier Besatzungsmitglieder. Drei der vier Entführer kommen ums Leben. Nach Bekanntwerden des Geschehens begehen Andreas Baader, Gudrun Ensslin und Jan-Carl Raspe in ihren Zellen in Stammheim Selbstmord. Einen Tag später wird der Leichnam des ermordeten Schleyer im Kofferraum eines Autos im elsässischen Mülhausen aufgefunden. Die Mitbegründerin der RAF, Ingrid Schubert, erhängt sich am 12. November in ihrer Zelle in der Haftanstalt Stadelheim in München. □

Hanns-Martin Schleyer

Die entführte „Landshut" auf dem Flughafen von Mogadischu

**Maria Callas, eine der größten Sängerinnen des Jahrhunderts, stirbt am 16. September in Paris. Die in den Opernhäusern der ganzen Welt gefeierte Diva ist nur 53 Jahre alt geworden. Die musikalische Heimat der in New York geborenen Sopranistin griechischer Abstammung war lange Zeit die Mailänder Scala, wo sie mit Regisseur Luchino Visconti zusammenarbeitete. Das Bild zeigt sie mit ihrem Partner Giuseppe di Stefano nach einem ihrer grandiosen Auftritte.**

## Historischer Händedruck

Nach vier Kriegen gegeneinander treffen sich im November die Staatschefs von Ägypten und Israel in Tel Aviv, um über eine Verbesserung ihrer Beziehungen zu sprechen. Menachem Begin begrüßt Anwar as-Sadat im israelischen Parlament mit einem historisch gewordenen Händedruck. Der Ägypter stellt vor der Knesseth einen Fünf-Punkte-Plan für den Frieden im Nahen Osten vor. Die Annäherung der bisherigen Todfeinde löst in der arabischen Welt Spannungen aus und spaltet sie in Befürworter und Gegner eines Friedensprozesses. □

## Katastrophe für die Luftfahrt

582 tote Flugpassagiere sind die Bilanz des bisher schwersten Unglücks der Zivilluftfahrt. Die Menschen werden Opfer eines tragischen Unfalls auf der spanischen Ferieninsel Teneriffa. Dorthin müssen im März wegen einer Bombendrohung die Flüge zur Nachbarinsel Gran Canaria umgeleitet werden. Zum Durcheinander kommt dichter Nebel, in dem eine Boeing 747 der niederländischen KLM und ein Jumbo der US-Gesellschaft PanAm zusammenstoßen. Aus der anschließenden Flammenhölle entkommen nur wenige Passagiere. □

Das völlig ausgebrannte Heck der PanAm-Maschine

In seinem Haus in Vevey am Genfer See stirbt am 25. Dezember der 88jährige Schauspieler, Regisseur, Produzent, Autor und Komponist Charles Spencer, genannt Charlie Chaplin. Der in London geborene Multi-Entertainer hinterläßt zehn Kinder aus vier Ehen (im Bild mit seiner letzten Ehefrau Oona). Sie alle dürfen sich auf ein Millionenerbe freuen. Chaplin lebte schon seit 1952 in der Schweiz. Erst vor zwei Jahren hat ihn Königin Elisabeth in den Adelsstand erhoben. Seine 1964 erschienenen Memoiren „Die Geschichte meines Lebens" gehören zu den Bestsellern.

# 1977

**Buch des Jahres:**
„Die wunderbaren Jahre"
von Reiner Kunze

**Film des Jahres:**
„Krieg der Sterne" mit Mark Hamill
und Harrison Ford

**Schlager des Jahres:**
„Yes, Sir, I can Boogie"
von Baccara

## JAHRES-CHRONIK

● Im Alter von 81 Jahren stirbt am 18. Januar in Saas Fee (Schweiz) der Schriftsteller und Dramatiker Carl Zuckmayer.

● Die Schauspielerin Ingrid van Bergen erschießt im Februar nach einem Streit ihren Freund Klaus Knaths. Sie wird wegen Totschlags zu sieben Jahren Haft verurteilt.

● An der Baustelle des KKW Grohnde (Niedersachsen) kommt es im März zu schweren Krawallen zwischen Atomkraftgegnern und der Polizei.

● Franz Beckenbauer gibt im April den Wechsel zu Cosmos New York bekannt. Die Ablösesumme soll 1,75 Millionen DM betragen.

● Mit 80 Jahren stirbt am 28. April in Mannheim Ex-Bundestrainer Sepp Herberger.

● Der Hamburger SV gewinnt im Mai den Europapokal der Pokalsieger durch Sieg gegen RSC Anderlecht Brüssel.

● In Spanien finden im Juni die ersten freien Wahlen seit 41 Jahren statt.

● Im Alter von 65 Jahren stirbt am 16. Juni in Washington der amerikanisch-deutsche Raketenforscher Wernher von Braun.

● In Kalkar demonstrieren im September etwa 35 000 Menschen friedlich gegen das KKW „Schneller Brüter".

● 73jährig stirbt am 14. Oktober in Madrid der Sänger und Schauspieler Bing Crosby.

● Mit dem Waffenembargo gegen Südafrika verabschiedet die UNO im November erstmals eine Sanktion gegen ein Mitgliedsland.

● Die Gefangenenhilfsorganisation „Amnesty International" (ai) erhält im Dezember den Friedensnobelpreis.

● Der deutsche Terrorist Knut Folkerts wird in den Niederlanden wegen Polizistenmordes zu 20 Jahren Haft verurteilt.

## Elvis Presley †

Der König des Rock'n' Roll stirbt am 16. August in seiner Prachtvilla in Memphis (Tennessee) an Herzversagen. Das einstige Teenageridol ist 42 Jahre alt geworden und hat sich sehr zum Nachteil verändert. Presley wog zuletzt 137 Kilogramm und war von Alkohol- und Rauschgiftgenuß gekennzeichnet. Seine Ehefrau Priscilla hat ihn bereits vor einiger Zeit verlassen. Alleinerbin eines immensen Vermögens ist zunächst die achtjährige Tochter Lisa. □

## Ludwig Erhard †

Der frühere Bundeskanzler und „Vater des Wirtschaftswunders", Ludwig Erhard, stirbt am 5. Mai im Alter von 80 Jahren in Bonn. Der studierte Wirtschaftsexperte hat nach dem Krieg zunächst als Direktor des Vereinigten Wirtschaftsgebietes die Währungsreform 1948 vorbereitet und dann mit seinem Konzept der sozialen Marktwirtschaft den Wiederaufbau der Bundesrepublik erfolgreich als Ressortminister bewerkstelligt. □

## Bokassa krönt sich zum Kaiser

In der Hauptstadt Bangui der Zentralafrikanischen Republik krönt sich der dortige Herrscher Jean Bedel Bokassa im Dezember zum Kaiser. Der frühere Generalstabschef hat das zu den ärmsten Ländern des schwarzen Kontinents zählende Land vorher zum Kaiserreich ausgerufen und feiert nun die prunkvolle Zeremonie, weil die Gelder aus dem befreundeten Frankreich reichlich fließen. Der Kaiser umgibt sich mit allem nur denkbaren Luxus, während sein Volk hungert. □

**Bokassa setzt nach eigener Krönung seiner Frau die Krone auf.**

# Chance für den Frieden

Israels Ministerpräsident Menachem Begin und Ägyptens Staatspräsident Anwar as-Sadat setzen ihre Politik der Entspannung im Nahen Osten in diesem Jahr fort. Auf Vermittlung von US-Präsident Carter kommen sie im September auf dessen Landsitz Camp David im US-Bundesstaat Maryland zusammen und unterzeichnen zwei Verträge, die auf Dauer eine Friedenslösung bringen sollen. So soll ein offizieller Friedensschluß zwischen beiden Nationen in Kürze erfolgen, Israel mit dem Rückzug seiner Truppen vom Sinai beginnen und beide Staaten diplomatische Beziehungen aufnehmen. Im zweiten Abkommen von Camp David wird erstmals über eine Selbstverwaltung der Menschen in den von Israel besetzten Gebieten Westjordanland und Gaza nachgedacht. Der Status von Jerusalem bleibt noch ausgeklammert. Beide Vertragspartner haben mit ihrer Unterschrift in den USA unüberwindbar scheinende Hürden übersprungen. Während man in Israel das Ergebnis begeistert feiert, sieht sich Sadat der geballten Ablehnung der arabischen Staaten gegenüber. Sein Durchbrechen des Verhandlungsboykotts gegen Israel führt nun zu einem Boykott der Araber gegenüber Ägypten. Dennoch werden im folgenden Monat in Washington die Friedensverhandlungen zwischen beiden Staaten aufgenommen. Daraufhin beschließt eine arabische Gipfelkonferenz im November die Einstellung jeglicher Unterstützung für Ägypten und droht mit Sanktionen. Obwohl der Vertrag bis Jahresende nicht unterzeichnet wird, erhalten die beiden Staatsmänner im Dezember den Friedensnobelpreis. Sadat nimmt an der Zeremonie in Oslo allerdings nicht teil. □

**Beim Gipfel in Camp David: Sadat, Carter, Begin (von links)**

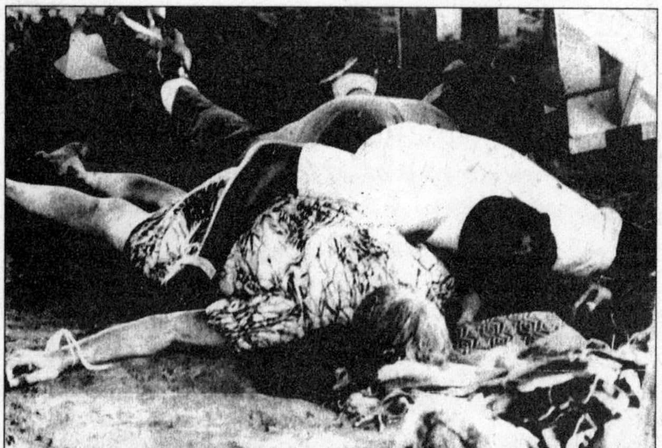

**Diese beiden Sektenmitglieder starben Arm in Arm.**

# Massenselbstmord

Mindestens 900 Mitglieder der Sekte „Tempel des Volkes" sterben im November im Dschungel des südamerikanischen Guayana. Sie werden von Sektenführer Jim Jones zum Massenselbstmord durch einen selbstgebrauten Gifttrank gezwungen. Wer sich weigert, wird erschossen. Die Sekte war 1977 von San Francisco nach Guayana gezogen, nachdem Jones mit dem Gesetz in Konflikt gekommen war. Die Mitglieder sind fast alle US-Bürger, die nach neuen Lebensformen suchen. Unmittelbar vor dem grausamen Ereignis haben Sektenmitglieder eine Besucherdelegation unter Führung eines Kongreßabgeordneten sowie vier seiner Begleiter erschossen. □

## JAHRES-CHRONIK

● Die deutschen Seehäfen sind im Januar durch den größten Hafenarbeiterstreik des Jahrhunderts vier Tage blockiert.

● Der US-Dollar fällt im Februar erstmals in seiner Geschichte unter die Zwei-DM-Grenze.

● Wegen eines Drucker-Streiks erscheinen in der Bundesrepublik im März kaum Zeitungen.

● Als erster westlicher Regierungschef besucht Österreichs Kanzler Bruno Kreisky die DDR.

● Der 1. FC Köln wird im April sowohl Deutscher Fußballmeister als auch Pokalsieger.

● Wegen Fahndungspannen im Entführungsfall Schleyer tritt im Juni Bundesinnenminister Werner Maihofer zurück.

● Als erster Sozialist wird im Juli Alessandro Pertini zum italienischen Staatspräsidenten.

● Lothar Späth wird nach dem Rücktritt von Hans Filbinger im August Ministerpräsident von Baden-Württemberg.

● Drei Amerikanern gelingt im August die erste Atlantiküberquerung in einem Ballon.

● Johannes Rau wird nach Rücktritt von Heinz Kühn im September neuer Ministerpräsident von Nordrhein-Westfalen.

● Im Alter von 80 Jahren stirbt am 15. September in München der Flugzeugkonstrukteur Willy Messerschmitt.

● Nach schweren inneren Unruhen setzt der Schah von Persien im November eine Militärregierung ein. Es kommt zu schweren Anti-Schah-Demonstrationen.

● Franz Josef Strauß wird im November neuer bayerischer Ministerpräsident.

● Bundestrainer Helmut Schön wird im November mit dem Länderspiel gegen Ungarn verabschiedet. Sein Nachfolger wird Jupp Derwall.

# Endlich wieder Weltmeister

Erstmals seit 40 Jahren wird eine deutsche Handballnationalmannschaft wieder Weltmeister. Die vom Jugoslawen Vlado Stenzel trainierte Auswahl gewinnt im Februar in Kopenhagen das Finale gegen die Sowjetunion mit 20:19. Herausragende Spieler sind die Gummersbacher Heiner Brand, Joachim Deckarm und Erhard Wunderlich, der Großwallstädter Kurt Klühspieß und Kapitän Horst Spengler aus Hüttenberg. Die deutsche Mannschaft ist damit in bisher 29 Spielen unbesiegt. □

# Berg-Rekord

Die Tiroler Bergsteiger Reinhold Messner und Peter Habeler besteigen im Mai den Mount Everest ohne Sauerstoffgeräte. Experten haben dies beim 8 848 Meter hohen Gipfel für unmöglich gehalten. Die beiden Extremkletterer schaffen aber sogar den bisher schnellsten Gipfelsturm. □

# Retorten-Baby

In London kommt im Juli das erste außerhalb des Mutterleibes gezeugte Baby zur Welt. Gynäkologen haben die Eizelle der Mutter in einer Retorte befruchtet und in die Gebärmutter eingepflanzt. Die Methode bedeutet Hoffnung für viele unfruchtbare Frauen. □

**Dieses Jahr wird als das „Jahr der drei Päpste" nicht nur in die Kirchengeschichte eingehen. Nach 15jährigem Pontifikat stirbt am 6. August Papst Paul VI. (links) im Alter von 81 Jahren. Er hat das Zweite Vatikanische Konzil zu Ende geführt und eine neue vatikanische Ostpolitik initiiert. Er hat hohe Amtsträger aus den Ländern jenseits des Eisernen Vorhangs empfangen und die Neubesetzung vakanter Bischofssitze in Ungarn und der ČSSR erreicht. Sein Auftreten vor der UNO 1965 bedeutete eine weitere Öffnung der Kirche. Sein Nachfolger wird der Patriarch von Venedig, Kardinal Albino Luciani. Der stets fröhlich lächelnde 65jährige nimmt den Namen Johannes Paul I. (mitte) an, erliegt aber nach nur 33tägigem Pontifikat am 28. September einem Herzschlag. Das erneut zusammentretende Konklave fällt am 16. Oktober eine historische Entscheidung. Mit dem polnischen Kardinal Karol Wojtyla wird zum ersten Mal seit 455 Jahren wieder ein Nichtitaliener Oberhaupt der Katholiken. Der 58jährige nennt sich Johannes Paul II. (rechts). Wojtyla war seit Ende 1963 Erzbischof von Krakau und erhielt 1967 von Paul VI. den Kardinalstitel. Die bundesdeutsche Öffentlichkeit hat ihn im Vormonat kennengelernt, als er die Ehrendoktorwürde der theologischen Fakultät der Universität Mainz erhielt.**

# 1978

**Buch des Jahres:**
„Hurra, wir leben noch"
von Johannes Mario Simmel

**Film des Jahres:**
„Superman" mit Christopher Reeve
und Marlon Brando

**Schlager des Jahres:**
„Rivers of Babylon"
von Boney M.

## Aldo Moro ermordet

Mit dem Tod des Opfers endet in Italien ein Entführungsfall, der Parallelen zum Drama um Schleyer aufweist. Der christdemokratische Ministerpräsident Aldo Moro ist am 16. März ebenfalls auf offener Straße entführt worden. In wochenlangen Verhandlungen fordern die Täter, die linksextremen „Roten Brigaden", die Freilassung von 13 inhaftierten Gesinnungsgenossen. Die Regierung lehnt ab. Nach fast achtwöchiger Fahndung wird die Leiche Moros am 9. Mai in einem Auto in Rom aufgefunden. □

## Inferno auf Campingplatz

Auf dem Campingplatz Los Alfaques an der spanischen Costa Blanca sterben im Juli 180 Touristen, 600 Menschen werden zum Teil schwer verletzt. Auslöser der Katastrophe ist ein mit Propylen gefüllter Tankwagen, dessen brisanter Inhalt nach einem Unfall auf der nahe vorbeiführenden Straße explodiert und die Ferienidylle in eine Flammenhölle verwandelt. Auf der Nationalstraße 340 werden täglich mehrere tausend Tonnen brennbarer Flüssigkeit mitten durch dieses Urlaubsgebiet transportiert. □

## Küsten verseucht

**Nach dem Unglück sinkt der Öltanker „Amoco Cadiz".**

Vor der französischen Atlantikküste läuft am 16. März der Supertanker „Amoco Cadiz" auf Grund. Aus dem unter liberianischer Flagge fahrenden Riesen laufen 223 000 Tonnen Öl aus und verkleistern etwa 400 Kilometer Strände und Felsküsten der Bretagne. Bei der bisher schwersten Ölpest vernichtet der Ölteppich – so groß wie das Saarland – allein 100 000 Tonnen Schnecken und Muscheln, die Verluste am Fischbestand und bei Seevögeln sind ebenfalls gigantisch. Ein Heer von freiwilligen Helfern macht sich in den folgenden Wochen an die Arbeit und säubert in teilweise mühsamer Handarbeit die vom Tourismus bisher geschätzte bretonische Küste von der schwarzen Pest. Dieses erneute Tankerunglück läßt die Diskussionen über mögliche internationale Kontrollen der immensen Öltransporte über die Weltmeere – jährlich sind es mehr als 100 Millionen Tonnen – wieder aufleben. □

## Österreich feiert Sieg

Titelverteidiger Deutschland bleibt bei der Fußball-Weltmeisterschaft in Argentinien vorzeitig auf der Strecke. „Schuld" daran ist auch die Mannschaft aus Österreich, die den Weltmeister am 21. Juni in Cordoba mit 3:2 schlägt. Dieser erste Sieg über den großen Nachbarn seit 47 Jahren läßt die ganze Alpenrepublik „narrisch" werden, wie es Sportreporter Edi Finger in einer Legende gewordenen Reportage gefordert hat. Den Titel erringt Gastgeber Argentinien mit 3:1 gegen die Niederlande. □

## Schneechaos im Norden

In den letzten Tagen des alten Jahres versinkt das nördliche Deutschland im Schnee. Vor allem in Niedersachsen und Schleswig-Holstein führen heftige Winde zu meterhohen Verwehungen. Pro Quadratmeter fallen am 28. Dezember 60 Zentimeter Schnee, es kommt zu einem Chaos von bisher unbekanntem Ausmaß. Etwa 150 Orte sind von der Außenwelt abgeschnitten. Nachdem Stromleitungen unter der Schneelast zusammenbrechen, sind 80 Orte ohne Elektrizitätsversorgung. Für Mensch und Tier entstehen bedrohliche Situationen. Da örtliche Helfer angesichts der Schneemassen vollkommen überfordert sind, werden auch Panzer der Bundeswehr als Räumgerät eingesetzt. Aber erst mit Hilfe der aus Bayern angeforderten Schneefräser können Eingeschlossene nach Tagen befreit werden. □

# Schah flieht vor der Revolution

**Ayatollah Khomeini betet mit einigen Anhängern im Garten seiner Villa bei Paris.**

Für den Iran wird eine neue Zeit eingeläutet. Schah Reza Pahlewi verläßt mit seiner Familie am 16. Januar das Land Richtung Ägypten, weil er dem innenpolitischen Druck nicht mehr gewachsen ist. Seitdem der im Pariser Exil lebende Schiitenführer Ayatollah Khomeini von dort aus zum Streik und Aufstand gegen den Schah aufgerufen hat, herrscht im Lande Chaos. Khomeini, der höchste Geistliche der Schiiten, die 95 Prozent der iranischen Bevölkerung ausmachen, kehrt am 1. Februar nach 15jähriger Abwesenheit in den Iran zurück, fordert umgehend den Rücktritt der noch vom Schah eingesetzten Regierung und ruft die Islamische Republik Iran aus. Der Religionsführer kann sich einer großen Mehrheit der Iraner sicher sein, denn die Unzufriedenheit über die Herrschaft des Schahs ist groß. Außerdem steht die mittlere und untere Führung der Schiiten voll hinter Khomeinis Vorstellungen von einem durch die Regeln des Islams geprägten Staat. So kommt es im Februar und März zu einem blutigen Rachefeldzug gegen ehemalige Mitarbeiter des Schahs. Khomeini will das Leben im Iran völlig verändern. □

## JAHRES-CHRONIK

● Im Ruhrgebiet und am Niederrhein wird im Januar der erste Smog-Alarm in der Bundesrepublik ausgelöst.

● Der Rundfunk- und Fernsehunterhalter Peter Frankenfeld stirbt am 4. Januar mit 69 Jahren.

● Im Kernkraftwerk Three Mile Island bei Harrisburg (Pennsylvania) ereignet sich im März der bis dahin schwerste Störfall in derartigen Anlagen.

● Der entmachtete Staatschef von Uganda, Idi Amin, flieht im April nach Libyen.

● Mit den gemischtrassigen Parlamentswahlen endet im April in Rhodesien die Vorherrschaft des weißen Mannes.

● Der CDU-Politiker Karl Carstens wird im Mai fünfter Präsident der Bundesrepublik Deutschland.

● Im Juni finden in neun Ländern die ersten Wahlen zum Europaparlament statt.

● Am 5. Juni stirbt in Hamburg der Schauspieler und Humorist Heinz Erhardt.

● US-Präsident Carter und Generalsekretär Leonid Breschnew unterzeichnen im Juni in Wien das SALT-II-Abkommen über die Begrenzung strategischer Waffen.

● In einem selbst hergestellten Heißluftballon gelingt zwei DDR-Familien im September die Flucht in die Bundesrepublik.

● Bei den Bremer Bürgerschaftswahlen ziehen im Oktober erstmals Vertreter einer grünen Partei in ein deutsches Parlament ein.

● Die DDR läßt im Oktober die Regimekritiker Rolf Bahro und Niko Hübner in die Bundesrepublik ausreisen.

● Beim ersten Lehrerstreik in der Geschichte der Bundesrepublik legen etwa 15 000 Lehrer im November die Arbeit nieder.

● Im Alter von 83 Jahren stirbt am 11. Dezember der SPD-Politiker Carlo Schmid in Bad Honnef.

● Der ehemalige Studentenführer Rudi Dutschke stirbt 39jährig am 24. Dezember in Dänemark.

# Geiselnahme in Botschaft

Nachdem die Radikalisierung der öffentlichen Meinung im Iran im Jahresverlauf weiter fortgeschritten ist, macht sich die iranische Revolution im November selbständig. Fanatische Studenten stürmen die US-Botschaft in Teheran und nehmen die 100 dort tätigen Personen als Geiseln. Ihre Forderung: Rückgabe des ins Ausland transferierten Schah-Vermögens und Auslieferung des Schahs. Bis Ende des Monats werden 18 Geiseln, die keine US-Bürger sind, freigelassen. Von Präsident Carter kommt aus Washington zunächst nur eine Warnung, das Leben der Geiseln nicht zu gefährden. Regierungschef Mehdi Basargan erklärt angesichts der Lage seinen Rücktritt. □

# Frau Thatcher wird Premier

Nachdem die Labour-Regierung im März ein Mißtrauensvotum im Unterhaus nicht übersteht, gibt es in Großbritannien im Mai Neuwahlen, aus denen die Konservativen als Sieger hervorgehen. Damit wird die bisherige Oppositionsführerin und Parteichefin der Torys, Margaret Thatcher, erster weiblicher Premier in der Geschichte Großbritanniens. Die 53jährige ist damit auch erste weibliche Regierungschefin in ganz Europa. Die Rechtsanwältin stellt schon am 5. Mai ihr Kabinett vor. Lord P. A. Carrington übernimmt darin das Außenministerium, Sir Geoffrey Howe das Amt des Schatzkanzlers. Carrington hat seit 1974 die konservative Opposition im Oberhaus geführt. □

**Wahlsiegerin M. Thatcher**

Mutter Teresa mit einem ihrer Schützlinge in Kalkutta

## Nobelpreis an Mutter Teresa

Die seit Jahrzehnten in den Slums von Kalkutta tätige Ordensgründerin Mutter Teresa erhält im Dezember den diesjährigen Friedensnobelpreis. Die 69jährige Leiterin der Kongregation „Missionarinnen der Liebe" gilt weltweit als Symbol menschlicher Hilfsbereitschaft. Sie hat ihr Leben ganz den Ärmsten der Armen in Kalkutta gewidmet, deren notdürftiges Dasein sie zu lindern hofft. Ihr Einsatz hat Hunderte von Kindern vor dem Hungertod bewahrt. Das mit dem Nobelpreis verbundene Geld will sie in ihre Projekte investieren. □

# 1979

**Buch des Jahres:**
„Kartoffeln mit Stippe"
von Gräfin Ilse von Bredow

**Film des Jahres:**
„Die Blechtrommel"
von Volker Schlöndorff

**Schlager des Jahres:**
„Y.M.C.A."
von Village People

**Der 23jährige Björn Borg feiert Anfang Juli in London seinen vierten Sieg im Herreneinzel von Wimbledon. Geschlagen wird der Amerikaner Rosco Tanner. Borg hat seit 1976 im Tennis-Mekka kein Spiel mehr verloren und baut seine Serie auf 28 Siege in Folge aus.**

**An den Folgen eines Krebsleidens stirbt am 11. Juni in Los Angeles der 72jährige John Wayne. Fast 50 Jahre war er der Held des amerikanischen Westerns. Der frühere Stuntman ist durch seine 120 Filme zu einem der großen Stars geworden.**

## Diktator flieht

In Nicaragua endet am 17. Juli die diktatorische Herrschaft der Familie Somoza. Ihr letzter Vertreter, Anastasio Somoza, flieht vor der siegreichen Freiheitsbewegung der Sandinisten mit einer Militärmaschine nach Florida. Die Opposition kämpft schon lange gegen die Somozas, aber erst seit dem Januar des Vorjahres ist ein blutiger Bürgerkrieg zwischen ihren Guerilleros und der Nationalgarde des Diktators entbrannt. Auf beiden Seiten hat der Kampf etwa 40 000 Tote gefordert. Die Sandinisten bilden zunächst eine Junta des nationalen Widerstandes, der verschiedene Oppositionsbewegungen angehören. Das Land ist durch die Auseinandersetzungen wirtschaftlich am Ende. Präsident Carter hat im Vorjahr die US-Hilfe eingestellt. Man schätzt die Auslandsschulden Nicaraguas im Sommer dieses Jahres auf 1,8 Milliarden Dollar. □

## Sowjets nach Afghanistan

Angesichts der dramatischen Umwälzungen im Iran hat der Westen das Geschehen im Nachbarland Afghanistan nicht beachtet. Dort kämpfen die ebenfalls stark islamisch ausgerichteten Mudschahedin gegen die Regierung, die sich der Hilfe sowjetischer Militärberater versichert. Als während der Weihnachtstage starke sowjetische Verbände die Grenzen überschreiten, schrecken vor allem die USA auf. Der Einmarsch wird damit begründet, die Revolution in Afghanistan werde gegen äußere Einmischungen verteidigt. Ministerpräsident des Landes wird der aus dem Exil zurückkehrende Babrak Karmal. Sein Vorgänger kommt ums Leben. Der neue Regierungschef behauptet, er habe die Sowjets zu Hilfe gerufen. In der westlichen Welt herrscht in den letzten Tagen des Jahres noch keine eindeutige Klarheit über die Lage und eventuelle Reaktionen. □

## Katastrophe bei Regatta

Die seit 1925 ausgetragene Hochseeregatta „Admiral's Cup" wird in diesem Jahr von der größten Katastrophe in der Geschichte des Segelsports getroffen. Im Regattarevier der Irischen See kommt es im August plötzlich zu orkanartigen Stürmen, denen die Boote nicht gewachsen sind. In der tobenden See kentern zahlreiche Boote. 17 Teilnehmer verlieren ihr Leben. Bei dramatischen Rettungsaktionen wird auch der frühere Premierminister Edward Heath geborgen. □

# Flucht einer Generation endet für viele im Drogenrausch

Parallel zu den Aktionen der Terroristen vollzieht sich eine Entwicklung, die Anfang der 70er Jahre noch als „jugendliche Subkultur“ beschrieben wird. Es lassen sich drei Bereiche erkennen. Die meisten Jugendlichen machen die Konsumhaltung mit und tragen jetzt Midi und Maxi statt Mini. Andere tauchen in bisher ungekannte religiöse Gefilde ein und versuchen so dem Frust dieser Welt zu entfliehen – Stichwort „Jesus People“ (ab 1972) und Sekten. Die dritte Gruppe versucht mit Hilfe von Drogen das angeblich unerträgliche Elend des Alltäglichen für eine kurze Zeit zu vergessen. Zu Beginn dieses Jahrzehnts ist ein erster Höhepunkt des Drogenkonsums festzustellen, der im weiteren Verlauf zu einer Geißel wird. Für 1978 wird die Zahl der Süchtigen in der Bundesrepublik auf 50 000 geschätzt, innerhalb von neun Monaten zählt man in jenem Jahr 400 Suchttote. Eine Basis für den leichten Weg zum Rausch bildet die nach außen abgeschottete Disco-Szene, in die sich große Teile der Jugend zurückziehen. Das von vielen Erwachsenen nur mit Verständnislosigkeit betrachtete Treiben in den von zuckendem Laserlicht und dröhnenden Rhythmen erfüllten Sälen bedeutet den Höhepunkt der Fluchtbewegung einer ganzen Generation, die nach den Demos vor Kernkraftwerken wie Wyhl und Brokdorf ermüdet ist und 1978 nach dem Unfall in Harrisburg feststellen muß, daß das Gerede von der Sicherheit dieser Anlagen eben doch nur Beschwichtigungen sind. Die Eltern haben ja ganz andere Probleme gelöst. Die Frau wendet sich in Aktionen wie „Wir haben abgetrieben“ gegen die ungewollte Frucht des freieren Sexualverhaltens, der Mann freut sich nach der Reform des Sexualstrafrechts, daß er den Porno nun über den Ladentisch bekommt, und alle zusammen genießen das völlig neue Einkaufsgefühl in den auf der grünen Wiese – kein Parkplatzproblem mehr – entstehenden neuen Supermärkten. □

**Immer mehr Rauschgiftsüchtige werden nur noch tot aufgefunden.**

**Hanns-Martin Schleyer als Geisel der RAF**

# Kriegserklärung an Ge

Nach Abebben des oft spontanen Protestes der Jugend gegen einen als übermächtig empfundenen Staat Ende der 60er Jahre wird der außerparlamentarischen Opposition (APO) mit Beginn der sozialliberalen Koalition in Bonn eine weitere Grundlage ihres Widerstandes entzogen. Selbst der extremste Teil der aufmüpfigen akademischen Jugend muß anerkennen, daß der demokratische Rechtsstaat mit Meinungsfreiheit und politischer Wirkungsmöglichkeit weitgehend verwirklicht ist. Aber ein harter Kern der extremen Linken verweilt an seinem ideologisch festgelegten Standort. Man versteht sich als Helfer der Ausgebeuteten, findet Vorbilder in vorgeblichen Freiheitskämpfern der Dritten Welt und Helfer bei internationalen Terroristengruppen, kurzum, man erklärt dem Staat und seiner Gesellschaft den Krieg. Dieser reagiert mit dem Instrumentarium Strafgesetzbuch und Strafvollzug und sorgt mit dem sogenannten Radikalenerlaß von 1972 für neuen Konfliktstoff. Die entsprechenden Proteste spielen sich aber auf einer anderen Ebene ab als der „bewaffnete Kampf“ der Baader-Meinhof-Gruppe und der ihr folgenden Rote Armee Fraktion (RAF), der die Öffentlichkeit der Bundesrepublik ein Jahrzehnt in Aufruhr hält. Nach der Befreiung des wegen Kaufhausbrandstiftung einsitzenden Andreas Baader 1970 legen er und seine Freunde eine Spur aus Raub, Erpressung und Mordanschlägen, auf der die Polizei ihnen folgt und sie 1972 stellen kann. Die Öffentlichkeit stellt verblüfft fest, daß die meisten aus Familien der Mittel- und Oberschicht stammen. Mitten in die publizistische Aufarbeitung dieses Phänomens platzt der Terroranschlag der Palästinenser auf die Olympischen Spiele in München und die kurz darauf erfolgreiche Freipressung der drei überle-

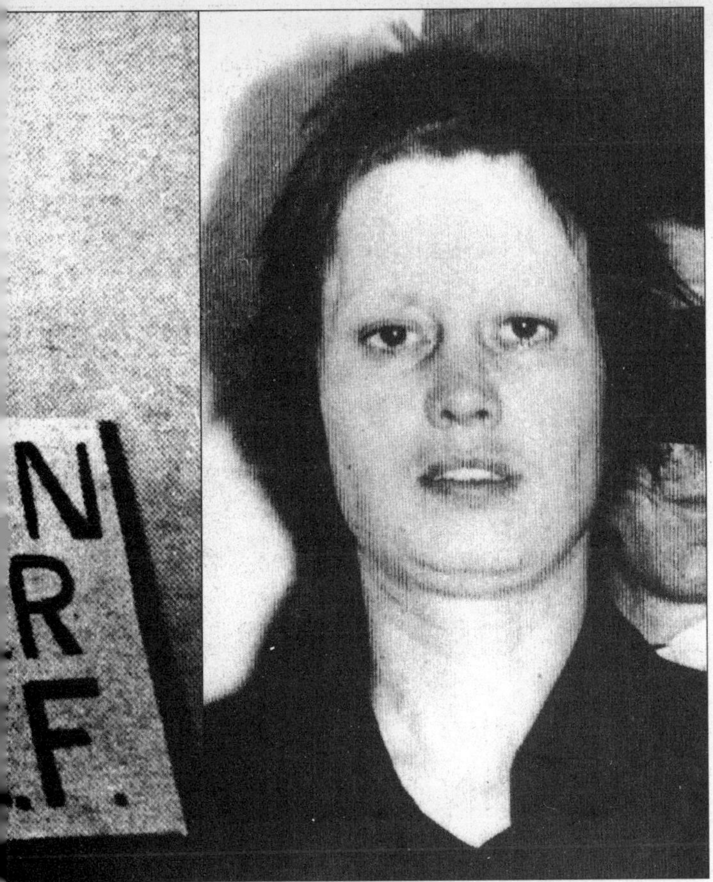

Ulrike Meinhof nach ihrer Verhaftung

## sellschaft und Staat

benden Terroristen vermittels einer Flugzeugentführung. Dies sind Aktionen, die von den Sympathisanten der inhaftierten deutschen Gewalttäter zu neuer Propaganda in eigener Sache genutzt werden. Erst in der viel später erfolgten juristischen Aufarbeitung des Komplexes wird man gewahr, daß die deutsche Terrorszene umfangreiche logistische Unterstützung aus dem Nahen Osten erhalten hat. Denn während man den Prozeß gegen die 26 inhaftierten Baader-Meinhof-Angehörigen vorbereitet, wird mit dem Anschlag des „Kommando Holger Meins" 1974 in Stockholm deutlich, daß man längst nicht alle zum harten Kern gehörenden Mitglieder gefaßt hat. Der Freitod von Ulrike Meinhof 1976 verschafft der gesamten Szene auch eine Märtyrerin, was sich bis zur Verurteilung im April 1977 durch diesen ersten berühmt-berüchtigten Stammheim-Prozeß zieht. Jenes Jahr wird das schwärzeste in der Geschichte des deutschen Terrorismus. Die zweite Generation der RAF zieht mit mehreren Anschlägen eine Blutspur durch das Land, die für alle Zeiten mit den Namen der Opfer – Siegfried Buback, Jürgen Ponto, Hanns-Martin Schleyer und Jürgen Schumann – verbunden bleibt. Die Namen der beim Sturm auf eine entführte Lufthansa-Maschine in Mogadischu getöteten Terroristen kennen nur noch Insider, die der drei, die sich nach dem Fehlschlag ihrer Genossen in Somalia in ihren Zellen umbringen, dagegen noch jeder: Gudrun Ensslin, Mitbegründerin der RAF, gehört dazu. Sie erhängt sich einen Monat später in ihrer Zelle. Daß der Kampf gegen den eigenen Staat kein deutsches Phänomen bleibt, beruhigt hierzulande einige unbedarfte Gemüter. Das Treiben der Roten Zellen in Italien mit dem Mord an Ministerpräsident Aldo Moro (1978) als Höhepunkt ist ihnen dafür Alibi genug. □

# Das achte Jahrzehnt

## Friedenspreis nach Versöhnung für die ehemaligen Todfeinde

Das weltpolitische Szenario der 70er Jahre wird von Deutschland entscheidend mitbestimmt. Der erste Kanzler der sozialliberalen Koalition sucht nach Versöhnung mit den von Deutschland in zwei Weltkriegen hart attackierten Ländern Polen und Sowjetunion. Zeitgenossen werden den Anblick des am Mahnmal im Warschauer Ghetto knieenden Willy Brandt nie vergessen, für den die Unterzeichnung der sogenannten Ostverträge und des Grundlagenvertrages mit der DDR absolute Höhepunkte darstellen. Sein Friedensnobelpreis (1971) kann nur eine notwendige Ergänzung seiner Politik sein. Es ist auch dieser Kanzler, der die Reise nach Israel unternimmt und dem jüdischen Volk die Hand der Deutschen zur Versöhnung hinstreckt. Daß ausgerechnet er über eine vom Osten auf ihn angesetzte (Spionage)-Laus im eigenen Pelz stolpert, ist einer der politischen Treppenwitze dieses Jahrhunderts. Unter Vermittlung eines anderen kommt ebenfalls ein nicht für möglich gehaltener Friedensprozeß in Gang. Fünf Jahre nach dem letzten arabisch-israelischen Krieg unterzeichnen die damaligen Todfeinde Israel und Ägypten bei US-Präsident Carter in Camp David die berühmten Entspannungsverträge. Wie Brandt erhalten die Friedensstifter Menachem Begin und Anwar as-Sadat den entsprechenden Nobelpreis. Keinerlei Meriten verdienen sich die Unterhändler zur Beendigung des Vietnam-Krieges. Nach Abzug der Amerikaner kämpfen dort noch bis 1975 die Armeen aus Nord und Süd gegeneinander, und nach dem Sieg Ho Chi Minhs kommt es zum Grenzkrieg mit China. □

Willy Brandt begrüßt Leonid Breschnew in Bonn.

Nach 32jähriger Herrschaft dankt Juliana, Königin der Niederlande, am 30. April ab. Die bisherige Herrscherin feiert an diesem Tag auch ihren 71. Geburtstag. Die einzige Tochter von Königin Wilhelmina hat ihr Land durch die schwere Nachkriegszeit geführt. Das Bild zeigt die neue Königin, ihre Tochter Beatrix, bei der Vereidigung in Amsterdam.

# Geiselbefreiung scheitert

Während sich für die US-Geiseln in ihrer Botschaft nichts bewegt, ziehen die Iraner Bilanz des ersten Jahres der Khomeini-Herrschaft. Danach wurden etwa 1000 Menschen, darunter 140 ehemalige Politiker und Offiziere, von Revolutionstribunalen zum Tode verurteilt und hingerichtet. Im April scheitert ein Versuch der USA, die Geiseln zu befreien. Bei einer Zwischenlandung des Kommandos in der persischen Wüste stößt ein Hubschrauber mit einer Transportmaschine zusammen, acht US-Soldaten kommen ums Leben. Zwei andere Helikopter fallen aus, einer stürzt sogar ab. Nach Bekanntwerden der Aktion werden die Geiseln an verschiedenen Stellen in Teheran versteckt. Nach dem Tod des Schahs im Juli ergibt sich eine neue Verhandlungssituation, eine schnelle Lösung des Dramas zeichnet sich aber nicht ab. Auch der Überfall des Irak auf das Nachbarland ändert nichts an der Situation der amerikanischen Geiseln. □

Deutschland wird im Juni durch einen 2:1-Sieg gegen Belgien in Rom zum zweiten Mal Europameister. Beide Tore erzielt der Hamburger Horst Hrubesch. Im Bild die Endspielmannschaft.

# Olympia wird boykottiert

Wegen des Einmarsches in Afghanistan werden die erstmals von der Sowjetunion ausgerichteten Olympischen Spiele von einem Teil der Welt boykottiert. In Moskau fehlen im Juli bei den XXII. Sommerspielen 50 Nationen. Bei den Olympischen Winterspielen in Lake Placid sind im Februar noch alle Nationen an den Start gegangen. Dabei wird der US-Boy Eric Heiden zum Superstar und gewinnt alle fünf möglichen Goldmedaillen im Eisschnelllauf. Den Abfahrtslauf der Damen gewinnt die Österreicherin Annemarie Moser-Pröll. Die deutschen Skidamen Irene Epple und Christa Kinshofer holen je eine Silbermedaille in Riesenslalom bzw. Slalom. □

# Polen streikt

Die Versorgungskrise in Polen nimmt zu Jahresbeginn wieder dramatische Formen an. Ministerpräsident Jaroszewicz tritt im Februar zurück, sein Nachfolger Edward Babiuch will die Situation durch eine drastische Erhöhung der Verbraucherpreise in den Griff bekommen. Da geht die Bevölkerung Polens wieder auf die Straße. Zunächst kommt es zu Streiks in Danzig, Warschau und Lodz gegen die Preispolitik der Regierung. Aber nach ersten Demonstrationen greifen die Arbeiter zu einer neuen Taktik. Sie verbarrikadieren sich in den Werften und Betrieben. Es kommt zu direkten Verhandlungen mit den politischen Mandatsträgern, wobei auf der Danziger Lenin-Werft ein Arbeiterführer namens Lech Walesa hervortritt. Die Streikenden stellen zunehmend auch politische Forderungen und gründen eine selbständige Arbeiterorganisation, die Gewerkschaft „Solidarität". Moralische Unterstützung erfahren sie bei der Bevölkerung und der katholischen Kirche Polens. □

Der Altmeister des Kriminalfilms Alfred Hitchcock stirbt am 29. April im Alter von 80 Jahren in Los Angeles. Der seit gut 40 Jahren in Hollywood arbeitende gebürtige Brite führte Regie bei über 50 Filmen, die in der Kategorie „Thriller" zu Publikumsrennern wurden und Hitchcock zu einem Vorbild für Spannung und Gänsehaut machten. Zu seinen größten Erfolgen zählen „Psycho", „Die Vögel", „Marnie" und „Topas". Seinen letzten Film drehte Hitchcock vor vier Jahren: „Das Familiengrab".

# Nachbarn überfallen

Der irakische Staatschef Saddam Hussein gibt am 22. September den Befehl zum Angriff auf die iranische Grenze am Schatt-el-Arab. Dadurch will er sich innenpolitisch neu profilieren. Angesichts der Revolutionswirren im Iran glaubt Saddam an eine schnelle Eroberung des Mündungsarms von Euphrat und Tigris und der Erdölstädte Khorramschar und Abadan. Damit will er auch vom verlustreichen Kampf gegen die Kurden ablenken. □

# Anschläge der Rechtsradikalen

Diesen Anblick bietet der Bahnhof von Bologna nach der verheerenden Explosion.

Nachdem die internationale Terrorszene jahrelang von linksorientierten Gruppierungen geprägt wurde, treten in diesem Jahr auch Aktivisten der Rechten mit Bombenattentaten in Aktion. Im Hauptbahnhof von Bologna ereignet sich am 2. August eine Explosion, die zu einem fürchterlichen Blutbad führt. Durch die Sprengung wird ein Seitenflügel des Gebäudes völlig zerstört. In den Trümmern sterben 83 Menschen, über 200 werden schwer verletzt. In einem Schreiben an eine Nachrichtenagentur übernimmt eine Gruppe „Bewaffnete Revolutionäre Stoßtrupps", die den italienischen Neofaschisten zugerechnet wird, die Verantwortung für den Anschlag. Bologna ist eine Hochburg des italienischen Kommunismus. Ein anderer Anschlag ereignet sich am 26. September in München. Auf dem Oktoberfest explodiert eine Bombe und tötet 13 Menschen, über 200 werden verletzt. Auch der Attentäter wird getötet. Nach Polizeiangaben war er Mitglied der seit Januar verbotenen Neonazi-Vereinigung „Wehrsportgruppe Hoffmann". □

# J. Lennon ermordet

Der als Kopf der „Beatles" geltende Musiker und Komponist John Lennon wird am 8. Dezember vor seinem New Yorker Appartmenthaus ermordet. Der 40jährige ist in Begleitung seiner Frau Yoko Ono auf dem Weg in sein Domizil, als ihn ein 25jähriger, aus Honululu stammender Mann um ein Autogramm bittet. Nachdem Lennon diesen Wunsch erfüllt hat, zieht der Mann ein Pistole und feuert das Magazin leer. Der Ex-„Beatle" war auf Drängen seiner Frau erst vor wenigen Monaten auf die Bühne zurückgekehrt und hat nach intensiver Vorbereitung wieder große Triumphe gefeiert. □

Der Ex-„Beatle" John Lennon und seine Ehefrau Yoko Ono

# 1980

**Buch des Jahres:**
„Der Herr der Ringe"
von John Ronald R. Tolkien

**Film des Jahres:**
„Wenn der Postmann zweimal klingelt" mit Jessica Lange und Jack Nicholson

**Schlager des Jahres:**
„Another Brick in the Wall"
von Pink Floyd

## JAHRES-CHRONIK

- Die Grünen gründen im Januar in Karlsruhe eine Partei auf Bundesebene.
- Der österreichische Maler Oskar Kokoschka stirbt am 22. Februar 93jährig in Villeneuve.
- Beim Kentern einer Bohrinsel vor der norwegischen Küste kommen im März 123 Arbeiter ums Leben.
- Im Alter von 74 Jahren stirbt am 15. April in Paris der Philosoph Jean-Paul Sartre.
- Rhodesien wird im April als der Staat Zimbabwe unabhängig von Großbritannien.
- Jugoslawiens Staatspräsident Josip Tito stirbt am 4. Mai mit 87 Jahren in Belgrad.
- Bei Demonstrationen gegen die öffentliche Vereidigung von Rekruten in der Bundesrepublik werden im Mai Hunderte von Menschen verletzt.
- Björn Borg gewinnt im Juli zum fünften Mal in Folge das Herreneinzel von Wimbledon.
- Bei Anschlägen auf Ausländerwohnheime in der Bundesrepublik kommen im August mehrere Asylbewerber ums Leben.
- Die SPD/FDP-Koalition geht aus den Bundestagswahlen im Oktober als Sieger hervor.
- Papst Johannes Paul II. besucht im November Deutschland als erster Oberhirte seiner Kirche nach 198 Jahren.
- Bei den Präsidentschaftswahlen in den USA siegt der 69jährige Republikaner Ronald Reagan.

# Traumhochzeit am Königshof

Im Juli steht wieder einmal eine Hochzeit am britischen Königshof im Mittelpunkt weltweiten Interesses. Aber diesmal heiratet auch der Thronfolger. Der 32jährige Prinz Charles gibt in der St.-Pauls-Kathedrale der 19jährigen Lady Diana Spencer das Ja-Wort. Die Trauungszeremonie wird von Erzbischof Runcie vollzogen. Per Fernsehübertragung nehmen etwa 750 Millionen Menschen an dem großen Ereignis teil. In London säumen mehrere hunderttausend jubelnde Menschen die Straßen, durch die das Paar fährt. Für die Briten ist die Vermählung ihres künftigen Herrschers mit der Tochter des Landadligen Edward John Earl Spencer eine echte „Traumhochzeit". Die in ihrer Londoner Stadtwohnung lebende Braut hat vor ihrer Hochzeit als Kindergärtnerin gearbeitet. □

**Die komplette königliche Familie posiert anläßlich der Hochzeit von Prinz Charles und Lady Diana.**

## JAHRES-CHRONIK

● Hans-Jochen Vogel wird im Januar zum neuen Regierenden Bürgermeister von Berlin gewählt.

● Die Mao-Witwe Tschiang Tsching wird im Prozeß gegen die „Viererbande" im Januar zum Tode verurteilt.

● Im Alter von 53 Jahren stirbt am 9. Februar in Harlingen (Texas) der Rockmusiker Bill Haley.

● Vier ehemalige Minister der Labour-Partei gründen im März in London eine Sozialdemokratische Partei Großbritanniens.

● Bei Rassenunruhen im Londoner Vorort Brixton werden im April 165 Menschen verletzt.

● Der Sozialist François Mitterrand wird im Mai zum neuen französischen Staatspräsidenten gewählt.

● Der 34jährige Lastwagenfahrer Peter Sutcliffe wird im Mai als der 13fache Frauenmörder „Yorkshire-Ripper" zu lebenslanger Haft verurteilt.

● Nach dem Wahlsieg der CDU wird Richard von Weizsäcker im Juni neuer Regierender Bürgermeister von Berlin.

● Im Alter von 74 Jahren stirbt am 23. Juni die schwedische Schauspielerin und Sängerin Zarah Leander.

● Bei einem Angriff israelischer Bomber wird im Juli das Hauptquartier der PLO in Beirut vernichtet.

● Die Bundesluftwaffe verliert im August den 200. „Starfighter" durch Absturz.

● Bei einem Anschlag der PLO in Wiens Synagoge kommen im August zwei Menschen ums Leben, 20 weitere werden schwer verletzt.

● Der österreichische Dirigent Karl Böhm stirbt im Alter von 86 Jahren am 14. August in Salzburg.

● Frederick J. Kroesen, Oberbefehlshaber der US-Streitkräfte in Europa, übersteht im September ein Attentat der RAF bei Heidelberg leicht verletzt.

● In Berlin kommen bei der bisher größten Demonstration der Friedensbewegung im Oktober etwa 300 000 Menschen zusammen.

● Der Peruaner Pérez de Cuéllar wird im Dezember neuer UNO-Generalsekretär.

● Bundeskanzler Helmut Schmidt und DDR-Partei- und Staatschef Erich Honecker treffen sich im Dezember am Werbellinsee zu politischen Gesprächen.

**Ägyptens Staatspräsident Anwar as-Sadat wird am 6. Oktober während einer Militärparade in Kairo ermordet. Der 62jährige wird aus einem vorbeifahrenden Jeep erschossen. Eine „Organisation zur Befreiung Ägyptens" übernimmt die Verantwortung. Sadat ist damit Opfer seiner Versöhnungspolitik mit Israel geworden.**

# Geiseln sind frei

Nach zähen Verhandlungen, bei denen sich Algerien als Vermittler verdient macht, kommen die vom Iran seit 444 Tagen festgehaltenen amerikanischen Geiseln endlich frei. Die letzten 52 der 1979 in der Botschaft festgesetzten US-Bürger werden am 20. Januar zunächst nach Deutschland ausgeflogen und im Militärhospital Wiesbaden untersucht. Als Gegenleistung geben die USA die nach der Geiselnahme beschlagnahmten iranischen Guthaben in den Staaten in Höhe von sieben Milliarden Dollar frei und erklären sich zur Lieferung von Ersatzteilen für Waffen bereit, die der Iran für den Krieg gegen den Irak benötigt. Innenpolitisch herrscht im Lande weiter Chaos. Präsident Hassan Banisadr fällt bei Khomeini in Ungnade, wird im Juni abgesetzt und soll verhaftet werden. Der Präsident geht in den Untergrund. Seine Anhänger verüben daraufhin mehrere Bombenattentate, denen zahlreiche politische Gegner, auch Banisadrs Nachfolger, zum Opfer fallen. □

Mit dem erfolgreichen Erstflug ihres neuen Raumtransporters (Space Shuttle) „Columbia“ feiert die NASA im April wieder einen Schritt zur Eroberung des Weltraums. Im Gegensatz zu den bisher verwendeten Trägersystemen, die nach ihrem Einsatz im All verglühten, kehrt die einem Flugzeug ähnelnde Umlaufeinheit („Orbiter“) unbeschadet auf die Erde zurück und kann von nun an beliebig oft wiederverwendet werden. Die erste Shuttle-Besatzung bilden die Astronauten Crippen und Young. Sie landen auf einem ausgetrockneten Salzsee in der Nähe von Los Angeles.

# 1981

**Buch des Jahres:**
„Die unendliche Geschichte“ von Michael Ende

**Film des Jahres:**
„Das Boot“ mit Jürgen Prochnow und Herbert Grönemeyer

**Schlager des Jahres:**
„Souper Trouper“ von Abba

## Attentat auf Reagan

Auf den seit Januar amtierenden neuen US-Präsidenten Ronald Reagan wird am 30. März ein Attentat verübt. Ein 25jähriger Mann schießt mit einem Revolver auf Reagan, als dieser nach einem Termin ein Washingtoner Hotel verläßt. Der Präsident wird von einer Kugel in den linken Lungenflügel getroffen, andere Geschosse verletzen den Pressesprecher des Weißen Hauses und Sicherheitsbeamte. Nur eine sofort vorgenommene Notoperation rettet das Leben des 70jährigen, der sich danach jedoch schnell erholt und nach einigen Wochen seine Amtsgeschäfte wieder aufnehmen kann. In der Zwischenzeit vertritt ihn Vize-Präsident George Bush. Der Attentäter wird als John Hinckley identifiziert, ein offensichtlich psychopathischer Einzelgänger. □

R. Reagan im Krankenhaus

## Immer mehr demonstrieren

Umweltschützer und Kernkraftgegner beherrschen zunehmend das Bild der Protestszene in der Bundesrepublik. Im Februar kommt es zur bisher größten Demonstration gegen ein KKW bei Brokdorf. Unter den etwa 80 000 Protestierenden befinden sich vermummte Radikale, die sich mit den Polizeikräften Schlachten liefern. Bei Polizei-Einsätzen gegen Hausbesetzer in Nürnberg (März) und Berlin (September) gibt es einen Toten und Verletzte. Bei einer Demonstration gegen die Startbahn West des Frankfurter Flughafens kommen im November 100 000 Menschen noch friedlich zusammen. □

## Den Papst verletzt

Auf dem Petersplatz in Rom wird Papst Johannes Paul II. am 13. Mai bei einem Attentat schwer verletzt. 20 000 Gläubige, die auf den Heiligen Vater warten, werden Zeugen des kaum faßbaren Geschehens. Unmittelbar nach seinem Eintreffen zu der vorgesehenen Audienz eröffnet ein Mann das Feuer auf den Papst, der von drei Schüssen getroffen zusammenbricht. Das schwer verletzte Oberhaupt der katholischen Kirche wird sofort in eine Klinik gebracht, wo sein Leben gerettet wird. Im Laufe der folgenden Wochen sind noch etliche medizinische Eingriffe nötig, bis Johannes Paul seine Amtsgeschäfte wieder aufnehmen kann. Attentäter ist der 23jährige Türke Mehmet Ali Agça, der noch im Juli von einem römischen Schwurgericht zu lebenslanger Haft verurteilt wird. Er wird als rechtsradikal eingestuft. □

## Kriegsrecht in Polen

Mit der von den streikenden Arbeitern ausgehenden Erneuerungsbewegung werden Partei und Staatsführung in Polen nur schwer fertig. Als ein Warschauer Gericht die Gewerkschaft „Solidarität“ durch Registrierung rechtlich anerkennt, gibt es erstmals nach dem Zweiten Weltkrieg in einem Ostblockland eine von der kommunistischen Partei unabhängige Arbeiterbewegung. Als es auch in Partei und Regierung erste Reformansätze gibt, kommt aus Moskau der Hinweis auf Beachtung der Breschnew-Doktrin, die den sowjetischen Vormachtsanspruch sichert. Der Parteisekretär und Ministerpräsident General Wojciech Jaruzelski glaubt den Drahtseilakt zwischen dem großen Bruder im Osten und der aufmüpfigen eigenen Bevölkerung nicht mehr gehen zu können und entscheidet sich für die Militärherrschaft. Er ruft am 13. Dezember das Kriegsrecht aus, verbietet die „Solidarität“ und stellt ihren Vorsitzenden Lech Walesa unter Hausarrest. Andere Gewerkschaftler werden verhaftet. Danach kommt es zu schweren Unruhen, die etliche Todesopfer fordern. □

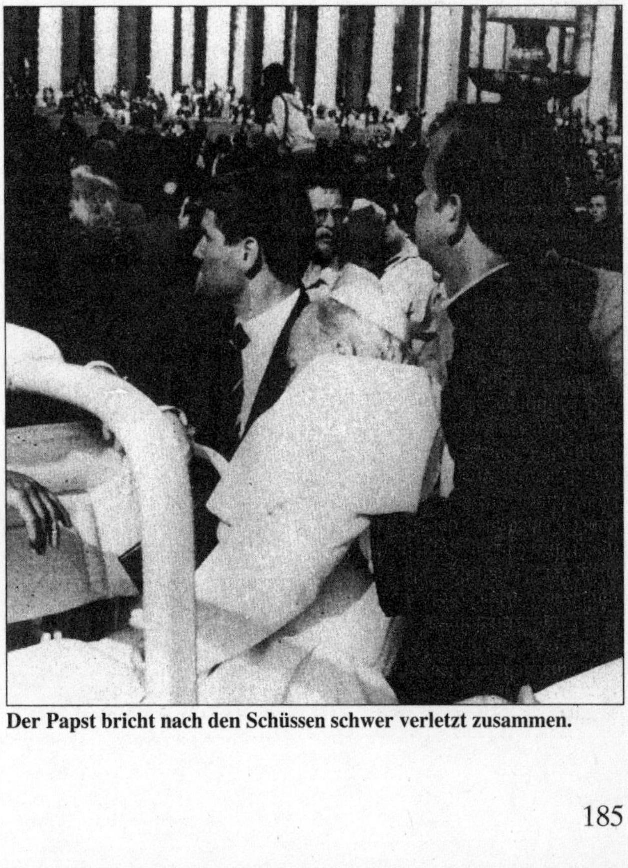

Der Papst bricht nach den Schüssen schwer verletzt zusammen.

# Kampf gegen Startbahn West

**Polizei und Bürger stehen sich empört gegenüber.**

Die Auseinandersetzungen um den Bau einer zusätzlichen Startbahn für den Rhein-Main-Flughafen in Frankfurt gehen mit unverminderter Heftigkeit weiter. Im Januar kommt es zu einem Polizei-Einsatz gegen das auf dem vorgesehenen Gelände von den Gegnern der Startbahn West erbaute Hüttendorf. Bei der gewaltsamen Räumung gibt es viele Verletzte. Die Ordnungshüter errichten um das geräumte Dorf einen Stacheldrahtzaun. Am 30. Januar kommen etwa 10 000 Menschen zu einer weiteren Protestdemonstration zusammen. Dabei greifen autonome Gruppen die Polizei an, die unter anderem mit dem Einsatz von Wasserwerfern zurückschlägt. 90 Demonstranten werden verletzt, 140 vorübergehend festgenommen. □

# Kohl wird Bundeskanzler

Nachdem die seit 13 Jahren regierende SPD/FDP-Koalition im September auseinandergebrochen ist und FDP-Chef Genscher ein Bündnis seiner Partei mit der CDU/CSU ankündigt, stürzen die Bundestagsfraktionen in einem konstruktiven Mißtrauensvotum Kanzler Helmut Schmidt. Sie wählen Helmut Kohl (CDU) zum neuen Bundeskanzler. Er will seine Regierung vom Volk bestätigen lassen und strebt Neuwahlen an. Dies geschieht mit dem geplanten Scheitern der von ihm im Parlament gestellten Vertrauensfrage. Das Vorgehen führt zu einer verfassungsrechtlichen Diskussion. □

# Krieg um die Falkland-Inseln

Nachdem im April eine argentinische Invasionsgruppe die im Südatlantik liegenden Falkland-Inseln besetzt, holt Großbritannien zum Gegenschlag aus. Nach dem Scheitern von neutralen Vermittlern beginnt mit der Landung von 5 000 britischen Soldaten im Mai der Falkland-Krieg zwischen dem Vereinigten Königreich und Argentinien. Bei Seeschlachten wird die argentinische Flotte fast vernichtet, mehrere britische Kriegsschiffe werden bei Raketenangriffen versenkt. 255 britische und 712 argentinische Soldaten sterben. Am 22. Juni kapitulieren die Argentinier. Für das Militärregime in Buenos Aires bedeutet die Niederlage einen Imageverlust. □

# PLO verliert

Nach heftigen Schlägen der israelischen Armee müssen mehr als 6 000 Kämpfer der PLO im August die libanesische Hauptstadt Beirut verlassen. Der Libanon ist Zufluchtsort für etwa 340 000 Palästinenser, die aus von Israel besetzten Gebieten stammen. Die geschlagenen PLO-Kämpfer werden unter internationaler Aufsicht evakuiert. □

**Der neue Film des amerikanischen Erfolgsregisseurs Steven Spielberg bricht auch in der Bundesrepublik Kassenrekorde. Die Menschen sind fasziniert von seinen „Helden", dem Außerirdischen E.T. und seinem kleinen Erdenfreund Elliott, der voll und ganz zu ihm steht. „E.T." hat vor dem Bundesstart in den USA bereits einen neuen Besucherrekord aufgestellt.**

**Romy Schneider und Curd Jürgens feiern Romys 21. Geburtstag in den Kostümen ihres Films „Katja – ungekrönte Kaiserin".**

# Filmszene verliert Weltstars

Die internationale Filmszene wird in diesem Jahr von mehreren Todesfällen betroffen. Am 29. Mai stirbt in Paris Österreichs großer Star Romy Schneider. Die 43jährige hinterläßt eine fünfjährige Tochter aus ihrer zweiten Ehe mit Daniel Biasini. Ihr 14jähriger Sohn David aus erster Ehe war im Vorjahr beim Spiel tödlich verunglückt, was die als „Sissy" schon mit 17 Jahren bekannte Schauspielerin nie verkraftete. Ihr mehrmaliger Filmpartner Curd Jürgens stirbt am 17. Juni in Wien an Herzversagen. Der als „normannischer Kleiderschrank" berühmt gewordene 66jährige wurde österreichischer Staatsbürger und feierte besonders als „Jedermann" in Salzburg Triumphe. An ihrem Geburtstag am 29. August stirbt in London die Schwedin Ingrid Bergmann. Die 67jährige Aktrice ist durch ihre Rolle in „Casablanca" unvergeßlich. Am 5. November stirbt schließlich der französische Schauspieler und Regisseur Jacques Tati. □

# Terroristen verhaftet

Im Kampf gegen die RAF gelingt den Behörden im November wieder ein Erfolg. Im hessischen Heusenstamm werden zunächst die RAF-Mitglieder Brigitte Mohnhaupt und Adelheid Schulz festgenommen, als sie ein Depot ihrer Terrororganisation aufsuchen wollen. Vier Tage später wird bei Hamburg der 30jährige Christian Klar verhaftet. Er gilt als Kopf der Organisation und wird mehrerer Mordanschläge verdächtigt. □

# Walesa frei

Arbeiterführer Lech Walesa wird im November nach elf Monaten freigelassen und darf nach Danzig zurück. Das Kriegsrecht in Polen bleibt bestehen. □

**Letztes Geleit für Fürstin Gracia Patricia von Monaco, die am 14. September den Verletzungen erliegt, die sie sich am Vortag bei einem Autounfall zugezogen hat. Hinter dem Sarg der 52jährigen Fürst Rainier und die Kinder Caroline (25) und Albert (24) sowie Angehörige der Fürstin aus den USA.**

# 1982

**Buch des Jahres:**
„Momo" von Michael Ende

**Film des Jahres:**
„E.T. – Der Außerirdische" von Steven Spielberg

**Schlager des Jahres:**
„Skandal im Sperrbezirk" von Spider Murphy Gang

**Seit September steht eine Frau an der Spitze einer Gewerkschaft. Der Kongreß der ÖTV wählt die 40jährige Monika Wulf-Mathies zur neuen Chefin der Gewerkschaft des öffentlichen Dienstes. Die Sozialdemokratin erhält breite Zustimmung. Ihr Vorgänger Heinz Kluncker muß aus Gesundheitsgründen zurücktreten.**

**Die Italiener jubeln nach dem Schlußpfiff des WM-Finales.**

# Italien wird Weltmeister

Bei der XII. Fußball-Weltmeisterschaft erringt Italien im Juli in Spanien seinen dritten Titel (nach 1934 und 1938). Die Azzurri besiegen im Finale das deutsche Team mit 3:1. Den Ehrentreffer erzielt Paul Breitner. Den deutschen Fußballfans bleibt aber eine andere Begegnung nachhaltiger in Erinnerung. Es ist das als „Skandalspiel von Gijon" in die Sportgeschichte eingegangene Ballgeschiebe gegen Österreich, das sich die Teams beim Stand von 1:0 für Deutschland leisten, weil dieses Resultat beiden zum Weiterkommen in die nächste Runde reicht. □

## JAHRES-CHRONIK

- Bei einem Lawinenunglück in Österreich kommen im Januar 13 deutsche Schüler ums Leben.
- In der wiederaufgebauten Alten Oper in Frankfurt findet im Februar der erste Opernball statt.
- 86jährig stirbt am 29. März der Komponist Carl Orff.
- Der achtfache Sexualmörder Joachim Kroll wird im April zu lebenslanger Haft verurteilt.
- Das erste deutsche Retorten-Baby kommt im April in der Uniklinik Erlangen zur Welt.
- Die 17jährige Nicole Hohloch aus Neunkirchen gewinnt als erste Deutsche im April den Grand Prix Eurovision de la Chanson.
- Israel gibt im April den letzten Teil der 1967 eroberten Sinaihalbinsel an Ägypten zurück.
- Papst Johannes Paul II. entgeht im Mai im Wallfahrtsort Fatima (Portugal) dem Attentatsversuch eines spanischen Priesters.
- 149 Tage nach ihrer Entführung wird im Mai die achtjährige Schülerin Nina von Gallwitz gegen 1,5 Millionen Mark Lösegeld freigelassen.
- Prinzessin Diana bringt im Juni den Thronfolger Prinz William Arthur Philip Louis zur Welt.
- Der Regisseur und Schauspieler Rainer Werner Fassbinder stirbt im Alter von 36 Jahren am 10. Juni in Bad Wörishofen an einer Überdosis Kokain.
- Im August gewinnt der Schwimmer Michael Groß bei den Weltmeisterschaften in Ecuador zwei Titel.
- Im Alter von 77 Jahren stirbt am 12. August in Los Angeles der Schauspieler Henry Fonda.
- In den Beiruter Flüchtlingslagern Sabra und Schatila richten libanesische Milizen im September ein Massaker an Palästina-Flüchtlingen an.
- Aus Protest gegen das vom Parlament beschlossene Verbot der Gewerkschaft „Solidarität" treten die Danziger Werftarbeiter im Oktober wieder in Streik.
- Nach dem Wahlsieg seiner Sozialistischen Partei im Oktober wird Felipe González neuer spanischer Ministerpräsident.
- Die Grünen beschließen auf ihrer Bundeskonferenz im November, bei den nächsten Bundestagswahlen zu kandidieren.
- Im Alter von 75 Jahren stirbt am 10. November in Moskau der sowjetische Partei- und Staatschef Leonid Breschnew.

Der Hamburger SV erlebt das erfolgreichste Jahr der Vereinsgeschichte. Innerhalb von zehn Tagen holt die Mannschaft von Ernst Happel zwei große Meistertitel. Zunächst gewinnen die Hamburger am 25. Mai zum ersten Mal den Europapokal der Landesmeister durch einen 1:0-Sieg im Athener Olympiastadion gegen den favorisierten italienischen Meister Juventus Turin. Das „goldene" Tor erzielt der Mittelfeldregisseur Felix Magath. Nach dem letzten Spieltag der Bundesliga am 4. Juni steht dann auch fest, daß der HSV seinen Titel als Deutscher Meister verteidigt hat. Zweiter wird punktgleich Werder Bremen. Das Bild zeigt Horst Hrubesch und Dietmar Jakobs beim Siegesjubel in Athen.

# Akt der Barbarei

Als einen „Akt der Barbarei" bezeichnet US-Präsident Reagan den Abschuß einer südkoreanischen Verkehrsmaschine durch sowjetische Abfangjäger am 1. September. Das Flugzeug ist über der Insel Sachalin in den sowjetischen Luftraum eingedrungen. Unter den 269 Opfern befinden sich 61 US-Staatsbürger sowie ein Kongreßabgeordneter. Über den Hergang gibt es mehrere Versionen, die noch jahrelang die Diplomaten in Moskau und Washington beschäftigen. Vorerst nimmt man die Erklärung der sowjetischen Luftabwehr zur Kenntnis, man habe die Maschine mit einem US-Aufklärer verwechselt, der tatsächlich zur Abschußzeit in der Luft war. Es bleibt bei verbalen Protesten des Westens, die Absicht eines gemeinsamen Boykotts der sowjetischen Fluggesellschaft Aeroflot kann nicht realisiert werden. Außerdem haftet der ganzen Affäre der Ruch der Spionage an. □

Der Regensburger Rennfahrer Walter Röhrl gewinnt im Januar mit seinem Beifahrer Christian Geistdörfer zum dritten Mal die Rallye Monte Carlo. Der Weltmeister hat das schwere Rennen 1980 und 1982 auf Opel als Erster beendet, jetzt fährt er für die italienische Firma Lancia.

## JAHRES-CHRONIK

- Der fünffache schwedische Wimbledonsieger Björn Borg gibt im Januar seinen Rücktritt vom aktiven Wettkampfsport bekannt.
- Im Alter von 68 Jahren stirbt am 27. Januar in Nantes der französische Filmkomiker Louis de Funès.
- Der wegen NS-Verbrechen gesuchte Klaus Barbie wird im Februar aus Bolivien ausgewiesen und an Frankreich ausgeliefert.
- Der Dramatiker Tennessee Williams („Die Katze auf dem heißen Blechdach") stirbt 71jährig am 24. Februar in New York.
- Chaim Herzog wird im März zum neuen israelischen Staatspräsidenten gewählt.
- Österreichs Bundeskanzler Bruno Kreisky tritt nach der Wahlniederlage seiner SPÖ im April als Regierungschef zurück.
- Bei Kontrollen an DDR-Grenzübergängen sterben im April zwei westdeutsche Transitreisende an Herzversagen.
- Der Schriftsteller Heinrich Böll wird im April zum Ehrenbürger seiner Vaterstadt Köln ernannt.
- Die von der Illustrierten „Stern" veröffentlichten Hitler-Tagebücher werden im Mai als Fälschungen entlarvt.
- In Frankreich werden im Mai die seit dem Vorjahr verschwundenen 41 Fässer mit dem Seveso-Gift Dioxin gefunden.
- Auf Vermittlung von Franz Josef Strauß bewilligt die Bundesregierung der DDR im Juni einen Milliardenkredit.
- Ein Amokschütze tötet in einer Schule in Vockenhausen (Taunus) im Juni drei Schüler, einen Lehrer, einen Polizisten und begeht dann Selbstmord.
- Im Alter von 63 Jahren stirbt am 5. Juli in Lechenich der Fußballtrainer Hennes Weisweiler.
- Im Alter von 72 Jahren stirbt am 19. Juli in Berlin der Schauspieler Erik Ode („Der Kommissar").
- Im Alter von 87 Jahren stirbt am 26. Juli bei Barcelona der spanische Clown Charlie Rivel („Akrobat schöööön").
- Yitzhak Schamir wird im September neuer israelischer Ministerpräsident als Nachfolger des zurückgetretenen Begin.
- Im Oktober nimmt weit über eine Million Menschen an Protestkundgebungen gegen Atomwaffen und Aufrüstung in der Bundesrepublik teil.
- In München wird im November eine neue Partei mit dem Namen „Die Republikaner" gegründet. Vorsitzender wird der aus der CSU ausgetretene Bundestagsabgeordnete Franz Handlos.
- Prinzessin Caroline von Monaco heiratet im Dezember den italienischen Industriellen Stefano Casiraghi.

**Die Welle der neuen Massenbewegung Aerobic schwappt endgültig in die Bundesrepublik über. Initiiert von den US-Stars Sydney Rome (Bild) und Jane Fonda tritt die neue Form des Körperkults ihren Siegeszug durch die Fitneß-Studios an.**

# 1983

**Buch des Jahres:**
„Der Name der Rose"
von Umberto Eco

**Film des Jahres:**
„Die unendliche Geschichte"
von Wolfgang Petersen

**Schlager des Jahres:**
„99 Luftballons" von Nena

## Anklage erhoben

Mit Erhebung der Anklage durch die Bonner Staatsanwaltschaft tritt die Flick-Spendenaffäre in ihr entscheidendes Stadium. Beschuldigt werden Otto Graf Lambsdorff, dessen Immunität der Bundestag aufhebt, der frühere Wirtschaftsminister Hans Friderichs (FDP), jetzt Vorstandsvorsitzender der Dresdner Bank, und der frühere NRW-Wirtschaftsminister Horst Riemer (FDP). Ihnen wird Bestechlichkeit nach § 332 Strafgesetzbuch vorgeworfen. Der frühere Flick-Manager Eberhard von Brauchitsch wird der Bestechung angeklagt. In der Anklageschrift wird dargelegt, daß von Brauchitsch den Beschuldigten hohe Geldbeträge zugewendet hat, um in ihrem Ermessen liegende Entscheidungen zugunsten des Flick-Konzerns – es ging um Steuerbegünstigung – zu treffen. □

## „Nur" Totschlag

Nach einem von der Öffentlichkeit mit großem Interesse verfolgten Prozeß verurteilt ein Lübecker Schwurgericht im März die 32jährige Marianne Bachmeier wegen Totschlags zu einer Freiheitsstrafe von sechs Jahren. Die Angeklagte hatte zwei Jahre zuvor den in Lübeck vor Gericht stehenden mutmaßlichen Mörder ihrer Tochter Anna erschossen. Diese Tat wird zu einem der meistdiskutierten Rechtsfälle der Bundesrepublik. Es gelingt der Verteidigung, den Tatbestand des Vorsatzes abzuwehren. □

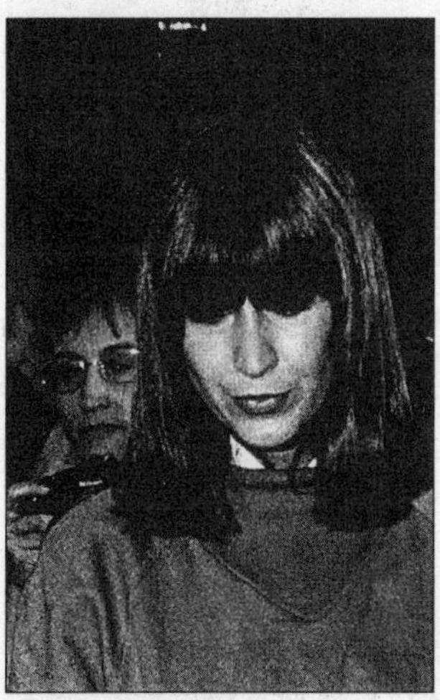

Marianne Bachmeier

Helmut Kohl wird durch die Wahl als Kanzler bestätigt.

## Kohl gewinnt Wahl

Die nach dem Sturz Helmut Schmidts notwendig gewordenen Wahlen zum zehnten Deutschen Bundestag bringen im März der CDU/CSU zwar einen deutlichen Vorsprung vor den Sozialdemokraten, die Unionsparteien verfehlen jedoch ihr Wahlziel „absolute Mehrheit". Mit den 34 Mandaten des künftigen Koalitionspartners FDP verfügen sie aber über eine solide Regierungsbasis. Die Union hat bei 48,8 Prozent der Stimmen 244 Sitze errungen, während die Sozialdemokraten erstmals seit 1965 wieder unter die 40-Prozent-Marke (38,2) rutschen und sich mit 193 Sitzen begnügen müssen. Die als „Wende-Wahl" in die Geschichte der Bundesrepublik eingegangene Abstimmung bringt noch ein Novum: Erstmals zieht die Partei „Die Grünen" in das Parlament ein. Zu ihren Sprechern wählt die neue Fraktion Petra Kelly, Otto Schily und Marieluise Beck-Oberdorf. Ende März wählt die Parlamentsmehrheit Helmut Kohl zum Bundeskanzler, der umgehend sein Kabinett vorstellt. Diesem gehören vom Koalitionspartner FDP Hans-Dietrich Genscher als Außenminister sowie Hans Engelhard (Justiz) und Otto Graf Lambsdorff (Wirtschaft) an. Der bayerische CSU-Vorsitzende Franz Josef Strauß verzichtet auf ein Ministeramt. □

## Für NATO-Doppelbeschluß

Die neue Bundesregierung übersteht nach anderen innenpolitischen Scharmützeln leichterer Art im November ihre erste große Belastungsprobe mit der Ratifizierung des sogenannten NATO-Doppelbeschlusses für das Gebiet der Bundesrepublik. Der sieht vor, als Ausgleich für die im Ostblock stehenden sowjetischen SS-20-Raketen von Ende 1983 an 108 amerikanische Pershing-2-Raketen und 464 Marschflugkörper (Cruise Missiles) in Westeuropa zu stationieren. Nach einer heftigen zweitägigen Debatte wird der Antrag der Koalition für die Stationierung in namentlicher Abstimmung mit 286 gegen 226 Stimmen angenommen. Die Entscheidung führt in den folgenden Monaten zu heftigen Protesten der sogenannten Friedensbewegung, an der zahlreiche Organisationen und Einzelpersonen beteiligt sind. □

## US-Invasion

Auf Anordnung von Präsident Reagan besetzen US-Truppen im Oktober die Karibik-Insel Grenada, angeblich, um die dort lebenden etwa 1 000 US-Bürger zu schützen. Kurz zuvor war der Premierminister des Inselstaates ermordet worden. Die USA vermuten die UdSSR und Kuba hinter dem Putsch und wollen ihre Interessen schützen. □

Lech Walesa

## Nobelpreis an Lech Walesa

Der Friedensnobelpreis dieses Jahres wird in Oslo von der Ehefrau des Geehrten entgegengenommen. Lech Walesa, dem der Preis verliehen wurde, ist nicht angereist, weil er eine Ausbürgerung durch die polnischen Behörden befürchtet. Walesa ist im Juni während des Papstbesuches schon unter Ausschluß der Öffentlichkeit empfangen worden. □

Rajiv Gandhi entzündet den Scheiterhaufen, auf dem seine Mutter verbrannt wird.

# Indira Gandhi ermordet

Die indische Ministerpräsidentin Indira Gandhi wird am 31. Oktober im Park ihrer Residenz von Mitgliedern ihrer Leibwache erschossen. Sie gehören dem Volk der Sikhs an, das von einem eigenen Staat im Punjab träumt. Im Juni war es in Amritsar, der heiligen Stadt der Sikhs, zu bewaffneten Unruhen gekommen. Die 67jährige Regierungschefin hatte darauf den Goldenen Tempel der Stadt stürmen lassen, um ein Waffenlager extremistischer Sikhs auszuheben. Das hatte ihr den Haß der Sikhs eingebracht. Noch am gleichen Tag wird ihr 40jähriger Sohn Rajiv Gandhi zum neuen Ministerpräsidenten ernannt. Unruhen nach dem Mord fordern über 1 100 Menschenleben. □

## JAHRES-CHRONIK

- Das erste Kabelfernseh-Projekt der Bundesrepublik nimmt im Januar in Ludwigshafen den Sendebetrieb auf.
- Konstantin Tschernenko wird im Februar nach dem Tod von Partei- und Staatschef Jurij Andropow neuer Chef der KPdSU.
- Der 43jährige Eberhard Diepgen wird im Februar Regierender Bürgermeister von Berlin.
- Bei den Olympischen Winterspielen in Sarajevo wird der Biathlet Peter Angerer im Februar mit drei Medaillen herausragender deutscher Teilnehmer.
- Nach Zustrom zahlreicher DDR-Flüchtlinge wird die Ständige Vertretung der Bundesrepublik in Ost-Berlin im Juni vorübergehend geschlossen.
- Die Mannschaft Frankreichs erringt im Juni den Titel des Fußball-Europameisters.
- Im Juli geht ein 13 Wochen dauernder Druckerstreik in der Bundesrepublik zu Ende.
- Franz Beckenbauer tritt als Trainer der deutschen Nationalmannschaft die Nachfolge von Jupp Derwall an.
- Die Botschaft der Bundesrepublik in Prag wird im Oktober nach Zustrom von über 150 asylsuchenden DDR-Bürgern geschlossen.
- Der amtierende US-Präsident Ronald Reagan wird im November überlegener Sieger der Neuwahlen.
- Der deutsche Mediziner Georges Köhler erhält im Dezember den Medizinnobelpreis.

# Erste Opfer der Affäre

Die Flick-Affäre wird in diesem Jahr zum dominierenden innenpolitischen Thema. Im März muß der Industrielle Friedrich Karl Flick vor dem Untersuchungsausschuß des Bundestages aussagen und weist alle Vorwürfe zurück. Im Juni tritt Wirtschaftsminister Graf Lambsdorff zurück, nachdem das Bonner Landgericht ein Hauptverfahren gegen ihn zuläßt. Ende Oktober gibt auch Bundestagspräsident Rainer Barzel sein Amt auf. Ein Nachrichtenmagazin behauptet, der CDU-Politiker habe für seine Tätigkeit in einem Anwaltsbüro auf indirektem Weg 1,6 Millionen Mark Honorar von Flick kassiert. □

**Die Familie des britischen Thronfolgers Prinz Charles wird am 15. September um ein Mitglied erweitert. Prinzessin Diana bringt an diesem Tag im Londoner St.-Mary's-Krankenhaus ihren zweiten Sohn zur Welt. Der Junge wird auf den Namen Henry Charles Albert David getauft. Er steht in der Thronfolge an dritter Stelle hinter seinem Vater Prinz Charles und seinem vor zwei Jahren geborenen Bruder, Prinz William Arthur Philip Louis. Das Bild zeigt Prinzessin Diana mit dem kleinen Henry, daneben Prinz William und Vater Prinz Charles. Dem augenscheinlich glücklichen Paar gehört die volle Sympathie der englischen und auch der gesamten europäischen Öffentlichkeit.**

**Der 38jährige Regisseur Wim Wenders erfährt bei den 37. Internationalen Filmfestspielen in Cannes eine hohe Ehrung. Sein Werk „Paris, Texas“ erhält die Goldene Palme für den besten Film. Darüber hinaus erhält der Düsseldorfer mit einem Griechen noch den Preis der Internationalen Filmkritik. Damit wird auch der junge deutsche Film ausgezeichnet, als dessen hervorragender Regisseur Wenders seit langem gilt. „Paris, Texas“, in dem auch Nastassja Kinski als Hauptdarstellerin glänzt, hat erst im Dezember Deutschland-Premiere.**

# 1984

**Buch des Jahres:**
„Die Nebel von Avalon“
von Marion Zimmer Bradley

**Film des Jahres:**
„Es war einmal in Amerika“
von Sergio Leone

**Schlager des Jahres:**
„I just called to say I love you“
von Stevie Wonder

## Viele hinter von Weizsäcker

Der 64jährige CDU-Politiker Richard von Weizsäcker wird im Mai zum sechsten Präsidenten der Bundesrepublik Deutschland gewählt. In der Bundesversammlung in Bonn erhält er mit 832 von 1 028 abgegebenen Stimmen breite Zustimmung. Der bei allen Parteien anerkannte Jurist hat zuletzt als Regierender Bürgermeister von Berlin an einem sensiblen Punkt der deutschen Politik mit viel Gespür für das Machbare Anerkennung gefunden. Der Präsident war zwölf Jahre Mitglied des Bundestages. □

**Weizsäckers Vereidigung**

## Katastrophe durch Giftgas

In der indischen Stadt Bhopal sterben im Dezember über 2 000 Menschen infolge einer furchtbaren Giftgas-Katastrophe. Aus den Tanks einer Fabrik für Pflanzenschutzmittel ist plötzlich eine hochgiftige Substanz ausgetreten und hat die Umgebung verseucht. Experten befürchten noch für zahlreiche Jahre schlimme Folgen für Mensch und Natur in der Region. Das Werk ist zu 51 Prozent im Besitz eines US-Konzerns, die restlichen 49 Prozent gehören dem indischen Staat. □

## Olympia übersteht den Boykott

Als Revanche für 1980 boykottieren der Ostblock und einige Satelliten in der Dritten Welt die XXIII. Olympischen Sommerspiele 1984 in Los Angeles. Es fehlen aber keine 20 Nationen. Die Amerikaner feiern am Pazifik ein kommerzielles Olympia, das von großartigen Leistungen gekrönt wird. Zum Superstar avanciert Carl Lewis mit vier Goldmedaillen über 100 und 200 m, im Weitsprung und der Sprintstaffel. Damit zieht er mit dem legendären Jesse Owens gleich. Die Aktiven der Bundesrepublik erringen 59 Medaillen und feiern 17 Olympiasiege. Der Schwimmer Michael Groß krönt seine Karriere mit zweimal Gold, Ulrike Meyfarth (Bild) gewinnt den Hochsprung. □

# Generationswechsel im Kreml

Nur einen Tag nach dem Tode des seit 13 Monaten regierenden Konstantin Tschernenko am 10. März wird der 54jährige Michail Gorbatschow vom Zentralkomitee der KPdSU zum neuen Generalsekretär gewählt. Damit geht die Zeit der alten Männer im Zentrum der Macht, im Kreml, zu Ende. Der neue Parteichef ist seit 1980 Vollmitglied im Politbüro und damit der erste Vertreter der nach dem Krieg politisch aktiv gewordenen Generation in diesem Gremium. Gorbatschow war bereits im Vorjahr nach dem Tod von Jurij Andropow als neuer Mann im Gespräch, damals konnten die älteren Herren in den Spitzengremien ihn noch einmal ausmanövrieren. Der im kleinen Ort Priwolnoje im Kaukasus geborene Politiker ist seit 1952 Parteimitglied. Der studierte Jurist und Agrarökonom wurde 1970 erstmals in den Obersten Sowjet gewählt und war seit 1971 als Mitglied des ZK mit Fragen der Landwirtschaft befaßt. In

**Michail Gorbatschow**

seiner ersten, vor allem im Westen mit Spannung erwarteten Rede, hört man noch altbewährtes. Der neue Generalsekretär kündigt die Fortsetzung der Politik der Entspannung und friedlichen Koexistenz an. Die Sowjetbürger erwarten von ihm die Weiterführung des von Andropow eingeleiteten vorsichtigen Kurses einer Modernisierung der Wirtschaft. Im September präzisiert der neue Kreml-Chef dazu seine Vorstellungen. Danach bleibt die Planwirtschaft oberstes Prinzip der sowjetischen Wirtschaft, sie müsse lediglich effizienter gestaltet werden. Ende dieses Monats kann Gorbatschow seine Stellung weiter festigen, als auf seinen Vorschlag der 56jährige Wirtschaftsexperte Nikolai Ryschkow zum neuen Ministerpräsidenten der UdSSR gewählt wird. Er löst den aus Gesundheitsgründen zurückgetretenen 80jährigen Nikolai Tichonow ab. Bereits im Juli hat Gorbatschow den 75jährigen Andrej Gromyko auf den Posten des Staatsoberhauptes loben können und das freiwerdende Außenministerium mit dem 57jährigen Georgier Eduard Schewardnadse besetzt. □

## Zum Gipfel nach Genf

Auf dem ersten Ost-West-Gipfeltreffen seit sechs Jahren hat der neue starke Mann der Sowjetunion im November seinen ersten großen Auftritt auf internationaler Bühne. In Genf verhandelt Gorbatschow zwei Tage lang mit Präsident Ronald Reagan über Abrüstung und Sicherheit in der Welt. Sie vereinbaren weitere Begegnungen und sprechen sich konkret für eine 50prozentige Reduzierung der nuklearen Waffen beider Supermächte aus. Zur Enttäuschung vieler Beobachter werden einige Probleme wie Menschenrechte, SALT-II-Abkommen, US-Weltraumrüstungsprogramm SDI nicht erwähnt, dafür wird allgemein die herzliche Atmosphäre der Verhandlungen hervorgehoben. Im Gegensatz zu seinen Vorgängern gibt sich der neue Kreml-Chef weltgewandt und charmant. Zum guten Gesamteindruck trägt auch das Auftreten der Gorbatschow-Gattin Raissa bei, die mit Amerikas „First Lady" Nancy Reagan eine glänzende Figur macht. □

## JAHRES-CHRONIK

- Wegen erhöhter Luftbelastung wird im Januar im Ruhrgebiet Smog-Alarm ausgelöst.
- Wegen Verbreitung nazistischer Propaganda werden im Januar zwei Neonazis in Frankfurt zu Haftstrafen verurteilt.
- Bei einem Mordanschlag der RAF in Gauting bei München wird im Februar der Industrielle Ernst Zimmermann getötet.
- In Dresden wird im Februar die Semper-Oper wiedereröffnet.

Der 21jährige Markus Wasmeier aus Schliersee wird im italienischen Bormio im Februar Weltmeister im Riesen-Slalom.

- Die RAF-Mitglieder Christian Klar, Brigitte Mohnhaupt, Adelheid Schulz und Rolf-Clemens Wagner werden im März und April jeweils zu mehrfacher lebenslanger Haft verurteilt.
- Im Alter von 92 Jahren stirbt am 28. März in der Nähe von Nizza der russisch-jüdische Maler Marc Chagall.
- Ein Feuer im Fußballstadion der englischen Stadt Bradford fordert im Mai 52 Todesopfer und über 200 Verletzte.
- Beim größten Agentenaustausch der Nachkriegszeit werden im Juni auf der Glienicker Brücke in Berlin 25 West- gegen 4 Ostagenten ausgetauscht.
- Gegen die Stimmen von SPD und Grünen beschließt der Bundestag im Juni das „Vermummungsverbot".
- Bei der Versenkung des Greenpeace-Schiffes „Rainbow Warrior" im Hafen von Auckland (Neuseeland) durch den französischen Geheimdienst kommt im Juli ein Mensch ums Leben.
- Beim schwersten Absturzunglück in der Geschichte der Zivilluftfahrt kommen im August in Japan 520 Menschen ums Leben.
- Der Tod eines vom Wasserwerfer der Polizei überrollten Demonstranten in Frankfurt führt im September in vielen Städten zu schweren Krawallen.
- Im Alter von 73 Jahren stirbt am 22. September in Berlin der Verleger Axel Cäsar Springer.
- Gegen den Bau einer atomaren Wiederaufbereitungsanlage im bayrischen Wackersdorf beginnen im Oktober Großdemonstrationen.
- Beim Ausbruch eines Vulkans in Kolumbien sterben im November etwa 23 000 Menschen.
- Der 42jährige Klaus von Klitzing aus Stuttgart erhält im Dezember den Physiknobelpreis.

**Das Finale im Herreneinzel von Wimbledon endet am 7. Juli mit einer großen Sensation. Der 17jährige Boris Becker aus Leimen schlägt den Amerikaner Kevin Curren mit 6:3, 6:7, 7:6 und 6:4 und gewinnt als erster Deutscher dieses berühmte Turnier. Der ungesetzte Jungprofi hat auf dem Weg ins Endspiel Weltklassespieler wie Nystroem und Jarryd, Leconte und Mayotte geschlagen.**

# Katastrophe bei Fußballspiel

Diese flüchtenden italienischen Fans haben das Schlimmste überstanden und kommen davon.

Im Brüsseler Heysel-Stadion kommt es vor dem Endspiel um den Europacup der Landesmeister am 29. Mai zu einer der größten Katastrophen in der Geschichte des Fußballs. Anhänger des FC Liverpool greifen die im Nachbarblock untergebrachten Fans von Juventus Turin an und zetteln dadurch eine Massenschlägerei an. Viele Besucher wollen in Panik auf das Spielfeld fliehen, werden dabei aber an einem Absperrgitter zu Tode gedrückt. Insgesamt 39 italienische Fans kommen ums Leben, Hunderte werden schwer verletzt. Etliche der englischen Rowdies können festgenommen und zu Gefängnisstrafen verurteilt werden. Die UEFA schließt englische Mannschaften auf unbestimmte Zeit von den europäischen Pokalwettbewerben aus, der FC Liverpool wird für drei Jahre gesperrt. □

**Wegen fahrlässiger Tötung seiner Ehefrau Helga wird der ehemalige Box-Europameister Gustav „Bubi" Scholz im Februar von einem Berliner Gericht zu drei Jahren Freiheitsentzug verurteilt. Scholz hat seine Frau (das Bild zeigt beide im Jahr 1980) durch die Tür der Gästetoilette in ihrer Villa in Charlottenburg in der Nacht zum 23. Juli 1984 erschossen. Er war stark angetrunken.**

## Weinskandal

Von Österreich ausgehend erlebt auch die Bundesrepublik den größten Weinskandal ihrer Geschichte. Nachdem in der Alpenrepublik schon im April verschiedene Weine beschlagnahmt wurden, weil sie das Frostschutzmittel Diäthylenglykol enthalten, werden im Jahresverlauf auch hierzulande mit diesem Gift gepanschte Weine entdeckt. Es kommt zu Festnahmen und Anklagen. Der letzte Prozeß endet im Frühjahr 1994 mit dem Freispruch für den Anbauer Pieroth. □

# 1985

**Buch des Jahres:**
„Das Geisterhaus"
von Isabelle Allende

**Film des Jahres:**
„Die Ehre der Prizzis" mit Jack Nicholson und Kathleen Turner

**Schlager des Jahres:**
„Life is Life" von Opus

**Nobelpreisträger Heinrich Böll stirbt am 16. Juli im Alter von 67 Jahren in Bornheim bei Bonn. Der Schriftsteller, dessen letztes Werk „Frauen in Flußlandschaft" in diesem Jahr erscheint, hat sich zuletzt politisch gegen die Raketenstationierung geäußert. Aufsehen erregte auch sein Einsatz für Ost-Dissidenten wie Lew Kopelew, Wolf Biermann und Alexander Solschenizyn.**

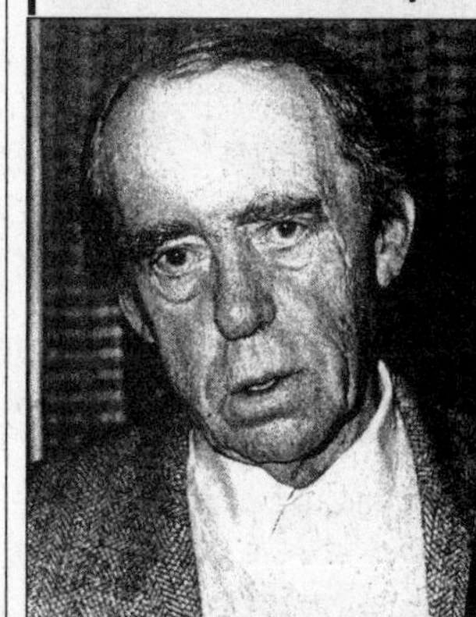

## Aids-Angst

Die Nachricht von der Aids-Erkrankung des Filmstars Rock Hudson, der am 2. Oktober stirbt, löst auch in Deutschland und den Nachbarländern neue Diskussionen aus. Nach unsachlicher und sensationsheischender Darstellung in einigen Druckmedien hat sich das Bemühen um Aufklärung und Eindämmung der oft als „Luftseuche" bezeichneten Infektionskrankheit mittlerweile versachlicht. In den USA sind bis Mitte des Jahres 12 067 Fälle bekannt, in der Bundesrepublik werden im Oktober 292 Erkrankte registriert, 116 sind gestorben. □

# „Super-Gau" im Kernkraftwerk Tschernobyl

**Blick auf den zerstörten Unglücksreaktor**

Überwachungsgeräte in Skandinavien registrieren am 27. April stark erhöhte radioaktive Strahlung. Nach Überprüfung aller Möglichkeiten steht fest, daß deren Ursache außerhalb Nordeuropas liegen muß. Erst am 28. April wird die Weltöffentlichkeit von Radio Moskau über eine „Havarie im KKW Tschernobyl in der Ukraine" informiert. Wieder ein Tag später wird das Ausmaß des Unglücks schon offener als „Katastrophe" bezeichnet. Was sich in Tschernobyl ereignet hat, war der von KKW-Gegnern gefürchtete „Super-Gau", der „größte anzunehmende Unfall". Der Hergang des Unvorstellbaren wird von offizieller Seite später so dargestellt: Die Techniker im Reaktorblock 4 nutzen eine routinemäßige Abschaltung für einen Turbinentest. Da der Reaktor wiederholt Notabschaltungen signalisiert, werden von ihnen die Steuerstäbe, die den Neutronenfluß bremsen, entfernt – das geschieht kurz nach ein Uhr morgens am 26. April. Minuten später entgleitet den Kraftwerkern die Kontrolle. Im Reaktorkern steigen die Temperaturen dramatisch. Erst jetzt, um 1.23 Uhr, befiehlt der Schichtleiter sofortigen Stop der Kernprozesse – zu spät. Die Steuerstäbe bleiben stecken, die Zirkonium-Umhüllung der Brennelemente reagiert mit dem Kühlwasser – explosiver Wasserstoff bildet sich. Einige Brennstäbe bersten, dann kommt es zum großen Knall: Zwei Explosionen zerfetzen die obere Abdeckung des Reaktors, dann das Dach des Gebäudes, an mindestens 30 Stellen zugleich bricht Feuer aus. Schließlich beginnt auch das Graphit im Reaktor zu brennen. Explosionen und Feuertürme tragen radioaktive Teilchen und Gase in die Luft. Die freigesetzte Strahlung ist 30- bis 40mal stärker als jene der Atombombe von Hiroshima. Die unmittelbaren Folgen werden erst später bekannt. Während erst nur von wenigen Opfern die Rede ist, wird die Zahl der an Strahlungsschäden Verstorbenen vier Jahre später auf 6 000 geschätzt. Die Langzeitfolgen sind nur in der Theorie zu schätzen, fest steht, daß fast zwei Millionen Hektar Land für Jahrzehnte verseucht bleiben. Über den Grad der Verseuchung in Europa durch radioaktiven Staub und Regen wird danach viel spekuliert. Der Super-Gau in der Ukraine hat auf jeden Fall die Welt verändert. □

# Freiheit für die Philippinen

Mit der Abreise des seit 21 Jahren das Land diktatorisch regierenden Ferdinand Marcos bricht auf den Philippinen im Februar eine neue Ära an. Der Alleinherrscher verliert überraschend die Wahlen um die Präsidentschaft gegen die 32jährige Corazon Aquino, Witwe des von gedungenen Mördern erschossenen früheren Oppositionsführers Benigno Aquino. „Cory", wie Frau Aquino vom Volk genannt wird, kann nach einem gescheiterten Putschversuch von Marcos-Anhängern die Regierungsgewalt übernehmen. Der gestürzte Diktator verläßt mit Frau Imelda und viel Vermögen das Land in Richtung Hawaii. □

**Schwedens Ministerpräsident Olof Palme wird am 28. Februar Opfer eines Mordanschlages. Der 59jährige Regierungschef ist mit seiner Frau auf dem Rückweg von einem Kinobesuch, als er auf offener Straße von einem Mann niedergeschossen wird. Damit verliert Schweden seinen brillantesten Nachkriegspolitiker und die Welt einen Vorkämpfer für Abrüstung, Entspannung und gewaltfreie Lösung von Konflikten. Palme war Vorsitzender der „Kommission für Abrüstungs- und Sicherheitsfragen". Er hat sich gegen den Vietnam-Krieg, den Einmarsch der Russen in Afghanistan und den Rüstungswahnsinn gewandt. Der Tatort (Bild) ist zu einer Art Wallfahrtsstätte geworden.**

# Tod in Raumfähre

Die Besatzung der „Challenger“-Raumfähre kurz vor dem Start

Die US-Weltraumfahrt wird am 28. Januar von ihrem bis dahin schwersten Unglück betroffen. Nur 73 Sekunden nach dem Start explodiert über dem Weltraumbahnhof Cape Canaveral die Raumfähre „Challenger“ in 17 Kilometern Höhe. In dem Feuerball sterben fünf männliche Astronauten, die Astronautin Judith Resnik und die als Gast mitfliegende Lehrerin Christa McAuliffe. Die Angehörigen erleben das schreckliche Geschehen in Florida von der Besucherrampe. Die Weltraumbehörde NASA reagiert mit einem sofortigen Startverbot für die anderen Raumfähren bis Mitte 1987. Für das laufende Jahr waren 24 Starts geplant. Im April gibt es bei der Explosion einer „Titan“-Rakete kurz nach dem Start einen weiteren Rückschlag. Deren Nutzlast war für Militärzwecke gedacht. □

# 1986

**Buch des Jahres:**
„Das Parfüm“
von Patrick Süskind

**Film des Jahres:**
„Der Name der Rose“ mit Sean Connery und F. Murray Abraham

**Schlager des Jahres:**
„Jeannie“ von Falco

## US-Bomben auf Libyen

In der Nacht zum 15. April bombardieren 33 US-Flugzeuge die libyschen Städte Tripolis und Bengasi. Dabei kommt es vor allem unter der Zivilbevölkerung zu zahlreichen Todesopfern und Verletzten. Die USA begründen ihre größte Militäraktion seit dem Vietnam-Krieg als Vergeltung für von libyschem Boden ausgegangene Terroranschläge, insbesondere gegen die Diskothek „La Belle“ in West-Berlin, bei der ein US-Soldat getötet wurde. Später wird bekannt, daß die US-Militärs Libyens Staatschef Oberst Gaddhafi bei dem Angriff zu töten hofften. Der Revolutionsführer kam davon, weil er außerhalb des Palastes übernachtete. □

**Mit Joseph Beuys verliert die internationale Kunstszene am 23. Januar eine ihrer schillerndsten Figuren. Der Zeichner, Bildhauer und Aktionskünstler stirbt in Düsseldorf im Alter von 64 Jahren. Der gebürtige Rheinländer hat als Künstler und politisch engagierter Bürger sein Leben lang für Aufsehen gesorgt. Ob mit avantgardistischen Werken und Auftritten („Fettecke“) oder bei Konfrontationen mit der Obrigkeit (Entlassung durch NRW-Minister Johannes Rau 1972) – der Mann mit dem Filzhut wußte sich glänzend in Szene zu setzen. Auch international erfuhr er durchgehend viel Anerkennung.**

## Ausnahmezustand über Südafrika

Das Apartheid-System der südafrikanischen Regierung unter Ministerpräsident Pieter Willem Botha verhängt im Juni nach blutigen Unruhen in den von Schwarzen bewohnten Homelands den Ausnahmezustand. Die Regierung in Pretoria sieht sich einer zunehmenden Zahl von Anti-Apartheid-Kämpfern gegenüber und versucht nun mit Einschränkung der demokratischen Grundrechte, der Lage Herr zu werden. Im September verhängen die USA und die EG Wirtschaftssanktionen gegen Südafrika, um die Regierung zum Einlenken zu zwingen. □

Maradona mit Weltcup

## Argentinien ist Weltmeister

Der 25jährige Diego Armando Maradona, derzeit bei AC Neapel tätig, führt die argentinische Fußballauswahl zum zweiten Gewinn des Weltmeistertitels nach 1978. Im Finale des Turniers der XXIII. Fußball-WM besiegen die Südamerikaner das von Franz Beckenbauer betreute deutsche Team mit 3:2. Die Gegentreffer erzielen Karl-Heinz Rummenigge und Rudi Völler. 114 660 Zuschauer wohnen im Azteken-Stadion von Mexiko City dem Ereignis bei. Erstmals durften 24 Teams in sechs Gruppen an der Endrunde teilnehmen. Der deutsche Erfolg veranlaßt Franz Beckenbauer später zur Bereitschaft, bis 1990 weiterzumachen. □

## JAHRES-CHRONIK

- Die EG hat mit dem Beitritt Spaniens und Portugals im Januar zwölf Mitglieder.
- Die deutsche Schauspielerin Lilli Palmer stirbt 71jährig am 27. Januar in Los Angeles
- Im Hamburger Operettenhaus hat das Musical „Cats“ im April Deutschland-Premiere.
- 60jährig stirbt am 30. Mai in Wien der deutsch-österreichische Schauspieler, Regisseur und Intendant Boy Gobert.
- Kurt Waldheim wird nach Stichwahl im Juni neuer österreichischer Bundespräsident.
- Bei einem Anschlag der RAF werden im Juli bei München der Siemens-Manager Karl Heinz Beckurts und sein Fahrer getötet.
- In London heiraten im Juli Prinz Andrew, zweitältester Sohn von Königin Elisabeth, und die Bürgerliche Sarah Ferguson.
- Boris Becker verteidigt im Juli seinen Wimbledon-Titel durch Finalsieg gegen Ivan Lendl.
- Im Oktober wird der Diplomat Gerold von Braunmühl von RAF-Terroristen erschossen.
- Am 13. November stirbt der 71jährige Sänger Rudolf Schock in Düren-Gürzenich.
- Der Regimekritiker Andrej Sacharow kehrt im Dezember nach sechsjähriger Verbannung nach Moskau zurück.
- Die deutschen Wissenschaftler Ernst Ruska und Gerd Binnig erhalten im Dezember den Physiknobelpreis.

**Der sowjetische Parteichef Gorbatschow und US-Präsident Reagan zeigen sich nach der Unterzeichnung des Vertrages über die Vernichtung von atomaren Mittelstreckenraketen am 8. Dezember in Washington sichtlich zufrieden. Der „INF-Vertrag" sieht die Verschrottung von 2 000 Waffensystemen auf beiden Seiten vor.**

# „Gorbis" Reformkurs

Nach jahrzehntelanger Erstarrung in kommunistischen Doktrinen erlebt die Gesellschaft der Sowjetunion jetzt einen atemberaubenden Reformkurs, der vom Generalsekretär der Partei ausgelöst wird. Im Westen wird Michail Gorbatschow schon als größter Erneuerer seit Peter dem Großen angesehen. Auf dem Plenum des Zentralkomitees der KPdSU im Januar kündigt „Gorbi", wie ihn westliche Medien nur noch nennen, die Demokratisierung der Gesellschaft an. Unter anderem fordert er zu offener Kritik („Glasnost") auf und kündigt eine umfassende Umgestaltung („Perestroika") sowohl der Innen- als auch der Wirtschaftspolitik an. Die beiden Begriffe gehören schnell zum Sprachgebrauch politisch engagierter Menschen in Europa. Der DDR-Staatsratsvorsitzende Erich Honecker sieht sich angesichts des Reformkurses in Moskau im Februar zu einer distanzierenden Stellungnahme genötigt. Als sensationell werden Gorbatschows Äußerungen zur Außen- und Verteidigungspolitik gewertet. Er geht auf die NATO-Forderung nach einer „Nullösung" bei den Mittelstreckenraketen ein. Zum ersten Mal in der Weltgeschichte soll nun eine ganze Waffengattung ersatzlos verschrottet werden. Präsident Reagan gibt im September seine Zustimmung zu einem entsprechenden Vertrag bekannt. □

# Landung auf Rotem Platz

Ein 19jähriger Sportflieger aus Wedel bei Hamburg sorgt für den Streich des Jahres. Mathias Rust startet mit einer Cessna seines Flieger-Klubs in Helsinki und landet nach einigen Ehrenrunden auf dem Roten Platz in Moskau. Während sich die Weltöffentlichkeit vor Lachen schüttelt, wird der sowjetische Verteidigungsminister entlassen. Für westliche Militärexperten ist es unfaßbar, wie der junge Hobby-Pilot den als bestens gesicherten sowjetischen Luftraum vom Baltikum bis Moskau unbehelligt durchfliegen konnte. Der „Kreml-Flieger" wird später zu vier Jahren Arbeitslager verurteilt, darf nach vorzeitiger Begnadigung aber im August des folgenden Jahres ausreisen. □

# Heß begeht Selbstmord

Im Alter von 93 Jahren begeht der ehemalige Stellvertreter Adolf Hitlers, Rudolf Heß, im Spandauer Kriegsverbrechergefängnis am 17. August Selbstmord. Er war der letzte Gefangene in dem noch immer von allen vier Alliierten bewachten Gefängnis. Die Sowjetunion hatte alle Gnadengesuche der Familie und anderer Personen stets abgelehnt. Wegen befürchteter Demonstrationen rechtsextremer Gruppen findet seine Beisetzung unter Ausschluß der Öffentlichkeit an unbekanntem Ort statt. □

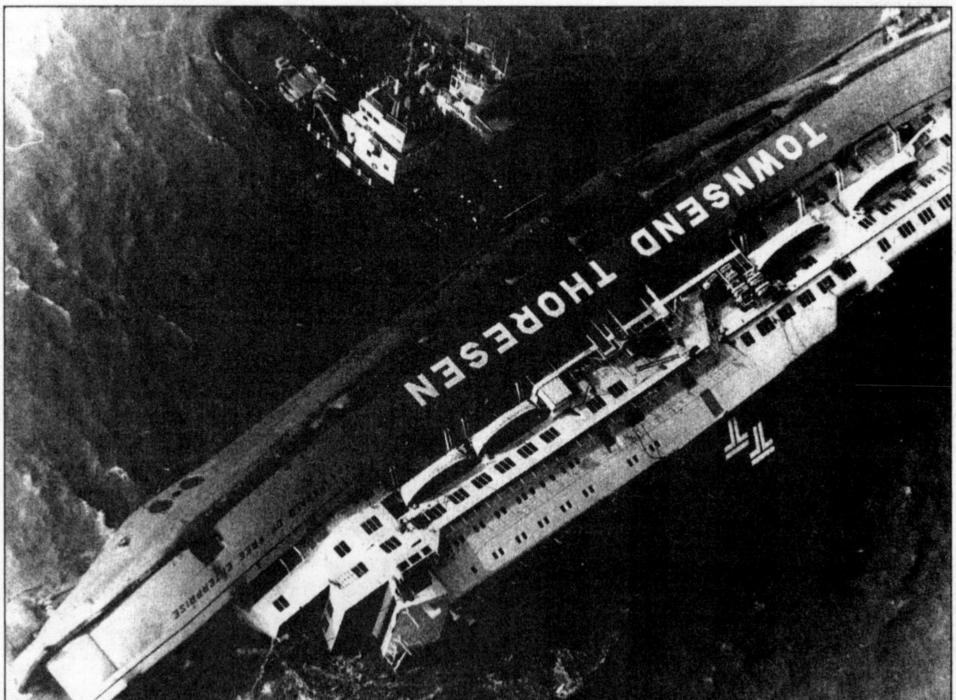


**Die gekenterte Kanal-Fähre „Herald of Free Enterprise" im Hafen von Zeebrugge.**

# Viele Opfer bei Fährunglücken

Bei zwei schweren Schiffskatastrophen kommen in diesem Jahr über 3 000 Menschen ums Leben. Europas Öffentlichkeit ist entsetzt, als am 6. März vor dem belgischen Hafen Zeebrugge die England-Fähre „Herald of Free Enterprise" kentert und 187 Passagiere in den Tod reißt. Der Kapitän ist gestartet, obwohl noch ein Bugtor geöffnet war. Dadurch können einströmende Wassermassen das Schiff überfluten und zum Kentern bringen. Viele der Passagiere sind in den Zwischendecks eingeschlossen und können sich nicht retten. Obwohl innerhalb kurzer Zeit zahlreiche Helfer an der Unfallstelle sind, fordert das minutenschnelle Sinken der Fähre die zahlreichen Opfer. Doch bei dem zweiten schweren Unglück am 20. Dezember ist ihre Zahl sehr viel höher. Vor Manila stößt die philippinische Fähre „Dona Paz" mit einem Tankschiff zusammen und sinkt. Dabei kommen ungefähr 3 000 Menschen ums Leben. Die genaue Zahl wird nie ermittelt, weil die Fähre hoffnungslos überfüllt war. Diese katastrophalen Unfälle führen zu einer heftigen Diskussion über neue Sicherheitsvorschriften im Personen-Fährverkehr. □

## JAHRES-CHRONIK

- Die Wahlen zum elften deutschen Bundestag enden im Januar mit einem Sieg für die regierende konservativ-liberale Koalition.
- Nach der Festnahme eines mutmaßlichen libanesischen Flugzeugentführers in Frankfurt werden im Januar zwei deutsche Geschäftsleute in Beirut als Geiseln genommen.
- Im Alter von 85 Jahren stirbt am 1. Februar in Küsnacht der Schauspieler Gustav Knuth.
- Im Februar werden die Angeklagten im Flick-Spenden-Prozeß wegen Steuerdelikten verurteilt. Vom Vorwurf der Bestechung und Bestechlichkeit werden sie freigesprochen.
- Wegen seines Buches „Anpfiff" wird der Kölner Fußballtorwart Harald „Toni" Schumacher vom DFB im Februar aus der Nationalmannschaft ausgeschlossen.
- Willy Brandt tritt im März überraschend als SPD-Parteivorsitzender zurück.
- Im Alter von 77 Jahren stirbt am 13. März in Frankfurt der Zoologe und TV-Berichterstatter Bernhard Grzimek.
- In der Bundesrepublik läuft im Mai eine von Protestaktionen der Linken begleitete Volkszählung.
- Die Hollywood-Diva Rita Hayworth stirbt 68jährig am 15. Mai in New York.
- Hans-Jochen Vogel wird im Juni zum neuen Parteivorsitzenden der SPD gewählt.
- Die 17jährige Stefani „Steffi" Graf aus Brühl gewinnt im Juni bei den „French Open" in Paris ein Grand-Slam-Turnier.
- 80jährig stirbt am 16. Oktober in Köln Joseph Kardinal Höffner.
- Der Moskauer Chef der KPdSU und Reformpolitiker Boris Jelzin wird im November von konservativen Kräften abgesetzt.
- Bei schweren Auseinandersetzungen an der Startbahn West in Frankfurt werden im November zwei Polizisten erschossen.
- Bei einem Stahlarbeiterstreik im Ruhrgebiet wird im Dezember der Verkehr teilweise lahmgelegt.

Freundlich begrüßt Helmut Kohl Erich Honecker in Bonn.

# Erich Honecker als Staatsgast in der Bundesrepublik begrüßt

Nach eher zufälligen Begegnungen am Rande von Trauerfeiern in Moskau treffen Bundeskanzler Kohl und DDR-Staats- und Parteichef Erich Honecker im September erstmals offiziell zusammen. Anlaß ist der erste Staatsbesuch eines DDR-Regierungschefs in der Bundesrepublik. Honecker wird in Bonn und auf weiteren Reisestationen mit allen äußeren Zeichen eines Staatsgastes empfangen: Becher-Hymne, die früher als „Spalterflagge" beschimpfte schwarz-rotgoldene Fahne mit Hammer und Zirkel, Abschreiten von Ehrenformationen der Bundeswehr und der Polizei – alles ist wie bei jedem anderen Gast aus dem Ausland. Dabei hat die Bundesrepublik die DDR völkerrechtlich noch nicht anerkannt, in Grundsatzpapieren der CDU/CSU ist der Begriff Wiedervereinigung noch nicht getilgt. In der Tischrede beim Staatsbankett auf dem Petersberg spricht Bundeskanzler Kohl die deutsch-deutsche Problematik auch deutlich an, während sich Honecker in bekannten Phrasen ergeht. Politische Beobachter erhoffen sich von dem Besuch eine Verbesserung des politischen Klimas und Verbesserungen im Reise- und Warenverkehr. □

# 1987

**Buch des Jahres:**
„Die Liebe in Zeiten der Cholera"
von Gabriel García Márquez

**Film des Jahres:**
„Der letzte Kaiser"
von Bernardo Bertolucci

**Schlager des Jahres:**
„Voyage, Voyage"
von Desireless

## Tod in der Badewanne

Mit dem Tod in der Badewanne seines Appartments im Genfer Hotel „Beau Rivage" endet am 11. Oktober die politische Karriere

Uwe Barschel

des ehemaligen schleswig-holsteinischen Ministerpräsidenten Uwe Barschel. Der 43jährige ist erst am 25. September zurückgetreten, nachdem er wegen einer gegen Björn Engholm gerichteten Bespitzelungsaffäre ins Zwielicht geraten ist. Die Polizei geht von Selbstmord aus. □

**Der populäre TV-Showmaster Hans Rosenthal stirbt am 10. Februar in Berlin. Der 61jährige litt schon länger an Krebs. Bis zuletzt versuchte er sein Publikum mit dem bekannten „Spitze"-Sprung in der Show „Dalli, dalli" über seinen Gesundheitszustand zu täuschen. Rosenthal, der als Halbjude die Schrecken der Nazizeit miterlebte, trat immer für ein menschliches Miteinander ein.**

# Eine Flug-Schau endet im Feuer-Inferno

Auf dem US-Luftwaffenstützpunkt Ramstein (Rheinland-Pfalz) haben sich auch im August wieder über 350 000 Menschen versammelt, um beim traditionellen Flugtag den Künsten der Militär-Piloten zuzuschauen. Bei den Vorführungen der italienischen Kunstflugstaffel „Frecce Tricolori“ geschieht dann das Unfaßbare: Eine Solo-Maschine stößt mit zwei kreuzenden Jets zusammen, stürzt unweit der Ehrentribüne in die Zuschauermenge und explodiert in einem Feuer-Inferno. Wegen unkoordiniert einsetzender Rettungsarbeiten hat man erst am anderen Tag einen Überblick über die schrecklichen Folgen: 39 Menschen sind gestorben, 345 zum Teil schwer verletzt. Von ihnen erliegen bis Jahresende noch 31 den Folgen der fürchterlichen Verbrennungen. Die Katastrophe von Ramstein führt zu einer heftigen Diskussion über den Sinn solcher Veranstaltungen. Verteidigungsminister Rupert Scholz verbietet Ende des Monats alle weiteren Kunstflugvorführungen der Bundeswehr. Als im Dezember ein amerikanisches Kampfflugzeug bei einem Übungsflug über der Innenstadt von Remscheid (NRW) abstürzt, fordern SPD und Grüne eine deutliche Einschränkung der Tiefflüge. In Remscheid sterben sechs Menschen, über 50 werden zum Teil schwer verletzt. Zwölf Häuser werden zerstört. □

**Die italienische Solo-Maschine kollidiert mit den Düsenjägern.**

**Der kanadische Sprinter Ben Johnson (im Bild jubelnd vor Carl Lewis) wird am 24. September schnellster Mensch der Welt. Im 100-m-Finale der XXIV. Olympischen Spiele in Seoul stellt er mit 9,79 Sekunden einen neuen phantastischen Weltrekord auf. Zwei Tage später verläßt er durch einen Hintereingang des Flughafens die Olympiastadt. In seiner Urinprobe wird das Anabolikum Stanozolol entdeckt, der Sieg war also mit Hilfe von Doping errungen. Johnson wird disqualifiziert und für zwei Jahre gesperrt. Lewis bekommt die Goldmedaille. Für bundesdeutsche Sportler gibt es in Südkorea viel Gold durch Reiter und Reiterinnen, Ruderer und Fechterinnen. Die Sowjetunion holt allein 132 Medaillen, darunter 55mal Gold.**

# Abschied von FJS

**Sechsspännig wird der Sarg durch München gezogen.**

Zwei Tage nach einem Herzanfall stirbt am 3. Oktober der bayerische Ministerpräsident und CSU-Vorsitzende Franz Josef Strauß in einer Regensburger Klinik. Der Leichnam des 73jährigen wird zunächst in der St.-Pius-Kapelle der Donaumetropole aufgebahrt, anschließend wird der Sarg nach München überführt, wo die Bevölkerung im Prinz-Carl-Palais zwei Tage von FJS, wie er auch in Kürze respektvoll genannt wurde, Abschied nimmt. In bewegenden Gedenkveranstaltungen würdigt Bayern einen Mann, der die Politik des Freistaates und der Bundesrepublik von Anbeginn entscheidend mitgeprägt hat. Strauß hat Land und Bund in vielen Funktionen gedient, nachdrücklich in Erinnerung werden aber seine außenpolitischen Auftritte auch in politischen Tabu-Zonen bleiben. Strauß galt als Türöffner von Peking – er war der erste deutsche Politiker bei Mao – bis Tirana. Bonn folgte oft den von ihm gewiesenen Pfaden. Der polternde Debattenredner konnte als diskreter Diplomat wichtige Fäden knüpfen. FJS war in jeder Hinsicht eine „rauhe Eminenz“. □

# 1988

● In Ost-Berlin werden im Januar zahlreiche Bürgerrechtler während der Luxemburg-Liebknecht-Demonstration festgenommen.

● Marina Kiehl gewinnt bei den Olympischen Winterspielen in Calgary (Kanada) im Februar den Abfahrtslauf der Damen.

● 83jährig stirbt am 9. März in Tübingen der frühere Bundeskanzler Kurt Georg Kiesinger.

● Im April unterzeichnet die Sowjetunion in Genf einen Vertrag über den Rückzug aus Afghanistan.

● Nach Wahlsieg der SPD wird Björn Engholm im Mai zum Ministerpräsidenten von Schleswig-Holstein gewählt.

● In Ungarn übernehmen reformorientierte Politiker im Mai alle wichtigen Posten in Partei und Staatsführung.

● Bayer-Leverkusen gewinnt im Mai als dritte deutsche Mannschaft den UEFA-Cup.

● Bei einem Unglück in der Braunkohlengrube Stolzenbach bei Borken (Nordhessen) kommen im Juni 51 Bergleute ums Leben.

● Mit 77 Jahren stirbt die Schauspielerin Brigitte Horney am 27. Juli in Hamburg.

● Nach achtjährigen Kämpfen tritt im Golfkrieg zwischen dem Irak und dem Iran im August ein Waffenstillstand in Kraft.

● Gert Fröbe stirbt 75jährig am 5. September in München.

● Bei den Präsidentschaftswahlen wird George Bush zum 41. Präsidenten der USA gewählt.

● Bei einem Erdbeben im Kaukasus kommen im Dezember über 50 000 Menschen ums Leben.

**Buch des Jahres:**
„Eva Luna“ von Isabelle Allende

**Film des Jahres:**
„Rain Man“ mit Dustin Hoffman und Tom Cruise

**Schlager des Jahres:**
„Girl, you know it's true“ von Milli Vanilli

## Tennis-Siege

So erfolgreich wie noch nie gestalten Deutschlands Tennis-Asse dieses Jahr. Zum ersten Mal gewinnt ein Team den seit 1900 ausgespielten Davis-Cup. Boris Becker, Carl-Uwe Steeb und Eric Jelen besiegen im Dezember im Finale Titelverteidiger Schweden mit 4:1. Zuvor hat Becker als erster Deutscher das Masters-Turnier in New York gewonnen. Steffi Graf holt als dritte Spielerin der Tennisgeschichte den „Grand-Slam“ und wird auch noch Olympiasiegerin. □

**Etwa 600 000 begeisterte Fans können im Sommer ihr Idol Michael Jackson endlich live erleben. Der 29jährige Superstar der internationalen Popszene kommt zu acht Freiluftkonzerten in die Bundesrepublik und versetzt seine Anhänger in einen wahren Rausch. Jackson (das Bild zeigt ihn beim Auftritt in Gelsenkirchen) bricht alle Verkaufsrekorde.**

## Protest ist vergeblich

Auch der Protest von etwa 80 000 Bürgerinnen und Bürgern des Ruhrgebiets, die sich zu einer 70 Kilometer langen Menschenkette von Duisburg-Rheinhausen über Mülheim, Essen und Bochum bis zum Dortmunder-Hoesch-Werk zusammenschließen, kann ihre Arbeitsplätze nicht retten. Mit der Aktion im Februar wollen sie die drohende Schließung des Stahlwerks Rheinhausen verhindern – vergebens. Im Mai wird die schrittweise Schließung mit sozial abfedernden Maßnahmen beschlossen. □

**Die Menschenkette zwischen Duisburg und Dortmund.**

## Geiseldrama im TV

**Einer der Geiselnehmer bedroht sein Opfer in Köln mit der Waffe.**

Ein als „Gladbecker Geiseldrama“ in die Kriminalgeschichte eingegangenes Verbrechen hält im August die Öffentlichkeit in der Bundesrepublik in Atem. Erstmals kann der unbeteiligte Bürger zu Hause live im Fernsehen das dramatische Geschehen eines Kriminalfalls verfolgen, weil alle Medien ungehindert mitmischen dürfen. Der Fall beginnt in einer Bankfiliale im westfälischen Gladbeck, in der zwei bewaffnete Männer zwei Angestellte als Geiseln nehmen und mit einem erpreßten Fluchtauto plus Bargeld zu einer 54 Stunden dauernden Irrfahrt durch Nordwestdeutschland und die Niederlande aufbrechen. In dieser Zeit kapern die beiden Gangster auch einen Linienbus in Bremen und bringen weitere 32 Menschen in ihre Gewalt, eine Komplizin kann unterwegs zusteigen. Als sie vorübergehend festgenommen wird, töten die Geiselnehmer einen Jungen. Mit Bus und Geiseln fahren sie in die Niederlande, unterwegs verunglückt ein sie verfolgender Polizeiwagen. Ein Beamter stirbt, ein weiterer wird schwer verletzt. Nach Überlassung eines neuen Fluchtfahrzeugs werden die Geiseln bis auf zwei Frauen freigelassen. Mit diesen fahren die beiden Männer in die Kölner Innenstadt, wo sie mit Passanten und Journalisten eine regelrechte Talk-Show veranstalten. Während der Weiterfahrt werden sie von der Polizei auf der Autobahn Richtung Frankfurt mit Waffengewalt gestellt. Dabei stirbt eine der Geiseln, eine 18jährige Schülerin. Die Täter und die zweite Geisel werden verletzt. □

# Osten auf dem Weg in die Demokratie

**Wie hier bei Lübeck werden die mit ihren „Trabis“ erstmals in den Westen reisenden DDR-Bürger von Bundesrepublikanern enthusiastisch begrüßt und mit kleinen Geschenken oder Sekt empfangen.**

Dieses Jahr bringt die gewaltigsten politischen Veränderungen in Europa seit dem Ende des Zweiten Weltkrieges. Nach Jahrzehnten der Unterdrückung durch die kommunistische Gewaltherrschaft befreien sich die Völker des Ostblocks und bringen ihre Staaten auf den Weg in die Demokratie. Noch im Sommer versuchen Tausende von DDR-Bürgern über die traditionellen Urlaubsländer Ungarn und ČSSR in den Westen zu gelangen. Dabei werden die dortigen Botschaften der Bundesrepublik vorübergehend als Unterkünfte besetzt. Als die ungarische Regierung am 11. September ihre Grenzen nach Österreich öffnet, kommt es zur größten Fluchtbewegung seit dem Bau der Berliner Mauer. Die Ungarn sind Vorreiter der Demokratisierung im Osten Europas, sie lösen ihre Sozialistische Arbeiterpartei auf und rufen am Jahrestag des Aufstandes von 1956 im Oktober die „Republik Ungarn“ aus. In Polen läßt das Regime Jaruzelski unter dem Druck der Verhältnisse Wahlen mit der nicht länger verbotenen Gewerkschaft „Solidarität“ zu, die im Juni 99 von 100 Sitzen im Senat gewinnt. Im August wird ihr Vertreter Tadeusz Mazowiecki zum ersten nichtkommunistischen Ministerpräsidenten seit 40 Jahren gewählt. In der ČSSR wird eine Studentendemonstration am 17. November noch blutig niedergeknüppelt, danach fordern über 300 000 Menschen auf dem Prager Wenzelsplatz ein Ende des herrschenden Regimes und jubeln ihren Helden Václav Havel und Alexander Dubček zu. Nach einem Generalstreik und Rücktritt der Regierung wird Havel am 29. Dezember neuer Staatspräsident. In der DDR tritt Erich Honecker nach Demonstrationen am 18. Oktober zurück, sein Nachfolger als Staats- und Parteichef Egon Krenz läßt nach weiterem Druck der Massen am 9. November die Berliner Mauer öffnen und sorgt für einen tagelangen Taumel der Freude und des Wiedersehens von Millionen deutscher Bürger aus Ost und West. Mit der Hinrichtung des ebenfalls gestürzten rumänischen Diktators Nicolae Ceauşescu am 25. Dezember endet das Jahr der Umwälzungen im Ostblock. □

# Ende mit Blutbad

Der vom Begriff „Perestroika“ ausgehende Reformfunke hat auch die Jugend Chinas erfaßt. In Peking demonstrieren Ende Mai–Anfang Juni auf dem Platz des Himmlischen Friedens Zehntausende von Studenten für mehr Demokratie. Sie lösen damit einen erbitterten Machtkampf in der KP-Führung aus, in dem sich die Falken um den starken Mann Deng Xiaoping durchsetzen. Sie lassen am 4. Juni die Demokratiebewegung mit Panzern niederwalzen und in einem furchtbaren Blutbad ersticken. Die Vertreter der „weichen“ Linie in den Führungsgremien verlieren ihre Positionen. Die Führer der Studenten kommen umgehend vor Gericht. Eine folgende Hinrichtungswelle soll allen Sympathisanten von Menschenrechtsgedanken klar machen, daß in China kein Platz für Reformen ist, wie sie Gorbatschow im entfernten Moskau in Gang gesetzt hat. Der Westen reagiert auf das Blutbad zwar mit Zeichen moralischer Entrüstung, ein geforderter Abbruch der Wirtschaftsbeziehungen kommt aber nur unvollständig zustande. □

**Noch diskutieren Studenten mit den nach Peking vorrückenden Truppen. Wenige Tage später erfolgt der Schießbefehl.**

Im April werden im völlig überfüllten Sheffielder Fußballstadion Hillsborough beim Pokalspiel Nottingham Forest gegen FC Liverpool 95 Zuschauer, darunter auch zahlreiche Kinder, zu Tode gedrückt, als mehr als 4 000 zu spät kommende Fans noch in die Westkurve der Arena strömen.

# 1989

**Buch des Jahres:**
„Salz auf unserer Haut" von Benoîte Groult

**Film des Jahres:**
„Der Club der toten Dichter" mit Robert Williams

**Schlager des Jahres:**
„Thriller" von Michael Jackson

## Dalí stirbt

In seinem Heimatort Figueras (Katalanien) stirbt am 23. Januar der spanische Maler Salvador Dalí im Alter von 84 Jahren. Er hinterläßt ein reiches künstlerisches Erbe, das ihn als einen der kreativsten Künstler dieses Jahrhunderts ausweist. Berühmt gemacht haben ihn vor allem seine surrealistischen und später kybernetischen Werke. □

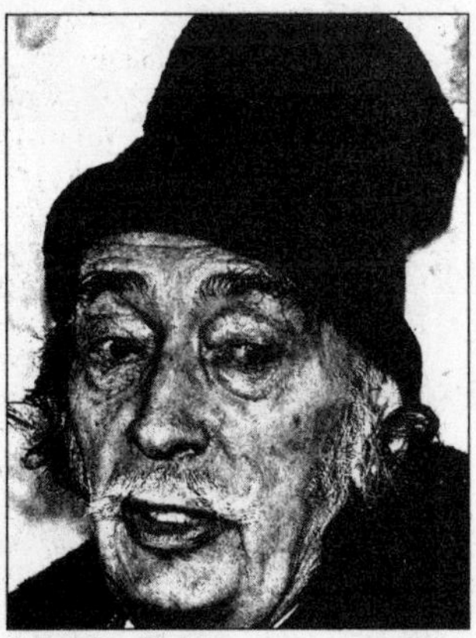

Salvador Dalí

## Karajan tot

In seinem Haus in Anif erliegt am 16. Juli Herbert von Karajan einer Herzschwäche. Der 81jährige Maestro hat bis zuletzt für die Eröffnungsvorstellung der Salzburger Festspiele geprobt. Er war erst im April als Chef der Berliner Philharmoniker zurückgetreten. □

## JAHRES-CHRONIK

- Nach 62jähriger Herrschaft stirbt Japans Kaiser Hirohito 87jährig am 7. Januar in Tokyo.
- Mehr als 1 100 Kilometer Küste von Alaska werden im März durch 44 000 Tonnen Öl aus dem verunglückten Tanker „Exxon Valdez" verseucht.
- Nach Rückzug der Stromkonzerne wird im April der Weiterbau der atomaren Wiederaufbereitungsanlage Wackersdorf aufgegeben.
- Bei den in Dortmund ausgetragenen Tischtennis-Weltmeisterschaften werden Jörg Roßkopf und Steffen Fetzner im April erste deutsche Titelträger.
- Wegen der sogenannten „Algenpest" an der italienischen Adriaküste bleiben im Sommer viele deutsche Urlauber weg.
- Der Bürgerkrieg im Libanon wird im September mit einem Waffenstillstand beendet.
- In San Francisco kommen im Oktober beim schwersten Erdbeben seit 1906 mehr als 60 Menschen ums Leben.
- Der Vorstandssprecher der Deutschen Bank, Alfred Herrhausen, wird im November von einem RAF-Kommando ermordet.
- Die deutschen Tennisspieler gewinnen im Dezember zum zweiten Mal den Davis-Cup.

## Mehr Macht für „Gorbi"

Michail Gorbatschow wird im Mai vom neugeschaffenen Volksdeputierten-Kongreß auch zum Staatspräsidenten der UdSSR gewählt. Gegen die damit weiter angewachsene Machtfülle erheben sich auch kritische Stimmen. Bei der Wahl zum Kongreß im März können sich die Bürger nach demokratischem Vorbild erstmals seit 70 Jahren zwischen mehreren Kandidaten entscheiden. Im Juni kommt „Gorbi" dann auch zu einem vom mittlerweile üblichen Medienrummel begleiteten Staatsbesuch in die Bundesrepublik Deutschland. □

## Iran ohne Khomeini

Die islamische Revolution verliert im Juni ihre Symbolfigur. Im Alter von 89 Jahren stirbt in Teheran Ayatollah Ruhollah Khomeini nach einer Darmoperation. Er hat zehn Jahre zuvor mit seiner Rückkehr aus dem Exil die „Islamische Republik Iran" gegründet, die einen stark antiwestlichen Kurs steuert. Kurz vor seinem Tod hat Khomeini noch ein „Todesurteil" gegen den britischen Autor Salman Rushdie verhängt, der mit einer Buchveröffentlichung („Die satanischen Verse") nach Meinung der Fundamentalisten „Lästerung des Koran" betrieben hat. Bei der Beisetzung Khomeinis gibt es unter chaotischen Zuständen Tote und Verletzte. Nachfolger wird Ali Akbar Rafsandschani. □

Steffi Graf und Boris Becker sorgen im Juli für den größten Erfolg in der Geschichte des deutschen Tennissports. Sie gewinnen beide Einzeltitel bei den Internationalen Tennismeisterschaften von England in Wimbledon. Es sind ihre großen Erfolge Nummer zwei und drei.

# Mit Gorbatschow beginnt eine neue Phase der Weltgeschichte

In die erstarrten Formen der Ost-West-Konfrontation kommt im Frühjahr 1985 heftige Bewegung. Für frischen Wind sorgt der neue Generalsekretär der KPdSU Michail Gorbatschow, in Moskau überstürzen sich die Ereignisse. Mit zwei bald weltweit geläufigen russischen Begriffen, „Glasnost" (Offenheit) und „Perestroika" (Umgestaltung), verändert der neue Führer der Großmacht UdSSR innerhalb kurzer Zeit nicht nur die in ideologischer Erstarrung verharrte Sowjetgesellschaft, sondern bis zum Ende des Jahrzehnts die politische Landkarte Europas. Ob er beim Anstoß der Reformen der Wirtschafts-, Innen-, Außen- und Verteidigungspolitik an die Folgen gedacht hat, werden vielleicht erst seine Memoiren verraten. Tatsache bleibt aber, daß mit seinem Namen der Beginn einer neuen Phase der Weltgeschichte verbunden bleiben wird. Ohne Gorbatschow hätte es kein Ende des Kalten Krieges gegeben, keine weltweite Abrüstung der Mittelstreckenrakteten durch den INF-Vertrag (1987), nicht die ersten freien Wahlen in der Sowjetunion (1989), keinen Anstoß zum START-Vertrag über die Verminderung der Langstreckenraketen (1989) und auch nicht die heute noch kaum faßbaren Veränderungen in den Ländern des Ostblocks und in der DDR. Denn obwohl er mit den Geistern, die er gerufen hat, innenpolitisch schnell Probleme bekommt, zieht „Gorbi", wie er im Westen fast zärtlich genannt wird, seine Entspannungs- und Verständigungspolitik durch. Der Mitte der 80er noch für unvorstellbar gehaltene Prozeß der Wiedervereinigung Deutschlands muß dem Konto dieses neuen Sympathieträgers im Kreml gutgeschrieben werden, weil er gegen etlichen Widerstand die entscheidenden Weichen stellt und mit seinem Verhandlungspartner Helmut Kohl eine von beiden Seiten bestätigte echte Männerfreundschaft eingeht. □

Michail Gorbatschow gilt als großer Reformpolitiker.

Für die Deutschen ist dies das bewegendste Ereignis des Jahrzehnts:

# Neue Geißel für die

Trotz weltweiten Wettrüstens und neuer Krisenherde macht man sich in den westlichen Gesellschaftssystemen zu Beginn der 80er Jahre mehr Gedanken um die immer umfangreichere Freizeit als um eine sichere Zukunft. Der Schock trifft die saturierte Gesellschaft dann auch nicht wegen der Stationierung von Mittelstreckenraketen, Falkland-Krieg oder Hungerkatastrophe in Äthiopien, er kommt vielmehr aus der Medizin und hat nur vier Buchstaben: Aids. Die neue Geißel der Menschheit verlockt die Medien zunächst zu unkontrollierten Spekulationen und zu Kampagnen, die unter dem Vorwand der Aufklärung und Vorbeugung zur Verunsicherung beitragen. Selbst seriöse Magazine greifen begierig jede Prognose auf und malen ihr Menetekel für die Menschheit an die Wand. Der Weltgesundheitsorganisation (WHO) sind Anfang 1984 offiziell 4 500 Personen als aidskrank bekannt. Vier Jahre später gibt die WHO 10 Millionen Infizierte an. Der Wissenschaft ist es inzwischen gelungen, den Erreger der immer tödlich endenden Krankheit zu bestimmen. Da er in etlichen Varianten festgestellt wird, ist die Ausgangsposition für ein Gegenmittel problematisch. Doch kann ab 1986 ausgeschlossen wer-

**Menschen aus Ost und West sitzen auf der Berliner Mauer.**

# Das neunte Jahrzehnt

## Neues Feindbild und Ärger mit der Medienneuordnung

Während sich Nationen um engere Zusammenarbeit bemühen, entsteht in Deutschland ein neues Feindbild. Immer offener tritt die Abneigung gegen die hier beschäftigten Ausländer, gegen Asylbewerber und Aussiedler zutage. Dabei macht man kaum einen Unterschied zwischen den Flüchtlingen aus Krisenregionen und den deutschstämmigen Heimkehrern aus Kasachstan und Siebenbürgen. Sie bekommen die geballte Abneigung einer Gesellschaft zu spüren, der alles Fremde immer unheimlicher erscheint. Die Frage des im Grundgesetz verbrieften Asylrechts führt angesichts der zwischen 20 000 (1983) und 99 650 (1986) Zufluchtsuchenden zur schärfsten innenpolitischen Auseinandersetzung dieses Jahrzehnts. Es kommt in zunehmendem Maß zu Übergriffen und Gewalttaten gegen Asylsuchende bzw. ihre Unterkünfte, die allerdings schnell zu einer Gegenbewegung bei demokratischer gesinnten Bürgern führen. Viel Ärger gibt es auch über die weniger existenzielle Frage der Neuordnung des Rundfunkwesens. Nach 60 Jahren betulicher öffentlich-rechtlicher Alleinherrschaft kommt ab 1984 mit der Kommerzialisierung durch Privatanbieter eine Variante in die heile Hörfunk- und Fernsehwelt. Der Fetisch Einschaltquote bekommt mit einem Mal in Funkhäusern Bedeutung, in denen sonst mehr über die sogenannte Grundversorgung gestritten wurde. Aber seitdem die Post Deutschland aufbuddelt, um den Menschen ans Kabel zu legen, gelten völlig neue Normen. Auch für die Ausgeschlossenen auf dem flachen Lande gibt es eine Alternative. Das Zauberwort heißt Satellit, und an vielen Gebäuden prangt bald die runde, multilateralen Empfang sichernde Schüssel. □

# Menschheit: Aids

den, daß Aids wie in vielen unqualifizierten Veröffentlichungen behauptet, von einer afrikanischen Affenart gekommen sei. Dies gehört ebenso wie die zunächst vielfach propagierte Beschränkung der „Lustseuche“ auf Homosexuelle oder Drogensüchtige zu den bedauerlichen publizistischen Entgleisungen in Sachen AIDS. Nachdem die Wissenschaft eindeutig nachweisen kann, daß die Ansteckung nur über Blut und Körpersekrete, vor allem beim Geschlechtsverkehr, erfolgt und die Zahl der infizierten heterosexuellen Personen bis Ende des Jahrzehnts ständig steigt, erfolgt eine in dieser Form nie für möglich gehaltene öffentliche Debatte um das Sexualverhalten. Restriktive Maßnahmen wie die vom Freistaat Bayern 1987 verabschiedeten Beschlüsse rufen dagegen nicht gerade Begeisterung hervor. Denn Ende des Jahrzehnts glauben Beobachter zumindest für die Bundesrepublik bilanzieren zu können, daß der vorsichtigere sexuelle Umgang miteinander erste Erfolge zeigt. Denn während es in Afrika bis zu 10 Millionen Infizierte gibt, liegt die Zahl der registrierten Erkrankungen Ende 1989 bei 5 109. Die Anzahl der gemeldeten HIV-Infektionen wird Ende 1989 mit 37 091 angegeben. □

**Die Fernseh-Familie der 80er Jahre: die Ewings aus Dallas**

# Deutschland feiert Wiedervereinigung

**Am Brandenburger Tor jubeln Deutsche aus Ost und West die ganze Nacht am zum Feiertag erklärten „Tag der deutschen Einheit“.**

Knapp ein Jahr nach dem Fall der Berliner Mauer feiert ganz Deutschland das Fest der Wiedervereinigung. Am 3. Oktober endet mit dem Beitritt der DDR zur Bundesrepublik Deutschland die seit dem Ende des Zweiten Weltkrieges bestehende Spaltung des Landes. Deutschland ist wieder e i n Staat mit voller Souveränität. In den zehn Monaten bis zur großen Feier überschlagen sich die Ereignisse. In der DDR beherrschen die Funktionäre die Lage nicht mehr. Die Bürger gehen auf die Straße, stürmen das Gebäude des ehemaligen Staatssicherheitsdienstes (Stasi) und gründen neue Organisationen und Parteien. Honecker-Nachfolger Egon Krenz wird aus der SED-Nachfolgeorganisation, die sich jetzt „Partei des Demokratischen Sozialismus“ (PDS) nennt, im Januar ausgeschlossen und verliert alle Ämter. Der seit dem 13. November als Ministerpräsident der DDR amtierende Altgenosse Hans Modrow versucht mit einer „Regierung der nationalen Verantwortung“, an der alle alten und neuen Parteien beteiligt sind, ein funktionierendes Staatswesen aufrecht zu erhalten. Man beschließt für März vorgezogene Wahlen zu einer neuen Volkskammer, die erstmals frei und demokratisch vonstatten gehen sollen. Zuvor ist im Februar die wichtigste Entscheidung für den weiteren Weg Deutschlands gefallen. In Moskau gibt Michail Gorbatschow nach Verhandlungen mit Helmut Kohl sein Ja zur Deutschen Einheit. Aus den Volkskammerwahlen geht die konservative „Allianz für Deutschland“ – ein Bündnis aus Ost-CDU, Demokratischer Aufbruch (DA) und Deutsche Soziale Union (DSU) – als Sieger hervor. Im April bildet der CDU-Politiker Lothar de Maizière die erste demokratisch legitimierte Regierung der DDR als Koalition von CDU, DSU, DA, SPD und Liberalen. Er verhandelt mit der Bundesregierung über eine Wirtschafts-, Währungs- und Sozialunion zwischen den beiden Staaten, die am 1. Juli mit Einführung der DM in der DDR in Kraft tritt. Danach wird ein „Einigungsvertrag“ zwischen Vertretern von Volkskammer und Bundesregierung ausgehandelt, der den Beitritt der DDR zur Bundesrepublik nach Artikel 23 des Grundgesetzes vorsieht. Vorher wird mit den vier Siegermächten ein Vertrag unterzeichnet, der die Deutsche Einheit völkerrechtlich regelt. □

**Der Tag, als die D-Mark kam: Kohlefahrer Hans-Joachim Carsalli aus Ost-Berlin erhält als erster DDR-Bürger seine ihm mit der Währungsunion zustehenden 4 000 Mark West.**

**Nach einem 1:0-Finalsieg gegen Argentinien wird Deutschland im Juli zum dritten Mal Fußball-Weltmeister. Das 14. WM-Turnier in Italien wird damit auch zum großen Triumph für Franz Beckenbauer, der als „Teamchef" zum zweiten Mal die höchste Trophäe des Weltfußballs in die Hand nehmen kann (1972 als Kapitän der siegreichen Elf). Das entscheidende Tor erzielt Andreas Brehme (links jubelnd) per Elfmeter. Einer der Stars dieser WM ist Jürgen Klinsmann (rechts), der mit tollen Treffern den Weg ins Finale vorbereitete.**

# 1990

**Buch des Jahres:**
„Das Foucaultsche Pendel"
von Umberto Eco

**Film des Jahres:**
„Der mit dem Wolf tanzt"
von und mit Kevin Costner

**Schlager des Jahres:**
„We are the Champions"
von Queen

## JAHRES-CHRONIK

- Im Alter von 83 Jahren stirbt am 19. Januar in Bonn der langjährige SPD-Fraktionsvorsitzende Herbert Wehner.
- Der Anti-Apartheid-Kämpfer Nelson Mandela wird im Februar nach über 27jähriger Haft entlassen.
- Im Alter von 97 Jahren stirbt am 13. April in Bozen der Schauspieler, Regisseur und Schriftsteller Luis Trenker.
- („Die Göttliche") Greta Garbo stirbt im Alter von 84 Jahren am 15. April in New York.
- In Ost-Berlin werden im Juni und Juli ehemalige RAF-Terroristen wie Susanne Albrecht festgenommen.
- Die ehemaligen jugoslawischen Teilrepubliken Slowenien, Kroatien und Bosnien-Herzegowina erklären sich im Juli und August zu unabhängigen Staaten.
- Einheiten der irakischen Armee marschieren im August in das Nachbarland Kuwait ein.
- 72jährig stirbt am 14. Oktober in New York der Dirigent und Komponist Leonard Bernstein.
- Der 47jährige John Major wird im November nach dem Rücktritt von Margaret Thatcher neuer britischer Premierminister.
- Helmut Kohl wird nach Wahlsieg der Regierungskoalition im Dezember erster von allen Deutschen gewählter Bundeskanzler.

**Mit Entsetzen registriert die Bundesrepublik zwei Attentate auf prominente Politiker. Bei ihren Wahlkampfauftritten werden Oskar Lafontaine (rechts) und Wolfgang Schäuble (links) lebensgefährlich verletzt. Der SPD-Kanzlerkandidat wird im April in Köln von einer 42jährigen Attentäterin in den Hals gestochen, der Innenminister im Oktober in Oppenau (Schwarzwald) von einem 37jährigen Mann niedergeschossen. Schäuble, der auch den Einigungsvertrag mit ausgearbeitet hat, bleibt danach gelähmt.**

# Triumph für Jelzin

**Der neue Präsident des souveränen Rußlands: Boris Jelzin**

Auch in der Sowjetunion überrollen die Folgen der von Gorbatschow auf den Weg gebrachten Reformen in diesem Jahr ihren Initiator. Das nur von der Klammer des Kommunismus zusammengehaltene Riesenreich zerfällt unter dem Druck seiner vielen Völker. Den Anfang machen im Mai die baltischen Sowjetrepubliken, die sich zu den unabhängigen Staaten von Litauen, Lettland und Estland erklären. Mit Rußland erklärt sich im Juni die größte Sowjetrepublik für souverän. An ihrer Spitze steht seit dem Vormonat der populäre Reformpolitiker und Gorbatschow-Kritiker Boris Jelzin, der vom Volksdeputierten-Kongreß zum Staatspräsidenten gewählt wurde. Im Juli tritt Jelzin auf dem Parteitag der KPdSU aus der Partei aus. Mit ihm und dem zum ersten Staatspräsidenten der Sowjetunion gewählten Gorbatschow stehen sich nun zwei mächtige Männer gegenüber, die stark divergierende Vorstellungen über den weiteren Reformweg haben. Da sich bis Jahresende alle ehemaligen Sowjetrepubliken zu unabhängigen Staaten erklären, gerät Gorbatschows Konzept zunehmend unter Druck. Die innenpolitische Lage läßt es nicht einmal zu, am 10. Dezember den an ihn verliehenen Friedensnobelpreis in Oslo in Empfang zu nehmen. Nach dem Rücktritt seines Gefolgsmannes und Außenministers Eduard Schewardnadse am 20. Dezember kann Gorbatschow aber mit der vom Volksdeputierten-Kongreß abgesegneten Verfassungsreform noch einmal Stärke demonstrieren. Die Deputierten billigen ihm noch mehr Machtfülle in seiner Stellung als Präsident zu, indem alle Mitglieder der Regierung ihm künftig direkt unterstellt sind. □

# Die Alliierten erobern Kuwait zurück

Nach monatelangem Tauziehen vor der UNO um eine friedliche Lösung des Konfliktes am Persischen Golf beginnt am 17. Januar mit der „Operation Wüstensturm" der Angriff einer internationalen Streitmacht zur Befreiung Kuwaits von der irakischen Besatzung. Unter Führung der USA kommt es zu massiven Luftschlägen mit Marschflugkörpern und Bombengeschwadern gegen Ziele im Irak. Die waffentechnisch hoch überlegenen Angreifer gewinnen binnen kurzem die Lufthoheit über den Irak, dessen Hauptstadt Bagdad bei Bombardements schwere Zerstörungen erleidet. Eine unvorhergesehene Eskalation droht am zweiten und dritten Kriegstag, als der Irak mit russischen Scud-Raketen Israel beschießt und man stündlich mit einem Gegenschlag der Israelis rechnen muß. Erst die umgehende Stationierung von amerikanischen Patriot-Abwehrraketen entschärft die Gefahr einer Ausweitung der von UN-Entscheidungen gedeckten Aktion der Alliierten. Nach fast sechswöchigem Luftkrieg beginnt am 24. Februar eine große Bodenoffensive, bei der innerhalb von wenigen Tagen die irakischen Streitkräfte in Kuwait vernichtend geschlagen werden. Die fliehenden Truppen des irakischen Diktators Saddam Hussein verfahren nach dem Prinzip der verbrannten Erde. Während die Bevölkerung Kuwaits die Befreiung feiert, brennen im Land 727 von den Irakern angezündete Ölquellen. Es droht eine unvorstellbare Umweltkatastrophe. Die Löscharbeiten dauern bis Jahresende an. In den Kämpfen haben die aus 31 verschiedenen Nationen bestehenden alliierten Streitkräfte lediglich 343 Tote zu beklagen. □

Kanadische Feuerbekämpfer vor einer Ölquelle in Kuwait

Opfer eines Bombenangriffs auf einen Schutzbunker in Bagdad

## JAHRES-CHRONIK

● Bei einer Militäraktion sowjetischer Truppen im Baltikum werden im Januar 20 Menschen getötet und mehrere hundert zum Teil schwer verletzt.

● Nach dem Sturz des Diktators Mohammed Siad Barre kommt es im Januar in Somalia zu einem blutigen Bürgerkrieg.

● Mit der Auflösung des Warschauer Paktes zum 31. März endet die Teilung der Welt in zwei feindliche Militärblöcke.

● Bei einem Taifun in Bangla Desh kommen im April über 200 000 Menschen ums Leben.

● Treuhand-Chef Detlev Karsten Rohwedder wird am 1. April in Düsseldorf Opfer eines Mordanschlages der RAF.

● Der schleswig-holsteinische Ministerpräsident Björn Engholm wird im Mai zum neuen Vorsitzenden der SPD gewählt.

● Jelzin wird im Juni Präsident der Russischen Föderation.

● Der Ausbruch des Vulkans Pinatubo auf den Philippinen führt im Juni zu einer schweren Naturkatastrophe.

● Michael Stich gewinnt im Juli das erste nur von Deutschen bestrittene Finale von Wimbledon gegen Boris Becker. Den Damentitel holt erneut Steffi Graf.

● Die baltischen Staaten Litauen, Estland und Lettland werden im August von einigen EG-Ländern diplomatisch anerkannt.

● Nur einen Tag vor seinem 69. Geburtstag stirbt am 28. September in Hamburg der langjährige Nachrichtensprecher Karl-Heinz Köpke.

● Im Alter von 48 Jahren stirbt am 9. Oktober in Heldenstein der Schauspieler und Sänger Roy Black an Herzversagen.

● Der 69jährige Ägypter Butros Ghali wird im Dezember zum neuen UNO-Generalsekretär gewählt.

# Bürgerkrieg in Jugoslawien

Im Vielvölkerstaat Jugoslawien führen alte ethnische Konflikte in diesem Jahr zu einem blutigen Bürgerkrieg. Nachdem die Parlamente Kroatiens und Sloweniens als souveräne Teilstaaten Unabhängigkeitserklärungen verabschieden, geht die von Belgrad dominierte Bundesarmee zunächst gegen Slowenien vor. Dabei erleidet die Armee überraschende Schlappen gegen die slowenische Territorialverteidigung. Auf Vermittlung der Europäischen Gemeinschaft kommt im Juli eine Friedensvereinbarung zustande, aufgrund der sich die Truppen Belgrads wieder aus der ehemaligen Teilrepublik zurückziehen. Dafür dringen sie bis Ende August massiv auf kroatisches Gebiet vor. Bis in den Herbst gibt es Kämpfe zwischen kroatischen Milizen einerseits und serbischen Freischärlern, die für ein Großserbien als Nachfolgestaat der Republik Jugoslawien kämpfen, andererseits. Die Bundesarmee unterstützt dabei massiv die Freischärler. Im November wird die kroatische Stadt Vukovar erobert, die Adriametropole Dubrovnik wird durch Artilleriebeschuß schwer beschädigt. Unter Vermittlung der EG wird ein Waffenstillstandsabkommen nach dem anderen vereinbart, an das sich niemand hält. Im Dezember erkennen die EG-Staaten Slowenien und Kroatien formell an. □

Die historische Altstadt von Dubrovnik brennt nach dem Beschuß.

# Europa soll Union werden

Die Staaten der Europäischen Gemeinschaft vereinbaren auf einer Gipfelkonferenz im niederländischen Maastricht weitreichende Schritte. Nach dem im Dezember beschlossenen Vertrag wird die Errichtung einer Währungs- und Wirtschaftsunion als Einstieg in eine politische Union Europas vereinbart. Bis 1999 soll eine einheitliche europäische Währung, der sogenannte ECU, die nationalen Währungen ablösen. Eine Europäische Zentralbank soll über die Stabilität wachen. Außerdem wird eine Unionsbürgerschaft vorgesehen, die dem einzelnen Bürger in der Union mehr Freizügigkeit und Mitbestimmung einräumt. □

# 1991

**Buch des Jahres:**
„Die Muschelsucher"
von Rosamunde Pilcher

**Film des Jahres:**
„J.F.K. – Tatort Dallas"
mit Kevin Costner

**Schlager des Jahres:**
„Wind of Change"
von Scorpions

# Flüchtling Honecker

Der letzte Staats- und Parteichef der DDR Erich Honecker ist seit dem 12. Dezember auch Botschaftsflüchtling. Nachdem seine russischen Gastgeber ihn zur Ausreise nötigten, hat er in der chilenischen Botschaft in Moskau um Asyl nachgesucht. Gegen Honecker liegt in Berlin seit dem 30. November des Vorjahres ein Haftbefehl vor. Er ist am 13. März von den Sowjets aus einem Militärhospital nahe Berlin per Flugzeug nach Moskau gebracht worden. □

# Das Ende der Sowjetunion

Panzer der konservativen Einheiten haben den Roten Platz besetzt.

In Alma-Ata (Kasachstan) schließen sich im Dezember elf der 15 früheren Republiken der UdSSR zur Gemeinschaft Unabhängiger Staaten (GUS) zusammen, erklären die Sowjetunion für aufgelöst und Präsident Gorbatschow für abgesetzt. Im August hat er dank des Einsatzes von Boris Jelzin noch einen Putschversuch konservativer Kräfte überstanden. Die KPdSU ist von Jelzin im November verboten worden. □

**Der US-Sprinter Carl Lewis wird der Superstar der Leichtathletik-Weltmeisterschaften in Tokyo. Er stellt dort im August im 100-m-Finale mit 9,86 Sekunden und mit der 4 x 100-m-Staffel neue Weltrekorde auf. Weltmeister werden auch Heike Henkel (Hochsprung), Sabine Braun (Fünfkampf) und Lars Riedel (Diskus). Die Medaillen der Katrin Krabbe werden später aberkannt.**

**Der frühere indische Ministerpräsident Rajiv Gandhi fällt am 21. Mai einem Mordanschlag zum Opfer. Während einer Wahlkampfreise in Südindien stirbt er nach einem Bombenattentat. Als Verdächtige werden Angehörige der Befreiungsbewegung LTTE verhaftet, die sich das Leben nehmen.**

# Protestwelle gegen Anschläge auf Ausländer

300 000 Menschen bilden in Hamburg rund um die Alster eine Lichterkette gegen Ausländerhaß.

Nach einer Serie von Gewalttaten gegen in Deutschland lebende Ausländer geht die Bevölkerung im Dezember auf die Straße und protestiert mit eindrucksvollen Kundgebungen gegen Ausländerfeindlichkeit und Fremdenhaß. Die Behörden haben bis Ende November 2 000 Straftaten gegen ausländische Menschen registriert. Den bis dahin schlimmsten Angriff gibt es am 22. August im Rostocker Stadtteil Lichtenhagen, wo ein Asylbewerberheim von mehreren hundert rechtsradikalen Gewalttätern in Brand gesetzt wird. Obwohl viele Menschen sich in Lebensgefahr befinden, kommt es nur zu einem zögerlichen Polizei-Einsatz. Bei einem Brandanschlag auf ein von Türken bewohntes Mehrfamilienhaus in Mölln kommen am 23. November zwei Frauen und ein zehnjähriges Mädchen ums Leben. Nach diesen Morden protestieren von Ende November an Hunderttausende von Menschen mit Kerzen und Lichtern in vielen Städten und fordern vom Staat endlich energisches Durchgreifen. □

## JAHRES-CHRONIK

● Mit Unterzeichnung eines Friedensvertrages zwischen Regierung und Guerillas endet im Januar der zwölfjährige Bürgerkrieg in El Salvador.

● Bei den von Kommerz geprägten XVI. Olympischen Winterspielen im französischen Albertville gewinnen deutsche Teilnehmer im Februar je zehnmal Gold und Silber und sechsmal Bronze.

● Die Mehrheit der weißen Bevölkerung Südafrikas votiert im März in einer Volksabstimmung für ein Ende der Rassentrennung.

● Im April und Mai behindert der erste flächendeckende Streik des öffentlichen Dienstes seit 1974 das Leben in Deutschland.

● Bei einem Erdbeben in der Niederrheinischen Bucht entsteht am 13. April erheblicher Sachschaden.

● Bei schweren Rassenunruhen sterben im April in Los Angeles mindestens 58 Menschen.

● Nach 18jähriger Amtszeit als Außenminister gibt Hans-Dietrich Genscher im Mai die Arbeit auf. Nachfolger wird Klaus Kinkel.

● Im Alter von 77 Jahren stirbt am 30. Mai in Meckenheim Alt-Bundespräsident Karl Carstens.

● Die Schauspielerin Marlene Dietrich stirbt 90jährig am 6. Mai in Paris.

● Der Oppositionsführer Yitzhak Rabin wird im Juni neuer israelischer Ministerpräsident.

● Dänemark wird durch einen 2:0-Sieg gegen Deutschland im Juni Fußball-Europameister.

● Nach 232tägigem Aufenthalt in der chilenischen Botschaft in Moskau wird Erich Honecker im Juli ausgeliefert und in Berlin festgenommen.

● Beim Absturz eines Flugzeuges auf einen Amsterdamer Vorort kommen im Oktober über 70 Menschen ums Leben.

● Die Quiché-Indianerin und guatemaltekische Freiheitskämpferin Rigoberta Mechú erhält im Dezember den Friedensnobelpreis.

## Rätsel um Tod

Der Tod zweier führender Vertreter der Ökologie- und Friedensbewegung gibt den Familien und Freunden Rätsel auf. Die beiden früheren Grünen-MdBs Petra Kelly und Gert Bastian werden am 19. Oktober in ihrem Haus in Tannenbusch bei Bonn tot aufgefunden. Nach Polizei-Ermittlungen muß der Ex-General seine Lebensgefährtin und dann sich selbst erschossen haben. Es gibt keinen Abschiedsbrief. □

**Der schwäbische 5 000-m-Läufer Dieter Baumann (vorn) gehört zu den großen Siegern der XXV. Olympischen Sommerspiele von Barcelona im Juli. Außer ihm gewinnen noch 32 andere deutsche Einzelkämpfer bzw. Mannschaften olympisches Gold. Insgesamt gehen 80 Medaillen an das deutsche Team. Der Amerikaner Carl Lewis gewann in Barcelona seine Goldmedaillen sieben und acht bei Olympischen Spielen.**

# Trauer um Willy Brandt

„Der Tod von Willy Brandt ist ein großer und unermeßlicher Verlust für die politische Weltgemeinschaft, für das politische Europa, für das vereinigte Deutschland und für die sozialdemokratische Partei." Mit diesen Worten würdigt SPD-Parteichef Björn Engholm den am 8. Oktober im Alter von 78 Jahren in Unkel bei Bonn verstorbenen früheren Bundeskanzler und SPD-Ehrenvorsitzenden Willy Brandt. Mit ihm verliert das Land die letzte große Gründergestalt der zweiten deutschen Demokratie. Der vor der Nazi-Herrschaft nach Skandinavien geflohene Brandt war als Mitglied des ersten Deutschen Bundestages seit 1949 am Aufbau eines neuen Deutschlands beteiligt, hat 23 Jahre lang die größte deutsche Volkspartei geführt und sie als erster Kanzler regierungsfähig gemacht. Der Sozialistischen Internationale stand er 16 Jahre lang als Präsident vor. Der Friedensnobelpreisträger wird am 18. Oktober nach einem Staatsakt auf dem Waldfriedhof in Berlin-Zehlendorf beigesetzt. Bundeskanzler Helmut Kohl würdigt ihn als einen deutschen Patrioten, Europäer und Weltbürger, der hohes Ansehen für das demokratische Deutschland erworben habe. □

Mit einem Schweigemarsch trauern die Berliner um Willy Brandt.

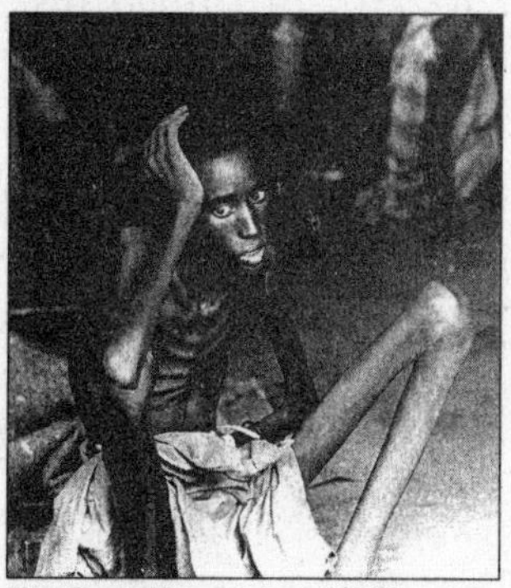

Ein Somali wartet auf Hilfe.

## Truppen gegen Hungersnot

Weil die von der UNO geleistete humanitäre Hilfe für die vom Hungertod bedrohte Bevölkerung Somalias zum größten Teil von Rebellen geraubt wird, landen am 8. Dezember Truppen einer internationalen Streitmacht unter Führung der USA in Somalia. Sie sollen die Verteilung der Hilfsgüter, vor allem Lebensmittel, an die Bedürftigen sichern. Im Dezember beschließt die Bundesregierung die Entsendung eines Kontingents der Bundeswehr zur Unterstützung der Hilfsaktion. Dagegen erhebt die SPD Beschwerde vor dem Bundesverfassungsgericht. □

# 1992

**Buch des Jahres:**
„Der Schamane"
von Noah Gordon

**Film des Jahres:**
„Erbarmungslos"
von und mit Clint Eastwood

**Schlager des Jahres:**
„We can't dance" von Genesis

## Der Bürgerkrieg wird grausamer

Die Kämpfe im früheren Jugoslawien nehmen in diesem Jahr an Heftigkeit zu und dehnen sich immer weiter aus. Sie verlagern sich von Kroatien mehr und mehr in das von drei Volksgruppen – Moslems, Kroaten und Serben – bewohnte Bosnien-Herzegowina. Die von der UNO in die Krisengebiete entsandten Truppen stehen zwischen den Fronten und versuchen, humanitäre Hilfe zu leisten. Ein Mandat zum Waffeneinsatz hat ihnen die Weltorganisation nicht gegeben. Die Serben erobern fast Dreiviertel des Staatsgebiets, schließen die Hauptstadt Sarajevo ein und bombardieren sie wochenlang durch Artilleriegranaten. Ab Juli werden die Bewohner über eine internationale Luftbrücke notdürftig versorgt. Die Welt erfährt von Internierungslagern, Massenvergewaltigungen, grausamen Massakern, Folterungen und anderen Kriegsgreueln. □

**Nach einem spannenden Wahlkampf, an dem entgegen sonstigen Gepflogenheiten drei Bewerber beteiligt sind, wird der Demokrat Bill Clinton (links mit Tochter Chelsea und Ehefrau Hillary) im November zum 42. Präsidenten der USA gewählt. Geschlagen werden Amtsinhaber George Bush (39 Prozent der Stimmen) und der unabhängige Kandidat Ross Perot (19 Prozent). Für Clinton, den ersten Demokraten seit zwölf Jahren, haben 43 Prozent gestimmt. Wie sein Vize-Präsident Albert Gore gehört der neue Mann im Weißen Haus zur Nachkriegsgeneration.**

Sarajevo trauert um die Toten.

# Putsch gegen Jelzin

Jelzins Truppen suchen Deckung hinter einem ausgebrannten Bus.

Der Machtkampf zwischen Boris Jelzin und den Gegnern seiner Reformpolitik spitzt sich weiter zu. Jelzin will seine Absichten vom Volk absichern lassen, stellt Rußland am 20. März unter Präsidialherrschaft und beraumt einen Volksentscheid an. 64,5 Prozent der wahlberechtigten Russen nehmen im April daran teil und bestätigen seinen Kurs. Allerdings bleibt der Kongreß der Volksdeputierten bestehen, dessen Präsident Ruslan Chasbulatow sowie der russische Vize-Präsident Alexander Ruzkoi sich als Reformgegner profiliert haben. Jelzin reagiert darauf im September mit der Auflösung des Kongresses und des Obersten Sowjets, gleichzeitig setzt er Neuwahlen für den 12. Dezember an. Der Oberste Sowjet erklärt darauf Jelzin für abgesetzt und macht Alexander Ruzkoi zu dessen Nachfolger. Das innenpolitische Chaos in Rußland ist perfekt. Auf Befehl Jelzins wird das Parlamentsgebäude von Polizei und Miliz umstellt, den Abgeordneten der Strom abgestellt und diese zur Aufgabe gemahnt. Am 3. Oktober eskaliert dann die Lage. Tausende von Jelzin-Gegnern durchbrechen den Kordon um das Weiße Haus, andere stürmen die Fernsehzentrale im Vorort Ostankino. In der Nacht zum 4. Oktober greifen jelzin-treue Einheiten der Armee mit Panzern in das Geschehen ein, beschießen das Parlament und zwingen die Putschisten zur Aufgabe. Die Kämpfe haben über einhundert Todesopfer gefordert. Im Dezember stimmen bei der ersten demokratischen Wahl in Rußland die meisten Bürger Jelzins neuer Verfassung zu. Das auch gewählte neue Zwei-Kammer-Parlament wird allerdings überraschend von seinen Gegnern beherrscht. □

# Hungerstreik für Arbeitsplatz

Letztlich ohne Erfolg endet in Bischofferode (Eichsfeld) ein monatelanger Hungerstreik von 40 Beschäftigten des dortigen Kalibergwerks zum Erhalt ihrer Arbeitsplätze. Die im April in dem kleinen thüringischen Ort begonnene Aktion wird im September unter ständiger Medienbegleitung abgebrochen. Alle 700 Kali-Kumpel verlieren durch Schließung der Grube ihre Arbeitsplätze. Die von Bund und Land angebotenen Ersatzarbeitsplätze erweisen sich im Laufe der folgenden Monate als völlig unzureichend. □

Aus Solidarität mit den hungerstreikenden Kali-Kumpeln ketten sich 30 Personen an das Brandenburger Tor an.

# Frieden für Nahen Osten?

Nach jahrzehntelanger Feindschaft zwischen Israel und seinen arabischen Nachbarn wird im September mit dem Gaza-Jericho-Abkommen in Washington ein Meilenstein auf dem Weg zu einer friedlichen Regelung gesetzt. Israels Premier Rabin und PLO-Chef Arafat unterzeichnen ein Papier, das den Rückzug Israels aus dem 1967 eroberten Gaza-Streifen und Jericho im Westjordanland vorsieht, wo den Palästinensern dann Autonomie eingeräumt wird. Danach soll ab 1996 endgültig über den Status der Gebiete entschieden werden. □

**Der Elmshorner Tennis-Profi Michael Stich krönt mit dem Gewinn des Davis-Cups das erfolgreichste Jahr seiner Karriere. Das deutsche Team besiegt in Düsseldorf unter Stichs Führung Australien im Finale mit 4:1. Vorher ist der Weltranglisten-Zweite in Frankfurt ATP-Weltmeister geworden.**

## JAHRES-CHRONIK

- Mit Jahresbeginn wird die ČSSR in die souveränen Staaten Slowakische Republik und Tschechische Republik geteilt.
- Ein Bombenanschlag islamischer Extremisten auf das World Trade Center in New York fordert im Februar sechs Todesopfer und mehrere hundert Verletzte.
- Fast 30 000 Stahlwerker legen bei Protesten gegen Massenentlassungen in der Nacht zum 17. Februar teilweise den Verkehr im Ruhrgebiet lahm.
- Bei einem Bombenanschlag der RAF wird die noch im Bau befindliche Justizvollzugsanstalt im hessischen Weiterstadt zerstört.
- Beim Sturm der Bundespolizei FBI auf ein Sektenquartier in Waco (Texas) kommen im April über 80 Menschen, darunter 17 Kinder, ums Leben.
- Durch ein im Mai vom Bundestag verabschiedetes Gesetz wird das deutsche Asylrecht erheblich eingeschränkt.
- Die Parteien der Grünen und des Bündnis 90 schließen sich im Mai zu einer Partei zusammen.
- Nach Rücktritt von Max Streibl wird Edmund Stoiber im Mai bayerischer Ministerpräsident.
- Bei einem Anti-Terror-Einsatz auf dem Bahnhof von Bad Kleinen (Mecklenburg) kommen im Juni ein Beamter und ein mutmaßlicher Terrorist ums Leben.
- Nach dem Rücktritt von Björn Engholm wird Rudolf Scharping im Juni neuer SPD-Vorsitzender.
- Im Alter von 62 Jahren stirbt am 31. Juli in Montril bei Granada Belgiens König Baudouin I.
- Bei den Leichtathletik-Weltmeisterschaften in Stuttgart gewinnen Heike Drechsler und Lars Riedel im August zwei Titel für Deutschland.
- Im Alter von 73 Jahren stirbt am 31. Oktober in Rom der Filmregisseur Federico Fellini.
- Die Brandstifter von Mölln werden im Dezember zu lebenslanger Haft bzw. 10 Jahren Jugendstrafe verurteilt.
- ANC-Führer Nelson Mandela und Südafrikas Staatschef Frederik de Klerk erhalten im Dezember den Friedensnobelpreis.

Das im November des Vorjahres gegen den ehemaligen DDR-Staats- und Parteichef Erich Honecker eröffnete Verfahren wegen vollendeten bzw. versuchten Totschlags an DDR-Flüchtlingen wird wegen seines schlechten Gesundheitszustandes im Januar eingestellt. Der krebskranke 80jährige fliegt zu seiner Familie nach Chile. Das Bild zeigt ihn im Flugzeug bei der Zeitungslektüre über das Prozeßende. Der ehemalige Staatsratsvorsitzende wird in Chile freundlich begrüßt und mit seiner Frau Margot in einem reservierten Domizil gut untergebracht.

# 1993

**Buch des Jahres:**
„Die Akte" von John Grisham

**Film des Jahres:**
„Jurassic Park"
von Steven Spielberg

**Schlager des Jahres:**
„Die da"
von Die phantastischen Vier

## Türkinnen ermordet

**Erschütterung bei der Trauerfeier für die Opfer von Solingen**

Sechs Monate nach dem Brandanschlag von Mölln fallen im Mai fünf türkische Frauen und Mädchen in Solingen einem Brandanschlag zum Opfer. Sie kommen in den Flammen ihres Hauses im Zentrum der Stadt um oder sterben beim Sprung aus der Feuerhölle. Als Tatverdächtige werden vier Personen im Alter zwischen 16 und 23 Jahren festgenommen. Die Ermordung der Türkinnen – 27, 18, 12, 9 und 4 Jahre alt – löst in ganz Deutschland eine Welle des Abscheus aus. In der Türkei wird die Sicherheitslage der vielen hier lebenden Bürger des Landes kritisch hinterfragt. Die Angst vor dem Rechtsextremismus wächst. □

## Attentat auf Seles

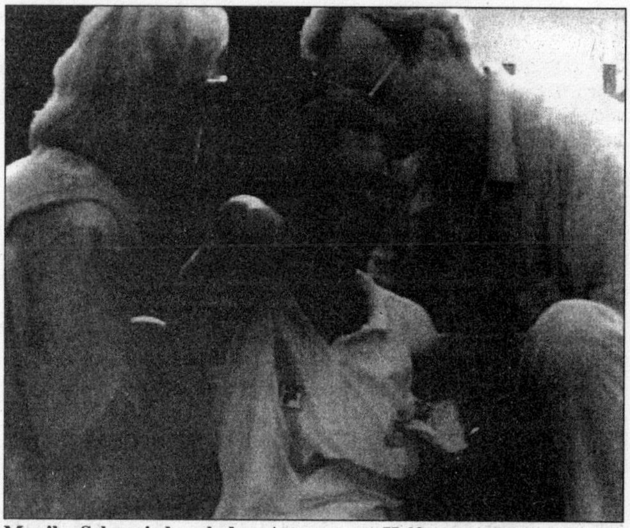

**Monika Seles wird nach dem Attentat von Helfern gestützt.**

Beim internationalen Damen-Tennisturnier in Hamburg wird die Weltranglisten-Erste Monica Seles während der Ruhepause eines Matches am 30. April von einem 39jährigen Mann mit einem Messer attackiert und im Rücken erheblich verletzt. Das Attentat ruft nicht nur in der Tenniswelt Entsetzen hervor und löst eine heftige Diskussion über Sicherheitsstandards bei Sportveranstaltungen aus. Der aus Thüringen stammende Täter wird im Herbst zu zwei Jahren Haft verurteilt. Seine Begründung, er habe Steffi Graf den Weg an die Spitze der Weltrangliste mit dem Attentat ebnen wollen, weist ihn als Psychopathen aus. Die gebürtige Serbin mit US-Staatsbürgerschaft kann wegen der Folgen des Anschlages über ein Jahr kein Tennisturnier bestreiten. □

## Frau an Spitze

Die bisherige Finanzministerin Heide Simonis ist seit dem 19. Mai erste Regierungschefin eines deutschen Bundeslandes. Die 49jährige wird damit Nachfolgerin des wegen Spätfolgen der Barschel-Affäre zurückgetretenen Ministerpräsidenten Björn Engholm. □

## Der Chef geht

Mit dem Rücktritt des IG-Metall-Vorsitzenden Franz Steinkühler geht im Mai eine weitere Affäre zu Ende. Ihm war vorgeworfen worden, er habe seine internen Kenntnisse als Aufsichtsratsmitglied der Daimler Benz AG zu unlauteren Wertpapiergeschäften mißbraucht. □

# England ist keine Insel mehr

Wir haben jetzt eine Landesgrenze, Madame", sagte Frankreichs Staatspräsident Mitterrand am 6. Mai im französischen Küstenort Coquelles bei Calais zu Königin Elisabeth II. von Großbritannien. Beide hatten zuvor den in sieben Jahren gebauten Eisenbahntunnel unter dem Ärmelkanal feierlich eröffnet. England hat seinen Inselcharakter verloren – ein Alptraum für viele Briten. Der als „achtes Weltwunder" bezeichnete Kanaltunnel besteht aus drei Röhren von je 50 Kilometern Länge. Einhundert Meter unter dem Meeresspiegel pendeln ab Spätherbst 94 Fracht- und Personenzüge mit einer Fahrzeit von drei Stunden zwischen London und Paris oder Brüssel. □

**Feierlich eröffnen die beiden Staatsoberhäupter den Eurotunnel.**

# Nelson Mandela an der Macht

Nach dem klaren Sieg des von ihm geführten ANC in den ersten nichtrassistischen Wahlen Südafrikas ist der Weg für Nelson Mandela an die Spitze des ehemaligen Apartheid-Staates frei. Der ANC erreicht bei der Abstimmung im April mit 62,6 Prozent fast eine Zweidrittel-Mehrheit. Die bislang regierende Nationalpartei (NP) von Frederik de Klerk kommt auf 20,4 Prozent, die Zulu-Partei Inkatha auf 10,5 Prozent. Am 9. Mai wählt die erste demokratisch bestimmte Volksvertretung Südafrikas Mandela zum Staatspräsidenten. Einen Tag darauf wird er in Pretoria feierlich in das Amt eingeführt. Seinem Kabinett gehören 18 Vertreter des ANC, 6 der NP und 3 der Inkatha an. □

## JAHRES-CHRONIK

- Australien wird im Januar von einer verheerenden Brandkatastrophe heimgesucht.
- Bei einem Granatenangriff auf den Markt von Sarajevo kommen im Februar 68 Menschen um.
- Im April bombardieren Kampfflugzeuge der USA erstmals serbische Stellungen.
- Steven Spielberg erhält für seine Filme „Jurassic Park" und „Schindlers Liste" 10 Oscars.
- Der frühere DDR-Staatschef Erich Honecker stirbt 81jährig am 29. Mai in Santiago de Chile.
- Am 1. Mai verunglückt der 24jährige brasilianische Automobil-Weltmeister Ayrton Senna beim Formel-I-Rennen in Imola (Italien) tödlich.
- Feierlich wird im Juli erstmalig in den USA die Fußball-Weltmeisterschaft eröffnet. Brasilien wird durch einen 3:2-Sieg zum vierten Mal Weltmeister.
- Franziska von Almsick erringt bei den Schwimm-Weltmeisterschaften in Rom eine Goldmedaille.
- Im September sinkt die Fähre „Estonia" in der Ostsee und reißt über 900 Menschen in die Tiefe.
- Am 4. Oktober stirbt 92jährig der deutsche Filmschauspieler Heinz Rühmann.
- Tschetscheniens Wunsch nach Unabhängigkeit wird ab Dezember von russischen Bombern grausam niedergeschossen.
- Professor Reinhard Selten erhält als erster Deutscher den Nobelpreis für Wirtschaftswissenschaften.
- Jimmy Carter und Radovan Karadžic vereinbaren im Dezember einen viermonatigen Waffenstillstand für Bosnien-Herzegowina.
- Am 2. Weihnachtstag wird eine entführte Air France-Maschine in Marseille gestürmt.
- Am selben Tag stirbt 83jährig der ehemalige Superminister Karl Schiller in Hamburg.

# Arafat kehrt heim

Ein Attentat auf die Ibrahim-Moschee in Hebron (Westjordanland) bringt die Autonomie-Verhandlungen zwischen Israel und den Palästinensern fast zum Scheitern. Dort tötet ein radikaler jüdischer Siedler am 25. Februar 31 betende Moslems. Die PLO bricht die Verhandlungen daraufhin ab, doch Jassir Arafat und Vertreter Israels bringen das sogenannte Gaza-Jericho-Abkommen doch noch zustande. Der Gaza-Streifen und die im besetzten Westjordanland liegende Stadt Jericho werden im Mai in die Autonomie entlassen. Damit enden die 27 Jahre der israelischen Besatzung. Eine von der PLO gestellte Polizeitruppe übernimmt in den geräumten Gebieten die öffentliche Gewalt. Im Sommer wird mit internationaler Hilfe mit dem Aufbau einer Selbstverwaltung begonnen. PLO-Chef Jassir Arafat wird bei seinem ersten Besuch in den autonomen Gebieten überschwenglich gefeiert. Kurz darauf läßt er sich in seiner Vaterstadt im Gaza-Streifen nieder und kündigt einen baldigen Besuch Israels an. Doch noch immer ist der Friede in dieser Region weder sicher noch stabil. □

**Jassir Arafat**

**Nach einem ganztägigen Wahlmarathon wird der 60jährige Roman Herzog (links) im Mai neuer Bundespräsident und damit Nachfolger von Richard von Weizsäcker (im Bild bei der Amtsübergabe). Der bisherige Präsident des Bundesverfassungsgerichtes hat sich im dritten Wahlgang gegen Johannes Rau durchgesetzt.**

# Massaker an Bevölkerung

Diese erkrankten Waisenkinder warten vergeblich auf Rettung.

Der Tod des Hutu-Präsidenten Habyarimana, der durch einen ungeklärten Raketenangriff auf sein Flugzeug im April ums Leben kommt, löst im ostafrikanischen Ruanda ein schreckliches Morden aus. Der Stammeskonflikt zwischen der Hutu-Mehrheit und der Tutsi-Minderheit im Lande fordert etwa eine Million Menschenleben. Die Rebellenarmee Ruandische Patriotische Front (FPR) der Tutsi erobert mordend und brandschatzend die Hauptstadt Kigali. Hunderttausende von Hutus fliehen nach Tansania, über eine Million ins zairische Goma. In diesem größten Flüchtlingslager der Welt bricht im August eine Cholera-Epidemie aus, der mehrere zehntausend Menschen zum Opfer fallen. Bis zum Herbst ereignen sich ständig neue Massaker. □

**Mit einer Invasion ohne Waffeneinsatz beenden die USA im September die Herrschaft des Militärregimes auf Haiti. Die friedliche Besetzung des Inselstaates ist durch eine Amnestieregelung der US-Regierung mit Junta-Chef Raoul Cédras und seiner Clique ermöglicht worden. Durch die Militäraktion der USA tritt Cédras im Oktober zurück. Einige Tage später kehrt der demokratisch gewählte Präsident Aristide aus seinem amerikanischen Exil nach Haiti zurück und wird von seinem Volk begeistert gefeiert.**

Die ersten US-Helikopter werden in Haiti jubelnd begrüßt.

# 1994

**Buch des Jahres:**
„Sofies Welt" von
Jostein Gaarder

**Film des Jahres:**
„Schindlers Liste" von
Steven Spielberg

**Schlager des Jahres:**
„Without you" von
Mariah Carey

# Knapper Sieg für die Koalition

Die zweite Bundestagswahl seit der Wiedervereinigung bringt eine Bestätigung der von Helmut Kohl geführten Koalition aus CDU/CSU und FDP, allerdings fällt der Sieg äußerst knapp aus. Die Regierungsparteien erringen nur noch 48,4 Prozent der Wählerstimmen – ein Gesamtminus von 6,4 Prozent – behalten aber durch Überhangmandate mit 341 Sitzen ihre Mehrheit im Bundestag. Für die SPD reicht ein Zugewinn von 2,9 Prozent der Stimmen zu 252 Mandaten, nicht aber zum angestrebten Machtwechsel. Auch mit den Stimmen von Bündnis 90/Die Grünen (7,3 Prozent und 49 Mandate) sowie der PDS (30 Mandate durch vier Direktmandate bei 4,4 Prozent) kommen die Oppositionsparteien nur auf 331 Bundestagssitze. Für die Freien Demokraten bedeutet das Ergebnis trotz herber Verluste von 4,1 Prozent und 32 Mandaten das politische Überleben angesichts ihres Verschwindens von der politischen Landkarte in den Ländern. Bei den gleichzeitig stattfindenden letzten drei Landtagswahlen des „Super-Wahljahres 94", das von Kommunalwahlen bis zur Europawahl mit insgesamt 17 Urnengängen gespickt war, wird die SPD mit Oskar Lafontaine im Saarland klarer Sieger, während in Thüringen und Mecklenburg-Vorpommern die CDU-Regierungschefs Vogel und Seite zwar wieder die meisten Stimmen erhalten, durch den Verlust des nicht wieder gewählten Koalitionspartners FDP aber ihre Regierungsmehrheit einbüßen. Dafür kann sich die PDS, wie bereits bei den vorangegangenen Kommunalwahlen, als starke politische Kraft präsentieren. Zuvor hat es bei der Bestimmung neuer Ministerpräsidenten mit einer Ausnahme eindeutige Entscheidungen gegeben: Die Amtsinhaber Manfred Stolpe/SPD (Brandenburg), Kurt Biedenkopf/CDU (Sachsen) und Edmund Stoiber/CSU (Bayern) erhalten bei ihrer Bestätigung klare absolute Mehrheiten, auch Gerhard Schröder/SPD (Niedersachsen) kann nach dem Wählerentscheid erstmals alleine regieren. Lediglich in Sachsen-Anhalt gibt es mit Reinhard Höppner/SPD einen neuen Regierungschef, dessen von der PDS geduldetes Minderheitenkabinett mit dem Koalitionspartner Bündnis 90/Die Grünen für viel Aufregung sorgte. Bei allen Wahlgängen auf Landesebene fiel die FPD ebenso durch wie bereits bei der Bestimmung der deutschen Abgeordneten für das Europa-Parlament. □

**Der Schlierseer Markus Wasmeier ist mit zwei Goldmedaillen die Sensation bei den Olympischen Winterspielen im norwegischen Lillehammer. Er wird Olympiasieger im Super-G und Riesenslalom. Alpines Gold gibt es auch für Katja Seizinger in der Abfahrt. Die beiden Skifahrer werden im Dezember auch als Sportler des Jahres geehrt.**

**Verheerende Folgen hat ein schweres Erdbeben auf der japanischen Insel Honshu im Januar, von dem besonders die 1,5-Millionen-Stadt Kobe erfaßt wird. Das Beben mit der Stärke 7,2 auf der Richterskala und nachfolgende Brände führen zur Zerstörung weiter Teile der Metropole. Die Zahl der Verschütteten steigt während der Aufräumarbeiten von Tag zu Tag, bis schließlich 6336 Todesopfer angegeben werden. Zahlreiche der betroffenen Einwohner leben auch am Ende des Jahres noch in Notunterkünften.**

# Die Welt gegen Frankreich

Wenige Wochen nach seinem Amtsantritt wird Frankreichs neuer Staatspräsident Jacques Chirac zum Buhmann des Jahres. Der im Mai nach dem erfolgreichen zweiten Wahlgang (52,6% der Stimmen) noch gefeierte neue Staatschef kündigt einen Monat später die Wiederaufnahme der Atomversuche auf dem Mururoa-Atoll in Französisch-Polynesien an. Die nach dreijähriger Pause für September bis Mai 1996 vorgesehenen sechs bis acht „letzten Tests" – so die offizielle französische Lesart – lösen weltweit empörte Reaktionen aus. Die schwerwiegenden diplomatischen Maßnahmen der Anrainerstaaten des Südpazifikforums (SPF) mit Australien und Neuseeland an der Spitze werden von einer weltweiten Protestfront unterstützt, die ihren Höhepunkt in den spektakulären Aktionen der Organisation Greenpeace findet, die mit zwei Schiffen und einzelnen Aktivisten das Testgebiet zu besetzen versucht und von der französischen Kriegsmarine nur mit brachialer Gewalt gestoppt werden kann. Aber auch die mit Persönlichkeiten des öffentlichen Lebens vieler Länder besetzten Schiffe, die nahe dem Testgebiet kreuzen, sowie Ausschreitungen in der Hauptstadt Papeete können die Testreihe mit der ersten unterirdischen Explosion am 5. September nicht verhindern. □

**Jacques Chirac**

# Yitzhak Rabin erschossen

**Yitzhak Rabin**

Schock für Israel und den Friedensprozeß im Nahen Osten: Ministerpräsident Yitzhak Rabin wird am 4. November während einer Großkundgebung in Tel Aviv erschossen. Er wird das Opfer eines fanatischen Studenten, der die Übergabe der ersten Städte an Palästina nach den jüngsten Abkommen mit den Palästinensern verhindern wollte. Die Weltöffentlichkeit ist entsetzt. Rabins Nachfolger Shimon Peres verfolgt weiterhin die Autonomie-Politik des ermordeten Friedensnobelpreisträgers. □

## JAHRES-CHRONIK

- Die Niederlande, Deutschland, Frankreich und Belgien werden im Januar von einem erneuten „Jahrhundert-Hochwasser" heimgesucht.
- Im Alter von 74 Jahren stirbt im Februar die amerikanische Schriftstellerin Patricia Highsmith.
- Türkische Truppen überschreiten im März die türkisch-irakische Grenze und besetzen im Nord-Irak das kurdische Siedlungsgebiet.
- Im Alter von 68 Jahren stirbt im März der deutsche TV-Journalist Hanns-Joachim Friedrichs.
- Der als Kaufhauserpresser „Dagobert" bekannt gewordene Arno Funke wird im März in Berlin zu einer siebenjährigen Haftstrafe verurteilt.
- Der Schriftsteller Ernst Jünger begeht im März in seiner oberschwäbischen Heimat unter großer Anteilnahme seinen 100. Geburtstag.
- Ein Bombenanschlag auf ein Gebäude der amerikanischen Bundesregierung in Oklahoma City, in dem auch ein Kinderhort untergebracht ist, fordert im April 168 Todesopfer.
- Schwere Krawalle begleiten den Transport des ersten Castor-Behälters mit abgebrannten Brennstäben aus dem KKW Philippsburg (Baden) ins niedersächsische Zwischenlager Gorleben.
- Das schwerste Erdbeben in der Geschichte Rußlands fordert im Mai auf der Insel Sachalin mehr als 2500 Menschenleben.
- Der deutsche Immobilienunternehmer Jürgen Schneider wird im Mai in Miami wegen betrügerischen Bankrotts festgenommen.
- Nach dem Einsturz eines Großkaufhauses in Seoul im Juni werden 338 Todesopfer geborgen.
- Wegen des Verdachts der Steuerhinterziehung in zweifacher Millionenhöhe wird Steffi Grafs Vater Peter im August verhaftet.
- Auf dem SPD-Parteitag im November wird Oskar Lafontaine zum neuen Parteivorsitzenden gewählt.
- Deutschlands Motorsport-Idol Michael Schumacher ist nach einer brillanten Rennsaison erneut Weltmeister der Formel I.
- Bei den Duma-Wahlen in Rußland gewinnen die Kommunisten im Dezember ein Drittel aller Sitze.
- Die 52jährige Genetikerin Christiane Nüsslein-Volhard erhält im Dezember als erste deutsche Frau einen Nobelpreis (Medizin).

# Krieg gegen Kaukasusvolk

Der seit Dezember des Vorjahres andauernde bewaffnete Konflikt zwischen Rußland und der nach Unabhängigkeit strebenden Kaukasusrepublik Tschetschenien wird im Juni durch einen Waffenstillstand unterbrochen. Vorausgegangen ist eine spektakuläre Kommandoaktion tschetschenischer Kämpfer gegen die südrussische Stadt Budjonnowsk mit anschliessendem sechstägigen Geiseldrama. Die Truppe des Obersten Bassajew hatte sich mit circa 1500 Geiseln im Krankenhaus der Stadt verschanzt und trotzt den blutigen, von Präsident Jelzin angeordneten Befreiungsversuchen des russischen Militärs. Sie kehrt am 20. Juni auf heimatliches Gebiet zurück und kann die als Bedingung ausgehandelte Einstellung der Kampfhandlungen in Tschetschenien vermelden. Bis zum Herbst wird zwischen den Kriegsparteien über eine Lösung des Konflikts verhandelt, der mehrere tausend Todesopfer auf beiden Seiten gefordert hat. □

# Endlich Frieden nach einem blutigen Jahr?

Das seit dreieinhalb Jahren andauernde grausame Morden im Bürgerkrieg auf dem Balkan scheint im Dezember beendet. In Paris unterzeichnen die Beteiligten Moslems, Kroaten und Serben einen Friedensvertrag, der die sofortige Beendigung der Kämpfe zur Folge hat. Die Präsidenten der drei Kriegsparteien sind nur durch massiven Einsatz von NATO-Kampfflugzeugen an den Verhandlungstisch gebombt worden. Hinter ihnen liegt das blutigste Jahr dieses Krieges. Sowohl die Eroberung der moslemischen Schutzzonen mit dem Massaker von Srebeniča durch bosnische Serben als auch die Rückeroberung der Krajina durch Kroatiens Armee und die anhaltenden Kämpfe um Sarajevo bedeuteten ein schreckliches Martyrium

**Ein Blumenstrauß als Gedenken an die Opfer des Granatenangriffs auf dem Marktplatz von Sarajevo.**

für die Zivilbevölkerung, dem die NATO im August endlich nicht mehr zusehen wollte.
Den Frieden im ehemaligen Jugoslawien, der bislang noch immer durch kleinere Angriffe gestört wird, soll eine internationale Friedenstruppe sichern, deren größtes Kontingent die USA stellen. Nach dem bereits seit Sommer andauernden Einsatz deutscher Tornado-Flugzeuge im Rahmen der NATO-Aktion treten nun auch mit Absegnung des Bundestages erstmals Bodentruppen der Bundeswehr im Krisengebiet an. □

# 1995

**Buch des Jahres:**
„Ein weites Feld“ von Günter Grass

**Film des Jahres:**
„Forrest Gump“ mit Tom Hanks

**Schlager des Jahres:**
„Falling in Love“ von La Bouche

# Plattform wird entsorgt

Nach heftiger öffentlicher Kritik muß der britisch-niederländische Konzern Royal Dutch/Shell die für Juni geplante Entsorgung der 14 500 t schweren, ausgedienten Ölverladeplattform „Brent Spar“ durch Versenkung im Nordatlantik aufgeben. In Deutschland und den Niederlanden ist es zu massiven Boykotts von Tankstellen besagter Unternehmen gekommen. Den Höhepunkt der Protestaktionen bilden Besetzungen der Plattform durch Aktivisten der Umweltschutzorganisation Greenpeace, die dreimal – am 25. Mai sowie am 7. und 16. Juni – unter schwierigen Bedingungen den Stahlriesen entern und so für weltweite Aufmerksamkeit sorgen. Nach ihren später teilweise korrigierten Angaben haben sich mindestens 130 t giftiger Abfälle an Bord der Plattform befunden. Die Versenkung war von der britischen Regierung genehmigt worden. Jetzt wird die Plattform in einem norwegischen Hafen umweltgerecht entsorgt. □

**Die von Greenpeace-Aktivisten besetzte „Brent Spar“ wird von Wasserkanonen beschossen.**

**Zum größten Spektakel seit den Feiern der Wiedervereinigung gerät die Verhüllung des Berliner Reichstags durch den aus Bulgarien stammenden Künstler Christo im Juni. Der jetzt in den USA lebende Verpackungsfan und seine Frau Jeanne-Claude lassen unter ihrer Regie eine Crew von wagemutigen Kletterern das Parlamentsgebäude am Brandenburger Tor mit 100 000 m² einer aluminiumbeschichteten Polypropylenfolie umhüllen. Der Reichstag bleibt vom 24. Juni bis 7. Juli „eingepackt“ und wird zum Mekka für mehrere Millionen Besucher, die der deutschen Hauptstadt einen ungeahnten Tourismusboom bescheren. Die Kosten des 12-Millionen-Mark-Projekts trägt nach Aussage der Beteiligten das Künstlerehepaar Christo selbst.**

# Giftgasterror in Tokyo

Giftgasanschläge auf U-Bahn-Linien der japanischen Hauptstadt Tokyo versetzen die Bevölkerung seit März in Angst und Schrecken. Nach dem erstmaligen Austritt des in Deutschland 1938/39 entwickelten Nervengases Sarin in Waggons und auf Bahnhöfen sterben bis Anfang April elf Menschen. Das Gift, das in geringster Dosierung tödlich wirkt, ist nach Ermittlungen der Polizei von Mitgliedern der Sekte Aum-Shinri-Kyo („Höchste Wahrheit“) in Paketen in der U-Bahn deponiert worden. Ende März kommt es zu ersten Festnahmen, nachdem auf Grundstücken und in Gebäuden der Sekte verdächtige Substanzen gefunden worden sind, die sich zur Herstellung von Giftgas eignen. Sektenchef Shoko Asahara geht den Fahndern im Mai ins Netz, zuvor kann auf Tokyos größtem U-Bahnhof durch rechtzeitige Entdeckung von Chemikalien eine erneute Katastrophe vermieden werden. □

# Inferno im Ausländerheim: Zehn Tote

Der Brandanschlag auf ein Ausländerheim in Lübeck kostet in der Nacht zum 18. Januar zehn dort untergebrachten Bewohnern das Leben, 38 Personen kommen zum Teil schwerverletzt ins Krankenhaus. In dem vierstöckigen Gebäude waren über 60 Menschen untergebracht, vorwiegend aus Afrika und dem Nahen Osten stammende Asylbewerber. Da das Feuer nach Polizeiangaben innerhalb des Hauses entfacht wurde, konzentrieren sich die Ermittlungen auf die Heimbewohner, von denen einer bereits gut 24 Stunden nach dem Inferno festgenommen wird. Der 21jährige Libanese bestreitet aber jede Beteiligung und kann der Tat vorerst nicht überführt werden. Dennoch wird im September vor dem Lübecker Landgericht ein Indizienprozeß gegen ihn eingeleitet. Dort vorgetragene Gutachten schließen auch einen von außerhalb des Heimes gestarteten Anschlag nicht mehr aus, so daß die Behörden neben dem Strafverfahren erneut gegen vier junge Männer aus Grevesmühlen ermitteln, die in der Brandnacht unweit des Tatortes aufgefallen waren. Die Tat kann bis Jahresende juristisch nicht geklärt werden. □

**Die alarmierte Feuerwehr kann trotz massiven Einsatzes dem Flammen-Inferno in der Lübecker Innenstadt nicht Herr werden.**

Zu einer symbolträchtigen Begegnung kommt es im November im Vatikan. Papst Johannes Paul II. empfängt den kubanischen Staatspräsidenten Fidel Castro. Das erste Treffen zwischen dem Oberhaupt der katholischen Kirche und dem kubanischen Revolutionsführer dauert 35 Minuten. Der 69jährige Castro wünscht sich den Papst als Vermittler in der Frage des seit über 30 Jahren bestehenden US-Embargos gegen sein Land.

# Entführer ohne Erbarmen

Mit dem Tod eines der Opfer enden in diesem Jahr zwei spektakuläre Entführungsfälle. Während der Hamburger Multimillionär und Mäzen Jan Philipp Reemtsma im April nach 33tägiger Geiselhaft und Zahlung eines Lösegeldes in Höhe von 30 Millionen DM unversehrt freikommt, wird der schwerreiche Immobilienunternehmer Jakub Fiszmann aus Frankfurt trotz Erfüllung der Lösegeldforderung seiner Kidnapper im Oktober nur noch tot aufgefunden. Im Fall Reemtsma entpuppen sich in Spanien festgenommene Verdächtige nur als Handlanger, Haupttäter und Lösegeld bleiben verschwunden. Von den in Frankfurt verhafteten Personen legt dagegen einer noch im selben Monat ein Teilgeständnis ab. Fiszmann wurde dessen Aussage zufolge unmittelbar nach der Entführung umgebracht. □

# Jelzin gewinnt Machtkampf

Mit der Unterzeichnung eines Friedensabkommens wird im August der fast zwei Jahre dauernde Kampf der Tschetschenen für ihre Unabhängigkeit ohne durchschlagenden Erfolg beendet. Der Vertrag, an dessen Zustandekommen der von Präsident Jelzin zum Tschetschenien-Beauftragten ernannte General Alexander Lebed wesentlichen Anteil hat, läßt für beide Parteien alle Optionen offen. Boris Jelzin war erst im Juli in seinem Amt als Präsident der Russischen Föderation bestätigt worden. Lebed hatte ihn im zweiten Wahlgang dabei tatkräftig unterstützt. Umso überraschender für die Öffentlichkeit erfolgte im Oktober die Entlassung des ehrgeizigen Ex-Generals. Politische Beobachter sahen darin eine Vorsichtsmaßnahme Jelzins, der sich kurz darauf einer Bypass-Operation unterziehen mußte, gegenüber einem zu mächtig gewordenen Rivalen. □

## JAHRES-CHRONIK

- Bei den ersten demokratischen Wahlen im Autonomiegebiet Palästinas wird Jasir Arafat im Januar zum Vorsitzenden des Palästinensischen Rates gewählt.
- Im Alter von 79 Jahren stirbt im Januar der frühere französische Staatspräsident François Mitterand an den Folgen eines schon länger andauernden Krebsleidens.
- Im Alter von 80 Jahren stirbt im Februar der frühere Fußball-Bundestrainer Helmut Schön.
- Nachdem die Übertragung der Rinderkrankheit BSE auf Menschen nicht mehr ausgeschlossen wird, verhängt die EU im März ein weltweites Exportverbot für britisches Rindfleisch.
- Das Attentat eines Amokschützen auf eine Grundschule im schottischen Ort Dunblane kostet im März 16 Kindern das Leben.
- Einem von islamischen Fundamentalisten verübten Massaker fallen im April in Kairo 17 griechische Touristen zum Opfer.
- Nach der ersten Direktwahl eines israelischen Ministerpräsidenten im Mai wird das Land künftig vom konservativen Sieger und Likud-Chef Benjamin Netanjahu regiert.
- Die als „First Lady des Jazz" in die Musikgeschichte eingegangene Sängerin Ella Fitzgerald stirbt im Juni in Los Angeles im Alter von 78 Jahren.
- Über 250 000 belgische Bürger ziehen im Oktober durch Brüssel aus Protest gegen offensichtlich schlampige Ermittlungen von Justiz und Polizei im Falle des im Sommer festgenommenen Kinderschänders Marc Dutroux.
- Das neue Ladenschlußgesetz: Ab November dürfen die Läden in der Bundesrepublik Deutschland bis 20 Uhr geöffnet haben.
- Der 34jährige Box-Veteran Evander Holyfield besiegt im November den Weltmeister Mike Tyson und wird als zweiter Faustkämpfer nach Muhammad Ali zum dritten Mal Schwergewichts-Champion.
- Der Ghanaer Kofi Annan wird im Dezember von der Vollversammlung zum neuen UNO-Generalsekretär gewählt.

Das von Oliver Bierhoff erzielte erste „Golden Goal" der Fußball-Geschichte bedeutet für die deutschen Fußballer den Gewinn der Europameisterschaft 1996. Nach diesem Treffer, der laut neuer Regel ein in der Verlängerung befindliches Spiel sofort beendet, stand es im Finale gegen die Tschechen 2:1. Der neue Fußballheros der Deutschen hatte bereits für das 1:1 und somit für den ersten Titelgewinn für Bundestrainer Berti Vogts gesorgt. Die 10. EM in England stand im übrigen im Zeichen dramatischer Elfmeter-Entscheidungen, denen auch die hoch eingeschätzten Gastgeber (gegen Deutschland) und die spielerisch überragenden Franzosen (gegen Tschechien) zum Opfer fielen. Das plötzliche Aus durch das im Eishockey übliche „Golden Goal" war von der UEFA nur dem Finale vorbehalten.

# Weiter mit Präsident Clinton

Die Vereinigten Staaten gehen mit Bill Clinton als oberstem Repräsentanten ins nächste Jahrtausend. Diese Entscheidung brachte die Präsidentschaftswahl vom November, bei der sich der Amtsinhaber aus Arkansas gegen seinen republikanischen Herausforderer Bob Dole durchsetzen konnte. Für den ersten wiedergewählten Demokraten seit Franklin D. Roosevelt (1933-1945) entschieden sich 49 Prozent der Wähler, 41 Prozent stimmten für den Polit-Oldie aus Kansas, der sich bereits in den 80er Jahren zweimal um die Präsidentschaftskandidatur beworben hatte. Der selbsternannte dritte Anwärter, Milliardär Ross Perot, erreichte bei seinem zweiten Anlauf Richtung Weißes Haus nur eine achtprozentige Zustimmung. Bei den gleichzeitig stattfindenden Kongreß-Wahlen konnten die Republikaner ihre Vormachtstellung behaupten. So werden sie mit Mehrheiten in Repräsentantenhaus und Senat Clinton auch in seiner zweiten Amtsperiode zu Kompromissen zwingen. Mit der Nominierung der bisherigen UNO-Botschafterin Madeleine Albright zur Führung des Außenministeriums sorgte der 50jährige Präsident für eine erste Überraschung. Auch die Berufung des Republikaners William Cohen zum Verteidigungsminister bot nicht nur seinen Parteifreunden etlichen Diskussionsstoff. Analytiker führten den Erfolg des Wiedergewählten in der Hauptsache auf die positive Entwicklung der US-Wirtschaft zurück. □

**Jubel nach dem Sieg: Vizepräsident Al Gore (links) und die komplette Clinton-Familie mit Tochter Chelsea, dem Präsidenten und Ehefrau Hillary.**

# Airport brennt

Schreckensbilanz nach einer Brandkatastrophe auf dem Düsseldorfer Flughafen: 17 Menschen werden nach dem Feuer im April tot geborgen, 62 kommen mit Verletzungen davon. Die Ermittlungen über die Unglücksursache bringen erhebliche Mängel in Sachen Brandschutz an den Tag. Daß mehrere der Opfer nicht in den Flammen umkamen, sondern durch Einatmen giftiger Gase erstickten, führte anschließend zu einer bundesweiten Diskussion über die beim Bau derartiger Anlagen zu verwendenden Materialien. □

# 1996

**Buch des Jahres**
„Die Tagebücher"
von Victor Klemperer

**Film des Jahres**
„Braveheart" von und mit Mel Gibson

**Schlager des Jahres**
„Aisha" von Cheb Khaled

# Viel Kritik an Rekord-Olympia

**Der US-Amerikaner Carl Lewis holt Gold im Weitsprung.**

Die zum 100. Jahrestag Olympias in den USA ausgetragenen XXVI. Olympischen Spiele beeindrucken durch noch nie erreichte Dimensionen, hinterlassen aber einen schalen Nachgeschmack: Das Treffen von 10 629 Teilnehmern aus 197 Ländern ließ während der knapp drei Wochen im Juli/August jene Athmosphäre missen, die zu einem Fest wie den Sommerspielen gehört. Für die Gastgeber zählte nur der sportliche Erfolg ihres Teams, das mit 101 Medaillen erstmals seit zwölf Jahren wieder klar vor dem ewigen Rivalen Rußland lag. Dabei schrieb Leichtathlet Carl Lewis mit dem zum vierten Mal in Folge gewonnenen Weitsprung Olympische Geschichte und zog mit den viermaligen Siegern Al Oerter (USA) und Paavo Nurmi (Finnland) gleich. Das deutsche Team stellte 20 Erstplazierte bei 65 gewonnenen Medaillen, zu einem der „Helden" avancierte der erst 21jährige Zehnkämpfer Frank Busemann, der Silber gewann. □

# Lady Diana stirbt auf Flucht vor Fotografen

Auf einer Geschützlafette wird der Sarg Dianas von sechs Rappen durch die Straßen Londons gezogen.

**Seit ihrer Hochzeit 1981 mit Prinz Charles stand die frühere Lady Diana Spencer im Blickpunkt der Öffentlichkeit. Vor allem die spätere Scheidung des Paares im August 1996 sorgte für neue Schlagzeilen.**

Der Unfalltod der englischen Prinzessin Diana am 31. August in Paris löst weltweit Trauer und Bestürzung aus. Die »Königin der Herzen« stirbt im Alter von 36 Jahren auf der Flucht vor Bildreportern. In einem Tunnel kommt der Wagen, in dem Lady Di mit dem ägyptischen Millionär „Dodi" Emad al Fayed sitzt, ins Schleudern und prallt gegen eine Betonwand: Alle Insassen außer einem Bodyguard sterben. Weil das Fahrzeug von zehn Sensationsfotografen mit hoher Geschwindigkeit verfolgt wurde, geraten die Medien in harte öffentliche Kritik. Die Trauer um die Prinzessin erlangt ungekannte Ausmaße. Die Trauerfeier, die von 2,5 Milliarden Zuschauern in 187 Ländern live im Fernsehen verfolgt wird, wird zum größten Medienereignis der Geschichte. Entlang der fünf Kilometer langen Trauerroute nehmen zahlreiche Menschen Abschied von Diana. In seiner Trauerrede beschuldigt Graf Spencer die Presse der Mitschuld am Tod seiner Schwester. Der englische Popstar Elton John singt in der Westminster Abbey „Candle in the wind", das später alle Verkaufsrekorde bricht. Ihre letzte Ruhestätte findet die Prinzessin in der auf einer kleinen Insel gelegenen Familiengruft der Spencers auf Gut Althorp südlich von Northampton. □

## JAHRES-CHRONIK

- Im Alter von 92 Jahren stirbt im Februar der frühere chinesische Vizepremier Deng Xiaoping.
- Der Protest gegen den geplanten Abbau von Subventionen im Steinkohlebergbau mobilisiert im Februar 220 000 Menschen auf den Straßen des Ruhrgebiets.
- Nach dem Sieg bei den Parlamentswahlen übernehmen die französischen Sozialisten im Juni die Regierungsgeschäfte. Neuer Ministerpräsident wird Lionel Jospin.
- Die britische Kronkolonie Hongkong fällt am 1. Juli nach 156 Jahren vertragsgemäß wieder an China zurück.
- Die als „Engel von Kalkutta" bekannte Ordensschwester Mutter Teresa stirbt im September im Alter von 87 Jahren.
- Wegen außer Kontrolle geratener Brandrodungen auf den indonesischen Inseln Borneo und Sumatra liegen im September und Oktober weite Teile Südostasiens unter dichten Rauchwolken.
- Das japanische Wertpapierhaus Yamaichi bricht im November unter der Schuldenlast von mehr als 40 Milliarden Mark zusammen und leitet damit eine Krise der asiatischen Finanzmärkte ein.
- In Ägypten sterben auch in diesem Jahr wieder Touristen vor Museen und Tempeln nach Terroranschlägen. Im Septem-ber kommen neun deutsche Urlauber im Kugelhagel dreier Attentäter in Kairo um. Zwei Monate später fallen Schüsse vor den Tempeln Luxors. Dabei finden 58 Reisende, darunter vier Deutsche, den Tod.
- Im Mai fordert ein Bericht der US-Regierung Schweizer Banken dazu auf, Auskunft zu geben über mehr als 60 Millionen Franken, die vor Kriegsende in der Schweiz von Holocaust-Opfern angelegt wurden.

**Machtwechsel in England. Im Mai erringt die Labour-Partei den höchsten Sieg in ihrer Geschichte und löst die seit 18 Jahren regierenden Konservativen ab. Deren bisheriger Führer und Premierminister John Major zieht aus der vernichtenden Niederlage Konsequenzen und tritt vom Parteivorsitz zurück. Sein Nachfolger als Regierungschef ist der dreifache Familienvater Tony Blair, der Einigung und Modernisierung der Nation verspricht. Von ihm wird ein konsequenter Reformkurs erwartet, der die volle Unterstützung der Briten findet. Blair versucht vor allem, dem Friedensprozeß in Nordirland weitere Anstöße zu geben und setzt sich auch mit der Sinn Fein, dem politischen Arm der IRA, an einen Tisch.**

# Oderfluten berauben Tausende

Wie hier in Wiesenau stehen in der Ziltendorfer Niederung die Dörfer wochenlang unter Wasser.

Ein nach ungewöhnlichen Regenfällen entstandenes „Jahrhundert-Hochwasser" der Oder erreicht im Juli Brandenburg, nachdem es zuvor weite Teile Polens und Tschechiens überflutet hatte. Nach dem Bruch eines Deiches bei Brieskow-Finkenheerd steht das Oderbruch nördlich von Frankfurt am Rand einer Katastrophe. Tausende müssen evakuiert werden und sehen ihre Häuser und Höfe im Wasser versinken. Nur der unermüdliche Einsatz von 45 000 Helfern verhindert das Schlimmste. Den Flutopfern wird danach umfangreich geholfen. □

# 1997

**Buch des Jahres**
„Die Asche meiner Mutter" von Frank McCourt

**Film des Jahres**
„L.A. Confidential" mit Kim Basinger

**Schlager des Jahres**
„Samba de Janeiro" von Bellini

## Erstes Marsmobil

**Der Mars-Robotor „Sojourner" leistet auf dem roten Planeten ganze Arbeit.**

Mit einer planmäßig verlaufenden Mission nähert sich der Mensch dem roten Planeten. Im Juli landet die von der NASA entwickelte Sonde „Pathfinder" auf dem Mars und setzt den mobilen Roboter, das „Marsmobil" Sojourner, aus. Es schickt dem Lagezentrum in Kalifornien über 14 000 Fotos und analysiert das Marsgestein. □

## Erster deutscher Tour-Sieg

Die 84. Tour der France endet mit einem sensationellen Erfolg. Nach 3850 Kilometern wird in Paris der 23jährige Jan Ullrich als erster deutscher Sieger des schwersten Etappenrennens der Welt gefeiert. Der gebürtige Rostocker liegt nach 21 Etappen neun Minuten und neun Sekunden vor dem Franzosen Richard Virenque – der größte Vorsprung eines Toursiegers seit 1984. Der Triumph des deutschen Teams Telekom wird durch den Gewinn des Grünen Trikots für den besten Sprinter Erik Zabel und den Mannschaftssieg komplettiert. □

Die Tour-Helden Erik Zabel, Jan Ullrich und Richard Virenque

**Das erfolgreiche Klonen eines Säugetieres führt ab Februar zu einer heftigen Debatte um die Grenzen wissenschaftlicher Forschung. Dem schottischen Genetiker Ian Wilmut ist die Züchtung eines Lamms aus der Euterzelle eines ausgewachsenen Schafes gelungen. Das Tier heißt „Dolly" und ist eine genetische Kopie des anderen. Im Juli wird das aus einer Embryonenzelle geklonte Schaf „Polly" vorgestellt, das sogar ein menschliches Gen trägt.**

## Fußball-Pokale ins Ruhrgebiet

Für die Fußballfans im Ruhrgebiet wird der Mai wirklich zum Wonnemonat. Innerhalb einer Woche holen Borussia Dortmund mit dem Gewinn der Champions League und Schalke 04 durch den Sieg im UEFA-Pokal-Wettbewerb zwei der wertvollsten Trophäen des europäischen Fußballs ins Revier. Dortmund schlägt Juventus Turin in München mit 3:1, Schalke holt den zweiten „Pott" gegen Inter Mailand. □

# Deutschland hat einen neuen Kanzler

Bei den Wahlen zum 14. Bundestag entscheiden sich die Deutschen am 27. September für einen politischen Wechsel. Ihr Votum bringt der SPD bei einem Stimmenplus von 4,5 % einen klaren Sieg mit 40,9 % vor der CDU/CSU, die nach einem Verlust von 6,3 % nur noch auf 35,2 % Zustimmung kommt. Das bedeutet nach 16 Jahren das Ende der Ära Kohl und die Übernahme der Regierungsgeschäfte durch die Sozialdemokraten unter der Führung des neuen Bundeskanzlers Gerhard Schröder. Der 54jährige löst damit erstmals in der Geschichte der Bundesrepublik einen amtierenden Kanzler durch Abwahl ab. Den Einzug in das neue Parlament schaffen auch die Bündnis '90/Grünen mit 6,7 %, die FDP mit 6,2 % und überraschend auch die PDS mit 5,1 % der Stimmen. Nach zweiwöchigen Verhandlungen schließen SPD und Bündnis-Grüne einen Koalitionsvertrag, der Basis für die kurz darauf gebildete erste rot-grüne Regierung auf Bundesebene wird. Als Vizekanzler und Außenminister wirkt Grünen-Promi Joschka Fischer im Kabinett an herausragender Stelle, seine Partei erhält noch zwei weitere Regierungsposten. Der SPD-Vorsitzende Oskar Lafontaine fungiert in einem um etliche Kompetenzen erweiterten Finanzressort als dessen Leiter.

**Bundeskanzler Gerhard Schröder und Außenminister Joschka Fischer, im Hintergrund Finanzminister Oskar Lafontaine, nach der Unterzeichnung des rot-grünen Koalitionsvertrages**

Bei der Kabinettsbildung sorgt der für das Wirtschaftsressort fest ins Auge gefaßte Jost Stollmann für Durcheinander, als er überraschend auf das Amt verzichtet. Gerhard Schröder findet im parteilosen Ex-Veba-Manager Werner Müller jedoch schnell Ersatz, der sich an dem zugunsten Lafontaines Ressort beschnittenen Aufgabenbereich nicht stört.
Die Arbeit der 15 neuen Bundesminister ist in den ersten Wochen selten von Erfolgsmeldungen begleitet. Als erste Gesetzesinitiative wird wie versprochen die Neuregelung der 630-DM-Jobs auf den Weg gebracht, die eine unerwartet große Protestwelle bei der Opposition, vor allem aber seitens der Arbeitgeber auslöst. Auch bei der Frage des Ausstiegs aus der Atomkraft gibt es Differenzen zwischen dem Bundeskanzler und Umweltminister Jürgen Trittin, der sich bei seinen ersten Initiativen in dieser Frage offenbar zu weit vorwagt. □

## JAHRES-CHRONIK

- Bei den Olympischen Winterspielen im japanischen erkämpfen deutsche Sportler im Februar 12mal Gold, 9mal Silber und 8mal Bronze und gewinnen die Nationenwertung.
- Im Alter von 103 Jahren stirbt am 17. Februar in seiner oberschwäbischen Heimat der Schriftsteller Ernst Jünger.
- Thomas Drach, mutmaßlicher Kidnapper des vor zwei Jahren entführten Multimillionärs Jan Philipp Reemtsma, wird im März in Argentinien festgenommen.
- Nach dem Amtsverzicht von Johannes Rau wird Wirtschaftsminister Wolfgang Clement im Mai zum Ministerpräsidenten von Nordrhein-Westfalen gewählt.
- Ein 24jähriger Arbeiter wird im Juli zehn Tage nach einem Grubenunglück in Lassing (Steiermark) unversehrt geborgen. Zehn andere Bergleute kommen ums Leben.
- Im Alter von 77 Jahren stirbt am 14. August in Seeham (Österreich) der Schauspieler und TV-Showmaster Hans-Joachim Kulenkampff.
- Eine Hochwasserkatastrophe fordert in China bis Ende August mindestens 3000 Todesopfer.
- Die Aktionäre der Daimler Benz AG und des Chrysler-Konzerns in den USA stimmen im September dem Zusammenschluß ihrer Firmen zum drittgrößten Autohersteller der Welt zu.
- Im Alter von 93 Jahren stirbt am 12. Oktober in Berlin der Doyen der deutschen Schauspielkunst Bernhard Minetti.
- Der Hurrikan „Mitch" verwüstet im November Honduras, Nicaragua und El Salvador. Er fordert über 1000 Todesopfer und vernichtet die Ernte in Honduras zu 95 Prozent.
- Der Chef der verbotenen Kurdischen Arbeiterpartei PKK, Abdullah Öcalan, wird im November aus Moskau kommend in Rom festgenommen und unter Hausarrest gestellt. Nach Ablehnung seines Asylantrags kann er Italien später mit unbekanntem Ziel verlassen.
- Am ersten Ärztestreik in der Geschichte der BRD beteiligen sich im Dezember Zehntausende von Kassenärzten.

# Zugkatastrophe in Eschede

Beim schwersten Zugunglück in der Geschichte der BRD kommen am 3. Juni 101 Menschen ums Leben, 87 werden zum Teil schwer verletzt. Der ICE 884 entgleist auf der Fahrt von Hannover nach Hamburg in Eschede bei Celle, wobei Waggons gegen ein Brückenfundament geschleudert werden. Ursache ist ein „Dauerbruch von innen" an einem der ICE-Radreifen. Dadurch, so der offizielle Bericht der Bahn-AG, ist das gegenüberliegende Rad entgleist und mit einer Weiche kollidiert, die durch die Wucht des Aufpralls umgestelllt worden ist, so daß die folgenden Waggons aus den Schienen gesprungen sind. Ein umgestürzter Waggon schlägt die Pfeiler einer Brücke weg. Unter den Trümmern der Brücke werden Teile der verunglückten Waggons begraben. Für umfangreiche Untersuchungen werden sämtliche ICEs der ersten Generation vorübergehend aus dem Verkehr gezogen. □

**Über 1100 Helfer an der Unglücksstelle in Eschede**

# Bill Clinton wegen Liebesaffäre unter Druck

**Dieses Foto von Clinton und Praktikantin Lewinsky im Weißen Haus veröffentlichte Starr zusammen mit dem Video-Verhör des Präsidenten.**

US-Präsident Bill Clinton erlebt in diesem Jahr die schwärzesten Stunden seiner Amtszeit. Im Januar wird in der Washington Post erstmals über eine Affäre mit Monica Lewinsky, einer 21jährigen Praktikantin im Weißen Haus, spekuliert. Der 42. Präsident der Vereinigten Staaten kontert mit der eidesstattlichen Erklärung, daß es zwischen ihm und der Praktikantin „nie eine sexuelle Beziehung" gegeben habe, und wiederholt diese Aussage später im nationalen Fernsehen.
Zu diesem Zeitpunkt läuft gegen Clinton bereits ein Ermittlungsverfahren durch Sonderstaatsanwalt Kenneth Starr, dem vertrauliche Unterlagen von einer Freundin Lewinskys zugespielt worden sind. Nach einer Vernehmung durch Starr muß der Präsident am 17. August seiner Nation mit Tränen in den Augen gestehen, daß er in dieser Sache „bisher nicht die ganze Wahrheit gesagt" habe. Im September wird die Öffentlichkeit durch die Publikation des Abschlußberichtes gegen Clinton im Internet geschockt, der alle pikanten Details der Affäre mit Monica Lewinsky enthält. Am 19. Dezember folgt das republikanisch dominierte Repräsentantenhaus schließlich der Empfehlung des Rechtsausschusses und stimmt für die Einleitung eines Amtsenthebungsverfahrens gegen Clinton wegen Meineids und Behinderung der Justiz. □

# 1998

**Buch des Jahres:**
„Hannas Töchter"
von Marianne Fredriksson

**Film des Jahres:**
„Titanic"
mit Leonardo DiCaprio

**Schlager des Jahres:**
„Guildo hat euch lieb"
von Guildo Horn

# Nordirland-Konflikt kurz vor der Lösung?

Gewalttätige Proteste gegen das Marschverbot für den militanten Oranier-Orden sowie der schwerste Bombenanschlag in der 30jährigen Geschichte des Nordirland-Konfliktes bedrohen im Juli und August den im Frühjahr eingeleiteten Friedensprozeß in der britischen Provinz. Acht Konfliktpartner haben sich im April unter Vermittlung der USA auf ein historisches Friedensabkommen geeinigt. Dieses sieht einen halbautonomen Status für die Provinz vor, die von einer Regionalversammlung mit legislativen und exekutiven Befugnissen geführt werden soll. In Volksabstimmungen wird die Vereinbarung im Mai mit überwältigenden Mehrheiten im Norden und Süden des Landes bestätigt. Zum Bombenanschlag in der Kleinstadt Omagh, der 29 Todesopfer und über 330 Verletzte fordert, bekennt sich die „Wahre IRA", die das Abkommen verhindern will. Wegen der verheerenden Folgen kündigt danach sowohl die von der IRA abgesplitterte Gruppe wie auch eine andere Untergrundarmee einen Gewaltverzicht an.
Daß die beiden Exponenten des Friedensprozesses, der zeit seines Lebens um Aussöhnung bemühte Katholik John Hume und der Wortführer der Protestanten David Trimble, am Ende des Jahres den Friedensnobelpreis entgegennehmen können, wird als Zeichen der Hoffnung gesehen. Doch auch danach bleibt offen, wie das Problem der Entwaffnung der IRA gelöst werden kann. □

**In einer Klinik von Los Angeles im US-Staat Kalifornien stirbt am 14. Mai nach einem Herzinfarkt der Sänger, Entertainer und Schauspieler Frank Sinatra im Alter von 82 Jahren. Der Superstar des US-Showbusiness hatte Ehen mit Ava Gardner (1951-64) und Mia Farrow (1966-68) hinter sich und konnte sich auf eine weltweite, ihn blind verehrende Anhängerschaft verlassen. Berühmt wurde der „Oscar"- Preisträger italienischer Herkunft u.a. durch Filme wie „Verdammt in alle Ewigkeit" (1953) und „Der Mann mit dem goldenen Arm" (1960). Sein größter Hit „Strangers in the Night" wurde zu einem Welterfolg. „Frankieboy" stand fast 60 Jahre auf der Bühne.**

**Drei Tage dauernder Jubel in Frankreich: So wie die Spieler mit ihrem Kapitän Didier Deschamps feiert die gesamte Nation den erstmaligen Gewinn der Fußball-WM durch die „Equipe tricolore" nach dem Finalsieg gegen Brasilien. Das vorzeitige Ausscheiden der deutschen Elf gegen Kroatien kostet dagegen Bundestrainer Berti Vogts seinen Job.**

## Tod in Lawinen

Nach heftigen Schneefällen kommen bei Lawinenunglücken im Februar in der österreichischen und schweizerischen Alpenregion zahlreiche Skitouristen ums Leben. Bei den schwersten Katastrophen sterben allein im Tiroler Paznautal in den Orten Galtür und Valzur 38 Menschen. Nach den Unglücken sitzen über 100000 Urlauber in den Alpen fest. Allein aus dem Paznautal werden im Rahmen der größten Luftbrücke in der Geschichte Österreichs über 10000 Touristen mit Hubschraubern ausgeflogen. □

## Wahlschlappe

Nach knapp einem Jahr Regierungszeit erhält die Bundesregierung einen empfindlichen Denkzettel: Bei den Landtagswahlen im Herbst erleiden SPD und Grüne schwere Einbrüche. So verliert die SPD in Brandenburg 14,8% im Vergleich zu 1994 und büßt damit die absolute Mehrheit ein. Im Saarland muß die SPD nach 14 Jahren Regierungsarbeit in die Opposition. Die Grünen scheitern im Saarland mit einem Ergebnis von 3,2% sogar an der 5%-Hürde. Erschreckend ist das Wahlergebnis der DVU, die in Brandenburg mit einem Stimmenzuwachs von 5,3% gegenüber 1994 den Sprung in den Landtag schafft. Damit sind rechtsextreme Parteien jetzt in vier deutschen Landtagen vertreten. □

## Amoklauf

Schock in den USA: Beim blutigsten Massaker in einer amerikanischen Schule töten zwei Jugendliche in Littleton bei Denver im April 12 Mitschüler und zwei Lehrer und bringen sich dann selbst um. Einer der Täter hat vorher auf einer Web-Seite im Internet eine versteckte Warnung verbreitet. Der Amoklauf führt zu scharfer Kritik an der Verfügbarkeit von Waffen und Sprengstoff für Kinder und Jugendliche. □

Die Glaskuppel des neuen Reichstages: Bindeglied zwischen Geschichte und Zukunft

## Bundestag im neuen Domizil

Fünfzig Jahre nach Gründung der Bundesrepublik Deutschland wird am 19. April mit der Einweihung des Reichstagsgebäudes in Berlin ein neuer offizieller Sitz des Deutschen Bundestages in Betrieb genommen. Mit der symbolträchtigen Überreichung des Schlüssels durch den für den Umbau verantwortlichen britischen Architekten Sir Norman Foster an Bundestagspräsident Wolfgang Thierse endet damit die vierjährige Phase der für 600 Millionen Mark vorgenommenen Erneuerung des traditionellen Regierungsgebäudes am Brandenburger Tor. In seiner ersten Regierungserklärung vor dem Bundestag in seinem neuen Domizil würdigt Bundeskanzler Schröder den Akt als bedeutenden Moment deutscher Nachkriegsgeschichte. □

## Lafontaine will nicht mehr

Privatmann Lafontaine mit Sohn

Knapp fünf Monate nach ihrem Start erlebt die rot-grüne Bundesregierung eine böse Überraschung: Am 10. März verkündet Oskar Lafontaine seinen Ausstieg aus der Politik und legt sein Amt als Finanzminister, den Parteivorsitz und sein Bundestagsmandat nieder. Nach dreitägigem Schweigen begründet er seinen Schritt mit „schlechtem Mannschaftsspiel und mangelhaftem Teamgeist". Außerdem habe er sich jetzt „für das Privatleben entschieden".
Bundeskanzler Gerhard Schröder wird im April auf einem Sonderparteitag in Bonn mit 75 Prozent Zustimmung zum neuen Parteivorsitzenden gewählt. Nachfolger Lafontaines im Finanzministerium wird der abgewählte frühere hessische Ministerpräsident Hans Eichel. □

**Bei zwei Brandkatastrophen in Alpentunneln innerhalb weniger Wochen sterben 50 Menschen in den Flammen, zahlreiche werden schwer verletzt. Zunächst verwandelt sich am 24. März der Montblanc-Tunnel (Bild) in eine Hölle aus Hitze und Rauch, als nach einem LKW-Unfall in der Röhre ein Brand ausbricht. Er kann erst nach 48 Stunden gelöscht werden und fordert 39 Todesopfer.**
**Das zweite Unglück ereignet sich am 29. Mai im österreichischen Tauern-Tunnel, wo ein LKW nach einem Auffahrunfall ebenfalls in Brand gerät, der auf 24 andere Fahrzeuge übergreift. Von den Insassen können später elf nur noch tot geborgen werden. Beide Alpendurchfahrten bleiben für lange Zeit unpassierbar.**

**JAHRES-CHRONIK**

- Im Alter von 88 Jahren stirbt am 2. Januar in Paris der Komponist Rolf Liebermann.
- Am 26. Januar stirbt im Alter von 70 Jahren in München der bayerische Staatsintendant August Everding.
- Im Alter von 63 Jahren stirbt am 7. Februar in Amman König Hussein von Jordanien.
- Mit 70 Jahren stirbt am 7. März in London der Filmregisseur Stanley Kubrick.
- Im Alter von 82 Jahren stirbt während einer Tournee in Berlin am 12. März der Geiger, Dirigent und Musikmanager Yehudi Menuhin.
- Beim Absturz eines Doppelzuges der Wuppertaler Schwebebahn sterben im April vier Menschen, 59 werden verletzt.
- Mit 84 Jahren stirbt am 13. April in Berlin der ehemalige DDR-Ministerpräsident Willi Stoph.
- Bei der zweiten Direktwahl eines israelischen Ministerpräsidenten wird im Mai Ehud Barak mit 56 Prozent zum neuen Regierungschef gewählt.
- Der 68jährige frühere NRW-Ministerpräsident Johannes Rau wird am 23. Mai in Berlin im zweiten Wahlgang zum neuen Präsidenten der BRD gewählt.
- Der 57jährige ANC-Politiker Thabo Mbeki wird im Juni als neuer Staatspräsident Südafrikas und damit Nachfolger des aus dem Amt scheidenden Nelson Mandela vereidigt.
- Beim schwersten Seilbahn-Unglück in der Geschichte Frankreichs sterben am 1. Juli am Pic de Bure 20 Menschen.
- Am 25. August stirbt in Starnberg der Schauspieler und Komödiant Georg Thomalla im Alter von 84 Jahren.
- Volksschauspieler Willy Millowitsch stirbt am 20. September im Alter von 90 Jahren in Köln.
- Am 30. September erhält Günter Grass den Literatur-Nobelpreis für sein schriftstellerisches Lebenswerk.
- Im Alter von 78 Jahren stirbt am 2. Oktober in Salzburg der Schriftsteller Heinz G. Konsalik.

# Erst NATO-Bomben stoppen Milošević

**Einer der unzähligen Flüchtlingsströme gen Süden; Tausende von Kosovo-Albanern sind in den Bergen von den Serben eingekesselt.**

Der erneute Versuch des jugoslawischen Präsidenten Milošević, sein Reich durch die Vertreibung einer anderen Volksgruppe zu vergrößern, wird diesmal von der internationalen Staatengemeinschaft mit Waffengewalt verhindert und endet für sein Volk mit einem Desaster. Nachdem Serben und Kosovo-Albaner in seit Februar laufenden Verhandlungen über eine Friedenslösung für das vom serbischen Militär besetzte Kosovo keine Lösung erreichen, verlassen die seit Oktober des Vorjahres dort stationierten 1600 OSZE-Beobachter wegen andauernden Widerstands der Serben gegen ihre Mission im März das Land. Sie haben über die Durchsetzung des von der OSZE mit Milošević vereinbarten Abkommens über den Abzug serbischer Truppen und die Einhaltung der Waffenruhe seitens der albanischen Kosovo-Befreiungsarmee UCK gewacht, die für eine Loslösung der Provinz vom jugoslawischen Staat kämpft.

Nach dem Scheitern aller weiteren Bemühungen beginnt am 24. März eine internationale Streitmacht der NATO, an der sich auch die Bundeswehr mit Tornado-Kampfflugzeugen und Aufklärungssystemen beteiligt, unter Führung der USA, aber ohne ein Mandat der UNO den Luftkrieg gegen Jugoslawien. Der völkerrechtlich umstrittene Einsatz wird mit dem Ziel der Beendigung der andauernden Vertreibung der albanisch-stämmigen Bevölkerung aus dem Kosovo und den damit verbundenen schweren Menschenrechtsverletzungen begründet. An der bis 10. Juni andauernden Bombardierung beteiligt sich zuletzt eine Flotte von über 1000 Maschinen, die bis Ende Mai nach NATO-Angaben über 14000 Bomben über dem Land abgeworfen haben.

Bis Anfang Juni werden dennoch etwa 780000 Kosovo-Albaner vertrieben, die in den Anrainerländern Albanien und Mazedonien für ein beispielloses Flüchtlingsdrama sorgen. Erst nach einer diplomatischen Offensive unter Mitwirkung Rußlands gibt Milošević auf. Danach sichert eine internationale Friedenstruppe (KFOR) mit 50000 Soldaten die Rückkehr der Kosovo-Flüchtlinge. Sie marschiert ab 20./21. Juni im Kosovo ein und versucht nach Teilentwaffnung der UCK der chaotischen Zustände im Land Herr zu werden. □

## Freigesprochen

US-Präsident Bill Clinton hat nach einer Sitzung des Senats im Februar die Lewinsky-Affäre politisch unbeschadet überstanden und bleibt im Amt. Die zweite Kammer des Kongresses spricht ihn von den Anklagepunkten Meineid und Justizbehinderung frei. Bei der entscheidenden Abstimmung wird die erforderliche Zweidrittelmehrheit für eine Verurteilung deutlich verfehlt. In einer Fernsehansprache entschuldigt sich Clinton anschließend beim amerikanischen Volk für sein Fehlverhalten und ruft zur Versöhnung auf. □

**Öcalan nimmt die Urteilsverkündung ohne sichtliche Regung entgegen.**

# 1999

**Buch des Jahres:**
„Witwe für ein Jahr"
von John Irving

**Film des Jahres:**
„Star Wars - Episode 1:
Die dunkle Bedrohung"
von George Lucas

**Schlager des Jahres:**
„Mambo No. 5"
von Lou Bega

## Erdbeben in der Türkei

Am 17. August wird der Südwesten der Türkei von einem verheerenden Erdbeben heimgesucht, das rund 17000 Todesopfer und 27000 Verletzte fordert. Die Suche nach Überlebenden durch türkische und ausländische Suchtrupps wird eine Woche nach der Katastrophe eingestellt. Unmittelbar nach dem Jahrhundertbeben der Stärke 7,8 auf der Richterskala sind etwa 200000 Menschen obdachlos, die Zahl steigt jedoch stetig, da zahllose Häuser nicht mehr bewohnbar sind. Nach finanzieller Soforthilfe aus verschiedenen europäischen Ländern stellt die EU ab September im Rahmen ihres Aufbauplanes für die Türkei einen Hilfsetat bereit. In den Folgemonaten erschüttern weitere kleine Beben das Land. Dabei sterben unter anderem am 12. November östlich von Izmir rund 600 Menschen. □

## Öcalan verurteilt

Die seit Herbst 1998 durch ganz Europa führende Odyssee von PKK-Chef Abdullah Öcalan endet Mitte Februar mit der Festnahme des Kurdenführers durch den türkischen Geheimdienst in Nairobi. Öcalan wird in der Türkei wegen Hochverrats und Terrorismus angeklagt. Im Juni ergeht gegen Öcalan das Todesurteil, obwohl er sich vorab zu einer Verhandlungslösung des Kurden-Konfliktes bereit erklärt hat. Kurden auf der ganzen Welt und zahlreiche Regierungen protestieren gegen das Urteil. □

# Der Traum von Großserbien endet für Milošević in einer Katastrophe

Der Versuch des jugoslawischen Präsidenten Slobodan Milošević, den seit 1990 auseinanderbrechenden Förderationsstaat durch Schaffung eines Großserbien zu ersetzen, endet nach zehn Jahren im Bombenhagel einer Luftflotte der NATO und bedeutet für sein Volk, das sich zunehmend von ihm distanziert, eine der schlimmsten Phasen seiner Geschichte.

Nach dem erfolgreichen militärischen Eingreifen in der Provinz Kosovo, die im Sommer 1990 ihrer noch von Staatsgründer Tito gewährten begrenzten Autonomie beraubt wird, beginnt Milošević im Jahr darauf einen Krieg mit den inzwischen zu souveränen Staaten erklärten früheren Teilrepubliken Jugoslawiens. In Kroatien soll die dort ansässige halbe Million Serben (rund elf Prozent der Bevölkerung) ihr Wohngebiet Krajina – eine Region südlich von Zagreb – nach Umsiedlung und Vertreibung der Kroaten an ein serbisch dominiertes Bosnien anschließen, das allerdings auch erst nach der Massenvertreibung anderer Völker diesen Status erhalten kann.

Die Resultate dieser Politik kann Milošević nach wenigen Jahren seinem Volk kaum noch verständlich machen. Die von ihnen vertriebenen Kroaten sind nämlich in die Krajina zurückgekehrt, während die 342 000 dort lebenden Serben nach der militärischen Niederlage ihre Heimat verlassen müssen und in Serbien bzw. Bosnien Zuflucht gefunden haben. Dort hat der 1992 von ihnen vom Zaun gebrochene Krieg fürchterliche Folgen gebracht. Zwar gelingt es den Serben, die ein Drittel der Bevölkerung stellten, durch sogenannte „ethnische Säuberungen“ bis zu 70 Prozent des Territoriums unter ihre Kontrolle zu bringen, die geplante Angliederung der bosnischen Serbengebiete an die „Mutterrepublik“ Rest-Jugoslawien schlägt aber vor allem nach dem endlich auf Betreiben der UNO erfolgten Einsatz einer internationalen Friedenstruppe fehl.

Gegen die für zahlreiche Greueltaten verantwortlichen Serben ermittelt vielmehr ein im Mai 1993 eingerichtetes UN-Kriegsverbrecher-Tribunal, das der meistgesuchten Täter wie des bosnischen Serbenführers Radovan Karadzić und seines Militärchefs Radko Mladić aber bisher nicht habhaft werden konnte. Und ob der im Mai 1999 dort angeklagte Slobodan Milošević jemals erscheint und zur Rechenschaft gezogen werden kann, muß offen bleiben. □

Milošević besucht eine von Nato-Bomben zerstörte serbische Stadt

Gegen die Putschisten ruft Präsident Jelzin (links) auf einem Panzer vor dem russi

# Reformen bringen Beginn

Die Szenerie schien Anfang der 90er Jahre trotz der von Michail Gorbatschow angestoßenen gewaltigen Umwälzungen im Ostblock völlig unvorstellbar und wird am Ende des Jahrzehnts dennoch Wirklichkeit: Am 12. März 1999 treten die früheren Ostblockmitglieder Polen, Tschechien und Ungarn der NATO bei, die sich damit im 50. Jahr ihres Bestehens bis an die Grenzen der Ex-Sowjetunion ausdehnt. Kein anderer Akt hätte deutlicher dokumentieren können, was sich in der letzten Phase vor der Jahrtausendwende in der scheinbar auf ewig zementierten Machtbalance in Europa bewegt hat.

Der vom damaligen sowjetischen Staatspräsidenten Gorbatschow weiter vorangetriebene Demokratisierungsprozeß gipfelt 1991 in der vorgesehenen Unterzeichnung des Unionsvertrages, der die Auflösung der Sowjetunion in wirtschaftlich und innenpolitisch autonome Republiken vorsieht. Ein von orthodox-kommunistischen Kräften einen Tag vor der Ratifizierung angezettelter Putschversuch führt zu einer Neugestaltung der innenpolitischen Kräfteverhältnisse. Der neue starke Mann im nur noch auf dem Papier bestehenden Riesenreich heißt seit August 1991 Boris Jelzin, erst kurz zuvor gewählter erster Präsident der größten Sowjetrepublik Rußland. Er stellt sich in Moskau mit seinen Anhängern den aufgefahrenen Panzern der Putschisten entgegen und rettet zumindest vorübergehend die Existenz des Staatspräsidenten Gorbatschow. Der kann den sich lawinenartig entwickelnden Prozeß des Zerfalls des einstmals mächtigsten Gegenspielers der westlichen Welt nicht mehr stoppen. Noch im Dezember dieses aufregenden Jahres geht eine Epoche der Weltgeschichte zu Ende, als sich die Sowjetunion 69 Jahre nach ihrer Gründung auflöst. An ihre Stelle tritt die von elf der 15 ehemaligen Sowjetrepubliken gebildete Gemeinschaft Unabhängiger Staaten (GUS), in der Rußland und sein Präsident Jelzin das größte politische Gewicht haben. Michail Gorbatschow, der kurz zuvor für sein Lebenswerk noch mit dem Friedensnobelpreis geehrt wor-

schen Regierungsgebäude die Bevölkerung am 19.8.1991 zum Generalstreik auf.

# einer neuen Weltordnung

den ist, verliert Amt und Würden und bleibt bis zum Ende des Jahrzehnts nur noch eine Randfigur des öffentlichen Lebens.

Von der westlichen Staatengemeinschaft und ihrem Verteidigungsbündnis NATO wird die weitere Entwicklung im Osten fortan wohlwollend begleitet. Nach der ebenfalls 1991 vorgenommenen Selbstauflösung des Warschauer Paktes ist die Nordatlantische Allianz nunmehr ohne den jahrzehntelang mit Sorge beobachteten potentiellen Gegner und sendet vorsichtige Signale einer möglichen Kooperation Richtung Osten, wo vor allem die Unabhängigskeitserklärungen der drei baltischen Staaten für eine neue Grenzkonstellation gesorgt haben. Während sich in den anderen ehemaligen Partnerstaaten der aufgelösten UdSSR im Verlaufe der Zeit zunehmend normale demokratische Strukturen entwickeln, bleibt Rußland ein innenpolitischer Unruheherd. Boris Jelzin muß schon 1993 einen weiteren Putschversuch blutig niederschlagen und sieht sich seit den Ende des Jahres durchgeführten ersten demokratischen Wahlen in Rußland einer unerwarteten Opposition in Form eines von kommunistischen und ultrarechten Parteien dominierten Parlaments gegenüber. Russische Innenpolitik besteht seitdem überwiegend aus gegenseitiger Blockade von Parlament und dem von der Verfassung gedeckten Herrschaftsanspruch des Präsidenen, dessen oft spontane Dekrete wie beim mehrfachen Hinauswurf der gesamten Kremlspitze im Westen auch angesichts seines sich ständig verschlechternden Gesundheitszustandes ernste Zweifel an seiner Amtsfähigkeit aufkommen lassen.

Einhergehend mit der Paralysierung der Macht setzt eine Radikalisierung des öffentlichen Lebens ein, das wirtschaftliche Überleben des Dauerpatienten Rußland sichert nur noch das Wohlwollen des um den kalkulierbaren Ansprechpartner Jelzin fürchtenden Westen, das sich in immer neuen Milliardenkrediten an den wankenden Koloß manifestiert, dessen frühere Verbündete von den Bündissen des einstigen Gegners wie NATO und EU magisch angezogen werden. □



## Kampf der Kurden um politische Lösung ihres Schicksals geht weiter

Nach der Niederlage im Golfkrieg rückt die irakische Armee durch brutale Niederschlagung von Kurdenaufständen im Land das von der Weltöffentlichkeit offenbar vergessene Schicksal eines Volkes in den Mittelpunkt des Interesses der Politik. Den im Frühjahr 1991 vor Saddam Hussein flüchtenden eine Million irakischer Kurden wird im Sommer durch Einrichtung einer etwa 300 km langen und 50 km breiten Schutzzone entlang der türkischen Grenze aber nur formal von der Internationalen Staatengemeinschaft geholfen, denn bereits am Jahresende bombardiert das irakische Militär unter dem Vorwand der Bekämpfung kurdischer Guerilleros auch die Zivilbevölkerung.

Im Nachbarland Türkei sind die dort rund 12 Millionen lebenden Kurden ebenfalls von der aktiven Teilnahme am politischen und gesellschaftlichen Leben ausgeschlossen. Zum offenen Konflikt mit dem türkischen Staat ist es durch die verbotene Arbeiterpartei Kurdistans PKK gekommen, die seit 1984 einen bewaffneten Kampf führt. Nach dem Golfkrieg hat sich die Partei 1991 von ihrem ursprünglichen Ziel, der Gründung eines eigenen kurdischen Staates, distanziert und fordert seitdem regionale Autonomie und die Einhaltung der Menschenrechte. Aktivisten ihrer Untergrundorganisation versuchen seither, mit spektakulären Einzelaktionen wie Anschlägen auf Urlaubsregionen und Entführungen von Touristen die Aufmerksamkeit der Weltöffentlichkeit auf ihr Problem zu lenken. Massive Unterstützung erfahren sie dabei durch die in Westeuropa lebenden Exil-Kurden. Deren deutsche Vertreter fallen durch gewaltsame Anschläge gegen türkische Geschäfte und andere Einrichtungen sowie mehrere massive Autobahn-Blockaden auf, was auch hier zum Verbot der PKK und ihrer Nebenorganisationen führt. In ihrer Heimat führt die Türkei seit Mitte der 90er Jahre einen erbitterten Kampf gegen die PKK, in dem nach vorsichtigen Schätzungen bisher mindestens 35 000 Menschen gefallen und über 3 500 Dörfer zerstört worden sind. Mehrfach dringt die türkische Armee dabei ohne völkerrechtliche Folgen auf irakisches Staatsgebiet vor und liefert sich dort länger andauernde Kämpfe mit den PKK-Vertretern. Kurdischen Politikern wie den gewählten Parlamentariern der gemäßigten Partei „Hadep“ und Intellektuellen droht derweil ständig Verfolgung seitens der türkischen Justiz, obwohl alle wissen: Mit Waffengewalt läßt sich dieser jahrzehntealte Konflikt nicht lösen. □

**Kurdische Protestaktion mit Selbstverbrennung auf einer deutschen Autobahn im März 1994**

# 100 Persönlichkeiten unseres Jahrhunderts

## Alvar Aalto

Finnischer Architekt, geboren am 3. Februar 1898 in Kuortane (Mittelfinnland). Aalto gilt als einer der Pioniere moderner Baukunst und Stadtplanung. Nach ersten Erfolgen in seiner finnischen Heimat erregte er internationales Aufsehen durch die finnischen Pavillons auf der Pariser Weltausstellung 1937 und auf der geplanten Internationalen Ausstellung in New York 1939. Nach dem Krieg konnte er seine Vorstellungen für modernes, aber menschenwürdiges Wohnen in die Tat umsetzen. In Deutschland stehen als Beispiele die Wohnhäuser auf der „Interbau" in Berlin (1955-57) und das Hochhaus „Neue Vahr" in Bremen (erbaut 1959-63). In Wolfsburg baute er von 1959-62 ein Kulturzentrum. Als Krönung seines Schaffens gilt das 1971 eingeweihte Konzert- und Kongreßgebäude „Finlandia" in Helsinki mit der größten Konzerthalle Nordeuropas. Aalto starb am 11. Mai 1976 in Helsinki. □

## Konrad Adenauer

Deutscher Politiker, geboren am 5. Januar 1876 in Köln. Der Sohn eines Kanzleirates trat 1906 – mittlerweile selbst Rechtsanwalt – in die Zentrumspartei ein und wurde 1917 Oberbürgermeister seiner Heimatstadt. Von 1920 bis 1933 amtierte er als Präsident des Preußischen Staatsrates. Von den Nationalsozialisten aus allen Ämtern entfernt und 1944 vorübergehend inhaftiert, bestellten ihn die US-Militärbehörden nach dem Zusammenbruch wieder als Kölner Oberbürgermeister. Er war Mitbegründer der CDU und wurde 1946 ihr Vorsitzender. Drei Jahre später wurde er erster Kanzler der gerade geschaffenen Bundesrepublik Deutschland. Nach dem Rücktritt 1963 blieb er aktiv und schrieb in vier Bänden seine „Erinnerungen", erschienen 1965 bis 1968. Er starb am 19. April 1967 in Rhöndorf. □

## Roald Amundsen

Norwegischer Polarforscher, geboren am 16. Juli 1872 in Borge. Der Abenteurer hatte sich die Erforschung der Polarzonen der Erde zur Lebensaufgabe gemacht und durchfuhr während seiner ersten Expedition 1903 bis 1906 als Erster die Nordwestpassage bis zum Ende. Am 15. Dezember 1911 stand er als erster Mensch am Südpol. 1926 überquerte er als Erster auf dem Luftweg mit dem Luftschiff „Norge" den Nordpol. Bei der Suche nach dem verschollenen italienischen Polarforscher Nobile kam er im Juni 1928 beim Absturz seines Wasserflugzeuges ums Leben. □

## Jassir Arafat

Palästinensischer Politiker, geboren am 27. August 1929 in Jerusalem. Er kämpfte schon als Halbwüchsiger 1948 gegen Israel und floh 1951 von Gaza nach Kairo, wo er Elektrotechnik studierte und 1952 Präsident der Palästinensischen Studentenvereinigung wurde. Im zweiten arabisch-israelischen Krieg war er Leutnant der Armee Ägyptens. 1959 gründete er die Befreiungsorganisation „Al Fatah". Mit dieser ging er in der Palästinensischen Befreiungsorganisation (PLO) auf und wurde 1969 deren Sprecher. Seine Lebensaufgabe sieht er in der Errichtung eines autonomen Palästinenserstaates, für den er, trotz vieler Rückschläge kämpfte, bis sich ab 1991 unter ler Schirmherrschaft der USA in Verhandlungen mit Israel erste Erfolge abzeichneten. Die Rückgabe des Gaza-Streifens und der Stadt Jericho an die Palästinenser im Mai 1994 ist eine erste Krönung seines Lebenswerkes. □

## Louis Armstrong

Amerikanischer Jazz-Musiker, geboren am 4. Juli 1900 in New Orleans. Der auch als „Satchmo" bekannte Musiker gilt als größter Jazz-Trompeter des Jahrhunderts. Mit 20 Jahren spielte er schon bei Joe „King" Oliver, später bei Fletcher Henderson in New York. Weltruhm erntete er mit den eigenen Bands „Hot Five" und „Hot Seven". Auf Schallplatten und bei Live-Auftritten brillierte er mit den Markenzeichen rauchige Stimme und unverkennbarem Trompeten-Sound. Er starb am 6. Juli 1971 in New York. □

## Neil Armstrong

Amerikanischer Astronaut, geboren am 5. August 1930 in Wapakoneta (Ohio). Nach Ausbildung zum Testpiloten gehörte er ab 1962 dem Astronautenprogramm der NASA an. Am 16. März 1966 war er als Chefpilot am ersten Dockmanöver vom Raumschiff „Gemini 8" mit einer „Agena"-Rakete beteiligt. Als Kommandant von „Apollo 11" betrat er am 21. Juli 1969 als erster Mensch den Mond. Danach machte er zunächst Karriere bei der NASA (Leiter des Aeronautik-Büros) und ging 1971 als Professor für Raumfahrt-Ingenieurwesen an die Universität von Cincinnati. Später besetzte er Führungspositionen in der freien Wirtschaft. Seit Herbst 1989 ist er Direktor des Raketen-Herstellers und NASA-Lieferanten Thiokol Corp. □

## Kemal Atatürk

Türkischer Staatsmann, geboren am 12. März 1881 in Saloniki. Der als Mustafa Kemal Pascha geborene Offizier gilt als Begründer der modernen Türkei. Er erkämpfte als Mitbeteiligter der sogenannten jungtürkischen Revolution von 1908/1909 die Einführung einer bürgerlichen Verfassung und war im Ersten Weltkrieg General. Danach kämpfte er gegen die Besatzung von Entente und Griechenland, die er bis 1922 aus dem asiatischen Teil des Landes vertrieb. 1923 war er erster Staatspräsident der von ihm ausgerufenen Republik. Damit wurden das Sultanat und die Kalifen abgeschafft. Kemal Pascha führte dann das Land mit weitreichenden Reformen (Einehe, Lateinschrift, bürgerliches Gesetzbuch, Emanzipation der Frau) in die westliche Welt. 1934 erhielt er den Ehrentitel „Atatürk" (Vater der Türken). Er starb am 10. November 1938 in Istanbul. □

## Ernst Barlach

Deutscher Bildhauer, Grafiker und Dichter, geboren am 2. Januar 1870 in Wedel (Holstein). Neben zahlreichen Holzbildwerken und Bronzefiguren, die fast alle schwer und bedrückend das menschliche Leid widerspiegeln, hat der norddeutsche Künstler auch ein umfangreiches zeichnerisches und grafisches Werk hinterlassen. Seine Dramen „Der arme Vetter" (1918) und „Der blaue Boll" (1926) werden häufig gespielt. Posthum erschienen die Romane „Der gestohlene Mond" (1948) und „Seespeck" (ebenfalls 1948). Bekannte Bildwerke sind der „Singende Mann" (1930), „Lesende Mönche" (1932), „Hockende Alte" (1933) und „Fries der Lauschenden" (1935). Barlach starb am 24. Oktober 1938 in Rostock. □

## Christiaan Barnard

Südafrikanischer Mediziner, geboren am 8. November 1922 in Beaufort West (Kapprovinz). Der Professor wurde durch die erste erfolgreiche Herztransplantation am 3. Dezember 1967 am Groote-Schur-Hospital in Kapstadt weltweit bekannt. Vier Jahre später gelang ihm mit dem Austausch von Herz und Lunge eine weitere medizinische Neuerung. Mit der Einpflanzung eines zweiten Herzens – des sogenannten Huckepack-Herzens – zur Entlastung des ursprünglichen wagte er 1974 eine weitere revolutionäre Operation. Wegen zunehmender Gelenkschmerzen gab er Ende 1983 die Tätigkeit als Chirurg auf. □

## Béla Bartók

Ungarischer Komponist, geboren am 25. März 1881 in Nagyszentmiklós. Bartók war wie Mozart eine Art Wunderkind: erste Kompositionen mit acht Jahren, erste Auftritte als Pianist mit zehn. Seit 1903 gibt es eine erste sinfonische Dichtung. Aus der Liebe zur Volksmusik entstand sein eigenes kompositorisches Schaffen, das durch rhythmische aber auch dissonanzreiche Harmonik geprägt ist und ihn zum Wegbereiter der Neuen Musik des 20. Jahrhunderts werden ließ. Neben den 20 000 (!) Volksweisen, die er herausgab, sind die „Musik für Saiteninstrumente, Schlagzeug und Celesta" (1936) und das „Divertimento für Streichorchester" (1939) bahnbrechende Werke. Er hinterließ ein sechsbändiges pädagogisches Werk über Klavierspiel und Komposition. Bartók starb am 26. September 1945 in New York. □

## Samuel Beckett

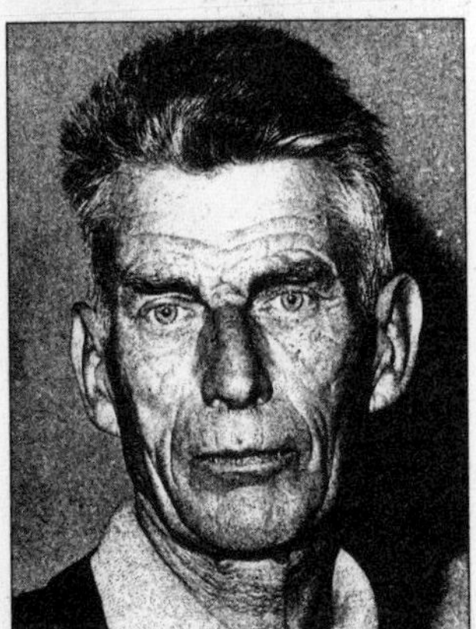

Irisch-französischer Schriftsteller, geboren am 13. April 1906 in Dublin. Der mit James Joyce befreundete Ire gehört zu den herausragenden Vertretern der modernen Literatur und des absurden Theaters. In seinen Werken wird die Absurdität des menschlichen Daseins zur Maxime. Beckett ist ein wichtiger Vertreter des absoluten Nihilismus. Beispielhafte Werke dafür sind „Warten auf Godot" (1953), „Endspiel" (1956), „Das letzte Band" (1959), „Glückliche Tage" (1962), „Nicht ich" (1972) und die Romane „Malone stirbt" (1951) und „Der Namenlose" (1953). 1969 erhielt er den Literaturnobelpreis. Von 1937 bis zu seinem Tod am 22. Dezember 1989 lebte er in Frankreich. □

## David Ben Gurion

Israelischer Politiker, geboren am 16. Oktober 1886 in Plonsk (Polen). Der 1906 nach Palästina ausgewanderte Ben Gurion arbeitete dort bald führend in der jüdischen Arbeiterbewegung. Nach Verhaftung und Verbannung wegen des Einsatzes für jüdische Autonomie war er ab 1916 in den USA aktiv. 1918 durfte er wieder nach Palästina. Dort gründete er 1930 die Arbeiterpartei Mapai und organisierte die illegale Einwanderung der Juden. Nach langem Ringen gegen Briten und Araber proklamierte er 1948 den Staat Israel, dem er als Ministerpräsident 1949-1953 und 1955-1963 vorstand. 1952 schloß er das Wiedergutmachungsabkommen mit der Bundesrepublik. Von 1970 an lebte er zurückgezogen auf einem Kibbuz in der Negev-Wüste. Er starb am 1. Dezember 1973 in Tel Aviv. □

## Ingmar Bergman

Schwedischer Regisseur, geboren am 14. Juli 1918 in Uppsala. Zunächst arbeitete er nach entsprechender Ausbildung an verschiedenen Theatern. Ab 1966 übernahm er die Leitung des Königlichen Dramatischen Theaters, des schwedischen Nationaltheaters. Die Welt indes kennt Ingmar Bergman als Filmemacher, der in den 50er und 60er Jahren durch heftig diskutierte Filme weltberühmt wurde. In einer von Konventionen geprägten Gesellschaft schockierte die Offenheit der Darstellung tabuisierter Themen in „Wilde Erdbeeren" (1957), „Die Jungfrauenquelle" (1959), „Das Schweigen" (1962) oder „Szenen einer Ehe" (1974). Für den Film „Fanny und Alexander" (1983) erhielt er 1984 vier Oscars. Seit 1989 arbeitet er als Drehbuchautor, u.a. schrieb er das Script zu „Familienchronik". 1991 inszenierte er in Stockholm eine Oper („Backanterna" von Daniel Börtz). Bergmann ist seit 1971 in sechster Ehe mit Ingrid von Rosen verheiratet und Vater von mindestens neun Kindern. □

## Leonard Bernstein

Amerikanischer Komponist und Dirigent, geboren am 25. August 1918 in Lawrence (Massachusetts). Als Vertreter des Chefdirigenten gelang dem Sohn russisch-jüdischer Einwanderer 1943 der Durchbruch bei den New Yorker Philharmonikern, deren Chefdirigent er später von 1958 bis 1969 war. In Europa dirigierte er alle großen Orchester und machte zahlreiche Aufnahmen für Platte, Rundfunk und Fernsehen. Einem Millionenpublikum in aller Welt ist er als Komponist des Musicals „Westside Story" (1957) bekannt. Zuletzt lehrte er an der Harvard-Universität. Er starb am 14. Oktober 1990 in New York. □

## Niels Bohr

Dänischer Physiker, geboren am 7. Oktober 1885 in Kopenhagen. Als er 1916 mit 31 Jahren Professor wurde, hatte er schon das nach ihm benannte Atommodell aufgestellt. Bohr gehört mit bahnbrechenden Erkenntnissen zu den Vätern der Atomwissenschaft, aber auch der daraus entstandenen Atombombe. Während seiner Emigration war er von 1943 bis 1945 maßgeblich am Atombombenprojekt von Los Alamos in den USA beteiligt. 1922 erhielt er den Physiknobelpreis. Er starb am 18. November 1962 in Kopenhagen. □

## Elsa Brändström

Schwedische Philantropin, geboren am 26. März 1888 in St. Petersburg. Als Tochter des schwedischen Militärattachés am Zarenhof bekam sie eine Beziehung zu ihrem Gastland, in dem sie später auch zeitweise lebte. Nach Ausbruch des Ersten Weltkrieges war sie von 1914 bis 1920 als Delegierte des schwedischen Roten Kreuzes dort tätig und kümmerte sich vor allem um deutsche und österreichische Kriegsgefangene. Nach dem Waffenstillstand organisierte sie deren Rückführung. Als „Engel von Sibirien" war sie in jedem Lager bekannt. Aus dem Erlös eines über diese Zeit verfaßten Buches und anderweitig beschafften Mitteln gründete sie in Deutschland Sanatorien für Arbeiter und Waisenkinder. Mit ihrem Mann Ulrich, einem deutschen Sozialisten, emigrierte sie 1934 in die USA. Dort starb sie am 4. März 1948 in Cambridge (Massachusetts). □

## Willy Brandt

Deutscher Politiker, geboren am 18. Dezember 1913 in Lübeck als Herbert Ernst Karl Frahm. 1933 floh das Mitglied der Sozialistischen Arbeiterpartei (SAP) nach Norwegen. In Spanien berichtete er 1937 über den Bürgerkrieg und wurde 1938 Sekretär der Norwegischen Volkshilfe und von den Nationalsozialisten ausgebürgert. Nach der Besetzung Norwegens floh er nach Schweden. Ab 1945 arbeitete er in Oslo als Korrespondent für skandinavische Zeitungen in Deutschland. 1947 wurde er Presseattaché der Norwegischen Militärkommission in Berlin. Nach der Wiedereinbürgerung 1948 arbeitete er in der SPD mit, für die er ab 1949 als Abgeordneter in den Bundestag ging. Vergleiche 1957, 1969, 1971, 1974. Er starb am 8. Oktober 1992 in Unkel bei Bonn. □

## Wernher von Braun

Deutsch-amerikanischer Physiker, geboren am 23. März 1912 in Wirsitz (Posen). Schon als Jugendlicher bastelte der Absolvent der Technischen Hochschule Raketen. Als er 1934 über das Thema „Flüssigkeitsraketen" promovierte, erreichte die von ihm konstruierte A1 schon 2 200 Meter Höhe. Die Wehrmacht holte ihn 1937 als Direktor der Heeresversuchsanstalt nach Peenemünde, wo er das Raketenwaffen-Projekt leitete. Er gilt als Vater der V1 und V2. Den Traum von Flügen ins All konnte er nach dem Krieg in den USA verwirklichen, wo er maßgeblich an der Fortentwicklung der dortigen Raketentechnik beteiligt war. Als NASA-Direktor entwickelte er die Saturn-Trägerraketen für das Apollo-Programm. Er starb am 16. Juni 1977 in Alexandria (Virginia). □

## Bertolt Brecht

Deutscher Dichter, geboren am 10. Februar 1898 in Augsburg als Eugen Berthold Friedrich Brecht. Die Erlebnisse als Sanitätssoldat in einem Lazarett des letzten Kriegsjahres 1918 prägten das Weltbild des jungen Studenten der Literatur entscheidend. Sein erstes Werk, ein Aufschrei voller Anarchismus und Nihilismus, entstand in diesem Jahr. Es hieß „Baal" und wurde 1922 in München uraufgeführt. Die weiteren Stücke der 20er Jahre, darunter der Welterfolg „Dreigroschen-Oper" (1928), trugen ähnliche Züge. Danach folgte die Periode der sogenannten Lehrstücke wie „Die heilige Johanna der Schlachthöfe" (1929-1931). Nach der Flucht vor den Nationalsozialisten entstanden in der Emigration – u.a. lebte er in Skandinavien, der Schweiz, der Sowjetunion und den USA – Meisterwerke wie „Leben des Galilei" (1938), „Mutter Courage und ihre Kinder" (1939) und „Der kaukasische Kreidekreis" (1944-1945). Außer Dramen schrieb er auch Lyrik, Romane und Kurzgeschichten. Nach dem Krieg ging er nach Ost-Berlin und gründete mit seiner Frau Helene Weigel das später herausragende „Berliner Ensemble", die bedeutendste Bühne für experimentelles Theater in Europa. Der

überzeugte Marxist, der zu den einflußreichsten Autoren des 20. Jahrhunderts gehört, starb am 14. August 1956 in Ost-Berlin. Vergleiche 1956. □

## Maria Callas

Italienisch-griechische Sängerin, geboren am 2. Dezember 1923 in New York als Tochter griechischer Einwanderer. Sie debütierte schon als 15jährige in der Oper von Athen. Seit 1951 von der Mailänder Scala fest engagiert, sang sie in allen großen Häusern der Welt als gefeierte Sopranistin mit unvergleichlicher Brillanz. Sie erhielt pro Auftritt bis zu 100 000 Mark. In die Schlagzeilen geriet die reizbare Primadonna durch private Affären, z.B. mit dem Reeder Onassis, der ihr 1975 über fünf Millionen Mark hinterließ. Sie starb am 16. September 1977 nach einer Herzattacke in Paris. □

## Enrico Caruso

Italienischer Sänger, geboren am 27. Februar 1873 in Neapel. Nach großen Auftritten in Italien ging er 1902 nach London und 1903 an die Metropolitan Opera in New York, wo er lange Jahre blieb. Der als größter Tenor des Jahrhunderts geltende Neapolitaner nahm während seiner Karriere an die 250 Schallplatten auf. Er starb am 2. August 1921 in Neapel. Vergleiche 1902 und 1921. □

## Marc Chagall

Französisch-russischer Maler, geboren am 7. Juli 1887 in Liosno bei Witebsk (Weißrußland). Der aus dem dörflich-russischen Judentum stammende Chagall gilt als einer der Hauptvertreter der gegenständlich-expressionistischen Malerei des 20. Jahrhunderts. Seine von tiefer Religiosität geprägten ausdrucksvollen Werke lassen sich aber von keiner modernen Stilrichtung voll vereinnahmen. Der zwischen seiner Heimat und Frankreich – dessen Staatsbürgerschaft er 1937 erhielt – pendelnde Künstler wurde durch die auf einer Dorfstraße aufgebahrten „Toten" 1908 weltberühmt. Berühmte Bilder sind auch „Die Liebenden auf dem Pferd" (1931), „Die weiße Kreuzigung" (1938), „Das Brautpaar vor dem Eiffelturm" (1938/39), „Die roten Dächer" (1954). Sein Spätwerk bilden die bewunderten farbigen Fenster für sakrale Gebäude: die Synagoge in Jerusalem (1962), das Frauenmünster in Zürich (1970), die Kathedrale von Reims (1972-74) und die Stephanskirche in Mainz (1978-84). 1973 wurde in Nizza das einzige Museum, das Frankreich einem lebenden Künstler gewidmet hat, mit seinen Werken eröffnet. Vier Jahre später war er nach Picasso der zweite lebende Künstler, der mit einer großen Ausstellung im Louvre geehrt wurde. Der vielfach Ausgezeichnete starb im hohen Alter von 98 Jahren am 28. März 1985 in seinem Haus in Saint-Paul-de-Vence. □

## Charles Chaplin

Englischer Filmschauspieler und Regisseur. Geboren am 16. April 1889 in London. Die unvergeßliche melancholische Komikergestalt der großen Stummfilmzeit des Kinos – vergleiche auch 1915 und 1931 – kehrte 1952 seinem Gastland USA den Rücken, als er in den Sog der Anti-Kommunismus-Hysterie geriet. Chaplin blieb während einer Europareise daraufhin in der Schweiz. Der amerikakritische Film „Ein König in New York" von 1956/57 bedeutete daher die Abrechnung mit dem Land, war aber auch Rechtfertigung für seine Abkehr. Er starb am 26. Dezember 1977 in Vevey. Vergleiche 1977. □

## Winston Churchill

Britischer Staatsmann. Geboren am 30. November 1874 in Woodstock (Oxfordshire). Der aus der Hocharistokratie stammende Berufssoldat wurde durch eine waghalsige Flucht aus burischer Kriegsgefangenschaft 1900 zu einer Art Nationalheld und danach für mehr als ein halbes Jahrhundert zur prägenden Gestalt der britischen Politszene. Von 1911 bis 1915 und 1917 bis 1922 war er Regierungsmitglied in verschiedenen Ministerämtern, von 1924 bis 1929 als Schatzkanzler. Von 1940 bis 1945 und von 1951 bis 1955 war er Premierminister. Churchill galt als moralisches Bollwerk Englands während des Zweiten Weltkrieges und war einer der Mitgestalter des Europas der Nachkriegszeit. Er starb am 24. Januar 1965 in London. Vergleiche 1955 und 1965. □

## Jean Cocteau

Französischer Dichter, Filmregisseur und Grafiker, geboren am 5. Juli 1889 in Maisons-Laffitte bei Paris. Das Multigenie hat seine Spuren in fast allen Kunstrichtungen des Jahrhunderts hinterlassen und gab ihnen auch Impulse. Die Romane „Der große Sprung" (1923) und „Kinder der Nacht" (1929) gehören neben den Dramen „Orpheus" (1927) und „Höllenmaschine" (1934) zu seiner herausragenden literarischen Hinterlassenschaft. Seine Filme „Es war einmal" – im Original „La belle et la bête" – (1946) und „Orphée" (1950) schrieben Geschichte. Der brillante Illustrator, Maler und Bildhauer schrieb auch Libretti für Strawinski und Milhaud. Er starb am 11. Oktober 1963 in Milly-la-Forêt bei Paris. □

## Dalai Lama

Oberhaupt des tibetanischen Mönchstaates, geboren am 6. Juni 1935 in Taktser (China). Noch ein Knabe, wurde er am 22. Februar 1940 als 14. Dalai Lama inthronisiert. Der Einmarsch chinesischer Truppen in Tibet 1950 veränderte sein junges Leben entscheidend. Er wurde vom bisherigen Regenten am 17. November 1950 für volljährig erklärt. Der „Gottkönig" selbst floh nach Indien. Die

Chinesischen Invasoren brachten einen in China geborenen und erzogenen Gegenregenten, den sogenannten Pantschen Lama, mit. Beide Lamas erhielten pro forma Regierungsgewalt. Tibet wurde innerhalb der VR China 1956 offiziell autonome Provinz. Gegen die Unterdrückung ihrer Religion erhob sich die Bevölkerung 1959, der Dalai Lama konnte nach Indien fliehen und erhielt im Himalaya-Vorgebirge politisches Asyl. Er leitet seitdem von dort aus die Geschicke der etwa 110 000 nach dem Aufstand geflohenen Exil-Tibetaner und versucht durch Reisen zu politischen Machtzentren in aller Welt, auf das Schicksal seiner Heimat aufmerksam zu machen. 1989 erhielt er den Friedensnobelpreis. □

## Salvador Dalí

Spanischer Maler und Grafiker, geboren am 11. Mai 1904 in Figueras. Der Mann mit dem charakteristischen Schnurrbart gehört zu den bedeutendsten Vertretern des Surrealismus und war die vielleicht schillerndste Künstlerpersönlichkeit des Jahrhunderts. Zu seinen berühmten Werken gehören die Gemälde „Geburt der flüssigen Begierde" (1932) und „Brennende Giraffe" (1935). Mit seinem Landsmann Luis Buñuel drehte er den zum Klassiker des Surrealismus gewordenen Film „Der Andalusische Hund" (1928), der seinerzeit zum Skandal wurde. Dalí trat auch als Aktionskünstler auf und inszenierte sogar seine Beerdigung selbst. Er starb am 28. Januar 1989 in Figueras. Vergleiche 1989. □

## Marlene Dietrich

Deutsch-amerikanische Schauspielerin, geboren am 27. Dezember 1901 in Berlin. Maria Magdalena D. begründete bereits in den 30er Jahren mit Filmen wie „Der blaue Engel", „Shanghai Express" und „Der große Bluff" ihren Weltruhm. Ab 1930 arbeitete sie nur noch in den USA – seit 1937 Staatsbürgerin – und sprach sich gegen den Nationalsozialismus aus. Nach dem Krieg drehte sie mit Billy Wilder, Alfred Hitchcock u.a. Regisseuren Filme wie „Zeugin der Anklage" (1957) und „Das Urteil von Nürnberg" (1961). Sie tingelte dann mit einer eigenen Show bis 1974 durch die ganze Welt (Auftritt sogar in Moskau). Nach 15jähriger Filmpause übernahm sie 1978 eine Rolle in „Schöner Gigolo, armer Gigolo" von David Hemmings. Schon zu Lebzeiten eine Legende, lebte sie dann völlig zurückgezogen in ihrer Wohnung in Paris. Sie starb dort am 6. Mai 1992 und wurde – ihrem Wunsch entsprechend – am 17. Mai in Berlin beigesetzt. □

## Walt Disney

Amerikanischer Filmproduzent, geboren als Walter Elias Disney am 5. Dezember 1901 in Chicago. Der Erfinder der Trickfilmfiguren Mickey Mouse (1928) oder Donald Duck (1938) hat dieses Genre des Kinos zum unvergeßlichen Vergnügen für die ganze Menschheit gemacht. Auch seine Spielfilme „Schneewittchen und die 7 Zwerge" – er war 1937 der erste abendfüllende farbige Zeichentrickfilm – „Bambi" (1941), „Cinderella" (1949), „Peter Pan" (1953) und „Mary Poppins" (1964) begeistern noch heute Kinder und Erwachsene in aller Welt. Er starb am 15. Dezember 1966 in Burbank (Kalifornien). Vergleiche 1928 und 1966. □

## Friedrich Dürrenmatt

Schweizer Dramatiker, geboren am 5. Januar 1921 in Konolfingen (Bern). Der produktive Schweizer gehört zu den bedeutendsten Autoren des deutschsprachigen Raumes. Seine vielgespielten Dramen „Der Besuch der alten Dame" (1956) und „Die Physiker" (1962) gehören zu den Klassikern des modernen Theaters. Gleichrangig werden seine Romane eingestuft: „Der Richter und sein Henker" (1952), „Der Verdacht" (1953), „Das Verbrechen" (1958) und „Die Justiz" (1985). In allen Werken thematisierte er mit Humor, beißendem Spott oder entlarvender Ironie die gesellschaftlichen Zustände seiner Zeit. Er starb am 14. Dezember 1990 in Neuchatel. □

## Albert Einstein

Deutsch-amerikanischer Physiker, geboren am 14. März 1879 in Ulm. Das vielleicht größte Genie des Jahrhunderts empfand nach eigenen Angaben die Reaktionen auf seine Forschungsergebnisse als schmerzlich. Der große Ruhm, der mit der frühen Anerkennung seiner physikalischen Theorien einherging, vereinfachte sein Leben nicht gerade. Die vom Nationalsozialismus 1933 erzwungene Emigration in die USA traf ihn schwer. Der Schöpfer der Relativitäts- und Quantentheorie starb am 18. April 1955 in einem Krankenhaus von Princeton (New Jersey), fünf Tage nach einem Kreislaufkollaps. Sein Gehirn wurde der Universität übergeben. Von seiner Untersuchung erhofften sich die Neurologen Aufschlüsse über physiologische Bedingungen für Genialität. Vergleiche 1921. □

## Dwight David Eisenhower

Amerikanischer General und Politiker, geboren am 14. Oktober 1890 in Denison (Texas). Der Berufssoldat kam nach Absolvierung der Militärakademie Westpoint als Panzeroffizier von 1930 bis 1939 zu Generalstabschef MacArthur. Ab 1942 war er Brigadegeneral und erhielt den Oberbefehl über die alliierten Streitkräfte in Europa und Nordafrika. Er leitete die Invasion in der Normandie am 6. Juni 1944. Ein Jahr danach nahm er die deutsche Kapitulation entgegen. Von 1950 bis 1952 war er NATO-Oberbefehlshaber, von 1953 bis 1961 Präsident der USA. Er starb am 28. März 1969 in Washington. Vergleiche 1952, 1958 und 1969. □

## Sergej Eisenstein

Sowjetischer Filmregisseur, geboren am 23. Januar 1898 in Riga. Der Revolutionär kam nach Architekturstudium, Tätigkeit als Bühnenbildner und Regieassistent ab 1924 endgültig zum Film und drehte 1925 mit dem Revolutionsepos „Panzerkreuzer Potemkin" das Werk, das seinen Weltruhm begründete. Die bewegenden Massenszenen und Eisensteins dynamische Schnittechnik machten den Film zu einem Meilenstein auf dem Weg der Kinematographie zur anerkannten Kunstform. Weitere Werke waren zuvor „Streik" (1924), danach „Oktober" (1927), „Alexander Newski" (1938), „Iwan der Schreckliche" (Teil 1: 1944, Teil 2: 1946; 1958 in der UdSSR uraufgeführt). Er starb am 11. Februar 1948 in Moskau. □

## Federico Fellini

Italienischer Filmregisseur, geboren am 20. Januar 1920 in Rimini. Nach gründlicher Vorbildung brachte Fellini 1952 seinen ersten Film heraus, der Ausgangspunkt für ein fast 40 Jahre dauerndes Schaffen wurde, das ihn zu einem Mythos in der Welt des Kinos werden ließ. Der Film „La Strada", mit seiner Ehefrau Giuletta Masina und Anthony Quinn in den Hauptrollen, bedeutete 1954 den Höhepunkt des Neorealismus in seinem Werk. Der Film erhielt über 30 Preise für verschiedene Bewertungskriterien. Den Oscar bekam er für „8 1/2" (1963), dem der Welterfolg „La dolce vita" (1960) vorausging. In den späteren Werken lassen sich viele autobiographische Züge erkennen. So in „Fellinis Casanova" (1976), „Die Stadt der Frauen" (1979), „Ginger und Fred" (1986), „Intervista" (1986) und „Die Stimme des Mondes" (1990). Dreimal erhielt Fellini noch einen Oscar für die beste Regie, 1993 einen für das Gesamtwerk. Er starb am 31. Oktober desselben Jahres in Rom. □

## Henry Ford

Amerikanischer Industrieller, geboren am 30. Juli 1863 in Dearborn (Michigan). Amerikas Automobilkönig ist in die Geschichte eingegangen, weil er den „Fordismus" – rationalisierte industrielle Fertigung von hochwertigen Gütern bei gleichzeitiger Schaffung möglichst günstiger Arbeitsbedingungen – zur Maxime seines Handelns machte und in seinem Imperium umsetzte. Durch Errichtung bedeutender Stiftungen wie der Ford Foundation erwies er sich als großer Philantrop. Er starb am 7. April 1947 in Detroit. Vergleiche 1908. □

## Sigmund Freud

Österreichischer Arzt und Psychologe, geboren am 6. Mai 1856 in Freiberg (Mähren). Der heiß umstrittene Wissenschaftler war seiner Zeit weit voraus. Als er seine bahnbrechenden Erkenntnisse der Triebstruktur des menschlichen Verhaltens ab 1900 veröffentlichte, schlug ihm mehr Ablehnung und Kritik als Anerkennung entgegen. Erst später wurde seine Bedeutung für die Entwicklung der gesamten psychologischen Medizin, aber auch der Philosophie, Kunst und Literatur deutlich. Seine Werke: „Traumdeutung" (1900), „Zur Psychopathologie des Alltagslebens" (1901), „Totem und Tabu" (1913), „Das Ich und das Es" (1923), „Das Unbehagen in der Kultur" (1929), „Abriß der Psychoanalyse" (1938). Freud mußte 1938 nach London emigrieren und starb dort am 23. September 1939. Vergleiche 1939. □

## Juri Gagarin

Sowjetischer Kosmonaut, geboren am 9. März 1934 in Kluschino (Smolensk). Der Testpilot der Roten Armee verwirklichte einen Menschheitstraum: er unternahm den ersten Flug ins Weltall. Am 12. April 1961 umrundete er in der Raumkapsel „Wostok 1" die Erde. Der als „Held der Sowjetunion" ausgezeichnete Offizier starb bei einem Flugzeugabsturz am 27. März 1968 in Nowosjolowo. Vergleiche 1961. □

## Mahatma Gandhi

Indischer Politiker, geboren am 2. Oktober 1869 in Porbandar (Gujarat) als Mohandas Karamchand G., seit 1915 Mahatma („dessen Seele groß ist") genannt. Gandhi war Sohn des Premierministers des Fürstentums Porbandar und erhielt eine Hochschulausbildung in London. Sein jahrzehntelanger Kampf für die Unabhängigkeit Indiens und sein Einsatz für die Unterprivilegierten seines Heimatlandes mit ausschließlich gewaltfreien Mitteln wurden Legende und Vorbild für nachfolgende Generationen. Er wurde am 30. Januar 1948 Opfer eines Mordanschlages in Neu Delhi. Vergleiche auch 1930, 1947 und 1948. □

## Greta Garbo

Schwedische Filmschauspielerin, geboren am 18. September 1905 in Stockholm als Greta Lovisa Gustafsson. Die gelernte Verkäuferin machte eine sonst nur in Romanen mögliche Traumkarriere. Nach ihrer Entdeckung für den Film war schon der erste Streifen „Gösta Berling" 1925 ein Welterfolg, der ihr und dem Regisseur Mauritz Stiller den Weg nach Hollywood ebnete. Die dortigen Produktionen „Anna Karenina" (1927), „Mata Hari" (1932), „Die Kameliendame" (1936) und „Ninotschka" (1939) machten sie unsterblich. In allen Rollen stellte sie einen ganz besonderen Frauentyp dar: edel abweisend, stets von einem Hauch Tragik umgeben. Dies und ihre melancholisch anmutende Schönheit gaben ihr den Beinamen „Die Göttliche". Sie starb am 15. April 1990 in New York. □

## Charles de Gaulle

Französischer Staatsmann, geboren am 22. November 1890 in Lille. Teilnehmer an zwei Weltkriegen und Wegbereiter für die Einigung Europas – zwischen diesen Stationen spielte sich das Leben und Wirken dieses großen Staatsmannes ab, dessen Name untrennbar mit der deutschen Nachkriegsgeschichte verbunden ist. Man denke nur an den deutsch-französischen Vertrag zwischen ihm und Adenauer. 1959 wurde de Gaulle Staatspräsident der V. französischen Republik. Weltpolitik machte er in den sechziger Jahren noch einmal, als er 1966 die NATO verließ, Frankreich dafür die Force de frappe aufbaute und das Land zur Atommacht werden ließ. Auch seine Wege nach Moskau und Peking standen in dieser Zeit noch als Alleingänge da. Sein politisches Wirken hat de Gaulle in ebenso glänzenden wie eigenwilligen Memoiren dargestellt. Er starb am 9. November 1970 in Colombey-les-deux-Eglises. Vergleiche auch 1959 und 1970. □

## George Gershwin

Amerikanischer Musiker und Komponist, geboren am 26. September 1898 in New York. Der Sohn russisch-jüdischer Einwanderer trug noch den Vornamen Jacob, als er mit 12 Jahren Klavierunterricht nahm. Ab 1914 verdiente er ein paar Dollar als Präsentationsmusiker im „Tin Pan Alley", dem New Yorker Musikverlegerviertel. Drei Jahre danach schaffte er den Sprung zum Broadway – als Klavierbegleiter bei Musicals. Den Durchbruch als Komponist brachte die Veröffentlichung des Titels „Swanee" 1920, der ein Millionenseller wurde. 1924 veröffentlichte er sein Meisterwerk „Rhapsody in Blue", das ihm Weltruhm einbrachte. Nach Komposition vieler Filmmusiken in Hollywood erfüllte er sich mit der Südstaaten-Oper „Porgy und Bess" einen Traum: bodenständigen Jazz zur Grundlage klassischer Musik zu machen. Die Oper wurde 1935 in Boston uraufgeführt. Ihr Komponist starb schon zwei Jahre später, am 11. Juli 1937, in Beverly Hills. □

## Michail Gorbatschow

Sowjetischer Staatsmann, geboren am 2. März 1931 in Priwolnoje (Nordkaukasus). Fünf Jahre, die die Welt veränderten – so läßt sich am besten die Karriere des Weltpolitikers in den 80er Jahren beschreiben. Ohne den noch nach klassischer kommunistischer Ideologie erzogenen Politiker stünden sich vermutlich noch heute zwei einander drohende, riesige Machtblöcke in der Welt gegenüber. Nach seiner Karriere als Politiker arbeitet Gorbatschow als Berater für diverse Stiftungen und Institutionen. □

## Maxim Gorki

Russisch-sowjetischer Schriftsteller, geboren am 28. März 1868 in Nischni Nowgorod als Alexei Maximowitsch Peschkow. Nach harten Lehr- und Wanderjahren gesellte sich der Autodidakt nach der Jahrhundertwende zu den russischen Revolutionären, lernte dabei auch Lenin kennen, mußte aber 1906 die Heimat verlassen. Vorher schuf er die Dramen „Die Kleinbürger" (1902) und „Nachtasyl" (1903), die ihm Weltruhm einbrachten. Nach der Rückkehr aus den USA und Westeuropa 1914 erlebte er die Revolution von 1917 und wurde einer ihrer literarischen Chronisten. Er zählt zu den Mitbegründern des sozialistischen Realismus. Weitere bekannte Werke sind die Romane „Die Mutter" (1907), „Meine Kindheit" (1913), „Unter fremden Menschen" (1914) und „Erinnerungen an Lew Nikolajewitsch Tolstoi" (1919). Er starb am 18. Juni 1936 in Moskau und wurde auf dem Roten Platz (Kremlmauer) beigesetzt. Seine Heimatstadt trägt bereits seit 1932 den Namen „Gorki". Vergleiche auch 1914. □

## Graham Greene

Englischer Schriftsteller, geboren am 2. Oktober 1904 in Berkhamsted. Der fleißige Brite hinterließ neben seinen 29 weltbekannten Romanen auch Dramen und Gedichte, die nicht so in den Schlagzeilen standen. Der Mann, der im Zweiten Weltkrieg mit einem Geheimdienstauftrag in Westafrika tätig war, schrieb spannende Geschichten mit großer Nähe zum Abenteuer- und Krimi-Genre, was ihn vielleicht – obwohl häufig vorgeschlagen – um den verdienten Nobelpreis brachte. Die bekanntesten und teilweise verfilmten Romane sind „Orientexpress"

(1932), „Die Kraft und die Herrlichkeit" (1940), „Der dritte Mann" (1950), „Das Ende einer Affäre" (1951), „Unser Mann in Havanna" (1958) und „Die Stunde der Komödianten" (1966). Er starb am 3. April 1991 in Vevey (Schweiz). □

## Walter Gropius

Deutsch-amerikanischer Architekt, geboren am 18. Mai 1883 in Berlin. Mit dem Namen des 1933 zunächst nach London und später in die USA emigrierten Baumeisters ist untrennbar das „Bauhaus" verbunden, das er 1919 in Weimar begründete und 1926 nach Dessau in den von ihm erbauten Komplex verlegte. Zeugnisse seines Schaffens in Deutschland sind die 1928 in Berlin erbaute „Siemensstadt", der Wohnblock für die Interbau 1957 im Hansaviertel von Berlin und die Rosenthal-Porzellanfabrik in Selb. Er starb am 5. Juli 1969 in Boston (Massachusetts). □

## Otto Hahn

Deutscher Chemiker, geboren am 8. März 1879 in Frankfurt am Main. Hahn beschäftigte sich seit Beginn des Jahrhunderts mit der Erforschung radioaktiver Stoffe. Ab 1907 arbeitete er mit der österreichischen Physikerin Lise Meitner am Kaiser-Wilhelm-Institut für Chemie in Berlin zusammen, dem er ab 1910 als Professor und 1928 als Leiter angehörte, und entdeckte mit ihr eine Anzahl radioaktiver Elemente und Isotope. Nach Vorarbeiten mit der damaligen Leiterin der Physikabteilung am Institut entdeckten Hahn und sein Mitarbeiter Friedrich Straßmann 1938 die Spaltung von Urankernen bei Neutronenbestrahlung. Lise Meitner, inzwischen emigriert, gab nach dem Studium der Arbeiten ihrer früheren Kollegen diesem Vorgang 1939 die Bezeichnung „Kern-Spaltung". Otto Hahn erhielt für diese Entdeckung 1944 den ein Jahr später überreichten Nobelpreis für Chemie. Er starb am 28. Juli 1968 in Göttingen. □

## Václav Hável

Tschechischer Schriftsteller und Politiker, geboren am 5. Oktober 1936 in Prag. Der Sprecher der Bürgerrechtsbewegung „Charta 77" wurde im Mai 1989 aus der Haft entlassen und am 29. Dezember jenes Jahres zum ersten demokratisch bestimmten Staatspräsidenten der ČSSR gewählt. Damit ging ein zwei Jahrzehnte dauernder Kampf um Zulassung des freien Wortes in seiner Heimat zu Ende. Der renommierte Autor – seine satirischen Komödien wurden in den 70er Jahren mit viel Erfolg in der Bundesrepublik und in Österreich aufgeführt – galt in der Zeit der Diktatur als konsequenter Wortführer der regimekritischen Intellektuellen. Dafür mußte er mehrfach in Haft. Als Führer der „sanften Revolution" von 1989 war er zum Symbol des gewaltlosen Widerstandes geworden. Nach dem Umschwung versuchte er, die Einheit des Landes zu bewahren, scheiterte aber am slowakischen Nationalismus. Seine Wiederwahl als Staatspräsident 1992 wurde durch deren Sperrminorität vereitelt. Im Januar 1993 wurde er zum ersten Präsidenten der Tschechischen Republik gewählt. □

## Ernest Hemingway

Amerikanischer Schriftsteller, geboren am 21. Juni 1899 in Oak Park (Illinois). Der Abenteurer, der u.a. als Korrespondent am Spanischen Bürgerkrieg und bei der Invasion 1944 teilnahm, hinterließ zahlreiche Romane, die den Nobelpreisträger von 1954 unvergessen machen: „Fiesta" (1926), „In einem anderen Land" (1929), „Wem die Stunde schlägt" (1940) oder „Der alte Mann und das Meer" (1952). Er erschoß sich am 2. Juli 1961 in Ketchum (Idaho). Vergleiche 1961. □

## Paul Hindemith

Deutscher Komponist, geboren am 16. November 1895 in Hanau. Das Musiktalent war bereits mit 20 Jahren Konzertmeister am Opernhaus in Frankfurt. Mit dem Namen des Bahnbrechers der Moderne ist die Neue Musik verbunden, die die Abkehr von der traditionellen Harmonik und die Hinwendung zu einer eigenen Tonsprache bedeutete. In seinen Opern „Mathis der Maler" (1934) und „Die Harmonie der Welt" (1956/57) wird dies meisterhaft umgesetzt. Hindemith starb am 28. Dezember 1963 in Frankfurt. □

## Adolf Hitler

Deutscher Diktator, geboren am 20. April 1889 in Braunau am Inn. Der Sohn einer Kleinbürgerfamilie aus dem niederösterreichischen Waldviertel ging 1905 ohne Abschluß von der Realschule ab und suchte vergeblich Zugang als Student an der Wiener Kunstakademie. Bis zum Ausbruch des Ersten Weltkrieges lebte er in einer bohemienartigen Umgebung in Wien. Dann meldete er sich als Kriegsfreiwilliger und diente von 1914 bis 1918 in einem bayerischen Regiment. Der mehrfach verwundete Hitler blieb danach in Bayern und schloß sich der Deutschen Arbeiterpartei an. Für den weiteren ruhmlosen Werdegang Adolf Hitlers vergleiche die Jahre von 1922 bis 1945. □

## Ho Chi Minh

Vietnamesischer Politiker, geboren am 19. Mai 1890 in Kim Liên. Der zierliche Asiat wurde zum Symbol für den Kampf kleiner Völker der Dritten Welt gegen den Kolonialismus. Ho verlebte einen beträchtlichen Teil seines Lebens in der westlichen Welt. Er kam 1911 als Schiffsjunge nach Europa und arbeitete danach in Frankreich als Journalist und Photograph. Als Gründungsmitglied der KP Frankreichs wurde er 1923 ausgewiesen. Danach war Moskau langjährige Station seines Lebens. Ab 1941 kämpfte er mit den von ihm geschaffenen Vietminh für die Unabhängigkeit seines Landes. Er starb am 13. September 1969 in Hanoi. Vergleiche auch 1946 und 1954. □

## Eugéne Ionesco

Französischer Dramatiker, geboren am 26. November 1909 in Slatina (Rumänien). Der Rumäne Eugen Ionescu kam als Kind nach Frankreich und verbrachte die Jahre von 1914 bis 1925 in Paris. Nach literarischen Studien kam er selbst relativ spät zum Schreiben, wurde dann aber ein Hauptvertreter des absurden Theaters. Seine frühen Stücke wie „Die kahle Sängerin" (1950 uraufgeführt), „Die Unterrichtsstunde" und „Die Stühle" weisen ihn als Bürgerschreck aus. Berühmt wurde er mit dem surrealistisch-absurden Drama „Die Nashörner" (1960). Es folgten u.a. „Der König stirbt" (1963), „Macbett" (nach Shakespeare, uraufgeführt 1972) und „Der Mann mit dem Koffer" (1975). Ionesco starb Ende 1993 in der französischen Provinz. □

## James Joyce

Irischer Schriftsteller, geboren am 2. Februar 1882 in Rathgar. Der Verfasser des „Ulysses", jenes dickbändigen Werkes, das nur 24 Stunden im Leben zweier Menschen beschreibt, aber die gesamte Philosophie des menschlichen Daseins, angelehnt an Motive der „Odyssee", in schwer zu entschlüsselnden Metaphern enthält, hat für die Gestaltung des modernen Romans viel bewirkt. Das 1922 erschienene Hauptwerk hat Generationen von Übersetzern gereizt und gehört zu einem der bedeutendsten literarischen Werke des 20. Jahrhunderts überhaupt. Der von früher Erblindung bedrohte, studierte Philosoph und Sprachwissenschaftler zog rastlos durch

Europa, lebte von Einkünften als Journalist und Sprachlehrer und starb, fast vollständig erblindet, am 13. Januar 1941 in Zürich. □

## Wassily Kandinsky

Russischer Maler und Grafiker, geboren am 4. Dezember 1866 in Moskau. Der Russe, der in München sein Studium absolvierte, gilt als einer der entscheidenden Wegbereiter der abstrakten Kunst. Ständig auf der Suche nach neuen Ausdrucksmöglichkeiten von Form und Farbe, über die er mehrere bahnbrechende theoretische Abhandlungen verfaßte, beeinflußte er Zeitgenossen und Nachfolger. Bereits 1909 gründete er die „Neue Künstlervereinigung", 1911 mit Franz Marc die Künstlergemeinschaft „Der Blaue Reiter". Nach einer Zwischenstation in der Heimat ließ er sich 1921 in Deutschland nieder und war von 1922 bis 1932 Lehrer im Bauhaus. Er hinterließ zahlreiche abstrakte Aquarelle, Holzschnitte, Radierungen. Er starb am 13. Dezember 1944 in Neuilly-sur-Seine. Vergleiche 1910. □

## Herbert von Karajan

Österreichischer Dirigent, geboren am 5. April 1908 in Salzburg. Der Maestro zählt zu den erfolgreichsten Dirigenten des Jahrhunderts. Sein Debüt gab er 1927 in der deutschen Provinz – in Ulm. 1934 war er dann Generalmusikdirektor in Aachen und 1938 schaffte er an der Berliner Staatsoper als Gast mit dem Dirigat des „Fidelio" den großen Durchbruch. Er blieb dort bis Kriegsende tätig, war aber seit 1941 als Leiter der Berliner Staatskapelle fest gebunden. Wegen der damit verbundenen Nähe zu den Herrschenden – Karajan war auch Parteimitglied der NSDAP – konnte er erst nach einer Zwangspause 1948 wieder bei den Salzburger Festspielen dirigieren. Nach den Stationen Scala (Mailand) und Staatsoper (Wien) wurde er 1955 auf Lebenszeit zum Chefdirigenten der Berliner Philharmoniker ernannt, mit denen er in aller Welt Triumphe feierte. Zwischendurch war er Leiter der Festspiele in seiner Heimatstadt Salzburg, wo er 1967 die Osterfestspiele begründete. Nach internem Streit erklärte er in Berlin im April 1989 seinen Rücktritt und starb mitten in den Proben für Salzburg am 16. Juni jenes Jahres in Anif. Von ihm und seinem Orchester stammen 700 Schallplatten, die sich 1989 bereits 100 Millionen Mal verkauft hatten. □

## Martin Luther King

Amerikanischer Bürgerrechtler, geboren am 15. Januar 1929 in Atlanta (Georgia). Der protestantische Pfarrer trat seit den 50er Jahren als Kämpfer für die Bürgerrechte der schwarzen Bevölkerung hervor. Angelehnt an die Lehre Mahatma Gandhis war gewaltloser Widerstand dabei oberstes Gebot. Ein erster Erfolg war die Aufhebung der Rassentrennung in öffentlichen Verkehrsmitteln in der Stadt Montgomery (Alabama) 1957. Sie war Ausgangspunkt für ähnliche Schritte anderer Stadtverwaltungen in den Bereichen Verkehr und Bildungswesen. 1964 erhielt King den Friedensnobelpreis. Er fiel am 4. April 1968 in Memphis (Tennessee) einem Mordanschlag zum Opfer. Vergleiche 1963 und 1968. □

## Oskar Kokoschka

Österreichischer Maler, Grafiker und Dichter. Geboren am 1. März 1886 in Pöchlarn. Der sowohl dem Wort wie auch dem Bild verbundene große Künstler des Alpenlandes fand auf beiden Gebieten den Weg zu impressionistischer Darstellung. Seine Stadtansichten wie „Jerusalem" (1930) oder „Moldauhafen" (1936) leuchten in einer lichten Farbigkeit. Er schuf auch zahlreiche Porträts von Zeitgenossen – z.B. „Bildnis des Bundespräsidenten T. Heuss" (1950) – und berühmte Bühnenbilder. Die Liste seiner Dramen beginnt 1910 mit „Mörder, Hoffnung der Frauen" und reicht über „Spur im Treibsand" (1956) bis zu „Comenius" (1972). Seit 1954 fand der 1934 über Prag nach London emigrierte Künstler in der Schweiz seinen Ruhesitz. Er starb am 22. Februar 1980 in Villeneuve am Genfer See. □

## Le Corbusier

Französisch-schweizerischer Architekt, geboren am 6. Oktober 1887 als Charles-Édouard Jeanneret-Gris in La Chaux-de-Fonds. Nach umfangreicher Ausbildung ab 1917 in Paris als Maler tätig, gehörte er zu den Mitbegründern des Purismus. Etwa ab 1925 ist er als Architekt tätig und wird Schöpfer berühmter Gebäude und Stadtteile wie beispielsweise dem Nachtasyl der Heilsarmee in Paris (1929), dem Erziehungsministerium in Rio de Janeiro (1936) oder dem UN-Gebäude in New York (1947). Als Meisterwerk gilt die Wallfahrtskirche von Ronchamp (1952-1955). Berühmt sind ferner das Museum für Moderne Kunst in Tokyo (1959), das Dominikanerkloster La Tourette in Éveux bei Lyon (1957-1960) und das Carpenter Art Center in Harvard (1963). Das Baugenie starb am 27. August 1965 in Cap-Martin (Alpes-Maritimes). □

## Wladimir Iljitsch Lenin

Sowjetrussischer Politiker, geboren am 22. April 1870 in Simbirsk als W.I. Uljanow. Nach seiner Verbannung wegen politischer Agitation begann er das neue Jahrhundert in der Emigration in London, München und Genf. Die gescheiterte Revolution von 1906/07 in Rußland bedeutete für den studierten Juristen erneute Emigration bis 1917 in Westeuropa. Die Februarrevolution von 1917 bereitete Lenin dann den Weg an die Spitze des von ihm ausgerufenen Sowjetstaates. Er starb am 21. Januar 1924 in Gorki bei Moskau. Vergleiche auch 1917 bis 1924. □

## John Lennon

Englischer Pop-Musiker. Geboren am 9. Oktober 1940 in Liverpool. Der musikbegeisterte junge Mann flog wegen seiner intensiven Beschäftigung mit dem Rock'n' Roll von der Schule, fand aber 1958 mit einem James Paul McCartney (geboren am 18. Juni 1942) einen Gesinnungsgenossen, mit dem er Musik machen konnte. Sie nannten sich „The Nurk Twins" und traten in ihrer Heimat Liverpool auf. Ab 1960 waren sie zu viert, als George Harrison (geboren am 25. Februar 1942) und Ringo Starr (geboren am 7. Juli 1940 als Richard Starkey) sich zu ihnen gesellten. Die vier wurden als „The Beatles" zur erfolgreichsten Gruppe der Pop-Geschichte. Lennon wurde am 8. Dezember 1980 in New York ermordet. Vergleiche auch 1964 und 1980. □

## Charles Lindbergh

Amerikanischer Pilot, geboren am 4. Februar 1902 in Detroit. Vor seinem Atlantik-Flug am 20. und 21. Mai 1927 hatte sich der begeisterte Flieger als Chefpilot der Luftpostverbindung zwischen Chicago und St. Louis schon ausreichend mit dem neuen Verkehrsmittel vertraut gemacht. Er wurde 1939 ins US-Kriegsministerium übernommen, überwarf sich aber mit Präsident Roosevelt wegen des Eingreifens der USA in den Zweiten Weltkrieg und wurde entlassen. Nach vorangegangener Rehabilitierung wurde er 1954 als Brigadegeneral wieder in den Dienst übernommen. Er starb am 26. August 1974 auf Manui (Hawaii). Vergleiche auch 1927 und 1932. □

## Federico García Lorca

Spanischer Dichter, geboren am 5. Juni 1898 in Fuente Vaqueros (Granada). García Lorca – auch ein begnadeter Redner, Zeichner und Musiker – gilt als Erneuerer der Lyrik und Bühnendichtung seines Heimatlandes. Dabei stand er ganz in der Tradition seiner andalusischen Heimat, der er sich stark verbunden fühlte. Seine wichtigsten Werke sind „Die wundersame Schustersfrau" (1930), „In seinem Garten liebt Don Perlimplin Belisa" (1933), „Bluthochzeit" (1933), „Bernarda Albas Haus" (1933-36), „Yerma" (posthum erschienen, 1937) und „Donna Rosita bleibt ledig oder Die Sprache der Blumen" (posthum erschienen, 1938). Er wurde am 19. April 1936 in Viznar von Falangisten erschossen.

## Konrad Lorenz

Österreichischer Verhaltensforscher, geboren am 7. November 1903 in Wien. Der Wiener wurde als Begründer der modernen Verhaltensforschung weltweit bekannt, weil er seine wissenschaftlichen Erkenntnisse in teilweise brillant geschriebenen Büchern auch für den interessierten Laien verständlich darstellen konnte. Solche Titel sind u.a. „Das sogenannte Böse – Zur Naturgeschichte der Aggressionen" (1963), „Die acht Todsünden der zivilisierten Menschheit" (1973), „Das Jahr der Graugänse" (1979) – das Buch, das ihn populär machte – und „Der Abbau des Menschlichen" (1983). Mit Karl von Frisch und Nikolaas Tinbergen teilte er sich 1983 den Nobelpreis für Medizin und Physiologie, den ersten, den die Verhaltensforschung überhaupt erhielt. Er starb am 27. Februar 1989 in Altenberg. □

## Nelson Mandela

Südafrikanischer Staatsmann, geboren am 18. Juli 1918 in Umtata (heute Transkei). Der junge Jurist trat nach dem Studium 1944 der Widerstandsorganisation African National Congress (ANC) bei und engagierte sich für die Rechte seiner schwarzen Mitbürger. 1952 eröffnete er die erste von einem Schwarzen betriebene Anwaltskanzlei in Südafrika. Sein Kampf gegen die Apartheid-Gesetze brachte ihn zwischen 1956 und 1961 mehrfach vor Gericht. Nach dem Verbot des ANC war er der Führer einer Untergrundorganisation, wurde 1962 verhaftet und 1964 zu lebenslanger Zuchthausstrafe verurteilt. Damit wurde er zur Symbolfigur und zum Märtyrer des schwarzen Widerstandes gegen die weiße Herrschaft. Über seine Ehefrau Winnie konnte er den Kontakt zur Außenwelt aufrecht erhalten. Für seine Freilassung veranstaltete der verbotene ANC zahlreiche große Protestaktionen. Seit der Amtsübernahme der Regierung de Klerk im August 1989 wurde Mandela als Gesprächspartner des weißen Reformpolitikers akzeptiert und am 17. Februar 1990 aus der Haft entlassen. Mit de Klerk schuf er in zähen Verhandlungen die Basis für den 1994 verwirklichten neuen Staat Südafrika ohne Apartheid und mit einem erstmals auch von der schwarzen Bevölkerung demokratisch gewählten Parlament. Dieses bestimmte Mandela, der im Dezember 1993 mit Willem de Klerk den Friedensnobelpreis erhielt, am 9. Mai 1994 (Vereidigung in Pretoria am 10. Mai) zum neuen Staatspräsidenten Südafrikas. □

## Thomas Mann

Deutscher Schriftsteller, geboren am 6. Juni 1875 in Lübeck. Der Sproß einer Lübecker Patrizierfamilie wurde wegen des Bruchs mit seinem Heimatland nach der Machtergreifung 1933 von etlichen Pharisäern hierzulande differenziert gesehen, dabei hat der Mahner zu Humanität und Demokratie nur das getan, was er in seinem Gesamtwerk publizierte: der Humanität Geltung zu verschaffen. Von den Frühwerken sind die 1901 veröffentlichten „Buddenbrooks" wohl jedem bekannt, es folgte der Novellenband „Tristan" (1903), in dem auch „Tonio Kröger" enthalten ist. Als seine großen kritischen Romane gelten „Der Zauberberg" (1924) und „Doktor Faustus" (1947), zuvor entstanden „Die Bekenntnisse des Hochstaplers Felix Krull" (1922), die vollständig aber erst 1954 erschienen. Der große Dichter, der über die Stationen Prag und Schweiz 1939 in die USA emigrierte und die dortige Staatsbürgerschaft 1944 annahm, kehrte erst 1952 nach Europa zurück. Er starb am 12. August 1955 in Zürich. Vergleiche auch 1929. □

## Mao Tse-Tung

Chinesischer Staatsmann, geboren am 26. Dezember 1893 in Shaoshan (Provinz Hunan). Chinas größter Politiker dieses Jahrhunderts studierte an der Pekinger Lehrerakademie (1913-18) und arbeitete in seiner Heimatprovinz ab 1919 als Lehrer. Der früh mit dem Marxismus in Berührung gekommene junge Mann war Mitbegründer der KP Chinas (1921) und ging seinen Weg bis zur Ausrufung der Volksrepublik 1949 konsequent weiter. Er überstand alle innenpolitischen Problemphasen wie den „Großen Sprung nach vorn" (ab 1958) oder die „Kulturrevolution" (1966-69) und blieb für sein Volk der große Führer, gleichgestellt mit Marx und Lenin. Die als „Mao-Bibel" eine ganze Studentengeneration im Westen faszinierenden „Worte des Großen Vorsitzenden Mao" wurden ein Millionenseller. Er starb am 9. September 1976 in Peking. Vergleiche auch 1934, 1949 und 1976 . □

## Ludwig Mies van der Rohe

Deutsch-amerikanischer Architekt, geboren am 27. März 1886 in Aachen. Er verließ Deutschland wegen der Machtergreifung der Nationalsozialisten im Jahre 1933 – bis dahin war er (seit 1930) Direktor des Bauhauses. Van der Rohe wurde im Gastland USA Professor und Staatsbürger. So stehen die Zeugnisse seines archi-

tektonischen Genies vorwiegend dort, so auch die zum Vorbild des Hochhausbaus gewordenen Lake Shore Drive Appartments von 1951 in Chicago. In der ursprünglichen Heimat schuf Mies, der mit Walter Gropius und Le Corbusier in einem Atemzug genannt wird, die Neue Nationalgalerie in Berlin (1966-68). Er starb am 17. August 1969 in Chicago. □

## Marilyn Monroe

Amerikanische Filmschauspielerin, geboren am 1. Juni 1926 in Los Angeles als Norma Jean Baker. Die als Sex-Symbol der 50er und 60er Jahre in die Filmgeschichte eingegangene junge Schauspielerin fasziniert bis heute die Nachwelt mit ihren Filmen. Sie starb am 4. August 1962 in Los Angeles. Vergleiche auch 1962. □

## Henry Moore

Britischer Bildhauer, geboren am 30. Juli 1898 in Castleford (Yorkshire). Der Bergmannssohn aus dem Kohledistrikt Yorkshire wurde spätestens in den 50er Jahren zu einem der angesehensten Vertreter der zeitgenössischen Kunst und einer der bekanntesten Bildhauer. Seine monumentalen Werke und Freiluftplastiken faszinieren die Vorübergehenden außerhalb von Museen. Dazu gehören: Die „Liegende" im Vorhof des UNESCO-Sekretariats in Paris (1957), „Giants" für das Time-Life-Building in New York (1953/54) und das „Bouwe-centrum" in Rotterdam (1954). In New York wurde die monumentale mehrteilige Komposition „Drei Figuren gegen eine Wand" 1965 vor dem Lincoln-Center enthüllt. In Wien steht seit 1978 seine Plastik „Hill Arches" (Hügelbögen) auf dem Karlsplatz, den Innenhof des Kanzleramtes in Bonn schmückt seit 1979 die Monumentalskulptur „Large Two Forms". Der Träger des Großen Bundesverdienstkreuzes starb am 31. August 1986 in seinem Wohnsitz Perry Green in Much Hadham. □

## Muhammad Ali

Amerikanischer Boxchampion, geboren am 17. Januar 1942 in Louisville (Kentucky) als Marcellus Cassius Clay. Die faszinierendste Gestalt der Boxszene der Gegenwart ließ in den 60er und 70er Jahren Millionen von Menschen in aller Welt auf ihren Nachtschlaf verzichten, um seine Kämpfe live im Fernsehen miterleben zu können. Clay wurde 1964 Weltmeister im Schwergewicht und verteidigte den Titel neunmal erfolgreich. Nach der Sperre boxte er erneut ab 1970. Den 1971 an Joe Frazier verlorenen Titel holte er 1974 gegen George Foreman zurück und verteidigte ihn bis 1977 zehnmal erfolgreich. Nach Niederlage und Revanche gegen Leon Spinks 1978 gewann er als einziger Schwergewichtler zum dritten Mal das WM-Championat. Nach der Niederlage gegen Larry Holmes 1980 gab es einen gescheiterten Comeback-Versuch 1981. Ali mußte dann den vielen Ringschlachten Tribut zollen und wurde als von der Parkinsonschen Krankheit gezeichneter Mann zeitweise in Sanatorien behandelt. Vergleiche 1964 und 1974.

## Jawaharlal Nehru

Indischer Staatsmann, geboren am 14. November 1889 in Allahabad. Nachdem der aus einer Brahmanenfamilie stammende Nehru das Erbe der Gandhis angetreten und Indien als erster Ministerpräsident in eine neue Ära geführt hatte, wuchs er zum Erneuerer des Landes. Die Welt kannte ihn bis zu seinem Tod als Wortführer der „Blockfreien" und – stets das klassische Ideal der Gewaltlosigkeit propagierend – als Vermittler zwischen den Machtblöcken. Er starb am 27. Mai 1964 in Neu Delhi. Vergleiche auch 1947 und 1964. □

## Paavo Nurmi

Finnischer Leichtathlet, geboren am 13. Juni 1897 in Turku. Nurmi war ein finnischer Nationalheld des Sports, dem man schon zu Lebzeiten ein Denkmal setzte – es steht vor dem Olympiastadion in Helsinki, wo der knapp 55jährige 1952 die Fackel zum Olympischen Feuer trug. Der Langstreckenläufer hat in seiner Karriere neun Gold- und drei Silbermedaillen bei drei Olympischen Spielen gewonnen und 22 offizielle Weltrekorde aufgestellt. Er starb – in den letzten Lebensjahren fast erblindet, taub und gelähmt – am 2. Oktober 1973 in Helsinki. Vergleiche 1924. □

## Jesse Owens

Amerikanischer Leichtathlet, geboren am 12. September 1913 in Danville (Alabama) als James Cliveland O. Der farbige Sprinter und Weitspringer wurde bei den Olympischen Spielen von 1936 zur Legende, als er als erster Sportler vier Goldmedaillen – 100 m, 200 m, Sprintstaffel und Weitsprung – gewann. Zuvor hatte er in Ann Arbor (Michigan) mit 8,13 m einen neuen phantastischen Weitsprungrekord aufgestellt. Nach dem Krieg vermarktete er seine Popularität und arbeitete in Chicago als Disc-Jockey und PR-Berater. Er starb am 30. März 1980 in Tuscon (Arizona). □

## Boris Pasternak

Sowjetrussischer Dichter, geboren am 10. Februar 1890 in Moskau. Der von seiner ideologisch geprägten Umwelt als unpolitisch und systemkritisch angefeindete Literat wurde als Verfasser des Bürgerkriegsromans „Doktor Schiwago" – auch erfolgreich verfilmt – weltbekannt. Den dafür 1958 zuerkannten Literaturnobelpreis mußte er unter dem Druck der Verhältnisse im Land zurückgeben. Er starb am 30. Mai 1960 in Peredelkino bei Moskau. □

## Pelé

Brasilianischer Fußballer, geboren am 21. Oktober 1940 als Edson Arantes do Nascimento in Três Corações. Der im Elendsviertel eines kleinen Ortes aufgewachsene Junge wurde bei der Fußball-Weltmeisterschaft 1994, wo er aus dem eigenen „Pelé-Studio" für den Sender „Rede Globo" berichtete, umschwärmt wie immer – eine lebende Legende, der größte Fußballer aller Zeiten. Im eigenen Land als Nationalheld verehrt, bestritt er 1.363 Spiele und schoß dabei 1.281 Tore. Mit über 30 Jahren – mittlerweile schon Millionär – holte er seinen Schulabschluß nach und ist weiterhin vielfach im internationalen Fußballgeschehen tätig. Vergleiche 1958. □

## Pablo Picasso

Spanischer Maler und Bildhauer, geboren am 25. Oktober 1881 in Málaga als Pablo Ruiz y P. Der Sohn eines Kunstlehrers gehört zu den bedeutendsten Künstlern dieses Jahrhunderts überhaupt. Keiner hat so wie er sämtliche Stilrichtungen seiner Zeit repräsentiert und beeinflußt. Während einer Phase versuchte er, mit surrealistischen Verzerrungen die Schreckensvisionen einer zerrütteten Zeit zum Ausdruck zu bringen, ansonsten entzog sich sein Werk einer systematischen Klassifizierung. Er hinterließ Tausende von Gemälden, Skulpturen, Grafiken und Keramikarbeiten. Er starb am 16. April 1973 in Mougins (Alpes Maritimes). Vergleiche 1907 und 1973. □

## Max Planck

Deutscher Physiker, geboren am 23. April 1858 in Kiel. Der hochgeachtete Wissenschaftler gilt als einer der bedeutendsten Physiker des 19. und 20. Jahrhunderts. Mit seiner Quantentheorie wurde er einer der Mitbegründer der modernen Physik. Weitere bahnbrechende Entdeckungen sind die nach ihm benannten „Planckschen Strahlungsgesetze" und das „Plancksche Wirkungsquantum". Sein Name ist aber auch mit dem Widerstand gegen den Nationalsozialismus verbunden. Als der Nobelpreisträger von 1918 gegen die Judenverfolgungen protestierte, wurde er kaltgestellt. Sein Sohn Erwin wurde als Teilnehmer an der Verschwörung des 20. Juli 1944 hingerichtet. Nach dem Krieg war Planck Präsident der Kaiser-Wilhelm-Gesellschaft zur Förderung der Wissenschaften. Er starb am 4. Oktober 1947 in Göttingen. □

## Elvis Presley

Amerikanischer Unterhaltungsmusiker, geboren am 8. Januar 1935 in Tupelo (Mississippi). Der Sänger und Gitarrist löste ab 1955 als Interpret des Rock'n' Roll eine über die ganze Welt schwappende Begeisterungswelle aus, die selbst Soziologen vor Interpretationsschwierigkeiten stellte. Er hielt sich in der gnadenlosen US-Show-Branche mit Können und Ausstrahlung lange an der Spitze und stellte ständig neue Verkaufsrekorde im Plattengeschäft auf. Er starb am 16. August 1977 in Memphis (Tennessee). Vergleiche auch 1956, 1958 und 1977. □

## Sergei Prokofjew

Sowjetrussischer Komponist, geboren am 23. April 1891 in Moskau. Der russische Patriot verließ nach der Oktoberrevolution seine Heimat und lebte bis 1934 in Westeuropa, Amerika und Asien. Nach der Rückkehr in die Sowjetunion geriet er häufig in Konflikt mit der sozialistisch ausgerichteten Kulturpolitik, was seinem Schaffen aber keinen Abbruch tat. Er hinterließ viele – mittlerweile zu „Klassikern der Moderne" gewordene Werke. „Die Symphonie Classique" von 1917 ist die bekannteste seiner sieben Sinfonien, von den acht Opern wird „Die Liebe zu den drei Orangen" von 1921 am häufigsten gespielt, ebenso die Ballette „Romeo und Julia" (1938) und „Cinderella" (1945). Auch das sinfonische Märchenspiel „Peter und der Wolf" von 1936 war ein großer Erfolg. Sergei Prokofjew starb am 5. März 1953 in Moskau. □

## Bertrand Russell

Britischer Mathematiker, Philosoph und Essayist, geboren am 18. Mai 1872 in Trelleck. Politisch engagierte Zeitgenossen kennen den weißhaarigen Briten als Sprachrohr der Protestbewegung der 50er und 60er Jahre. Der schon 1916 wegen seiner Aufforderung zur Kriegsdienstverweigerung bestrafte Dozent erhob seine Stimme in den Nachkriegsjahrzehnten gegen atomare Aufrüstung, das US-Engagement in Vietnam und die Niederschlagung des „Prager Frühlings" durch den Warschauer Pakt. Dabei galt er als mathematische Autorität von Rang, prägte mit seinen Erkenntnissen die englische und amerikanische Philosophie des 20. Jahrhunderts entscheidend und erhielt 1950 den Literaturnobelpreis „in Anerkennung seiner vielseitigen, bedeutenden Werke, in denen er sich als Anwalt der Menschlichkeit und geistigen Freiheit gezeigt hat". Er starb am 2. Februar 1970 in Plas Penrhyn (Wales). □

## Ernest Rutherford

Britischer Physiker, geboren am 30. August 1871 in Nelson (Neuseeland). Der zu den bedeutendsten Experimentalphysikern unseres Jahrhunderts gezählte Wissenschaftler hat besonders in den Bereichen Radioaktivität und Kernphysik Bahnbrechendes geleistet. Auf seine Forschungen geht die Erkenntnis von der Existenz der Alpha- und Beta-Strahlen zurück, außerdem formulierte er mit seinem Mitarbeiter Frederick Soddy das radioaktive Zerfallsgesetz. Für seine Arbeiten erhielt er 1908 den Nobelpreis für Chemie. Er starb am 19. Oktober 1937 in Cambridge. □

## Andrej Sacharow

Sowjetischer Kernphysiker, geboren am 21. Mai 1921 in Moskau. Die Forschungsergebnisse auch dieses großen Wissenschaftlers wurden nur militärisch genutzt. Sacharow gilt als einer der Väter der sowjetischen Wasserstoffbombe und wurde entsprechend hoch dekoriert, u.a. war er „Held der Sozialistischen Arbeit", der höchsten zivilen Auszeichnung der UdSSR. Er opponierte allerdings schon früh gegen die Weiterentwicklung der nuklearen Kriegstechnik und geriet damit natürlich auf Kollisionskurs zum Regime. Seine Memoranden an die Sowjetführung und das 1974 in den Westen geschleuste Buch „Stellungnahmen" brachten ihm scharfe Kritik aus dem Kreml ein. Im Jahr danach betrieb seine Frau Jelena Bonner in Italien, wo sich Sacharow einer Augenoperation unterziehen durfte, die Veröffentlichung seines Buches „Mein Land und die Welt". Im Dezember desselben Jahres nahm sie auch den Friedensnobelpreis entgegen, der ihrem Mann verliehen worden war. Er durfte nicht ausreisen. Nach kritischen Äußerungen über den Einmarsch der Sowjetunion in Afghanistan wurde er 1980 nach Gorki verbannt. Nach vielen Protesten, vor allem im Westen, hob Michail Gorbatschow 1986 die Verbannung auf. Sacharow durfte ab Jahresende sogar wieder arbeiten und wurde 1988 ins Präsidium der Akademie der Wissenschaften gewählt. Er starb am 14. Dezember 1989 in Moskau an Herzversagen. Zuvor hatte er noch am Entwurf der neuen Verfassung der UdSSR mitgearbeitet. □

## Jean-Paul Sartre

Französischer Philosoph und Schriftsteller, geboren am 21. Juni 1905 in Paris. Sartre gilt als Hauptvertreter des französischen Existentialismus – Hauptwerk „Das Sein und das Nichts" (1943) – und hat in seinen literarischen Werken wie in dem Roman „Der Ekel" (1938) oder in dem Drama „Die schmutzigen Hände" (1948) absurde Regularien des menschlichen Daseins dargestellt. Viele seiner literarischen Erzeugnisse landeten auf dem Index des Vatikans, vom Nobelpreiskomitee in Stockholm erhielt er aber den Literaturpreis 1964, den er jedoch nicht annahm. Zu diesem Zeitpunkt kannte ihn die Welt längst als engagierten Kämpfer gegen jedwede Unterdrückung von Freiheit und Geist. Er wurde 1967 Vorsitzender des von Bertrand Russell gegründeten „Vietnam-Tribunals", trat ebenfalls gegen die Niederschlagung des „Prager Frühlings" ein und nahm in den 70er Jahren häufig Stellung zu den Aktivitäten der RAF in der Bundesrepublik. Er starb am 15. April 1980 in Paris. □

## Arnold Schönberg

Österreichischer Komponist, geboren am 13. September 1874 in Wien. Als er in den 20er Jahren die Zwölftontechnik entwickelte lagen schon Jahre des Experimentierens hinter dem Kompositionslehrer. Zunächst war er Gustav Mahlers Wegen gefolgt, fand dann aber zu einer stets weitergehenden Auflösung der Tonalität. Schon 1906 legte er die erste tonartfreie Arbeit vor. Er mußte 1933 emigrieren und kam über Frankreich in die USA. Als Professor an der University of California in Los Angeles erhielt er 1941 die US-Staatsbürgerschaft. Er hinterließ eine umfangreiche Sammlung von Klavierwerken, Kammer- und Orchestermusik. Er starb am 13. Juli 1951 in Los Angeles. □

## Albert Schweitzer

Elsässischer Arzt, Theologe, Musiker und Philosoph. Geboren am 14. Januar 1875 in Kaysersberg (Oberelsaß). Die Welt kannte und verehrte ihn als den „Urwald-Doktor“ von Lambarene, das Hospital und die Siechenstation in Westafrika, die zum Synonym für Menschlichkeit wurden. Daß er ein großer Bach-Interpret und Orgelexperte war, blieb vielen unbekannt. Er starb am 4. September 1965 in Lambarene. Vergleiche 1913 und 1952. □

## George Bernard Shaw

Irischer Schriftsteller, geboren am 26. Juli 1856 in Dublin. Der auch als großer Spötter bekannte Vielschreiber – die Nobelpreis-Verleihung 1925 kommentierte er zum Beispiel so: Ich kann Nobel verzeihen, daß er das Dynamit erfunden hat, aber nur ein Schurke in Menschengestalt kann den Nobelpreis erfunden haben – hinterließ ungefähr 70 Schauspiele, in denen vielfach sozialkritische und für die Öffentlichkeit unbequeme Themen angesprochen wurden. Bekannte Werke: „Caesar und Cleopatra“ (1901), „Die heilige Johanna“ (1923), „Der Kaiser von Amerika“ (1929) und „Pygmalion“ (1913), das die Vorlage zum Musical „My Fair Lady“ lieferte. Er starb am 2. November 1950 in Ayot St. Lawrence. □

## Alexander Solschenizyn

Sowjetischer Schriftsteller, geboren am 11. Dezember 1918 in Kislowodsk (Nordkaukasus). Auch er ist einer der Nobelpreisträger aus der ehemaligen Sowjetunion, die die Auszeichnung nicht selbst entgegennehmen durften. Als er den Literaturpreis für 1970 verliehen bekam, kannte seine Heimat immerhin die Erzählung „Ein Tag im Leben des Iwan Denissowitsch“, da Chruschtschow das Anti-Stalin-Buch – 1962 veröffentlicht – akzeptierte. Mit den folgenden Werken geriet Solschenizyn aber in Konflikt mit der Partei, und als er gar die Freigabe seiner Romane „Der erste Kreis der Hölle“ und „Krebsstation“ forderte, wurde er aus dem Schriftstellerverband ausgeschlossen. Nachdem der Geheimdienst KGB Teile des Manuskriptes des „Archipel Gulag“ entdeckt hatte, wurde der unbequeme Zeitgenosse verhaftet und ausgebürgert. Über die Bundesrepublik – er fand Asyl bei Heinrich Böll – kam er in die Schweiz und später in die USA. Zwischen 1973 und 1976 entstand der „Archipel Gulag“ dann komplett und hatte eine unerwartete Resonanz. Die Schilderung des Grauens in sowjetischen Straflagern veränderte bei vielen Salon-Sozialisten im Westen die Einstellung zur Sowjetunion. Im US-Exil entstanden die ersten Bände des Roman-Zyklus' „Das rote Rad“, zuletzt „März siebzehn“ in drei Bänden 1989-91. Gorbatschows Politik ermöglichte eine schrittweise Rehabilitierung – offizielle Entschuldigung des Generalstaatsanwaltes der UdSSR (1991) – die Ende Mai 1994 in der Rückkehr in die Heimat ihren Höhepunkt fand. □

## Steven Spielberg

Amerikanischer Filmregisseur, geboren am 18. Dezember 1947 in Cincinnati (Ohio). Er wird als das Wunderkind des Kinos im letzten Viertel des 20. Jahrhunderts in die Geschichte eingehen. Wer als 20jähriger einen Siebenjahresvertrag als Regisseur von der Universal Filmgesellschaft erhält und fast jedes Jahr einen Publikumsrenner herausbringt, muß so klassifiziert werden. Von „Duell“ (1971) bis zu „Schindlers Liste“ (1994), für den er endlich und dann auch reichlich die „Oscars“ erhielt, hat der kommerziell erfolgreichste Filmemacher Hollywoods immer den Zeitgeschmack getroffen. Ob mit der märchenhaften Science-Fiction-Fabel „E.T.“ (1982) oder Gruselschockern wie dem „Weißen Hai“ – Spielberg wurde stets von Kritikern und Zuschauern gefeiert. □

## Josef Stalin

Sowjetischer Diktator, geboren am 21. Dezember 1879 als Josef Wissarionowitsch Dschugaschwili in Gori. Der spätere Diktator besuchte bis 1899 das Priesterseminar in Tiflis, wurde aber relegiert, als seine marxistische Gesinnung zutage trat. Danach traf ihn das Schicksal vieler Revolutionäre der Zarenzeit: Verhaftung, Verbannung, Flucht aus Sibirien, Leben im Untergrund. Das politische Leben des Georgiers begann somit eigentlich erst 1917: Nach der Revolution Mitglied im Politbüro, dann Volkskommissar für Nationalitätenfragen (bis 1923), ab 1922 Generalsekretär des ZK der Partei und nach Lenins Tod und Eliminierung seiner Konkurrenten ab 1927 uneingeschränkter Alleinherrscher über das Riesenreich UdSSR. Er starb am 5. März 1953 in Moskau. Vergleiche auch 1924, 1927 und 1953. □

## John Steinbeck

Amerikanischer Schriftsteller, geboren am 27. Februar 1902 in Salinas (Kalifornien). Der Verfasser populärer und auflagenstarker Romane geriet wegen seiner Tätigkeit als Kriegsberichterstatter im Zweiten Weltkrieg und aus Vietnam mehr in die Öffentlichkeit als durch die literarische Qualität seiner Werke, in denen einigen Kritikern der intellektuelle Tiefgang fehlte. Es reichte jedoch zum Nobelpreis für Literatur 1962. Seine bekanntesten Romane sind „Eine Handvoll Gold“ (1929), „Tortilla Flat“ (1935), „Von Mäusen und Menschen“ (1937), „Früchte des Zorns“ (1939), „Die Straße der Ölsardinen“ (1945) und „Jenseits von Eden“ (1952). Er starb am 20. Dezember 1968 in New York. □

## Richard Strauss

Deutscher Komponist und Dirigent, geboren am 11. Juni 1864 in München. Der Kapellmeister – erst in der Provinz, ab 1898 in Berlin – schaffte mit den legendären Einaktern „Salome“ (1905) und „Elektra“ (1909) den Durchbruch zu einem eigenen, weltweit anerkannten Stil. Von 15 Opern, die in seinem Gesamtwerk enthalten sind, gehören etliche zum festen Repertoire der Bühnen in aller Welt, wie „Der Rosenkavalier“ (1911), „Ariadne auf Naxos“ (1912) und „Arabella“ (1933). Außer seinen Opern hinterließ Strauss weiterhin Ballettmusiken, Kammer- und Klaviermusik, Chöre und Militärmusik. Er starb am 8. September 1949 in Garmisch-Partenkirchen. □

## Igor Strawinski

Russisch-amerikanischer Komponist, geboren am 18. Juni 1882 in Oranienbaum (Petersburg). Im hohen Alter von 84 Jahren schuf der frühere Schüler Rimski Korsakows noch ein „Requiem“ – Ausdruck des ungemein kreativen

Schaffens eines Künstlers, der mit Kompositionen aller Gattungen und Ausdrucksformen die Musik des 20. Jahrhunderts bestimmt hat wie kein anderer neben ihm. Seit „Die Geschichte vom Soldaten" (1918) ihn berühmt machte, folgte eine kaum noch überschaubare Zahl von Balletten, Opern, Oratorien, Sinfonien, Orchester- und Kammermusiken, Chören und Liedern, die ihren Komponisten auch zum Thema etlicher Bücher machten. Er starb am 6. April 1971 in New York. Vergleiche 1913. □

## Gustav Stresemann

Deutscher Politiker, geboren am 10. Mai 1878 in Berlin. Die herausragende Figur der ersten deutschen Demokratie von Weimar hatte zunächst eine klassische Juristen-Karriere als Syndikus in der Großindustrie hinter sich gebracht, bevor ihn die liberale Politik seiner Zeit einen anderen Weg wies. Bis zu seinem frühen Tod am 3. Oktober 1929 in Berlin prägte er die politische Szene im Nachkriegsdeutschland. Vergleiche auch 1923, 1926 und 1929. □

## Mutter Teresa

Katholische Ordensschwester, geboren am 27. August 1910 als Agnes Gonxha Bojaxhiu in Skopje (Mazedonien). Die Tochter albanischer Eltern trat mit 18 Jahren bei irischen Loretto-Schwestern in Dublin ins Postulat ein. Nach Noviziat und Studium unterrichtete sie an einer Missions-High-School in Kalkutta, fühlte sich aber bald zu den Ärmsten der Stadt hingezogen. Seit 1949 arbeitete sie mit der von ihr gegründeten Kongregation „Missionarinnen der Nächstenliebe" in den Slums indischer Großstädte. Nach der Nobelpreisverleihung 1979 unternahm sie Vortragsreisen z.B. in die Bundesrepublik und die DDR. Trotz ihrer Krankheiten – sie trägt einen Herzschrittmacher – ist sie weiter für ihre Schützlinge unterwegs. Vergleiche auch 1979. Mutter Teresa starb am 5. September 1997 in Kalkutta. □

## Henry van de Velde

Belgischer Architekt, geboren am 2. April 1863 in Antwerpen. Der Erneuerer der Architektur des 20. Jahrhunderts hat nicht nur den Jugendstil geprägt, sondern als Gründer der Kunstgewerbeschule in Weimar 1906 – aus der später das Bauhaus wurde – wegweisende Impulse für die Nachwelt gegeben. Sein 1895 in Uccle bei Brüssel erbautes Wohnhaus ist das erste bedeutende Bauwerk des Jugendstils, über den er 1907 auch eine theoretische Abhandlung verfaßte: „Vom neuen Stil". Das Kröller-Müller-Museum in Otterloo bei Arnheim (geschaffen 1921) ist eines der viel besuchten Zeugnisse seiner Architektur. Er starb am 25. Oktober 1957 in Zürich. □

## Andy Warhol

Amerikanischer Popkünstler, geboren am 6. August 1927 in Pittsburgh (Pennsylvania) als Andrew Warhola. Der studierte Designer gehörte zu den führenden Köpfen der avantgardistischen Gruppe junger Künstler, die die „Pop-Art" kreierten. Warhol wurde zunächst durch grell geschminkte Porträts von Marilyn Monroe, Liz Taylor u.a. bekannt, die er nach Zeitungsfotos reproduzierte. Als sein Ölbild „Campbell-Suppendose mit sich lösendem Etikett" auf einer Auktion 1962 bereits 60.000 Dollar brachte, war seine Karriere gesichert. In Siebdruckserien reihte er die Bilder der Zivilisation (Unfälle, Krawalle, elektrischer Stuhl) aneinander. Er agierte als Pop-Maler und sogenannter Underground-Filmer. Von etwa 150 Produktionen wurde „Chelsea Girls" (1966/67) ein großer Publikumserfolg. Mit „Trash" (1971) gelang Warhol dann auch ein international anerkanntes Werk, dem „Flesh" 1969 vorausgegangen war. Die bürgerliche Gesellschaft konnte damit allerdings wenig anfangen. Der Provokateur des „american way of life" starb am 22. Februar 1987 in New York an Herzversagen. □

## Thornton Wilder

Amerikanischer Schriftsteller, geboren am 17. April 1897 in Madison (Wisconsin). Er gehörte zu den in den USA vielfach ausgezeichneten Autoren. Seine Dramen hatten aber auch in Europa große Resonanz. Mit dem Roman „Die Brücke von San Luis Rey" (1927) begann seine Karriere. Es folgte ein zweiter Roman, „Die Iden des März" (1948), dem die weltbekannten Bühnenstücke „Unsere kleine Stadt" (1938) und „Wir sind noch einmal davongekommen" (1942) vorangegangen waren. Er starb am 17. Dezember 1975 in Hamdon (Connecticut). □

## Tennessee Williams

Amerikanischer Dramatiker, geboren am 26. März 1911 in Columbus (Mississippi) als Thomas Lanier W. Wie Wilder war auch der studierte Theologe Pulitzer-Preisträger. Mit seinen vorwiegend in den Südstaaten spielenden Dramen hatte er weltweit großen Publikumserfolg, allerdings erst etliche Jahre nach ihrer Entstehung. Der Durchbruch gelang ihm mit dem Stück „Die Glasmenagerie" (1945), berühmt wurde er mit „Endstation Sehnsucht" (1947). Für „Die Katze auf dem heißen Blechdach" (1955) erhielt er zum zweiten Mal den Pulitzer-Preis. Es folgten „Süßer Vogel Jugend" (1959) und weitere Dramen ohne große Resonanz. Mit der Gangsterstory „The Red Devil Battery Sign" fand er 1976 noch einmal Beachtung. Er starb am 24. Februar 1983 in New York. □

## Orville und Wilbur Wright

Amerikanische Flugpioniere, Orville (Bild) – geboren am 19. August 1871 in Dayton (Ohio) und Wilbur – geboren am 16. April 1867 in Milville (Indiana) – gelten als eigentliche Pioniere des Motorfluges. Nach ihren Erstflügen mit selbstgebastelten Doppeldeckern am Strand von Kitty Hawk (Nord-Carolina) – sie begannen mit Gleitflügeln bis zu 100 Metern und steigerten sich bis 1905 zu einem Streckenflug von 45 Kilometern – führten sie 1908 die von ihnen entwickelten Maschinen öffentlich vor. Orville begann noch im selben Jahr bei der US-Armee als Flugzeugbauer, Wilbur führte in Frankreich das Fliegen mit Motorkraft vor. Er starb bereits am 30. Mai 1912 in Dayton. Sein Bruder Orville am gleichen Ort am 30. Januar 1948. Vergleiche 1903. □

## Ferdinand Graf von Zeppelin

Deutscher Flugpionier, geboren am 8. Juli 1838 in Konstanz. Als die Gebrüder Wright ihre ersten Gleitflüge am Strand von Kitty Hawk machten, lenkte der württembergische Offizier Graf Zeppelin den von ihm konstruierten Prototypen des ersten Starrluftschiffes LZ 1 über den Bodensee (1900). Damit leitete er eine andere Ära des Personenflugverkehrs im 20. Jahrhundert ein. Die von ihm konstruierten Luftschiffe flogen bald über den Atlantik in die Vereinigten Staaten und waren ebenfalls im Ersten Weltkrieg im Einsatz. Erst die Explosion der „Hindenburg" über dem Flughafen Lakehurst bei New York beendete den Zeppelin-Luftverkehr nach 37 Jahren. Zeppelin starb am 8. März 1917 in Berlin. Vergleiche auch 1900, 1915 und 1937. □

# Register